中国—东盟区域发展省部共建
协 同 创 新 中 心 成 果 文 库

中国—东盟金融合作
基于结构的切入与体系的对接

陈瑶雯　范祚军 等著

中国社会科学出版社

图书在版编目(CIP)数据

中国—东盟金融合作：基于结构的切入与体系的对接／陈瑶雯等著.
—北京：中国社会科学出版社，2022.8
（中国—东盟区域发展省部共建协同创新中心成果文库）
ISBN 978-7-5227-0140-0

Ⅰ.①中… Ⅱ.①陈… Ⅲ.①国际金融—国际合作—研究—中国、东南亚国家联盟 Ⅳ.①F832.6②F833.306

中国版本图书馆 CIP 数据核字（2022）第 066451 号

出 版 人　赵剑英
责任编辑　陈雅慧
责任校对　刘　念
责任印制　戴　宽

出　　版　中国社会科学出版社
社　　址　北京鼓楼西大街甲 158 号
邮　　编　100720
网　　址　http://www.csspw.cn
发 行 部　010-84083685
门 市 部　010-84029450
经　　销　新华书店及其他书店

印　　刷　北京明恒达印务有限公司
装　　订　廊坊市广阳区广增装订厂
版　　次　2022 年 8 月第 1 版
印　　次　2022 年 8 月第 1 次印刷

开　　本　710×1000　1/16
印　　张　42.5
插　　页　2
字　　数　720 千字
定　　价　228.00 元

凡购买中国社会科学出版社图书，如有质量问题请与本社营销中心联系调换
电话：010-84083683

前　言

中国与东盟一衣带水、血脉相连，在政治、经济、社会、文化等诸多方面存在着合作基础，中国—东盟命运共同体的建设离不开金融合作，双方所面临的机遇和挑战都离不开金融。中国与东盟金融合作始于1997年的东南亚金融危机，双方有着化解金融风险、恢复经济活力以强化地区金融安全的共同需求。

随着全球化进程的不断加快，中国与东盟在金融合作方面取得了重要的进展：2000年，东盟与中日韩三国共同签署了《清迈倡议》（CMI），确立了以建立双边互换机制为基础的金融合作模式；2005年，第八次“10+3”财长会议提出，将原有的经济监督机制引入合作框架中，推动货币互换由单边扩展到双边，实现货币互换规模由10亿美元到20亿美元的提高，改革借款机制以应对市场变动；2008年，中国与菲律宾、泰国、马来西亚、印度尼西亚四国达成共识，双边货币互换协议的规模进一步增大；2010年，中国—东盟自由贸易区全面建成，继续推动双边货币合作；在此之后的政府间、金融机构间合作中，中国与东盟逐渐在商业性、政策性、开发性金融领域达成合作共识。

2020年，中国国家主席习近平在第十七届中国—东盟博览会和中国—东盟商务与投资峰会开幕式上的致辞中强调：“中方愿同东盟推进各领域合作，维护本地区繁荣发展良好势头，建设更为紧密的中国—东盟命运共同体。”中国始终将东盟视为周边外交的优先方向和高质量共建“一带一路”的重点地区，中国—东盟区域经济合作的深化也对金融体系的支撑结构提出了更高要求。

2020年，中国已经与39个国家签署了货币互换协议，协议规模达到3.47万亿元人民币。中国与新加坡、马来西亚、泰国、菲律宾四个东盟国家实现了本国货币的直接挂牌交易，并与印度尼西亚央行建立了本币结算（LCS）合作机制。随着中国与东盟金融合作水平的进一步提高，双边金融机构发展速度加快，各国金融业务合作向多元化和综合化方向发展，同时，人民币国际化进程顺利展开，国家间金融监管协同合作深度加强。

在中国与东盟金融合作取得可喜成就的同时，我们同样意识到，进一步推进中国—东盟金融合作并非一蹴而就之事。东盟各成员国经济结构差异巨大，对金融服务的需求不同；外部国际环境变化多端，跨地区主义的介入对深化金融合作形成挑战。因此迫切需要更为稳定和更为优良的金融支撑机制以推动“一带一路”建设和中国—东盟经济贸易合作。东盟各成员国处于什么样的经济结构和金融结构水平？东盟国家的金融体系特征对金融合作有什么样的异质性需求？在构建以国内大循环为主体、国内国际双循环相互促进的新发展格局的大背景下，中国该如何发挥比较优势，更好地理解中国与东盟金融合作所面临的困难和挑战？……带着这些问题，我们开展了本书内容的研究，以期能够补充现有文献的不足，针对这些问题提供科学准确的理论指导和实际解决方案。

应该说，从结构的视角研究中国—东盟经济金融合作，我们不是首创。2017 年我们参加了中央财经大学李健教授“东盟十国金融发展中的结构特征”项目研究团队，边研边学，对中国—东盟金融合作有了较多的思考。李健教授及其团队基于金融结构视角，从中国和东盟国家的历史与现状方面考察东盟 10 国的经济和金融发展状况，金融结构特征以及未来中国和东盟十国的金融合作建议。在此基础上，本书立足于东盟各成员国经济结构与金融结构差异，从经济结构调整、金融结构演绎视角研究中国—东盟金融合作，提供了大量研究东盟国家金融体系和中国—东盟金融合作的有用信息。

本书从结构上分为上篇和下篇两部分。上篇“经济结构、金融结构与中国—东盟金融合作”，首先探讨了经济结构与金融结构的互动机理和差异性金融结构“互嵌”的“耦合”，为后文的分析和建议提供了坚实的理论基础；其次分析了中国—东盟全面金融合作的充分必要条件，从中国—东盟命运共同体建设的金融需求与支撑、中国—东盟金融双向开放体系创新、中国—东盟金融合作框架设计三个方面展开论述；最后通过对中国—东盟金融合作进展和现状的梳理，研究中国—东盟基于经济结构与金融结构互动的金融合作机制，以及基于金融结构“互嵌”的中国—东盟金融合作机制，并提出中国—东盟金融合作的推进策略，同时总结了迄今为止中国与东盟成员国政府间、金融机构间金融合作所进行的尝试及其所取得的成果。总的来讲，上篇提供了研究的理论基础和现实依据，为进一步细化分析东盟各成员国经济结构和金融体系特征、中国与东盟各国推进金融合作的政策提供了思路。

下篇“经济金融发展、金融结构与中国—东盟成员国金融合作”按照各成员国经济发展状况，经济结构考察，金融发展状况，金融机构体系、金融市场体系、金融体制考察，金融合作进展和建议五个方面层次递进地进行内容上的排布和论述。本书运用理论研究、案例考察与实证研究相结合的方法，立足于东盟各成员国内部经济结构与金融结构的互动规律，着重梳理和分析了东盟各成员国金融结构差异和发展倾向，并在此基础上制定了进一步推动中国—东盟金融合作的政策建议。

目前，中国与东盟互为最大的贸易伙伴，双方在产业、金融方面的合作有效地推动了经贸往来。中国与东盟合作是践行“构建人类命运共同体”倡议的典范，为东亚地区建设“持久和平、普遍安全、共同繁荣、开放包容”的新型国际关系提供了模板。本书从 2017 年开始撰写到 2021 年定稿，参与写作和修改的团队成员克服了种种困难，不断加深对“推动中国—东盟金融合作”这一问题的理解，最终从“基于结构的切入与体系的对接”这一视角，对研究结果进行了总结和归纳，以期更好地为深化中国—东盟全面战略合作伙伴关系、推动中国—东盟金融合作水平提供理论指导和参考。这部书稿是科研团队全体人员对中国—东盟金融合作这一重要议题的尊重与思考，是大家共同努力的结晶。希望这一成果能够推动学界业界对中国—东盟金融合作的交流与讨论，促生新的观点，迸出新的思想火花，对建设面向东盟的金融开放门户、构建中国—东盟自由贸易区升级版、建设“21 世纪海上丝绸之路”提供理论支持与参考。

作　者

2021 年 9 月于广西南宁

目　　录

上篇　经济结构、金融结构与中国—东盟金融合作

下篇 经济金融发展、金融结构与中国—东盟成员国金融合作

◇◇ 上篇 ◇◇

经济结构、金融结构与中国—东盟金融合作

2012 年，在“世界和平论坛”开幕式上，时任国家副主席习近平的一番话打动了在座的所有人：“一个国家要谋求自身发展，必须也让别人发展；要谋求自身安全，必须也让别人安全；要谋求自身过得更好，必须也让别人过得好。”从依靠外部资源带动发展，到主动利用自己的发展红利与合作伙伴共享成果，这一重要变化表明了中国综合国力的提升，也集中体现着新的国际义利观，“一带一路”国家级顶层合作倡议由此形成并推进。2013 年，习近平主席在访问印尼期间提出构建“中国—东盟命运共同体”，更是作为中国“一带一路”倡议的核心措施不断推进并取得显著成绩。

但是，与其相配套的金融机构却不健全，多数东盟成员国的汇率环境并不稳定、结算手续繁杂且手续费高等因素，使得金融环境已成为制约双方发展的因素之一。众所周知，金融服务根植于经济贸易，区域经济一体化必然推进金融合作的一体化，金融合作一体化又是推动地区经济贸易发展的有力工具，中国—东盟金融全面合作已是必然。

但是我们知道，区域或国别的金融结构差异化是必然的，不同的国家或是一个国家在不同的经济发展阶段，因为其经济结构或主导结构的变化，其金融结构演绎路径应该是有较大差异的。按照区域（国别）金融发展梯度推进的学术思想，各成员国都具有特色化的金融结构或金融发展模式。不同的金融结构对于不同经济发展水平的经济体或一个经济体不同的经济发展阶段，由于在资本的提供方面能够发挥各自不同的相对比较优势，节约交易成本。差异化金融结构现状下的成员国参与中国—东盟区域金融合作具有互补效应。

林毅夫（2006、2009）所论述的“经济的最适金融结构问题”，肯定了一个经济体中的最优金融结构内生于实体经济的特性，认为不能忽视金融结构与经济（产业）结构的相互适应性及其关联机制问题，强调了金融结构在地区增长中的重要作用，并从理论层面论证了存在适应于特定经济发展阶段的金融结构，应根据真实经济的需要来考虑金融服务的安排。这为我们从经济结构调整、金融结构演绎的视角研究中国—东盟金融合作，搭建中国—东盟命运共同体金融支撑体系提供了理论支持。

第一章

经济结构与金融结构的关系

经济结构与金融结构是什么关系呢？是经济结构决定金融结构的形成，还是强调先进的区域金融结构助推经济结构的优化调整？国别结构差异能否影响国际金融合作进程？辨清金融结构和经济结构的关系及其演绎规律有助于理清国别或区域金融结构优化路径，为中国—东盟金融领域全面合作与深化寻找效率路径。

关于金融结构与经济发展的关系，学界从银行主导论发展到市场主导论，再演进到金融服务论和法律主导论，但国外学者的研究成果少有涉及金融结构与经济结构关系的。国内学者多对中国金融结构进行定性和定量分析，推动了国内金融结构与经济发展关系研究的深入，认为优化金融结构已成为促进金融和经济发展的一条重要途径，但他们并没有把这一理念拓展到国际经济金融合作方面。区域或国别金融结构形成的影响因素有很多，既有一个国家或地区的法律、管制、税收和政策等宏观因素对金融结构形成所产生的作用，又有区域资源要素禀赋和经济结构差异、金融意识差异、经济基础与金融需求差异甚至文化、风俗习惯等对区域金融结构所产生的重要影响。这时，"经济结构"作为影响区域金融结构的因素之一并没有受到重视。其间较多学者从产业结构与金融结构的关系方面进行了研究，但多是从金融如何支持产业结构升级的角度进行分析的，对于产业结构影响金融结构的研究成果较少，涉及经济结构与金融结构关系的研究成果相对而言则更少。从已有的研究结论来看，许多学者认为一种金融结构是否最优，衡量的标准是该金融制度在动员和分配储蓄、促进储蓄向投资转化、风险转移和监管等方面的效率，更多的是从金融结构自身的角度切入，而没有结合产业结构发展的过程来考虑。这些都是强调金融结构与经济结构适应性的较早文献，但针对国别差异和不同文化背景的社会结构异质性特征，深入研究区域金融结构与地区经济结构特色化关系的文献并不多见。

第一节 经济结构与金融结构互动机理*

经济发展与金融发展不可分割、互为条件。国家或地区经济布局调整、产业结构优化升级，不管是政府的行政干预还是市场机制发挥作用，经济产业政策的实施都将会改变直接融资需求和间接融资需求的规模与结构，这种改变必然影响金融结构形成的区域差异。金融和经济的互动关系显现出一种螺旋式的互动循环发展格局（见图1－1）。

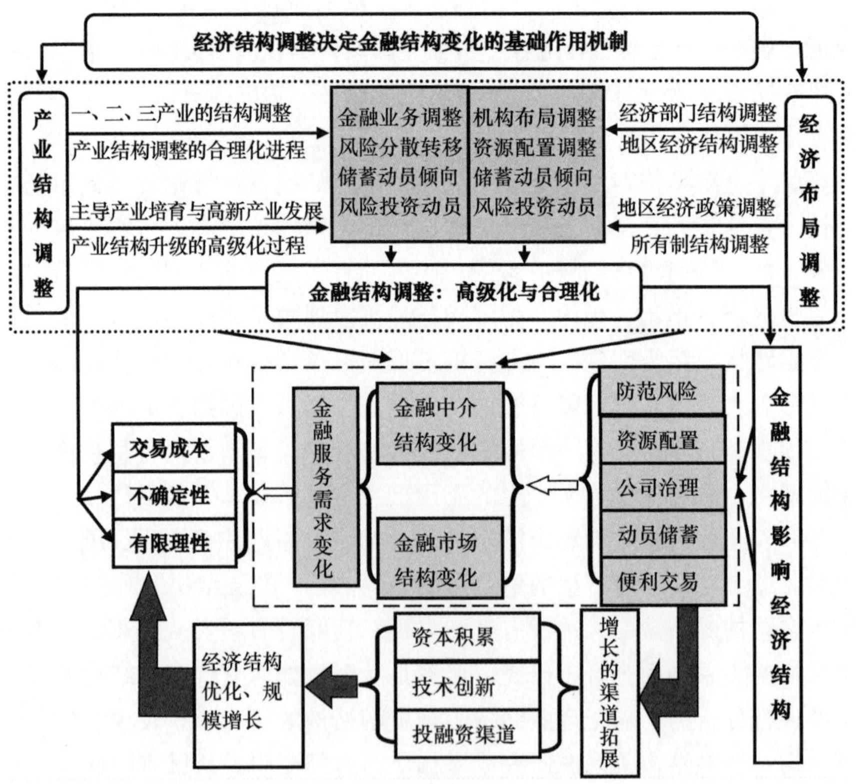

图1－1 金融结构与经济结构的互动循环发展机理架构

* 根据李健、范祚军等《经济结构调整与金融结构互动：粤鄂桂三省（区）例证》（《改革》2012年第6期）的相关内容整理成文。

从图1－1可以看出：经济结构对于金融结构的影响是基础性的，主要分为经济布局调整和产业结构调整两个层面。第一、二、三产业结构调整会直接引起产业资金配置结构与规模、金融业务结构的变化和储蓄动员倾向的变化。主导产业的培育倾向会引起政府金融资源配置倾向的变化，高新产业的发展对于市场化融资渠道的需求会增加，对于金融风险管理与风险资产配置的能力需求亦会大大提升。同时，经济布局调整会引起经济部门结构、经济结构、所有制结构的变化及其相关政策的调整，会进一步导致金融机构的地区间布局调整、金融资源配置机制转换等。这两个层面的作用推动着金融结构调整和区域间差异的演绎。同时，金融结构优化过程反过来又会影响经济结构的进一步调整优化，特别是在微观层面上引起防范风险、资源配置、公司治理、储蓄动员以及交易便利化等方面的变化，一方面将导致金融中介结构和金融市场结构的变化，并进一步引起金融服务需求的变化，另一方面将会通过资本积累、技术创新、投融资成本的变化优化经济结构。具体分析这一互动过程，主要体现在以下几个方面。

一　经济结构对金融结构的决定性影响

刚才我们已经分析了经济结构影响金融结构的作用机理和作用渠道，金融发展既是经济发展的一种需要，又是经济发展的一个必然结果。本部分我们将深入分析国家经济结构和产业政策的差异如何导致金融活动的差异，从而决定金融结构并形成特色化金融发展模式和区域金融发展模式的异质性（见图1－2）。

围绕国家经济政策总体目标，尽管货币政策和金融监管政策是全国统一的，但是，由于经济信用化的进程在不同区域常常是不同步的，国家经济结构调整所涉及的产业结构调整和经济布局调整必然会引起金融需求的变化和金融资源在行业间或地区间的倾斜流动，这种倾斜流动可能是行政干预的结果，也可能是市场化的过程。金融产业结构政策、金融产业组织政策、金融产业布局政策在区域间的政策效果差异导致不同区域的金融结构进行调整，形成了特色化区域金融发展模式。在金融产业结构政策方面，各地区主导产业培育模式不同就会形成不同的地方金融产业发展政策。以大企业为主的经济结构倾向于引进大型金融机构进驻，高新产业的兴起会吸引天使基金、创投基金，以小企业或个体私营经济为主的经济发

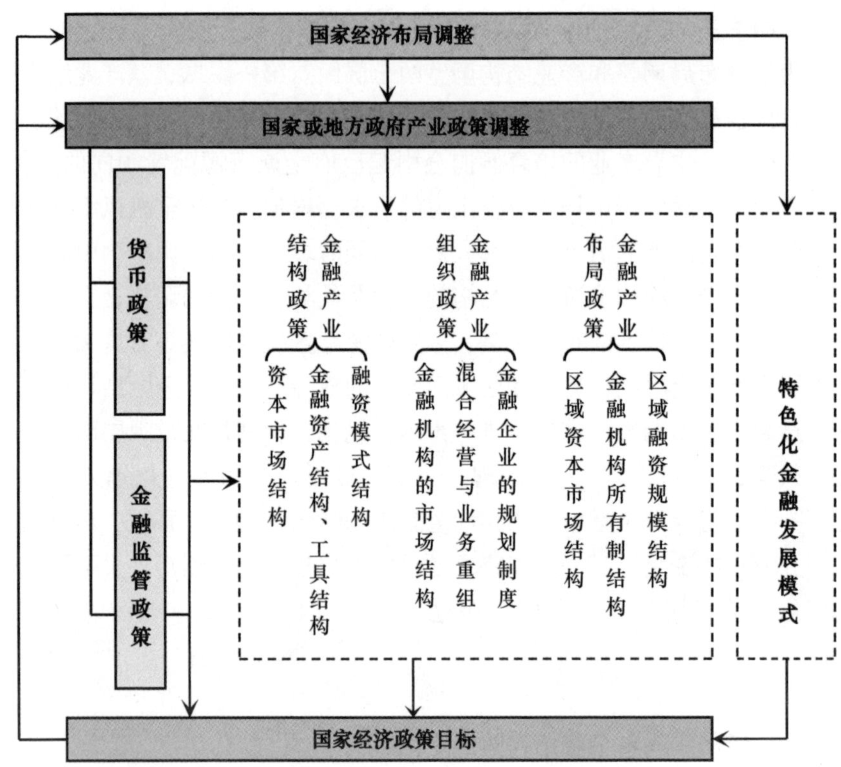

图1－2 经济布局、政策调整与特色化金融发展模式

展模式就会着重培育多样化的中小金融机构，企业结构和居民收入规模的差异使得地方融资模式、金融资产配置结构各有侧重。金融产业组织政策和金融产业布局政策也会引起金融机构布局、金融机构业务结构和金融工具结构的差异。在此基础上，经济发展要求产业结构及时调整和转换，促进经济结构调整，也就必然要求金融不断适应经济发展的需要进行创新，如经济结构多元化推动金融结构多元化，企业和居民收入增加将引致金融投资结构多元化，所有制结构多元化导致多种金融机构与之相对应。

二 经济结构调整影响金融结构演绎

随着经济发展水平的提高、社会分工的复杂化和市场的不断发育，政府开始成为影响产业布局和经济结构调整的重要力量，地方利益在布局调整中的影响力趋于扩大，市场因素（产业布局、经济结构、所有制结构）成为影响区域经济金融结构的重要力量。不管是在政府的行政干预还是市场机制发挥作用下，国家经济布局调整、产业结构优化升级、经济产业政策的实施都会改变直接融资需求和间接融资需求的规模与结构，这种改变必然影响区域特色化金融结构的形成（见图1-3）。

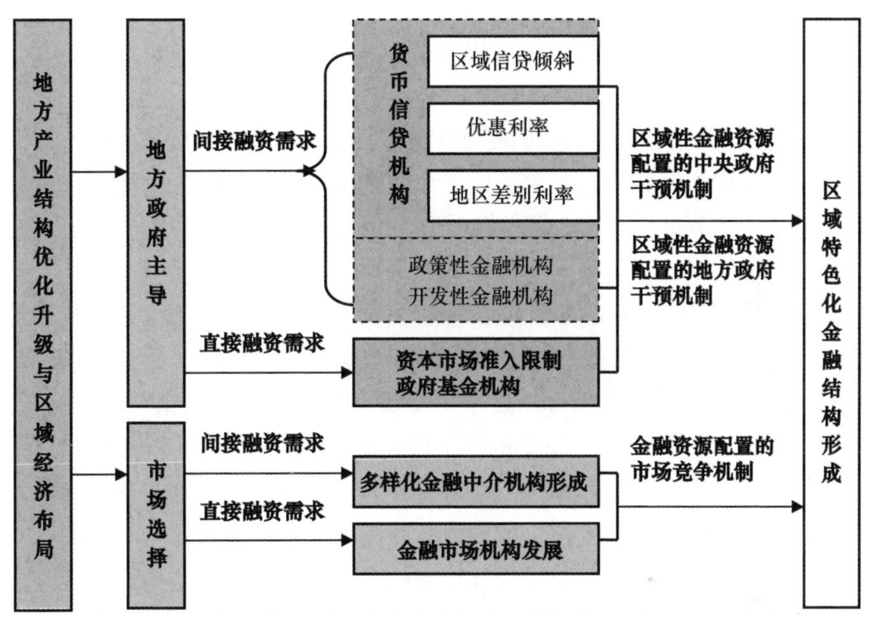

图1-3 经济布局、需求调整与特色化区域金融结构形成

由于产业结构调整及产业集聚过程进一步推动了生产性及非生产性服务业在该地区的相应发展，这就引起了该地区经济的快速增长，而经济的增长又推动了金融服务行业的加速发展。这种乘数效应轮动，将进一步引致金融两极分化。因为从投资者视角来讲，发达地区投资的回报高，资金流动性高，金融投资环境好，金融资源开发利用、配置效率高，而资金的运动具有趋高利性和强流动性的特征，不发达地区的资金受发达地区的强吸引而向发达地区聚集，资金的活动力及聚集程度与经济发展活力的区域梯度性成正比。经济发达的高梯度地区在经济发展中积累了巨大的金融发展优势，如强大的科技力量、便捷的交通通信系统、完备的金融基础设施、优越的生产协作条件、雄厚的资本和集中的消费市场，再加上技术进步、优势工业布局指向性的变化（由原材料指向转变为消费区指向或技术指向），更进一步突出了发达地区的金融发展优势。因此，一个地区的

金融发展水平越高，就越有可能从规模经济和集聚经济中获得利益，从而提高在金融市场上的竞争能力，导致区域金融发展中的极化效应。在这一梯度运动过程中，金融资源遵循生产力布局的优位推进规律，不断向新的优位点有选择地推进，区域金融结构便在不同区域呈现出不同的变迁速度，从而地区间区域金融结构呈现出非均衡性发展变化的特征。

三 经济结构调整与金融结构适应性调整与金融结构优化

金融结构优化是一个无限趋近于金融结构最优状态的金融结构高度化与合理化的调节过程，这一调节过程在经济结构调整中仍然相伴相随。在区域金融结构与经济结构不断优化的经济增长动态均衡模型（见图 1－4）中，横轴代表经济增长率和金融结构高度化①，纵轴下方代表金融结构合理化②，纵轴上方代表金融优化程度与经济配合程度，曲线 OE 是金融结构优化与经济增长均衡点的集合。处于均衡状态的金融结构优化与经济增长，沿着曲线 OE 移动，点 E_0 对应的经济增长率 Y_0 和金融发展水平 F_0 恰好处于均衡，配合程度最高，即图中点 M_0，对应值为 M。沿两轴中间的 45° 线表示最理想的金融结构优化目标曲线，而围绕这一目标曲线变动的曲线则表示现实经济中实际的金融结构优化变动曲线，说明金融结构高度化与金融结构合理化高度渗透、相互协调形成金融结构的优化过程。

在实际经济生活中，一个国家或地区的金融发展水平与经济增长率在多数情况下处于非均衡状态。金融结构高度化和合理化推动着金融结构的优化不断动态演进，但是，我们所说的金融结构优化只是瞬间状态，如图 1－4 中的 E_0 达到瞬间的金融结构最优，对应于上半轴中的 M_0 能够与经济增长较好耦合，则会大大促进经济增长，而当处于 E_1 时，金融结构本身存在优化的空间，所以其与经济增长的耦合性及适应性更低，则会降低经济增长速度，即经济增长率落在 OM_0 区域。

同理，若金融结构出现虚高度化，即过度创新，则偏离目标金融结构

---

① 金融结构高度化是指随着经济发展水平的提高和市场深化程度的加深，区域金融结构从低度水准向高度水准的发展过程，表现为这个区域的金融结构纵向层次的提升。金融结构从低度水准向高度水准的发展过程，其根本特征表现为金融结构技术含量和层次的不断提升。

② 金融结构合理化是指金融产业部门之间、金融要素之间相互作用所产生的一种不同于各产业部门、各要素能力之和的整体能力，表现为各金融产业部门之间有机联系的聚合质量的提高。金融结构合理化是以金融资源在各金融产业部门间、不同经济发展程度和经济发展体制间的合理配置为基础的，它意味着金融产业部门之间的良好协调和地区经济体的发展合作。

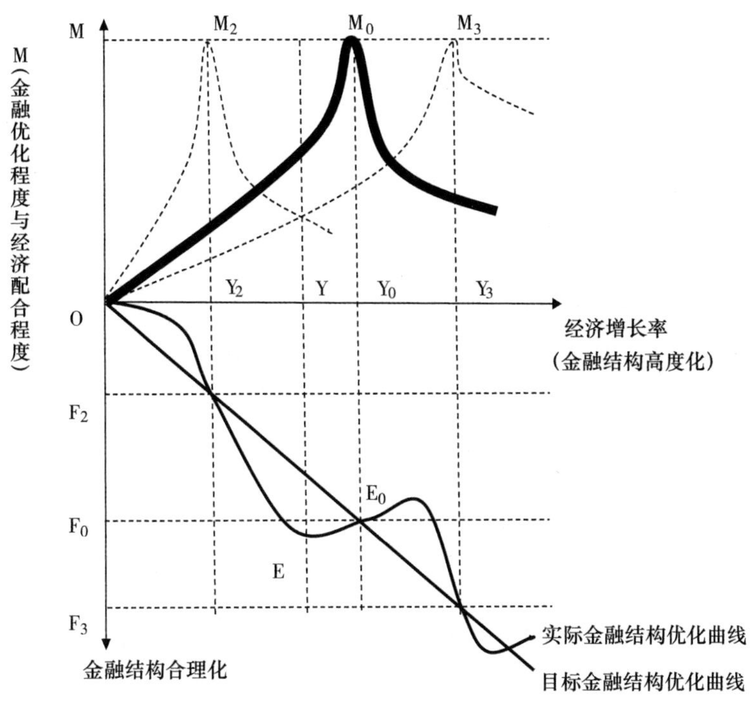

图 1-4　金融结构与经济增长动态均衡模型

优化线，金融结构与经济增长的耦合性降低，可能会产生经济增长虚高，其中存在很大的泡沫，将会累积更高的金融风险，最终是不利于经济增长的。2008 年金融危机对于实体经济的破坏再一次证明了这一理论。通过这一过程的分析，我们可以得出：经济结构的调整不但内生地推动了区域金融结构的优化调整，而且这一推动过程是伴随着经济发展目标做内生性动态适应性变化的。

四　金融结构优化助推经济结构升级

在现代经济中，产业发展和结构升级的路径有两个：一个是增量发展道路，通过增加资源的投入，促进原有产业的发展和新兴产业的生成；另一个是存量调整道路，在投入要素不变的前提下，通过资产重组，促进资源从低效产业向高效产业流动和聚集，提高产业结构素质。一般来说，在经济发展的早期阶段，以增量发展为主，而在经济发展的成熟阶段，则以存量调整为主。在此前提下，一个与地方经济结构相适应的区域金融结构能够更好地支持地方经济结构优化升级（见图1－5）。在金融生态化建设的前提下，在区域金融结构优化的过程中，将伴随着经济货币化过程，银行主导的金融结构将不断充实市场化要素，市场化比重提升。原来单一的银行信贷支持渠道将会拓展为银行信贷和金融市场双重渠道，并将实现两个渠道的恰当融合，更好地支撑地方经济结构调整对于资金规模的需求和对金融服务提升的需求，特别是地方产业转型与高新产业发展对于金融支撑的强烈需求及其以此为延伸的相对应的金融机构。

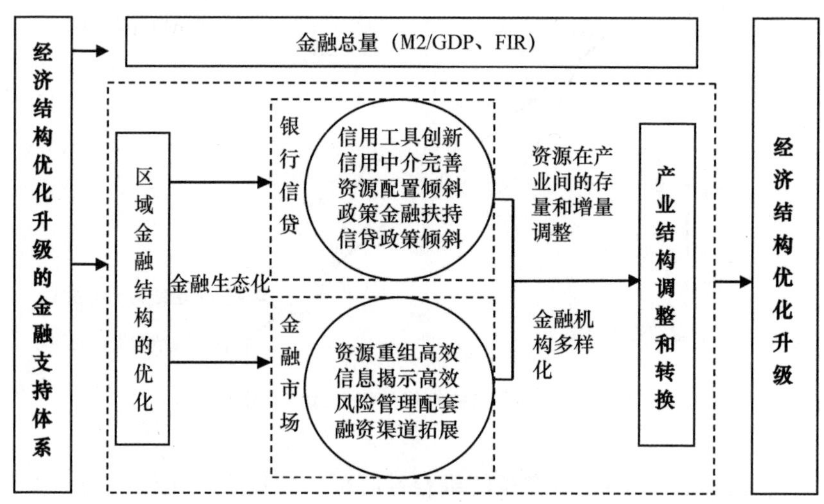

图1－5 金融结构优化支持地方经济结构升级的作用机理

图1－6以高新企业发展的阶段性为切入点展示了企业发展的不同阶段对于金融服务的需求。我们强调理想的区域金融结构与地方经济结构的适应性，主要是指金融对于地方经济发展的强大支撑功能，并且这一支撑功能伴随着经济发展水平的阶段化过程而各有侧重。在银行信贷渠道，银行体系通过多种信用中介机构和多样化的信用工具来实现产业间金融政策的金融资源配置倾斜，并能实现政策性金融与商业性金融的有机结合。在金融市场渠道，可以充分利用其在金融资源配置效率、信息传递、风险管理工具与风险资产配置多样化等方面的优势，通过拓展产业融资渠道和多种类、市场化的金融机构更好地支撑产业转型和产业结构升级，金融资源配置的政府干预机制和市场机制将会在优化的区域金融结构中实现更好地融合，进一步助推经济结构的优化。

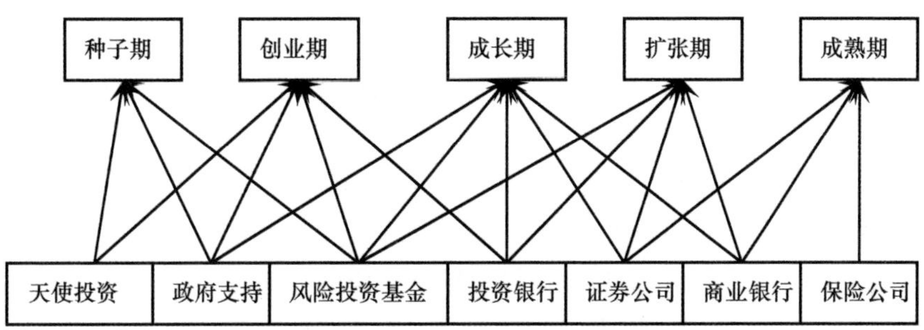

图 1－6 技术创新创业不同成长阶段的金融支持体系演绎

第二节 差异性金融结构“互嵌”的“耦合”*

基于金融功能观的视角，不同模式的金融结构“互嵌”式合作有助于提升金融体系的整体功能。基于金融合作在开放性区域经济合作过程中所处于的支撑和推动地位，有必要研究不同金融结构在协调发展或融合过程中所产生的效应问题。我们借助技术演进模型，通过考察不同金融结构模式在不同经济发展阶段的效果，并在此基础上分析区域合作背景下市场主导型和银行主导型两种金融结构交叉融合的效应，证明在中国—东盟区域市场一体化进程中，两种金融结构的相互渗透及合作能对区域经济发展起到正的效应。进一步从提供流动性方面来分析，在一个经济体经济发展的初期或是在经济发展水平处于低层次的国家中，金融中介机构（银行主导型金融结构，下同）在提供流动性方面具有比较优势①，随着经济发展而引致的资金融通规模的扩大和期限的延长，当金融市场足够发达时，金融市场在提供流动性方面的成本会不断下降。

因此，从提供流动性功能的角度来看，尽管存在经济金融发展程度的不同，但随着经济的发展，金融中介成本的上升和金融市场成本的下降会导致两者在提供流动性或生产资本等方面优势的相对转化。一旦这种转化

---

* 根据李健、范祚军等《差异性金融结构“互嵌”式“耦合”效应——基于泛北部湾区域金融合作的实证》（《经济研究》2012 年第 12 期）相关内容整理成文。

① 在经济发展处于初期或经济发展水平较低的经济体中，由于生产专业化分工水平不高，此类经济体的生产性融资在充分考虑内源融资的基础上，外源融资主要以信贷渠道为主，对金融市场类工具交易的需求度较低，而且资金融通的目的在很大程度上是调剂短期资金的余缺，这就为金融中介机构的资金头寸管理提供了很大的便利。同时，与信息处理、实施公司控制、提供结算等功能相结合，金融中介在提供流动性方面同样具有明显的规模优势，能很好地降低交易成本。

形成趋势，就会造成金融中介机构在金融体系中地位的下降。当经济发展进入成熟阶段或是在经济发达的经济体中，金融中介机构和金融市场在提供流动性和长期生产资本等方面同样会形成比较明确的分工：金融中介倾向于为企业提供短期的流动性贷款，而金融市场则更多地与企业的长期资金融通相联系，同时通过发达的二级市场来提供流动性。

由上可知，银行主导型和市场主导型结构的功能差异以及两者之间的合作就有实现“互嵌融合”的可能而且具有必要性。另外，除了流动性问题外，金融市场存在的不对称信息环境①、银企关系与公司控制差异②、“关系融资”和“距离融资”、不完备合约③、意见分歧与处理差异等问题同样会使得不同国家或是一个国家发展的不同阶段，其金融结构相对优势是不断变化的。因此，本书将在综述前期研究文献的基础上，借鉴技术演进周期理论和区域金融发展梯度推进的学术思想，考察在技术演进的不同阶段不同金融结构模式的优势及其相互合作对于区域经济发展的影响。

一 技术演进视角下金融结构优势分析模型的构建与假定*

我们假设：技术演进的不同阶段既可以代表区域合作中不同发展水平

---

* 本节内容参考了中国社会科学院金融研究所副所长殷剑峰老师的论文《不对称信息环境下的金融结构和经济增长》（《世界经济》2004 年第 2 期）及其专著《金融结构与经济增长》（人民出版社 2006 年版）。殷剑峰早在 2004 年就开始关注金融结构与经济增长的关系问题，他提出的“基于技术演进周期视角”来研究金融结构的观点为本书研究打下了很好的基础。在本书中，我们借鉴其技术演进阶段等同于经济发展阶段的经济发展逻辑，在其理论推导的基础上，对原来的演算模型加以修改，论证差异性金融结构互嵌的融合效应，在此对应用其学术贡献而向殷剑峰老师表示感谢。

① 在解决信息不对称方面，金融中介和金融市场的作用机制是不同的。前者主要依赖在日常经营活动中与借款人建立起来的合作关系和对借款人的了解程度，而后者主要依赖市场化的信息披露和信息传递机制。两者在处理信息不对称方面的具体机制不同，使得两者间呈现出双重属性，既有相互替代的一面，又有相互补充的一面。

② 在实施公司控制方面，金融中介主要依靠在对企业放款过程中建立起来的长期合作关系，而金融市场则是靠金融资产的价格传递有关企业经营状况的信息，并通过债权人的多元化、接管威胁等机制对企业管理层施加约束。随着经济的发展或在经济程度不同的经济体中，两者在实施公司控制方面的优势会发生转化。随着经济发展趋于成熟，金融中介和金融市场在实施公司控制方面的分工也会变得越来越明确，前者主要通过为中小企业放款实施对这些企业的控制，而后者则偏重于对大型企业的控制。

③ 鉴于二者在不完备合约环境下优劣势的相反性，市场主导型和银行主导型金融结构在区域金融合作中有可能形成互补性合作。以完备的金融市场机制保证企业的盈利动力，确保事前效率；以功能完善的银行中介机制防止道德风险的发生，保证事后效率。由此使得企业更趋向于进行好项目的长期融资规划，提升整个市场的盈利动力。

的国家，也可以代表每个国家在参与区域合作中发展的阶段性以吻合区域金融发展梯度推进理论的特征，通过对不同阶段（分成三个阶段）以及同一经济体不同演进时期两种金融结构的相对优势分析，探讨二者的合作可能性及其效应。尽管我们探讨的是一个经济体不同发展阶段的金融结构，但是，如果假定不同发展阶段的金融结构也可以反映不同国家的金融结构，这就为我们探讨不同国家的区域金融结构合作提供了可能。

（一）假设在确定环境下

在模型中，假设经济中所有的当事人以［0,1］表示，每个人的劳动禀赋 $l_i = 1$ ，并平均分享经济现有资本存量 K 。假设无限寿命的当事人具有终身效用函数 $\int_0^{\infty} e^{-\rho t}\ln C dt$ ，其中，$\ln C$ 为瞬时效用函数，ρ 为时间偏好率。为了产生“金融结构”问题，我们规定：同时作为生产者、消费者以及储蓄者的经济当事人不能为自身融资，只能采取融资方式，即所有当事人的劳动禀赋都只能同其他当事人的资本相结合。作为生产者，每个人都有两种生产方式[①]：

直接生产方式——参与此方式的当事人以下标 i 表示，其中，每单位劳动直接与资本结合生产最终产品，因此，生产函数用简单道格拉斯函数表示为：$y_i = k_i^{\alpha} l_i^{1-\alpha} = k_i^{\alpha}$ 。

间接生产方式——参与此方式的当事人以下标 j 表示，其中，存在一种中间产品生产技术，每单位劳动与单位资本结合产生 $l_j > 1$ 单位的中间产品，并且产品产量为外生。中间产品不能用于消费，需要同其他资本结合以生产最终产品，生产函数为：$y_j = k_j^{\alpha} l_j^{1-\alpha}$ 。

设从事直接生产方式的当事人总数为 $\int_0^{\gamma} di = \gamma$ ，则从事间接生产方式，即参与中间产品生产技术的总人数为 $1 - \gamma$ 。因此，经济中的资本存量 K 被分为三个部分：参与中间产品生产的部分 $K_1 = 1 - \gamma$ ；最终产品生产中与劳动结合的部分 $K_2 = \int_0^{\gamma} k_i di = \gamma k_i$ ，最终产品生产中与中间产品结合的部分 $K_3 = \int_{\gamma}^{1} k_j dj = (1-\gamma) k_j$ ，因此有 $K = (1-\gamma) + \gamma k_i + (1-\gamma) k_j$，最终产品产量为两种生产方式下的产量之和：$Y = \int_0^{\gamma} k_i^{\alpha} di + \int_{\gamma}^{1} k_j^{\alpha} l_j^{1-\alpha} dj$。由

---

① 在这里，我们不考虑资本折旧。

此可知，如果不存在中间产品生产，生产函数则退化为道格拉斯总量生产函数，即 $Y = K^{\alpha}$ 。由于最终产品生产没有考虑任何技术进步因素，因此当中间产品生产不存在时，经济只能依靠资本积累遵循收敛路径增长，而一旦达到稳定状态，经济增长就将停顿下来。而经济是否进行中间产品生产，则取决于以下技术条件。

1. 要素均衡报酬

由于只有最终产品可以消费，因此只能用最终产品计算要素报酬。首先要看参加最终产品生产的资本报酬部分，即 K_2 、K_3的报酬：$R_2 = \frac{\partial Y}{\partial K_2} = \frac{\partial Y}{\partial k_i}\frac{1}{\partial K_2/\partial k_i} = \gamma\alpha k_i^{\alpha-1}\frac{1}{\gamma} = \alpha k_i^{\alpha-1}$ ，$R_3 = \frac{\partial Y}{\partial K_3} = \frac{\partial Y}{\partial k_j}\frac{1}{\partial K_3/\partial k_j} = (1-\gamma)\alpha k_j^{\alpha-1}l_j^{1-\alpha}\frac{1}{(1-\gamma)} = \alpha k_j^{\alpha-1}l_j^{1-\alpha}$ 。由于与中间产品结合报酬较高，因此未投入中间产品生产的剩余资本将持续流向有中间产品参与的最终产品生产，直到均衡，且均衡时有 $R_2 = R_3 = R$ ，则 $k_j = k_i l_j$ 。其次要看直接生产方式下的劳动报酬和间接生产方式下的中间产品报酬。在直接生产方式下劳动工资等于最终产品产量减去相应资本报酬为 $w_i = y_i - k_i \times \alpha k_i^{\alpha-1} = (1-\alpha)k_i^{\alpha}$，在间接生产方式下中间产品的报酬为：$w_j = y_j - k_j \times \alpha k_j^{\alpha-1}l_j^{1-\alpha} = w_i l_j$ 。最后要看中间产品报酬在劳动与资本报酬之间的分配。资本报酬即为 K_1 的报酬 R_1，并设劳动报酬为 w_j^*，则有 $w_j = R_1 + w_j^*$ 。设 R_1 占 w_j 的比例为 f，则 w_j^* 的占比为 $1-f$。在均衡时，间接生产和直接生产的劳动报酬必然相等，则 $w_j^* = (1-f)w_j = (1-f)w_i l_j = w_i$ ，由此可以求出 $f = \frac{l_j - 1}{l_j}$，并得到 $R_1 = fw_j = \frac{l_j-1}{l_j}(1-\alpha)k_i^{\alpha}l_j = (1-\alpha)(l_j-1)k_i^{\alpha}$ ，根据均衡时 $R_1 = R_2 = R_3 = R$ ，最终可知：$k_i = \frac{\alpha}{(1-\alpha)(l_j-1)}$，$R = \alpha^{\alpha}(1-\alpha)^{1-\alpha}(l_j-1)^{1-\alpha}$，$w_i = \alpha^{\alpha}(1-\alpha)^{1-\alpha}(l_j-1)^{-\alpha}$ 。

2. 资本分配和参与中间产品生产的人数

根据前面的推导，我们可以得到 $1-\gamma$ 的表达式：$1-\gamma = (1-\alpha)K - \frac{\alpha}{l_j-1}$，令其等于 0，即可得到资本存量的临界值 $K^* = \alpha/[(1-\alpha)(l_j-1)]$ 。$K^* = k_i$ ，表明当要素报酬实现均衡时，资本存量

的临界值即为直接与单位劳动结合生产最终产品的资本量。当 $K < K^*$ 时，将不会有人参加中间产品生产。此时，根据生产函数 $y_i = k_i^{\alpha}$，令消费增长率 $g_C = \partial Y/\partial K - \rho = \alpha K^{\alpha-1} - \rho = 0$，即可得到稳态资本存量 $K' = [\alpha/\rho]^{1/(1-\alpha)}$。而当 $K^* > K'$ 时，经济将不会采取中间产品生产技术，因为此时资本参加最终产品生产的报酬大于参加中间产品生产的报酬。此外，我们还可推导出，当经济中只有间接生产方式即 $1 - \gamma = 1$ 时的临界资本存量：$K_T = K^* + \dfrac{1}{1-\alpha}$。

3. 经济增长的三个阶段

当 $K^* \leqslant K'$ 时，经济增长将表现出三个不同阶段。

第一阶段是 $K < K^*$ 时，经济中将不会采取中间产品生产技术，此时 $Y = \int_0^1 k_i^{\alpha} di = K^{\alpha}$，消费增长速度为 $g_C = \alpha K^{\alpha-1} - \rho$。

第二阶段是 $K \geqslant K^*$ 时，经济采纳中间产品生产技术，此时，最终产品产量为：

$$Y = \int_0^{\gamma} k_i^{\alpha} di + \int_{\gamma}^1 k_j^{\alpha} l_j^{1-\alpha} dj = \alpha^{\alpha}(1-\alpha)^{1-\alpha}(l_j - 1)^{-\alpha}[1 + (l_j - 1)K]$$

这是典型的 AK 生产函数，所以，经济增长必然保持不变，且消费、资本和产量增长率也必然相同：$g_Y = g_K = g_C = R - \rho = \alpha^{\alpha}(1-\alpha)^{1-\alpha}(l_j - 1)^{1-\alpha} - \rho$。

第三阶段是 $K \geqslant K_T$ 时，所有当事人都参与中间产品生产，资本 K 分为两部分：一是同劳动结合生产中间产品 $K_1 = 1$；二是同中间产品结合生产最终产品 $K_3 = \int_0^1 k_j dj$。产量为 $Y = \int_0^1 k_j^{\alpha} l_j^{1-\alpha} dj = [K-1]^{\alpha} l_j^{1-\alpha}$，消费增长率为 $g_C = R_3 - \rho = \alpha[K-1]^{\alpha-1} l_j^{1-\alpha} - \rho$。

（二）假设在不确定环境下

假设不确定性仅来自于中间产品生产技术，即：$\tilde{l}_j = \begin{cases} h, \text{依概率 } \pi \\ 1, \text{依概率 } 1-\pi \end{cases}$，从上式可知，$E\tilde{l}_j = 1 + \pi(h-1) > 1$。再考虑当事人的劳动工资。考虑个人劳动禀赋的所有性质，可以合理假设劳动禀赋所有者将不会因中间产品生产的失败而遭受损失，因为即使失败的当事人所获得的 1 单位中间产品仍是属于自己的劳动禀赋，仍然能够通过与资本结合的方式生产最终产品。因此，在不确定环境下，劳动的工资有：$\tilde{w}_i = \begin{cases}(1-f)w_ih, \text{依概率 } \pi \\ w_i, \text{依概率 } 1-\pi\end{cases}$，其中 f 的定义如前，w_ih 则是中间产品生产成功后，从最终产品生产中获得的报酬。由于劳动者不可剥夺的劳动能力，因此经济当事人将表现为风险中性。由此可知：$f=(h-1)/h$。最后考虑资本报酬。假设中间产品生产失败后资本无法在当期参与最终产品生产，因此，资本报酬表现如下：$\tilde{R}_1 = \begin{cases}fw_ih, \text{依概率 } \pi \\ 0, \text{依概率 } 1-\pi\end{cases}$。

二 技术演进模型的金融结构优势分析与“互嵌耦合”效应

（一）经济发展初级阶段（落后经济体）

在经济发展的初级阶段，准确地说是在区域经济合作圈中经济金融发展层次较低的经济体，在开始的时候，其新技术或新的工艺并不为人所熟知，市场型结构对于新技术的认知程度与投资风险相伴，分歧较大，但是，随着技术的推广，人们在信念上的差异因为外部信息增多而逐渐趋同，这时，银行导向结构在信息搜寻、处理成本上的规模优势将逐渐表现出来，这时的银行类机构才开始愿意支持这类项目。

1. 新技术推广中的三个关键概率

当新技术只有少数人应用，即 $1-\gamma<1/2$ 时，多数投资者认为此项技术成功的希望不大，设其先验概率为 $1-\gamma$；少数投资者认为此项技术成功的希望较大，则其先验概率为 γ。因此，成功的真实概率是：

$$\pi_1 = \gamma(1-\gamma)+(1-\gamma)\gamma = 2\gamma(1-\gamma) \tag{1.1}$$

同理，当新技术被多数人应用时：

$$\pi_2 = (1-\gamma)(1-\gamma)+\gamma\cdot\gamma = (1-\gamma)^2+\gamma^2 \tag{1.2}$$

当新技术在推广的过程中，投资者意见分歧的程度也会发生变化，当 $1-\gamma<1/2$ 时，意见一致的概率为：

$$\beta_1 = \frac{\gamma(1-\gamma)}{\pi_1}\gamma+\frac{(1-\gamma)\gamma}{\pi_1}(1-\gamma) = \frac{1}{2} \tag{1.3}$$

当 $1-\lambda\geqslant 1/2$ 时，意见一致的概率为：

$$\beta_2 = \frac{(1-\gamma)(1-\gamma)}{\pi_2}(1-\gamma)+\frac{\gamma\times\gamma}{\pi_2}\gamma = \frac{1-3\gamma+3\gamma^2}{(1-\gamma)^2+\gamma^2} \tag{1.4}$$

2. 少数人参与的技术推广模型

我们首先讨论在技术推广初期，只有少数人参与新技术生产的情况，即 $1-\gamma<1/2$ 的情况。在这一时期，两种金融结构会有不同的决策倾向。风险投资机构（天使投资）会选择这类技术投资，对于市场主导型金融结构的需求明显，但是在这一阶段或是在这些发展水平较低的经济体中，金融结构却以银行主导为主体，市场化因素较低，如果没有区域金融合作，新技术的推广就较难。

（1）关于市场导向结构

在市场导向结构中，资本拥有者从中间品生产中获得的报酬 l_j 为由 π_1 决定的 $E\tilde{l}_j$。因此，其净报酬是：

$$R_1^M = w_i(E\tilde{l}_j - 1) - c = w_i\pi_1(h-1) - c \tag{1.5}$$

其中，c 为信息成本，并且 $c=\sigma w_i\pi_1(h-1)$，其中，σ 为小于 1 的正数，式 1.5 表示信息成本随着投资回报而递增。根据均衡条件，必然有 $R_1^M = R$，则结合基础模型的推导结果可得：

$$R/w_i = (1-\sigma)\pi_1(h-1) = 2(1-\sigma)\gamma(\gamma-1)(h-1) \tag{1.6}$$

代入基础模型中 R_2 和 w_i 的表达式可得：

$$k_i = \frac{\alpha}{1-\alpha} \times \frac{1}{2(h-1)(1-\sigma)\gamma(1-\gamma)} \tag{1.7}$$

事后资本无法参与最终产品生产，事后资本与劳动或中间产品结合的资本为 $K-(1-\gamma)$。[1]因此有：

$$K-(1-\gamma) = \int_0^{\gamma+(1-\gamma)(1-\pi_1)} k_i di + \int_{\gamma+(1-\gamma)(1-\pi_1)}^1 k_j dj = [\gamma+(1-\gamma)(1-\pi_1)]k_i + [1-\gamma-(1-\gamma)(1-\pi_1)]hk_i = [1+(1-\gamma)\pi_1(h-1)]k_i \tag{1.8}$$

由于 $k_i = \dfrac{K-(1-\gamma)}{1+2\gamma(1-\gamma)^2(h-1)}$，最后，可得：

$$K^M = \frac{1-\sigma+\alpha\sigma}{(1-\alpha)(1-\sigma)}(1-\gamma) + \frac{\alpha}{1-\alpha} \times \frac{1}{2(h-1)(1-\sigma)\gamma(1-\gamma)} \tag{1.9}$$

---

① 依据大数定律，这部分资本事后被分为三个部分：一是同没有参与中间产品生产的劳动相结合的部分；二是与参与中间产品生产但失败的劳动相结合的部分；三是同参与成功生产出的中间产品相结合的部分。

$$g_C{}^M = R - \rho = \alpha^\alpha(1-\alpha)^{1-\alpha}(h-1)^{1-\alpha}(1-\sigma)^{1-\alpha}[2\gamma(1-\gamma)]^{1-\alpha} - \rho \quad (1.10)$$

（2）关于银行导向结构

银行中介机构作为一个“受托资本组合管理者”能够长期存在，必然是意见分歧程度和信息成本相匹配的某种均衡结果。在银行导向结构下，信息成本设为零，银行外的其他人均为不知情者，因此，新技术成功概率可以从不知情者的后验概率中得出，预期报酬为 $R_1{}^I = \beta_1\pi_1 w_i(h-1) = \gamma(1-\gamma)w_i(h-1)$，根据均衡的条件，必然有 $R_1{}^M = R_2 = R$，得 $k_i = \frac{\alpha}{1-\alpha} \times \frac{1}{\gamma(1-\gamma)(h-1)}$，$R/w_i = (1-\sigma)\pi_1(h-1) = \gamma(1-\gamma)(h-1)$。

同样，代入 R_2 和 w_i 得 $k_i = \frac{\alpha}{1-\alpha} \times \frac{1}{\gamma(1-\gamma)(h-1)}$。而银行导向结构的事后资本分配跟市场导向结构是一样的，因此，可最终得到银行导向结构下的资本表达式以及消费增长率：

$$K^I = \frac{(1+\alpha)(1-\gamma)}{1-\alpha} + \frac{\alpha}{1-\alpha} \times \frac{1}{\gamma(1-\gamma)(h-1)} \quad (1.11)$$

$$g_C{}^I = R - \rho = \alpha^\alpha(1-\alpha)^{1-\alpha}(h-1)^{1-\alpha}[\gamma(1-\gamma)]^{1-\alpha} - \rho \quad (1.12)$$

根据以上分析，当 $\sigma < 1/2$ 时，根据 $K^M - K^I$ 可知，在同等资本存量水平下，市场导向结构下参与新技术的人多于银行导向结构下的人数，或者换句话说，在同样参与人数下，市场导向结构下所需达到的资本存量少于银行导向结构下的资本存量；同时，在此条件下，可证明 $g_C{}^M > g_C{}^I$。由此可知，在新技术推广初期，市场导向结构优于银行导向结构。但是，在经济落后的经济体中，由于形成银行主导的金融结构，因此对于新技术推广的金融支持能力有限，参与区域金融合作，利用其他地区市场化金融结构取得融资便利已是大势所趋。

3. 多数人参与的技术推广模型

在讨论了少数人参与新技术生产的基础上，我们进一步讨论随着新技术的推广，参与新技术生产的人数逐渐变多的情况，即 $1-\gamma > 1/2$ 的情况。在进一步发展过程中，权益型融资需求应该更容易得到满足，但是如果没有发达的金融市场，没有发达的以市场主导型金融结构为典型特征的金融体系，就会对新技术的进一步推广形成阻碍。而在一个落后的经济体内，建设发达的金融市场并不是件容易的事，参与区域金融合作就成为理性选择。

（1）关于市场导向结构

在这里，我们假设信息成本占投资毛报酬的一个固定比例，则中间产品的投资报酬为：$R_1{}^M = w_i(h-1)\pi_2(1-\sigma)w_i(h-1)[(1-\gamma)^2+\gamma^2](1-\sigma)$，再根据 $R_1{}^M = R$，以及 R、w_i 的表达式可以得出：$k_i = \frac{\alpha}{(1-\alpha)(h-1)[(1-\gamma)^2+\gamma^2](1-\sigma)}$，根据资本分配公式 $K-(1-\gamma) = \gamma k_i + (1-\gamma)k_i[1+\pi_2(h-1)]$，可以得出：$k_i = \frac{K-(1-\gamma)}{1+[(1-\gamma)^2+\gamma^2(1-\gamma)](h-1)}$，结合 k_i 的两个表达式可以得到：

$$K^M = \frac{\alpha}{1-\alpha} \times \frac{1}{(h-1)(1-\sigma)[(1-\gamma)^2+\gamma^2]} + (1-\gamma) + \frac{\alpha(1-\gamma)}{(1-\alpha)(1-\sigma)} \tag{1.13}$$

$$g_C = R-\rho = \alpha^\alpha(1-\alpha)^{1-\alpha}(h-1)^{1-\alpha}[(1-\gamma)^2+\gamma^2]^{1-\alpha}(1-\sigma)^{1-\alpha}-\rho \tag{1.14}$$

（2）关于银行导向结构

在银行导向结构下的中间产品投资报酬为：$R_1{}^I = \beta_2\pi_2 w_i(h-1) = (1-3\gamma+3\gamma^2)w_i(h-1)$，由 $R_1{}^I = R$ 可得 $k_i = \frac{\alpha}{1-\alpha} \times \frac{1}{(1-3\gamma+3\gamma^2)(h-1)}$，根据资本分配公式可得 k_i 的另一个表达式，因此进一步可得：

$$K^I = \frac{\alpha}{(1-\alpha)(h-1)(1-3\gamma+3\gamma^2)} + (1-\gamma) + \frac{\alpha[(1-\gamma)^2+\gamma^2](1-\gamma)}{(1-\alpha)(1-3\gamma+3\gamma^2)} \tag{1.15}$$

$$g_C = R-\rho = \alpha^\alpha(1-\alpha)^{1-\alpha}(h-1)^{1-\alpha}(1-3\gamma+3\gamma^2)^{1-\alpha}-\rho \tag{1.16}$$

根据以上分析，在 $1-\gamma \geqslant 1/2$ 的条件下，当 $\sigma < \frac{\gamma(1-\gamma)}{(1-\gamma)^2+\gamma^2}$ 时，$K^M < K^I$，$g_C{}^M > g_C{}^I$；当 $\sigma > \frac{\gamma(1-\gamma)}{(1-\gamma)^2+\gamma^2}$ 时，$K^M > K^I$，$g_C{}^M < g_C{}^I$；当 $\sigma = \frac{\gamma(1-\gamma)}{(1-\gamma)^2+\gamma^2}$ $K^M = K^I$ 时，$g_C{}^M = g_C{}^I$。

4. 市场导向结构与银行导向结构在技术推广阶段的耦合效应

由以上分析可知，在新技术参与人数 $1-\gamma < 1/2$ 阶段，无论是技术推广速度、资本投入量，还是经济增长速度，市场导向结构都优于银行导

向结构；而随着技术的推广，当新技术参与人数 $1-\gamma \geqslant 1/2$ 时，由于意见分歧程度不断下降，信息成本被众多当事人分摊，不需要为降低信息成本而出现过度的资本积累，因此，银行导向型在资本投入以及增长速度方面都优于市场导向结构，体现了银行导向结构在技术推广后期的优越性，以及集体行动在后期更能够体现个体行为的正外部性。因此，在金融合作过程中，考虑两种金融结构的合作可以加快新技术的推广，同时保持经济的快速增长。

当金融市场逐步实现一体化时，两种金融结构将打破地区的界限，进而在同一个金融市场上出现更多的选择。在经济生产面临新技术的推广时，经济当事人面临着两种选择：一是采取市场化的方式进行生产，自己搜集信息并承担信息成本的支出；二是选择集体化行动，委托金融中介机构搜集信息。在此，假设当事人可根据自己的需要任意选择这两种方式中的一种。则在新技术推广的初始阶段，当新技术参与人数 $1-\gamma < 1/2$ 时，由于市场化条件下新技术推广的资本要求较低，当事人会选择市场化方式进行生产；随着新技术被越来越多的人所采用，当 $1-\gamma \geqslant 1/2$ 时，集体化的生产方式开始显示出后发优势，过度资本积累现象不再出现，其技术推广的资本要求开始低于自主化的市场生产方式，因此，当事人越来越多地加入集体化行动中来，通过银行搜集信息，进而从事新技术生产。而在此过程中，根据前面的分析结果可知，在两个阶段里经济将始终以两种生产方式中较优的速度增长，进而在整个技术推广阶段达到优于原来任何一种生产方式的经济增长率。

（二）经济成长阶段（发展中经济体）

在经济成长阶段，经济金融化程度逐渐加深，新技术推广变得更加容易，对于新技术和新产品的认知程度日趋提高。在技术传播阶段对于金融结构的要求及其支撑作用较上一阶段有了明显变化，对于市场化金融结构的需求相对下降，而对于银行主导型金融结构的需求则上升。

继续沿用以前的假设，在中间产品生产过程中，当事人可能进入两种状态：低易变状态和高异变状态，概率分别为 θ_i 以及 $1-\theta_i$ 。如果进入低易变状态，则当事人可能面临两种结果：成功的以概率 π 生产出 h 单位中间品；失败后只拥有一单位劳动禀赋。而如果当事人进入高异变状态，则面临两种选择：进行中间产品生产；偷懒，使得在不受损失的情况下增加自身效用 N ，并以最终产品表示效用增加幅度。在这里，θ_i 实际上就是不发生道德风险的概率。在高异变状态下，当事人是否会发生道德风险取决于经济中是否存在克服道德风险的机制。这里，我们设当事人偷懒的效用随着工资水平的上升而上升，即 $N = z\pi w_i$，$0 \leqslant z \leqslant 1$。同时，假设参与中间产品生产的技术融资利率为 γ_i。则一开始当事人的预期利润为：

$$E_i = \theta_i\{\pi[w_i(h-1) - r_i]\} + (1-\theta_i)N = \pi w_i[(h-z-1)\theta_i + z] - \theta_i\pi r_i \tag{1.17}$$

在竞争条件下，令预期利润为零，则可得：$r_i = w_i\left[(h-z-1)+\frac{z}{\theta_i}\right]$，则投资者从当事人处可获得的预期报酬为：$R_{i1} = \theta_i\pi r_i = \pi w_i[(h-z-1)\theta_i + z]$。由于竞争关系，投资者的预期报酬是由一系列拥有不同 θ_i 的当事人中 θ_i 最小的那个人决定的，在此设 $\theta_{i\min} = \hat{\theta}$，则 $1-\gamma = 1-\hat{\theta}$。由此可知，中间产品贷款均衡利率为：$r = w_i\left[(h-z-1)+\frac{z}{\hat{\theta}}\right]$，投资者预期报酬为：$R_1 = \pi w_i[(h-z-1)\hat{\theta}+z]$。当 $\theta_i > \hat{\theta}$ 时，当事人会获得融资合约租金，然而，此租金无法防止道德风险的发生。假设当事人进入高异变状态，则如果进行中间产品生产，则预期利润为：$\pi[w_i(h-1)-r] = \pi\left\{w_i(h-1) - w_i\left[(h-z-1)+\frac{z}{\hat{\theta}}\right]\right\} = \pi w_i\left(z - \frac{z}{\hat{\theta}}\right)$。

如果选择偷懒，则效用增加额 $N = z\pi w_i$，$0 \leqslant z \leqslant 1$。而前者大于后者的条件是 $z \leqslant 0$，因此，只要偷懒的好处存在，则金融交易租金无法防止出现道德风险。由此，我们进一步分析道德风险环境下技术传播与经济增长的关系。根据均衡条件 $R_1 = R$，以及 R 和 w_i 的表达式，可以得到：$k_i = \frac{\alpha}{(1-\alpha)\pi[(h-z-1)\hat{\theta}+z]}$，偷懒的好处使高异变状态下的当事人必然选择偷懒，考虑资本分配可得：$K-(1-\hat{\theta}) = \hat{\theta}k_i + k_i\int_{\hat{\theta}}^{1}[1+\theta_i(E\tilde{l}-1)]d\theta_i$，进而得到：$k_i = \frac{K-(1-\hat{\theta})}{1+(1-\hat{\theta}^2)(E\tilde{l}-1)/2}$，因此可得：

$$K = (1-\hat{\theta}) + \frac{\alpha(1-\hat{\theta}^2)(h-1)}{2(1-\alpha)[(h-z-1)\hat{\theta}+z]} + \frac{\alpha}{(1-\alpha)\pi[(h-z-1)\hat{\theta}+z]} \quad (1.18)$$

最后得到经济在达到稳态之前的增长速度为：

$$g_C = R - \rho = \alpha^{\alpha}(1-\alpha)^{1-\alpha}\pi^{1-\alpha}[(h-z-1)\hat{\theta}+z]^{1-\alpha} - \rho \quad (1.19)$$

1. 银行导向结构

这里假设两家银行 X 、Y 分别负责对最终产品以及中间产品发放贷款。由于在银行的监督下，借款人无法偷懒，因此，当事人均为同质当事人。在竞争的关系下借款人的预期利润为零，进而得到中间贷款利率 $r = w_i(h-1)$ ，设 Y 银行监督成本为 $c = \beta[1-(1-\gamma)]w_i(E\tilde{l}-1)$ ，由此可知，银行的监督成本随着贷款人数 $1-\gamma$ 增加而下降，当 $1-\gamma=0$ 时，银行的监督成本最大；当 $1-\gamma=1$ 时，银行的监督成本降为0，由此可得 Y 银行的预期利润为：

$$R^Y = \pi\gamma - c = \pi w_i(h-1) - c = (1-\beta\gamma)w_i(E\tilde{l}-1) \quad (1.20)$$

进而得到：$R/w_i = (1-\beta\gamma)(E\tilde{l}-1)$ ，$k_i = \frac{\alpha}{1-\alpha} \times \frac{1}{E\tilde{l}-1} \times \frac{1}{1-\beta\gamma}$，同时根据资本分配可得到另一个 k_i 的表达式：$k_i = \frac{K-(1-\gamma)}{1+(1-\gamma)(E\tilde{l}-1)}$ ，由此得到资本存量表达式：

$$K = 1-\gamma + \frac{K^*}{1-\beta\gamma} + \frac{\alpha}{1-\alpha} \times \frac{1-\gamma}{1-\beta\gamma} \quad (1.21)$$

同时，经济增长率可表示为：

$$g_C = R - \rho = \alpha^{\alpha}(1-\alpha)^{1-\alpha}(E\tilde{l}-1)^{1-\alpha}(1-\beta\gamma)^{1-\alpha} - \rho \quad (1.22)$$

在这里，当 $\gamma = 0$ 时，经济增长率的公式就跟信息对称情况下是一致的，因此，银行导向型金融结构在技术采纳的初始阶段，更接近于信息对称情况。

2. 市场导向结构

在市场导向结构下，假设只有一家银行为中间技术提供贷款，其他由金融市场解决。在金融市场上，投资者了解企业家的类型，因此将首先为 $\theta_i = 1$ 的企业融资。投资者的竞争使得融资利率由 θ_i 最低的企业决定。因此，当且仅当投资者的市场投资收益大于银行发放第一笔贷款收益时，投资者才会选择通过金融市场直接提供融资，具体表达式如下：$\pi w_i[(h-z-1)\theta_i+z]>(1-\beta\gamma)w_i\pi(h-1)$，经简化得：$(1-z)\theta_i+z>1-\beta$，由此可得到能够在市场上获得融资的"边际"企业家 $\theta'=\frac{(1-\beta\gamma)(h-1)-z}{h-z-1}$。由于 $\hat{\theta}=0$ 时将不会产生银行融资，因此银行存在的必要条件为 $\hat{\theta}>0$，即 $z<1-\beta$，因此，可将经济分为两个阶段：当 $1-\gamma=1-\hat{\theta}<1-\theta'$ 时，在市场导向结构下只有金融市场为企业提供融资，此时中间产品投资收益为 $R_1=\hat{\theta}\pi r_i=\pi w_i[(h-z-1)\hat{\theta}+z]$，由此可得 k_i 的一个表达式 $k_i=\frac{\alpha}{1-\alpha}\times\frac{1}{\pi[(h-z-1)\hat{\theta}+z]}$。由于租金无法防止道德风险，经分析得到 k_i 的另一个表达式：$k_i=\frac{K-(1-\hat{\theta})}{1+(1-\hat{\theta}^2)(E\tilde{l}-1)/2}=\frac{K-(1-\hat{\theta})}{1+(1-\hat{\theta}^2)\pi(h-1)/2}$，结合两个 k_i 表达式，得到：

$$K=1-\hat{\theta}+\frac{\alpha}{1-\alpha}\times\frac{1}{\pi[(h-z-1)\hat{\theta}+z]}+\frac{\alpha}{2(1-\alpha)}\times\frac{(1-\hat{\theta}^2)(h-1)}{(h-z-1)\hat{\theta}+z}\tag{1.23}$$

比照银行导向结构下的资本存量，可以发现较之银行导向结构，市场导向结构更容易采纳新技术。此外，比照经济增长率：$g_C=R-\rho=\alpha^{\alpha}(1-\alpha)^{1-\alpha}\pi^{1-\alpha}[(h-z-1)\hat{\theta}+z]^{1-\alpha}-\rho$ 可知，由于租金的存在，市场导向结构的经济增长率较慢。当 $1-\gamma\geqslant1-\hat{\theta}$ 时，通过市场融资的人数会逐渐下降，银行贷款比例提高。总融资人数为 $1-\gamma$，通过市场融资的人数为 $1-\theta'$，因而通过银行中间融资的人数为 $(1-\gamma)-(1-\theta')=\theta'-\gamma$。此时，银行的监督成本为 $c=\beta[1-(\theta_i-\gamma)]w_i(E\tilde{l}-1)$，银行贷款收益为 $E^{bank}=\pi\gamma-c=\{1-\beta[1-(\theta_i-\gamma)]\}w_i(E\tilde{l}-1)$。在市场导向结构下，银行只

能从$\hat{\theta}$开始发放第一笔贷款，而在银行导向结构下，银行可以为任意θ_i发放贷款，但二者的银行贷款规模扩张是一样的，因此在$1-\gamma \geqslant 1-\hat{\theta}$时，市场导向结构的经济增长率将遵循银行导向结构的经济增长。

3. 市场导向结构与银行导向结构的耦合效应

在银行导向结构下，可能由于一开始监督成本过大而导致无法采纳新技术，而技术一旦能够采用，则增长速度接近于信息对称状况，能有效防范出现道德风险；在市场导向结构下，采纳技术的起始阶段跟信息对称状况一致，但随着融资模式的转换，金融市场容易落入信息不对称的陷阱，且融资模式的转换速度取决于偷懒好处的下降速度。若偷懒好处下降缓慢，容易导致技术传播和经济增长速度变得缓慢。而当两个不同金融结构的市场合作成为同一市场后，最直接的表现即为监管的完备性增强。在市场导向结构下新技术较容易被传播采纳，但是由于偷懒好处的存在而容易落入信息不对称的陷阱。银行导向结构的引入使得市场内银行监管的规模经济优势增强，偷懒较之前开始变得困难，偷懒的机会成本增加了，相对而言，偷懒的好处减少了。模型中直接表现为z的下降进而导致N的下降。由于z的下降，$\theta' = \frac{(1-\beta\gamma)(h-1)-z}{h-z-1}$增大，则市场导向结构下的融资模式转换条件变得宽松了，即在$1-\gamma \geqslant 1-\hat{\theta}$的条件下，市场直接融资的要求变高了，融资模式的转换速度加快了，银行中介机构能够较快地加入技术推广过程中，进一步发挥其监管的规模经济优势。在此，设想一种极端情况。当金融合作所带来的监管正效应足够强的时候，在给$\theta_i=1$的企业融资后偷懒的好处立即下降，使得市场融资收益低于银行第一笔贷款收益，解决了银行贷款的技术启动问题，同时发挥了银行监管的规模经济优势。

（三）经济稳定发展阶段（成熟经济体）

在成熟经济体或是经济发展水平比较高的地区，得到广泛推广的技术还存在进一步改进至成熟的必要，而技术改进的不确定性将导致事前投、融资双方无法就技术项目投资签订完备合约，关系融资①的优势开始体现

① 这里，我们将融资方式分为知情再融资、不知情再融资和不知情无再融资，并将知情融资叫作“关系融资”，将不知情融资叫作“距离融资”。在技术改进阶段，银行导向型结构中的“关系”更为普遍持久，进而其技术改进能力将大于倾向于保持距离的市场导向结构；而当技术日臻成熟至维持关系的成本大于收益时，“距离融资”的市场导向结构将更具优势。

出来。投资按以下过程进行：在初始时刻，投资者拥有一单位初始资本。项目能否成功将在下一时期揭示，并取决于项目本身的技术条件以及此间是否产生冲击。若产生冲击则项目必然失败，在这里设外生冲击概率为 $1-\varphi$；若不产生外生冲击则项目成功与否取决于自身的技术条件，要么依概率 π 成功生产 $h>1$ 单位的中间产品，要么依概率 $1-\pi$ 失败后，额外获得1单位资本再融资生产 $h>1$ 单位的中间产品，或者无法获得再融资而只获得不可剥夺的1单位劳动禀赋。在这里，技术改进的成功概率随新技术参与人数的增多而增加，即 $\pi=1-\gamma$，在项目失败后无再融资的情况下，除去劳动工资，企业家的预期利润 $\varphi\{\pi[w_i(h-1)-\gamma]\}=\varphi\pi w_i(h-1)-\varphi\pi\gamma$，在这里 γ 表示1单位资本的利息。而在有再融资的情况下，预期利润为 $\varphi\{w_i[\pi h+(1-\pi)h]-w_i-L\}=\varphi w_i(h-1)-\varphi L$。在这里，$L$ 包括前1单位资本以及再融资资本的利息收入。当参与中间产品生产技术的人数 $1-\gamma<1$ 时，由于竞争的存在而使得企业家只获得经济中的均衡工资，预期利润为0。于是有 $\gamma=L=w_i(h-1)$。在以上分析的基础上，进一步分析三种融资方式的利润率。首先考虑无再融资情况，由于只有1单位资本投入，则无再融资利润率 $R_1=\varphi\pi w_i(h-1)$。

接下来分析知情状态下的再融资。在此，投资人在支付了信息成本 c 后，可以了解其间是否发生了外生冲击，并据此进行再融资决策。因此，在初始时刻，投资者的预期资本投入为：$\varphi\pi\times1+\varphi(1-\pi)\times2+(1-\varphi)\times1=1+\varphi(1-\pi)$，假设信息成本与投资毛利润率存在一个固定的比例关系，即 $c=b\frac{\varphi L}{1+\varphi(1-\pi)}, 0<b<1$，则预期利润率为 $R_1{}^{I}=\frac{\varphi L}{1+\varphi(1-\pi)}-c=\frac{(1-b)\varphi w_i(h-1)}{1+\varphi(1-\pi)}$。

最后分析不知情状态下的再融资。由于投资者不知道项目期间是否产生了冲击，投资者的投资决策取决于后验概率。而项目失败的后验概率为：$P_s=\frac{1-\varphi}{1-\varphi\pi}$，进而得到再融资预期收入：$\varphi\pi L+(1-\varphi\pi)(1-P_s)L+(1-\varphi\pi)\times0=\varphi L$，事前预期投入资本为：$\varphi\pi\times1+\varphi(1-\pi)\times2+(1-\varphi)\times2=2-\varphi\pi$，因此，最终得到不知情状态下的预期利润率为 $R_1{}^{NI}=\frac{\varphi w_i(h-1)}{2-\varphi\pi}$。在以上分析的基础上，我们进一步分析投资者选择

融资方式的条件。根据简单计算可知，与不知情无再融资情况相比，投资者选择知情再融资的条件为：$M = \varphi\pi^2 - (1+\varphi)\pi + 1 > b$，选择不知情再融资的条件为：$N = \varphi\pi^2 - 2\pi + 1 > 0$。可以证明，$N = 0$ 较小的根 $\pi_2 = \frac{1-\sqrt{1-\varphi}}{\varphi} < 1$。而只有当 $\pi < \pi_2$ 时，投资者才会选择不知情再融资。这是因为技术成功率越高，项目失败的原因就越有可能是外部冲击，再融资失败的可能性就越大。此外，比较不知情两种再融资的利润率可知，知情再融资优于不知情再融资的条件是：$b < b^* = \frac{1-\varphi}{2-\varphi\pi}$。

1. 银行导向结构下的技术改进

根据前面的分析可知，道德风险监督成本为 $b^M = \beta[1-(1-\gamma)] = \beta\gamma$，而由于信息价值随着技术成功率的上升而提高，即信息成本也由此提高，因此，信息成本可表示为：$b^I = \sigma P_s = \sigma\frac{1-\varphi}{1-\varphi(1-\gamma)}, 0 < \sigma < 1$，根据经济均衡条件 $R = R_1{}^I$，可得：$\frac{R}{w_i} = \frac{(1-b)\varphi(h-1)}{1+\varphi\gamma}$。再根据 $\pi = 1-\gamma$，则可得到：$k_i = \frac{\alpha}{1-\alpha} \times \frac{1+\varphi\gamma}{(1-b)\varphi(h-1)}$。根据事后资本分配公式：$K-(1-\gamma)(1+\varphi\gamma) = \int_0^{\gamma} k_i di + \int_{\gamma}^{1} (1-\varphi)k_i di + \int_{\gamma}^{1} \varphi h k_i di$ 可得：$k_i = \frac{K-(1-\gamma)(1+\varphi\gamma)}{1+(1-\gamma)\varphi(h-1)}$，最终可得资本存量表达式：

$$K^I = (1-\gamma)(1+\varphi\gamma) + \frac{\alpha(1+\varphi\gamma)}{(1-\alpha)(1-b)\varphi(h-1)} \times [1+(1-\gamma)\varphi(h-1)] \tag{1.24}$$

而经济增长率则为：

$$g_C = \alpha^{\alpha}(1-\alpha)^{1-\alpha}[(1-b)\varphi(h-1)]^{1-\alpha}\left(\frac{1}{1+\varphi\gamma}\right)^{1-\alpha} \tag{1.25}$$

2. 市场导向结构下的技术改进

（1）在不知情再融资情况下

根据 $R_1{}^{NI}$ 表达式以及经济均衡条件可得：$\frac{R}{w_i} = \frac{\varphi(h-1)}{2-\varphi(1-\gamma)}$，由此可得到 k_i 的表达式：$k_i = \frac{\alpha}{1-\alpha} \times \frac{2-\varphi(1-\gamma)}{\varphi(h-1)}$。在市场导向结构下，事后资

本的分配跟银行导向结构一样，因此可得：$K-(1-\gamma)[2-\varphi(1-\gamma)]=\int_0^{\gamma}k_i di+\int_{\gamma}^{1}(1-\varphi)k_i di+\int_{\gamma}^{1}\varphi h k_i di$，由此可得 k_i 的另一个表达式：$k_i=\dfrac{K-(1-\gamma)[2-\varphi(1-\gamma)]}{1+(1-\gamma)\varphi(h-1)}$，因此，资本存量表达式为：

$$K_{NI}{}^{M}=\frac{(1-\gamma)[2-\varphi(1-\gamma)]}{1-\alpha}+\frac{\alpha[2-\varphi(1-\gamma)]}{(1-\alpha)\varphi(h-1)} \tag{1.26}$$

（2）在不知情无再融资情况下

根据 R_1 表达式及均衡条件 $R/w_i=\varphi(1-\gamma)(h-1)$ 可得：$k_i=\dfrac{\alpha}{1-\alpha}\times\dfrac{1}{\varphi(1-\gamma)(h-1)}$。又根据事后资本分配公式 $K-(1-\gamma)=\int_0^{\gamma}k_i di+\int_{\gamma}^{1}[(1-\varphi)+\varphi\gamma]k_i di+\int_{\gamma}^{1}\varphi(1-\gamma)hk_i di$，则可以得出 $k_i=\dfrac{K-(1-\gamma)}{1+\varphi(1-\gamma)^2(h-1)}$，则资本存量公式为：$K_M=\dfrac{1-\gamma}{1-\alpha}+\dfrac{\alpha}{1-\alpha}\times\dfrac{1}{\varphi(1-\gamma)(h-1)}$。 (1.27)

（3）考虑技术改进过程中融资模式转换及经济增长率

在不考虑关系融资时，市场导向结构将在 $1-\gamma<\pi_2$ 时采取不知情再融资；当 $1-\gamma=\pi_2$ 时，则转换为不知情无再融资。同时，在 $1-\gamma<\pi_2$ 时的增长率为：

$$g_C=\alpha^{\alpha}(1-\alpha)^{1-\alpha}(h-1)^{1-\alpha}\left[\frac{\varphi}{2-\varphi(1-\gamma)}\right]^{1-\alpha} \tag{1.28}$$

在 $1-\gamma\geqslant\pi_2$ 时增长率为：$g_C=\alpha^{\alpha}(1-\alpha)^{1-\alpha}(h-1)^{1-\alpha}[\varphi(1-\gamma)]^{1-\alpha}$ (1.29)

3. 市场导向结构与银行导向结构的技术改进合作

假设关系融资的关系成本在技术改进初期保持不变或递增，在技术改进中期因规模经济而递减，但无法最终降为0。在技术改进初期，比较银行导向结构下的关系融资以及市场导向结构下的不知情再融资，二者采纳技术的临界资本如下：$K^{I}|_{1-\gamma=0}=\dfrac{\alpha}{1-\alpha}\times\dfrac{1+\varphi}{(1-b)\varphi(h-1)}$，$K_{NI}{}^{M}|_{1-\gamma=0}=\dfrac{2\alpha}{(1-\alpha)\varphi(h-1)}$。由此，当 $b>\dfrac{1-\varphi}{2}$ 时，具有改进前景的新技术更容

易被市场导向结构所接受。又由于关系成本在初期不变甚至递增，因此，在技术改进初期，存在某个$1-\gamma_1$，当$1-\gamma<1-\gamma_1$时，有$K_{NI}{}^{M}<K^{I}$，不知情再融资优于关系融资，此时应利用金融市场实现技术改进。在技术改进中期，根据知情再融资优于不知情再融资的条件$b<b^{*}=\frac{1-\varphi}{2-\varphi\pi}$可知，随着技术改进成功概率$\pi$的逐步增大，知情再融资越来越有可能优于不知情再融资，此时银行中介应该参与到技术改进过程中，应选择关系融资方式。最后在技术改进后期，当$1-\gamma\geqslant\pi_2$时，比较银行导向结构以及市场导向结构g_C可知，由于关系成本的存在，银行导向结构下的经济增长率将低于市场导向结构下的增长率，此时意味着成熟的技术应该走向市场。

总的来说，尽管市场导向结构下也存在关系融资，但是由于监督成本规模经济的存在，这种“关系”显然不如银行导向结构下的“关系”。因此，在金融结构互嵌与融合的背景下，投资者既可以凭借市场导向结构下的不知情再融资以及无再融资优势实现技术改进的起步以及成熟技术的推出，又可以充分利用银行导向结构下的关系融资优势提升技术改进的速度乃至保持经济增长率，进而避免市场导向下因无法判明项目失败原因而导致过多的错误再融资。

第二章

中国—东盟全面金融合作的充分必要条件

从金融支撑角度有效推动中国—东盟全面金融合作尤其关键。然而，在“一带一路”框架下，中国在实现中国—东盟命运共同体这一美好愿景的过程中，必须具备一个能与之相匹配的金融支撑与国际金融合作体系，才能有效实现这一宏伟蓝图。随着日趋紧密的中国与东盟国家间彼此依赖性关系，增强中国—东盟国际金融合作是大势所趋，且迫在眉睫。

第一节　中国—东盟命运共同体建设的金融需求与支撑

无论从动因还是需求来分析，中国都对面向东盟金融双向开放的金融支撑以推进“中国—东盟命运共同体”建设的资金融通有着重要需求。我们应该深入探讨如何塑造一个既适合中国发展又可以服务于“一带一路”倡议和中国—东盟命运共同体愿景的开放型金融支撑体系。在分析中国—东盟金融合作的现状之前，需要先对中国—东盟命运共同体建设相应的金融需求和功能进行分析。下文从金融需求及金融功能两个方面来展开研究。

一　中国—东盟命运共同体建设中对于金融的需求

中国—东盟命运共同体构想是中国领导人统筹国内外局势，高屋建瓴地提出的伟大愿景，对中国以及东盟各国具有现实意义。在此过程中，既有机遇又存在不小的挑战，在把握机遇、克服挑战时需要金融的支撑。基于金融功能观及金融需求的视角，可以分析得出中国建立中国—东盟命运共同体金融支撑体系的目标规划，即要建立起服务于中国—东盟命运共同体战略愿景的金融支撑体系，具体来说，就是要促进中国的金融实现“进得来、出得去、撑得起”的金融双向开放，为“一带一路”建设和中国—东盟金融合作提供保障。经过多年的推动，中国和东盟成员国认识到中国—东盟命运共同体的实现是域内国家的共同愿景，国家间应促进合作，以实现共赢、打造共同的安全区域环境。域内国家拥有各自不同的资源，经济发展程度各异，可通过互补、合作来实现发展。中国—东盟命运共同体对金融的需求可从五个角度进行分析。

第一，域内各国的发展无论从综合实力还是经济与金融方面均存在较大差异，金融政策也各不相同，总体而言，金融支撑力度较弱。要把握和利用好金融支撑在相关国家的五通建设作用，首要的是在各国之间加强金融政策的沟通和协调，从而从政策上使金融成为“一带一路”建设的支撑。

第二，在域内各国中，以发展中国家为多数，经济较为落后，基础设施体系相对较不完善，而建设基础设施需要大量资金做支持，资金的缺乏[①]成为制约中国—东盟命运共同体基础设施建设和公共产品提供的十分关键的因素之一，如何引入资金以解决基础设施建设的资金缺口是一大难题，构建基础设施互联互通的多元化投融资渠道也就显得尤为必要。

第三，中国—东盟命运共同体要拓宽中国与东盟国家之间，东盟国家相互之间的贸易领域，通过对贸易结构进行优化升级，寻找拉动贸易的潜在发展点，实现贸易的平衡。这就对金融提出了要求，要以贸易和服务业的金融需求特点为基础，提供符合其需求的金融服务，促进贸易与服务业的融资便利性。

第四，在中国—东盟命运共同体的推进过程中，企业的跨国经营、投资管理所面临的金融需求与在本国内的经营和投资活动有较大区别，在获得更大获利空间的同时也将承受额外的国际风险，这就要求金融机构和金融服务能满足企业跨国经营、投资管理的需求。

第五，要建立信用体系建设和信用评价体系。信用评价体系对于资金

---

① 根据亚洲开发银行所做的测算，2016—2020 年，除中国外，亚太地区国家在基础设施投资方面的资金需求每年约为 5000 亿美元，但公共和私人部门所能提供的资金总额每年仅为 2000 亿美元，两者相差 3000 亿美元，约占所涉地区国内生产总值的 5%。

融通至关重要，建立形成有效而完整的信用体系，才能更好地进行信用风险控制，推进投融资等金融合作的顺利进行。目前，中国仍缺乏对东盟国家和地区机构及企业的特殊信用评价体系。国际标准普尔指数等对于东盟国家企业或项目并非完全有效和准确，因此构建相应的信用评价标准体系十分迫切和需要。

二　中国—东盟命运共同体建设中金融的功能

首先，从经济外交的角度来看，中国—东盟命运共同体建设已经是中国经济外交战略中的工作重点。[①] 多年来，中国—东盟合作特别是中国东盟自由贸易区建设，使得中国与“一带一路”沿线国家金融经济交往愈发密切，不仅带动了“一带一路”沿线国家的经济发展，同时也为我们扩展了经济发展的空间，而金融作为重要的推动工具，起着重要的支撑作用。

其次，单纯站在经济发展的视角来看，我国经济总体上进入了“新常态”，通过构造完善的金融支撑体系，中国可以在带动“一带一路”沿线国家发展的同时推动国内低端制造业等适时适当地向外部转移，促进产业转型升级，鼓励企业走出去；同时，可以通过参股关键港口、重要公司甚至是国家等方式获得债权，有效地对金融资源及外汇储备等进行全球化配置。

最后，从东盟国家的角度来看，中国所拥有的巨额储蓄及大量的外汇储备可以在一定程度上帮助有需求的国家和地区解决其经济发展困难及资金瓶颈问题。譬如，建设大型的基础设施项目一般对资金有较大需求，且项目的投资回收期也相对较长，若该国国内储蓄匮乏，且由于项目风险而难以获得市场性融资。中国所具备的优势可以较好地帮助解决类似的融资问题，把需要帮助的国家从投资能力欠缺的制约中解救出来。

三　中国—东盟命运共同体建设中的金融支撑

从商业性金融来看，银行体系中的传统商业银行，例如中国工商银行、中国农业银行、中国银行、中国建设银行、交通银行等均已在“一

---

① 聂锐：《中国推进经济外交进程的路径探析——以“一带一路”为例》，《特区经济》2015 年第 7 期。

带一路”沿线国家或地区先后设立分支机构，东盟地区作为“一带一路”倡议的重点区域，也成为中国商业银行开拓“一带一路”海外业务的重点地区。与此同时，东盟国家的金融机构开始逐步进入中国银行间外汇市场。

从政策性金融来看，它从国家特定政策目标出发，基于国家信用，通过整合和配置资源进而建立机制。在全面推进的中国—东盟贸易投资合作中，政策性金融一方面可以反映出政策的导向性以及发展方向和路径，另一方面可以作为商业性金融的前期引导和基础性支撑。此外，政策性金融还可以弥补商业性金融所不能参与或不愿涉及的地方，例如在东盟国家的产业发展、能源资源和基础设施建设等重大项目领域展开金融合作，以及提供金融的配套资源作为金融支撑等。中国农发行和中国进出口银行属于政策性金融机构。中国进出口银行作为丝路基金的资金方之一，从原先的扶持贸易，到如今专门设置投资基金来参加具体项目的扶持与投资，帮助中国的企业“走出去”，也帮助“一带一路”国家“走进来”。

从开发性金融来看，它与政策性金融的不同之处在于它的业务把盈亏考虑在内，同时也符合国家发展战略，以“保本微利”的经营模式进行发展。同时，开发性金融还可以弥补传统商业金融体系的业务空缺部分，例如中长期融资，通过补充和培育市场来发挥特有的功能。国开行属于开发性的国家金融机构，它承担了以国家为主体的大规模对外合作项目的金融支持。金砖国开行、亚洲基础设施投资银行、亚洲开发银行等区域金融机构的先后建立以及中国以参股或作为成员等不同方式积极参与的世界银行、国际货币基金组织、非洲开发银行等国际性金融机构都从金融领域支撑中国—东盟命运共同体建设。

从支撑效果来看，东盟国家及地区金融市场发展水平不均衡，金融基础设施不健全，正是由于这样，中国金融机构虽积极向东盟金融市场进军，但由于许多地区金融基础设施相对落后，未能很好地将先进的金融工具、金融技术等有效运用起来，金融运转效率仍然较低，不利于投融资体系的建设和发展。因此，中国与东盟国家在经济对话合作、货币清算与支付、金融交流合作、新交易合作平台设立等方面签订相关金融协议。从实体经济的合作到金融领域的携手，进行着双向多方位的合作，通过每个国家发挥本国所长，进行优势资源互补，实现双赢。由于中国与东盟国家和地区金融合作运行制度尚未完善，国家与国家间的金融合作虽已进入

“深水区”，但其相关的运行制度还有待进一步构建和完善，使得中国与东盟的金融合作有制度可循，各方面合作可更规范、更深入地发展。

第二节　中国—东盟金融双向开放体系创新

随着经济全球化的推动，金融开放是多国在金融改革或是刺激本国经济发展中所采取的重要举措。如何实现“一带一路”倡议和中国—东盟命运共同体愿景下的中国—东盟金融双向开放，如何重塑中国—东盟命运共同体建设的金融支撑体系，灵活运用金融手段来与他国实现共赢局面，要求中国金融与时俱进，不断完善和发展政府层面的金融合作机制，以开发性金融发展为主导，积极培育商业性金融，进一步建立和完善开发性金融机构。

一　构建中国—东盟金融双向开放体系的总体策略

在“一带一路”倡议和中国—东盟命运共同体建设的愿景下，构建双向开放型的中国—东盟金融体系时间跨度长，且东盟国家综合发展素质参差不齐，想要一步解决到位是不可行的，应该分时期、分步骤、循序渐进地进行，同时要求多层次、全方位地推进。

（一）时间维度

一方面，在时间维度上需要循序渐进，具体可由近及远地推进。近期可进一步推动中国和相关国家的利率以及汇率市场化改革，在实现中国金融与国际金融的利率机制和汇率机制接轨的基础上，适当考虑东盟国家利率和汇率风险的能力和水平；可对应部分东盟国家的现状，逐步考虑放开中国资本项目管制，促进国际资本在中国和东盟国家的相对自由流动，推动人民币东盟化进程的发展，为金融双向开放夯实路基。远期可在风险把控的监管机制下，最终实现中国与东盟国家金融市场双向开放格局。

（二）空间维度

一方面，在空间维度上需要由内而外，具体可由境内向境外逐步进行。从境内来看，中国开放型金融支撑体系自身建设，包括利率汇率市场化、资本项目开放等内容；同时，从国内来看，注重综合运用中国所具备的相对强大的金融实力，形成一个政策性金融、开发性金融、商业性金融和私人资本共享收益与风险的金融支撑体系，特别是增加对开放性金融支撑的发展力度，支持国内中国—东盟合作项目的优先实施。从区域化角度来看，以中国为中心辐射点，逐步实现中国与东盟国家的金融双向开放；从全球化角度来看，以与东盟成员国的金融双向开放为范例，推广至“一带一路”主要经济体，达到中国与国际金融的双向开放。

二 中国—东盟金融双向开放体系构造的具体措施

从国际视角而言，金融已成为中国谋划全球外交地位、参与全球治理以及承担大国责任的重要经济外交手段，我们要促进相关国家的投融资便利。比如通过成立亚洲基础设施投资银行和丝路基金，推进中国—东盟债券市场一体化建设，形成多样化的资本市场，为东盟国家提供投融资便利；在此基础上增加域内国家和地区货币互换协议的签订，拓宽本币结算的地域及规模，推进人民币东盟化进程。具体展开措施大致可以分为四个部分。

（一）升级机构建设和组织体系

在双向开放中应遵循“进得来”“出得去”和“撑得起”三大原则，相应地要从三方面着手：一是积极推动境内的金融机构“走出去”，在境外开设和建立分支机构，拓宽国际业务和市场；二是着力吸引国外符合条件的金融机构“走进来”，充分把握和使用好境外富有潜力的网点资源及地理位置的优越性，为域内跨境企业的发展提供多元化的金融服务；三是主动参与亚洲基础设施投资银行、丝路基金、上合组织银行、金砖银行等区域金融机构建设，深化多边金融平台合作，为中国金融的国际化发展打造牢固的基础。

（二）完善投融资市场体系

目前，中国正由“世界工厂”向“中国创造”和“全球投资者”转型，中国应探索多元化、国际化的投融资模式，增强全球性资源的优化配置能力。中国应该大力发展在岸金融市场，积极开拓离岸金融市场，通过在岸金融市场和离岸金融市场联动机制，实现国际资本的双向流动。此外，中国要在国际金融市场上规划战略布局，打破霸权主义主导下的对中国在国际贸易、国际服务和国际投资等市场上的围堵。具体而言，中国需要构建完善的商品市场、资本市场、货币市场、外汇市场、黄金市场、保险市场和衍生品市场，并在这些市场体系中进行有计划的、多元化的资源配置，为实现金融双向开放、中国大国崛起战略提供市场平台。具体而言，应将中央银行、政策性金融、商业性金融、开发性金融及合作（私人）金融有机结合起来，既要把握好政府的作用，也不能忽视市场的功能，构建中国多层次金融组织体系，为实现中国金融双向开放搭建基础桥梁。

（三）创新金融工具与服务体系

中国金融在双向开放的过程中涉及不同来源的资本、不同类型的资金，投资取向及风险承受能力也有很大差异，传统金融产品架构远远无法满足市场所需，因此在工具和服务上必须进行金融创新。就创新的角度而言，要主动支持金融工具创新，探索交易类、需求类和投机类的金融工具创新，为开放中国金融与国际接轨提供有效手段；就服务的角度而言，要打造立体金融服务体系，结合“一带一路”沿线国家金融服务需求的实际特点，加强统筹协调，具体而言，在开发金融、产业金融、贸易金融、跨境金融和网络金融五大领域，为基础设施建设、产业项目合作、贸易投资、跨境结算、互联网金融等活动，创建从小范围的“面”，到可串联的“链”，再到独立的“点”的金融服务平台。

（四）创新中国—东盟合作适应性信用评价体系

建立适用于中国与“一带一路”沿线国家的信用体系及信用评价体系，设立信用评价标准，增强信用评级机构之间的沟通协作。激励信用评级机构加大产品研发力度，依据“一带一路”沿线国家和地区的具体现状来设计相应的评价标准。具体建议是，除了建立基本的评价指标外，可通过增加供应链评级来设计判断标准，例如通过对被评价体系的上游及下游企业进行评级，进而增加信用评级的准确性。

第三节 中国—东盟金融合作的框架设计

中国金融业历经多年改革开放，中国的商业银行已在海外建有广泛的分支机构，且金融牌照相对齐全，金融服务能力增强，占有较大的先行优势。目前，中国的商业银行以多种方式助力“一带一路”投融资、财务咨询、国际结算、风险管理等，诸如银行授信、国际银团贷款。其中中国的四大国有银行中国银行、中国工商银行、中国建设银行、中国农业银行在“一带一路”海外金融体系中占有主导地位。作为政策性金融的主力军，中国农发行和中国进出口银行通过贸易融资、财政保函和外汇贷款方式，不断优化产品组合，满足个性化的融资需求，有效降低项目融资成本，积极支持中国企业大规模进出口，加强与数十个国际组织或地区金融机构的合作与交流，共同促进地区金融服务，并利用丝路基金、中国—东盟投资合作基金、中非产能合作基金、中国—中东欧基金等，突出“投资—贷款联动”的优势，并通过股权投资整合和筹集社会资金，以解决项目融资问题。开发性金融弥补了传统商业金融体系的业务空白部分，承担了以国家为主体的大规模对外合作项目的金融支持，已支持多项“一带一路”项目的落地和实施，领域涉及基础互联互通、产能合作、社会民生等多个领域，业务余额突破1600亿美元，重点支持“一带一路”沿线国家的基础设施、产能合作、金融、民生等领域，已建立覆盖国别风险、主权债务、金融市场、法律合规等方面的综合风险管理架构。

但在新形势下，在构建“一带一路”双循环金融支撑机制的大框架下，基于“国内国际双循环新发展格局”的背景，重新布局中国—东盟全面金融合作，是新时代中国在面临国内主要问题、国际复杂局势下的必然选择。

一 “中国—东盟”双循环金融支撑机制构建

未来中国要实现和平崛起、实现“中国梦”，必须加强金融发展，形成与中国地位相称的金融格局，建设能够满足中国—东盟命运共同体发展目标的双循环金融支撑体制，在东盟区域布局中国版国际金融体系。2020年7月30日，中共中央政治局会议再次强调了“双循环”的政策思路。此次会议指出：“当前经济形势仍然复杂严峻，不确定性较大，我们遇到的很多问题是中长期的，必须从持久战的角度加以认识，加快形成以国内大循环为主体、国内国际双循环相互促进的新发展格局，建立疫情防控和经济社会发展工作中长期协调机制。”这次会议进一步明确了“双循环”的发展格局，不是一项短期考虑，而是“从持久战的角度”的认识。因此，应该着重从对内改革、对外布局、风险把控、金融双向开放等层面提出双循环金融支撑体制框架，做到中国—东盟金融业互动，能够“进得来、出得去、撑得起”。

在对内改革方面，目的主要是畅通国内金融大循环，着重从金融调控改革、金融主体改革、金融市场改革入手，强化国内金融体系的支撑能力。一是金融调控改革，二是金融主体改革，三是金融市场改革，四是金融生态改革。其中，金融调控改革的目标是要确立市场化手段在金融调控中的核心地位，改变主要通过行政手段进行调控的状况；对金融主体实行改革旨在健全多元化的金融机构，实现金融机构在发展方式、业务模式和管理方式上的转变；对金融市场实行改革旨在打造具有层次化的金融市场体系，提高金融的资源配置效率；金融生态改革的目标是提升金融监管能力，完善金融相关法律，构建覆盖全民的社会信用体系。

在对外布局方面，着力打造金融开放、人民币国际化、金融机构协同、金融市场联动、金融服务创新、国际化金融人才培养的多位一体外循环体系，加强国内、国际双循环联动。这要从五个方面着手：一是包括金融开放政策的松绑，二是人民币国际化，三是金融机构的协同，四是金融市场的联动，五是金融服务的创新。金融开放政策的松绑是金融对外布局的前提，目的就是要提升金融法定开放度，为金融机构出得去、进得来打开政策空间；人民币国际化的目标就是要推进人民币在“一带一路”沿线国家中实现支付、结算和储备功能；金融机构协同的目的是要提升开发性金融、政策性金融、商业性金融、合作性（私人）金融的对外协同作用；金融市场联动的目标就是要加强在岸市场和离岸市场的联动，促进本国金融市场的国家化；金融服务创新的目标就是要创新满足东盟国家实体经济发展需求的金融服务。

在风险把控方面，从开放策略、评估风险、金融监管体系创新以及金融风险防范等维度入手，构建适合于双循环金融的风险控制体系。一是科学地制定金融开放策略，二是形成与国际接轨的金融监管体系创新，三是注重对国际化金融风险的防范。科学地制定金融开放策略的目标就是要详细评估开放风险，根据“一带一路”倡议在不同建设阶段的金融需求科学地制定金融开放步骤；形成与国际接轨的金融监管体系创新目标就是要深化沿线国家金融监管合作，完善区域监管协调机制，形成与国际接轨的监管体系；金融风险防范与应对国际化的目标是实现对区域内甚至全球范围内各类金融风险的有效分析、预警、防御以及应对国际化。

同样，双循环金融支撑体制的构建与中国—东盟金融合作布局也需分时期、分步骤地进行。在时间上要循序渐进，由近及远，在不同的世界环境下，适时合理地调整现实目标与方案。在空间上应由内而外，以畅通国内大循环为重心，通过更好地发挥国内潜力，利用好两个市场、两种资源，形成国内、国际双循环相互促进的新发展格局。

二 中国—东盟双循环金融支撑体制的实施建议

应多层次、全方位地构建中国—东盟区域国际双循环金融支撑机制。在国内方面，持续推进利率、汇率的市场化改革，健全货币政策和宏观审慎政策的双支柱框架；形成政策性金融、开发性金融、商业性金融以及私人资本共享收益与风险的金融支撑体系。在国际方面，要积极促进企业在相关国家的投融资便利，寻求设立稳定、统一的信用监管体系；大力推进人民币国际化、金融双向开放以及国际资本流动与资本项目开放。

（一）深化利率和汇率市场化改革

继续落实深化利率市场化改革，落实各项金融支持政策，减少市场主体负担。提高市场利率报价机制引导贷款利率下行的能力。落实好利率定价自律机制，充分发挥好其作用。规范银行存款利率定价，维护定价秩序的公平公正。呼吁各金融机构严格执行贷款的年化利率要求，明确各项准则，切实保护金融消费者的权益和利益。在定价基准转换问题方面，要进一步着重盯紧存量贷款尤其是企业存量贷款，打破刚性兑付，降低非市场因素对利率报价的扰动能力，进一步推进多个信贷、债券、权益市场的联通联动，降低利率风险，减少融资限制、多元化融资成本，让企业能够在自主把控风险的基础上选择合适的融资方式，推动利率渠道成为货币政策传导的主渠道。

继续落实深化人民币汇率市场化改革，使市场在人民币汇率形成机制中发挥主导作用。应维持以市场供求为基础、参照一篮子货币进行管理的浮动汇率制度。继续保持人民币汇率的灵活性，使汇率能够更好地发挥调节宏观经济的作用，成为国际收支的自动稳定器。重点关注汇率预期的前瞻性管理和指导。预期的传导是传递不同经济体之间金融市场波动信号的重要渠道。由于外汇市场具有良好的流动性，市场参与者的范围广泛，交易量相对较大，因此更容易对汇率波动产生预期，从而对汇率的发展产生相当大的影响。要搞好内外平衡，在总体均衡的框架下，实现人民币汇率在合理水平上的基本稳定。

（二）加速金融科技发展

第四次工业革命是以人工智能、清洁能源、机器人技术、量子信息技术、可控核聚变、虚拟现实以及生物技术为主的技术革命。在这一视角下，金融科技的异军突起显得十分抢眼。“一带一路”建设为金融业提供了巨大的发展机遇，而金融科技的快速发展同样也会助力“一带一路”倡议的推进。金融科技领域是中国在未来全球竞争中占据先发优势的少数领域之一，中国的金融科技已在智能支付、资金融通、投资效率、保险服务等领域惠及“一带一路”沿线国家。例如，截至2019年中，蚂蚁金服通过输出安全风控、数据分析等移动支付基础技术，已先后与泰国、菲律宾、印度尼西亚等国家和地区合作，打造当地版支付宝。而腾讯旗下的微信支付已在超过49个境外国家和地区合规接入，也给“一带一路”沿线国家服务商带来了更大的市场空间。未来，中国的金融科技发展应着力服务于沿线国家的基础设施建设、绿色投资、贸易产品升级、数字化处理、投融资便捷、安全监管，同样，也可通过金融科技，助力沿线国家加快推进建设智慧城市、数字服务体系等，进一步发挥金融服务“一带一路”建设的作用，促进沿线国家和地区金融市场的共同繁荣。

（三）重塑双循环资源配置与跨国金融安全监管体系

当今的中国正由“中国制造”转型为“中国创造”，并成为举足轻重的“全球投资者”。因此，应在大力发展在岸金融市场的同时，积极拓宽面向东盟的离岸金融市场，打造建设多个在岸与离岸双向有条件渗透的内外分离型国际金融中心，并构建合适的机制通道将两个市场串联起来。此外，中国还应在全球金融市场上做出战略布局，打破逆全球化、去中国化等对中国在国际贸易、国际服务和国际投资等市场上的禁锢。着力进行金融科技等创新金融在东盟国家的布局，尽快形成从国家投资需求到企业金融服务再到个人财富管理三个层次、国内外联通的金融服务体系。另外，中国还需要构建完善的商品市场、资本市场、货币市场、外汇市场、黄金市场、保险市场和衍生品市场，实现多元化、区域化、全球化的资源配置。

有效防范化解“一带一路”建设金融风险。要牢固树立底线思维，增强忧患意识。金融天生就包含着风险，且国际领域的金融风险具有较强的传染性，中国—东盟命运共同体在推进过程中所面临的金融风险同样也无法回避。我们要做好打攻坚战、持久战的准备，精准、有效地处置重点领域的风险，平衡经济发展与风险防范的关系，建立健全中国的相关金融监管法律机制，不断提高对系统性金融风险的识别和管理能力，进一步完善金融创新监管协调机制。有效完善项目风险管理，增强债务管理能力，鼓励通过创新的融资手段，如股权投资、PPP合作等方式，多渠道地参与基础设施建设融资。加强项目风险预警能力，通过中国—东盟国家政府、协会、企业间的多方合作，构建起行之有效的风险预警体系。建立风险补偿机制，降低国别风险、信用风险等因素对项目实施进程的影响。鼓励保险机构加入中国—东盟金融合作体系建设中，为中资企业、东盟国家居民的人身和财产以及部分基础设施建设提供保险保障。

（四）推进中国—东盟金融双向开放

一是在积极推动“10＋1”区域金融合作进程中，中国需重视“东盟”①这个整体性的概念，提前做好对东盟国家一视同仁，不再单独出击的准备。而东盟可联合各成员国的监管当局建立类似于东盟共同体经济理事会的区域性金融机构，实施统一的监督管理，并代表东盟处理对外谈判合作事宜。如此一来，不仅节约了谈判成本，还可以提高谈判效果。正如朱镕基总理在金边会议上所言，在东亚经济合作进程中，发挥“核心作用”的是东盟，而中、日、韩是共同发挥“主要推动作用”。因此，无论是三个“10＋1”还是“10＋3”模式，均须申明东盟的核心作用，发挥其整体力量，牵制大国势力，保护东盟国家利益。而作为本地区中最大的发展中国家，中国应保持一贯的积极态度，继续支持东盟在区域金融合作中的重要作用，支持任何有利于地区金融业合作的倡议。

二是鼓励国内金融机构“走出去”，在东盟国家开设分支机构，以发展其国际业务和市场。在“一带一路”倡议提出的头几年里，多边发展金融机构在能源勘探和开发以及基础设施建设方面发挥了重要作用。目前，亚投行已正式启动业务，重点支持“一带一路”沿线各国和地区的能源、交通和城市发展，东盟国家可以积极争取建设资金。目前，随着一些项目进入以市场为导向的运营阶段，商业金融机构也应充分发挥作用。此外，应大力吸引符合条件的东盟金融机构来到国内，这会为中国金融机构接触海外市场提供直接触点，并能够使中国企业利用其在国外的相当大的资源优势。应积极参与亚投行、丝绸之路基金、上海合作组织、金砖银

① 东盟自1967年成立以来，其成员国已扩展为10个。2007年11月20日，《东盟宪章》签署，赋予了东盟法人地位。从此，松散性组织真正步入了法制化轨道。2008年12月16日，《东盟宪章》正式生效，标志着东盟一体化进程进入全新的阶段，向欧盟式经济联盟迈进。事实上也的确如此。近些年来，东盟经济领域的融合度有很大的提升，内部贸易比重达到本地区贸易总量的55%，相当于欧盟的65%，高于北美自由贸易区45%的比例。因此，东盟不再是松散的10个国家，其对外代表的是一个整体。

行等多边金融机构建设，深化中国—东盟多边金融平台合作的基础。要把中央银行、政策金融、贸易金融、发展金融和合作（私人）金融相结合，充分发挥政府和市场的作用，为中国金融的双向开放奠定基础。

以东亚及太平洋中央银行行长会议组织（EMEAP）、东盟与中日韩（10+3）金融合作机制等为主要载体，加强与巴黎俱乐部、出口信贷国际工作组、世界银行集团的多边投资担保机构（MIGA）、世界银行集团的解决投资争端国际中心（ICSID）等机制对接沟通，从多边合作入手，逐步建立中国—东盟金融监管合作机制，在全球构建金融风险预警体系、金融风险防控系统，共同建立科学、合理、系统的中长期发展规划，形成应对跨境投融资风险和危机处置的交流合作机制。引进各类信用担保机构，履行各类信用风险分担职能；促进国际银团贷款、资产证券化等市场发展，提升风险分散功能。

（五）坚定不移地推动人民币东盟化

"一带一路"倡议的提出和中国—东盟全面经济合作的深化，为人民币国际化和东盟化的发展带来了前所未有的机遇。据中国人民银行发布的《2020年人民币国际化报告》，作为全球第五大支付货币，人民币的支付货币功能不断增强，人民币国际化再上新台阶。[①] 关于未来进一步推动人民币国际化和东盟化，中国应充分了解人民币在东盟国家中为谁所用，为谁所需，了解真实的人民币需求。坚持以需求为导向、辅之以政策引导、市场运作。培育人民币在跨境贸易、投融资、基础设施建设、产能合作等领域的应用，拓展其使用范围。

加强东盟国家离岸金融中心和清算中心的建设。目前，人民币的主要离岸市场在中国香港、新加坡和伦敦等地。随着中国与东盟国家的贸易和投资的增加，人民币的使用范围和数量扩大，更多的离岸金融中心和清算中心建设显得越来越迫切，以促进人民币在相关地区更加便利地使用。

（六）继续完善人民币跨境收付体系

创新人民币跨境支付结算模式，通过建设国际结算系统，进一步整合人民币跨境支付结算资源，提高跨境清算效率。完善人民币跨境支付监管

---

① 2019年人民币跨境使用呈逆势快速增长，人民币跨境收付金额达19.67万亿元，同比增长24.1%，收付金额创历史新高。此外，数据还显示，"一带一路"沿线国家使用人民币增长迅速。2019年，中国与"一带一路"沿线国家办理人民币跨境收付金额超过2.73万亿元，同比增长32%。同样，人民币国际化的发展也为"一带一路"建设的推进带来了强大的动力。

体系。跨境支付结算在监管形态上具有特殊性，支付活动依赖无国界的通信网络而非物理平台，客户和服务商等参与方处于不同国家或地区，受不同的法律体系管辖，这种割裂状态增加了实施监管的难度。目前，国内仅有央行出台了部门规章和业务指引，尚无专门的法律法规来规范跨境支付结算特别是电子支付机构的运作行为，存在境外注册的支付结算机构无证营业的现象。与此同时，跨境支付结算无证经营又滋生出跨境资金流动的灰色地带，成为某些机构从事非法销售境外金融产品、洗钱、赌博等犯罪活动的特殊通道。优化人民币跨境支付结算业务结构，目前人民币结算主要集中在跨境电商贸易领域，未来，人民币应着力向大宗商品领域渗透。提升人民币跨境资本流动的风控能力，把控国际游资在离岸市场上的投机操作行为，维护人民币币值稳定。应继续引导第三方金融科技机构公司在移动支付上面支持人民币跨境支付，方便快捷地服务在外留学生、旅游等群体，巩固人民币跨境支付在生活社交领域的地位。

第三章

中国—东盟金融合作体系构建

推动中国—东盟成员国经济金融合作，促成差异化区域金融结构融合以更好地发挥金融要素的作用，要以各成员国承诺的《中国—东盟全面经济合作框架协议》和《东盟宪章》为前提，在尊重各成员国发展本国金融结构模式倾向的同时，利用区域金融结构差异，实现多种金融结构模式的交叉融合，实现差别化区域金融结构在区域金融合作中的耦合效应，才能推动中国—东盟全面金融合作的深化。

第一节　中国—东盟金融合作进展与现状

1997 年亚洲金融危机和 2008 年金融危机，使各国实体经济受到了不同程度的冲击，对于改革国际货币基金组织的呼声越来越高，同时区域内部金融合作的需求越发旺盛。这是由于在金融危机时期，国际货币基金组织对亚洲国家没有提供足够充分的支持，国际货币基金组织成为履行发达国家金融意志的一种工具，充当了代理人的角色。[①] 国际货币基金组织在危机中的表现令人失望，这让大多数的东亚国家开始寻求区域间金融合作的可能性，区域性的融资便利成为国际货币基金组织以及其他多边机构的资金补充，进而提高亚洲国家在本区域内的话语权。

一　中国—东盟金融合作的必要性

从理论层面分析，国家间存在着明显的政策溢出效应是政策协调

---

① 例如在 1997 年亚洲金融危机中，对于韩国金融危机后的救助是以放开金融管制以及开放国内服务业市场为条件的，美国等发达国家借机以较低的成本获得了大量的优质财富，进而把握了这些国家的金融命脉。

的前提，而且政策溢出效应取决于两国经济的紧密程度，政策外部性已成为促进中国—东盟国家相互协调与合作的客观要求，因此，推动中国与东盟国家区域金融合作具有历史的必然性。1997 年东亚金融危机、2008 年次贷危机、2020 年新冠肺炎疫情冲击的经验告知人们，仅依靠松散的“合作共识”无法抵御和化解国际投机资本的冲击与国际金融风险的传染性。特别是次贷危机的爆发及其引发的全球金融动荡，反映出发达国家高度成熟的金融市场（模式）以及迅速发展的金融全球化进程仍然存在着不容忽视的内在风险和隐患，有可能形成规模较大的金融冲击。在这次冲击中，单个国家在金融危机的承受力上显得很脆弱，这样金融合作就成为一种共识。合作是金融稳健发展中不可缺少的重要保障，在化解传染性金融风险、系统性金融风险、国际金融风险等方面具有重要作用，亚元区需要成为世界的重要一极，与欧元区、美元区一道承担着稳定国际金融体系的责任，东亚国家的金融联合行动机制对提高亚洲国家在贸易体系中的话语权有重要作用，促进经济一体化，加强区域间金融合作，创造新的经济合作模式是当前的首要任务。

东盟与中日韩三国在 2000 年签署的《清迈倡议》中明确指出要设置“共同外汇储备基金”以缓解区域内部金融危机所带来的可能风险，东亚国家进一步尝试扩大区域内部金融合作的深度和广度，学习欧洲与拉丁美洲的区域货币一体化经验，加强政府间金融合作，对抵御外部冲击、稳定区域内部的货币汇率、加强区域内部经济一体化进程具有重要意义。但是东亚经济体在收入水平和经济结构上存在较大差距，例如，以日本、韩国为代表的发达国家与以东盟为代表的发展中国家相比，经济发展水平不同，社会全要素生产率不同，对于金融合作的需求也不同。东盟等发展中国家需要共同抑制投机资本的过分流动以及避免货币汇率的大幅度波动，而日本和韩国等发达国家则要求资本市场的对外开放与金融透明度的进一步提升，这增加了区域金融合作的困难程度。但同时因为东亚国家与其他地区的贸易投资往来密切，在宏观经济上的“联动”现象更为突出，因此又迫切期望区域内进行金融合作以化解风险。多次金融危机留给人们的教训是，仅依靠松散的“共识”，是无法抵御国际投机资本的冲击的。

二 中国—东盟金融合作的重要性

在地缘政治、经济环境与中国—东盟自贸区建设等多种因素的共同影响下，东盟十国现已作为中国最重要的经济贸易合作伙伴活跃在地缘舞台上，中国—东盟贸易是中国外贸发展最重要的部分，在领导与稳定区域经济发展中发挥着重要作用。数据显示，在贸易领域，2017 年，中国与东盟双边贸易额为 5155.0 亿美元；2018 年，中国与东盟双边贸易额为 5861.5 亿美元；2020 年，中国与东盟双边贸易额达 6846.0 亿美元，与 2017 年相比增加了 32.8%（见图 3－1）。中国连续 10 年是东盟第一大贸易伙伴，2020 年，受中美贸易摩擦与新冠肺炎疫情的双重影响，中国对美贸易受阻，部分产业链向东南亚国家转移，东盟首次成为中国最大的贸易伙伴。在投资领域，2017 年，中国与东盟国家双向直接投资额累计达到 2000 亿美元；2020 年，中国对东盟国家全行业直接投资为 143.6 亿美元，东盟对华实际投资额为 79.5 亿美元（见图 3－2、图 3－3），中国与东盟国家在投资领域的合作同样令人瞩目。

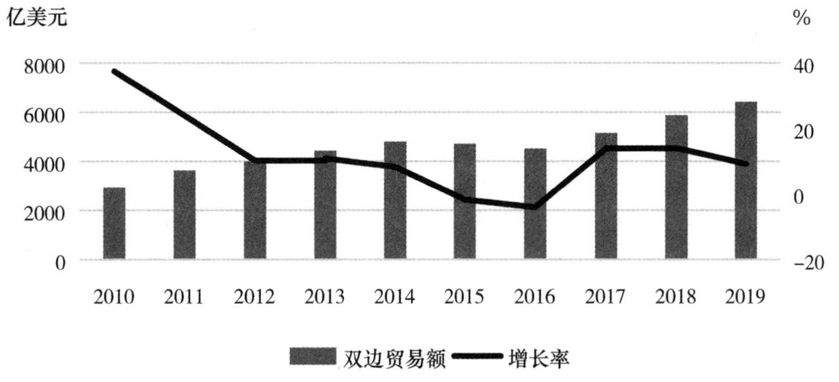

图 3－1 2010—2019 年中国与东盟双边贸易增长情况

东盟十国地理位置优越，处于“一带一路”倡议的陆海交汇带，是中国推进“一带一路”建设、推动“西部陆海新通道”和进一步扩大对外开放的重点目标区域。习近平总书记提出“要构建以国内大循环为主体，国内国际双循环相互促进的新发展格局”，中国—东盟贸易互补，地理位置相接相连，中国—东盟命运共同体的构建已提上议事进程，东盟与中国金融合作是国内外双循环格局中的重要组成部分。

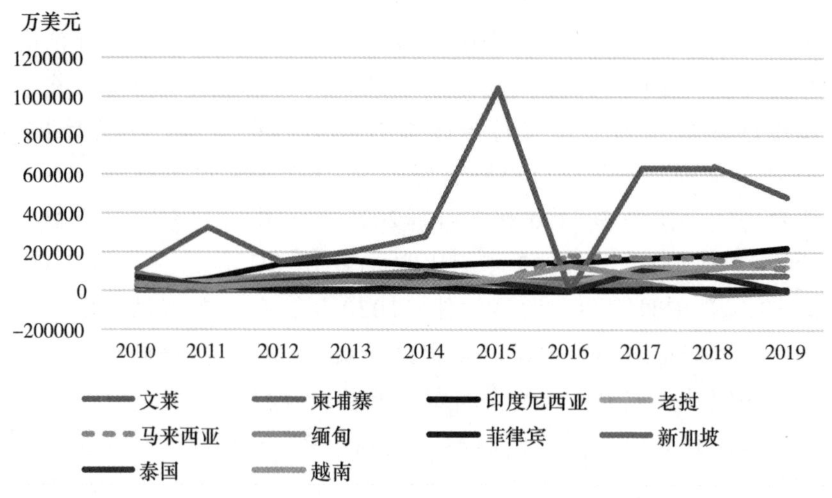

图 3－2　2010—2019 年中国对东盟直接投资情况

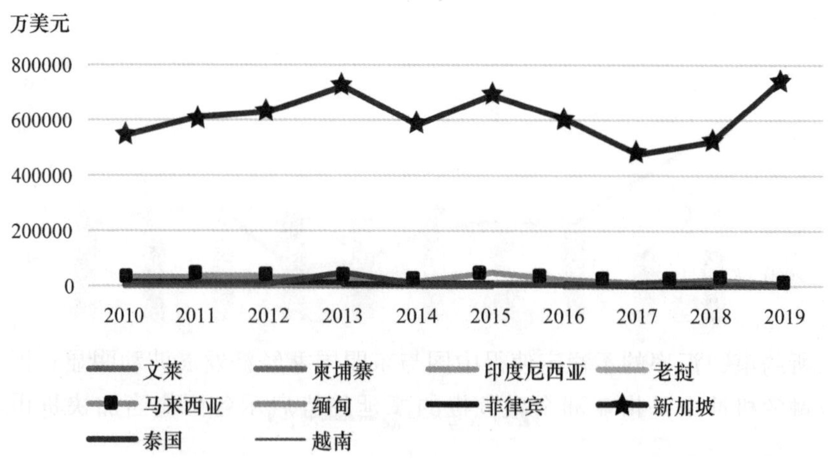

图 3－3　2010—2019 年中国实际利用东盟国家外资情况

三　中国与东盟成员国间的金融合作发展

中国与东盟成员国间的金融合作发展已经经历了一个漫长的过程，并在此过程中取得了一系列喜人的成果，早在 2002 年中国与东南亚国家签订的《中国—东盟全面经济合作框架协议》中，就已经对中国与东盟国家之间的投资和金融服务合作提出了明确的发展规划和协议，并在之后取得了不俗的进展。这是由于以下两点原因：

首先，中国和东盟各国深化金融合作的愿望不断增强，自 20 世纪 90 年代以来，东南亚金融危机与全球金融危机爆发，向中国和东盟表明了区域金融合作的重要性。同时，也向东盟国家揭示了国际金融监管的重要性与必要性，中国在东南亚金融危机中承诺人民币不贬值以助力东南亚经济复苏，树立了良好的负责任的大国形象。在 2008 年次贷危机中，中国和东盟同时陷入了实体经济的衰退中，进一步加强了深化金融合作的共识。

其次，中国和东盟金融合作的层次不断加深，中国与东盟尝试多种区域金融合作模式，并且提出多种建设方案，在思想上为金融合作的推进奠定了基础。双方包括商业银行在内的金融机构已经纷纷进入对方国家开展业务，例如中国的政策性银行（国家开发银行）与商业银行，中国工商银行和中国建设银行在东盟国家建立了分支机构，越南的西工商信银行和新加坡的星展银行入驻南宁，东盟各国金融机构进入中国的步伐加快。“相互合作，互相包容；开放合作、共同发展；相互包容、互学共建”是中国与东盟合作的基本原则，从具体合作领域来看，中国与东盟合作有以下两个特点：首先，双边金融机构发展速度加快，各国金融业务合作向多元化和综合化方向发展；其次，人民币国际化进程得到顺利实施，国家间金融监管协同合作的深度加大。

四　中国与东盟区域金融合作的形式

国际货币体系存在缺陷是指美元的发行无法被除美国以外的世界各国所约束，汇率的不稳定使得中国与东盟国家经济发展波动明显；国际金融危机冲击是指亚洲金融危机的蔓延趋势启示各国应当加快货币合作，摆脱对美元的过度依赖，推动区域内部风险管理的联合协作与及时救助机制的建立；区域经济一体化的趋势也为中国与东盟的货币合作提供了基础。

中国与东盟的货币合作是中国与东盟区域金融合作的重要形式，在 1997 年亚洲金融危机以前，中国与东盟国家的经济贸易往来已经十分密切，但是货币合作发生在危机之后，这是由于现行国际货币体系存在缺陷、国际金融危机冲击和区域经济一体化多方面因素导致的。

中国积极推动与东盟国家的货币互换合作，签订了一系列双边货币互换协议。[①]《清迈倡议》扩大了各国经济交流的深度和广度，能够共同应对金融风险，保证各国经济的平稳增长。一方面，中国由于经济的快速增长，具备了与东盟开展经济合作的基础和实力；另一方面，金融危机揭示了中国与东盟的经济脆弱性，主要表现在如下方面：首先，中国与东盟国家对外部市场和美元的依赖程度高，存在与美国的宏观经济"联动"现象；其次，以美元作为计价货币以及中国汇率机制使中国商品价格随美元波动而存在较大风险；再次，中国与东盟的资本具有域外循环特点，易引发"羊群效应"，发生踩踏；最后，IMF 等国际金融机构不及时的救助功能，促使各国加快区域金融合作进程。综合上述两点原因，再结合中国—东盟自由贸易区的顺利建成，密切的投资与贸易往来等多方面因素，中国与东盟国家的区域金融合作机制建设进程不断加快。人民币国际化首先要实现人民币东盟区域化，将人民币作为自贸区内的主要锚货币，以提升中国在东盟地区甚至全球的影响力和话语权，增加铸币税收入，同时降低外汇风险，使得国际货币体系不断向合理化方向发展；各国央行与中国人民银行签署货币互换协议，证明人民币的国际影响力不断上升，新加坡是中国最大的离岸人民币中心，投资贸易极大地提高了人民币的使用率，为中国与东盟国家经贸合作降低了成本并提供了便利。

---

① 1977 年 8 月，东盟五国签订了旨在维护金融稳定和为成员国提供流动性支持的货币互换安排（ASA），1978 年金额扩大为 2 亿美元，由于规模较小，并不能很好地发挥所期望的作用，但为后续货币互换提供了可行思路；2000 年，东盟与中日韩签署了《清迈倡议》（CMI），这是在 ASA 基础上设计的货币互换协议，由于越南、缅甸、柬埔寨、老挝和文莱在同年 3 月加入东盟，原有的 2 亿美元被扩大到 10 亿美元，同年提出建立东盟与中日韩三国之间的货币互换协议；2005 年 5 月第八次"10 +3"财长会议提出，要将"10 +3"原有的经济监督机制引入合作框架中、货币互换由单边扩展到双边、东盟货币互换规模由 10 亿美元提高到 20 亿美元、改革借款机制以应对市场变动；2006 年，资金达到 750 亿美元；2008 年，资金扩大到 800 亿美元。2008 年，中国与菲律宾、泰国、马来西亚、印度尼西亚四国签署了 230 多亿美元的互换协议，以避免美元本位制与对美元过度依赖的风险；2009 年，中国提出人民币国际化，目的是避免外汇风险与提高贸易便利程度。2010 年，中国—东盟自由贸易区全面建成，继续推动双边货币合作；2015 年，亚洲基础设施投资银行（简称"亚投行"）成立；中国目前已经与 39 个国家的央行签署了货币互换协议，协议规模达到 3.47 万亿元人民币，新加坡、印度尼西亚、泰国、马来西亚、菲律宾与中国签订和续签的货币互换协议规模达到 6500 亿元人民币，目前，中国与四个东盟国家的货币可以直接挂牌交易，并与印度尼西亚央行建立了 LCS 合作机制。中国与东盟国家将不断加深与金融合作的深度和广度，多层次多角度地构建良好的区域金融合作机制。

五　中国—东盟金融合作的困难与挑战

重大区域的经济发展离不开区域金融中心建设，区域金融中心能够加强区域辐射力和带动力，夯实金融服务基础，强化“引进来”功能，形成服务实体经济、服务产业创新的金融生态圈。因此，国内重大区域的经济发展需要一个完善的对接全球产业链分工调整的国际金融体制的支撑。在全球经济衰退，逆全球化、去中国化盛行的今天，“一带一路”的推进面临着相当大的阻力，在中国—东盟合作领域亦是如此。中国亟待通过提升自身的金融支撑能力，畅通国内大循环，为中国经济发展与世界经济的复苏注入强大动力，有效加强对“一带一路”建设成员国家特别是东盟国家的吸引力，吸纳更多的企业、金融机构来到中国，并同时增强中国企业跨国经营的能力，缓解在全球化日趋停滞的背景下外部推进“一带一路”的阻力。因此，“一带一路”倡议的外部推进、中国—东盟经济贸易合作需要更为稳定与优良的金融支撑机制。第一，“一带一路”建设的推进需要中国与东盟各国之间不断加强金融领域的沟通与协调，畅通互联互通的多元化投融资渠道。第二，当前，“一带一路”建设投融资体系仍然面临着较大的风险与挑战，部分东盟国家信贷违约风险高、金融机构投融资行为不规范等问题并存。因此，需要在双循环机制下建立起有效而完整的信用评价与规范体系。第三，中国与东盟国家贸易额虽然稳中有增且规模和速度都增长比较快，但是东盟国家的贸易结构还需进一步升级，因此同样需要一个稳定而有效的金融支撑机制来促进其产业结构的升级。

（一）社会制度差异

从国际层面来看，东盟各成员国的社会制度存在着巨大差异，既有社会主义国家，如越南、老挝；也有民主资本主义国家如泰国、马来西亚、菲律宾、印尼、文莱、新加坡、柬埔寨；还有军人政权，如缅甸，另外在东盟内，泰国、菲律宾、印尼多少都存在着军人统治的印记。整个东南亚所谓的“亚洲传统”根深蒂固。东盟大部分国家的政权都是在二战后建立的，国家独立和民族解放是其追求的主要目标。开展区域金融合作意味着东盟各成员国必须在一定程度上让渡制定货币政策和其他国内经济政策的自主权。可见，现阶段东盟各国很明显不会放弃独立制定本国经济、金融政策的权力，这必然会妨碍合作中政策的制定与协调。

（二）域外大国的干预

长期以来，美国一向对东亚经济合作的发展动向保持高度的关注，阻挠建立任何将其排斥在外的东亚区域合作集团，并通过种种途径加深东亚各国对它在经济、政治、安全等方面的依赖。美国现在已不会低估亚洲走向一体化的前景，但却想继续使用“分而治之”的战略延缓东亚合作进程，或使用“跨地区主义”保持美国的地区主导权。所以，美国为维持其在东亚的利益和美元在国际货币体系中的核心地位，极有可能对中国—东盟金融合作的发展进程施加干预和影响，而日本为迎合美国和自身的利益也会看美国的脸色行事。

（三）缺乏有效的合作机制

目前，国内金融合作是一种具有临时性、随意性，且没有固定规则和范畴的合作模式，资本配置效率低下。且在国际合作方面，双边合作较多，多边合作较少；协议签订较多，真正落实较少；传统性、开发性金融合作较多，商业性、创新性金融合作较少。

（四）金融需求的差异性

中国—东盟合作领域存在多个多边合作组织，成员国、合作方式等差异性较大，加剧了全面推进中国—东盟金融合作的难度。东盟国家多为发展中国家，或欠发达国家和地区，这就造成了多数启动项目是以基础设施建设、能源合作为主，产生了资金需求量大、风险高等问题。且多数国家经济、金融发展水平参差不齐，对金融服务需求的差异性较大。此外，中国与东盟国家贸易合作范围不断扩大，贸易融资的需求也日益增强。面对这些问题，以世界银行为主的传统金融机构的支持有限，且中国的金融布局是以政策性、开发性金融为先导，以商业金融、社会金融为辅，特别是保险金融服务参与度不足，多层次资本市场仍在发展之中。另外，国内的金融机构“走出去”存在服务低端化、产品同质化、服务创新性低等问题，竞争力明显不足。

（五）国际资本流动的限制

中国—东盟合作虽然为人民币国际化带来了前所未有的发展机遇。但是，现阶段人民币在国际上流动依然存在一定的障碍，人民币的国际地位尚不足以对中国—东盟金融合作形成强大、有效的支撑，也没有成为东盟区域布局中国版金融全球化的强大动力源。目前，受制于东盟国家金融发展水平、人民币跨境使用份额、人民币回流机制等的掣肘，人民币国际化仍然有很长的路要走。虽然近年来中国金融业从业人员数量激增，占比扩大，但与国际知名金融中心如纽约、伦敦等相比，金融人才存量仍然不足。此外，中国的金融人才结构矛盾依然存在，国际化金融人才与专业领军人才短缺，尚不能有力地支撑布局全面中国—东盟金融合作。

第二节　基于经济结构与金融结构互动的金融合作机制

政府对于经济结构优化的主动性行为，其效率要远大于对于金融结构安排的直接干预。基于经济结构决定金融结构的基础逻辑和地方金融机构创新的区域金融格局，对区域或国家间金融结构差异合理化的解释应该是成立的，而且这种差异并不影响区域金融力量对于区域经济发展的贡献度。只要这种区域金融结构安排与本地区经济发展是相适应的且能发挥其最大潜能（推动力最大化）。检讨以往金融政策的区域性倾斜愿望之所以部分落空，根本原因是我们不太注重各地区微观层面的不同利益诉求，不太注重借助区域利益机制协调和矫正微观行为的偏差。因此，在区域金融结构差异的形成中，更是不能忽视微观经济主体（个人或企业，包括金融机构）的重要作用。这一观点的提出，也意味着政府对于区域金融结构形成的干预是无效的，政府没有必要在地区金融结构形成中加以直接干预，但可以在地区经济结构调整、经济发展环境优化方面多做工作，金融机构的进入和退出、相应金融业务的创新、区域金融结构优化并更好地支持地区经济发展是一个内生且自然的过程。因此，在下一阶段优化金融结构、提升其对地区经济增长的贡献力过程中，应该注重地区经济结构优化、产业结构优化升级，从需求引导的视角拓展中国—东盟区域国别金融结构优化的路径。

一　尊重地区经济结构与区域金融结构互动规律

就区域金融结构影响地区经济发展的路径来看，优化区域金融结构可以优化储蓄、投资结构，从而优化资金流量结构和资金存量结构，这样就可以实现生产要素配置结构优化，最终实现产业结构的优化。而且，从实践来看，金融对经济的贡献力在不同地区表现各异，有的地区金融推动力促进了地方经济发展，地区经济发展也促进了金融的发展，从而形成金融与地区经济的良性互动循环；有的地区经济发展促进了金融发展，但金融发展对于地区经济发展的贡献不明显；还有的地区金融对于地区经济发展的贡献很大，但地方经济发展对于金融发展的推动力不大。如果金融推动力的区域差异根植于区域金融结构的差异，地方金融结构和经济结构的特色化发展模式及其演绎路径也就成为区域金融结构优化、经济布局调整的关键。

二 根据地区经济结构利用金融需求差异性来创新金融业务

各地经济金融发展环境发生的重大变化，为区域金融发展及其政策创新、产品创新、金融机构和业务创新拓展了空间。即从区域创新能力的异质性、创新供给主体的异质性、创新供给对象的异质性以及创新模式的异质性四个角度分析发展区域金融，优化区域金融结构，最大限度地实施差异化金融创新服务，并在监管层面对这类区域性差异化金融业务创新给予足够的保护性关注，提高区域金融结构与地区经济结构的适应性，从地区经济结构层面对于金融产品或是金融业务需求的满足入手，鼓励金融机构满足不同主体金融需求和体现地方特色的金融创新供给。这种创新的顺利完成，除了需要地方政府和金融机构的共同努力外，还需要国家的政策优惠做后盾，中央政府应当在政策上努力为地方的金融创新保驾护航。

主动支持金融工具创新，探索交易类、需求类和投机类的金融工具创新，为开放中国金融与国际接轨提供有效手段；打造立体金融服务体系，结合东盟国家金融服务需求的实际特点，加强统筹协调，开展基础设施建设、产业项目合作、贸易投资、跨境结算、互联网金融等活动。

第三节 基于金融结构“互嵌”的中国—东盟金融合作

中国—东盟自由贸易区（CAFTA）框架下的中国—东盟区域合作，随着中国与东盟合作关系的全面展开而迅速发展并向深层次推进，必然引致相应的金融合作需求。而且，我们知道成员国金融结构差异化是必然的，不同的国家或是一个国家在不同的经济发展阶段，其金融结构演绎路径本来就有较大的差异。假设差异化金融结构现状下的各成员国参与区域金融合作具有互补效应，那就应该是不同的金融结构对于不同经济发展水平的经济体或是处在不同的经济发展阶段的经济体在资本和金融服务的提供等方面能够发挥各自不同的相对比较优势，节约交易成本，实现耦合效应。[①] 由于中国—东盟经济合作区域内多元多层次的经济主体对金融服务的需求存在差异，类似地，区域金融合作及其所能提供的金融服务也需要根据经济主体对资金需求的不同，有针对性地进行多层次创新，以满足不同层次经济主体的金融服务需求，多样化的金融结构尤其重要。在成员国经济金融结构多元化、多层次的现状下，如果能够推进区域金融合作，就会实现一个区域内多样化的金融结构共同服务于区域经济发展的过程，这样，如何选择区域金融合作模式以及如何设计选取金融合作制度就显得尤为重要了。

一　应该坚持需求跟随与供给领先原则

尊重区域金融发展差异特别是区域金融结构的差异并利用这一差异实现区域金融合作“1 + 1 > 1 效应”。同时，要尊重区域内各成员国培育本地区金融结构倾向的努力，结合其努力的倾向引导区域金融合作。基于区域内国别经济金融的多样化和经济金融发展水平的多层次特征，“需求追随”和“供给领先”两种发展思路可以并行。

需求追随模式强调金融需求引致金融发展和区域金融结构变化，其传导机制是：经济增长或经济合作—金融需求增强—金融机构扩张—金融资产多元化—金融服务多元化—金融结构变化。需求型金融的本质在于主张或强调政府放松甚或放弃对金融经济的管制，让市场机制发挥对经济社会储蓄资源的动员与配置的基础性作用。

供给领先模式强调金融供给拉动区域经济增长的作用，其传导机制是：金融机构扩张—金融资产多元化—金融服务多元化—金融结构优化（适应性增强）—金融需求增强—投资增长—区域经济增长。其包含的一个前提假设是：经济社会金融供给不足，而金融体系的不完善性又不能有

---

① 例如，在经济发展的不同阶段，金融中介和金融市场在提供流动性方面的优势会发生相对的转化。同时，当经济发展趋于成熟时，两者间会形成一定的分工，实现区域合作的福利效应增长。因此，开放条件下的区域金融合作，金融中介和金融市场这两种不同的金融机制既有替代性，又有互补性。两者内生于经济发展的功能发挥、相对比较优势的转化导致了金融结构长期的变迁，由此决定了其相互替代的一面，而在一定时点上，两者根据各自的相对比较优势所形成的分工又决定了其相互补充的一面。

效动员社会的金融资源，一个可行的途径就是依靠政府力量强化金融管制，管制化方式能够促进政府在短期内实现对社会金融剩余的有效动员。

这样，以上两种模式在一个区域合作的框架下交互作用，就会使区域金融结构在融合的基础上获得“螺旋式上升”的优化状态。也就是说，当经济发展到一个新的增长水平时，金融重点将由过去的供给不足转化为金融需求不足，此时各成员国政府应将金融制度安排或金融政策方向由供给型金融转移到需求型金融，通过市场化方式，建立竞争性金融体系，充分动员并有效配置社会的储蓄资源，从而引致投资增长。

二 尊重成员国金融结构差异和发展倾向

东盟各成员国都具有特色化的金融结构或金融发展模式，一直以来我们都是以支撑区域经济合作的视角去推进区域金融合作的，对于区域金融合作的效应却没有理论上的论证，更没有从理论上论证如果两种金融结构推进合作会有什么样的效应。而且，我们讨论的一直是金融结构与经济发展的关系，无论是银行主导论还是市场主导论，或者是金融服务论和法律主导论，国外对于金融结构问题的探讨一直未曾停止，而且屡有收获，但都没有论证两种金融结构融合对于区域经济合作的影响。国内学者从多角度对金融结构与经济金融发展问题进行了分析，探讨了金融结构与产业结构、经济结构的关系，认为优化金融结构已成为促进金融和经济发展的一条重要途径，并没有深入探讨不同模式的金融结构合作共同推动区域经济发展的问题。如果我们能够论证这种多样化金融结构替代性和互补性的结合，有效地提高了区域合作意义上整体金融效率，那么对于指导区域金融合作，特别是两种金融结构模式的金融合作，就具有重要的现实意义。

各成员国经济和金融发展水平差距巨大，所处的发展阶段各不相同，参与区域金融合作的目标和承受能力也不尽相同，考虑到各国的实际情况及其本身培育金融结构的努力倾向，我们应该尊重各成员国本土金融结构的培育方向，不管是行政干预还是市场机制自行发挥作用，我们都应该兼顾各成员国的政治经济利益，尊重梯度现实、分层次促成区域金融合作。正是这种经济发展和资金供求的非均衡性，为该区域内跨地区的金融合作提供了现实的经济基础和现实需求。各国经济发展水平的非均衡性导致各区域（主体）对资金的供求规模和渠道截然不同，从而引致对于多样化金融结构的需求，促成差异化金融结构的融合，实现耦合效应。

在一个经济体经济发展的初期或是在经济发展水平低层次国家，银行主导型金融结构在提供流动性方面具有比较优势。随着经济的发展，金融中介成本的上升和金融市场成本的下降会导致两者在提供流动性或生产资本等方面优势的相对转化。一旦这种转化形成趋势，就会造成金融中介机构在金融体系中地位的下降。进一步而言，随着经济的发展，金融中介机构和金融市场在处理信息不对称方面相对优势的转化会导致金融中介在金融体系中的地位出现一定程度的下降。但是，当经济发展进入成熟阶段后，两者基于各自处理信息不对称的优势会形成比较明确的分工，金融中介主要从事中小企业贷款，而金融市场则成为大型企业融资的场所。因此，我们既要尊重各国在金融结构发展中的主动性倾向，也要相信市场规律的作用。

三　分梯度、分层次推进金融合作

由于区域内不同国家金融发展水平差异的梯度性，以及差异变化的不同趋势（基于泰尔系数的收敛性检验），差异性较小的国家之间比较容易进行金融合作。位于第一层次、第二层次的国家，同时也是中国—东盟自由贸易区内的核心群体，这些国家之间的合作成本较小。第一层次、第二层次的国家与第三层次的国家之间的金融发展差距较大，合作仍存在较大的障碍，这使得我们对中国—东盟区域金融合作抱着谨慎乐观的态度。在路径选择上，我们建议采取按子区域分步推进的策略，首先通过加强发达国家间的联系，降低区域差异性，使得区域金融合作成本降低，实现局部范围内的金融一体化。其次，采取分层次渐进的策略，通过核心群体之间的金融一体化来推进与其他国家之间的合作。

在推进多样化金融结构融合的过程中，在不同的经济梯度上，应该是经济水平相同的国家所承担的责任基本相当，发达国家要在参与区域金融合作中起到主要作用，要对经济不发达国家的发展起到促进作用。不同层次的国家应有不同的合作切入点。处于第一经济梯度的国家应多采用市场来解决资金以及资源的合理配置问题，同时应加强对金融的监管力度以维持区域金融稳定。处于第二经济梯度的国家应注重使用开发性金融来进行合作，实施以政府为主导、以市场为辅助的金融制度。处于第三经济梯度的国家应注重使用政策性金融进行金融合作，即实施以政府为主导的金融制度。

四 分阶段推进成员国差异化区域金融结构融合

在区域合作进展的不同阶段，应相对具有不同的阶段目标和任务，较低层次合作的政策协调内容可以在近期实现，而较高层次的区域金融市场一体化目标则需要经过一段时期的努力，只有发展到具备一定的区域融合条件才能进一步推进。从近期目标来看，着手构建区域性金融合作组织机构的区域共享融资平台，拓宽信息共享渠道，加强区域内的金融监管合作，建立区域金融危机防范机制，维持区域范围内金融的稳定性。中长期的合作重点应放在协调宏观经济政策、建立区域金融危机防范机制以及推动区域债券市场一体化等方面，利用区域内各成员国金融结构多样化的实际，拓宽融资渠道和融资方式，推动区域内金融资源跨国界合理配置，促进区域内各国经济均衡发展，为最终构建统一的金融市场奠定基础。

加强区域内各经济体汇率政策协调，维持区域内双边汇率的相对稳定。维持区域内双边汇率的稳定，是区域内各经济体汇率合作的基础，也是建立固定汇率区的第一步。各经济区可以保持各自不同的汇率制度，但在实际操作中要施加一定的干预和导向，以协调区域内双边汇率水平。这一阶段的汇率政策协调应以联合干预外汇市场为主，区域性短暂融资体系能够在这方面发挥重要作用，在条件允许时，可以考虑建立区域内汇率目标区。在此基础上，各经济区应根据自身的特点放弃原有的汇率制度，区域内各经济体、各地区应根据自身的特点，建立独立的盯住货币篮子的汇率制度。

进一步而言，建立整个区域盯住共同货币篮子机制，构建中国—东盟固定汇率区。由于受区域内经济大国日本的影响很深，且日元同美元的汇率自由浮动，中国—东盟经济体很难盯住纯粹的区域外货币篮子。因此区域内各经济体共同盯住的区域货币篮子应包括区域内的通货和区域外的通货共同组成的货币篮子。区域内使用同一货币篮子，可以解决区域型货币合作的可行性问题，有助于建立货币合作的“共同货币准则”，为这种次区域的货币联盟提供强有力的约束，从而提高可信度。货币篮子的权重依据整体区域经济发展状况和对外贸易与投资来决定，以保证整个区域汇率的稳定。

最终形成包括货币市场和资本市场在内的较为发达的区域金融市场。由于中国—东盟地区内贸易占据着越来越重要的地位，为了减轻对美元、欧元等外币的依赖，减少交易成本和降低汇率波动对国际收支的影响，有必要加强地区各国之间货币的直接结算。为此，有必要建立区域性的清算同盟。区域内各国增加地区货币在贸易中的使用可以节省大量的外汇储备。在整个“10+3”地区，一些国家已签订了双边支付安排协议，规定在双边贸易时使用自己的货币或实行记账贸易。在整个区域内，可以根据贸易的比例或其他原则进行结算，为了减少汇率风险，可以考虑制定保障措施。

从长远来看，货币金融一体化是中国—东盟命运共同体建设的一个长期的渐进的过程，既要慎重，又要具有力度。但建立一个中央银行必定会遇到许多非常敏感的话题，包括释放权力和民主责任制问题。但由于区域内国家政治体制和经济发展水平各不相同，因此这些问题将是货币一体化进程中必须克服的重大障碍。然而，区域合作和一体化进程已经开始，并且经济环境正在发生剧烈的变化，各国的经济发展正在不断趋同，并且合作的意愿也在增强。实现货币一体化的障碍除了经济因素外，还有政治因素。这就要求成员国首先在政治上进行协商，本着坦诚的合作态度，在历史遗留问题上勇于承担责任，只有这样，国与国、小国与大国之间才能减少猜疑，增强彼此的信任。其次要看到理论标准上的缺陷，成员国要在合作的基础上让渡部分政策主权，更新“观念”，大胆地迈出步伐，积极推动货币一体化进程。

第四节　中国—东盟金融合作的推进策略

中国与东盟未来金融合作体系构建应从商业性金融、政策性金融和开发性金融三个方面着手。三者在中国与东盟的金融合作中所起的作用是不同的。商业性金融主要是以各商业银行为决策主体，在追求利润最大化的前提下，通过国家产业政策的指导，充当信用中介而进行的自主决策，其资金以营利性、安全性和流动性为主要经营原则。政策性金融则是为了实现区域发展和产业政策等特定的政策目标，配合相应的国家发展战略，实施特定的基础设施项目、培养特定的战略性产业，给予其在利率等方面的优惠，并有选择地提供资金，其资金以流动性、安全性、营利性为主要经营原则。开发性金融在实质上是政策性金融的深化和发展，其具有实现政府发展目标、弥补体制落后和市场失灵的作用，有助于维护国家经济金融安全、增强国家竞争力，是把国家信用与市场原理，尤其是与资本市场原理结合的产物。各种金融形式所发挥的作用各不相同，而在中国—东盟命运共同体的打造过程中，应遵循市场发展的规律，积极创造条件为中国与东盟的金融合作开辟道路。

一 商业性金融作为中国—东盟金融合作的依托

在中国与东盟金融合作体系的建立过程中，商业性金融是关键的一环。中国与东盟的贸易增速大于跟欧盟和美国的贸易增速，中国与东盟的贸易呈现出良好的发展趋势。商业性金融合作有着深厚的经济背景：

一是尝试推动中国与东盟成员国货币的直接挂牌交易业务。按照中国与东盟的贸易额，双边货币直接交易将大大减少成本损失，降低风险水平。可借鉴上海（中国）自由贸易区的经验，尽快拓展人民币与东盟货币的直接交易，可先行在广西、云南设立人民币自由兑换中心和东盟国家小币种交易中心，开展东盟境外人民币回流资产池试点，开展个人和法人机构本外币兑换特许业务试点。

二是拓展商业银行贸易金融相关业务。随着贸易额的增加，双边企业新的需求也会逐渐增加，比较突出的进出口信用证等业务应得到相应升级，如原来的审核只看企业现状，但随着产业链金融的发展，也应看企业产品所在产业链的发展环境，应该给予有着良好发展前景的企业融资便利。

三是开展中国与东盟双边商业银行的投资银行业务。商业银行有着自身的信息优势和数据优势，应致力于发掘双边投资机遇，并将其提供给有意向的企业家，从机遇发掘、投资引导、管理生产、产品影响、资金回流和企业升级多个环节上介入企业，提供过桥融资等多样化投资银行服务，有效地帮助企业理顺生产管理等环节，同时获取市场信息，为其他企业的发展提供经验。

四是优化涉外金融业务流程，简化金融业务审批程序。按照中国（上海）自由贸易区的发展模式，最重要的就是简化行政审批流程和企业实行备案制，在中国与东盟的商业性金融合作中也应如此，可大力简化中国与东盟双边贸易企业在银行等金融机构中的审批流程，并对相关企业做好信用和信息记录，对于有着良好信用的企业给予其相关的融资优惠，提高其积极性。

五是做好跨国公司金融风险预防工作。中国与东盟的双边贸易涉及不同国家的企业，由于信息的不完整性和信用体系的非统一性，很可能存在欺骗、卷款跑路等违法行为，各商业银行应做好前期准备工作，利用代理行、委托行制度，制定好相关企业的审批规则，结合自身投资银行部门功能，帮助企业开展公司金融业务，并做好贷款后的监督工作。同时，中国资本项目的放开、利率汇率市场化也在逐步推行中，国内各商业银行应协调东盟国家的业务为银行业对接做好准备，对资本项目投资风险制定预防和控制措施。

二　政策性金融为中国—东盟金融合作提供保障

政策性金融作为商业性金融的补充，在商业性金融不能或不愿涉及的中国—东盟合作领域开展工作，起到解决特定领域"市场失灵"的作用。把政策性金融机构定位为具有增加社会福利和盈利双重职能的特殊金融实体，政策性金融机构开展金融服务活动，能够强化民间金融机构的竞争能力，促进社会整体福利的提高。在发展中国家，由于少数金融机构控制了金融市场，设立与民间金融机构竞争的政策性银行可以提高金融业的效率，改善区域融资环境，提高区域融资能力。由于政策性金融具有一定的财政功能，在营利性、效率性方面较低，故在其发挥作用的过程中，要注意两个问题：一是政策性金融的业务领域确定，二是政策性金融可持续的保障机制。目前，国内的政策性金融机构有国家开发银行、中国进出口银行和中国农业发展银行，根据其自身功能特点，在中国—东盟的合作中，政策性金融机构可采取如下措施积极参与，保障国家战略的实施：

国家开发银行继续着力于东盟基础设施建设。总结国家开发银行国外工作组的成功经验，继续深化上合银联体、中国—东盟银联体、金砖国家银行等既已形成的多边金融合作机制，优化政策性金融海外工作机构布局，理顺管理体制及工作流程，保障投融资项目和金融资产质量，尤其要在电力、公路、铁路、石油石化、煤炭、邮电通信、农林水利、公共基础设施、区域协调发展、产业结构调整与优化升级、战略性新兴产业、环保及节能减排、文化产业、支持民生领域和社会事业、开拓国际业务、政府间金融合作与创新等多个方面开展工作，服务中国—东盟自由贸易区升级版、21 世纪海上丝绸之路和中国—东盟互联互通建设，为中国—东盟命运共同体建设提供有力的金融支撑。在中国和东盟的金融合作中，以中国国家开发银行和筹建中的亚洲基础设施投资银行为主导，联合东盟国家的政策性金融机构，吸引中国和东盟各国的商业性金融机构或民间资本参与，在电力、公路、铁路、公共基础设施方面共同开发互联互通项目，并在环保及节能减排方面实现共同合作。按照现阶段中国与东盟合作的趋势和速度，国开行应在广西或云南设立直接面向东盟事务的国家开发银行东盟局，赋予其在中国与东盟之间互联互通、石油石化、电力等方面业务的专事专办权，并积极拓展其与东盟国家的相关机构合作。

中国进出口银行着力于中国与东盟国际贸易金融服务。中国进出口银行的主要职责是扩大中国机电产品、成套设备和高新技术产品进出口，推动有比较优势的企业开展对外承包工程和境外投资，促进对外关系发展和国际经贸合作，提供金融服务。结合其业务范围，中国进出口银行在中国与东盟的金融合作中可以起到联系多边金融，共同参与中国—东盟经贸合作相关金融服务的作用。鉴于中国与东盟的经贸往来日益频繁，金融合作逐渐增多，进出口银行可在东盟设立办事处或分行，管理中国与东盟贸易金融业务，具体分为三个方面：一是与东盟政府和金融机构之间进行资金合作，可以加快与东盟国家相关人士的会见交流，与东盟国家的政府金融机构、进出口银行或其他商业性金融机构签署相关合作协议，在对外提供优惠贷款、境外筹资、外汇资金交易方面开展工作，保证在联合融资项目、国际同业业务领域的合作；二是密切与东盟有关企业之间的金融业务联系，为企业办理进出口信贷和其他金融业务提供便利；三是为国内企业在东盟的业务提供担保，这需要对在东盟的国内企业进行资信评估，对信用良好的企业进行担保并在境外投资贷款和对外承包工程方面予以便利和优惠。同时，中国进出口银行也应积极开展人民币在东盟的同业拆借和债券回购业务，扩大人民币在东盟国家的影响力，为人民币在东盟的区域化做好准备。

中国农业发展银行助力中国—东盟农业合作。在“海上丝绸之路”建设时期，中国与东盟的农业合作从种类到领域都有了很大突破，可以预期，未来的中国—东盟农业合作涵盖种植业、农业人才交流和农产品加工与贸易等高层级产业合作三大领域，而不仅仅是农产品的经贸合作。农发行作为中国国内唯一的一个专为农业服务的政策性银行，应抓住机遇，为中国与东盟的农业合作量身定做金融产品，形成中国—东盟农产品生产贸易链金融服务，支持中国—东盟农业深化合作。具体而言，可先在东盟地区成立专门的中国农业发展银行驻东盟国家办事处，对于与东盟有关的农业企业金融事务实行专门管理，联合东盟国家金融机构支持当地农业开发项目，开发相应的农产品抵押资金信贷业务。

中国出口信用保险公司的业务涉及短期出口信用保险、中长期出口信用保险、海外投资/租赁保险、国内贸易信用保险、资信服务、担保、信保融资、理赔服务等，在支持中国外经贸发展、实施“走出去”战略、保障国家经济安全及促进经济增长等方面发挥了重要作用。在中国与东盟的金融合作中，中国出口信用保险公司借助云南分公司和南宁营业管理部等分支机构开展业务，为中国企业进入东盟提供各种类型的保险业务，同时与其他商业性和政策性金融机构合作，降低企业经贸风险。

这样，国内的政策性金融体系和东盟的政策性金融体系或政府性金融机构相结合，在互联互通、经贸、金融和农业方面开展合作，共同致力于中国与东盟命运共同体建设。

三　开发性金融的植入可以实现中国—东盟金融合作的无缝连接

开发性金融在实质上可以被看作商业性金融与政策性金融结合的升级，越来越引起各国领导人的注意，世界银行、亚洲开发银行已不能满足经济金融形势发展的需要，针对中国与东盟的金融合作，区域开发性金融更能适合时代潮流和区域发展趋势，应积极发展更有针对性的开发性金融机构为中国与东盟的各项金融合作提供条件。

建设好上海合作组织开发银行。早在 2010 年，由时任总理温家宝提出建立上海合作组织开发银行，旨在深化上合组织财金合作，探讨共同出资、共同受益的新方式，扩大本币结算合作，促进区域经贸往来。上合组织间合作的一大亮点是能源和气候合作，进而也涉及经贸、投资、海关、交通、信息等多个领域，上合组织开发银行的建设将更多地为其成员国、观察员和参会客人服务，而东盟是上合组织的参会客人，将享受上合组织开发银行的待遇。而上合组织开发银行的业务范围将迎合上合组织的发展需求，以能源开发和能源合作为主体。在中国与东盟的金融合作中，最为适用的是有关能源项目，其他项目也可介入，最重要的是采用本币结算，扩大人民币在区域内的影响力。

利用好亚洲基础设施投资银行。[①] 亚投行相比于亚洲开发银行，起到了补充其在亚太地区投融资和国际援助的职能，若得以实施，必然在本地区掀起基础设施投资的热潮，为本地区发展中国家带来生活质量和品质的提高。对于中国与东盟之间合作的作用更为突出：首先，东盟国家大多是发展中国家，基础设施和交通设施建设较为落后，亚投行的成立将为东盟国家这些项目的建设提供专项资金，为中国与东盟国家之间的互联互通提供资金基础；其次，亚投行成立是人民币在东盟国家地位提升的一个途径，这是中国努力在外交中引导国际金融体系向着中国预期的睦邻友好发展的一大尝试，亚投行的成立是中国综合实力提升的一大体现；最后，中国和东盟国家，包括亚太地区的其他发展中国家都将是亚投行的受益国。这样，亚投行在其业务定位和开展过程中，要注意面向基础设施建设，基础设施是民生的一个关键，在提升人民生活品质和幸福感指数方面具有重要作用，但是在重视 GDP 的今天，基础设施建设容易被忽视，亚洲基础设施投资银行专注基础设施建设，坚持下来，将会造福国计民生；多渠道融资，基础设施的福利性质，使得其融资具有财政支持的性质，难以有较高的收益，这就要求募资方开展业务融合，盘活资金，尽快使亚洲由高储蓄地区转变为高投资地区。

发展好金砖国家开发银行。建设中的金砖国家开发银行还没有完全成形，按照现在金砖国家开发银行的功能，可在金砖国家开发银行建设中大胆创新：

（1）货币使用。金砖国家开发银行主要是为金砖国家和其他发展中国家的基础设施建设服务的，其主要服务对象是金砖国家和其他发展中国家，作为结算、投资和储备的货币就没有必要再选择美元，而可以直接选择金砖国家货币，这样，既降低了结售汇和兑换成本，也降低了汇率风险，并且更容易被相关国家所接受。

（2）外汇利用。据统计，截止到金砖国家开发银行成立前，金砖国家的外汇储备已近 5 万亿美元，如此大额的外汇储备对于金砖国家内部而言不能创造价值，如何在海外投资中获取利润并使之流回国内是金砖国家

---

① 全球首个由中国倡议设立的多边开发机构，旨在为亚洲基础设施建设和互联互通提供融资支持。目前成员数已达到93 个。截至2019 年3 月，亚洲基础设施投资银行已批注15 个国家的39 个项目。

开发银行的一大责任。

（3）融资与投资使用。金砖国家开发银行的主要对象是金砖国家和其他发展中国家，这些国家都是基础设施建设较为落后的地区，且基础设施投资收益率低且资金回收慢，如何吸引投资方进入并有效地规划资金使用是金砖国家开发银行面临的难题。

（4）风险控制，在基础设施建设的紧迫性基础上，难免会有不法商人或财团借利民惠民的口号进行非法集资、卷款而逃，作为主办方，金砖国家开发银行要做好宣传，防范风险。

对于中国和东盟的金融合作，在亚洲基础设施投资银行还没有成立之前，金砖国家开发银行部分地替代了其作用，可为中国与东盟金融合作中的基础设施建设提供资金支持和项目拓展。而在亚洲基础设施投资银行成立后，两者相辅相成，共同为中国与东盟的金融发展通力合作。如果说亚洲基础设施投资银行是中国与东盟基础设施建设的福音，那么金砖国家开发银行就是为中国与东盟国家基础设施建设送上的炭火。

第四章

中国—东盟成员国政府间金融合作

中国与东盟各国间经贸关系发展的速度与加速度加大，已经显示出中国—东盟区域经济一体化所带来的良好收益。中国与东盟各国金融合作条件业已成熟，迫切需要进一步的深层次合作。合作是金融稳健发展中不可缺少的重要保障，在化解传染性金融风险等方面具有重要作用；东亚国家的金融联合行动机制对提高亚洲国家在贸易体系中的话语权有重要作用；促进经济一体化，加强区域间金融合作，创造新的经济合作模式是当前的首要任务。本章从中国和东盟国家共同应对金融危机入手，论述了政府间金融合作的重要性和必要性。然后梳理中国与东盟国家之间金融合作的发展历程，考察广西建设面向东盟金融门户的总体要求和主要任务，围绕中国—东盟政府间合作所面临的问题提出政策建议。

第一节　中国—东盟共建金融开放门户

东盟国家位于“一带一路”倡议陆海交汇地带，是中国推进“一带一路”建设的优先方向和重要伙伴。中国与东盟十国由于地缘相近、人文相通、利益相融，双方经济贸易和金融合作互补性强，构建更为紧密的命运共同体是大势所趋。中国与东盟经贸合作程度加深①，“一带一路”与“西部陆海新通道”建设的持续推进，彰显了中国与东盟各国共建金融开放门户，共享金融合作未来的重要性与必要性。

---

① 2020 年，东盟成为中国第一大贸易伙伴，中国也成为东盟的首要进出口国家。2021 年第一季度，东盟继续保持中国第一大贸易伙伴地位，中国对东盟进出口达 1.24 万亿元人民币，增长 26.1%，中国对东盟出口额达 6834.8 亿元人民币，增长 27.7%，中国从东盟进口额为 5606 亿元人民币，增长 24.3%。

一　中国—东盟金融合作基础

为进一步深化中国—东盟金融合作，需要加快跨境金融创新，推进跨境人民币、自由贸易账户体系、合格境内投资者境外投资、外汇管理、跨境经济合作园区建设等改革创新，就是要聚焦“一带一路”建设，依托金融科技，推动本币国际化，注重防控风险。实现“四大中心”“四大基地”和“四大市场”三个目标。同时，中国建设银行、中国农业银行等商业银行也在积极推动中国—东盟金融开放门户建设，通过金融机构业务多元化，国外分支机构的建设扩大人民币在东盟区域的影响力，例如，中国农业银行不断推动金融产品和服务模式的创新，在全球现金管理、同业融资、资产管理、跨境人民币购售、境外投资者资产托管、人民币投资和交易等领域拓宽服务渠道。中国建设银行为广西金融开放门户和自贸试验区建设等提供各类资金支持 6000 亿元，除了构建金融服务生态外，还不断探索多种跨国贷款、发展等新型融资模式，为广西金融开放与发展提供多元化的金融支持。

二　金融开放门户建设向纵深发展

目前，广西面向东盟国家的金融开放门户建设得到了各国政府的支持和多家金融机构的配合。金融互联互通可以提高商业和经济活动的生产率与效率，推动多边伙伴关系是与东盟国家金融合作的首要任务，东盟一直是广西最大的贸易伙伴，人民币跨境结算量超过 1 万亿元，在西部省区市中排名第一，具有向纵深发展的良好基础和必要性。

同时，广西推动金融开放门户建设还获得许多银行类金融机构的支持，中国工商银行、中国银行等多家银行创新金融服务渠道，助力金融开放门户建设。目前，中国工商银行已经在东盟九国设立了 67 家分支机构，倡导成立的“一带一路”银行间常态化合作机制已经吸引了来自东盟八个成员国的 12 家银行；中国银行下的中银香港东南亚业务营运中心成为首家进驻中国—东盟金融城的区域性业务中心，在经济往来、贸易投资方面不断探索创新，助力经济的持续发展；中国农业银行已经与东盟 103 家银行建立了合作关系，为东盟国家银行同业开立了 45 个人民币清算账户；中国邮政储蓄银行对广西境内沿边地区基础设施建设累计授信金额超过 856 亿元，投放 410 亿元，设立了“跨境劳务金融服务中心”，便利边境劳动力交流；柳州银行已经累计为边民互市及跨境企业提供信贷支持 4.5 亿元，积极配合国家沿边金融综合改革，尝试做大做好边疆金融，为边境贸易往来提供良好的金融服务；中国进出口银行对东盟十国的贷款已经达到全行“一带一路”建设贷款余额中的 30%，多种投融资项目助力中国—东盟互联互通项目建设与产业融合，中国—东盟投资合作基金已经通过股权、可转债、股东贷款等形式支持东盟八国十个项目的顺利实施，接下来将不断创新业务形式，探索适合中国—东盟协作的金融服务模式；国家开发银行组织签署的《中国—东盟银行联合体合作协议》已经实现了行内业务合作的全覆盖，开展了直接授信、银团参与、资金互换、保函、债券方面的合作，累计承诺授信已达 82 亿美元。

三 金融开放门户建设方案出台

广西壮族自治区人民政府推动金融改革创新效果显著，南宁片区金融创新指数在全国第四批 19 个自贸试验区中排名第二，尤其是在跨境金融改革创新方面，“中国—东盟跨境金融改革创新”入选“2019—2020 年度中国自由贸易试验区制度创新十佳案例”，其中南宁市作为中国—东盟金融城，已经成为城市发展的重点与特色。[①] 广西面向东盟的金融开放门户建设，是要继续服务实体经济、防控金融风险和深化金融改革、切实推动人民币国际化，继续发挥广西与东盟一衣带水的地缘优势，服务“一带一路”与“西部陆海新通道”建设，金融开放门户建设要为中国继续深化金融改革提供充足可复制的经验，并做到先导先行、行为示范的作用。

首先，广西金融开放门户建设以“市场主导、政府引导，本币驱动、服务实体，稳妥有序、风险可控，创新发展、人才引领”为基本原则[②]，金融开放门户建设的中期目标是到 2020 年金融运营、金融信息、金融交流与财富管理职能成为广西金融发展的优势点和侧重点。建设的长期目标是在 2023 年，广西与东盟各国进行机构互设，利用双边金融机构开展业务，提供产品和服务；进行资金互融，缓解企业融资压力，促进资源的

① 中国人民银行：《广西南宁：绿色金融改革创新示范区建设步伐加快》，2021 年 3 月，沟通交流（http：//www.pbc.gov.cn/goutongjiaoliu/113456/113475/4215248/index.html）。

② 广西壮族自治区人民政府：《〈广西壮族自治区建设面向东盟的金融开放门户总体方案〉经国务院同意正式印发》，2018 年 12 月，广西日报（http：//www.gxzf.gov.cn/sytt/20181229－729308.shtml）。

有效配置；实施货币互兑，促使人民币跨境业务不断创新，人民币区域内影响力增强；增强监管互动，共建跨境风险防护网；进行人员互联和信息互通，建立从政府到民间的多层次金融合作交流机制。同时要与习近平主席的“三新”即新发展阶段、新发展理念、新发展格局相匹配，提高金融服务质量水平，建设高效优质的现代化金融体系，这主要表现为提高人民币国际化水平，提升中国—东盟自由贸易区实施水平，巩固“一带一路”与“西南陆海新通道”建设成果。

《广西壮族自治区建设面向东盟的金融开放门户总体方案》从跨境金融创新、金融服务业对内外开放、中国—东盟金融市场合作、中国—东盟跨境保险合作、金融服务实体经济、跨境金融基础设施、跨境金融合作交流、金融生态环境、人才引领金融发展九个方面详细介绍了建设广西金融开放门户的实施计划（见表4－1）。

表4－1　**《广西壮族自治区建设面向东盟的金融开放门户总体方案》主要内容一览**

建设目标	主要任务
跨境金融创新	跨境人民币业务创新，实行人民币本位政策和拓宽货币回流渠道
	提供支持便利人民币在国外使用。不断深化外汇管理改革，支持银行业等金融机构通过加深金融合作开展相关业务
金融服务业对内外开放	支持银行业等金融机构拓展东盟金融业务。鼓励合格境外战略投资者与广西地方法人金融机构开展股权合作
	提高与金融核心业务有关的中介服务机构的数量和质量，发展多层次、多方面、多角度的跨境金融配套服务体系
中国—东盟金融市场合作	支持建设中国—东盟大宗商品现货交易中心和商贸物流中心
	支持广西与东盟共建现货交割仓库，不断加强资本市场合作交流，正确认识中国与东盟国家的联动现象
中国—东盟跨境保险合作	支持双方互设保险业相关机构
	推动跨境保险业务创新
金融服务实体经济	在“一带一路”和“西部陆海新通道”的框架基础上，加强中国与东盟互联互通相关项目建设，推动开展新型的合作模式（例如PPP）
	继续推进“一带一路”建设相关政策，加强各国中央银行间联系，共同促进区域内资源的有效配置
	发展符合跨境园区特点的现代化金融服务体系

续表

建设目标	主要任务
跨境金融基础设施	推进中国—东盟区域支付清算一体化建设，推动人民币国际化进程
	支持广西建设相关信息库、数据库，加强区域内数据搜集、处理能力，强调大数据、区块链等新技术的应用。适时推出相关综合评价指数
跨境金融合作交流	构建多层次金融交流体系，发挥广西优势，从政府、企业、民间三个层次加强交流
	加强跨境金融信息合作
	探索建立中国—东盟跨境重大项目信息交流平台
金融生态环境	优化营商环境、加强金融相关法律法规的不断完善，建立跨境风险合作机制
	维护消费者权益，减少或避免对外企业可能遇到的信用风险、操作风险等
人才引领金融发展	“育才引才”，培养面向东盟的金融学人才，吸引优秀人才落户广西，提高政策的制定、分析、解读能力

综上所述，广西建设面向东盟的金融开放门户，切合习近平总书记对广西的“三大定位”，即广西要发挥与东盟国家陆海相邻的独特优势，加快北部湾经济区和珠江—西江经济带开放发展，构建面向东盟的国际大通道、打造西南中南地区开放发展新的战略支点、形成丝绸之路经济带和21世纪海上丝绸之路有机衔接的重要门户。[①] 广西地处祖国南疆，建设金融开放门户是中国对进一步推动改革和开放的重要尝试，是沿边民族地区优化资源配置，推动金融服务提效增质，促进经济高质量发展的重要选择，同时是中国与东盟国家间友好合作与交流的见证，在更加紧张复杂的国际局势中，构建中国—东盟命运共同体，实现发展风险共同面对，发展成果共同享有，是双方增加社会总体福利，提高人民幸福度的重要手段。

第二节 沿边金融综合改革与中国—东盟金融合作

云南省与广西壮族自治区毗邻东盟，双边经济与文化合作历史悠久，

---

① 广西壮族自治区人民政府：《广西坚定履行“三大定位”新使命》，http：//www. gxzf. gov. cn/zt/2019/2019sjdjs. shtml。

云南与广西作为西部重要的沿边民族地区，设立沿边金融综合改革试验区，就是要探索和发掘跨境金融改革的新路径，同时推动边疆经济、民族地区经济和金融的高水平发展，《云南省广西壮族自治区建设沿边金融综合改革试验区总体方案》就是要将云南和广西建设成为西南地区与中南地区开放发展新的战略支点，为广西和云南提供强有力的战略支持。建设沿边金融综合改革试验区是中国与东盟各国政府间金融合作的重要组成部分，由于该方案实施较早，已经取得良好的成效。

一　云南及广西推进与东盟金融合作的基本情况

云南省与老挝、缅甸、越南三国接壤，在中国与东南亚、南亚诸国合作中具有重要地位，得益于地理位置的特殊性，云南沿边金融、跨境金融发展速度显著快于内地省区，是中国—东盟自由贸易区（CAFTA）内的重要沿边省份。中国与东盟的区域金融合作，需要多省份的协调配合，尤其是要建设符合边疆经济发展现状的多层次的现代金融体系，包括完善的金融市场体系，优化的金融生态环境，强有力的金融服务实体经济能力。目前，人民币金融服务中心是试验区的发展核心，也是云南和广西壮族自治区探索沿边金融改革的重要着力点。数据显示，从 2011 年广西与云南获批中国第二批跨境人民币交易试点区以来，广西跨境人民币结算总量飞速上涨，目前在中国八个边境省区和 12 个西部省市区中排名第一；2020 年底，云南跨境人民币结算总量已达 5885.72 亿元，与越南、老挝、泰国等国人民币交易频率高，往来密切。

二　云南及广西推进与东盟金融合作的预期设定

（一）优化金融生态环境，加强金融基础设施建设

区域金融合作进程的不断推进与金融合作有效实施的前提是优化金融生态环境，加强金融基础设施建设。金融生态环境是一个复合概念，既包含金融体系发展从低级到高级的不断优化过程，又有可持续发展的含义。推动边疆地区金融环境向契合实体经济的方向发展，即在法律、社会信用体系、会计和审计准则、中介服务体系和银企关系等多方面提供便利支持，发挥金融中介机构在消除信息不对称与降低交易成本中的重要作用，不断丰富和完善多种金融工具的产生与使用，提高全社会的金融资产质量，进而促进双边金融产业的可持续发展。同时，还需要加强金融基础设

施建设，适时构建金融生态指数、金融发展指数、金融舆情指数等全面评价方式，做好金融业的信息化建设，助力区域金融合作。

（二）完善市场组织体系，培育发展金融市场

在2015年成立东盟经济共同体的背景下，中国—东盟合作需要建立多层次的现代化综合金融服务体系，同时结合中国东西部金融市场发展的不平衡现状，西部地区的金融市场发展需求可以有效吸引东部地区富足资金流入，完善市场组织体系，培育金融市场，更开放的金融账户有利于东盟缺乏实体和金融基础设施的国家的经济增长，缓解地区贫穷与收入差距过大的局面，有利于维护区域的稳定性。由于部分东盟国家金融部门发展迟缓，政策制定者始终在金融深化和放开资本账户上秉持“审慎”态度，因此，应当继续强化双边合作框架，在风险管理方面共同进退，培育发展金融市场，不断创新合作形式来缓解各国因市场组织体系不同而产生的问题。

（三）改善融资结构，提高金融规模和交易效率

改善融资结构，提高金融规模和交易效率，是指应当按照实体经济的发展阶段，有计划地培育一批相匹配的金融机构，在部分经济发展水平较低的国家，应当大力发展中小型金融机构，为小微企业提供投融资便利，以缓解企业“融资难、融资贵”的问题，企业融资约束的缓解，有利于将更多的内源资金投入创新型项目中去，以增加企业的竞争力，不断开拓市场。广西与云南的相关企业可以借助地理优势，加大与东盟企业的相互合作，进一步提高试验区的开放水平。同时，金融工具与金融机构应当不断创新，提高服务质量，改善融资结构，提高金融规模与交易效率。

（四）深化对外交流与合作，加大金融服务边境地区的力度

要不断深化对外交流和合作水平，尤其是要探索跨境金融合作中的各类创新，推动区域内金融一体化进程，以消除跨境流动障碍，加大边民之间的交流和合作，全面提升跨境金融服务水平，推动资本市场对外开放和扩大人民币跨境使用，逐步增强人民币在东盟国家中的竞争力与影响力，以助力人民币国际化进程。

三 云南及广西推进与东盟金融合作的主要内容

沿边金融综合改革试验区的主要任务——推动跨境人民币业务创新，就是要尝试缓解对试验区内资本项目的管制约束，从人民币跨境贷款与资

金池建设两方面入手，增加跨境人民币业务产品与服务的数量与质量；完善金融组织体系，引导建设与边疆经济、民族经济发展结构相匹配的金融结构；培育多层次资本市场，缓解中小型外贸企业融资难问题；推动保险市场发展，鼓励有优势的保险公司在东盟国家建立分支机构开展业务，创新商业保险的涵盖范围，减少企业“走出去”的可能风险；加快农村金融产品和服务方式创新，将金融创新与精准扶贫结合起来，增强农村生活质量水平，创新多种惠农、助农金融服务形式；促进贸易投资便利化，东道国贸易和投资便利化水平会显著影响投资企业的成本，用积极的贸易投资政策吸引对外直接投资；加快金融基础设施建设的跨境合作，增加对跨境人民币结算、信息交流的支持力度，改善双边金融法律环境；完善地方金融管理机制，强调地方政府对金融风险管理的重要责任，织成多种新型风险防护网；建立金融改革风险防范机制，完善金融风险法律建设，提高双边金融风险的防范意识和健全跨境金融合作交流机制，推动政府、企业和民间三个层次的跨境金融交流。

（一）推动跨境人民币业务创新

推动跨境人民币业务创新，主要是扩大人民币跨境使用，其方法是坚持本币优先政策与拓展人民币回流机制，完善人民币的国际循环机制。简单来讲，扩大人民币的跨境使用，就是增强人民币的国际影响力，这是以宏观经济的稳定发展与高标准的国内金融市场为基础的。在疫情时代，中国以高效率的疫情应对策略向全世界彰显了中国政府卓越的领导能力，同时国内宏观经济在2020年第四季度已经恢复常态，吸引了大量国际避险资金，因此中国应当趁此机会，继续推动人民币国际化。在“一带一路”建设过程中，常出现人民币与美元支付分离的情况，坚持本币优先的政策，即在相关项目与投资贸易中要以人民币结算作为首要支付手段，推动人民币的跨境使用。广西与云南省政府应当在沿边地区明确各级政府的任务，坚定不移地在边境贸易、劳动薪酬等方面坚持人民币优先战略，从而增加人民币的流通规模与数量。在试验区建设初期，要研究设立人民币海外投资资金，发行以人民币为计价单位的金融产品。发行多种债券，允许外国投资者与境外机构投资国内债券市场，满足多层次、不同投资目的与不同投资风险偏好的国际投资者的需求，进而在支付、流通、价值、储藏四大方面增强人民币的影响力，推动人民币的国际化进程。

拓展人民币回流机制，也就是完善人民币的国际循环机制。习近平主席提出，要构建以国内大循环为主体，国内国际双循环的新发展格局，金融体制改革与金融体系完善是优化人民币国内循环的重要手段，那么拓展人民币回流机制，建设人民币离岸金融中心是人民币国际循环的重要手段。当前，中国在人民币国际化进程中，对于人民币离岸金融中心建设的关注程度较少，在全球范围内竞争力不强，不利于人民币的回流。在沿边金融综合改革试验区，继续探索东盟与南亚国家与中国的人民币双向贷款的可行流程与手续，发挥好境外人民币在货币基本职能方面的重要作用。尤其是要尝试在区域内部突破原有货币交易机制的束缚，有效化解计价货币所带来的惯性，从而发现新的国际化金融创新驱动力。当前，以区块链为代表的数字货币已成为多国央行研究的目标，结合数字货币本身的特性，尝试在试验区提供以数字货币为基础的支付、结算与信贷基础性金融服务，发行人民币公募基金与私募基金，已成为推动跨境人民币业务创新的重要形式。

（二）完善金融组织体系

完善金融组织体系，就是要精简外资金融分支机构设立流程，增加外资金融分支机构数量，支持资质良好的信托租赁公司开展业务，提供金融服务。

首先，沿边金融综合改革试验区建设的重要举措在于云南与广西应当打造符合区域内部经济发展状况的金融聚集区，促进境内外金融机构开展多方面多角度的金融合作。例如，在风险控制与可持续经营的前提下，中国大型机构在东南亚地区设置分支机构，用龙头引领，发挥先导先行、行为示范的积极作用，在试验区内设置面向东盟的职能部门。

其次，沿边金融综合改革试验区的重要职责是创新探索，可以鼓励资质良好的信托租赁公司开展金融业务，放开民营资本进入银行业的限制，促进金融机构的灵活性与规模并举。东盟国家金融发展水平不同，各国政策连续性与金融从业人员资质与能力不同，以金融科技创新作为解决上述差异性的思路，支持各类金融机构尝试改善原有金融制度下资源分配失衡的问题，进而充分释放政府的政策效应，完善金融组织体系。

（三）培育发展多层次资本市场

培育和发展多层次资本市场的主要任务，就是支持相关企业参与非上市股份公司股份转让试点和支持符合条件的企业上市融资，拓宽非上市企业融资渠道。要完成上述两个方面的任务，首先要在沿边地区金融改革试验区探索符合国家政策的区域性股权转让市场，建立期权、期货合约标的物交割仓库，同时发挥边境的农林牧渔、矿物生态资源优势，在林业权、矿产权等方面发展符合国家法律法规与鼓励政策的交易市场。其次，要培育与经济结构相适应的金融结构，也就是构建符合区域内部企业建立、成长、融资、上市等各个生命阶段的多种融资需求的融资结构。企业可以通过多种债务融资工具，发行国外债券融资。政府应当承担“有为政府”的责任，鼓励和引导建设并设计多层次和多种类的融资结构与融资工具。例如设立创业投资引导基金，参股支持创业投资企业，或者尝试吸引外资企业入驻，与国外金融机构合作，以母子联动等形式提供跨境金融服务，降低非上市企业的融资难度，拓宽非上市企业融资渠道。

（四）推进保险市场发展

首先，推进保险市场发展，就是要积极推动跨境保险业务合作与支持保险资金参与重点项目建设，不仅要鼓励中国有条件有优势的保险公司去东盟国家开设分支机构，开展相关保险业务，同时也要支持外资保险机构在试验区内设立办事处并开展业务。在积极开展双边多边跨境保险业务合作方面，推动中国与东盟国家在车辆险、出口信用保险、旅游保险等方面的交流和合作，同时为国外保险机构在试验区内开展业务，履行保险责任提供支持和便利。

其次，在“一带一路”建设的相关项目中，要积极引入保险资金参与项目建设，例如推动政策性保险与商业性保险的结合为出口企业提供风险保护网，避免汇率波动、信用违约所造成的损失，保障出口企业的安全感，简化承保手续。同时应当继续推进保险业务的普及程度，在农林牧渔等相关产业落实保险责任，为农村产业发展提供帮助。

（五）加快农村金融产品和服务方式创新

加快农村金融产品和服务方式创新，就是推动沿边地区金融综合改革试验区与东盟国家普惠金融发展方面的交流合作。2020 年 11 月 23 日，中国共有 832 个国家级贫困县脱贫摘帽，广西作为脱贫攻坚战中的重要一环，已经积累充足的扶贫经验，继续推动广西与东盟国家分享农村金融产品与服务方式创新经验，例如农村产权确权登记颁证服务平台、移动支付便民示范工程、土地承包权与林权抵押贷款业务、金融服务进村等新模式、新业态。

2021 年中央“一号文件”指出，要推动现代农业经营体系建设，深化供销合作社综合改革，试点“生产、供销、信用”三位一体。在金融方面，要解决农村金融基础设施建设的成本困境，推动农村信用体系和支付结算体系的建设，努力实现农户信用档案和行政村惠农支付服务点全覆盖。① 同时还要推广非现金结算工具，对农村小微企业提供充分的信贷支持，扶贫助贫，继续支持中国边境三农建设。

（六）促进贸易投资便利化

相关研究表明，东道国贸易投资便利化水平的提升，有利于增强中国对其进行直接投资。② 在国内企业“走出去”方面，中国应当保持在基础设施建设方面较高的竞争优势，与东盟国家开展基础设施建设相关项目的合作，推进“一带一路”倡议的顺利实施，提高东盟国家的基础设施建设水平和投资贸易便利度。在国外企业“引进来”方面，应当创新金融业务形式，尝试外资股权投资企业在资本金结汇、投资基金管理等方面的新模式，包括适时推动个人境外直接投资与简化企业境外直接投资的登记程序和外商投资企业外汇资本金结汇程序。

（七）加强金融基础设施建设的跨境合作

加强金融基础设施建设的跨境合作，就是要探索和建立中国与东盟国家在征信方面的合作机制。加强金融基础设施建设，一方面是指相关金融机构的设立，相关金融服务与金融产品的普及，充分满足农村与边境地区对金融服务的需求；另一方面指金融信息平台建设，不断推进中国与东盟国家的征信交流与合作，尝试构建包含中国与东盟企业微观数据与征信信息的征信平台，同时研究特殊币种清算安排的可行性。

（八）完善地方金融管理体制

完善地方金融管理机制，就是要对中央政府与地方政府的金融管理职责进行科学界定，探索民间借贷的备案登记、合约公证、资产评估相关业务的形式创新，地方政府需要充分重视对民间融资动态的监测与风险预警，打击高利贷等损害微观企业发展活力的非法融资活动。地方政府应当与银行、保险、信托等金融机构共同形成监管合力，定期开展流动性压力

---

① 广西壮族自治区人民政府：《广西壮族自治区人民政府办公厅关于我区金融支持经济结构调整和转型升级的意见》，2013 年 10 月，广西壮族自治区人民政府办公厅（http：//www.gxzf.gov.cn/zwgk/zfwj/zzqrmzfbgtwj/2013ngzbwj/20131222－427124.shtml）。

② 闫奕荣、周翠翠、随洪光：《贸易便利化对我国对外直接投资的影响研究》，《经济问题探索》2021 年第 4 期。

测试，研究互联网金融产品创新与金融科技的跨境使用等新型风险的产生原因与应对策略，防止出现金融领域监管真空问题，尤其要强调地方政府控制金融风险、维护金融稳定的职责。

（九）建立金融改革风险防范机制

加强金融生态环境建设，从法律制度、社会信用体系、会计和审计准则、中介服务体系和银企关系等方面发力，建设科学的评价机制，制定金融生态指数、金融发展指数等系列金融发展水平评估指标体系。同时合作共建中国—东盟征信平台，将中国与东盟国家微观企业经营情况、信贷情况、人力资本流动情况联网上云，建立好跨境资金的流动性统计与相关预警机制。对跨境洗钱、非法融资等犯罪行为实施严厉打击，要建立有法可依、执法必严、违法必究的金融执法体系。共同提高双边金融风险方案意识，共建金融改革风险方法机制。

（十）健全跨境金融合作交流机制

健全跨境金融合作交流机制，首先要推动建设多层次的沿边地区跨境金融合作交流体系，从政府、企业、民间三个层次推动跨境金融合作交流。首先，南宁作为中国—东盟博览会永久举办地，应当把握每年一度的东盟博览会举办机会，加强政府间政策协调沟通机制，将人民币跨境结算由区域向全国范围内推进，同时加强央行间互通互信，金融信息及时沟通，金融风险及时处理，打造区域内金融合作协同的基础。其次，企业间也应当发挥沿边地区的优势，发挥优质产业比较优势，开拓东盟大市场，尝试以共赢共利原则吸引外来劳动力，做好劳动力保障工作，以企业为单位推进社会组织之间的深入交流，增加文化认同感与社会互信。最后，开设边民贸易点，鼓励有秩序的跨国境劳动力流动，同时注重边境旅游资源开发，促进民间合作与交流。

第五章

中国—东盟成员国金融机构间合作

中国和东盟十国有许多会议合作机制，国内的金融机构同东盟国家或其国内的金融机构的许多合作都是在国际会议上达成的。特别是中国—东盟博览会①与中国—东盟商务与投资峰会起到了平台作用，其中的中国—东盟金融合作与发展领袖论坛②，作为持续性国际金融合作的会议机制，在推动中国—东盟成员国的金融机构间合作方面发挥了重要作用。

第一节　中国—东盟金融机构合作机制

中国—东盟自贸区建成以来，双方贸易、投资快速增长，为金融合作提供了有利条件。双方互设分支机构，金融机构合作频繁，银行双边结算网络初步建立，跨境人民币贸易结算稳步增长。东盟十国已在中国设立36家银行机构，其中，新加坡和泰国在华分支机构最多，占在华外资银行总数的10%左右。中资金融机构在东盟国家设立的分支机构不断增加，其中，中国四大国有商业银行和交通银行均已在新加坡设立分行。中国银行还在印尼、泰国、马来西亚、文莱、菲律宾、越南等东盟国家设立了分支机构。

---

① 中国—东盟博览会（CHINA-ASEAN Exposition，CAEXPO），简称东博会，是中国同东盟十国经贸主管部门及东盟秘书处共同主办，由广西人民政府承办的一项世界级的经济贸易交流大会，每年定期在广西壮族自治区首府南宁举办，此外，每年同期还在南宁举办中国—东盟商务与投资峰会。

② 中国—东盟金融合作与发展领袖论坛是与中国—东盟博览会同期举办的大型国家级、国际性金融主题论坛。从第六届东博会开始，每届东博会都会举办中国—东盟金融合作与发展领袖论坛。

一　中国—东盟银联体理事会

2010 年 10 月，在第十三次中国—东盟（10 +1）领导人会议上成立了中国—东盟银行联合体。银联体成立的目的是将中国及东盟的各大金融、银行机构聚集起来，形成规模效应，以更好地服务于区域金融的发展，促进双边贸易与投资的进一步开展。此外，银联体的建立还能为各方基础设施等民生项目提供更加便利和优质的资金支持和相关的金融服务，实现中国与东盟的社会和经济发展。银联体的原则是平等和双赢，各成员行之间建立的长期合作机制能够有效地保证其金融服务的稳定性，从而给区域经济发展注入新动能，更好地应对复杂多变的国际政治经济形势。中国—东盟银联体的首批成员行主要为中国以及东盟各国具有较大影响力的金融机构，包括中国国家开发银行以及星展、BDO 等多家东盟国家的投资发展银行。

表 5－1　　　　中国—东盟银联体理事会有关会议

时间	会议活动	主题
2011 年 5 月 16 日	中国—东盟银行联合体理事会首届会议暨业务研讨会	此次银联体会议在北京举行，会议选举中国国开行董事长陈元作为银联体理事会的首届主席，各成员行代表经过此次会议的交流，在诸多领域的合作上达成一致。各方均认为应借助银联体的优质平台，不断加强中国以及东盟各国间的金融交流与合作，以区域内小型团体的形式，实现更加充分的资源信息共享，以便利化为宗旨，以互利共赢为原则，在银联体全体成员行的努力下，携手推进中国与东盟的经贸金融合作。中国将与东盟各大金融机构共同创新和完善区域金融合作的新体系和新方法，实现共赢
2012 年 5 月 17 日	中国—东盟银行联合体理事会第二次会议	银联会第二次会议在北京举行，本届会议一致同意国开行董事长陈元继续当选银联会理事会主席。在本次会议上，各成员国负责人就当前中国同东盟地区的经济环境做出进一步探讨，对深化银联体框架下的金融合作提出有针对性的建议。此次会议签署了银联体合作协议的补充协定，在管理方式以及运营体系上做了进一步的完善，为务实各成员行合作提供了保障。未来，银联体将继续发挥其纽带作用，不断加强学术交流、信息共享等，进一步推动中国同东盟国家的经贸合作

续表

时间	会议活动	主题
2013 年 10 月 16 日	中国—东盟银行联合体理事会第三次会议暨中国—东盟互联互通建设研讨会、金融监管及银行风险防控研讨会	本次会议由国开行副行长主持，银联体各成员行、东盟秘书处以及越、老、柬、缅四国的央行负责人出席会议。在本届会议上，各成员行就深化内部交流合作、建立经验共享培训机制达成了一致，各方签署了倡议，并就当前国际经济形势进行了分析。此外，本次会议还设立文莱伊斯兰银行作为下届主席行，国开行同其进行交接。与本次银联会同期举办的还有“金融监管及银行风险防控研讨会”，与会各方共同探讨了当前中国—东盟的金融监管政策动态，并相互分享了关于银行风险防控的经验。此外，在“中国—东盟互联互通建设研讨会”上，各方以加强面向东盟的互联互通项目投融资合作为核心，深入探讨融资模式和信贷措施的完善路径，进一步推动双方互联互通和务实合作
2016 年 12 月 13 日	中国—东盟银行联合体理事会第六次会议暨理事会研讨会	国开行行长郑之杰出席此次会议并作主旨发言，副行长蔡东主持会议。国开行表示，中国—东盟银联体自成立以来，合作机制日益完善，达成多项有效的金融合作，通过深入的交流互鉴，形成了高质量的多边金融合作机制。国开行表示，当前，中国—东盟合作面临着良好机遇，合作前景广阔。建议银联体加强与政府间的合作配合，加大对重点领域的支持，夯实沟通合作的基础。郑之杰表示，中国和东盟人文相通、利益相融、优势互补，有巨大的合作空间。双方全方位、多层次的合作离不开金融的支持，需要进一步完善金融合作机制，加强金融创新。下一步，国开行将继续发挥开发性金融的优势和作用，聚焦金融创新支持地区经济发展。一是把握各方发展关切，提供融资融智服务；二是抓住关键项目，发挥示范带动作用；三是深化多方合作，凝聚金融创新合力；四是丰富服务手段，满足多元化金融需求。外交部亚洲司负责人对银联体所做出的贡献予以高度赞扬，并提出三点建议：一是立足本行，做强做实中国—东盟金融合作；二是发挥优势，积极参与“一带一路”和东盟共同体建设；三是拓展领域，积极参与东盟一体化倡议、澜湄合作、东盟和中日韩合作等机制，在更大范围内提升中国—东盟银联体的地位和影响。银联体各成员行结合当前世界政治经济形势、围绕“中国—东盟合作框架下中国—东盟银联体的作用”这一会议主题进行重点交流，为加强各成员行的合作提供了切实的建议，并共同签署了《关于将中国—东盟银联体纳入中国—东盟峰会框架的倡议书》。各成员行、与会专家还就“金融产品创新及人民币业务在东盟地区的发展”“中国—东盟产能合作、基础设施合作机遇”“普惠金融、贸易融资在东盟地区的推广”等议题进行了深入交流

续表

时间	会议活动	主题
2017 年 11 月	中国—东盟银行联合体理事会第七次会议	此次会议在菲律宾首都马尼拉召开。中国驻东盟使团、菲律宾财政部、菲律宾央行有关负责人出席会议，本次会议由中国国家开发银行与菲律宾 BDO 银行共同承办，是理事会会议首次实现与中国—东盟峰会同国别、同时期召开。国开行表示，东盟国家和地区是中国周边外交优先方向的重要地区，随着中国“一带一路”倡议的实施，中国同东盟国家的关系日益紧密，在“一带一路”建设的带领下，双方秉承互惠互利的原则，在银联体的合作框架之下逐步完善并丰富了合作内容、拓展并延伸了合作领域。下一步建议切实发挥好银联体的金融纽带作用，推动银联体合作不断取得新成效，更好地服务中国—东盟命运共同体建设。一是以银联体机制优化为契机，拓展金融合作空间。二是以“一带一路”建设对接为核心，强化重点领域支持。三是以“10 +1”峰会精神落实为方向，鼓励合作模式创新。中方政府代表、中国驻东盟使团参赞柯友生高度评价银联体在金融合作、交流培训等方面所取得的务实成果。他指出，金融合作是中国—东盟“2 +7 合作框架”七个优先合作领域之一，“资金融通”也是“一带一路”倡议的重点领域，希望各成员行抓住当前中国—东盟快速发展的重大机遇，继续建设好中国—东盟银联体这一重要平台，促进相互贸易与投资，实现中国与东盟共同发展。菲方政府代表、菲律宾财政部长多明计斯充分肯定银联体合作所取得的各项成绩，并表示，“一带一路”倡议是自长城修建以来最伟大的事业，其推进合作而非阻断交往，与东盟正在努力推动的成员国经济一体化目标高度契合。在刚刚结束的东盟峰会上，东盟国家领导人重申了 2020 年建成共同市场的金融一体化目标，银行合作将在这一进程中发挥关键作用。参会银联体各成员行围绕“在‘一带一路’倡议下深化中国—东盟银联体合作”的主题，就“为绿色项目建立融资机制”“在东盟区域内融资支持基础设施互联互通建设”“为项目承包商提供全方位金融服务支持基础设施互联互通领域建设”等议题展开深入研讨，并共同签署了《关于中国—东盟银行联合体合作协议的补充协议》，协议主要内容包括：明确银联体理事会与东盟峰会同国别、同时期召开，建立联合主席行机制，每年增开司局级会议以及增设观察成员行等

续表

时间	会议活动	主题
2018 年 11 月	中国—东盟银行联合体理事会第八次会议	本次会议由国开行与新加坡星展银行联合举办，于新加坡召开，这也是银联体理事会第二次与中国—东盟领导人会议同国别、同时期召开。新加坡星展银行集团执行委员林森成、国家开发银行副行长刘金代表银联体联合主席出席会议并致辞，中国驻东盟使团、新加坡金融管理局有关负责人代表两国政府出席会议，东盟各银联体成员行代表参加会议 各成员行表示，将进一步发挥银联体多边平台优势，落实好《中国—东盟产能合作联合声明》《中国—东盟关于进一步深化基础设施互联互通合作的联合声明》以及《中国—东盟战略伙伴关系 2030 年愿景》，让金融业更好地服务实体经济，加强产能合作和基础设施建设领域的交流，改善民生。刘金在致辞中表示，中国—东盟银联体秉承平等、互利、共赢的合作理念，已经成为当下重要的区域多边金融合作组织，取得了较多成果。建议银联体今后进一步发挥平台与纽带作用，结合共同发展的时代主题，创新拓展中国—东盟金融合作空间，落实政府间合作的共识成果，共同推进中国—东盟基础设施互联互通建设，在东盟一体化进程和中国—东盟命运共同体建设进程中做出更大贡献。中方政府代表、中国驻东盟使团参赞李昕高度评价银联体在机制建设、金融合作、交流培训等领域所取得的务实成果。他指出，随着“一带一路”倡议在东盟的持续推进，中国—东盟金融合作面临着更广阔的前景。希望各成员行抓住当前中国—东盟关系快速发展的重大机遇，积极参与推进“一带一路”倡议与东盟发展战略深入对接，继续发挥优势，强化平台建设，进一步推动中国—东盟金融双向开放，为东盟国家发展经济、扩大就业、改善民生提供更多的实质性支持。新加坡金融管理局助理局长黄耀龙表示，中国与东盟致力于建立以规则为基础的开放包容的贸易体系，贸易和投资交往日益密切，东盟坚信拓展多边合作是区域经济稳定和经济增长的基石。中国与东盟企业和金融机构可在基础设施融资、可持续融资和金融科技等前沿领域深化合作，希望中国—东盟银联体能够在其中发挥优势，为中国—东盟实现互联互通、共同发展和繁荣做出更大贡献

续表

时间	会议活动	主题
2019 年 11 月	中日韩—东盟银行联合体（10 + 3 银联体）成立大会暨中国—东盟银联体理事会第九次会议	2019 年 11 月于曼谷成立，“10 + 3”银联体是在中国—东盟银联体基础上成立的新型区域金融合作机制，在原有各成员国基础上又新加入了日本与韩国。此次会议由泰国开泰银行与国开行共同举办，日本国际协力银行与韩国产业银行作为新成员行参与了会议。陈博文表示，希望“10 + 3”银联体成员行能够抓住机遇、深化合作、共谋发展，探索更广阔的合作空间，关注包括泰国东部经济走廊（EEC）在内的基础设施互联互通建设，以及跨境支付电子化等领域的合作需求，促进东亚区域一体化进程。Ronnadol Nummonda 表示，相信中日韩—东盟银联体的建立将更好地深化东亚地区的金融交流与合作，希望成员行能够强化区域协作，建立紧密联系，发展强大而可持续的区域金融生态系统。“10 + 3”银联体继续以“平等、互利、尊重、信任”作为其原则，推动长期高效的合作机制的形成，为双方经济技术合作和贸易投资发展提供多样化的金融服务，取得了丰硕的合作成果 在中国—东盟银联体理事会第九次会议上，参会银行代表以“金融创新支持区域合作”为主题进行了深入探讨，并投票表决同意越南大众银行作为观察员行。会议上各方银行一致表示，将进一步深化金融合作、加强产能合作与基建建设合作，多领域地加强交流，以更好地促进东盟各国的经济发展

二　中国—东盟银行联合体高官会议

表 5 - 2　　中国—东盟银行联合体高官会议活动梳理

时间	会议活动	主题
2018 年 7 月	“金融支持中国—南亚东南亚区域合作”论坛暨 2018 年中国—东盟银行联合体高官会议	本次会议是中国—东盟银联体延续第五届中国—南亚博览会合作精神，首次在云南省召开的专题研讨会议，由云南省政府、国开行以及新加坡星展银行共同主办，于 2018 年 7 月在昆明举行。本次会议以“加大金融支持力度，助力区域互利合作”为主题，吸引了来自东盟以及“一带一路”沿线地区众多具有影响力的银行、金融机构参与。参加此次会议的还有来自云南省金融业、政府部门和企业等的 80 余名代表。各方在加强学术交流、信息共享等方面达成一致，进一步推动中国同东盟国家的经贸合作；各方一致认为要充分发挥银联体框架的机制优势，利用好银联体的优秀平台，搭建投融资服务配套体系，还要加大云南省面向南亚东南亚的开放力度，积极引导云南企业“走出去”以及周边合作项目在云南落地

续表

时间	会议活动	主题
2019 年7 月 2 日	中国—东盟银联体 2019 年度高官会暨中国—东盟区域银企合作研讨会	此次会议由福建省人民政府、国家开发银行和泰国开泰银行共同主办，在福建泉州召开。本次会议以“弘扬丝路精神，深化区域合作”为主题，共有来自 10 个东盟国家的 12 家境外金融机构，以及福建省和泉州市有关部门、境内主要金融机构和中外企业的约 130 名代表参加会议。国开行作为银联体的主席行，积极推动银联体合作机制在福建省的拓展和深化，充分发挥金融纽带作用，切实服务中国与东盟各国互利合作，支持区域经济社会发展。希望与各方一道，以多双边金融合作、银企合作为平台，凝聚发展共识，整合优势资源，切实推动中国与东盟各国在基础设施互联互通、国际产能等领域的务实合作，为携手共建中国—东盟命运共同体贡献重要力量。邱楚南表示，东盟是全球重要的经济体之一，也是经济和人口增速较快、具活力及发展潜力的地区之一。东盟国家与中国有着共同的文化和传统友谊，更是彼此最重要的贸易和投资伙伴，中国提出的“一带一路”倡议已切实惠及东盟区域经济发展。为进一步促进东盟区域共同繁荣，建议金融机构及相关企业关注东盟基础设施互联互通建设，推动使用所在国货币及人民币结算，加强金融科技创新等领域的合作 参会各方围绕会议主题，提出整合优势资源、加强区域间银企合作的诸多有效办法。各方一致认同，要充分发挥银联体的平台合作优势，在支持与推进金融创新的基础上，不断拓展合作，促进银政企携手，共同推动重大重点项目建设；大力支持福建省建设“21 世纪海上丝绸之路”核心区，积极引导福建企业及侨商侨企跨境合作，推动周边合作项目在福建落地

三　东盟与中日韩（10＋3）财长和央行行长会议及副手会议

20 世纪 90 年代后期，在经济全球化浪潮的冲击下，东盟国家逐步认识到启动新的合作层次、构筑全方位合作关系的重要性，并决定开展“外向型”经济合作。“10＋3”合作机制应运而生。“10＋3”是指东盟十国与中、日、韩三国。每年定期举行外长会议、财长会议、领导人会议等。2010 年 3 月 24 日，东盟与中日韩（10＋3）财长和央行行长以及中国香港金融管理局总裁共同宣布《清迈倡议》多边化协议正式生效。清迈倡议多边化是在原来的双边货币互换机制的基础上进行创新，由现在“10＋3”所有成员国共同参与的多边货币互换机制，以更好地在单一协议的基础上进行共同决策，促进货币互换交易向着迅捷化、便利化、一致化的方向发展。此次协议的生效不但意味着“10＋3”成员为共同防范全球经济下行风险所做出的努力，还为东盟与中日韩“10＋3”定期举办财长会议奠定了良好的基础。

表5-3　东盟与中日韩（10+3）财长和央行行长会议及副手会议活动梳理

时间	会议活动	主题
2012年3月27日	第十七届东盟与中日韩（10+3）财政央行副手会议	此次会议在柬埔寨金边举行，中国人民银行和财政部领导出席了此次会议。会议围绕《清迈倡议》多边化、区域及中国经济金融形势等议题开展了激烈讨论
2012年5月3日	第十五届东盟与中日韩（10+3）财长和央行行长会议	此次会议在菲律宾马尼拉举办，本次“10+3”财长会议共有来自13个国家的财政部和央行代表与会，中国人民银行、财政部领导代表中方参与了此次会议。本次会议具有代表性的意义，它是首次将东盟与中日韩财长会议扩大到各方财长和央行行长会议，这意味着东盟同中日韩的金融合作将更加密切，有利于提升区域金融合作的有效性。会议围绕当前世界的经济金融形势展开热烈讨论，各方分享了各自对金融环境波动的应对举措，与会各方一致认同未来应进一步巩固《清迈倡议》，提高对多边化危机的应对能力。在会议上，各方就扩大《清迈倡议》多边化的资金总额达成一致，并在原来的基础上延长救助资金的使用时长。此外，本次会议还一致同意新建《清迈倡议》多边化预防性贷款工具，以起到预防地区危机的作用。在当前全球化所带来的复杂经济环境下，各方达成共识有利于充分增强各方应对金融风险的能力，提振各方应对金融危机、稳定金融市场的信心，保障本地区的经济平稳运行
2013年5月3日	第十六届东盟与中日韩（10+3）财长和央行行长会议	此次会议在新德里召开，中国财政部、外交部以及央行代表组成的代表团出席了此次会议。本次会议认为，当前的国际经济形势仍不容乐观，虽然较之以往有所改善，但仍要警惕系统风险的发生。受到大国政策不确定性的影响，各国应加强交流合作，保持合理的财政赤字，同时应注意，当下东亚地区的内部需求仍然十分旺盛，区域内经济增长较为稳定，各国应该更加关注当下实行的宽松货币政策对于经济的负外部效应，在推进本国货币政策结构改革的基础上加强区域内金融合作，以保证经济的可持续发展。在此次会议上，“10+3”各成员国对目前区域间金融合作的进展情况表示满意，经过会议讨论，各方一致同意将“10+3”中的AMRO申请升级为国际组织，以方便其更好地实现监控功能，为CMIM提供更好的保障。此外，此次会议还通过了加强CMIM预防和紧急救助职能的草案，对中国所提出的促进新型融资债券的发展予以肯定。上面所提到的进展均体现了“10+3”各成员国寻求合作、互利共赢的坚定信念以及实现东亚经济稳定发展的决心，有利于保障区域金融的平稳发展。目前，中国的经济结构发生了巨大的调整，内部需求十分旺盛，成为拉动经济增长的重要动力，中方代表在会议上表示，未来中国政府将坚持实行较为稳健的货币政策，继续完善国内经济结构改革，加快国内的利率市场化、人民币国际化进程，以更好地参与到“10+3”区域金融合作中来。在此次会议结束后，各国发表了《第十六届“10+3”财长和央行行长会议联合声明》

续表

时间	会议活动	主题
2014 年 5 月 3 日	第十七届东盟与中日韩（10 +3）财长和央行行长会议	本届“10 +3”会议于哈萨克斯坦的阿斯塔纳召开，中国财政部、外交部以及央行领导人组成的代表团出席了此次会议。会议的主题是“东亚区域宏观经济形势和区域财金合作”。在本次会议上，与会各方就当前国际经济形势展开了热烈讨论，各方认为虽然目前全球经济形势有所好转，但总体来看，经济复苏较为缓慢，全球金融市场的稳定性还较为脆弱。就东亚来说，由于各国所采取的宏观政策较为恰当，东亚地区的经济总体上处于恢复阶段，弹性较高，但是应警惕外部融资减少的问题，各国应注重国内的经济结构调整，不断改善宏观政策的调控力度，加强协调与沟通，促进经济区域经济发展。在会议上，各方对目前多项区域金融合作的进展情况表示满意，并审议通过了 CMIM 的操作指南修订和经济评估与政策对话分析模型。此外，此次会议延续上次会议精神，再次强调要尽快将“10 +3”的 AMRO 升级为国际组织，并同意将 AMRO 的现任负责人延长任期 2 年。同时，本次会议还高度赞扬了落实亚洲债券市场倡议所取得的新进展，听取了未来“10 +3”财金合作的重点领域和方向，包括区域基建融资以及地区本币结算等多个领域的研究进展。在此次会议结束后，各国发表了《第十七届“10 +3”财长和央行行长会议联合声明》
2015 年 5 月 3 日	第十八届东盟与中日韩（10 +3）财长和央行行长会议	本届“10 +3”财金会议在阿塞拜疆巴库召开，会议的主题围绕全球宏观经济形势和区域财金合作展开，由中国财政部、外交部以及央行领导人组成的代表团出席了此次会议。此次会议提出了一些有效应对的手段和措施，包括继续采用宏观审慎调节，更好地协调宏观经济政策，共同维护区域经济稳定发展。在此次会议上，各方继续强调 AMRO 升级的重要性，只有 AMRO 升级为国际组织，才能更好地为 CMIM 实际运作提供保障，“10 +3”各成员国内部应尽快完成各自的核准工作，助推 AMRO 早日完成升级。在此次会议召开前，中日韩三国财长和央行行长举行了会晤，此外，“10 +3”各方还召开财政央行副手会，会议同意 AMRO 增设副主任。在“10 +3”财长和央行行长会议结束后，各国发表了《第十八届“10 +3”财长和央行行长会议联合声明》
2016 年 5 月 3 日	第十九届东盟与中日韩（10 +3）财长和央行行长会议	本届“10 +3”会议于德国的法兰克福召开，中国财政部、外交部以及央行领导人组成的代表团出席了此次会议，与会各方重点讨论了当前世界宏观经济环境以及各方财金合作等议题。会议各方一致认为，当前东亚经济虽然保持着一定的增长，但仍受全球经济疲软的影响，面临着经济下行风险，为此“10 +3”各国应继续采取必要的财政和货币政策手段，推动各国结构性改革的进程，从而更好地提振经济，增强市场参与者的信心。同时，各方未来应对短期内的资本流动予以重视，将其列为重点监测对象，通过宏观审慎政策结合资本管理手段，防范大规模资本逆向流动所可能产生的风险。与会各方对目前区域财金合作的进展表示满意，在会议认为应对 CMIM 采取定期评估的方式，提高其有效性。此外，会议还讨论了将 CMIM 扩大到全球的金融安全网络中的可行性。会议还对目前 AMRO 的管理岗位招聘情况进行了解，并对工作结果表示满意。会议上各方对亚洲债券市场倡议（ABMI）所做出的贡献表示高度肯定。在会议结束后，各国发表了《第十九届“10 +3”财长和央行行长会议联合声明》

续表

时间	会议活动	主题
2017 年 5 月 5 日	第二十届东盟与中日韩（10 +3）财长和央行行长会议	本次会议在日本横滨召开。会议主要讨论了世界宏观经济形势、“10 +3” 区域财金合作等议题，并发表了联合声明。史耀斌副部长率中国代表团出席了会议。会议认为，当前全球的经济环境正在迅速复苏，“10 +3” 地区的经济仍然呈较快增长，但仍应当警惕政策不确定所带来的外部风险，防范经济的下行风险。与会各方承诺未来会继续合理调整宏观政策和推进结构性改革，促进经济平稳增长。“10 +3” 各方一致认同要继续支持开放的多边贸易投资体系，继续加强 CMIM，以完善区域金融安全网络，并希望 CMIM 定期评估取得更多成果。各方一致认同要携手共建多边贸易体制，进一步加大区域间基建投资与互联互通，在深化本地区经济结构改革的同时也要继续加强区域间金融安全网建设，从内外两部分入手来维护金融稳定。同时，会议评估了 AMRO 在过去一年里加强机构建设方面的进展，并期待加强 AMRO 的作用
2017 年 12 月 11—12 日	东盟与中日韩（10 +3）财政和央行副手会	本次会议在日本旭川召开。中国人民银行副行长殷勇出席会议，并就区域经济金融形势、区域金融合作等问题与各方交换意见
2018 年 5 月 4 日	第二十一届东盟与中日韩（10 +3）财长和央行行长会议	本次会议在菲律宾马尼拉召开。会议主要讨论了世界的宏观经济形势、“10 +3” 区域财金合作等议题，并发表了联合声明。余蔚平副部长率中国代表团出席了会议。会议认为，虽然当前全球经济呈现出强劲复苏的态势，但 “10 +3” 地区仍面临着全球贸易保护主义抬头、金融环境收紧超过预期等风险。“10 +3” 各方一致认同要继续支持开放的多边贸易投资体系，继续加强 CMIM，以完善区域金融安全网络，并对 CMIM 定期评估成果予以高度肯定。会议支持 CMIM 加强同国际货币基金组织（IMF）的交流合作。此外，会议对 AMRO 所取得的成果予以肯定，并支持其继续发展监测职能，确保其实现独立、可信、专业国际组织的职责。 　　在会议上，中方代表余蔚平表示，当前世界的经济正处于复苏阶段，但是保护主义抬头、贸易摩擦加剧等风险仍然存在。各方仍需要继续坚定维护多边贸易体系，才能更好地实现贸易和投资便利化。余蔚平还对 “10 +3” 财金合作所取得的成果予以高度肯定，并希望各方加大合作力度，为促进区域金融稳定与经济增长做出贡献
2018 年 12 月 13—14 日	东盟与中日韩（10 +3）财政与央行副手会	本次会议在韩国釜山举行，中国人民银行副行长朱鹤新率团出席会议。会议主要讨论了区域经济金融形势、区域金融合作等问题
2019 年 5 月 2 日	第二十二届东盟与中日韩（10 +3）财长和央行行长会议	本次会议在斐济楠迪举行。会议主要讨论了全球和区域宏观经济形势、“10 +3” 区域财金合作未来愿景及机制改革等议题，并发表了联合声明。由中国财政部、外交部以及央行领导人组成的代表团出席了此次会议

续表

时间	会议活动	主题
2020 年 9 月 18 日	第二十三届东盟与中日韩（10+3）财长和央行行长视频会议	本次会议采用线上视频会议的形式召开，中国财政部长刘昆出席了此次会议。本次会议就当前世界宏观经济形势、“10+3”区域财金合作等议题展开深入探讨。会议各方认为，应继续警惕经济下行风险，继续通过宏观经济政策的调整来实现经济复苏。同时，会议再次强调要维护当下开放的多边贸易投资体系，大力推动区域经济合作和一体化的开展

在 ASEAN+3 财长和中央银行行长会议下主要有《清迈倡议》（CMIM）和《亚洲债券市场倡议》（ABMI）两个主要机制。其中 ABMI 下设五个工作组：第一工作组的工作重点在于推动当地货币计价的债券发行以增加区域内债券供给；第二工作组主要关注增加当地货币计价债券的需求；第三工作组的工作重点是改善区域监管框架；第四工作组从改善相关债券市场基础设施的角度开展工作；第五工作组主要负责技术支持和协调。

2012 年 5 月，第十六届 ASEAN+3 财长和中央银行行长会议提出在 ABMI 第四工作组下建立跨境结算基础设施论坛（CSIF），讨论改善区域跨境结算的详细工作计划和相关流程，包括建立区域结算中介（RSI）的可能性。

2013 年 7 月，CSIF 正式成立。CSIF 成员主要包括中国人民银行、中央国债登记结算有限公司、中国香港金管局、印度尼西亚中央证券存管机构、马来西亚中央银行、新加坡金管局、泰国证券存管机构、泰国银行、越南财政部、日本证券存管中心、日本银行、韩国战略与财政部、韩国银行、韩国证券存管机构、菲律宾中央银行、亚洲开发银行等。

CSIF 现已召开四次会议，讨论完成了《关于建立区域结算中介（RSI）的基本原则和下一步工作建议》并经第十七次 ASEAN+3 财长和央行行长会议批准（2014 年 5 月 3 日）。其核心内容是明确建立区域结算中介（RSI）的实施路线图，以便高效、安全地通过中央银行货币完成债券跨境交易的 DVP 结算。中短期目标是在区域内有需求的国家（地区）之间建立中央证券存管系统（CSD）与实时全额结算系统（RTGS）的双边连接，长期目标是在双边连接机构不断增加的基础上，研究构建多个地区 CSD 与 RTGS 连接的整合方案。目前，CSIF 正就实现中短期目标的具体模式和策略进行讨论。

四　其他涉及中国与东盟之间金融机构合作的会议机制

此外，还有一些重要会议涉及中国与东盟之间的金融机构合作。

（一）“一带一路”国际合作高峰论坛

“一带一路”国际合作高峰论坛是中国政府主办的高规格的论坛活动，活动内容包括圆桌峰会和高级别会议等多个部分。2017 年 5 月 14 日至 15 日，在北京举行了第一届“一带一路”国际合作高峰论坛，此次论坛共有来自 29 个国家的元首、政府首脑以及联合国等国际组织的负责人出席。会议围绕“一带一路”合作展开深入讨论，旨在通过加强交流互鉴来促进中国同包括东盟在内的“一带一路”沿线国家的合作。

2017 年 5 月 14 日下午，中国进出口银行董事长胡晓炼出席“一带一路”国际合作高峰论坛高级别会议——“促进资金融通”平行主题会议，并围绕“加强金融合作促进资金融通”发表讲话。

胡晓炼董事长在讲话中谈到，应通过建立完善的体制机制引导体系，有效地动员资金，通过各方携手共建互利共赢的利益共同体，进而打通“一带一路”建设的资金融通点。中国进出口银行所提供的政策性金融工具有两大特征，分别是导向性和社会效益性，因此，当商业性资金难以充分支持时，政策性金融工具能够起到弥补的作用。在本次会议上，胡晓炼提出中国进出口银行将同部分国际同行进行合作，通过签署授信额度框架协议，来推动投资、外贸等的联合开发。此外，中国进出口银行还将利用作为参与出资或发起的各大基金平台进行股权投资，以更好地服务“一带一路”建设。

2019 年 4 月 25 日，中国又举办了第二届“一带一路”国际合作高峰论坛。此次会议共计有 38 个国家的领导人以及国际货币基金组织负责人出席，各方围绕共建“一带一路”，加强区域经济合作等达成广泛共识，推动了中国与东盟间的金融合作。

（二）博鳌亚洲论坛

博鳌亚洲论坛是 2001 年在中国海南省博鳌镇成立的非官方、非营利性的国际组织，其发起成员共有 29 个，每年定期在中国总部举行年会。博鳌亚洲论坛旨在为政府、企业及专家学者等构建一个共同讨论包括经济、环境在内的相关问题的高层对话平台。该论坛成立之初以促进亚洲经济一体化为目标，当前，论坛更多的是为亚洲和世界的发展贡献力量。

2009年4月18日，温家宝在博鳌亚洲论坛上宣布，将由中国进出口银行发起成立中国—东盟投资合作基金，其总规模将达到100亿美元，以通过该基金更好地完善东盟各国的基础设施建设，实现双方的“互联互通”，促进区域共同发展和繁荣。作为基金的主发起人，中国进出口银行高效地完成了前期筹集准备工作，在不到一年的时间里构建了合作框架并做好资金募集，充分体现了多方面的优势。中国—东盟投资合作基金成立后，对中国与东盟的企业合作提供了投资帮助，便利了双方在基础设施、能源等领域的投资合作融资，深化了中国同东盟的经济合作关系。同时，该基金的设立也体现了中国进出口银行在融资模式上的重大创新，中国进出口银行通过搭建股权和准股权融资平台，更好地满足了双边企业金融合作的融资需要，促进中国同东盟各国的经济合作往来。随着中国—东盟自由贸易区如期建成，中国与东盟各国的经贸关系将迈上新台阶。中国—东盟谅解备忘录及贷款协议的签署，是中国进出口银行积极推动和支持中国与东盟经贸合作的又一成果，必将进一步加快东盟国家的基础设施建设，有利于实现双方互利共赢、和谐发展。

（三）中国—东盟自由贸易区论坛

2010年1月7日，在广西南宁举办了中国—东盟自由贸易区论坛，本次论坛的主题是“互利共赢，再创辉煌”，与会代表深入探讨了促进双方合作交流的多个议题，包括如何通过贸易互通来提振产业活力、寻找双边投资的新机遇以及当下区域经济合作的重点。在本次论坛上，作为“中国—东盟基金”主发起方的中国进出口银行同四家机构基金签订谅解备忘录。当日，中国进出口银行还分别与东盟多个国家的政府部门签订了规模较大的贷款协议，这笔贷款将被用于中国—东盟的基础设施建设以及网络建设。作为支持中国进出口贸易和对外经济合作的国家政策性银行，中国进出口银行多年来充分运用出口信贷、对外承包工程和境外投资贷款、对外优惠贷款等政策性金融业务，积极推动中国—东盟的经贸合作。中国—东盟基金是一个具有国际性质的专业投资平台，其设立旨在通过投资合作来实现中国同东盟国家的互利共赢。

第二节　中国与东盟金融机构合作考察

中国的金融机构与东盟合作主要以会议、协议和开放汇兑、结算等业务为主，辅以收购、建立合资机构或企业。此外，一些规模较大的银行或其他类型的金融机构还在东盟部分国家设有分部。下文将对国内大部分和东盟国家有金融合作的金融机构进行一一说明。

一 货币和金融监管机构

（一）中国人民银行

2004 年 10 月 11 日，中国人民银行主办的“东盟与中日韩短期资本流动管理和资本账户开放”高级研讨会在北京召开。

2008 年 1 月，发展广西北部湾经济区已上升为国家战略，中国人民银行南宁中心支行不断通过快速大量地收集中国同东盟各国的金融数据，打造了一套属于中国自己的中国—东盟金融数据分析系统。该分析系统在建成后，更好地解决了对东盟经济研究中的数据缺失问题，为中国—东盟经济数据库构建提供了基础，将为广西北部湾经济区国家战略的实施和深入推进提供更有效的决策支持。根据中国及东盟各国统计机构所公布的数据，该分析系统构建了时间跨度为 1989—2007 年，涵盖了 GDP、物价、对外贸易、金融、财政、国际储备等 12 大类，约 100 个指标的数据指标体系。该分析系统具有中国—东盟经济金融指标数据分析和经济金融文献检索两大功能。在数据分析方面，具有按时间、指标、国家的“二维”或“三维”方式进行数据查询，同时可以对查询后的数据选择以柱状图、曲线图、饼状图等进行动态分析的功能。在经济金融文献检索区，可以通过对标题、关键词、作者等要素进行简单或复杂查询，检索相关的中国—东盟经济金融文献资料。该分析系统录入中国—东盟经济金融相关的文献资料上百篇，收录中国人民银行南宁中心支行近年来数十篇特色研究成果，为特色研究的深入开展奠定了坚实的基础。当下，南宁中心支行已经通过构建好的“分析系统”取得了一系列研究成果，特别是涉及中国—东盟区域金融研究方面的。其中，《中国—东盟区域产业分工与金融支持研究》《泛北部湾区域金融合作研究》《CAFTA 框架下中国推进泛北部湾区域金融合作的对策建议》等调研报告和论文相继得到中国人民银行总行和广西壮族自治区党委、政府的采用和相关领导的批示。

2013 年 10 月，在第十届东博会上，中国银行成功举行了人民币兑卢比汇率的揭幕仪式以及浦发银行南宁离岸业务创新中心的挂牌仪式。人民币兑卢比的成功挂牌启动有利于实现中国与印尼贸易结算的本币化，这将为两国之间的贸易往来提供更加方便和快捷的诸多好处，可以帮助中国与印尼的贸易节约交易成本、减少风险。浦发银行南宁离岸业务创新中心是浦发银行设立的第二家离岸业务创新中心，该创新中心在南宁的设立更好地方便其利用广西面向东盟的区位优势，有利于其更好地推进中国—东盟自贸区的金融业务建设，为广西金融发展注入新动能。以上两个挂牌仪式的成功举办，体现了广西在加快中国同东盟金融深化合作过程中的切实努力。

2014 年 7 月 17 日，《清迈倡议》多边化协议修订稿正式生效。该协议的修订主要基于“10 +3”所建立的多边贸易互换体系。本次多边化协议修订的主要内容有以下几点：第一，将协议所规定的资金规模扩大至 2400 亿美元；第二，在原有基础上创新预防性贷款工具；第三，提高与国际货币基金组织贷款规划的脱钩比例。

2018 年 2 月 2 日，中国外汇交易中心发布公告，称外汇市场将完善人民币对泰铢的交易方式，逐步发展为人民币对泰铢进行直接交易。与此同时，外汇交易中心还将在外汇市场上开展对于人民币对泰铢的多期询价交易。目前，共有 13 家人民币对泰铢直接交易的做市商，在之前已被纳入试点的 7 家银行的基础上，又新增了 6 家银行。未来将进一步扩大人民币对泰铢云南区域交易所积累的经验成果。

2018 年 1 月，中国央行发布消息宣布其已经同泰国中央银行续签了中泰双边本币互换协议，其规模将在原有的基础上继续保持，这项双边互换协议的续约有利于中泰双边贸易的便利化，促进两国之间的投资和贸易来往，以更好地推动两国的经济发展。该互换协议将在未来三年内保持有效，在双方均同意的基础上继续续约。从 2017 年起，中国央行已同蒙古国银行和瑞士央行等诸多海外银行签署了规模庞大的双边本币互换协议。

2019 年 9 月 23 日，中国—东盟国际标准化论坛在广西南宁召开。此次论坛由国家市场监督管理总局、国家标准化管理委员会、广西壮族自治区人民政府联合主办，以“共创国际化标准，共享高质量发展”为主题，旨在落实《中国—东盟战略伙伴关系 2030 愿景》，为中国与东盟各国政府、商界、学术界加强标准化交流营造互利共赢的合作平台。在论坛上，中国人民银行科技司司长李伟受邀发表了题为“携手推进‘中国—东盟’金融标准国际交流与合作”的专题演讲。目前，中国同东盟的金融合作已经步入新的阶段，双方合作发展迎来了更多的机遇，金融标准交流合作迎来新起点，中国金融标准正在由“封闭”向“开放”转变，中国的专家越来越多地开始参与到金融国际标准的编制中。随着中国—东盟经贸往来日益频繁，中国—东盟金融标准交流合作面临着新期待，将履行新使命。一是要深化中国同东盟各国的金融标准交流，推动标准化发展成果共享。二是要推进金融标准共商共建共享取得新成效，积极开展双边金融标准建设协作，在金融科技等领域制定新型国际金融标准，加强在ISO等国际标准组织框架下的协同合作。三是要推进中国—东盟金融标准化人才培养和储备，推进金融标准化走进高等教育。国家市场监督管理总局副局长田世宏，广西壮族自治区副主席李彬，国际标准化组织（ISO）副主席蔡秀菊，国际电工委员会（IEC）候任主席、中国华能集团有限公司董事长舒印彪出席会议并致辞。东盟国家代表团，中国国家标准化主管机构、研究机构和企业代表等近300人参加论坛。

2018年12月，经中国国务院同意，中国人民银行等13个部委联合印发了《广西壮族自治区建设面向东盟的金融开放门户总体方案》，以广西为试验田，扩大中国与东盟的金融开放合作。广西作为中国金融业对外开放的重要试验区，将积极打造中国面向东盟的金融开放门户，与东盟各国金融业一道推进中国—东盟深入金融、经贸交流合作。与会嘉宾表示，此次交流会的举办，是深入贯彻落实“总体方案”关于“在广西打造形成中国面向东盟的金融交流培训基地”和“创新金融人才培养机制，加强中国与东盟金融人才培训与交流”工作要求的举措。作为一个重要的沟通平台，交流会在促进中国与东盟金融机构合作上提供了机遇。

2019年4月17日，央银调研组由中国人民银行研究局副局长周诚君率队到中马钦州产业园区开展面向东盟金融开放门户专题调研工作。

周诚君副局长一行听取了中马钦州产业园区林海波副主任对中马钦州产业园区发展情况的介绍，深入园区企业做现场调研，并在中马钦州产业园管委召开座谈会。在座谈会上，中马钦州产业园财政局、中国人民银行钦州市中心支行、钦州市人民政府有关负责同志结合自身情况，围绕《广西壮族自治区建设面向东盟的金融开放门户总体方案》的政策红利，就中马钦州产业园区如何抓住机遇开展金融创新提出了很好的意见和建议。国家外汇管理局广西分局杨正东副局长解读了有关政策，对如何深化改革，加强和改进外汇服务，促进贸易和投资便利化提出了相关要求。周诚君副局长代表调研组表示中马钦州产业园区的金融创新要有定位、落实方案要有重点，在加强对马来西亚金融政策研究的同时，进一步深刻领会“总体方案”的精神和重要意义，大力提高营商环境，提升金融服务水平和能力，推动金融门户开放建设向纵深发展。

2019 年 6 月 9 日，中国人民银行行长同泰国央行行长在日本签署了中泰金融科技合作协议，此项协议是为了加强中泰双方在金融科技和金融创新领域的合作。中国人民银行方面称，中国人民银行与泰国央行愿共同努力建设有利于金融科技发展的生态环境以支持创新和科技进步，并致力于降低成本、提高金融产品和服务的效率。

中国的金融机构与东盟合作主要以会议、协议和开放汇兑、结算等业务为主，辅以收购、建立合资机构或企业。此外，一些规模较大的银行或其他类型的金融机构还在东盟部分国家设有分部。

（二）外汇管理局

2019 年 3 月 5 日，国家外汇管理局广西分局召开广西建设面向东盟的金融开放门户政策宣讲会，对辖区内 27 家外汇指定银行以及广西投资集团、广西金融投资集团、广西北部湾投资集团、广西北部湾国际港务集团、中国—东盟信息港等银行企业进行宣讲。杨正东副局长出席会议并就相关工作进行部署。

（三）中国银行保险监督管理委员会

2004 年 5 月 14 日，中国银监会与 MAS 签署了 MOU。2008 年 1 月 22 日，银监会与 MAS 签署了 QDII 监管合作换文。2011 年 7 月 27 日，银监会与 MAS 签署了跨境机构危机管理合作协议。此外，银监会与 MAS 每年举行一次副手级双边磋商。银监会还参与了中新合作联委会的相关工作。

2005 年 10 月 18 日，银监会与菲律宾中央银行签署了 MOU。

2009 年 11 月 11 日，银监会与马来西亚中央银行签署了 MOU。2010 年 6 月 23 日，银监会与马来西亚证监会签署了 QDII 监管合作换文协议。

2010 年 7 月 15 日，银监会与原印尼银行业监管机构印尼央行签署了 MOU。2015 年 6 月 4 日，银监会与印尼金融服务局（OJK）就加强信息共享和合作监管等方面内容签署了 MOU。

2013 年 4 月 8 日，银监会和柬埔寨国家银行签署了 MOU。

2017 年 10 月，上海银监局与东盟银行协会代表团进行座谈。

广西银保监局筹备组积极推动沿边金改，并在 2018 年 11 月参与主办广西沿边金融综合改革成就展，系统总结展示了五年来广西沿边金改所取得的成果，标志着广西沿边金改顺利收官。五年来，广西银行、保险行业探索形成了跨境人民币业务创新、农村金融改革“田东模式”、试验区六市金融同城化、跨境保险业务创新等12项可推广复制的经验，跨境人民币贷款、现钞调运等业务从无到有取得突破，出境车险产品、跨境劳务人身意外保险在全国率先开办，农合机构改制和金融服务创新走在广西前列。同时，金融组织体系不断完善，五年间共新设升格银行业金融机构257家，占全区新设升格数的近六成，先后引进四家全国性银行机构，组建六家村镇银行和一家地方法人寿险公司，为广西下一步建设面向东盟的金融开放门户奠定了坚实基础。

2019年7月2日，福建银保监局副巡视员陈怡出席中国—东盟银联体2019年度高官会暨中国—东盟区域银企合作研讨会。

（四）中国证券监督管理委员会

1995年11月3日，中国与新加坡签署了《关于监管证券和期货活动的相关合作与信息互换的备忘录》。

1997年4月18日，中国证监会与马来西亚证券委员会签署了《证券期货监管合作谅解备忘录》。

2003年12月9日，中国与印度尼西亚签署了《关于相互协助和信息交流的谅解备忘录》。

2004年10月14日，中国证监会与印度尼西亚商品期货交易监管局签署了《期货监管合作谅解备忘录》。

2005年6月27日，中国与越南在北京签署了《证券期货监管合作谅解备忘录》。

越南证券市场与中国证券市场一样，同属新兴市场，并且越南证券委员会也是国际证监会组织新兴市场委员会和亚太地区委员会成员。此次中越两国证券期货监管机构正式签署监管合作备忘录，将加强双方在证券期货领域的跨境监管合作和信息互换，有利于促进两国资本市场的健康发展。

2007年4月12日，中国与泰国签署了《证券期货监管合作谅解备忘录》。

2011年9月19日，中国与老挝签署了《证券期货监管合作谅解备忘录》。

2014年2月17日，中国与文莱签署了《证券期货监管合作谅解备忘录》。

2018 年 11 月 12 日，中国与新加坡签署了《关于期货监管合作与信息交换的谅解备忘录》。

2019 年 6 月 21 日，中国与柬埔寨签署了《证券期货监管合作谅解备忘录》。

在 2018 年 10 月 24 日举行的第三届中新证券期货监管圆桌会上，新加坡金融管理局（MAS）和中国证监会（CSRC）确认将加强两国监管合作，加强两国资本市场的金融互联互通。圆桌会议由新加坡金管局副行长王宗智（Ong Chong Tee）和中国证监会副主席方星海共同主持，主要内容包括跨境衍生品合作协议和促成定期人员交流。在 2017 年圆桌会议的讨论基础上，新加坡金管局和中国证监会就尽快签署中新跨境衍生品监管合作谅解备忘录达成一致。这将加强两国期货市场的监管合作，促进中新期货市场健康稳定发展。此外，还签署了《中国证券监督管理委员会与新加坡金融管理局人员交流合作备忘录》，定期交流将加深工作关系和相互了解。圆桌会议讨论的其他议题包括如何加强对资本市场的跨境监管，在监管中应用数据分析，以及资本市场在支持“一带一路”倡议中的作用。新加坡金管局副行长王宗智表示：“圆桌会议为我们提供了一个很好的平台，使我们能够采取有意义的行动，加强监督合作。随着跨境资本市场活动的增加，新加坡金管局和中国证监会认识到加强监管协调和确保资本市场金融稳定的重要性。这份衍生品谅解备忘录将对期货市场进行更有效的跨境监管，而人员交流安排将加深两家机构之间的联系。”

2018 年 11 月，新加坡金融管理局（MAS）在中国总理李克强访问新加坡期间与中国人民银行（PBOC）和中国证券监督管理委员会（CSRC）达成并交换了合作协议。金融机构之间达成的两项协议将为中国和新加坡合作开展金融科技创新以及期货交易所和中介机构的跨境监管铺平道路。与中国人民银行签署的第一份协议要求两国开展金融科技合作。它旨在为联合研究和创新项目铺平道路，应用关键技术，包括数字和移动支付。它还为金融科技公司的跨境扩张提供监管协调。MAS 已与中国证监会签署第二份谅解备忘录。这两家机构希望交换信息，加强对提供跨境服务的期货交易所和中介机构的监管。李克强总理和新加坡总理李显龙见证了这些监管协议的签署。

二 商业银行与政策性银行

（一）中国工商银行

中国工商银行新加坡分行成立于1993年，是中国工商银行第一家海外机构。经过多年的不懈努力，新加坡分行现已成为新加坡领先的商业银行之一，业务领域覆盖了个人金融服务、私人银行金融服务、企业金融服务以及机构金融服务。2012年10月中国工商银行的新加坡分行获得新加坡金融管理局正式颁发的特许全面银行业务牌照。

印尼PT Bank ICBC Indonesia（以下简称“Bank”或“ICBC Indonesia”）是通过收购印度尼西亚哈利姆银行而组建的银行，该银行于2007年9月28日由中国工商银行股份有限公司（ICBC Limited）设在泗水。然后更名为PT Bank ICBC Indonesia。中国工商银行股份有限公司连续三年（2014年至2016年）被英国《银行家》杂志评为“中国最佳银行”。根据《2016年美国全球金融》消息，中国工商银行股份有限公司还是“最佳外汇银行”。中国工商银行股份有限公司控制着印尼工商银行98.61%的股份，其余1.39%的股份由PT Intidana Wijaya拥有。

2010年1月26日，中国工商银行股份有限公司河内分行隆重开业，在严峻的申设形势下，河内分行经历了一年半时间，最后在复杂、多变、艰苦的申设环境中成功设立，为日后金边分行、万象分行、仰光代表处的申设和筹备打下了良好的基础。2012年第一季度末，河内分行成为中国总资产最大、利润最多的中资银行在越分行。

中国工商银行马来西亚有限公司（以下简称“工银马来西亚”）成立于2010年1月28日，是中国工商银行股份有限公司全资子公司。总部位于吉隆坡城中城明讯大厦10楼。2010年4月28日，工银马来西亚揭牌并正式对外营业。工银马来西亚拥有全商业银行业务牌照。随着中马合作关系日益紧密，工银马来西亚致力于对两地企业、跨国公司、金融机构、个人客户提供高质量的金融产品与服务。

中国工商银行泰国股份有限公司的前身为1969年建立的ACL银行。ACL银行于2005年获得了由泰国财政部颁发的商业银行经营许可证，2010年，中国工商银行成为ACL银行的最大股东，由此，ACL银行成为中国工商银行集团下的成员。

2011年，中国工商银行中国—东盟人民币跨境清算（结算）中心

（南宁）在广西南宁成立，这意味着中国工商银行为面向东盟的金融服务平台搭建贡献了新的力量。该清算中心由中国工商银行总行委托广西分行代理，该清算中心以中国工商银行电子银行平台为基础研发了一款面向东盟的跨境人民币结算系统，其主要功能囊括了跨境清算、跨境融资以及其他的金融综合业务，可以更好地为中国与东盟国家提供人民币结算服务，同时还能为广大客户提供人民币对东盟国家货币的汇率挂牌和交易服务等。该清算中心的建成，有利于交易双方明晰交易成本，降低由于使用第三方货币结算而产生的二次汇兑成本，同时通过该清算中心的跨境结算系统，使人民币结算和清算业务驶上“快车道”，双边贸易的结算和清算将更加便捷高效，必将提高双边贸易效率，加快企业资金周转，提高资金使用效率。

作为跨境贸易人民币结算首批开办银行，中国工商银行已经在东盟各国设立 7 家分支机构或筹备处，与 98 家银行建立了战略合作和代理行关系。为了更有效地推进跨境人民币业务，中国工商银行中国—东盟人民币清算（结算）中心还将同步启动人民币兑越盾挂牌交易的试点工作，这是中国国内商业银行的首创，此后该清算中心还将逐步推进其他小币种的挂牌交易，更好地满足客户在贸易结算、对外投资等方面的金融服务需求，为推进人民币国际化做出贡献。

中国工商银行万象分行已于 2011 年 11 月 28 日正式开业。

中国工商银行金边分行于 2011 年 11 月 30 日正式对外营业。

中国工商银行于 2011 年在仰光设立了仰光代表处，为在缅甸拓展服务网络进行了前期准备。2014—2015 年，伴随着缅甸银行业对外开放政策的调整，中国工商银行通过竞标成为首批获准在缅营业的 9 家外资银行之一。2015 年 9 月 8 日，仰光分行正式开业，成为缅甸唯一一家正式营业的中资商业银行。仰光分行的经营范围为公司及同业存款、外汇兑换、发行和管理支付工具、保函、承诺、自营或代客办理货币市场交易、外汇即期远期交易、汇率利率掉期交易、企业咨询、电子银行、开发类融资业务、抵押贷款、其他经缅甸中央银行许可的定制化或附带的银行业务。

2013 年，中国人民银行在境外设立的第一家人民币清算行，为中国工商银行新加坡分行，同时该行也是新加坡唯一的人民币清算行。

为推动新加坡人民币业务的发展，中国工商银行成立了私人银行中心、大宗商品及结构性贸易融资中心、现金管理中心以及金融机构营销中心，致力于为客户提供全方位、卓越的跨境人民币产品和服务，涵盖人民币存款、人民币跨境贸易结算、资本结算、贸易融资、全球现金管理、资产管理、人民币现钞、人民币债券发行、特别定制人民币业务服务等。中国工商银行也是第一家在新加坡成立的债券资本市场专业团队的中资银行。中国工商银行是全世界最大的人民币银行，依托集团强大的融资能力、先进的科技平台以及覆盖全球的金融网络，中国工商银行已成为新加坡人民币首选银行。经过多年的发展，凭借对中国政策和市场的深入理解，中国工商银行与众多的跨国企业、中资企业、不同规模的新加坡本地企业建立了战略合作伙伴关系，极大地促进了这些企业与中国的投资与贸易往来。

2016 年 3 月 1 日，泰国电信运营商 True 宣布与 6 家中资泰国分行签订战略伙伴协议，这些银行将向 True 提供约 20 亿美元的资金担保，用于其研究 4G 移动通信系统。

2017 年 10 月 24 日，在金边举行人民币与瑞尔（柬埔寨货币）跨境贸易与投资论坛。本次论坛由柬埔寨国家银行和中国工商银行联合举办，柬埔寨国家银行副行长妮占塔娜出席此次会议，她表示鼓励人民币在柬埔寨的使用能够有效地加强两国经贸合作与投资来往。目前，柬埔寨已经有多家银行履行人民币清算职能，为群众提供人民币存款业务，在柬埔寨，中国游客无须换汇，可以直接使用人民币消费。“允许使用人民币给柬埔寨带来很多优势，吸引了更多中国投资者和游客。”

2017 年 9 月，开始实行人民币对瑞尔银行间市场区域交易。妮占塔娜说：“促进人民币与瑞尔交易是柬政府支持‘一带一路’建设的一部分。这会增强两国之间的经济金融联系，降低汇率风险。”中国工商银行代表陶能虹认为，作为“一带一路”沿线的重要国家，柬埔寨同中国的贸易保持着强劲增长，两国尽早实现货币直兑能够有效降低交易成本，起到风险规避的作用。目前，人民币在柬埔寨的使用取得了许多进展，柬埔寨央行的外汇储备中就包括人民币，柬央行不仅持有人民币存款，还购买了人民币债券。从对外贸易和投资方面来看，中国已是柬埔寨最大的贸易伙伴和外资来源国，双方的金融交流日益密切，2017 年，中国赴柬旅游人数突破了百万大关。

2017 年 12 月，中国工商银行仰光分行获缅甸中央银行批准，可以办理人民币与缅币之间的兑换和人民币汇款业务，企业收到的美元或者缅币资金可以在中国工商银行仰光分行申请兑换成人民币后汇回中国境内或者其他国家（地区）。

中国工商银行马尼拉分行于2018年注册成立，拥有菲律宾央行颁发的商业银行牌照。

2019年3月中国工商银行新加坡分行所发行的首支“一带一路”银行间常态化机制绿色债券（以下简称“BRBR”绿色债券），已被正式列入第二届“一带一路”国际合作高峰论坛官方成果清单。该债券是在“一带一路”银行间常态化合作机制下完成发行的，同时符合国际绿色债券准则和中国绿色债券准则的BRBR绿色债券，包括人民币、美元及欧元三个币种，已在新加坡交易所挂牌注册。此次BRBR绿色债券的发行特别选择“一带一路”共建国家和地区的银行参与承销，旨在着力推进“一带一路”银行间常态化合作机制建设。此次发行的22家承销商来自十几个国家和地区，其中约80%是“一带一路”银行间常态化合作机制成员，包括中国工商银行、英国汇丰银行、渣打银行、新加坡星展银行、华侨银行、法国东方汇理银行、日本瑞穗银行、三井住友银行、美国花旗银行、中国农业银行、荷兰安智银行、国泰世华银行、玉山银行等具有一定国际影响力的银行。中国工商银行新加坡分行总经理胡芳表示，2019年迎来了“一带一路”倡议六周年、人民币国际化十周年，为了更好地发挥银行在“一带一路”中资金融通的作用，推动绿色可持续发展，中国工商银行新加坡分行根据总行安排，发行了BRBR绿色债券。胡芳说，新加坡是“一带一路”的重要节点，中新两国经贸往来密切。中国工商银行新加坡分行作为新加坡唯一的人民币清算行，将继续发挥好桥梁作用，为中新互联互通和“一带一路”建设提供更好的金融服务。新加坡金融管理局助理行长谢福兴说，中国工商银行新加坡分行在支持和资助“一带一路”共建国家绿色发展方面的领先地位，将引领更多资金流向本区域以实现可持续发展成果。新加坡交易所执行副总裁周士达表示，绿色金融是“一带一路”倡议的重要组成部分，中国也在积极推动可持续生态环境保护工作。作为亚洲的国际债券中心，以及“一带一路”建设项目的区域金融中心，新交所将继续与中国工商银行新加坡分行紧密合作，通过其债券和股票集资平台与全球网络，支持中国的绿色金融和“一带一路”倡议。

（二）中国银行

近年来，中国银行（香港）有限公司（下文简称“中银香港”）陆续收购中国银行在马来西亚、泰国、印度尼西亚、柬埔寨、越南、菲律宾和老挝的机构，并设立文莱分行。各东南亚机构依托香港人民币业务基础，大力推动人民币在东盟的使用，不断取得进展。

其中，马来西亚中国银行被中国人民银行委任为人民币业务清算行，清算量高居市场首位。马尼拉分行协助菲律宾央行成功发行 14.6 亿元熊猫债，并发起成立当地人民币交易商协会，实现两国货币直接交易兑换。雅加达分行推出“薪必达”跨境人民币个人直汇产品，建立个人银行理财中心。中银香港在泰国、柬埔寨等地成功举办了人民币论坛，扩大人民币的影响力。此外，中银香港已成为中国内地与东盟各国人民币及小币种现钞跨境调运中心。中银香港与东南亚机构建立起直接现钞调运渠道，并与中国银行广西分行合作，从中越边境地区调回越盾现钞。各东南亚机构还拓展在当地的现钞兑换业务。

2015 年 5 月 21 日，中国银行发出公告称，将拟定对其子公司中银香港旗下的南洋商业银行股权进行出售，此外，东盟国家的银行业务及资产将由中国银行总部重组后转移到中银香港。出售中银香港旗下南商股权并重组东盟部分机构业务，将减少中国银行、中银香港和南洋商业银行在业务和机构上的重叠，清晰、简化管理链条，突出品牌认知，进一步拓展中银集团在中国香港和东盟地区的经营空间和业务机遇。2015 年 5 月 22 日，中国银行副行长张金良称，中银香港未来将重组东盟部分机构的经营业务，他承诺，中银集团将一如既往地向公众提供优质服务。中国银行的大量海外业务，如今已大多通过中银香港进行，中银香港也已表明希望发展成区域性银行，2017 年 3 月再度出击，向母公司中国银行收购东南亚业务。在优化海外布局方面，中国银行以中银香港为平台，把东盟九个机构分批次融入中银香港。已经完成了马来西亚中行和泰国子行的股权交割，签署了雅加达分行和金边分行的买卖协议，同时成功出售南洋商业银行和集友银行股权。目前，中国银行海外机构覆盖 51 个国家和地区，实现了历史性突破。在中国的银行体系里，中国银行在海外覆盖的国家是最多的，同时也充分利用资本市场来巩固多元化的政策优势。中国银行在东盟具有代表性的银行很多，其中就包括中国银行新加坡分行以及雅加达分行。中国银行新加坡分行成立于 1936 年，持有新加坡金融管理局颁发的特准全面银行执照，在全岛拥有 20 多个金融服务点，同时共享全岛 atm5 网络超过 200 台自助提款机服务。新加坡分行代表总行管理及运营大宗商品业务中心（含大宗商品融资中心、大宗商品回购中心和大宗商品交易台）、福费廷中心、银行卡中心、私人银行中心、亚洲债券承销中心、海外培训中心、创新研发中心等区域平台，业务范围立足新加坡，覆盖东南亚，辐射全球。中银雅加达分行是中银香港的分行。中国香港发钞银行共有三家，其中之一就是中银香港，它既是香港最主要的商业银行集团，同时也是处理香港人民币业务唯一的清算行，各项主要业务位居市场前列，并在跨境业务和人民币业务领域享有领先优势。中国银行持续经营一百多年，是中国国际化和多元化程度最高的银行。为贯彻中国银行集团的海外发展策略，中银香港积极推进区域化发展，致力建设成为一流的全功能国际化区域性银行。

1938 年，中国银行雅加达分行成立。由于历史原因，中国银行雅加达分行停止营业，直到 2003 年 4 月，随着中国同印尼经济贸易交流的不断发展，中银雅加达分行才恢复营业。根据中国与印尼两国政府及两国央行所签订的双边条款，中银雅加达分行拥有全能银行业务牌照，其拥有印尼国内外所有银行产品及服务的全部经营权。该分行在服务中国—印尼两国间贸易及非贸易服务方面有着独特优势。2013 年 9 月，在广西南宁正式启动中国银行人民币兑印尼卢比现钞汇率挂牌仪式，自治区领导以及中行与浦发银行高层出席此次仪式。此次中行新实施的印尼卢比现钞兑换服务，实行一日多价的报价形式，保证其汇率的价格始终紧跟国际汇市行情，这有利于提高中行服务东盟的质量，从而深化中国同东盟国家的经贸合作。

1939 年，中国银行在槟城设立了马来西亚分行，这是中国银行在马来西亚设立的第一家分行，此后，中国银行又在吉隆坡、芙蓉等地设立了分行，这些分行在 1959 年停止经营。直到 2001 年 2 月 23 日，中国银行马来西亚分行在吉隆坡恢复营业，这是中马两国经贸合作不断发展的结果，也是历史的必然选择。马来西亚中国银行执行总裁王宏伟在接受采访时表示，中国银行将在马来西亚进一步拓展业务，包括打造槟城分行智能网点、新建马六甲分行、推广电子银行服务等。王宏伟表示，中国银行看好马来西亚市场，在马业务能为进入东盟市场发挥重要作用。对于马中行未来的发展计划，王宏伟说，2017 年 8 月将把槟城分行建成中行海外地区第一家智能网点。

泰国是中国在东盟地区金融合作的重要战略伙伴。1994 年 2 月 21 日，中国银行在泰国成立曼谷离岸业务机构，中行也是第一家入驻泰国的中资银行。1997 年 3 月 10 日，中国银行曼谷离岸业务机构正式升级为中国银行泰国分行，并开始全面经营商业银行业务。2014 年 8 月 26 日，中国银行曼谷分行更名为中国银行（泰国）股份有限公司，正式转变为中国银行的全资附属机构。随着 2017 年 1 月中国银行宣布在东盟地区进行股权和资产重组，中银泰国被划归为中银香港旗下。2016 年 12 月 18 日，中国银行（泰国）股份有限公司正式开业，并于泰国呵叻府举行开业典礼，泰国央行代表、企业代表等 250 余人参与开幕仪式。地处东盟中心，泰国具有明显的区位优势，随着近年来中国“一带一路”倡议的推进，中国同泰国在金融上的合作不断加强。中国银行抓住时代机遇，增加在泰国的资金投入，将中国银行泰国分行划入中银香港旗下。中银泰国计划在 3 年内将业务覆盖泰国全境，深化中国同泰国的金融互通，与此同时大力推动产品和服务创新，提高中国银行在泰国的受欢迎程度。此外，中国银行是 20 世纪 90 年代最早开办的对泰铢进行结售汇业务的专业银行，拥有丰富的报价经验。中国银行金融市场总部有关负责人表示，积极开展泰铢的做市报价工作对提升中国银行在企业客户尤其是在边境企业客户中的影响力，具有重要意义。中国银行将进一步推进泰铢结售汇业务的开展，完善泰铢贸易融资、远期结售汇等业务品种，丰富产品线，进一步提升外汇交易服务的市场竞争力。2011 年 12 月 19 日，中国外汇交易中心正式启动人民币兑泰铢区域挂牌报价，此次人民币兑泰铢银行间市场区域交易的正式启动，将有利于深化中泰两国的经贸和投资往来，推动两国的金融合作，促进双方经济的快速发展。2013 年 10 月 24 日，中国银行在泰国曼谷举行了人民币业务推介会暨签约仪式，近 200 名中泰人士与会。在本次会议上，中国银行曼谷分行同泰国当地的多家银行签署了合作协议，从而提升了中国银行同泰国银行间的金融合作。此外，推介会还围绕人民币国际化，充分解读介绍了跨境人民币的各项政策规定。近年来，泰中两国贸易额增长迅速，但是从发展空间来看，中泰两国企业使用人民币完成跨境贸易结算的规模有待进一步提升。

1995 年 12 月 1 日，中国银行胡志明市分行在越南开业，这是越南的第一家中资银行，同时也是较早开拓越南市场的中资企业之一。从 2014

年起，中银香港配合中国银行国际化发展的战略部署，对中国银行在东盟的机构和业务进行重组，更好地服务东盟。经越南国家银行批准，2018年1月29日，中国银行胡志明市分行资产由中国银行转让给中银香港，并更名为中银香港胡志明市分行。

1936年，中国银行新加坡分行成立，这是在新加坡的中资银行经营时间最久的一家银行。中国银行新加坡分行的重要性极大，其承担着中国银行在东盟地区大宗商品融资业务、银行卡业务等众多职能。目前，新加坡金融监管部门将银行分为三大类，分别是全面银行、批发银行以及岸外银行，对于在新加坡开办的外资银行，其第一类牌照又分为特许全面银行和一般全面银行，同时，其金融管理部门规定第二类和第三类的批发银行、岸外银行只能开设一家分行。2012年7月，中国和新加坡政府在双边自由贸易协定下，签订了两国银行业交流合作的换文。其主要内容是新加坡的银监局将尽快给予符合条件的中资新加坡银行全面银行业务经营执照，这对于中资银行来说，意味着它们可以在新加坡开设多个分支机构。2012年8月，中国银行与中国工商银行发出消息称，这两家银行的新加坡分行已得到新加坡金融管理局认证的特许全面银行业务经营执照，这意味着中国银行与中国工商银行的新加坡分行将在新加坡经营全面银行业务。中国工商银行相关负责人指出："新加坡分行将进一步开拓当地市场，提高客户服务水平，促进中、新两国经贸往来。"随着中国同东盟各国的交流日益密切，中国同新加坡的业务往来迅速增加，对于中资银行业务的需求也将显著提高，未来中国银行及中国工商银行的新加坡分行应充分发挥其特许全面业务经营的职能，更好地服务于中新金融合作，加快对新加坡市场的开拓。

中国银行是中国在菲律宾唯一的中资银行，2002年中国银行马尼拉分行成立。作为中国国际化程度最高的银行，中国银行不断将资源向海外倾斜，增强海外网络和对客户的服务能力。随着中国企业大量走出去，中国的海外业务得到快速发展。马尼拉分行秉承"担当社会责任，做最好的银行"的宗旨，同时确定三个使命：成为菲律宾人民币业务的特色银行，中菲企业之间的桥梁，中菲贸易结算的首选银行。随着中菲贸易额的不断扩大，若在贸易和投资活动中选择人民币作为支付货币，将有利于菲律宾进出口商降低交易成本和提高结算效率。因此，从2012年开始中国银行和菲律宾外汇与债券交易所（Philippine Dealing System Holdings）合作建设菲律宾人民币市场，并且在 2014 年 8 月菲律宾人民币实时清算系统（RTS）正式投产。现在人民币在菲律宾是结算货币，和美元、比索一样。基础性工作已经准备就绪，目前已经有 10 家主要的本地银行使用这个系统。从 2014 年 8 月开始的 4 个月时间里，该系统流通了 40 多亿元人民币。中国银行在做中菲经贸往来的桥梁，利用中国银行集团在国际、国内的网络和客户资源以及熟悉菲律宾市场的优势牵线搭桥。目前在中国银行马尼拉分行的主要客户中，菲律宾本土企业和中资企业已各分天下。中国银行推进了中菲两国贸易、投资往来。"一带一路"人民币国际化对中国银行是一个历史性的发展机遇，也使中国银行具备了价值，能更好地服务当地社会。作为世界十大银行之一，中国银行没有把自己看成马尼拉的地区银行，而是在菲律宾的销售窗口。

2010 年 12 月 8 日，中国银行金边分行成立于柬埔寨首都金边，该分行负责经营柬埔寨国内及国际上所有商业银行产品及服务。2016 年 9 月 5 日，在柬埔寨考察访问的中国银行总行行长陈四清拜会柬埔寨政府副总理任财利，双方围绕进一步促进中柬经贸往来和金融合作进行了深入沟通。陈四清行长首先对柬埔寨近年来在经济建设和社会发展方面所取得的巨大成就表示热烈祝贺。陈四清行长表示，与自己 22 年前第一次来柬埔寨相比，现在的柬埔寨发生了巨大而深刻的变化，充满了欣欣向荣的生机。通过这次访问柬埔寨，更加坚定了中国银行在柬埔寨发展的信心。陈四清行长指出，目前中国正在与各国加强合作共同推进"一带一路"建设，同时人民币国际化进程也在稳步推进，这给中柬两国合作提供了难得的契机，也为银行发展带来了历史性机遇。2015 年洪森首相在访华期间亲自到中国银行总行访问，与中国银行田国立董事长举行了会晤，双方就加强金融合作、促进经贸往来达成了很多共识。目前，越来越多的中资企业到柬埔寨投资展业。中国银行将充分发挥跨境经营的优势，通过遍布中国各地的分支机构，梳理出有意向到柬埔寨投资的企业名单及项目，大力推动中资企业在柬埔寨的发展。陈四清行长还表示，中国银行金边分行自 2010 年开业以来，得到了柬埔寨政府及社会各界的大力支持，目前主要业务指标已进入银行业前十位，初步建设成为当地主流银行之一。下一步还将新设两家机构，希望继续得到柬埔寨政府及各界的支持。任财利副总理对陈四清行长一行来访表示热烈欢迎，并介绍了中资企业在柬埔寨的发展情况。任财利副总理表示，中柬两国领导人都高度重视中资企业在柬埔寨的发展，洪森首相要求内阁关注中资企业的发展，中国张高丽副总理也表示将鼓励更多的中国企业赴柬埔寨投资。2015 年底，中国青岛与柬埔寨政府签订了框架协议，青岛企业将在西港寻找 2000 公顷土地建设生态工业园。西港位居东盟中心位置，能辐射东盟各成员国。目前西港—青岛每周有两班航运货轮，很快将增加到一周 10 班货轮。任财利副总理表示，洪森首相要求内阁成员认真帮助中资企业在柬埔寨发展，维护好两国源远流长的传统友谊，为子孙后代铺好路。在会谈结束时，陈四清行长表示，中柬两国有着深厚的传统友谊，中国银行愿意与柬埔寨各界携起手来，共同开创更加美好的未来。陈四清行长还诚挚地邀请任财利副总理在方便的时候到中国银行总行访问。

2015 年 3 月 26 日，中国银行万象分行在老挝首都万象成立。该行是由中国银监会批准成立的中国银行全资拥有的直属分行，该分行获得了由老挝中央银行认证的经营许可，具有商业银行的全部职能。

2015 年 4 月 14 日，中国银行在马来西亚举行“吉隆坡人民币清算行服务启动仪式”。在此次会议上，马来西亚总理以及中国银行行长发表致辞，中国银行吉隆坡人民币清算行正式启动。马来西亚总理纳吉布说，中国银行吉隆坡人民币清算行的启动意味着中马经贸合作步入了新的阶段，这是两国经贸发展史上的一个重要节点。他认为人民币国际化的进程将使得人民币逐渐成为中国—东盟经贸投资活动的重要币种，而中国在马设立人民币清算行既是中国银行专业优势的体现，也是中国银行布局面向东盟清算行的规划体现，这将便利两国企业的贸易往来，促进双边贸易中更多地使用人民币进行结算，为未来中马两国开展财金合作打下基础。中国银行行长也在此次启动仪式上表示，吉隆坡人民币清算机制的建立，将进一步加强中马经贸合作，推进人民币国际化，进而便利两国的经贸参与者，使其从中获利。同时，吉隆坡人民币清算行的成立还帮助马来西亚掌握了更多的优势，保障其在东盟国家中的金融优势地位。此外，中国银行在马来西亚成立清算行是完善其全球人民币清算网络的体现，有利于提高金融服务的质量。未来，中国银行将继续发挥其专业化的优势，支持吉隆坡人民币清算业务的发展，将其发展成为重要区域的离岸人民币中心。

2015 年 5 月，由中国银行和印尼投资协调委员会、印尼驻华大使馆共同举办的“中国—印尼投资商务论坛”在北京举办，开创了印尼政府来华招商引资、推荐投资机会的先河。国家开发投资公司、中国民生投资股份有限公司、中国电力技术装备有限公司、中国神华能源股份有限公司、中国海洋石油总公司、中国交通建设集团有限公司、中兴通讯股份有限公司、华为技术有限公司等 40 多家知名企业、100 多名企业家参加了论坛。中国银行副行长高迎欣在致辞中表示，印尼是东盟第一大经济体，当前中印尼两国关系快速升温，中国“一带一路”倡议和印尼“海洋强国”战略高度契合。中国银行是最早进入印尼的中资银行，一直致力于促进两国的经贸合作，搭建金融桥梁，助力中国企业加大在印尼投资、做大做强印尼业务。中国银行在支持企业“走出去”、人民币国际化等领域处于领先地位，目前正在积极构建“一带一路”金融大动脉，努力成为企业跨境经营的向导和顾问。印尼投资协调委员会主席弗朗西斯、印尼驻华大使苏更、印尼中爪哇省长甘佳尔分别介绍了印尼鼓励外商投资的新举措，两国元首关于加强经贸、人文交流合作的战略部署，以及印尼中爪哇省经济发展规划，希望吸引更多的中国企业投资。与会企业还就各自关心的印尼投资政策、税收优惠、劳工管理、出口制度等领域的问题，与印尼方代表进行了交流。与会企业家纷纷表示，此次论坛增进了企业对印尼的全方位了解，帮助他们更好地把握投资机会。2015 年 7 月 10 日上午，中国银行与印度尼西亚投资协调委员会、中国船级社共同举办的“中国—印尼投资商务论坛”在闽举行，开创了印尼政府部门来闽招商引资、推荐投资机会的先河。来自印尼的代表团、福建省商务厅、金融办、中国银行福建省分行、雅加达分行等相关领导以及省内船舶、纺织等行业的 20 余家知名企业代表参加了活动。中国印度尼西亚商会总会会长、中国银行雅加达分行行长张敏 12 日在此间举行的中国—东盟产能合作高层论坛上表示，中印尼的产能合作业已取得可观的成果。

2015 年 6 月 29 日，由中国银行和马来西亚中华总商会联合举办的中国—东盟中小企业跨境投资与贸易洽谈会暨马中“一带一路”经济大会在吉隆坡举行。2015 年 10 月 7 日，中国海外投资联合会大马分会与大马中国银行（马中行）签署合作备忘录，借此吸引更多中国企业到大马投资，以使马中两国的双边贸易额于 2017 年达到 1600 亿美元（约 6941 亿令吉）。该合作备忘录是由中国海外投资联合会大马分会会长车伟力与大马中国银行副行长许赞军签署的。马来西亚第二贸工部长拿督斯里黄家泉说，2015 年大马是东盟轮值主席国，希望可以提升东盟与中国自由贸易协议。

2015 年 11 月，中国银行新加坡分行行长郭宁宁表示，在中国国家主席习近平访问新加坡期间，该银行将宣布推出中行环球能源商品金融中心和中行环球商品回购（Repo）中心。她说，中行将继续支持新加坡加强其金融中心及离岸人民币中心的地位，并在未来与新政府及顾客实现更多发展。郭宁宁亦透露，习近平访问新加坡期间的议程可能包括人民币国际化、“一带一路”计划，以及继苏州工业园及天津生态城后第三个政府间合作项目。中国驻新加坡大使陈晓东对传媒称，习近平在访问新加坡期间将为中国文化中心举行揭幕仪式，并在新加坡国立大学发表演讲，主题包括中新关系、中国和东盟关系以及区域形势的发展。中新两国亦会签署多项合作备忘录，其中，中新自贸协定升级版将是亮点。

中国银行与新加坡于 2015 年 11 月签订了“一带一路”全球战略合作协议。中国银行以及新加坡工商联合总会的领导出席了此次仪式。该协议规定，在未来 3 年内，中国银行将为新加坡工商联合总会的企业会员提供大量资金支持。中国银行将充分发挥其国际化、专业化的优势，为中国同新加坡的跨境金融合作提供优质的服务，支持更多的新加坡企业开拓中国市场业务，寻求新的机遇。此外，双方就加强合作与交流达成了共识，通过商务交流会和考察的形式来促进两国间经贸往来，并做好引流工作，定期向会员推荐中国银行产品和服务。新加坡工商联合总会是新加坡最大的公立商会，其覆盖范围较广，分支机构包含华商、马商、印商等众多商会组织及行业协会，全球战略合作协议的签订能够进一步巩固中加两国的合作关系，促进两国企业之间的经贸合作和投资往来，推动中加企业合作走向国际市场，实现多方共赢。2015 年 6 月 8 日，在新加坡召开了新中商务论坛。本届论坛的主题是“借力电商平台，拓展中国市场”。中国银行新加坡分行行长出席会议并在论坛上表示，中国银行此次特别采取了总行分行联动工作机制，以确保中国同新加坡战略合作项目的顺利实施，同时，中国银行承诺未来将为参与合作示范项目的企业提供 2000 亿元人民币的支持以及其他金融服务。自从中新双方示范项目正式启动以来，中国银行新加坡分行以及重庆分行达成有效合作，双方为符合条件的重庆企业提供了跨境贷款支持。7 月初，新加坡分行向重庆粮食集团出售了 10 亿元人民币债券，同时，新加坡分行向重庆两江新区开发投资集团有限公司提供境外债券发行服务。此外，中国银行新加坡分行还同重庆金融工作办公室签订了合作协议，以更好地加强双方的人才交流，利用新加坡优秀教育资源，为重庆市培养更多的高端金融人才。此外，新加坡分行同多家重庆企业达成合作意向，并将为这些企业提供更加优质的金融服务。在会议上中方代表表示，中国银行希望深度参与中新（重庆）战略性互联互通示范项目建设，积极协助新加坡及东盟企业赴重庆投资、发行“熊猫债”，支持重庆企业赴新 IPO、发行债券和房地产信托产品、进行股权投资和并购等活动，为两地企业提供全方位的金融服务。

2016 年 4 月 20 日，中国银行胡志明市分行与天虹纺织集团在胡志明市联合举行天虹银河 1.03 亿美元银团签约仪式。由中国银行胡志明市分行为牵头行的国际银团与天虹集团的合作，为将越南天虹工业园打造成具有全球影响力的纵向一体化产业平台提供了新的动力。中国驻胡志明市总领事馆参赞级经济商务领事李振民评价说，产业链走出来，这是一个很好的模式，建立工业园区，进行纵向整合，一方面可以节省成本，另一方面可以带动一些中小企业走出来，这是既可以解救国内的一些中小企业同时也可以保护国内经济的一个重要举措。打造中国自己的承接国内企业在境外投资创业的平台，这是国家支持的。产业链转移到越南，这也是越南非常需要的。2016 年 7 月 4 日，中国银行胡志明市分行同中国玖龙纸业集团签订了大额贷款，以满足玖龙纸业对建设越南正阳纸厂的投资需求。此次贷款项目由中国银行胡志明市分行牵头，由中交行胡志明市分行担任副手行，再联合中银香港等多家银行组合而成。中国银行胡志明市分行行长汪浩说，此次项目是玖龙集团响应国家号召所推出的第一个跨境投资合作项目，此次银团贷款的顺利筹组极大地提高了中越两国的经贸投资合作。汪浩说，自 2016 年以来，中国银行胡志明市分行积极开展跨境金融合作，此次项目是其本年度筹组的第二次银团业务，而玖龙纸业更是中国的大型箱板原纸产品生产商，拥有越南正阳纸厂的大量股份。

2016 年 9 月 20 日，中国银行在雅加达顺利举行人民币国际化论坛。此次论坛有来自印尼政界、企业以及金融机构的负责人 100 余名出席论坛。中国银行雅加达分行行长在论坛上向驻印尼中资企业以及印尼企业致辞。张敏在论坛上说，中国银行雅加达分行自从恢复营业以来，经过了 13 年的发展壮大，已成为印尼中资银行的龙头行，自恢复经营以来，雅加达分行重点支持了印尼多家能源、资源行业的企业发展，已经渐渐成为带动印尼经济发展的关键性力量。近年来，随着中国“一带一路”倡议的落实，更多的中国企业选择到印尼投资设厂，而这些企业往往会首选中国银行雅加达分行作为其投资印尼的合作银行。

2016 年 10 月 18 日，菲律宾总统杜特尔特来华访问，并于 10 月 21 日同中国银行董事长田国立举行会晤，在此次访问中国银行的过程中，双方签订了一系列合作文件，其中就包括《促进中菲中小企业跨境贸易与投资战略合作协议》，以更好地加强双方私营部门的金融合作，这既是对中菲政府部门合作的进一步补充，同时也是促进两国经贸投资往来的动力来源。

中国银行董事长田国立表示，菲律宾既是东盟国家也是“一带一路”沿线国家，其地位独特。而中国银行作为目前在菲律宾的唯一中资银行，愿意也有义务帮助菲律宾发展经济建设，为进一步深化双方的金融合作添砖加瓦。2016 年 11 月 24 日，中国银行在马尼拉召开了“中行 2017 年中菲中小企业跨境投资与贸易撮合洽谈会”。此次洽谈会由菲律宾贸工部和中行马尼拉分行联合举办，菲贸工部代表表示，菲方希望同中国进一步加强金融机构之间的合作交流，以携手共建双方中小企业的合作机制，推进两国中小企业的共同发展。

2016 年 12 月，中银香港文莱分行于斯里巴加湾市正式开业。副行长吴源称，自开业以来，我们面向中资企业的服务非常顺利，中资企业在文莱投资和建设的项目如石化、跨海大桥等进度不断加快，这些公司大多已在中银香港开户。中银香港文莱分行是中资金融机构在文莱的首次入驻，其顺利挂牌在中国覆盖东盟的金融合作中具有里程碑意义，这意味着中国在东盟所有国家都实现了金融机构的完全覆盖。

2017 年 5 月，中行新加坡分行顺利启动了 6 亿美元的债券发行定价。随着对“一带一路”倡议的响应呼声越来越高，作为该倡议债券融资的重要环节，广大投资人在此次定价的发行过程中踊跃认购，最终将发行利率定为 3 个月 Libor +0.77%，期限为 3 年。此次中国银行新加坡分行发行6 亿美元债券，是中国银行积极响应“一带一路”倡议的体现，自 2017 年以来，中国银行为“一带一路”建设提供了大量的资金支持，贡献了自己的力量，而此次债券已经是中国银行 2017 年以来面向东盟发行的第二笔大额债券。自复业以来，中行新加坡分行扎根本土，向周边东盟国家辐射，为中新两国的经济发展与贸易往来提供了更加优质的服务，鼓励和引导新加坡企业投资“一带一路”相关项目的建设。中国银行此次发行的 6 亿美元债券，旨在为新加坡的资本市场注入新动能，为新加坡本地投资者提供更加多元化的投资选择。此外，此次发行债券所募集到的资金将主要用来支持本地企业参与“一带一路”倡议建设，拓展新加坡企业的业务广度与深度，更好地支持当地经济的发展。未来，中行将继续设法完善债券融资结构，为打造国际化、多元化的金融服务体系提供资金支持，为建设“一带一路”倡议提供金融支撑，提高“一带一路”沿线国家的金融机构覆盖率，促进资金融通，为中国同东盟国家的金融合作夯实基础。

2017 年 1 月 12 日上午，由中国银行（香港）有限公司、中国银行（泰国）股份有限公司联合举办的“人民币投资论坛”在泰国曼谷 W 酒店隆重举行。该论坛吸引了来自中泰两国的金融机构、行业协会、商会、经济学者、中小企业主代表等 300 多人到场参加。中国银行（香港）林景臻副总裁、中国银行（泰国）张雷行长、中国驻泰王国大使馆代表、泰国银行金融投资助理总监瓦其拉女士等中外嘉宾出席论坛活动并致辞。在本次论坛举办期间，中国银行（香港）林景臻副总裁、中国银行（泰国）张雷行长就关于“中国银行（香港）1 月 9 日收购中国银行（泰国）股份”的主题接受中泰记者的采访。中国银行（香港）林景臻副总裁表示，中国银行是一家百年老行，也是内地国际化和多元化程度最高的一家银行，海外发展是中行的鲜明特色和优势。目前，中国银行集团的海外机构已经横跨全球六大洲 49 个国家和地区，是全球网络覆盖范围最广的中国金融机构。业务范围涵盖传统商业银行、投资银行、直接投资、证券、保险、基金、租赁等各个金融领域。在全球 21 家授权人民币清算行中，中国银行集团占了 11 席，人民币国际化业务领跑市场。中国银行是最早入选全球系统重要银行（G－SIBs）的中资银行，并连续 5 年成为全球系统重要银行，实力备受肯定，荣获多项殊荣。

中国银行于 1917 年在中国香港设立分行。目前中银香港已发展成为中国香港主要的上市银行集团之一，在各主要业务市场上位居前列，并在中国香港拥有最庞大的分行网络及多元化的服务渠道，为个人、中小企业，机构和私人银行等客户提供多元化的金融及投资理财服务。中银香港是中国香港三大发钞银行及香港银行公会三家轮任主席银行之一，亦为香港唯一的人民币业务清算行，“沪港通”及“深港通”两地结算机构在香港的独家开户行，“黄金沪港通”的独家结算银行，香港金管局委任的离岸人民币一级流动性提供行之一，在香港国际金融中心扮演着重要的角色。凭着超卓的实力，中银香港荣膺《亚洲银行家》2016 年“亚太及香港区最稳健银行”称号，并连续三年荣获此项殊荣，充分彰显出本行卓越的财务表现及持续提升盈利的能力。同时，中银香港是中国银行在海外的最大机构，在中国银行拓展全球业务中扮演着重要角色。为响应中国“一带一路”倡议，中国银行集团重组整合东盟资产，从 2016 年开始，中银香港通过收购中国银行在东盟地区的资产，实现由城市银行向区域性银行的转型。作为在中国香港拥有领导地位的主流银行，中银香港本身拥有绝对的竞争优势。在高度开放、高度竞争的香港金融市场上经营多年，中银香港已经成为香港主要的上市商业银行集团之一，在住宅按揭、银团贷款、贸易融资等各主要业务市场上位居前列，获得在个人金融、财富管理、现金管理、交易银行、电子银行、金融科技等领域的多个奖项，并在香港拥有最庞大的分行网络及多元化的服务渠道，为个人、各类企业和机构等客户提供多元化的金融及投资理财服务。在人民币业务方面，作为香港人民币业务清算行和海外人民币业务的领导者，中银香港在发展海外人民币业务方面具有独特优势。作为香港唯一的离岸人民币业务清算行，中银香港致力于为全球提供更优质高效的人民币清算服务。与此同时，中银香港可以依托中国银行集团全球网络优势，延伸服务能力，发挥业务联动优势。通过与母行中国银行的紧密联动，进一步提升中银香港的业务能力和竞争力，将业务拓展到香港以外的周边地区乃至全球，为跨国公司、跨境客户、内地“走出去”企业，以及各地央行和超主权机构客户提供全方位及优质的跨境服务。中国银行（泰国）股份有限公司总经理张雷于 2015 年 7 月 16 日在曼谷表示，中泰两国的金融合作越来越密切，“金融互通”在扎实推进中。

2017 年 2 月，中国银行与老挝外贸银行（BCEL 银行）在老挝首都万象举行全面合作协议签约仪式。依托 BCEL 银行广泛分布的网点，中国银行将提高对万象市以外的中资企业客户的服务能力，并作为中资企业与 BCEL 银行沟通的桥梁，为 BCEL 银行开拓中国客户提供便利。此外，中国银行将为 BCEL 银行提供人民币清算及现钞服务，在业务领域，将帮助 BCEL 银行拓展在人民币清算业务方面的规模。中国银行是世界上少数几个连续经营超过百年的银行。BCEL 银行是老挝本土最大的商业银行。

2017 年 4 月 6 日，由菲律宾财政部主办，中国银行、菲律宾金融银行和菲律宾信安银行协办的第十二届“东盟财政部长投资者研讨会”

（ASEAN Finance Ministers' Investor Seminar）在菲律宾宿务开幕。这是中国银行首次应外国政府正式邀请，在中国境外协助参与举办的国际多边经贸论坛。菲律宾财政部长卡洛斯·多明戈斯、东盟秘书处副秘书长林康宪、中国银行董事长田国立等出席并发表致辞，中国、东盟以及来自全球的300多位投资者应邀出席。东盟财政部长投资者研讨会（ASEAN Finance Ministers' Investor Seminar）是面向全球投资者、以促进东盟地区成为最佳投资目的地而举办的年度会议。

2017年5月，马中行顺利投产GPI项目，并成功开办GPI跨境汇款业务，成为当地首家推出该产品的银行。马中行近几年来积极深化网点智能转型，努力打造"身边的银行""身上的银行"和"智能银行"。为响应马央行对提升电子服务的倡议，马中行在第三季度将针对电子银行推出一系列新产品和促销活动。随着"一带一路"建设不断深入，中马两国间人员往来日益频繁。为进一步满足跨境客户的需求，马中行升级了ATM系统，实现了银联卡在中国银行ATM上的取现功能。王宏伟说，马中行的目标是成为"本地主流银行"，更好地服务实体经济和中马外贸往来。

2017年8月4日，磨丁分行在老挝南塔省磨丁开业，这是中老合资银行——老中银行自2014年在老挝成立后开设的第一家分支机构，磨丁分行的开设旨在帮助磨丁发展本地的经济，并进一步深化中国同老挝的金融合作。磨丁分行设立的地点位于老挝边境的磨憨—磨丁跨境经济合作区，该分行的建立有助于帮助跨境经济合作区的汇兑结算业务向着规范化、国家化的方向发展，此外，磨丁分行有针对性地根据市场为客户提供优质的金融产品以及金融服务，为深化跨境经济合作区的多领域合作夯实基础，从而进一步推进中老两国的金融合作。老中银行除了开设分行外，还同富滇银行签订了关于人民币现钞跨境调运的合作协议，这有助于老中银行借力母行，通过"子母联动模式"来发展人民币跨境结算，推动了人民币国际化的进程。

2017年9月29日，由菲律宾政府与中国银行共同举办的"菲律宾经济形势介绍会"在上海举行。菲律宾财政部长卡洛斯·多明格斯、国家经济发展部长欧内斯托·佩尼亚、预算部长本杰明·迪奥克诺、中央银行行长内斯特·埃斯佩尼拉、公造部长马克·维拉、交通部长助理提莫提·约翰·巴丹等出席活动。中国银行董事长陈四清致开幕词，菲律宾驻华大使约瑟·桑提亚哥致闭幕词，近500名国内投资者应邀出席。为更好地向海外投资者介绍菲律宾经济发展现状和投资环境，菲律宾政府计划在新加坡、日本、中国、美国等全球主要金融中心开展经济推介活动，此次“菲律宾经济形势介绍会”是菲律宾政府全球推介系列活动的第三站。菲方围绕“菲律宾经济崛起：全球伙伴齐心聚力、共享目标持续发展”和“大建特建：基础设施黄金年代”两个主题与中方嘉宾开展专题讨论和交流，重点介绍了菲律宾政府推出的基础设施建设计划和相应的投资机会，根据计划，菲律宾将在6年内投资8.4万亿比索（约1.16万亿元人民币）用于全国基础设施建设，菲律宾政府称其为“菲律宾史上最大胆、最雄心勃勃的基础设施建设计划”。作为在菲经营的唯一的中资银行，多年来，中国银行始终致力于促进中菲经贸往来，陆续举办“一带一路”国际金融研修班、中菲中小企业跨境投资与贸易洽谈会等活动，并支持菲律宾举办东盟投资者论坛。本次中国银行与菲律宾政府携手在中国举办经济形势介绍会，为中国投资者创造近距离认识、了解菲律宾投资环境的机会，近500名中方嘉宾与菲方进行充分交流、反响热烈。作为中国持续经营时间最长、国际化水平最高的银行，中国银行将以打造“一带一路”金融大动脉为己任，充分利用自身专业服务和网络优势，一如既往地支持菲律宾经济社会发展，为中菲经贸合作提供有力的金融支撑。

2017年10月31日，第二届柬埔寨旅游业拓展中国客源市场暨致力于服务中国游客战略研讨会在柬埔寨首都金边举行。中国银行有关负责人在会上表示，人民币在柬埔寨流通将为柬带来更多的中国游客。中国银行金边分行行长陈长江在致辞中表示，柬埔寨旅游部正积极推动人民币在该国旅游市场上的使用，这与中国银行在柬埔寨推进人民币全面流通等战略不谋而合。陈长江告诉新华社记者，人民币在柬埔寨旅游市场上使用得越来越普遍，中国游客已经能在不少商店和餐厅使用人民币和银联卡结账，部分商家甚至在商品标签上增添了人民币价格。中国银行已在柬埔寨重要旅游城市暹粒和西哈努克港分别成立支行，为当地商家的人民币业务提供便利。为期两天的研讨会由柬埔寨旅游部和中国—东盟中心联合主办，吸引中柬两国政府和行业代表共600余人参加。

2017年11月菲律宾政府称，已与中国银行签署协议，后者将承销菲律宾计划发行价值2亿美元以人民币计价的熊猫债券。具体发行时间尚未定，而菲律宾政府早前表示，计划在10月或11月前后发行首笔熊猫债。

菲律宾国库主管 Rosalia de Leon 在声明中称，发行熊猫债将帮助政府融资来源多元化，并为其他菲律宾发债方在在岸市场发行债券提供标杆，尤其是在人民币已成为国际储备货币的情况下。同时，她认为此次债券发行还将补充中国对关键基础设施项目建设的资金支持。11 月 15 日，中国银行董事长陈四清与菲律宾财政部长卡洛斯·多明格斯在菲律宾总统府签署了《菲律宾共和国 2017 年人民币债券发行承销协议》。根据该协议，中国银行将作为牵头主承销商及独家簿记管理人，协助菲律宾政府在中国银行间市场注册并择机发行其首笔人民币债券（“熊猫债”）。这次发行以人民币计价的熊猫债，是中菲两国资本市场合作的一个里程碑，有助于丰富菲律宾的外汇储备、拓宽投资领域、降低融资成本，同时扩大人民币在东南亚国家的使用，有利于推动人民币的国际化进程。

2018 年 3 月 2 日，中行广西分行顺利完成大额人民币现钞从越南到中越边境友谊关的入境调运工作。这是继 2017 年广西首笔越盾现钞调运入境之后的另一个新突破，此次人民币现钞的成功调运标志着广西中越双边本币回流机制已经完善地建立起来，这对推进中国和东盟实现金融合作双赢、深化沿边金融改革有着重要的意义。同时，这也意味着广西同越南已建立起人民币现钞的供应与回笼渠道，有利于提高人民币在越南的流通和使用频率，增加人民币在东盟国家的受认可程度，推动人民币国际化的进程。此外，此次人民币现钞的调运是中行在广西办理的，其顺利完成也标志着广西边境人民币“出得去、留得住、回得来”的闭环成功搭建形成。中国人民银行广西壮族自治区金融办、崇左市政府、凭祥市政府、中国银行广西分行、越南投资与发展银行等领导、嘉宾共同见证了这一重要时刻。

2018 年 11 月，在上海举行了首届中国国际进口博览会，在此次会议上中国银行同马来西亚外贸发展局达成合作协议，此次合作备忘录的签署有助于马来西亚企业的国际化发展，帮助马来西亚企业更好地拓展中国以及国际市场。马中行负责人表示，此次进口博览会既是中国面向世界进一步开放的重要举措，也是马来西亚企业的机遇所在，而此次中马两国合作备忘录的签署，更是为马来西亚企业开拓中国市场搭建了沟通桥梁。他表示，马中行将成为马来西亚对外贸易发展局指定的银行合作机构，马中行将为两国企业的交流合作构建新的对话平台，为马来西亚企业开拓中国市场提供金融服务和政策解读，切实在跨境贸易和跨境融资方面帮助马来西亚企业解决实际难题，通过提供专业的金融产品和咨询服务以及解决方案为马来西亚企业的国际投资保驾护航，同时，马中行还将为马中之间的贸易投资以及马来西亚企业提供结算、融资等更多的便利。通过此次合作，马来西亚企业将更加愿意也更加容易走出本地，走进中国市场，同更多的中国企业实现业务往来和对接，并进而开拓马来西亚企业的国际经贸市场。马中行行长助理表示，随着中国同马来西亚的贸易合作日益频繁，中国银行未来将为马来西亚政府和企业提供更多的金融服务，包括发行人民币以及其他多币种债券等。

2019 年 1 月 8 日，中国银行作为联席全球协调人，成功协助菲律宾完成 15 亿美元主权债券的定价发行。本期债券期限 10 年，票面利率为 3.75%。这是继 2018 年 3 月中国银行作为牵头主承销商协助菲律宾成功发行东南亚地区首笔主权熊猫债之后，首次以全球协调人身份协助菲律宾共和国进行美元主权债券融资，也是 2019 年国际债券市场首单新兴市场国家主权美元债券。本次菲律宾美元债券的成功发行显示了国际投资者对菲律宾经济前景的信心。中国银行作为中国全球化和综合化程度最高的商业银行，在本次交易中作为联席全球协调人进一步展示了全球综合服务能力以及债务资本市场的专业服务能力。近年来，中国银行始终以实际行动践行国家扩大对外开放战略，支持推进“一带一路”建设和发展。

2019 年 3 月中银香港旗下胡志明市分行成功将一笔客户货款以人民币汇至中国银行广西分行，在越南非边境地区发起跨境贸易人民币结算，进一步巩固东盟人民币业务的优势。一直以来，越南只允许中越边境地区银行试点跨境人民币结算，大部分非边境地区人民币业务仍是空白。2018 年底越南政策有所松动。越南央行公布边贸“外汇管理指引”，允许非边境地区银行授权边境地区银行代理其客户边贸人民币结算。位于非边境地区的中银香港胡志明市分行根据上述新政，意识到只要为客户汇出越盾货款，通过边境银行兑换人民币再汇至中国境内，实际上是一笔由该行发起的跨境人民币结算。由于客户有跨境人民币结算需求，胡志明市分行提前做好准备，包括与边境地区越资银行签署授权协议并安排好各种流程。此外，2019 年初，正好有一家在越南边境省份设厂的纺织企业从中越边境陆路口岸进口机器设备，希望采取人民币结算。胡志明市分行确认该笔业务符合新政要求，在中银香港及中国银行广西分行的支持和协助下，汇出越盾货款，转汇人民币出境。广西分行确认收到人民币款项并汇给客户。

这是中银香港在东盟各国拓展人民币业务的又一个成功案例。由于直接以人民币和越盾结算，省却了美元兑换的中间环节，为客户节省了成本。另外，此笔业务亦显示，跨境人民币结算开始走向越南全境，对在越南投资设厂、有人民币结算意愿的中资企业来说，无疑是一个好消息。近年来中银香港实施区域化发展战略，将业务延伸至东盟各国，不断加强在该地区的人民币业务投入，加快建设成为一流的全功能国际化区域性银行。中银香港不断扩大在东盟地区的人民币业务优势，不仅形成东南亚机构的业务特色，提升在当地的竞争力，同时也为人民币国际化做出新贡献。

2019 年 3 月，中国银行作为牵头主承销商和牵头簿记管理人，成功协助新加坡大华银行在中国银行间债券市场发行 20 亿元人民币债券（即“熊猫债券”），发行人国际评级为 AA，中国境内债项评级为 AAA，3 年期，票面利率为 3.49%。此次发行是新加坡发行人发行的首笔熊猫债券，也是自 2018 年 9 月中国人民银行和财政部联合发布《全国银行间债券市场境外机构债券发行管理暂行办法》以来，市场上发行的第一单金融机构熊猫债券。此笔债券的成功发行对于丰富和强化大华银行的融资渠道，加强中新两国金融市场互联互通，促进中国资本市场对外开放和推动人民币国际化都具有积极意义。大华银行是亚洲区域领先的商业银行，市场对大华银行优秀信用资质高度认可。此次债券发行获得了境内外投资人踊跃认购，债券认购倍数为 2.7 倍，投资人包括境内外银行和资产管理公司等。债券的成功发行进一步深化了中国银行与大华银行的合作关系，展示了中国银行全球化综合化服务能力及债务资本市场的专业能力。2019 年 4 月 23 日，中国银行副行长孙煜会见了泰国进出口银行行长以及泰国驻华大使，双方在中国银行总行大厦举行了会谈并签署了《中国银行与泰国进出口银行合作谅解备忘录》，泰国进出口银行是受泰国财政部监管的泰国国有银行，其业务范围主要涉及对泰国货物及服务贸易出口的支持，以及帮助和扶持泰国本土企业实现对外开放和国际化发展。孙煜副行长对泰国进出口银行对中国银行在泰国发展所给予的帮助表示感谢，并表示中国银行未来愿意同泰国进出口银行深化合作，加强双方在跨境项目融资以及资本市场等领域的交流。他希望泰国进出口银行能同中行一起参与到“一带一路”建设中来，双方携手共进，一起推动“一带一路”倡议与泰国“东部经济走廊”计划的顺利对接，实现两行在金融领域的新突破。泰国进出口银行行长也表示，“一带一路”倡议为中泰两国金融机构的业务往来提供了更多的机会，希望两行在未来能够进一步深化交流合作，共享发展成果，实现互利共赢。根据备忘录的条款，双方将在多领域展开深入的合作，其中包括两国企业的融资合作、业务匹配以及金融市场、债务市场交易等方面。

2019 年 9 月 17 日，中国人民银行发布公告宣布其将正式授权中国银行马尼拉分行担任菲律宾人民币业务的清算行。截至目前，中国银行已在中国港澳台地区以及东盟等海外多个国家担任人民币清算行，其中包括马来西亚、菲律宾、德国、法国、澳大利亚等。作为中国开拓“21 世纪海上丝绸之路”互联互通的重要节点，菲律宾的地位十分特殊，中菲在外贸、基建以及制造旅游业等多个领域拥有大量的合作机会。为进一步方便中国同菲律宾的经贸投资交流，2018 年 11 月，中菲两国央行签订了关于建立人民币清算安排的合作备忘录，并做好指定人民币清算行的安排。一直以来，中国银行马尼拉分行为拓展人民币在菲使用做出了重大贡献，它还发行了人民币与菲律宾比索双币借记卡，并在当地建立起人民币清算系统，帮助菲律宾政府在中国银行间市场发行熊猫债。

（三）中国农业银行

中国农业银行股份有限公司（下文简称“农行”）新加坡分行成立于 1995 年，是农行第一家海外分行。凭借优质的客户服务、稳健的经营风格、丰富的本地经营经验和专业的服务团队，经过 21 年的经营和发展，农行新加坡分行已成为当地具有品牌影响力的商业银行，并于 2012 年获得了新加坡金融管理局颁发的批发银行执照。

为响应“一带一路”倡议，农行在中国的多个区域设立了“一带一路”区域跨境业务中心，其中在广西、云南就分别建立了面向东盟和南亚等国家的区域跨境业务中心，成功实现了面向东盟的多种货币同人民币的直接挂牌交易。此外，农行积极提供面向东盟国家的跨境金融服务，并同“一带一路”沿线国家携手共建国际合作区跨境人民币业务创新试点。

2014 年，农行在广西成立了中国—东盟跨境人民币业务中心以及东盟货币业务中心，并顺利开展了大规模的跨境人民币结算工作。同时，农行还推出了人民币对东盟货币的相关指数，此举为推进中国—东盟跨境人民币业务的进一步发展提供了数据支撑。此外，农行还实现了人民币对东盟 9 国货币汇率的挂牌，便利了中国同东盟各国的贸易投资往来，进一步降低了企业汇兑成本，有助于对汇率风险的防控，完善了中国银行间的货币挂牌和交易体系。

2015 年 6 月，农行在昆明成立了泛亚业务中心，旨在“直通东盟，辐射泛亚”，农行牢牢把握住国家建设沿边金融改革试验区的机遇，结合云南沿边的独特区位优势，广泛开展了人民币与多个毗邻东盟国家的货币挂牌交易，通过构建完善的报价平台、建立新型跨境清算渠道，成功实现了面向东盟各国的金融业务的快速发展，其中主要涉及非主要货币结售汇、对存等业务。其中，农行泛亚业务中心的下属机构磨憨分中心办理了第一笔私人基普购汇汇款业务，这意味着经过沿边金融改革，人民币对老挝本币的跨境清算结汇已基本通畅。经国家外汇管理局以及海关总署批准，农行总行授权农行东兴市支行开展人民币/越盾现钞的跨境双向调运业务。2017 年 10 月 12 日，中越两国首次顺利开展了跨国银行间点对点的中越双币现钞跨境双向调运业务，此次调运的现钞金额为 50 亿元越盾，是广西农行系统内的第一次越盾现钞跨境调运业务，这意味着中越货币现钞已经成功实现了直接跨境互换，同时也标志着中国沿边金融改革取得了较大的进展。

中国人民银行南宁中心支行副行长杨正东介绍说，仅 2017 年 1 月到 9 月，广西对越南的贸易额就达到广西同东盟贸易额的 85%，这意味着广西同越南的贸易往来十分密切。而广西近年来到越南旅游和留学的人数迅速攀升，其对越盾现钞的需求十分旺盛。作为广西下辖的县级市，东兴市是中国通向越南和东盟的最为快捷的通道，具有独特的区位优势，同时，东兴市还是中国同东盟唯一的陆海相邻的口岸城市。中越两国本币现金跨境双边调运业务的成功开展，开启了中越货币现金双向互换的新起点，打通了两国境内外货币现钞直接调运的壁垒，更好地服务于两国人民的货币需求，推进人民币国际化进程。越南农业与农村发展银行的芒街市分行同中国农行的东兴市支行在较早之前就建立了合作交流机制，1996 年，双方正式开展边贸结算业务，迄今为止，双方开展的边贸结算业务为中越两国之间的银行业合作交流搭建了互利共赢的桥梁，使得双方的前景越来越辉煌。东兴市长表示，未来东兴市将会更加重视中越两国本币现钞兑换业务的开展，在原有双边调运顺利开展的基础上，支持和引导银行和金融机构开展人民币对越盾的现钞兑换工作，使得两国货币的跨境调运常态化、便利化，推进两国之间的金融合作交流，纵向推进“一带一路”在东盟的建设。

2017年12月28日，经越南国家银行审批同意，中国农行成功在河内设立农行河内分行。该行的成功设立进一步体现了农行对中国"一带一路"倡议的贯彻落实，此举有效地完善了"一带一路"倡议在东盟国家和地区的机构布局。

（四）中国建设银行

中国建设银行股份有限公司（下文简称"建行"）新加坡分行成立于1998年，并于2010年从离岸银行升格为批发银行，提供商业银行业务与全面投资银行业务。建行新加坡分行利用位于国际金融中心的优势及建行广大的分支机构网络，为国内大中型企业和新加坡企业提供多种公司融资和贸易结算、投资银行服务，与国内分行联动和当地银行合作提供私人银行服务。

2009年12月，经越南国家银行审批，中国建设银行胡志明市分行成功获得了越南政府认证的银行牌照。建行胡志明市分行是继中国银行1995年在胡志明市设立分行后的第二家中资金融机构。2010年4月16日，中国建设银行胡志明市分行成立。

2014年5月4日，为进一步适应中国—东盟自贸区升级版的建设需要，建行在南宁正式成立中国—东盟跨境人民币业务中心。这体现了建行在积极响应国家政策方针的基础上，加大参与沿边金融改革的力度，不断提高建行对跨境人民币的金融服务水平。

2015年，中国建设银行展开同印尼温杜银行的股权认购商谈，并于2016年正式收购了印尼温杜银行60%的股份，约为100亿股。本次交易先后于2016年5月3日和6月13日分别获得中国银监会和印度尼西亚金融服务管理局的批准。

2017年3月中国建设银行（印度尼西亚）股份有限公司揭牌。

2016年11月中国建设银行（马来西亚）有限公司获颁商业银行牌照。马来西亚子银行的成功获批标志着中国建设银行贯彻落实国家"一带一路"倡议取得了新突破，也是建行积极推进国际化转型、拓展东盟市场的重要成果。

2017年10月16日，中国建行新加坡分行正式发行了5亿新元的3年期债券，用于支持"一带一路"沿线国家基础设施建设，该新元债券是新加坡分行在新加坡第二次发行"一带一路"基础设施建设相关的债券，此债券于新加坡证券交易所顺利上市，同时，这也是建行新加坡分行在新加坡发行的第一次新元债券，该债券被惠誉评级为“A”，票面利率为2.08%，吸引了包括新加坡在内的众多海外国家和地区的政府、银企以及金融机构众多投资者的认购，最终认购金额超过7亿新元。一直以来，中国建设银行积极响应“一带一路”倡议，此次债券的发行也体现了建行对相关基础设施项目建设的重视与支持。2017年4月，中国建设银行在新加坡设立了基建服务中心以及私人银行中心，这两个中心的等级均达到总行级别，此举将会发挥新加坡作为国际金融中心的吸引力与承载力，进而为东盟以及“一带一路”沿线国家和地区的水路铁路空运、通信以及物流等重要基础设施项目提供相应的资金支持以及金融服务，为新加坡以及东南亚的高净值客户提供私人银行和资产配置服务。建行新加坡分行表示，本次债券发行是中资扎根于东南亚的重要措施，所募集的资金将主要用于“一带一路”相关项目的融资。本期新元债券获得市场积极认购，再次显示出投资者对中国经济的信心。

2017年2月24日，中国建设银行（印度尼西亚）股份公司在印尼正式揭牌，建行在“一带一路”沿线又培育起一棵“新树苗”。

2018年9月13日，建行新加坡分行顺利发行3亿新元的“一带一路”基础设施2年期债券，此债券于新加坡证券交易所挂牌上市。这是建行新加坡分行在新加坡发行的第二次新元债券，也是其发行的第三次“一带一路”基础设施建设相关债券，加上第一期的10亿狮城债券，建行债券筹募到的资金累计已超过10亿新元。此次所发行的债券票面利率是2.64%，标普评级同上一次相同，均为“A”，吸引了包括新加坡在内的众多海外国家和地区的政府、银行以及金融机构投资者的认购，最终认购金额超过6亿新元。此次债券的发行也体现了建行对相关基础设施项目建设的重视与支持。

2019年10月25日，中国建行纳闽分行在马来西亚纳闽正式成立，这是马来西亚的第一家数字银行，并获得由马来西亚央行颁发的数字银行牌照，同时，该行也是中国建设银行在东盟的第一家人民币清算行。马来西亚纳闽金融服务局长丹尼尔·马·阿卜杜拉说，中资银行打造纳闽联邦直辖区乃至全马来西亚第一家数字银行，展现了中资机构通过创新性银行业务在东南亚地区拓展服务的信心，纳闽欢迎更多的中资机构来到这里开展业务。中国建设银行副行长纪志宏说，纳闽分行将充分发挥牌照优势，更好地为中马两国企业、项目提供配套资金及金融服务，尽快搭建完善的人民币清算服务网络，积极推进离岸人民币市场建设，探索数字银行发展模式，为马来西亚智慧政务、智慧园区等解决方案提供金融服务。马来西亚对华特使陈国伟说，在“一带一路”倡议的“五通”中，“资金融通”扮演着重要角色。马中两国金融机构开展合作，为各种项目提供长期的融资支持，进一步推动了中马双边金融市场的交流互鉴。

纳闽是马来西亚东部的一个联邦直辖区，作为马来西亚的离岸金融中心，世界各地超过50家金融机构在此设立了分支机构。

（五）交通银行

交通银行新加坡分行成立于1996年，持有新加坡金融监管局核准的批发银行牌照，主要为公司客户提供各类存款、贷款、汇款、贸易融资、代客外汇买卖、跨境人民币等银行服务。

交通银行胡志明市分行成立于2011年2月，持有商业银行全牌照。胡志明市分行为中越企业提供全面金融服务，为赴越南投资、承包工程以及开展中越经贸交流的中资客户提供全方位的支持，主要业务有公司客户各类存款、贷款、国际结算、贸易融资业务，个人客户存款、汇款、外汇兑换业务等。

（六）邮政储蓄

2014年，中国邮政储蓄银行（下文简称“邮储”）广西分行同越南农业与农村发展银行芒街分行达成合作协议，双方就边贸结算业务进行了合作，邮储广西分行是其系统内的首家同国外银行达成双边外贸结算合作关系的分行。截至目前，邮储广西分行与越南商业银行边贸结算业务合作银行达到9家，大大拓宽了跨境人民币结算渠道。

2018年8月3日，在防城港市中心支行的大力推动下，中国邮政储蓄银行防城港分行向越南入境务工人员提供代发工资业务，该行也成为广西首家实施面向东盟国家务工人员提供跨境劳务金融服务的银行。

“中国—东盟跨境劳务金融服务”启动后，将进一步便利越南入境务工人员的工资发放、中越本币兑换以及跨境转账等业务，为东盟的境外务工人员提供综合性的金融服务。该项服务的启动标志着防城港市商业银行助推沿边金改工作，在对越跨境人民币结算方面迈上了跨境劳务金融服务新台阶。

随着中国金融开放的不断深化，广西与东盟国家之间的劳务流动愈发频繁。邮储广西分行抓住机会，切合东盟劳务人员的金融需求，于2018

年下半年挂牌成立面向东盟的“跨境劳务金融服务中心”。这也是广西区内首家为跨境劳工服务的金融中心，为越南入境务工人员提供了工资发放、中越本币兑换以及跨境转账等多元化的金融服务。

支持面向东盟跨境电商的建设发展。围绕特殊综合保税区，跨境电子商务基地，邮储广西分行通过充分利用邮政集团内部的协同优势，研发针对跨境电商的新产品——邮包贷。下一步将积极促使各特色保税区跨境电商实现规模化发展，助力中国—东盟跨境电子商务的建设发展。

利用大行资金优势，发放跨境融资贷款。邮储广西分行为区内大型企业进行大宗商品跨境买卖贸易提供融资、外汇衍生品汇率风险规避产品服务支持，为区内“走出去”提供内保外贷等金融服务，利用邮政储蓄银行较高的国际评级为客户跨境融资降低成本。自 2018 年以来，邮储广西分行已累计提供跨境融资 6.6 亿元人民币。

（七）农发行

2014 年 4 月 17—18 日，农发行全系统国际业务暨外事管理工作会议在南宁召开，中国农业发展银行跨境人民币（南宁）清算平台正式上线运行，并由广西分行负责管理，代总行处理全系统跨境人民币清算业务。自上线运行以来，已通过该平台为云南、黑龙江、安徽等省分行办理跨境人民币清算近 9000 万元，款项均能当天到达境外指定账户。

（八）中国进出口银行

2010 年 3 月 29 日，中国—东盟投资合作基金（以下简称“中国—东盟基金”）主发起方中国进出口银行及境内外金融机构和企业作为初始投资人共同签署了基金有限合伙协议等一系列投资文件，标志着该基金及基金管理机构正式成立并投入运营。2010 年，经国务院批准，进出口银行作为主发行人发起了中国—东盟投资合作基金，该基金属于离岸美元股权投资基金，主要用于投资中国以及东盟各国的基础设施、能源等领域建设，同时，该基金旨在为双方优质企业提供帮助，并为加强双方的金融合作提供资金支持。第一期基金于 2015 年结束投资期，第二期基金正在设立中。

2011 年 11 月 21 日，中国进出口银行同 IFC 达成了《中国银行间市场金融衍生产品交易主协议》。进出口银行以及 IFC 的领导人均出席了此次协议签字仪式。一直以来，双方保持着良好的合作关系，自 2007 年 6 月两家签订合作备忘录开始，双方深入探讨和交流了在投融资等领域的合作，取得了一定的进展。2011 年 5 月，进出口银行同 IFC 在东盟基金以及加纳沃达丰等重大项目合作中取得了显著成果。在此次协议签署后，进出口银行将在中长期内为 IFC 提供人民币的资金融通，此举有利于深化双方的交流合作，促使双方合力，携手为涉及中国百姓民生的重点项目提供帮助和支持。

2017 年 5 月，中国进出口银行行长在京与菲律宾首都银行及信托公司行长法比安·迪（Mr. Fabian S. Dee）进行会谈，并签署了《融资授信额度战略合作框架协议》（以下简称“框架协议”）。这是进出口银行首次与菲律宾的商业银行建立全面战略合作关系并给予授信额度，也标志着两国金融同业合作的突破。进出口银行高度重视与菲律宾首都银行及信托公司开展业务合作，在“框架协议”下，给予该行目前东盟地区单个商业银行最高金额的授信额度，以促进中菲两国企业在产品出口、自然资源和能源开发及工程承包等方面的广泛合作。

2019 年 7 月，在北京举办了“推进广西建设面向东盟的金融开放门户”座谈会，在此次座谈会上，进出口银行同广西壮族自治区人民政府签署了合作协议。本次合作协议的签署有利于落实“一带一路”倡议、深化双方合作，促进双方携手共建面向东盟的金融开放门户。根据协议内容，进出口银行在未来将为打造中国—东盟互联互通的基建设施提供金融服务与资金支持，推动面向东盟跨境（边境）经贸合作、更好地服务于中国企业“走出去”，加强国内企业与东盟的合作，助力和支撑实体经济的有序发展。广西政府也将开拓创新多种金融改革措施，通过不断优化金融环境来协助银行防范金融风险，实现经济开放发展，为进出口银行帮助广西建设面向东盟的金融开放门户夯实基础。孙平副行长表示，进出口银行是贯彻落实“一带一路”等重大合作倡议、促进中国同各合作伙伴互惠发展的重要力量。近年来，进出口银行把东盟国家作为重点支持区域，以重点项目为抓手，运用信贷、投资等多层次产品体系，在东盟国家支持了一大批基础设施、产能合作、资源能源等项目，有效促进了东盟国家的经济社会发展，为推动双方扩大开放、合作共赢注入了动力。未来，进出口银行将根据自身定位，充分调动广西分行深耕广西、发挥服务东盟的作用，通过加强总分行之间的联动，对分行的金融产品和服务进行进一步优化，更好地支持广西建设面向东盟的金融开放门户。

2019 年 11 月 4 日，中国进出口银行董事长胡晓炼应邀出席中新（重庆）战略性互联互通示范项目金融峰会（以下简称“中新金融峰会”）开幕式并发表演讲。胡晓炼董事长在演讲中表示，东盟地区位于“一带一路”陆海交汇地带，是推进“一带一路”建设的重要区域。进出口银行在东盟地区贷款余额超过4000亿元人民币，占“一带一路”项目贷款余额比重超过30%。进出口银行支持的进口贸易主要涉及近60个国家和地区，新加坡在其中位列第四。中新战略性互联互通示范项目是中国与东盟共建“一带一路”的重要内容，中新金融机构之间深入合作，既有利于中新经济发展，也为中国与东盟的合作发展提供了支持。此外，进出口银行积极支持重庆深度参与“一带一路”建设，助力重庆利用区位优势，明确发展定位，发挥对长江经济带、西部地区发展的辐射和带动作用，其中，进出口银行融资支持的重庆主城港区项目是重庆核心枢纽港，也是长江上游最大的综合枢纽港，实现了丝绸之路经济带和长江黄金水道的无缝连接。关于进一步加强地区合作、促进经济稳定发展、深化中国—东盟经济合作，胡晓炼董事长提出三点建议。一是积极对接东盟各国发展规划，立足东道国经济社会发展实际需要，大力拓展东盟地区业务。二是进一步加强与包括新加坡在内的东盟地区金融机构及国际多边金融机构合作，通过联合融资、银团贷款等方式，发挥资金合力，更好地满足重大项目资金需求。三是加强金融创新合作，利用信息技术，吸引更多的金融资本投入实体经济，更多的民间资金参与“一带一路”建设。进出口银行将继续秉持习近平主席提出的“亲、诚、惠、容”合作理念，坚持互利共赢，善始善终、善做善成，为深化中国—东盟经济合作做出实实在在的贡献。此次中新金融峰会以“金融互联互通服务‘一带一路’”为主题，以打造中国西部与东盟“一带一路”沿线国家地区高端合作平台为目标，聚焦跨境投融资、金融科技、普惠金融、供应链金融、物流金融、资产证券化等热点问题，来自海内外的近300名嘉宾参加了会议，合力推进合作共赢。

（九）国家开发银行

国开行在东盟大多数国家都设有工作组。2013年11月，国开行成为中国第一家获批70亿元人民币香港债额度的银行，并于第一期顺利发行了45亿元人民币的债券。2014年3月，为响应广大东盟投资者的要求，国开行发行了10亿元人民币的3年期债券，本只债券的发行旨在立足香港、开拓东盟，通过将香港作为人民币离岸中心，充分发挥其辐射作用，带动更多的东盟国家投资者参与认购，以进一步推进人民币国际化的进程，建设和打造亚洲投融资合作体系。此次债券的成功发行得益于国开行充足的前期准备措施，早在 2013 年底，国开行就已经预案了境外人民币债券发行计划，通过公允定价、市场化发行等手段为后续的中资机构发行债券夯实了基础。此外，此次发行活动体现了国开行快速高效的经营作风，债券备受东盟投资者的认可，充分显现出国开行的品牌优势。

2014 年 3 月，国家开发银行正式宣布，成功发行 10 亿元 3 年期香港人民币债券，利率为 3.35%，认购倍数达 1.87。业内人士称，国开行此次债券发行是供给放量的离岸人民币市场上的一道亮丽风景，提振了市场信心。

2014 年 12 月，国家开发银行与老挝国家银行、中国银联在老挝首都万象分别签署援老挝国家银行卡支付系统建设项目合作协议。国家开发银行党委委员、纪委书记周清玉，老挝国家银行副行长宋塞西帕塞和中国银联总裁时文朝分别代表三方签署协议。根据协议，该支付系统的建设将于 2015 年 1 月正式启动。老挝是“一带一路”沿线的重要国家，援老挝国家银行卡支付系统项目旨在帮助该国建设一个覆盖全境的银行卡支付系统，实现老挝国内发行的银行卡联网通用。老挝已将该项目作为首个国家银行卡系统列入老挝国家“七五”规划。该项目的建设将大大提高老挝支付清算系统的现代化水平，有助于推进老挝国内银行卡品牌建设，推动老挝经济金融和社会发展。该支付系统建设项目的筹备历时 3 年多，在中国商务部的大力支持下，终于取得了阶段性成果。该项目的建设将有力地推动中国金融基础设施和支付标准“走出去”，以及中老两国金融基础设施互联互通，助力实现人民币国际化，促进中国与周边国家的金融合作，实现中国与老挝乃至东盟各国的互利共赢。下一步，国开行将在商务部的指导下，与中国银联携手推动老挝国家银行卡支付系统项目顺利实施。同时，国开行将进一步加大与“一带一路”以及周边国家的金融合作，力争让“老挝模式”惠及其他国家和地区。

2017 年 12 月，在广西南宁举办了中国—东盟基础设施互联互通金融论坛。此次论坛由广西壮族自治区政府以及国开行联合举办，自治区政府、国开行代表出席本次论坛并发表致辞，来自东盟国家的央行负责人也出席了本次论坛。此外，还有来自东盟各国的银行和金融机构如缅甸外贸银行、文莱伊斯兰银行、新加坡星展银行、柬埔寨加华银行、菲律宾

BDO银行等17家银行参与了此次论坛。广西壮族自治区政府副主席丁向群表示，作为中国唯一同东盟陆海相连的省区，广西肩负着习近平总书记赋予的“三大定位”的新使命，积极推进面向东盟的金融开放门户建设，深化中国同东盟的金融合作。而双方合作发展则需要依靠设施联通，因此，融资瓶颈是制约双方互联互通的重点难题。通过此次论坛，广西希望同与会各方搭建信息共享平台，完善金融合作机制，推动中国—东盟银联体与区域内各类金融资源的有机搭配，强化金融风险防范意识。国开行代表认为，中国与东盟既是地缘接近、人文相亲的好邻居，也是携手共进、互利共赢的命运共同体。加强双方在基础设施上的互联互通有助于推动中国—东盟在其他领域的合作，支撑和推进区域经济一体化进程的发展，已成为新时代中国—东盟关系的发展愿景。在同东盟地区的国际合作业务方面，国开行充分发挥其开发性金融机构的独特优势，不断推进中国同东盟各国的金融合作，使发展成果更好地造福双方人民。

国开行负责人表示，国开行已在基础设施以及金融合作等众多领域同东盟国家达成了一系列合作项目，旨在通过提供更好的金融服务来实现中国—东盟基础设施的互联互通。国开行希望双方的金融机构共同努力，推进和完善政府间机制合作进程，建立健全长期、可持续的双边金融合作机制。与会各方围绕“金融服务中国—东盟合作，携手推进基础设施互联互通”的主题展开激烈讨论，达成以下几点共识：第一，以实现政、企、银合作共赢为目标，促进信息更加高效的交流共享；第二，以加强政府间的交流合作为核心，力求在重大项目的融资上取得进展。

2017年7月21日，马来西亚马来亚银行有限公司在银行间债券市场上顺利发行了10亿元“债券通”人民币熊猫债券，本债券由国开行主承销，债券期限为3年，票面利率为4.6%，本债券获得了中国—东盟众多投资机构的积极认购，进一步促进了中国同东盟的金融合作，逐步推进双边债券市场的互联互通。2017年“一带一路”国际合作高峰论坛顺利举办，此次两家银行间的债券承销合作就是在论坛上所取得的进展。本期债券所筹募到的全部资金将用于支持“一带一路”建设。同时，本次债券募集所发布的说明意见书等发行文件均采用了中文和英文双语标注的形式，方便了众多海外机构的投资，使得债券发行得到了更多境外机构的参与。此外，本次国开行承担主承销商来帮助马来亚银行发行人民币债券产生了一定的示范效应，对其他境外发行主体起到了积极的引导作用。

2017 年 8 月，中国国家开发银行与印度尼西亚曼迪利银行在印尼首都雅加达签署战略合作谅解备忘录，共同助力中印尼两国深化经贸领域合作。根据备忘录的内容，双方将在融资合作、人民币推广等多个领域进行金融务实合作，在建立多方位的银行间合作体系的基础上，共同助力印尼基础设施建设，促进中国同印尼的双边经贸往来。国开行是中国最大的对外投融资合作银行和全球最大的开发性金融机构，而印尼曼迪利银行作为印尼最大的国有银行，其综合实力较为强劲，是支持印尼发展基建以及产业的龙头银行，目前曼迪利银行已在上海开设了分行。2015 年，国开行同曼迪利银行开展了 10 亿美元等值的授信合作，由国开行向曼迪利银行提供贷款，以进一步支持印尼的基建发展，深化两国间的经贸合作。而此次战略合作备忘录的签订，有助于两家银行进行优势互补，实现合作共赢，携手支持印尼的经济发展并进一步加强双方的经贸合作往来。

2018 年 10 月，在广西南宁举办了中国—东盟基础设施互联互通金融论坛，此次论坛由国家发改委支持，由国开行以及广西壮族自治区人民政府联合举办。本次论坛的主题是“助力‘一带一路’建设，促进东盟港路直通”，国家发展与改革委员会副主任宁吉喆发来贺信，广西壮族自治区党委常委、自治区常务副主席秦如培，国家开发银行副行长刘金，老挝开发银行行长阿空·巴色出席会议并致辞。宁吉喆在贺信中表示，基础设施互联互通是“一带一路”建设的重要内容，也是中国同东盟合作的重点领域，金融是基建互通项目合作的重要支撑；希望在“一带一路”框架下，结合东盟国家的发展关切，发挥中方在基础设施勘察设计、工程建设、运营维护，特别是金融服务等方面的优势，通过资金融通促进设施畅通，推动中国—东盟基础设施互联互通合作取得更多务实成果，让发展成果惠及更多民众。秦如培表示，广西正以改革开放 40 周年和自治区成立 60 周年为契机，全面落实习近平主席和中央政府赋予广西的新定位新使命，加速对全方位多领域的新开放格局构建；希望此次论坛能够充分发挥广西面向东盟开放合作窗口、国家开发银行作为中国最大对外投融资合作银行的优势，把握东盟国家作为中国“一带一路”合作优先方向和重要伙伴的机遇，搭建面向各国政府、金融机构、企业的开放平台，共商合作大计，共建共享合作成果。国开行副行长表示，作为主打中长期投融资的银行，国开行一直以来致力于支持涉及基础设施等领域的重大项目建设，助力中国以及东盟经济的平稳运行。未来，国开行将继续支持双边合作重点领域的投融资需求，不断优化中国—东盟银行联合体的合作机制，引导更多的中资企业参与对东盟的投资。阿空·巴色表示，“一带一路”倡议与老挝从“陆锁国”向“陆联国”转型的战略高度契合，中老铁路、中老经济走廊、万象至万荣高速公路等重大项目建设有力地促进了老挝的战略转型和经济发展；建议将“一带一路”倡议与东盟共同体2025远景目标相结合，共同推动东盟基础设施互联互通，推动区域经济繁荣、融合和可持续发展。此次会议是该论坛在南宁举办的第二次会议，来自越南等东盟国家驻南宁总领事馆，及其他金融机构包括新加坡星展银行、柬埔寨加华银行、菲律宾BDO银行、老挝开发银行等的代表出席了此次论坛。此外，还有来自国内的多家基建企业以及广西壮族自治区的相关企业和金融机构等超过150人参与此次论坛。在此次论坛上，各方深入探讨了多个议题，包括“打造面向东盟的金融开放门户，推动基础设施互联互通建设”和“打造金融服务平台，助力企业参与东盟基础设施互联互通建设”等，从多个角度对推动中国同东盟的基建互通达成了共识。各方一致认为，要进一步加强各国金融主管部门、金融机构之间的合作，充分发挥政策性金融和开发性金融在基建融资中的突出优势，鼓励和引导更多的商业性金融机构加入合作项目中来，通过完善金融创新的方式，更好地为社会资金参与基础设施项目拓展空间。在此次论坛上，各方充分响应国开行广西分行的倡议，由中国银行广西分行牵头，同国内以及柬埔寨加华银行等东盟多家金融机构签订了路港互通行动计划书。未来，各方将秉持互利共赢和共商共建共享的原则，加强金融合作交流，以东盟路港建设为方向，携手共建公路、铁路、港口和空港等基础设施领域的重大工程，促进中国同东盟经济的共同繁荣。

2018年7月3日，国开行在银行间债券市场上顺利发行了350亿元的“债券通”人民币金融债。本次发行的债券面向全球的投资人，覆盖范围包括中国国内的商业银行柜台市场以及银行间债券市场，这也是面向柜台市场首次发行的长期限国开债品种。此次债券发行包括多个期限的品种，同时，国开行聘请中银香港等多家金融机构承担跨境协调人的职责，帮助其共同完成此次债券的发行。同时，此次债券发行还由工行、农行等国内机构联合承办，通过实体营业厅配合电子和网络的渠道向国内的公众发售。国开行副行长表示，“债券通”机制推进了各国投资人参与人民币资产的配置，加快人民币国际化进程，促进人民币资产在境外的应用。未来，国开行将继续同境内外机构保持密切合作，为推动中国的金融对外开放和债券市场的蓬勃发展注入新的力量。

2017 年 7 月 4 日，作为中国最大的金融债券发行机构，国开行顺利发行 200 亿元的“债券通”人民币国开债。随后，国开行创立了“债券通”经常化发行机制，并发行新型的绿色金融债券。2017 年 7 月 21 日，马来西亚马来亚银行有限公司在银行间债券市场上顺利发行了 10 亿元“债券通”人民币熊猫债券，本债券由国开行主承销，债券期限为 3 年，票面利率为 4.6%，本债券获得了中国—东盟众多投资机构的积极认购，进一步促进了中国同东盟的金融合作，逐步推进双边债券市场的互联互通，对东盟乃至整个亚洲区域发行熊猫债具有显著的示范意义。2018 年，国开行作为中央汇金公司 150 亿元“债券通”人民币的主承销行，取得了优异的成果。

（十）北部湾银行

2010 年 5 月 31 日，柬埔寨加华银行的代表前往广西北部湾银行交流参观，该行代表团还特地前往钦州了解当地的投资环境，这是近年来广西同东盟各国经贸合作日益频繁的体现。作为广西的金融中心，南宁正在发挥其同东盟经贸往来的重要作用，北部湾银行的总行便设立在南宁，该行具有决策流程时间短以及方便快捷的优势，自 2009 年 8 月开办外汇业务以来，北部湾银行始终贯彻其为中国—东盟贸易和投资提供金融服务的目标，进一步支持广西企业的进出口结算以及贸易融资，而作为柬埔寨国内最大的银行，加华银行在柬埔寨国内市场存贷款业务中的优势地位十分明显，是柬埔寨国内的银行业龙头，此次访问交流为务实双方合作夯实了基础。

2011 年 12 月 29 日，广西地方银行首家跨境货币业务中心：广西北部湾银行中国—东盟跨境货币业务中心正式成立。同时，经中国人民银行批复，这一银行的人民币对越盾汇率柜台正式挂牌。

2015 年 9 月，广西北部湾银行同柬埔寨加华银行达成战略伙伴协议，双方将充分发挥自身独特的优势，实现业务开展的进一步常态化和便利化。根据该协议，在“一带一路”框架下，针对柬埔寨相关项目的融资需求，双方在银行授信、银团贷款等领域加强合作，携手开创中国—东盟自由贸易区“钻石十年”。同时，双方均可在对方的协助下，向对方的客户宣传和推介自己的产品或服务。目前，北部湾银行已经同国外的近 200

家银行建立了代理行关系。柬埔寨加华银行是柬埔寨第二大商业银行，其存贷业务在柬埔寨国内市场上处于领先地位。

2015 年 11 月 29 日，中国—东盟金融论坛在广西大学中国—东盟研究院举办，广西北部湾银行董事长罗军参加论坛并作题为“人民币在东盟国家跨境结算的影响因素及对策”的发言，副行长钱云涛陪同参加论坛。罗军董事长在发言中首先指出开展人民币在东盟国家跨境结算业务的必要性，同时从强化货币政策实施效果、有效降低进出口企业汇率风险、促进中国金融机构国际化经营三个方面作了进一步详细阐述。紧接着，罗军董事长多方面多角度地论述了人民币在东盟国家实现跨境结算的主要影响因素。最后，罗军董事长就如何进一步加强人民币在东盟国家实现跨境结算的对策提出几点意见和建议，主要包括积极发挥政府在人民币跨境结算中的推动作用，加强商业银行自身建设，提高其服务人民币跨境结算的能力等。同时，罗军董事长在发言中向参会学者介绍了广西北部湾银行自成立以来在国际业务方面所取得的成绩以及未来的发展愿景，罗军董事长指出，广西北部湾银行将积极配合国家“一带一路”倡议，同更多的东盟国家商业银行开展合作，积极参与区域性跨境人民币业务平台建设，加大产品创新，进一步提升服务企业“走出去”的能力。罗军董事长的发言获得了在座的来自东盟各个国家的专家学者的一致好评，进一步扩大了广西北部湾银行在经济学界的知名度。由广西大学主办，中国—东盟区域发展协同创新中心承办的“中国—东盟金融论坛”是与中国—东盟博览会同期举办的大型国家级、国际性金融主题论坛。该论坛旨在为中国—东盟关系领域的全面研究提供更广阔的平台，锐意改革，协同创新，为深化中国同东盟各国的开放合作，进一步响应国家发展战略做出更大的贡献。经过与泰国开泰银行的深入交流和细致沟通，北部湾银行凭借良好的外汇业务基础及真诚的合作态度获得了开泰银行的认可，开泰银行深圳分行于 2017 年 6 月末为北部湾银行开立了泰铢清算账户。泰铢账户的成功开立丰富了该行外币清算账户，提高了跨境金融服务水平，也为扩大个人外汇业务打下了基础。

2015 年 12 月 3 日，广西北部湾银行同越南农业与农村发展银行在凭祥达成了边贸结算合作协议。崇左市人民政府、凭祥市人民政府、国家外汇管理局崇左中心支局、崇左银监分局，以及有关企事业单位的代表参加了仪式。目前，广西北部湾银行的总资产已超过 900 亿元，成为广西第一家净资产超过百亿元的独立法人金融机构。

2016 年 3 月 24 日，黄心煌监事长、总行国际业务部、崇左支行和凭祥支行负责人在总行 9 楼会议室热情接待了越南投资与发展银行谅山省分行梅氏红艳（Ba Mai Thi Hong Yen）行长一行。黄心煌监事长对梅氏红艳一行的到来表示热烈欢迎，介绍了广西北部湾银行近年来的发展情况以及国际业务“十三五”发展计划，希望与越南投资与发展银行进一步开展全方位的合作，共同服务中国—东盟自贸区升级版。梅氏红艳副行长对黄心煌监事长的热情接待表示感谢，希望双方进一步加强交流合作，共同携手解决所遇到的困难，进一步提升双边合作水平。

2016 年 11 月 14 日，随着首笔通过 CIPS 系统清算的跨境人民币业务的成功办理，广西北部湾银行国际业务再度实现新突破。2015 年 10 月 CIPS 系统正式启动，这是中国人民银行研究建立的人民币跨境支付系统，它的成功研发意味着现代化的国内和国际支付体系正在逐步完善。2016 年北部湾银行与中国银行、交通银行及上海浦发银行等签订了 CIPS 合作协议。北部湾银行国际业务部积极营销，此次柬埔寨加华银行通过浦发银行 CIPS 系统向开设在北部湾银行的账户汇入 6000 多万元人民币，经与浦发银行密切对接，北部湾银行顺利为客户进行了解付。下一步，北部湾银行将为客户和同业在跨境支付方面提供更有效和多样化的跨境支付和结算渠道，更多地满足客户的金融需求，努力打造中国—东盟贸易区内最具影响力的中小银行。

2017 年继成功开立泰铢清算账户后，广西北部湾银行再接再厉，于 7 月初成功在柬埔寨加华银行开立柬埔寨瑞尔清算账户，成为广西区内首家开立柬埔寨瑞尔清算账户的金融机构。瑞尔清算账户的开立，为北部湾银行“中国—东盟跨境货币业务中心”增添了特色结算币种，提高了本行跨境金融服务水平，也为扩大个人外汇业务夯实了基础。

2017 年 8 月，在广西顺利实现了国内首次人民币对柬埔寨瑞尔的清算交易，此次交易的双方为广西北部湾银行以及柬埔寨加华银行。此次交易的成功实现，意味着中柬两国企业的资金结算需求将得到满足，进一步减少了广西企业走向东盟市场的资金成本，降低了汇率风险。广西北部湾银行是广西区内唯一的省级商业银行，该行致力于打造面向东盟的国际金融服务平台，帮助广西发展外向型经济。同时，北部湾银行还成立了面向东盟的跨境货币业务中心，有助于其开展区域性跨境人民币业务，未来，北部湾银行将继续落实沿边金融改革，协助推进人民币兑瑞尔在广西银行间市场上的挂牌交易。在2016年“柬埔寨—中国企业家论坛暨金融发展论坛”开幕前夕，广西北部湾银行董事长罗军于11月30日拜会了柬埔寨国家银行行长谢振都。谢振都对罗军远道而来表示热烈欢迎。他指出，广西北部湾银行与柬埔寨加华银行有着良好的合作基础，这次柬埔寨—中国企业家论坛暨金融发展论坛的召开及罗军董事长的到访将使双方合作再上新台阶，为柬中深厚情谊奠定更加坚固的基础。他回顾了其见证柬埔寨加华银行与广西北部湾银行分别签订战略合作伙伴及参股老挝加华银行协议的情景，介绍了柬埔寨的经济金融情况，希望包括广西北部湾银行在内的中国金融机构为柬埔寨经济社会发展做出更大的贡献。罗军对谢振都的热情欢迎表示感谢，他充分肯定了柬埔寨国家银行作为柬埔寨国家的中央银行在经济中的重要地位和作用，介绍了广西北部湾银行坚持“立足广西、面向东盟”的定位，致力于打造成为中国—东盟自贸区内最具影响力的一流特色中小银行为目标的情况，希望参股老挝加华银行能得到柬埔寨国家银行的大力支持。他指出，北部湾银行愿以最大诚意，把积极响应“一带一路”倡议作为未来发展的重要契机，充分利用中国沿边金融综合改革所带来的政策红利，全力支持广西企业到柬埔寨投资发展，助力柬埔寨公路、桥梁、码头、通信、水电开发、水利设施等各项民生项目建设，将两国经贸、金融合作推向新的高度，打造互利共赢的“利益共同体”和共同繁荣发展的“命运共同体”。柬埔寨国家银行孙兴倪盛副行长、Kim Vanda监事长及有关部门负责人参加了会见。柬埔寨加华银行方侨生董事长及柯文龙执行总裁陪同参加。

2019年10月25日，在开泰银行（中国）的密切配合下，凭祥支行客户选择以泰铢为结算币种进行境外汇款，标志着广西北部湾银行成功办理首笔泰铢汇款业务。多年来，广西北部湾银行在服务自贸区和面向东盟金融开放门户建设中，主动作为、积极先行先试，将做大做强做特国际金融作为战略重点。下一步广西北部湾银行将在跨境支付方面为客户提供更多样化的支付和结算渠道以满足客户的金融需求，打造“中国—东盟自贸区内一流的区域性银行”。

（十一）其他商业银行及银行组织

1. 招商银行

招商银行新加坡分行于2013年5月在新加坡登记注册，同年11月22

日获得新加坡金管局颁发的批发银行业务营业执照。

2. 中信银行

2010 年 12 月 29 日中信银行国际有限公司宣布新加坡分行开业。

3. 中国银联

银联国际（UPI）是中国银联的子公司，致力于发展和支持银联的全球业务。通过与全球 2000 多家机构合作，银联国际已在 177 个国家和地区启用了银联卡的接收服务，并在 58 个国家正式发行了银联卡。银联国际为其持卡人群提供质量更好、安全性更强的跨境支付服务，为境内外广大银联持卡人和商户提供更加高效和便捷的金融服务。东盟十国都可以使用银联卡。

三 保险公司、证券公司、期货公司

（一）保险公司

1. 中国再保险集团

作为中国再保险行业的引领者，中再集团一直以来致力于拓展海外市场，并取得了许多令人瞩目的成果。2016 年 6 月 3 日，经过新加坡金管局审批同意，中再集团新加坡分公司以再保险人的身份正式开始在新加坡经营财产再保险业务，这标志着中再集团在推进其国际化进程中迈出了重要的一步。中再集团以新加坡分公司为立足点，进一步拓展在亚太地区的再保险业务市场，有助于其更好地参与全球再保险业务的竞争。2016 年 7 月 25 日，中再集团新加坡分公司正式举行了开业典礼，中再集团的代表以及新加坡国家发展部的负责人出席了此次仪式，此外，还有来自新加坡的多家金融保险机构的代表参与此次典礼。

中再集团董事长表示，根据国务院发布的保险业最新规定“新国十条”，保险业被赋予了全新的行业定位，促进保险市场进一步发展，使保费收入逐年攀升。与此同时，该规定推进了中国保险企业“走出去”，不断加快其国际化的步伐，积极拓展海外市场。作为中国再保险行业的引领者，中再集团在国内市场上占据着主导地位，同时，其在国际市场上的影响力也较大。一直以来，中再集团积极响应国家“一带一路”倡议，更好地服务于中国企业的“走出去”，助推中国企业逐步走向国际化经营，对于新加坡的再保险市场，中再集团十分看好，此次分公司的成立也是推进中再集团打造全球化保险公司的重要里程碑。中再集团董事长表示，作为重要的国际金融中心，新加坡在东盟乃至亚洲范围内的保险及再保险业务上都发挥着重要作用。在21世纪海上新丝路建设的倡议下，中国同新加坡的贸易往来日益密切，这刺激两国市场产生巨大的保险需求。作为海上新丝路的关键枢纽，新加坡再保险市场拥有巨大的发展潜力。此次新加坡分公司的成立，进一步完善了中再集团的国际布局，深化了中国同东盟市场的多层次合作。中再集团董事长袁临江强调，中再集团希望将新加坡作为支点，将再保险业务辐射到东盟国家和地区，充分实现中国同东盟地区保险市场的沟通互联，发挥专业化的经营优势，通过“分散风险、技术支持、资本融通”等方式，更好地服务于东盟区域的再保险合作需求，推进中国同新加坡间的金融贸易合作。新加坡国发部长表示，中再集团新加坡分公司是新加坡的首家中国再保险公司，它的成功设立标志着中新两国保险合作的正式开展。未来，随着该公司再保险业务的不断优化，将夯实中新两国再保险合作的基础，更好地服务于“一带一路”倡议，为两国携手共建“一带一路”做出贡献。新加坡分公司正式运营后，其主要的业务范围是经营管理亚太地区的财产再保险业务，结合不同国家和地区的再保险业务结构、风险控制以及经营状况等因素，新加坡分公司将重点关注包括新加坡在内的东盟国家和地区及新兴市场。

2. 中国人寿

抓住有利时机，采取并购等多种形式，进入非寿险业务领域；设立新加坡及印尼公司，拓展东南亚市场；按照母公司的统一部署，积极创造条件实现挂牌上市。

中国人寿保险（海外）股份有限公司［中国人寿（海外）］是中国最大的金融保险集团中国人寿保险（集团）公司的全资子公司，母公司连续17年入选美国《财富》世界500强，2019年排名第51位，品牌价值高达3539亿元人民币。

中国人寿（海外）立足香港、澳门、新加坡及印尼。1984年，中国人寿成立了香港分公司，1989年，中国人寿在澳门建立分公司，1995年，中国人寿信托有限公司成立。近年来，中国人寿还将业务版图拓宽到东盟国家和地区，于2015年在新加坡成立子公司，于2018年在印尼成立子公司。2018年，中国人寿（海外）的保费总收入达到490亿港元，总资产超过3400亿港元，业务涵盖寿险、投资及信托三大领域，为客户提供专业优质的产品及服务。

3. 中国出口信用保险公司

2019 年 4 月 3 日，中国出口信用保险公司（下文简称“中国信保”）与华侨银行签署框架合作协议，中国信保查卫民副总经理与新加坡华侨银行蓝淑燕副行长举行会谈，并代表双方签约。

在会谈中，查卫民副总经理表示，华侨银行是新加坡成立时间最早的本土银行，以其卓越的融资能力和稳定性而著称，享有很高的国际声誉。与华侨银行的合作，是中国信保与国际一流银行进行业务往来的延续。目前，中新双方积极开展面向第三方市场的交流合作，两国政府对此次合作十分重视，中国信保希望与华侨银行一道，以此次签约为契机，加强沟通、深化互信，不断推动务实合作。

蓝淑燕副行长对受邀到访中国信保表示感谢，她重点介绍了华侨银行的业务布局和重点支持领域，并表示希望通过加强华侨银行同中国信保间的交流合作，携手共建“一带一路”，充分发挥华侨银行显著的影响力优势，为中国企业“走出去”提供更多的支持。此外，华侨银行愿意以此次签约为起点，进一步加强与中国信保的交流沟通，尽早促使成果落地。会后，查卫民副总经理与蓝淑燕副行长代表双方签署了框架合作协议。

2019 年 4 月 12 日，中国信保黄志强副总经理在印尼雅加达拜会了印度尼西亚进出口银行董事会主席兼执行总监 Sinthya Roesly 女士，并代表中国信保与印尼进出口银行签署了合作谅解备忘录。

黄志强副总经理对受邀到访印尼进出口银行表示了感谢，介绍了中国信保业务整体情况及支持中印尼双边经贸投资合作的重点项目情况。他表示，印尼作为东南亚区域大国，是参与共建“一带一路”的重要国家，也是中资企业开展对东盟合作的重要目标市场，广西农垦、青山等中资企业相继赴印尼投资建设工业园，吸引了一批中资企业抱团出海、投资印尼，助推印尼经济发展。同为政策性金融机构，中国信保与印尼进出口银行均承担着国家赋予的政策性使命和任务，在促进两国经贸与投资合作方面均发挥着不可替代的重要作用。中国信保与印尼进出口银行签署谅解备忘录的意义重大，希望双方充分利用中印尼经贸往来蓬勃发展的有利条件，将交流与合作引向深入，特别是在工业园区配套保险、提供金融服务合作方面应积极探索，为搭船出海的中资企业提供平台式支持，为两国经贸与投资合作提供强有力的支持。此外，黄志强副总经理还提到，中国信保与印尼进出口银行均为伯尔尼协会成员，希望双方以此次签署谅解备忘录为新起点，加强在伯尔尼协会中的协作，发挥各自官方出口信用机构的作用，推动双边乃至多边经贸关系的不断发展。

在会谈中，Sinthya Roesly 主席介绍了印尼进出口银行的业务情况。经过近十年的发展，印尼进出口银行在融资、担保、保险、咨询等业务方面均取得了一定的成绩。中国信保的发展经验对印尼进出口银行有着重大的借鉴意义。她表示，愿通过此次签署谅解备忘录，不断加深了解、增进互信，充分发挥各自的优势，推动后续保险、融资等业务的合作，在信息、资源上交流共享，更好地发挥促进中印尼两国经贸合作进一步发展的政策性职能。

（二）证券与期货公司

1. 银河证券

2017 年 6 月，中国银河证券与联昌国际签署股权买卖协议，联昌国际将海外证券业务五成股权，以 5. 15 亿马币价格售予银河证券。

2. 东吴证券

2015 年，在新加坡成立了东吴证券中新（新加坡）有限公司，2015 年 9 月，经过新加坡金管局审批同意，东吴证券中新（新加坡）有限公司正式注册，其定位是券商资产管理公司。

3. 东证期货

2019 年 7 月 26 日，东证期货国际（新加坡）私人有限公司正式开业，该公司是东证期货在境外设立的第一家全资子公司，同时，东证期货也是中国唯一的一家在新加坡成立的一级子公司的期货公司。作为在全球具有重要影响力的金融中心，新加坡在中国人民币国际化进程中，吸引着中国的期货行业进行投资，此次东证新加坡公司的设立，有助于东证期货为更多的国内客户提供更加便捷的跨境金融服务，包括国际期货、期权交易等，进一步扩充其客户投资配置境外资产的渠道，同时也为海外客户了解和参与中国期货市场提供了便利。

4. 其他合作

2016 年 7 月 28 日，富春控股集团旗下的“运通网城”在新交所成功上市，这也是中国电商物流资产首次在新加坡资本市场上市，打破了中国民营企业在新募资数额的纪录，约为 52 亿元人民币。

富春控股集团所在的城市中国杭州，在很大程度上被视为中国最大的电子商务中心，目前有中国企业巨头包括像阿里巴巴集团、百度、京东和腾讯等。首席执行官 Peter Lai 说：“电子商务世界房地产投资信托基金还处在探索的阶段，利用在中国的房地产市场的周期性机会获得有吸引力的产业属性并将其转换成电子商务物流特性。我们还将积极寻求机会收购新加坡和南洋的其他国家的电子商务资产，以补充在中国的电子商务世界的资产，并进一步多元化其电子商务组合。这契合中华人民共和国政府所倡导的‘一带一路’”。在此次上市的过程中，运通网城得到了国内外多家银行和其他具有较强影响力的金融机构的支持，如马来亚银行、星展银行等，这在新加坡历史上几乎不可能实现。运通网城将成为新加坡的第三主板 REIT 清单和中国第一个专业物流及 E - Commerce 物流 REIT 在新加坡交易所上市。

（三）交易所合作

1. 大连商品交易所

2006 年 4 月 5 日，大连商品交易所同马来西亚交易所（下文简称“马交所”）签订了合作备忘录，马交所拥有全球最大的棕榈油期货市场，此次备忘录的签署旨在支持大连商品交易所在短时间内实现棕榈油期货的快速上市。该备忘录的签署深化了中马两家交易所对全球业务的拓展，有利于增强双方在衍生产品上的多领域合作，包括信息共享、联合创新和培训等。在此合作背景下，马交所将积极支持大连商品交易所实现棕榈油期货的早日上市，并协助其对该品种进行研究。此外，双方一致赞同在北京联合召开一场世界油脂油料大会，通过这种方式来提高双方在东盟乃至世界油脂油料期货市场上的影响力。1965 年，马交所集团作为公众公司成立，该集团主要囊括了证券、衍生品以及离岸国际金融交易所，还有清算所以及信息服务公司等，该所在全球棕榈油等商品的期货交易市场上占据着重要地位。大连商品交易所在研究豆油期货合约的同时，也保持对棕榈油期货品种研究的跟进，而此次双方合作谅解备忘录的签署，促进了双方在商品期货市场上的强强联手，推进了大连商品交易所开发棕榈油期货品种的进程。

2006 年 10 月，大连商品交易所借鉴马交所（马来西亚衍生产品交易所的母公司）举办棕榈油价格展望大会的成功经验，与马来西亚衍生产品交易所（BMD）联手召开了国际油脂油料产业大会，旨在打造一个服务于国际油脂油料及相关产业的服务平台，促进各方实现信息共享、交流合作，此次大会在中马双方的共同努力下，规模增大，覆盖面持续延伸，已在国际上产生了较大的影响力，助力期货市场更好地服务于实体经济，进一步促进产业的健康发展。本次大会深入探讨了多个议题，会议围绕棕榈油、大豆、豆油等油脂油料的国际市场形势，就棕榈油期货在大连商品交易所上市展开了深入的讨论，与会各方就油脂油料行业的发展前景以及国际市场的变化进行了充分交流。同时，来自荷兰的专家还重点讨论了关于市场的风险回避和对冲基金在市场上的运作模式等问题。

2013 年 11 月 12 日，大连商品交易所同 BMD 在广州达成了继续合作协议，双方代表在合作协议上签字。协议规定，双方在未来三年内将继续联合举办国际油脂油料大会（CIOC），以更好地促进国际油脂油料期货市场的发展。大连商品交易所总经理表示，此次继续合作协议的签订是棕榈油期货在大连商品交易所上市交易后促进油脂产业发展的新举措，落实 CIOC 大会的常态化开展，旨在为相关的产业和企业提供一个交流沟通的国际平台，借此拓展国际产业合作，更好地促进油脂油料市场的期现融合，双方合作举办国际油脂油料产业大会，为促进油脂油料期货市场的发展贡献力量。在双方的参与支持下，油脂油料期货市场的发展态势良好，CIOC 大会的国际影响力也不断扩大，逐步成为产业界和期货界的高层次交流平台。马来西亚衍生品交易所主席表示："BMD 与 DCE 的合作反映了我们在提升市场关注度、促进油脂油料参与者利用期货市场进行套保方面的努力。过去 8 年的合作成果显著，让我看到了未来更紧密合作的机遇。我期待，CIOC 能继续发展壮大，BMD 的毛棕榈油期货与 DCE 的精炼棕榈油期货能够发挥互补优势，为市场提供跨境套利机会，为提升两国期货市场在国际市场上的地位做出贡献。"自 2006 年开办以来，CIOC 吸引了来自世界各地投资者的关注，现已成为国际投资者之间交流沟通的高端平台，同时也是油脂油料行业的品牌大会，70%左右的产业界代表均出席了会议。

2015 年 11 月，第十届国际油脂油料大会在广州举办，大连商品交易所与 BMD 签订了深化合作协议，旨在进一步加强双方间的良好合作，携手共促油脂油料以及相关产业的持续发展。大连商品交易所理事长李正强、马来西亚衍生产品交易所总经理库玛及两所相关领导出席和见证了签约仪式；大连商品交易所总经理冯博同 BMD 主席 Dato' Tajuddin Atan 分别代表双方签字。在此次会议上冯博表示，一直以来，大连商品交易所对加强国际合作和推进对外开放工作予以高度重视，近年来，中国期货市场逐步走向国际化，“一带一路”倡议为进一步加强双方合作提供了新机遇，而长期以来的亲密合作也夯实了双方继续深化合作的基础。大连商品交易所与 BMD 双方在期货品种方面具有高度互补和相关性，双方深化合作不仅能够提升两所在市场上的影响力，还能使中马两国棕榈油产业链上的相关企业受惠，进而为全球棕榈油生产消费者提供更好的服务。BMD 主席 Dato’ Tajuddin Atan 表示，新协议的签订有利于双方不断加强对棕榈油商品衍生品的开发和研究，进一步拓展双方的交流合作领域，在避险等方面为国际油脂油料市场创新更多的工具，使得期货市场更好地服务于实体经济，同时，此次协议的签订也为本届 CI-OC 大会的顺利举行注入了新的动力。未来，BMD 将同大连商品交易所一道，携手共促亚洲油脂油料市场的发展。国际油脂油料大会自 2006 年开办以来，致力于提供最新的市场资讯，搭建产业交流和合作平台，吸引了国内和全球现货企业、投资者的积极参与。行业人士表示，大会的定期举办已经成为整个油脂油料行业的盛事和市场的标志性事件，在国际市场上形成了广泛的影响力。在合作协议签署之前，双方还举行了座谈，对两所十年来的良好合作进行了回顾，就新形势下合作进行了交流和展望。

2018 年 11 月 14 日，大连商品交易所同马来西亚 FGV 控股有限公司签订合作谅解备忘录，根据备忘录的内容，双方未来将开展合作，进一步推动棕榈油期货国际化业务的发展。大连商品交易所副经理同 FGV 副总裁 Azman Ahmad 作为双方代表在合作备忘录上签字。作为马来西亚规模最大的以农产品为基础的公司，FGV 集团拥有丰富的棕榈油资源，同时，它也是全球规模最大的毛棕榈油生产商，该公司主营业务覆盖棕榈油的全产业链，业务广度和深度均达到较高水平，同世界多个国家均有业务来往。此次双方达成合作共识，未来将通过信息共享、实地考察以及高层对话等多种方式达成有效合作，FGV 将为大连商品交易所对棕榈油期货品种的研究提供支持与帮助，推动棕榈油期货业务向国际化发展。

2019 年 11 月，大连商品交易所与 BMD 在广州续签合作协议，根据协议，双方将继续联合举办国际油脂油料大会，携手共推全球油脂油料期货市场的发展。大连商品交易所总经理同 BMD 首席执行官代表双方签署了合作协议。大连商品交易所总经理表示，双方的合作已经进入共赢发展的新时期。过去双方已在品种研发、人员培训等领域展开合作，取得了许多令人瞩目的成果，未来，希望双方能够继续携手服务全球油脂油料产业，不断提高双方的品牌影响力。在“一带一路”倡议背景下，中国期货市场正加快向“一带一路”沿线国家对外开放的步伐，这为深化双方的合作提供了新的契机。此次合作协议的续签，正是双方把握当下政策机遇，实现双方合作共赢的关键举措。十年来，中国一直是马来西亚最大的贸易伙伴，同时也是马来西亚棕榈油的第二大进口国，大连商品交易所同 BMD 的合作也将助力和推动中马两国间的贸易来往。

2. 上海证券交易所

2007 年 8 月 29 日，上海证券交易所（下文简称“上交所”）8 人代表团访问柬埔寨国家银行，并拜会柬央行总裁谢振都和财政大臣吉春，此次出访由上交所副总经理刘啸东带队，在双方会谈中刘啸东表示，上交所愿意支持和协助柬埔寨建立证券交易所，并为其提供技术、人才培训以及证交所相关的硬件和服务设施。同时，刘啸东还讲述了上交所的发展历程与实践经验。

谢振都和吉春表示愿意同上交所进一步加强合作，借鉴上交所的成功经验，在上交所的帮助下助推柬埔寨交易所的成立。此外，财政大臣吉春还详细咨询了证交所建立的具体细节。在会谈结束后，柬埔寨政府计划在 2009 年正式成立证交所，预计投入 3000 万美元。2010 年 2 月，柬埔寨证券交易所正式注册建立。

2012 年 11 月 16 日，上海证券交易所分别与河内证券交易所、马来西亚交易所签署了合作谅解备忘录。上交所一贯重视与世界各交易所及国际交易所组织的合作与交流。此次各方顺利签订合作谅解备忘录，意味着各方将长期保持持续稳定的合作关系。本次签署的备忘录主要包括双方的人员互派、信息交换，共同开发债券类产品、债券交易设施，联合开发其他产品以及开展公司治理合作等。

2017 年 5 月 14 日，在北京举办了上交所和马来西亚交易所的备忘录文本交换仪式。两所代表出席此次仪式，并在马来西亚总理的见证下完成了备忘录文本的交换过程。马交所于 1964 年成立，是东盟地区十分重要的交易所之一，在亚太地区具有较强的影响力。其业务范围较广，涵盖上市、交易、清算等交易所全价值链服务，交易的产品种类多样，包括股票、期货以及期权等。一直以来，上交所与马交所都保持着良好的伙伴关系，双方通过高层互访、信息共享等方式保持着密切交流。自“一带一路”倡议提出以来，中国同东盟国家的合作取得快速进展，本次各方签订备忘录，体现了各方均认识到“一带一路”倡议为各方的经贸合作所带来的历史性机遇，双方希望通过本次备忘录的签署，进一步加强交流，积极探讨新的合作空间。两所将本着精诚合作、互惠共赢的原则，在产品、市场推介、市场数据等领域进行合作，充分发挥两国资本市场的作用，服务“一带一路”建设。

3. 深圳证券交易所

2011 年 5 月 18 日，深圳证券交易所（下文简称“深交所”）与河内证券交易所签订合作谅解备忘录。双方代表在越南河内出席签字仪式并在合作谅解备忘录上签字，根据备忘录内容，双方将加强人员交流和培训以及信息共享方面的合作。该备忘录正式签订后，双方将携手开发信息渠道，加强合作交流，逐步实现对市场和上市公司的数据及信息共享，不断完善高层交流机制。此次备忘录的签署有利于双方深入了解对方市场的发展状况，在交叉上市和交易等领域进行深入探讨，携手共同进行新产品的开发，逐步实现数据系统的对接。2005 年 3 月，河内证券交易所正式成立，该所是胡志明市证交所后的越南第二家证券交易所。

2017 年 12 月 12 日，深交所与老挝证券交易所签署合作谅解备忘录，双方就加强平台共建、人员交流培训以及信息共享方面的合作达成共识。双方代表出席此次仪式。此次战略合作的开展是双方进一步落实“一带一路”倡议、共建“中老经济走廊”的重要举措，能够有效推动两国的经济健康发展。深交所持续推动跨境资本服务机制的建设，2017 年 8 月，在老挝顺利举行了企业线上路演，未来，两所将继续推动技术创新，加快推进金融基础设施的互联互通，实现产品业务的深度合作。

2019 年 4 月 23 日，在曼谷召开首届中泰资本市场合作研讨会，在此次会议上，深交所和泰国证券交易所签订合作谅解备忘录，旨在携手共建“中泰中小企业资本市场服务计划”，共同探索和完善两国资本市场的投融资渠道。深交所表示，此次合作将充分发挥两家交易所作为资本市场组织者的纽带作用以及在中小企业培育服务等方面的特色优势，助力中泰市场各方积极参与合作体系的共建、实现资源共享。两家证券交易所还将在指数、绿色金融产品等方面开展具体合作。此次研讨会吸引中泰两国百余家金融机构参与。在会议上，各方一致认为中泰合作进展良好，双方的合作程度不断加深，为两国资本市场合作提供了坚实的基础和良好的机遇。

4. 上海期货交易所

2013 年 10 月 21 日，上海期货交易所（下文简称“上期所”）同新交所签订合作谅解备忘录，双方就加强人员交流和培训以及信息共享方面的合作达成共识。上期所和新交所代表出席了此次签字仪式。

上期所代表表示，上期所一直致力于同亚太地区其他交易所保持良好的合作关系，以共同促进国际期货市场的发展，而新交所作为亚洲重要的金融中心，其在期货市场业务的创新以及国际市场拓展等领域掌握着先进的技术和经验，两所达成合作伙伴协议，能够有效增强上期所的国际化水平，拓展海外市场，共同推动中新两国期货市场的发展。新交所代表认为，当前期货市场的监管环境以及市场需求变化迅速，两家交易所建立伙伴关系能够为客户提供更多的新型风险管理工具，从而起到风险防控的效果。此外，还能有效地加强两国衍生品市场的沟通联系，有利于两国在相关业务领域开展更多的务实合作。

5. 郑州商品交易所

2013 年 6 月，郑州商品交易所（下文简称“郑商所”）同泰国农产品期货交易所签订《合作谅解备忘录》，深入探讨了各自期货市场的发展情况，并就未来双方建立长期合作伙伴关系达成共识。郑商所代表在会议上表示：“泰国农产品期货交易所自成立初期即上市白米期货，多年来积累了丰富经验。郑商所已上市的早籼稻期货，和今年拟上市的晚籼稻、粳稻期货同属稻谷类期货品种。双方在稻谷期货以及其他农产品期货等许多方面可以相互学习、借鉴对方的宝贵经验。”郑商所希望通过此次备忘录的签订，不断加强双方在品种创新、人才交流以及技术研发等领域的合作，实现合作双赢。泰国农产品期货交易所主席认为，作为风险防控的工具，农产品期货市场帮助农民和种植商在公平的交易规则下通过交易期货来保证价格在合理范围内波动，此外，期货市场还能为其提供更多的市场数据和信息，起到风险管理的作用。而此次双方的合作能够帮助两个市场间实现数据的交换以及产品信息的共享，促进两国之间的经贸往来。

四 东盟银行在华情况

表5-4 印尼资银行在华机构情况

银行名称	在华机构	设立时间
印度尼西亚曼底利银行 PT Bank Mandiri (Persero) Tbk	上海分行	2011年8月

表5-5 新资银行在华机构情况

银行名称	在华机构	设立时间
星展银行有限公司 DBS Bank (China) Limited	上海总行 (下设12家分行，23家支行)	2007年5月
华侨银行有限公司 OCBC Bank (China) Limited	上海总行 (下设9家分行，7家支行)	2007年7月
大华银行有限公司 United Overseas Bank (China) Limited	上海总行 (下设11家分行，6家支行)	2007年12月

表5-6 马资银行在华机构情况

银行名称	在华机构	设立时间
马来西亚马来亚银行有限公司 Malayan Banking Berhad	上海分行	2000年5月
	昆明分行	2014年11月
	北京分行	2012年5月
	深圳分行	2015年12月
马来西亚丰隆银行有限公司 Hong Leong Bank Berhad	南京代表处	2013年6月
马来西亚联昌银行股份有限公司 CIMB Bank Berhad	上海分行	2013年10月

表5-7 菲资银行在华机构情况

银行名称	在华机构	设立时间
首都银行(中国)有限公司 Metropolitan Bank (China) Ltd.	南京总行 (下设4家分行，2家支行)	2009年12月
菲律宾首都银行及信托有限公司 Metropolitan Bank & Trust Company	北京代表处	1993年12月

续表

银行名称	在华机构	设立时间
新联商业银行（Allied Commercial Bank）	厦门总行（下设1家分行）	1993年7月
菲律宾金融银行股份有限公司 BDO Unibank，Inc.	北京代表处	2015年6月

表5-8 泰资银行在华机构情况

银行名称	在华机构	设立时间
泰国汇商银行大众有限公司 The Siam Commercial Bank Public Company Limited	北京代表处	2013年6月
泰国开泰银行（大众）有限公司 Kasikornbank Public Company Limited	深圳分行	1996年8月
	成都分行	2013年3月
	北京代表处	1995年3月
	昆明代表处	1995年6月
	上海代表处	1995年7月
泰国泰京银行大众有限公司 Krung Thai Bank Ltd.	昆明分行	1996年7月
盘谷银行（中国）有限公司 Bangkok Bank（China）Company Limited	上海总行 （下设5家分行，1家支行）	2009年8月
正信银行有限公司 Zheng Xin Bank Co. Ltd.	上海总行	2010年1月

对于柬资银行在华机构情况，2017年3月1日，柬埔寨加华银行首次正式开展人民币存贷款业务，旨在进一步推进人民币在柬埔寨的流通，更好地服务于两国之间的经贸合作。

加华银行负责人表示，该行首推的人民币存款业务主要是针对柬本地的客户以及来自中国的游客和投资人，业务内容主要囊括人民币的定期、活期存款以及账户往来等。中国是柬埔寨最大的投资国，积极开展人民币业务有助于推动柬埔寨经济的可持续发展，目前加华银行已在中国新成立了事业部，正式开始全面推广各类人民币业务。

下　篇

经济金融发展、金融结构与中国—东盟成员国金融合作

在现代经济发展中，贸易的发展离不开金融体系的支撑，一个完善健全的金融体系可以为贸易的发展提供重要的融资、结算、风险规避等作用。区域内经济贸易的依存度增加，必然要求各成员间进行多方面的金融合作，否则，区域性经贸合作很容易崩溃、解体。经济发展水平的层次性决定了本地区各国家产业结构分布呈阶梯形。多层次的经济发展水平组合在产业结构上所体现出的全面性无疑将更加易于形成地区间的合作，但也要注意国别差异，一国一策。

根据金融资本流动与融合的经济规律，一国或地区的金融资本流动与融合机制是金融资本能否有效流动与融合的关键性因素。合理的流动和融合机制是以市场机制为主导、政府调控为辅助的双效机制，其将有效提高金融资本流动与融合的经济效率，促进区域经济的和谐发展；反之，则降低流动与融合效率，阻碍区域经济的和谐发展。要实现区域经济在更大范围、更广领域、更高层次上的合作，就必须加强区域金融的紧密合作，更好地发挥金融在区域资源流动和产业合作分工中的配置导向和市场调节作用。

第六章

中国—泰国金融合作

泰王国位于中南半岛中部，东部靠近柬埔寨和老挝，南部与暹罗湾和马来西亚接壤，西部临缅甸和安达曼海，旧名暹罗，国土面积为513120平方千米，约6900万人口。泰国主要的经济部门是农业、制造业和旅游业。泰国银行业、证券业、保险业的建立集中在20世纪30—40年代，其后在20世纪60—70年代在政府的严格保护下成长。然而，政府对金融业的保护措施也限制了金融体系的长期稳定发展。1975年7月，中国与泰国正式建立外交关系。自此以后，中泰两国领导人频繁互访，并且签订了许多贸易协议，积极推动经贸合作往来。① 与此同时，中国与泰国金融机构间合作互动频繁。从2006年10月8日《跨境银行监管合作谅解备忘录》、2008年6月30日《金融情报交流合作谅解备忘录》的签署，到2011年12月22日中泰两国中央银行共同签署双边货币互换协议，扩大中泰间本币使用，促进双方贸易和投资便利化，不断增强两国金融合作水平。在全球贸易保护主义开始抬头之际，中泰两国积极完成了RCEP生效实施的有关工作，维护自由贸易，拓展合作共赢新空间，共享多边合作成果，使双方的经贸合作迈上新台阶，为两国金融合作进一步拓展了空间。本章将从泰国经济发展规模及其经济结构的变化，考察泰国金融结构的变动，从金融结构的视角探讨中泰金融合作的空间和推进措施。

① 21世纪，中泰两国对双边贸易90%以上的商品先后采取了“零关税”的政策，使得国家间贸易互动更加密切。中泰建立外交关系以来，中泰双边贸易在泰国外贸总额中所占比重从1975年的0.45%，上升到2013年的13.61%，中国首次超越日本成为泰国第一大贸易伙伴。

第一节 泰国经济发展概况

近十年来，泰国经济总量保持着较高速的增长（如图 6－1 所示）。2017 年泰国 GDP 首次超过 10 万亿泰铢，随后一直保持着增长态势，到新冠肺炎疫情暴发之前的 2019 年，GDP 达到 10.9 万亿泰铢，首次突破 2000 亿美元关口，增长率达 2.3%。虽然泰国经济趋于放缓，但仍保持着接近潜在水平的速度，受美国国际贸易冲突的影响，一些商品出口因全球宏观经济状况而放缓，但国内需求仍然强劲。私营部门和公共部门的支出增长良好。2020 年受新冠肺炎疫情的影响，泰国全年 GDP 增速下滑至 －6.1%。其中，四个季度的 GDP 增速分别为 －2.1%、－12.1%、－6.4% 和 －4.2%，可见泰国在第二季度受新冠肺炎疫情影响最大，而在 2020 年下半年经济增长稍有回暖。

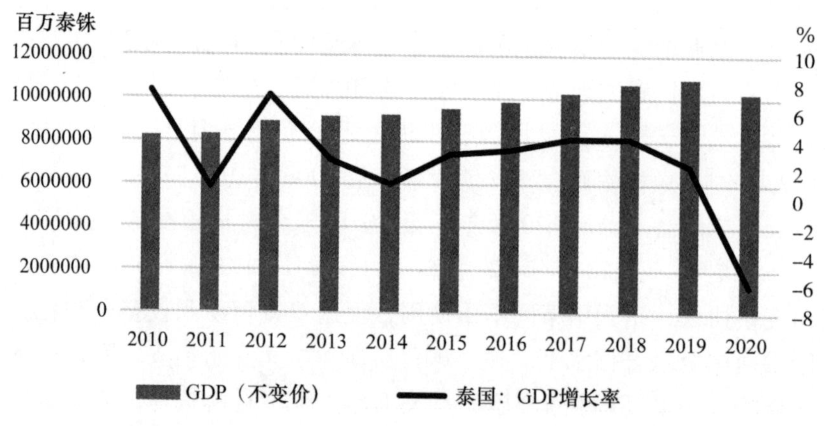

图 6－1 2010—2020 年泰国国内生产总值及其增长率

资料来源：Wind 数据库。

近十年来，泰国的通货膨胀率波动较大（如图 6－2 所示）。2010 年至 2014 年，泰国居民消费价格指数（CPI）涨幅较高，近六年来的泰国居民消费价格指数（CPI）涨幅则较低，甚至出现负值。其中，2020 年，泰国居民消费价格指数（CPI）变化低至 －0.4%。

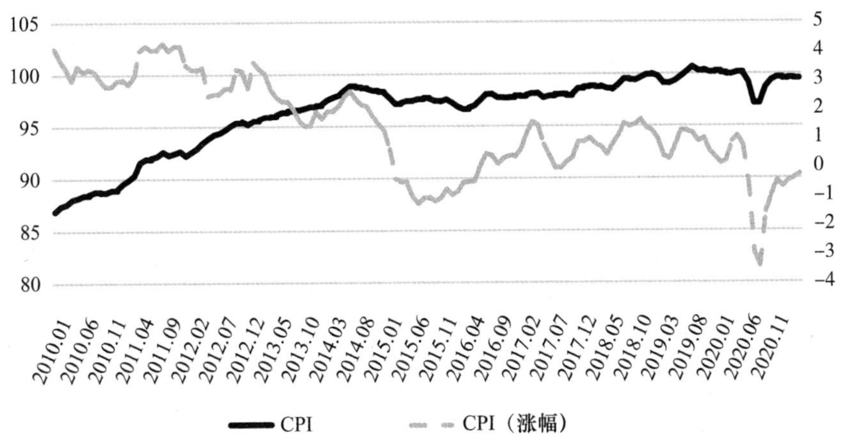

图 6－2　2010—2020 年泰国居民消费价格指数及其涨幅

资料来源：Wind 数据库。

泰国国家经济与社会发展委员会预计，受世界经济和贸易复苏因素的影响，以及政府支出的强力推动，2021 年泰国经济可望增长 2.5% 至 3.5%。

一　泰国经济的早期发展——由农业国转向新兴工业国

第二次世界大战以前，泰国是一个传统的农业国，经济基础较弱，除小规模和低技术水平的碾米、锯木和采矿业外，基本上没有其他工业。社会封闭，农民自给自足的思想根深蒂固，缺乏商品经济的观念。对外贸易主要由政府掌控，仅有少量商品出口到邻国。随着泰国与西方国家的贸易往来日益频繁，泰国的经济发展模式发生改变，即由满足国内需求的“自给自足”生产模式转为面向出口的生产经营模式。泰国的稻米、橡胶、锡和柚木等大量出口，出口贸易在国民生产总值中占很大的比重。但是这却造成了泰国经济对国外市场的依赖性和经济发展的片面性，泰国工业无法得到健康发展。战前泰国的经济水平并不高，经过战后多年的恢复，与世界一些国家相比，经济发展仍显得十分落后。农业生产在国家经济中始终占据主导地位，工业水平低、规模小，没有重工业，许多日常生活品、工业品依赖进口。1948—1957 年，波·披汶宋堪将军第二次执政，为推动经济发展，实行了多项经济政策，其中 1952 年颁布了减少进口、鼓励发展替代进口工业的措施，以促进国内工业发展。这标志着泰国正式跨入工业化发展的新时代。1954 年 10 月，颁布《鼓励工业发展法案》，泰国开始实施以工业化为中心的经济发展战略，标志着自此进入发展“进口替代”工业时期。

1954—1957 年，泰国政府所实施的工业化政策是：发展以国家资本为主的“进口替代”工业，由政府直接兴办工业企业，工业化进展仍十分缓慢。为了改变经济现状和加速工业化发展进程，泰国政府采纳世界银行的建议，对经济政策进行改革，产业政策由政府主导发展工业转为由民间资本主导发展工业。先后成立了“国家经济院”（后改名为“国家经济和社会发展委员会办公室”），泰国投资促进委员会（BOI）；颁布并实施多项政策法规，如《1960 年鼓励工业投资法案》；而后相继对这一法案进行多次修改和补充，以扩大工业投资的优惠和简化投资申请手续及行政管理手续，在 60 年代还实行了低息贷款政策以促进工业发展，从而取消了国有企业的特殊垄断地位，实现了工业化的主体由官方向民间转移，即由民间资本投资推动泰国工业化发展，同时政府在社会基础设施建设和政策优惠方面为民间资本提供方便。此外，1962 年泰国政府还宣布实施商业银行条例，国家的金融体制开始与国际体制接轨，可以自行印制钞票，承担国际货币基金组织的义务，等等。自 1961 年起泰国开始实施国家经济与社会发展计划，第一个国家经济发展计划规定为六年，即 1961—1966 年，此后每五年一次。国家经济与社会发展计划的实施标志着泰国经济体制由强调民族资本主义向重视发展工业的自由资本主义转变，在其指导下，泰国的经济快速发展起来。第一个社会与经济发展计划中经济发展的重点是发展电力、交通等基础设施，鼓励民间与外来投资和发展替代进口工业，1967—1971 年开始实施第二个国家经济和社会发展计划，政府提出了“以农扶工”的口号，提倡发展依靠国内劳动力和原材料为主的农产品加工工业，并对原来以大米和橡胶为主的农业产业的生产结构进行调整。

20 世纪 60 年代末期，泰国替代进口工业的发展战略面临着越来越多的挑战，如国内市场日趋饱和；许多替代进口企业的发展已经达到了顶峰，生产开始下降；由于替代进口工业的发展，导致机械设备、中间产品及原材料等进口品的增多，从而造成外贸逆差日趋严重等。这些问题促使泰国政府不得不改变工业发展战略，由发展“替代进口型”工业变为发展“出口外向型”工业。1972 年政府修订了《鼓励投资条例》，明确规定给予出口外向型企业政策上的优惠。1972 年起实施的第三个国家经济与社会发展计划（1972—1976 年），重点是鼓励发展出口外向型工业。

在第一至第四个国家经济与社会发展计划实施期间，泰国政府只单纯追求国内生产总值和收入，过于强调经济增长率，而忽略了社会的协调发展，使泰国无法从根本上摆脱贫困，致使地区经济发展不平衡、贫富悬殊进一步加大、城乡差别扩大等问题日益突出。因此，在第五个国家经济与社会发展计划（1982—1986 年）实施期间，泰国改变了以往的做法，把重点放在了发展农村地区经济上，还积极开发利用其他可替代石油的能源，调整国内经济结构，使之与不断高涨的石油价格相适应。为了提高主要经济部门的工作效率，泰国政府不断调整经济结构和发展战略：一是调整能源价格；二是促进自由贸易，放宽物价控制条例，取消出口限制；三是鼓励出口相关产业的投资；四是调整关税结构；五是调整农业部门的效率；六是维持稳定与调整经济结构双管齐下。

通过经济发展战略的调整和采取各种政策措施，泰国很快就扭转了经济下滑的被动局面。1986 年中期，泰国国家银行宣布，泰国经济走出了低谷，从此开始了高速发展，1987 年经济增长率达 8.6%。1988—1990 年连续三年出现两位数的增速，年均增长率高达 11.3%。进入 90 年代，政府加强农业基础建设的投入，并积极促进制造业和服务业的发展：工业和出口等主要经济产业出口大幅度增长，产品更加多元化；建筑业和房地产业以前所未有的速度扩大；服务业也不断发展，并趋于多样化，尤其是旅游业和金融业飞速发展。这一切都推动了经济的快速增长，一是出口工业以年均 29% 的速度增长；二是民间投资尤其是在出口生产方面大幅增加；三是泰币兑换率相对占据优势，外国投资增加；四是关税等出口障碍减少；五是财政预算首次出现顺差。这一阶段泰国经济结构已发生重大变化，由主要以农产品出口为主的农业国逐步向新兴工业国转变。

差猜·春哈旺执政时期（1988—1991 年）正值泰国经济的繁荣时期，政府推行了一系列重要的促进经济发展的政策：

（1）为了促进生产、贸易与投资，泰国政府重视与邻国及地区的贸易，大力推行“变战场为市场”政策，旨在将印支三国，即越南、柬埔寨与老挝这三个历经十年战乱的国家转化为商业贸易地区，使泰国与这三个国家的贸易增加，泰国的国际贸易与出口贸易进一步扩大。

（2）调整与放宽一系列政策以鼓励国内外的民间投资，例如指示泰国投资促进委员会常驻世界各个地区办事处加大力度吸引国外投资，允许外国投资商从事土地买卖，允许私人进入国家森林公园进行营利性经营等等，使商业土地大大增加。1988 年的土地交易额达到了 1500 亿泰铢，建筑工业在 1988 年扩展了大约 15%。1989 年泰国银行发放了大量的房地产信贷。

此外，泰国银行放宽了泰铢与外汇的进出口政策，以增加对外贸易和旅游业的收入，并且允许商业银行在办理企业金融业务中收取手续费。与此同时，泰国证券市场也达到了鼎盛时期。这一切均有助于推动泰国成为东南亚主要的经济与金融中心。

（3）促进各种大型基础设施与公共设施的建设，满足经济增长的需求。例如主要公路建设计划；跨河大桥建设计划；在外府修建新公路计划，将运输业延伸到外府，如在罗勇府建造朗差帮深水海港；启动洛坤府至甲米府连接安达曼海两岸的经济大桥计划，以支持南部沿海地区的发展。

第六个国家经济与社会发展计划（1987—1991 年）的实施使泰国经济增长率高居世界首位，投资规模达到有史以来的最高水平，出口形势明显好转，经济年均增长率高达 10.9%，高出调整后 8.4% 的预期目标，其中 1988 年经济增长率为 13.3%，创 25 年来新高。

1992 年世界经济摆脱了上一年的衰退，尽管复苏缓慢，仍然对泰国经济起到了推动作用，年增长率达 8.1%，尤其是出口与 1991 年相比增长了 13%。与此同时，1992 年泰国国内爆发了政治危机，各种目的、性质的集会不断，其中“五月风暴”影响最大，旅游和投资被迫中止。然而由于当时泰国社会与经济基础还算稳固，以及 1992 年 9 月新一轮大选的成功举行，经济得以迅速恢复，且增长势头强劲。其中，1995 年泰国经济增长率高达 8.85%，被称为亚洲第五只“小虎”，世界银行将泰国列入中等收入国家。

二 1997 年亚洲金融危机时期的泰国经济

在外债及外商投资的推动下，出口导向型经济产生了较多的国际收支顺差，本币面临着升值压力，而这反过来又进一步吸引境外资金流入。一些投机者透过繁荣的表面看到了泰国经济的脆弱，危机随之悄然临近。1997 年 7 月 2 日，在游资的不断冲击下，泰国央行宣布放弃固定汇率政策，实行浮动汇率制，泰国金融危机爆发。随后这一危机迅速蔓延到其他东南亚国家，引发了东南亚金融危机。泰国国内生产总值呈现出连续的负增长趋势，产生大范围的失业现象和较严重的通货膨胀。1997 年亚洲金融风暴对泰国银行业也产生了深远影响，银行坏账率上升至总贷款的50% 以上。银行不得不增资达数千亿泰铢，部分金融机构因此倒闭，有些则被合并，有的需依靠外资维持财务状况。

具体来看，出口导向战略的弊端暴露出来。首先，对出口的过度倚重使泰国的产业结构呈畸形发展。在泰国，出口工业基本上就是一种劳动密集型的装配加工工业，产业结构低下。其次，在实施出口导向战略时，泰国经济高度依靠国际市场。过高的外贸依存度会使贸易摩擦变得更加频繁化，并且影响国内产业与国内经济安全。最后，泰国积极实施鼓励外资的政策，推进金融业开放、推进本币可兑换及利率自由化的进程。这一政策导致大量外资持续流入境内，FDI 及外债均大幅增加，一部分境外资金直接或间接流入了股市和房地产市场，泡沫经济逐渐形成。

三　泰国的经济现状

受新冠肺炎疫情影响，泰国国家经济与社会发展委员会表示，2020 年全年泰国经济同比下降 6.1%，为 1998 年亚洲金融危机以来最严重的经济萎缩。作为泰国经济的重要支柱之一，2020 年泰国外贸出口总值同比下降了 6.01%。2020 年，泰国仅接待了 670 万人次外国游客，而 2019 年则有近 4000 万人次游客入境泰国。为振兴经济，泰国政府 2020 年推出了 1.9 万亿泰铢（约合 4100 亿元人民币）的一系列刺激方案。此外，泰国央行 2020 年将基准利率下调至 0.5% 的历史低点。

虽然，巴育政府执政期间，经济增长水平得到极大提高。然而，这亮丽的经济成绩背后还存在不少问题和隐忧。一个严峻的问题就是：泰国目前是全球贫富差距巨大的国家之一。在过去 30 年间，泰国政府虽然尽力消除不平等现象，但与东亚大部分国家相比状况依然没有得到好转。近年来泰国水灾令泰国北部、东北部和南部的农民收入下降，国家贫富悬殊问题更趋严重。在东北部、北部和南部地区仍然有不少贫穷人口，特别是泰国经济正面临着逆风，增长放缓，出口竞争力下滑，农产品价格下跌，贫穷人口多集中在乡郊地区。

第二节　泰国经济结构考察

随着经济的发展，泰国的产业结构也发生了显著变化。在工业化进程中，农业产值占 GDP 的比重不断降低，从 1960 年的 36.5% 降至 2019 年的 7.98%，与此同时，工业产值占 GDP 的比重不断上升，从 1960 年的 18.5% 升至 2010 年的 40%，达到顶峰，然而，近些年来有少许回落，2019 年工业增加值占 GDP 的比重为 33.41%，服务业产值呈稳定增加趋势，2019 年服务业增加值占 GDP 的比重为 58.6%（见图 6－3）。目前泰国以农业、旅游业及制造业为支柱产业，制造业中又以汽车制造业为第一大支柱产业。

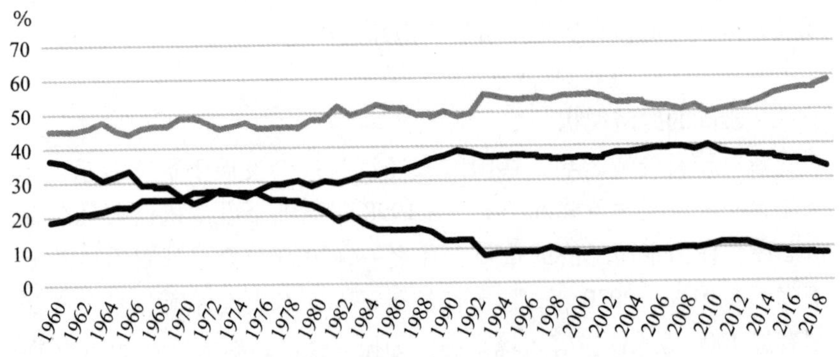

图 6－3　1960—2019 年泰国各产业增加值占 GDP 的比重

资料来源：Wind 数据库。

一　农林渔业

农业是泰国传统的经济部门，也是当前泰国经济的重要组成部分。战后以来，泰国农业不仅担负了为国家工业化发展积累资本、提供食品和原材料以及输送廉价劳动力的三大任务，同时还实现了 4%—5% 的年均增长率，超过人口年均 2%—3% 的高增长水平。农业部门的稳定增长为战后泰国经济的现代化提供了有力的保障。泰国经济从 20 世纪 70 年代以来的迅速发展在很大程度上应归功于农业部门的支持。即使今天的泰国正向新兴工业国迈进，农业仍然是其重要的产业部门之一，农业在泰国国民经济中的地位和发展现状仍备受瞩目。

泰国具有自然资源优势。全国农业用地的比重高达 47%，湄南河三角洲和呵叻高原是农业主要产区。农产品品种丰富，目前，泰国农业基本形成了以南部盛产橡胶、中部生产稻谷、北部种植桑树的“南胶中米北丝”格局。同时，作为泰国的国民经济主要支柱之一，历届政府都高度重视农业创收以及发展，在一系列重要的农业政策制定和发展方面保持了延续性，积极促进农产品出口创汇，并重视农民收入的增加。除此之外，泰国政府积极推动农业科技发展和管理等的有机结合，非常看重对主要农产品和特色农产品的宣传，例如泰国大米、蚕丝和乳胶制品三大产品受到世界上的广泛欢迎。

2020 年，农业受到新冠肺炎疫情的影响较大。泰国政府实施多项政策促进农业发展，例如扩大线上和线下市场的销售渠道、为受新冠肺炎疫情影响的农业提供补救和恢复措施，包括推动农业职业发展、推迟偿还债务，使农民能持续生产。2021 年第一季度农作物产量同比增长 3.6%，其中重要的农作物有稻米、甘蔗。由于雨水增多，气候改善，因市场需求量增加，木薯和饲料玉米的产量也有所增加。此外，榴梿、凤梨、橡胶、龙眼的产量都有所增加。畜牧业产量同比增长 0.5%，由于国内外市场消费需求增加，加上严格控制传染病和标准化农场管理，主要的畜牧产品例如鸡、猪、鸡蛋和生牛奶的产量得到提高。渔业产量则减少 7.3%，由于恶劣天气导致进入码头的水生动物数量减少，加上新冠肺炎疫情的影响，养殖海虾的渔民减少，不过淡水鱼包括罗非鱼和鲶鱼的产量有所增加。由于种植重要农作物的地区增多，农业服务增长 0.7%，由于桉树、橡胶树木材产量增加，林业增加 1.2%。

所有产业包括农作物、畜牧业、渔业、农业服务和林业都有增长趋势。受拉尼娜现象的影响，预计 2021 年的降雨量将比去年多，加上生产和销售的良好管理，保证产品质量达到标准，可促使经济复苏。尽管看好 2021 年全年农业经济前景，但仍需考虑其他不确定的风险因素，包括气候多变性、油价上涨、泰铢升值等，这些都可能会影响农产品的生产和出口成本。与此同时，农合部已制定应对这些不确定风险因素的方针，包括系统化管理水资源，开发农业警报系统，促进农业可持续发展，推动智慧农业，发展高精度农业，并提升农产品质量，贯彻生物经济、循环经济、绿色经济理念，推广共享经济理念。

从未来发展看，泰国制定了农业发展规划作为中长期农业发展的保障。2018 年 1 月，泰国竞争力提升策略委员会向经济社会发展委员会提出国家竞争力提升五大战略，要将泰国打造成为东盟的农业、工业、新型服务业、旅游和东盟国家物流中枢，其中第一条就是发展农业。泰国制定了 20 年农业发展规划（2017—2036 年），这一长期发展规划是国家 20 年发展战略的一部分，坚持“农民稳定、农业富余、农业资源可持续发展”理念。同年，泰国社区发展办公室在北榄府设立了全国“一村一品”（One Tambon One Product，OTOP）产品中心，专门进行 OTOP 产品市场推广和展示分销，与“一村一品”政策相互配套并构成重要资金支撑的是“农村基金”规划。

2020 年泰国有机农业取得了较大发展，泰国农业可持续发展委员会对此成果感到满意，并将继续修订《农业可持续发展法》草案，使其更加完善。同时，将成立国家有机农业研究所和实施城市中农业可持续发展计划。

泰国 2020 年第三届农业可持续发展系统执行委员会的会议决议是：

（1）审议并批准《农业可持续发展行动计划第一阶段（2021—2022 年）》草案，将其作为执行框架。

（2）审议并批准国家有机农业研究所的原则。根据《有机农业发展战略计划》，分配工作组来推动有机农业发展。

（3）农业可持续发展系统执行委员会已经为有机农业认证 PGS 系统的实施制定了指南文件。

（4）批准实施城市中农业可持续发展计划，其目标是覆盖泰国的 77 个府。根据农业可持续发展的五个领域，即农林业、自然农业、有机农业、综合农业和新理论农业来增加城市的绿色区域。

（一）农业

作为亚洲唯一的粮食净出口国，世界五大农产品出口国之一，一直以来，泰国粮食产量不断上升，从 1961 年的 1675 千克/公顷提高至 2018 年的 3198.2 千克/公顷。全国耕地面积比重是 32.9%（见图 6－4）。主要农作物有稻谷、木薯和玉米等，外汇收入的主要来源之一是农产品出口。其中，稻米出口所占比重较大，泰国是世界著名的大米生产及贸易国，其稻田面积共 1195 万公顷，大约占全国土地总面积的 25%。

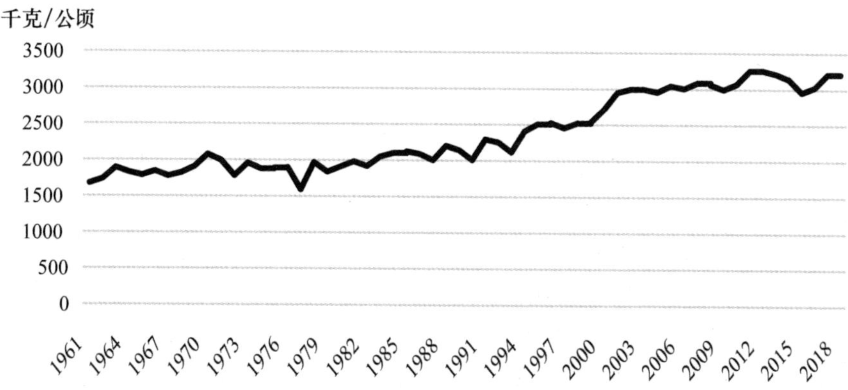

图 6 -4　1961—2018 年泰国粮食产量

资料来源：Wind 数据库。

稻米是泰国人的主食。稻米生产在历史上曾一度占据泰国农业的核心地位。泰国的水稻生产首先必须满足国内的需要，而后出口剩余产品。由于泰国的地理位置环境和气候温度适宜，适合水稻的生长，因而在泰国可以种植很多优质的大米品种。泰国大米出口遍及五大洲 100 多个国家。目前泰国是世界上第二大大米出口国，仅次于印度。每年该国大米产量达 2000 万吨，1000 万吨满足国内需求，剩下的对外出口。主要的市场在亚洲，占出口总量的 63.78%，其次是北美、南非和欧洲，分别占 13.4%、9.83% 和 8.09%。

木薯是原产于南美洲的热带作物，加工后可以食用，目前是非洲的主粮之一，同时也是重要的畜牧业饲料和轻工业原料。20 世纪 30 年代泰国首次引进木薯。由于其适应性很强，对环境的要求低，耐旱、耐虫，能在酸碱度 5.0—9.0 的土壤中生长，而且单产量高达每公顷 1.6 万千克以上，所以很快就在自然条件恶劣的东北部山区被推广开来。50 年代末，随着各国畜牧业的发展，国际市场对木薯需求量增加，泰国开始大规模种植木薯。受西方发达国家贸易保护主义的影响，泰国从 90 年代开始逐渐减少木薯的种植面积。

泰国是世界上第三大木薯生产国，仅次于尼日利亚和巴西，同时也是世界上最大的木薯制品出口国。尽管就木薯产量而言，泰国只有全球第一大木薯生产国尼日利亚的一半，但由于尼日利亚生产的木薯主要用于国内居民食用，而泰国大部分木薯则用于出口，所以泰国木薯的出口量领先于其他生产国。

泰国木薯制品的主要出口国家和地区包括欧盟（主要是木薯粒）、日本（主要是木薯淀粉）以及中国台湾（主要是生木薯粉）等。欧盟曾是泰国木薯制品最主要的出口市场，主要原因在于欧洲市场上对于饲料木薯粉的需求扩大，年进口量曾占到泰国木薯制品出口量的近一半。1960年以前，泰国出口的木薯以高级木薯粉为主。近年来受欧盟畜牧业减产以及贸易保护主义的影响，泰国对欧盟的出口量有所下降，不过总量仍然很大。2003年欧盟从泰国进口了178.5万吨木薯粒，占泰国木薯粒出口总量的96%。而中国则是近年来发展起来的大市场。中国因造纸、纺织、制药、食品等工业发展迅速，对木薯制品的需求量猛增，从1998年起中国由木薯制品的出口国变为进口国，而且需求缺口逐年增加，目前已取代欧盟成为全球最大的木薯制品进口国。此外，中国加入世贸组织后，开始逐步削减木薯制品的进口关税，中国—东盟自由贸易区的建设更为泰国木薯制品的出口铺平了道路。2003年中国从泰国进口了180.9万吨木薯片，占泰国木薯片出口总量的99.6%。2012年，泰国木薯在中国木薯进口额中的占比达近70%。

玉米早在16世纪就已经传入泰国，但产量一直非常有限。直到1950年，国际市场对玉米饲料的需求大幅增长，泰国便开始进行玉米的大量种植。而后泰国经历了迅速发展的种植业时期，玉米的产量从1961年的59.8万吨提高到1985年的4934万吨。玉米主要分布在中部地区，其中又以碧差汶府的单位产量为最高。泰国玉米的出口旺盛得益于日本对玉米饲料的大量购买。随着战后日本经济的恢复，畜牧业逐渐回暖，因此需要进口的饲料大量增加。起初日本的玉米进口国是美国，但由于美国的成本比泰国高，并且距离远，导致运输成本昂贵，日本选择从泰国购买便宜且方便的玉米饲料。随着泰国与日本的联系日益增加，贸易互动越来越频繁，泰国每年进口大量的日本工业品，同时增加对日本农作物的出口来维持外贸收支平衡。因此，泰国玉米的产量成倍增加。

泰国玉米作为重要的农作物之一，出口量仅次于大米、木薯和橡胶。1985年之前，泰国生产的玉米产品大多出口国外。随着产量的增加，出口量也不断提高。1986年，泰国玉米出口高达398万吨。到80年代末与90年代初，泰国玉米的出口量大量减少，为120万吨左右，只有玉米总生产量的1/3。到90年代后期，泰国由玉米出口国转变为净进口国。原因之一是80年代末出现了国际贸易保护主义风潮，但主要原因在于泰国进行了国内产业的调整。随着泰国国内畜牧业的兴起，养鸡业发展壮大，国内对玉米饲料的需求直线上升，甚至出现缺口。后来，随着泰国玉米产量的扩增，又重新转为玉米净出口国。泰国主要的经济作物有橡胶、烟草、甘蔗、原麻、花卉等。橡胶是泰国第二大重要的农产品，仅次于大米。烟草是泰国的传统农作物，主要出产于泰国北部和东北部。甘蔗主要分布在泰国中部平原边缘的丘陵地带，东北部和北部的部分地区也有种植。此外，泰国种植业中还包括原麻、花卉、油棕、棉花、咖啡等，这些农作物也在泰国传统农业经济中占有相当比重。

19世纪末，英国种植园主将橡胶种植技术传入泰国。20世纪30年代，泰国开始在南部地区大规模种植橡胶，由于气候适宜，直至今天，泰南仍然是橡胶的主要产区，橡胶种植面积达全国种植面积的90%。20世纪50年代，受朝鲜战争的影响，国际市场对橡胶的需求量猛增，泰国橡胶种植业开始迅速发展。到1983年，橡胶种植面积增至142万公顷，产量提高到59.4万吨，这两项指标与20世纪50年代初相比翻了两番。

与稻谷生产形成鲜明对比的是，泰国橡胶的单产量远远高于国际平均水平，居世界前列。2003年，泰国橡胶种植面积为188万公顷，占全球橡胶总种植面积的23%，与印度尼西亚267.5万公顷的种植面积相比少了近79.5万公顷，但泰国却是全球最大的天然橡胶生产国，2003年的天然橡胶产量为261.5万吨，占全球天然橡胶总产量的35.2%，而印度尼西亚以179.2万吨的产量位居第二，这一成就是与泰国政府的高产政策分不开的。1960年，泰国政府颁布《橡胶园更新基金条例》并建立扶助橡胶园更新管理局，旨在大力宣传高产橡胶树种。但是，由于橡胶树更新周期长，基本上要经过5—7年才能完成新栽树种到割胶的周期，所以直到20世纪80年代初，高产政策的成效仍未显现，单产量一直徘徊在每公顷350千克到400千克。但从80年代中期开始，泰国天然橡胶单产量迅速提高，1990年已增至每公顷1013千克，到2000年更是提高到每公顷1521千克。所以，尽管80年代中期以来泰国橡胶种植面积只增加了约10%，但产量却在20年里翻了两倍。

（二）林业曾是泰国重要的经济部门

20世纪50年代，林业产值占国内生产总值的5%。木、锡、大米和橡胶被列为泰国四大出口商品，也是财政收入的主要来源。但是自泰国颁布禁令后，林业占比下降。主要目的是保护森林生态环境。

一直以来，泰国作为重要的原木出口国，出口木材带来了巨大的外汇收入。泰国原本森林覆盖率较高，20 世纪初曾经高达 75%。1951 年泰国森林覆盖率达 60%。但在 20 世纪 60—70 年代，森林面积呈直线下降。到 1981 年森林面积已降到 1609 万公顷，此间平均每年减少 65 万公顷。泰国森林面积锐减有多方面原因。首先，人口增长过快。人口的增长使得农业经济活动的人数成倍增加，带来耕地的紧缺，引发毁林开荒的乱象。其次，工业、制造业的发展也给森林带来大面积的破坏。尤其是灌溉工程和公路建设。1950 年以后，泰国的交通运输快速发展，在修建过程中很多森林树木遭到砍伐。在灌溉方面，建设水库需要砍伐周围的树木作为场地，在蓄水的过程中，上下游的森林也随之受到影响。因此，从生态环境上看，建设水库所造成的损害几乎无法用价值来衡量。最后，少数民族的游耕方式和盗伐森林行为也使得植被大面积减少。泰国政府虽然 1913 年颁布了森林法，而后不断修订，但盗伐林木和滥砍乱伐的现象依然存在。主要原因是森林管理机构的监管力度不够，另外，木材价格的上涨也使得黑市交易市场狂热，更加刺激了盗伐活动。

（三）渔业

泰国的渔业条件得天独厚，拥有天然的海洋渔场泰国湾和安达曼海，除此之外，淡水养殖场总面积达到 1100 多平方千米，宋卡、普吉和北榄均为国内重要的渔业中心，也是国内主要的水产品集散地。泰国作为全球主要的水产制品供应国之一，同为亚洲第三大海洋渔业国，仅次于日本和中国。

泰国有 2600 千米的海岸线，海域辽阔，有利于开展渔业生产。渔业是仅次于种植业的重要农业部门。1995 年，泰国捕鱼机构有 53112 个，渔船 54538 艘，顶峰时期的渔民有 161667 人，渔民家庭有 76722 户，雇员有 84945 人。1995 年，泰国海洋渔业机构有 80704 个，海洋渔业从业人员 29302 户。近年来，由于渔业资源衰减，出口逐年减少，产量下降，再加上欧美国家的贸易保护主义抬头，2003 年出口额达 17.6 亿美元。泰国渔业经过多年来的发展和与印度、韩国及印度尼西亚的竞争，现在已成了位居日本和中国之后的亚洲第三大海洋渔业国。

泰国渔业的优势在于它有良好的地理条件，泰国境内江河纵横，湖泊星罗棋布，尤其是湄南河给海洋带来很多营养物质，有许多饵料生物，水产资源十分丰富。再加上少有强风恶浪，几乎全年都可以出海捕捞，海洋捕捞条件得天独厚。全国各府中有 23 个府临海，以渔业为主。泰国主要的渔场有暹罗湾渔场、安达曼海渔场等。此外，位于那空沙旺府的波拉碧湖是全国最大的淡水鱼苗养殖地和渔业技术培训中心。泰国主要的渔业资源有跳鱼、金枪鱼、沙丁鱼、鲈鱼、墨鱼、鲳鱼、对虾、龙虾等，渔民使用的捕捞工具主要是拖网、围网、囊网、刺网、漂网、提网、挂桩网、推网、栅网等，其中使用拖网和围网捕捞的鱼占年捕鱼总量的 50% 以上。

二　工业制造业

泰国是中等发达国家，工业占国民经济的比重不断上升，在泰国经济中扮演着越来越重要的角色。20 世纪 60 年代以来，泰国为实现本国的工业化目标布局谋篇，为经济腾飞奠定了坚实的发展基础。20 世纪 60 年代初，泰国政府明确发展目标，开始逐步制订经济发展计划并分阶段实施，大力推动国家现代工业化进程。政府还根据经济形势制定宏观经济政策，不断调整经济结构，使泰国工业获得显著发展。

起初，泰国工业以小规模生产为主，主要是一些简单的日用消费品，如纺织品、肥皂、牙膏等，以供应国内需求，同时出口部分产品以换取外汇。而后，政府采取了一系列政策，具体包括以下几个方面。第一，明确提出建立利用本国原材料加工出口产品的出口导向型工业发展战略目标，在 1971 年开始实施的第三个国民经济社会发展计划中，泰国政府仿效 60 年代中期南朝鲜政府的做法，提出了发展面向出口工业化的方针。鼓励发展利用本国资源的面向出口工业，要求这些产业充分利用国内资源促使工业产品国产化，同时提高这些产品的国际竞争力。第二，给予面向出口工业各种优惠政策。1972 年颁布了投资促进法案，取代 1962 年法案。新法案对那些使用国内原材料加工出口产品的劳动密集型产业给予特殊优惠，包括免征这类企业用于生产出口产品的进口原材料关税和企业税。1977 年又进一步修改了 1972 年投资促进法，把鼓励投资的企业分为三类：第一类为一般鼓励企业，第二类为在投资促进区内设厂的企业，第三类为面向出口的企业，特别强调给予面向出口的企业以各种优惠待遇，如优先贷款和采取退税制度。第三，改组产业结构，开始尝试对工业区进行重新配置。这一时期泰国政府着重发展能源和农业及出口工业，推出投资促进政策，鼓励农产品加工、汽车装配、传统手工艺品等行业的发展，使得泰国逐步吸收了从发达工业国转移出来的部分劳动密集型产业。20 世纪 70 年代中期，政府觉察到随着工业化的深入，工业部门对中间产品和生产设备等资本材料的需求日益增加，因而必须发展生产中间产品和生产设备的工业企业，也就是发展所谓的第二次进口替代工业。在这种认识的基础上，第四个国民经济社会发展计划中提出改造工业部门结构，在鼓励发展利用本国资源加工出口产品工业的同时，重视发展基础工业部门，鼓励私人资本投资建立钢铁、石油化工、机器制造等行业。考虑到泰国工业主要集中于曼谷地区的状况，政府开始尝试重新配置工业区，主要方法是在曼谷周围各府设立出口加工区，政府希望通过加工区的建立，把过分集中于首都的工业分散到地方，建立合理的工业布局。

经过 40 余年工业化之路，泰国现已基本成为工业国家。工业占 40% 左右的份额，其中，最重要的是制造业，产值占工业总产值的比重达 80%，不仅是最大的也是最主要的出口产业，其次是建筑业。泰国制造业占 GDP 的比重约为 27.5%。主要制造业门类有汽车装配、电子、塑料、纺织、食品加工、玩具、建材和石油化工。2018 年，泰国是世界上第 12 大机动车生产国和第 5 大轻型商用车生产国，是东盟最大的机动车生产国。

但泰国是一个能源较为缺乏的国家，随着第二次世界大战以来泰国经济的迅速发展，电力、天然气、石油等供应不足的问题也逐渐显现出来。通过政府的努力，能源工业得到了一定的发展，为泰国整个国民经济的发展提供了动力。泰王拉玛五世在位时期推动了一系列政治、经济及社会改革，以引进国外先进生产技术、促进泰国的经济发展。石油生产技术的引进为泰国能源工业的发展奠定了基础。1868—1932 年是泰国能源工业发展的初始期。1892 年泰国成立了第一家石油外资企业 Royal Dutch Petroleum，这是一家石油代理公司。1896 年，泰国的道路建设获得较大进展，直接推动汽车在泰国的发展，泰国汽油消耗开始不断增加。1930 年，泰国开始建设加油站，一些石油企业也陆续销售汽油和柴油。但当时由于泰国国内没有建立石油生产厂，石油全部依靠进口。1921 年，泰国清迈第一次发现了石油，泰国开始在本土开采石油。

随着经济的发展，能源在泰国国民经济发展中扮演着越来越重要的角色，石油逐步成为事关泰国经济发展的重要资源。自 1930 年起，泰国政府开始关注石油的开采、生产、采购以及销售。1933 年泰国国防部为了保证汽油、煤油与润滑油的供应，成立了隶属于国防部的燃油部，并建立石油桶生产工厂，进行石油储备。为了增加石油进口，泰国还在日本订购了第一艘石油船 SAMU 号。1937 年泰国政府决定把“燃油部”改为“燃油局”。同时，政府建立第一个炼油厂，并于 1940 年开始炼油。至 1968 年，泰国的炼油能力每天可达 72 万桶，1973 年增加到 234 万桶。

20 世纪 70 年代，受中东局势的影响，全世界发生石油危机，作为石油贫乏的泰国自然也不例外，当时泰国 80% 的原油依赖进口，泰国经受着石油危机的巨大冲击。为了确保能源供应稳定，泰国在本国积极勘探石油，推行节能措施，支持国民使用石油替代品，并于 1978 年制定了石油法规。在泰国湾发现石油后，政府着手规划建设从泰国湾到东、中部地区的石油管道。为了确保国内能源价格，泰国政府又成立了石油基金会。20 世纪 80 年代，虽然石油价格还处于高水平，但泰国已经缓解了缺油的问题。当然，由于这段时期泰国国内政局动荡，泰国石油业存在着汽油等燃料不断涨价的问题，需要不断进口石油，以满足国内需求。

从 1998 年开始，泰国经济发展对能源的需求进一步提升，泰国政府更为重视能源业的发展，期望将泰国发展为东盟能源中心。2002 年他信总理建立了国家能源部，主要任务就是采购、管理和发展能源工业。

泰国的电力工业起步于 20 世纪 50 年代末。战后初期，泰国电力生产能力很低，仅有几家小型火电站和企业自备的柴油发电机组，以稻糠、木材和进口的柴油为动力。为推动电力工业的发展，泰国政府于 1957 年和 1958 年先后成立了然禧电力局和首都电力局，分别负责开发水电和火电。自此，以燃油和水力发电为主的泰国电力工业迅速发展起来。1961 年，首家大型燃油火电站——北曼谷火电站建成投产，1968 年扩容后装机容量为 23.75 万千瓦。1964 年，首家水力发电站——普密蓬水电站在湄南河的支流宾河上建成投产，装机容量为 42 万千瓦。与此同时，泰国褐煤局也在积极尝试利用褐煤发电，并于 1964 年在泰南的甲米建成了首家褐煤发电站，1968 年扩容后装机容量为 6 万千瓦。70 年代中期，随着暹罗湾天然气的开采，泰国开始推广天然气发电，并在合艾修建了燃气轮机发电机组。80 年代后，天然气发电逐渐取代燃油和水力，成为泰国电力生产的主要方式。

随着泰国经济的快速发展，对电力的需求也与日俱增。据泰国有关部门的估计，到 2021 年，泰国对电力的需求增加到 44200 兆瓦。为保证国民经济的正常运转，泰国政府加大了国内基础电力设施投资。在过去的10年里，装机容量以5%的速度增长，超过了泰国对电力需求的增长。目前泰国是东南亚电气化较高的国家之一，对电力供应安全和电网可靠性的要求促使泰国政府制定计划产能扩张政策，多元化燃料及增加使用替代燃料，加强电力管理及进口电力管理。泰国颁布了20年电力计划，制定增加电力容量目标以满足未来的电力需求，天然气发电占据60%以上的发电容量，煤和可再生能源贡献了大部分的剩余容量。为了满足需求的增加，泰国政府希望利用可再生资源和天然气，计划到2030年净发电容量翻一番，达到70亿千瓦。根据泰国能源部的“电力发展计划”，泰国2012年建成了17座新电厂。

第一次石油危机以后，泰国政府才开始重视能源开发问题，先后几次修订1961年颁布的《石油开采条例》，放宽优惠条件。1971年2月，泰国政府在《石油开采条例》的基础上，修订颁布了新的《石油法》，放宽了开采限制，规定“取得开采权的石油公司勘探期限为8年，期满后可延长4年，发现油气后的开采权为30年，期满后可续约10年”。同时，将泰国湾和安达曼海划出20多个海区供外商勘探，其目的就是调动外商石油勘探投资的积极性。在泰国政府新时期石油投资政策的鼓励下，各国际石油公司相继入驻泰国，开始在暹罗湾勘探开采石油，原油产量有所增加。

泰国制造业的主要门类有木材家具、食品加工、印刷、汽车装配、石油化工等。虽然泰国的传统制造业不太景气，但其汽车制造业备受各大汽车制造商的青睐，汽车制造业是泰国制造业领域的支柱产业，泰国俨然成为世界新兴的汽车制造基地，宝马、奔驰、丰田等世界知名的汽车品牌相继前往泰国开设工厂，泰国的汽车制造业具有强劲的竞争力。

在政府贸易保护措施和关税优惠政策的刺激下，泰国汽车工业逐步由小到大，由少到多地发展起来。1964年泰国建立了第一家汽车装配厂，以后又建立了几家，但规模较小。1968年泰国生产汽车1.36万辆。到70年代，泰国约有20家汽车装配厂，总生产能力为16万辆，实际生产10万—12万辆，尚处于进口零部件国内组装阶段。但零部件国产化率已提高到45%，对推动与汽车相关产业的发展起到了重要作用。据报道，泰国中、小汽车零部件厂多达几百家，轮胎制造厂每年能生产4万多吨轮胎。泰国汽车业在自力更生的同时，还引进外资。除在石油危机期间一直在泰国的日本厂商外，后期欧美汽车厂商也回到泰国继续投资汽车业。经过50年的发展，目前泰国共有14条汽车生产线，其中日资企业8条，欧美企业6条。自1987年以来，泰国汽车市场较为兴旺，2012年泰国汽车生产量达到245.37万辆，同比增长68.32%，是泰国生产汽车51年来的最高水平。经过50余年的发展，汽车业成为泰国第一大支柱产业，2018年泰国汽车产量约为217万辆，位列全球十大汽车生产国之一。但泰国重工业的主要环节仍是生产及组装，其重型工业处于全球产业链的中低端。

三　服务业

服务业是泰国经济的重要组成部分，一直是经济发展的重要推动力，在国民经济中的地位十分突出，是国民经济的第一大部门，吸收了超过40%的劳动力就业人口，世界银行称泰国服务业是“创造就业岗位的主导产业”。其产值在GDP中占有一半比例。1990年以来，泰国服务业产值占GDP的比重始终在50%上下波动。

在泰国服务业中，旅游业尤为突出。泰国拥有得天独厚的旅游资源，是一个无与伦比的旅游胜地。旅游业在泰国政府的大力扶持与扩大开放下，已成为支柱产业。社会各界的投资也势不可挡，旅游业得到了迅猛发展，成为东南亚地区最热门的旅游目的地，稳居世界十大旅游市场之列。

泰国旅游业在东南亚国家中独树一帜，发展迅速。1980年，泰国旅游宾馆客房达4.6万间，接待外国旅游者达185.9万人次，旅游收入为4.3亿美元，占GDP的13%，占出口总额的6.6%。1982年，泰国旅游客房增至7.4万间，接待外国旅游者增至221.8万人次，旅游收入达到9.7亿美元。1983年，泰国国际旅游收入成为仅次于大米和橡胶出口的第三大外汇来源。旅游业逐步成为泰国的支柱产业。1987年，“泰国旅游年”取得成功，到泰国旅游的人数大增，突破300万人次大关，达到348万人次。旅游业与对外贸易和外商投资一起成为泰国经济新的三大驱动力。泰国旅游业的创汇收入，在东南亚国家中位居第一，在亚太地区中也居于前列，泰国成为世界上十大旅游市场之一。近年来，泰国成为外国游客首选旅游目的地之一。2016年，外国入泰旅游人数第一次超过3000万人次大关，而后逐年稳步增长。2019年，泰国旅游业迎来高光时刻，外国游客全年到访量为3980万人次（见图6－5），境外游客贡献了泰国GDP的11.9%，再加上泰国国内游客的消费，旅游业是泰国经济当之无愧的支柱产业之一。

据统计，泰国大约有 104 个著名旅游胜地，其中 17 个沙滩，9 个购物中心。泰国对旅游业的发展高度重视。2016 年，到泰国旅游人数达到 3259 万人次，2017 年，旅游业对泰国国内生产总值的贡献值约为 20%，旅游业就业人口约为 440 万人，占劳动力总数的 11.7%，旅游业投资 1048 亿泰铢，旅游业的直接创收加上间接的税收为国民经济贡献超 4000 亿泰铢，是泰国排名第一的收入来源。

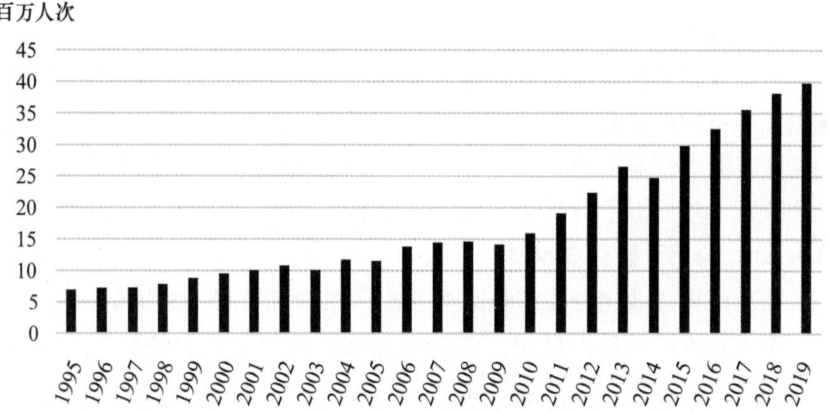

图 6－5　1995—2019 年泰国入境旅游人数

资料来源：东盟秘书处。

第三节　泰国金融发展考察

20 世纪三四十年代，泰国商业银行体系开始规范化运营，证券市场以及保险业初步建成，泰国金融体系开始建立。① 20 世纪 60—70 年代泰

① 1888 年，英属汇丰银行在曼谷开设的分行是泰国银行业历史上第一家商业银行；1906 年，第一家泰资银行——汇商银行（Book Club Bank）设立。随后，大批华人家族银行在政府保护下迅速建立。1939 年，泰国成立国家银行局，履行中央银行功能监管银行，1942 年更名为泰国银行。泰国首只债券则是 1903 年在伦敦和巴黎发行的泰国皇家政府债券，发行额 100 万英镑，主要用于发展铁路项目。泰国的企业债权法于 1928 年出台，1933 年泰国财政部发行了泰国第一只政府债券，标志着泰国证券市场的诞生。20 世纪 30 年代泰国有多达 30 多家外国保险公司，这一时期被视为泰国保险业的开始。

国金融体系在政府的严格保护下发展起来。这一时期，泰国经济经历了40多年的稳定增长，经济发展强调进口替代和基础设施建设。这个时期泰国的金融体系具有典型的“金融抑制”特征，以银行主导型的间接融资为核心，政府严格管制利率和汇率，大部分国内工业仍然受到关税壁垒的保护，金融市场发展缓慢。由于金融体制的封闭性，泰国银行业所有权结构高度集中，15家银行集团包括华人家族主导以及王室控股的汇商银行、军队控股的泰军人银行和政府控股的泰京银行。这个时期也是泰国本土证券市场和保险业的发展期。① 20世纪60年代，泰国政府严格管理外资保险业务，同时扶持泰资保险业，泰国本土保险业开始发展起来，与外资保险机构共同分享泰国市场。

金融抑制时期的泰国经济仍然实现了快速和平稳的增长。究其原因，是政府的严格保护措施为新兴的金融体系保障了一定的生存发展时间和空间，但是金融抑制政策局限了金融体系的发展，无法保证金融体系长期和稳定的成长。泰国金融业的高速发展开始于20世纪80年代末90年代初的金融自由化。这一时期，泰国金融体系的各项指数高速增长。然而增长之下潜藏着危机，1997年的金融危机使泰国的金融体系遭遇重创。但危机也促使泰国反思发展举措、修正和规范金融业发展政策，危机治理成为泰国金融业继续深化改革的契机。

一 泰国金融体系的发展阶段及其阶段性分析

（一）金融自由化时期

20世纪80年代末，泰国在1987—1991年的第六个发展计划期间放弃了进口替代政策，开始推行贸易自由化，给予外资各种优惠，着重发展外向型经济，实行更自由化的出口导向政策。1992—1996年第七个发展计划继续实施该战略，由于快速工业化，投资比重较高，国内储蓄不足，为吸引外资流入，泰国开始实践金融深化理论，全面实行金融自

① 1962年，泰国一些个人投资者建立了一个股票交易机构，这个机构于1963年成为曼谷证券交易有限公司（Bangkok Security Exchange，BSE），泰国资本市场正式起步。由于缺乏政府支持，投资者也对股票市场缺乏了解，BSE于1973年关闭，随后进入1974—1981的规范化发展时期。泰国政府开始倚重专业意见，将建立有序、有效的证券市场纳入1967—1971年的第二个经济社会发展计划中。1974年泰国制定证券交易法，开始鼓励私人储蓄进入资本市场。1975年泰国官方证券交易所开始营业，1991年正式更名为泰国证券交易所。

由化。在银行业方面，20 世纪 90 年代初期，银行业在放松管制的同时，接受国际货币基金组织的协议条款；1993 年，泰国政府设立曼谷国际银行设施（BIBF），促进外资进入泰国。证券市场经历了 1962—1973 年的萌芽发展期、1974—1981 年的规范化发展时期、1982—1985 年的恢复时期后，于 1986—1991 年出现飞速增长。从 1986 年下半年开始，交易量和交易市值迅速增长，帮助证券市场恢复的主要因素是政策倾斜、利率下调、石油价格下降，以及泰国政府重新修订证券交易法，扩大外国对泰国证券市场的投资，由此鼓励了国内外更多的投资者进入证券市场。在保险业方面，泰国从 1993 年起开放保险市场，1996 年的《外商投资和所有制法》放宽了外资股份额度，激发了海外保险业者的投资热情，泰国本土的一些保险公司也纷纷实施组合兼并，增强竞争能力。

泰国通过贸易自由化和吸引外资，成为日本和亚洲“四小龙”制造业的转移基地，10 年间经济高速发展，平均增长率达到 9.45%。在金融自由化之后，银行业、股票市场高速增长，泰国金融体系虽然仍是银行主导型，但金融结构趋于多元化。1993 年末，银行贷款相当于当年 GDP 的 84.2%，股市市值相当于 104.9%，债券余额则相当于 8.3%。

需要注意的是，泰国的金融市场化给经济带来飞速增长，也伴随着潜在的危机。具体表现在如下方面：（1）泰国金融机构并没有为自由化做好充分准备，泰国央行缺乏监督管理金融机构的能力，大多数企业缺乏融资纪律和公司治理，商业银行公司亦是治理混乱，信贷投放轻率，融资处置失当的问题普遍存在，银行资产质量恶化。（2）金融自由化过分“冒进”。1994 年泰国大力推进金融业开放、推进本币可兑换及利率自由化，大量外资持续流入泰国，FDI 及外债均大幅增加。部分境外资金流入股市和房地产市场，导致资产泡沫形成；同时，泰国企业部门、银行对外国资本过分依赖，货币政策有效性完全丧失。（3）金融自由化并未解决泰国金融体系的一些传统结构性问题。例如，商业银行仍然在金融系统中占绝对主导地位，是资金配置的主要渠道，承担了大部分金融职能。债券市场规模仍然很小，由于政府债券供给有限，无风险基准利率很难形成，债券市场缺乏定价基础，在降低二级市场流动性的同时，阻碍了公司债的发行。在混业经营模式下，商业银行的经营范围不断扩大，于 1992 年 3 月获准承销政府和国有企业债券，以及提供经济、金融信息和相关咨询服务。由于政界及王室成员参股，银行业受到严格保护，在全国15家银行中，12家由家族控制，形成了高度的集中，仍然保有传统的强势地位。

（二）金融危机和危机治理时期

1997年初，对冲基金开始攻击泰铢，为坚持固定汇率制，泰国政府动用230亿美元干预汇率，导致净外汇储备在当年6月急剧下降到28亿美元，其短期外债则高达485亿美元。1997年7月2日，在游资的不断冲击下，泰国央行宣布放弃固定汇率政策，实行浮动汇率制，泰铢急剧贬值，在数月内就转变成了一场全面的金融危机。危机迅速蔓延到其他东南亚国家，引发了东南亚金融危机。在危机爆发后，外国投资撤出泰国，给泰国金融体系造成巨大冲击，泰铢贬值，银行业的不良贷款剧增。大批泰国企业和银行陷入流动性危机和破产危机中，汇率和股票交易市场崩溃，股票指数跌回1987年的低水平，外汇交易市场波动剧烈，大多数金融机构被关闭，资本加速外逃，几乎所有的金融机构都需要进行资金重组，信贷危机严重，经济萎缩，1998年GDP下降约10%，1997年和1998年泰国的GDP连续出现负增长，大批工厂停工或倒闭，同时出现了大面积的失业，通货膨胀严重。泰国银行业是受危机冲击最严重的部门。危机最严重的时候，泰国银行净亏损巨大，净利率下降，资本水平低，1998年不良贷款率高达43%。在金融危机冲击下，1997—1999年是泰国保险业的衰退和萧条时期，1997年保费收入下降7.2%，1998年更为严重，下降达17.5%；1999年止降回升，但增长仅为0.7%。到2000年，金融危机影响渐缓，保险业才开始复苏。

1998年，危机治理正式展开。泰国开始进行全方位的金融体系重组，抛弃通货紧缩政策，开始实施减税和扩大公共开支的财政政策。泰国金融体系的紧急措施主要包括：第一，政府稳定金融体系，保证大部分的储蓄集中于资本重整和注资、债务重组，由此保存了银行，随后得以应用坏账处理机制以及金融机构的资本充足机制处理累积的不良贷款。2001年底，不良贷款率下降到约10%，之后持续下降。第二，关闭破产的金融机构，使之与其他机构合并，极大地减少了金融机构的数量。作为资产最雄厚的金融机构分支的商业银行数量没有大幅减少，但危机前资产雄厚的金融公司从91家剧减到7家。金融机构亦进行重组，促进理性化运作。第三，政府明确鼓励外资银行更多地参与泰国金融部门，以稳定泰国金融机构，并获得技术升级。在危机发生前，泰国严格限制签发外国人开设银行的许可以及业务活动，因此外资银行只占5%的金融资产份额。危机后外资银行第一次得到许可购买本土银行的股权，在泰国金融领域的投资组合持有量从25%上升到49%，业务运营受限减少。外资金融机构获得了超过15%的市场份额，对泰国金融体系的影响也前所未有地增强了。

泰国银行业和股市在危机中被削弱，政府顺势而为，央行大力进行银行业改革，遵循《巴塞尔协议》，提高本土银行资产质量，减少银行系统信用风险和市场风险。在政策导向上，积极鼓励发展金融市场（即股票市场和债券市场），开始严格管制银行业和其他金融中介。金融体系中债券市场比重逐渐与银行业和股票市场相当。监管和规章制度改革同时推进。根据IMF的要求，泰国政府进行严格的金融体制改革，紧缩财政支出以求财政平衡，加强银行的公司治理，积极推进资本市场的深化和扩大，并继续推行经济自由化、金融自由化政策。川·立派政府推行的“新自由主义改革”虽然使经济得以缓慢复苏，但因为外资对泰国经济控制加强，贫困人口扩大等原因而招致泰国社会的反对，2000年6月泰国退出IMF计划。2002年，“他信经济学”开始引领泰国金融体系的恢复和改革。

泰国从全球金融危机中获取的经验教训是，只有拥有一个健全和适应性强的金融体系才能防止危机风险、帮助经济应对冲击和震荡。在这个认识的基础上，泰国进行了第二阶段的金融体系改革，以进一步强化金融部门。这一阶段的改革着力于通过更激烈的竞争提高金融系统效率，降低金融系统成本，拓宽获取金融服务渠道。通过发展更健全和精密的金融市场和基础设施来提升银行风险管理能力。

2006年，泰国政府开始向亚洲开发银行（ADB）寻求技术支持，包括向整体规划建设的证券和交易委员会（SEC）寻求建立市场间监控系统以加强市场监管，根据证券和交易法进行调查和起诉不公平贸易活动以及现金和期货市场的市场间滥用罪行。泰国政府希望引进一个市场监控系统来发现不公平交易活动和跨现金与期货市场的市场滥用行为。另外，政府支持SET的股份化进程和非交易活动运作；改善政府的现金管理以发展债券市场；在维持宏观经济和金融稳定的同时，开发金融套期保值产品来加强国内金融市场；完善风险管理抵押保险。

ADB 的中期介入计划分为 2006—2007 年的诊断阶段，2008—2009 年的设计阶段，2009—2012 年与整体规划并行的实施阶段。技术协助项目开展诊断性研究，确诊泰国资本市场运行领域的弱点，并启动改革进程。这个技术支持按照泰国资本市场改革的进展情况分阶段进行。第一项协助是支持资本市场发展计划的第一阶段，资本市场发展整体规划在这一阶段出台；第二项协助为 2008 年的资本市场发展阶段 II（Capital Market Development Phase II），对资本市场改革提供分析意见和政策建议。第二阶段始于 2008 年，为资本市场改革提供分析和政策建议，设计资本市场改革整体框架，这个框架设定了有序推进的目标来建立具有国际竞争力的资本市场，以在不发生货币形式扭曲和期限错配的情况下满足基础投资需求。泰国 2009—2013 年资本市场整体规划是这一阶段的主要成果。第三阶段则是支持实施 P3F 以及整体规划里的选定部分。第三项协助是在资本市场发展第三阶段，寻求政策咨询的技术协助来支持实施政府的《资本市场发展整体规划 2009—2014》（CMDMP）。

泰国经济内阁于 2009 年 11 月 4 日批准在 2009—2013 年实施 CMDMP，八项核心改革措施为：（1）改革法律框架，提高市场效率；（2）通过股份化和设立资本市场发展基金（CMDF）发展资本市场，以消除垄断，提升泰国证券交易所（SET）的竞争力；（3）发展国内债券市场；（4）开发新的金融产品；（5）放开证券业务以提升市场效率；（6）精简税制；（7）设立新国民储蓄基金；（8）发展储蓄和投资文化。这个整体规划措施在泰国财政政策办公室（FPO）的协调下，由 CMDWC 监督、监控和实施，组成 CMDWC 的证券和交易委员会（SEC）、SET，共同努力提升公众对于规划中改革措施的认识。

2004 年泰国施行金融整体规划（Financial Sector Master Plan Phase I 2004—2008，FSMP），在该规划的协调下，泰国金融体系各个部分的重建、改革有序推进。规划的总目标是提高金融体系的效率、拓展融资渠道，以及改善消费者保护。一个多样化的金融体系更有“韧劲”，即在应对冲击时更能维持稳定。

整体规划 I 是对泰国金融体系的“诊断”。泰国由于产权投资市场规模小、上市企业少、交易量小，相应的改革措施旨在升级金融机构，以提升资本市场对发行人和投资人的吸引力。整体规划 I 的实施使泰国金融指标恢复到危机前的水平。整体规划 II 是全面推进金融改革进程。其举措之一就是出台资本市场发展整体规划（Capital Market Development Master Plan，CMDMP），推动债券和股票市场的发展。整体规划 II 的四个重点为：针对债券市场薄弱问题推动发展一个企业债券市场；提高个人投资者债券市场份额以解决低流动性问题；增加产权投资市场的机构交易以降低私人投资份额，减少杂讯交易（Noise Trades）；提升风险缓释工具的效率。

泰国政府强势推进监管和规范制度革新，目的是要将泰国金融监管体制建成和国际最优模式齐平的基于防范风险的框架结构。改革的核心举措包括推行巴塞尔协议 II（Basel II）的风险监管、强化监管，以及阶段性实施更为严格的金融交易监管措施 IAS 39。整体规划的总目标是提高金融体系的效率、拓展融资渠道，以及改善消费者保护。就保险业的监管来说，2001 年泰国政府提出保险的“五年策略计划”（Five Year Strategic Plan），致力于达成五大目标：促使保险业在竞争中稳定成长；提升一般大众对保险的认知；改善保险厅的监管功能；更新保险监管架构；发展电子资讯管理能力。

泰国政府逐渐认识到只有发展资本市场才能够拓展支撑公共和私营领域的资金资源、提高金融领域的稳定性，同时实现与全球经济的融合。因此，泰国在《2007—2011 年国家伙伴战略》中明确将资本市场的发展确定为提升泰国经济竞争力的三个核心战略领域之一。2006 年，泰国政府确定了系统性、长期发展资本市场的方向和战略，由此资本市场正式成为泰国经济发展的关键驱动力。2008 年，泰国财政部成立了资本市场发展工作委员会，由其制定一个全面、系统的资本市场整体规划，规划包括的层面有产权投资市场、债券市场、衍生市场（包括商品市场）和货币市场等。

在东南亚金融危机发生后，经过 20 多年的努力，泰国金融体系摆脱了对银行贷款驱动的依赖，已经逐步转向多元化，金融规模不断扩大，金融结构也更加平衡，能够更好地应对风险和冲击。目前泰国银行业整体资产质量优良，资本充足率在 2016 年超过 17%，远高于《巴塞尔协议 Ⅱ》8% 的最低要求，泰国外债比例控制在合理健康的范围内。

如今，泰国金融体系已经从“被迫改革”恢复“正常”状态，但是深入的结构改变仍在继续进行。泰国央行认为泰国在现阶段面临着许多新型风险。资本市场、非银行金融机构、机构发展这三个因素在泰国近期金融改革中至关重要。尤其需要注意的是，为帮助泰国中小企业适应全球经济放缓的冲击，泰国必须通过金融改革以保证金融体系的正常运行。

二　泰国金融机构体系形成与现状

（一）泰国央行

泰国的中央银行是泰国银行（Bank of Thailand），其前身是泰国国家银行局。泰国央行的发展历史久远。

16 世纪初，欧洲列强来到中南半岛。至 19 世纪末，英国及法国已经在暹罗东西两边分别建立了英属印度和法属印度支那。19 世纪中期，即泰王拉玛五世及拉玛六世统治时期，当时西方列强数次试图为暹罗建立一个央行以发行货币。然而泰王相信这些权力必须保留给泰国独立行使，而且当时也缺乏经验及专业知识去设立，因此建立计划被搁置。

20 世纪 30 年代，美国爆发经济大萧条，造成了世界范围内的经济危机，直接导致了暹罗 1932 年 6 月的不流血宪政革命，而自此暹罗成为君主立宪制国家。此时新成立的政府也因经济危机而认为有必要建立一个中央银行作为关键机构来实施国家的经济政策。但是，此时的暹罗国内并没有一个完善的银行体系，也没有足够的资金及经验，因此“国家银行建立法案”在起草阶段就被放弃，没有公布。

1935 年，《关于设立泰国国家银行局法》颁布。随后泰国国家银监局于 1940 年 5 月 13 日开始运营。但此时二战已经爆发一年之久，日本于 1941 年 12 月 7 日发动太平洋战争，由于与泰国事先签订了《日泰同盟条约》[Treaty between Thailand and Japan（1940）]，日本并没有入侵泰国，但是日本向泰国政府要求建立一个由日本籍人士担任顾问的中央银行，泰国政府拒绝了日本的要求，但不久后于 1942 年 4 月 28 日发布了《泰国银行法案》（Bank of Thailand Act，B. E. 2485），废除了原泰国国家银监局，将所有中央银行之职能全部划归新设之泰国银行。同年 12 月 10 日，泰国银行正式开始运作，直至今日。

（二）商业银行

泰国金融体系的支柱是商业银行，泰国的商业银行提供资金运营、大中小企业业务、投资、现金管理、零售业务金融服务。此外，还包括个人

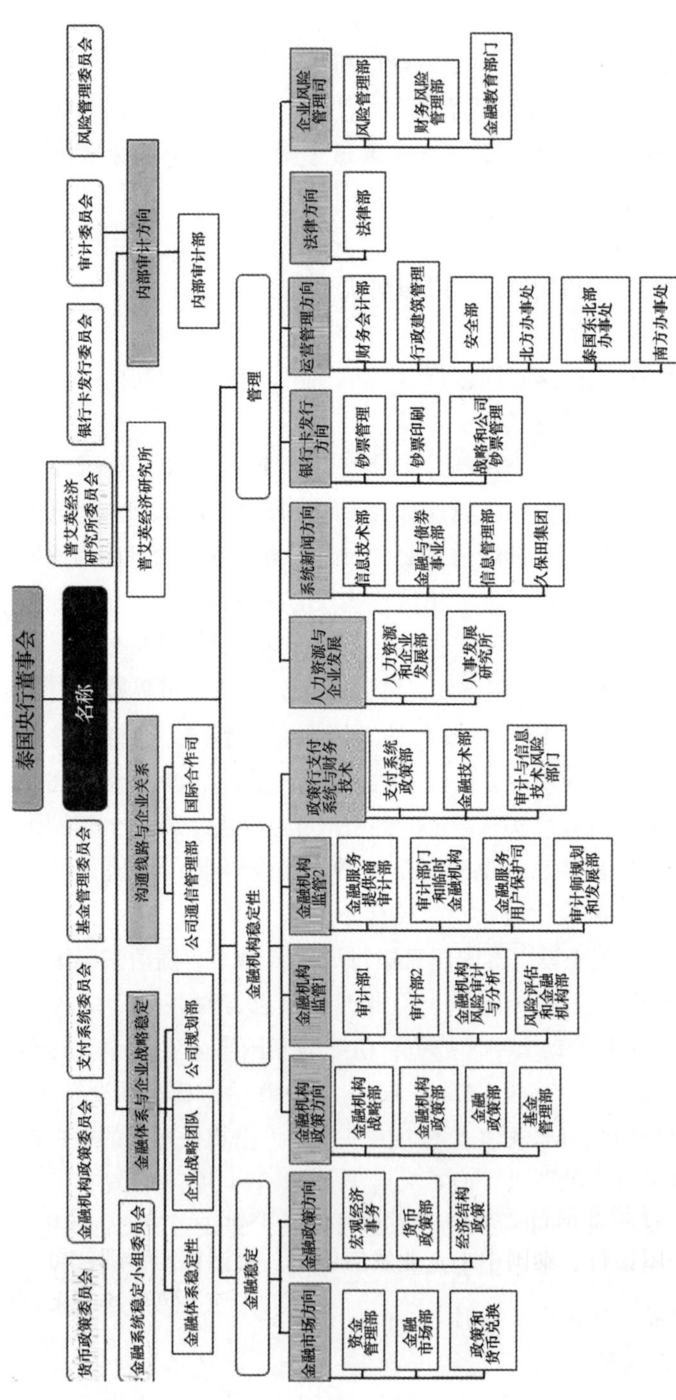

图6-6 泰国央行机构框架示意

资料来源：泰国央行（BOT）。

财富管理，如保险、租赁、证券、租购、基金管理等全能金融服务。泰国商业银行系统一共包括 14 家泰资银行、2 家零售银行、15 家外国银行分行和 1 家外国银行子银行。泰国当地主要商业银行有盘谷银行、开泰银行、暹罗商业银行、大城银行、军人银行、泰京银行等。这几大银行受泰国主要大家族控制，其资产又大部分归政府所有。它们拥有的银行办事处占全国的 70% 左右。此外，它们还与泰国大家族控制的工业集团关系密切。例如盘谷银行与 Saha 统一集团公司，汇商银行与 Mah Boon Krong 集团公司的关系十分密切。中资银行有中国银行（泰国）股份有限公司、中国工商银行（泰国）有限公司。此外，外资银行主要有花旗银行、汇丰银行、大华银行等。零售银行仅能向中小企业或零售客户提供有限的金融服务，不允许经营诸如衍生金融产品和风险管理产品等业务。外资银行分行在分行数量、国内融资等方面有较多的限制，最多可设立 3 家分行。外资银行子银行仅允许设立 4 家分行，其中一家可设在曼谷及邻近地区，其余须设在外府。

20 世纪 90 年代，由于国内和国际上政治经济形势的变化，泰国开始实施一系列改革。主要内容包括实行外汇交易自由化，放宽国际资本流动要求；取消银行的存贷款利率限制；扩大银行业务经营范围，提高服务现代化水平，以及开展国际化金融服务等。1997 年金融危机后，泰国银行体系进行了改革，加强资本金管理是其重要内容，主要包括成立资产管理公司，成立信贷局，完善审慎性框架，鼓励商业银行发行次级债券以补充银行资本金，按照《新巴塞尔资本协定》进行资本金管理变革，等等。经过几年的改革，泰国银行的资本管理取得了初步的成效，资本充足率得到提高，资本结构开始改善。

（三）政策性银行

泰国的政策性银行主要由财政部监管，其中全部或大部分归政府所有，是支持政府落实经济政策、向特定群体提供金融支持的政策性金融机构，包括政府储蓄银行、泰国进出口银行、农业合作银行、次级抵押公司、政府房屋银行、泰国中小企业发展银行、泰国资产管理公司、泰国伊斯兰银行和小型企业信贷担保公司等。在存款方面，可以接受来自社会公众的全部类别的存款，并为各类客户群体服务，尤其是为某些不能从商业银行获得信贷的低收入客户提供便利。泰国政策性银行的金融服务范围包含住宅信贷、中小型企业信贷、进出口信贷以及小额信贷等。

泰国政策性金融机构体系具有政府持有率较高、依经济结构特点来建立政策性金融机构、对外融资比率较高、与商业银行业务有交叉等特点。政府住房银行（The Government Housing Bank，GHB）是按照泰国国王普密蓬·阿杜德（Bhumibol Adulyadej）于1953年1月9日签署的《政府住房银行法》建立的，当年9月24日在财政部监督下开始营业。该行由政府全资所有，首要目标是为泰国公众提供住房融资，重点为中低收入居民提供资金。泰国中小企业开发银行成立于1964年3月，当时名为小工业开发贷款局，1970年改为小企业金融局。小企业金融局的运行受有限资金的限制，资金来源只依靠政府预算，缺乏灵活性。因此，1991年通过《小企业金融公司法案》，将小企业金融局改为小企业金融公司，注册资本为3亿泰铢，并赋予其法人地位，可以在国内外筹资。2000年，财政部又向小企业金融公司注入资本，使其股本增至25亿泰铢。2002年12月20日，《泰国中小企业开发银行法案》开始实施，小企业金融公司改为泰国中小企业开发银行。它由工业部工业促进厅监督管理，日常业务由一个9人组成的贷款委员会（均由政府内阁任命）负责管理。该局的职能是为小工业提供优惠贷款和技术指导。泰国于1993年出台《泰国进出口银行法》，1994年2月17日，泰国进出口银行正式开始营业。

（四）非银行类金融机构

非银行类金融机构包括由泰国中央银行监管的财务公司、房地产信贷公司，由保险业监管委员会和财政部监管的人寿保险公司以及由农业部监管的农村信用合作社，以及消费信贷公司、金融租赁公司等组成。20世纪80年代后，泰国的非银行类金融机构激增，并迅速发展起来。主要原因之一是政府在很长一段时间内控制颁发新的银行许可证。由于这一限制，本国和外国有意进入金融业的投资者不得不建立各种类型的非银行类金融机构，如金融公司、地产信贷公司、租赁公司、保险公司和证券公司。经营形式采取独资或合资的方式，这些非银行类金融机构的业务范围和经济作用各不相同。

泰国的非银行类金融机构主要有：

（1）由泰国中央银行监管的财务公司、房地产信贷公司。

（2）由保险业监管委员会和财政部监管的人寿保险公司以及由农业部监管的农村信用合作社，以及消费信贷公司、金融租赁公司等。

（3）证券业金融机构。在证券方面，泰国证券交易所（SET）是泰国唯一的证券交易市场，负责二级市场交易，由泰国证券交易委员会

（SEC）负责监管，此外，泰国还设有中小企业交易板块 MAI。截至 2017 年 8 月，共有 522 家企业在 SET 上市，134 家企业在 MAI 上市。

虽然经历了 1997 年东南亚金融危机的洗礼，又饱受国内政治不稳定的影响，但是，泰国的经济、金融、社会等方面仍得到了很大的发展。与相邻的老挝与缅甸相比，泰国的金融业算是比较发达的。泰国银行是泰国的中央银行，自 1942 年《泰国银行法案》颁布以后，泰国银行正式承担起泰国中央银行的职责，开始履行相关职能。从图 6－7 可以清楚地看

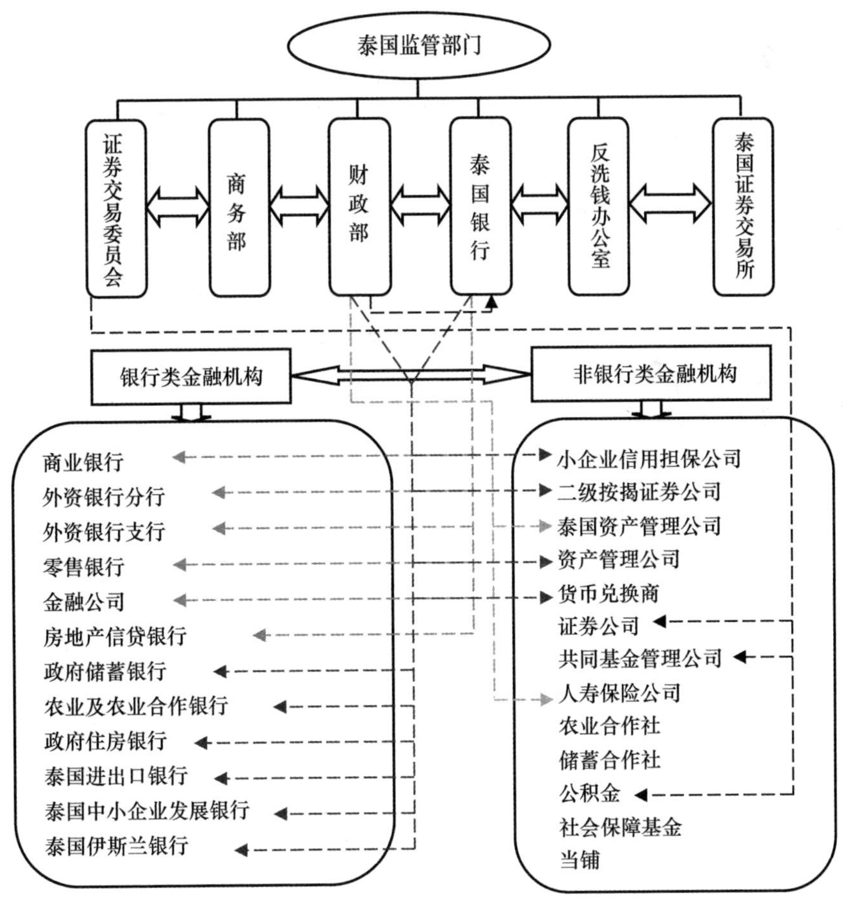

图 6－7　泰国金融体系架构

资料来源：http：//www. bot. or. th/English/FinancialInstitutions/FIStructure/FI_ System/Regulator/Pages/Regulator.

到，泰国的金融体系架构较为完善。泰国主要的监管部门有泰国银行、泰国财政部及泰国证券交易委员会。其中，泰国财政部单独监管泰国银行、人寿保险公司及泰国资产管理公司；泰国银行单独监管商业银行、外资银行分支机构、零售银行、金融公司及房地产信贷银行；证券交易委员会则负责监管证券公司、共同基金管理公司与公积金。此外，财政部与泰国银行还对小企业信用担保公司、资产管理公司等非银行类金融机构及政府储蓄银行、泰国伊斯兰银行等银行类金融机构实施联合监管。

从图6－7可知泰国的监管机构较多，分类较细，监管更为全面。然而，将财政部列为金融监管部门之一，且负责监管泰国中央银行，这会大大降低泰国银行货币政策的独立性。可以预见，泰国银行在对外金融合作中有很大可能不具备足够的独立自主性。

三　泰国金融市场体系

（一）货币市场

与发达国家相比较，泰国的货币市场结构简单，市场体系不完善，市场规模过小。货币市场子市场数量不多且发展不平衡，难以形成一个协调、完善的市场体系。同业拆借市场参与者数量较少、缺乏活力，少数几家大银行为拆借者，其他较小的银行与金融公司等则是拆进者；商业票据二级市场发展较慢，只有签发票据的金融机构以及票据的认购人在商业票据期限未满之前进行购买活动。目前泰国货币市场上的主要工具有：

（1）同业拆借。目前泰国同业间的拆借活动活跃度不高，仅有几家大银行作为拆出者，而其他较小的银行与金融机构等则是拆进者。

（2）回购协议。在泰国，政府证券回购协议是国家银行发展货币市场计划的一部分。该市场的目标在于增进商业银行及一些金融机构所持有政府证券的流动性，参加这一市场的金融机构主要是政府储蓄银行、农业合作银行、平民住宅银行以及一些金融公司。

（3）国库券。国库券由政府发行，大多由泰国国家银行和外汇平准基金会所购买并持有。在泰国，已发行的国库券最长期限为182天，国库券如同政府公债一样可以作为存款法定准备金。国家银行除了作为国库券的唯一认购人而参与发行市场外，还可介入二级市场，从其库存中出手国库券，又可在其尚未到期之前重新购入。

（4）可转让的存款证。目前仅有盘古银行、泰华农民银行以及几个大通银行分行（美国）发行为期 3 个月至 12 个月的可转让存款证，最低面值通常都比较高，如盘古银行所发行的可转让存单的最低面额为 10000 铢。

（5）商业票据。商业票据属于短期金融工具，这类金融工具的签发机构主要有著名的商行或厂商；某些外国银行在泰国所设立的分行。泰国的商业票据二级市场发展不快，目前只有签发的金融机构本身以及它们的认购人在商业票据期限未满之前进行购买活动。

货币政策委员会（MPC）秘书提泰农·马里卡马斯宣布了 2019 年 9 月 25 日会议的结果：（1）委员会一致投票决定将政策利率维持在 1.5%。（2）在审议其政策决定时，委员会评估说，由于出口下降影响到国内需求，泰国经济的增长率将低于以前的评估。总体通胀率预计将低于通胀目标的下限。整体金融状况保持宽松。金融稳定风险已经在一定程度上得到了解决，尽管仍有一些风险需要监控。（3）委员会认为，宽松的货币政策立场将有助于经济持续增长，并应支持总体通胀率上升至目标水平。因此，委员会投票决定继续维持政策利率。

（二）资本市场

泰国的第二个《国家经济和社会发展计划》（1967—1971 年）提议建立泰国的第一个证券市场，以发挥调动资金，支持国家经济和工业发展的重要作用。

20 世纪 60 年代泰国开始发展资本市场。1962 年 7 月 1 日成立第一家证券交易所——曼谷证券交易所。1963 年，证券交易所注册为有限公司，其名称更名为曼谷证券交易所有限公司（BSE）。尽管曼谷证券交易所为股票交易提供了一个很好的场所，但它受到的关注有限。1968 年的年营业额仅为 1.6 亿泰铢，1969 年为 1.14 亿泰铢。交易量继续急剧下降至 1970 年的 4600 万泰铢，然后在 1971 年进一步下降至 2800 万泰铢。虽然债券的营业额在 1972 年达到 8700 万泰铢，但是股票交易表现不佳，营业额创下历史新低，仅为 2600 万泰铢。限于当时国内条件较差，经验又不足，证券交易所的业务活动和发展不尽如人意，1975 年便宣布停业。

尽管曼谷证券交易所没有成功，但有关建立受政府支持的监管良好的股票市场的构想引起了公众的广泛兴趣。因此，第二个《国家经济和社会发展计划》（1967—1971 年）建议通过提供适当的措施和工具促进证券交易，首次建立了资本市场。

1972 年，泰国政府通过修改《关于控制影响公共安全和福利的商业行为的第 58 号执行理事会的公告》，进一步健全了泰国资本市场。这些变化扩大了政府对金融和证券公司运作的监管，而在此之前，其运作相当自由。1974 年 5 月泰国对证券交易所（SET）正式立法，以促进储蓄和动员国内资本。随后，泰国政府在年底对《收入法》进行了修订，允许将储蓄投资于资本市场。到 1975 年，基本的立法框架已经建立，1975 年 4 月 30 日，泰国证券交易所正式开始交易。1991 年 1 月 1 日，正式更名为泰国证券交易所（SET）。

根据 1992 年的《证券交易法》，泰国证券交易所的主要职责是：第一，充当上市证券交易的中心，并提供促进证券交易所需的系统；第二，从事与证券交易有关的任何业务，例如证券交换，证券存管、登记等；第三，从事 SEC 批准的其他业务。

根据《泰国证券交易所法》泰国证券交易所于 1975 年 4 月 30 日开始运营。作为证券交易和相关服务的非营利性组织，SET 的核心业务包括证券的上市、监督上市公司的信息披露、监督证券交易过程以及对参与证券交易的成员公司实施监督，并负责对投资者进行信息披露，致力于促进储蓄和为国家的经济发展提供长期资本，鼓励公众成为国内企业及各行业的股东。目前，SET 在 B. E. 证券交易法规定的法律框架下运作。

泰国证券交易所成员包括：

（1）泰国证券交易所（SET）。它根据《泰国证券交易所法》于 1975 年成为上市证券交易市场。SET 还负责促进个人财务计划和提供相关服务。

（2）创业板（MAI）。创业板是根据《证券交易法》建立的，旨在为具有高潜力增长的创新、创业型企业提供融资机会，并为投资者提供更多的投资选择。MAI 于 1999 年 6 月 21 日正式开始运营。

（3）债券电子交易所（BEX）。BEX 由泰国证券交易所于 2003 年 11 月 26 日正式启动，其主要目标是发展泰国债券市场，并能达到国际标准。此外，BEX 电子交易平台的建立标志着泰国正朝着建立充满活力的亚洲债券市场迈进，其发展和进步为区域经济的稳定做出贡献。

（4）泰国期货交易所有限公司（TFEX）。TFEX 是泰国证券交易所的子公司，成立于 2004 年 5 月 17 日，是衍生品交易所。TFEX 的使命是成为各类证券衍生品的世界一流交易所，旨在打造成为一个易入、高效、透明度高的交易平台。TFEX 不仅通过完美的服务和创新产品使客户受益，而且为泰国整体经济做出了巨大贡献，提高了泰国的国际竞争力。

（5）泰国证券托管有限公司（TSD）。TSD 提供与泰国证券交易所及其他交易所相关的全方位证券交易服务。TSD 提供以下三种服务。第一，证券存管服务：TSD 使用安全高效的无记录系统的股票和固定收益债务工具的中央证券存管。第二，证券注册服务：TSD 是普通股和优先股的注册机构。第三，提供与注册商相关的服务，主要是提供及维护注册簿，确保信息正确、完整、及时。TSD 使用与 SET 的证券存管中心直接相连的尖端安全计算机系统提供服务。

（6）泰国票据交易所有限公司（TCH）。TCH 是在 SET、MAI、BEX 和 TFEX 上交易的所有证券和衍生品以及在场外市场交易的所有债务工具的票据交易所。TCH 最重要的角色是充当所有交易活动的中间方，从而保证既定交易中所有相关方的清算和结算。通过充当金融工具买卖双方之间的中介，TCH 降低了总体风险并增强了所有市场参与者的信心，同时促进了泰国资本市场的长期发展。

（7）Settrade. com Co. Ltd. 。它由泰国证券交易所（SET）于 2000 年 10 月成立，旨在为证券公司提供互联网交易服务及投资的技术，以便利散户投资者进行交易。Settrade. com Co. Ltd. 的任务还包括开发与证券相关的计算机系统和应用程序。此外，该公司还担任 SET 信息产品的销售代表和营销商，并负责确保向泰国资本市场的投资者和其他实体传播有效信息。

目前来看，泰国证券市场的规模相对来说还比较小，主板市场及创业板总共上市公司数量为 724 家，其中主板 553 家、创业板 171 家，主板总市值约 4400 亿美元（14. 2 万亿泰铢），创业板总市值约 70 亿美元（2240 亿泰铢），居东南亚第二位。SET 指数目前为 1267. 69 点，2020 年因受疫情影响，指数较年初降低约 20%，2016—2019 年 SET 指数较为稳定，均在 1550 点上下，MAI 指数目前为 316. 1 点，较年初变动不大。SET 日成交额约 20 亿美元（654 亿泰铢）。SET 及 MAI 的股息率相对东南亚来说较高，近年来基本维持在 3. 5% 及 2% 上下，适合长线投资者。流动性相对东南亚来说较好，资本进出较自由，管制相对较小。

（三）衍生工具市场

衍生工具市场是一个复杂的金融工具交易市场，它的价值来源于基础资产的价值。潜在的资产可能是某种特定类型的金融工具（例如债券或股票），或某种类型的商品等。金融衍生品通常作为一个工具来对冲或管理一个特定类型的风险，即利率风险、汇率风险、价格风险的金融产品或商品。一般来说，金融衍生品可以是交易期货合约或者期权合约。

泰国期货交易所（TFEX），是泰国证券交易所的子公司，成立于2004年。TFEX在2006年推出了SET50指数期货，并设置SET50指数。同时成立了在农业期货交易法案规定下的受农业期货交易委员会管理的泰国农业期货交易所。

泰国期货交易所操作下的衍生品B. E. 2546（2003）已允许TFEX交易期货、期权和期货期权，还包括股票——股指和个股；债务工具——债券和利率；商品——贵金属、贱金属和能源；其他指数——汇率、大宗商品指数和其他可能被美国证券交易委员会宣布承认的指数。

目前，可用SET50股指期货的产品包括：SET50指数期权、股指期货、黄金期货、利率期货、银期货、原油期货和美元指数期货。

第四节　泰国金融体制

泰国为应对金融危机进行了一系列改革，这些改革具有强制性变迁的特征。泰国的汇率制度由固定汇率制向浮动汇率制转变。金融体系由银行主导型向市场主导型转变。为了解决危机而被迫进行的金融体系改革由此成为泰国后续长远和持久的金融体制改革的开始。

一　银行管理体制

泰国银行体系由6家专业的金融机构（SFI）、14家国内商业银行（Commercial Banks）和15家国外商业银行分行组成。全部商业银行（国内、国外合计）共拥有6483家分支机构。由于外资银行体量较小，通常在衡量泰国银行体系时基本不考虑其影响。外国银行通常通过参股等方式进入泰国本国银行的董事会中，为泰国国内银行提供国际上先进的银行经验和产品模式，分享泰国经济和银行业的成长果实。泰国国内

14 家商业银行中包括 4 家大银行，分别是盘古银行（BBL）[1]、泰京银行（KTB）、开泰银行（KBANK）和泰国商业银行（SCB），它们都有覆盖全国所有地区和世界主要金融中心的分支体系；3 家中等规模银行，它们经营着分布相当广的国内分行和少量的国外办事处；其余 7 家小银行，其分行主要集中在曼谷。泰国银行（BOT）最初为泰国国家银行局。《泰国银行法案》于 1942 年 4 月 28 日颁布，赋予泰国银行所有中央银行职能的责任。泰国银行成立于《泰国银行法案》颁布的同年 12 月，负责泰国货币泰铢的发行。后来对《泰国银行法案》（B. E. 2485）进行了修订，以强调 BOT 的社会责任，建立防范经济危机的机制，并建立 BOT 的决策程序以确保组织的良好治理和透明度。此外，公众人士能够审计并加深对 BOT 运作的了解。《泰国银行法案》（B. E. 2551）于 2008 年 3 月 4 日生效。1962 年，泰国国民议会制定了现行泰王国《商业银行法》，并于同年 4 月 13 日公布。现行泰国《商业银行法案》共 50 条，其中包含涉及诉讼程序、刑事民事责任等方面的规定。

为了实施《泰国银行法案》第 8 条所规定的泰国银行的法定职能，该行设立了以下几个委员会：（1）泰国银行董事会，负责泰国银行运行的总体管控；（2）货币政策委员会，负责制定具体的货币政策并且对政策实行情况予以监督；（3）金融机构政策委员会，负责制定监管各类金融机构的规章，并监督这些规章的执行情况；（4）支付系统委员会，负责制定支付系统政策和金融机构间结算系统政策并监督其实施，同时确保支付系统政策在泰国银行的监督下运行。

泰国银行作为中央银行主要具有三大职能：一是稳定货币；二是维护金融机构系统的稳定；三是维持支付系统的稳定。为了实现中央银行设立的宗旨与目标，泰国银行被授权执行以下业务：（1）负责发行和管理政府货币和各类银行券；（2）制定和实施各项货币政策；（3）管理该银行的自有资产；（4）担任政府的银行，并作为政府证券登记机构；（5）担任所有金融机构的银行；（6）建立并支持金融支付系统；（7）对金融机

---

① 盘古银行（BBL）是泰国最大的商业银行，截至 2018 年 12 月 31 日总资产为 3.1 兆泰铢（960 亿美金）。它在亚洲拥有最广泛的分支机构，在 15 个国家或地区设有 32 家海外分行和子公司。分行和子公司坐落于中国大陆、马来西亚、中国香港、中国台湾、新加坡、印度尼西亚、越南、老挝、菲律宾、日本、缅甸、柬埔寨、美国、英国和开曼群岛。

构进行检查监督；（8）根据汇率制度监控汇率，包括依照货币法监督管理货币储备的相关资产；（9）根据外汇法管理外汇；（10）属于泰国银行法定职能内的其他业务。

二 货币发行体制与货币政策框架

泰国银行制作及发行货币须在《货币法》规定下进行，是泰王国内唯一有权的货币发行人。泰国银行负责制定、发行、再发行及取消泰国的纸币。泰国货币名称为泰铢（Thai Baht）。货币符号为 THB。纸币有 5 种面值：20 铢、50 铢、100 铢、500 铢、1000 铢。硬币有 6 种面值：25 萨当、50 萨当、1 铢、2 铢、5 铢、10 铢。1 泰铢 = 100 萨当。

泰国货币政策的制定主要由货币政策委员会负责。委员会由 7 名成员组成，包括 3 名泰国银行官员和 4 名行外专家。委员会每 6 个星期举行一次例会，对经济、金融形势以及可能影响通胀和经济增长的风险进行评估。考虑到货币政策的前瞻性和可预见性，泰国银行以自身的宏观经济模型为基础，对某些外生变量做出假设，从而对经济、金融形势做出综合判断。泰国货币政策委员会秘书处通常在召开会议当天的 14 点举行新闻发布会，公布会议声明并回答记者提问。泰国货币政策框架的发展可以分为三个阶段。

第一个阶段：固定汇率制（第二次世界大战至 1997 年 6 月）：第二次世界大战后首次采用这种制度。泰铢最初要么与主要货币黄金挂钩，要么与一篮子货币挂钩。一篮子货币制度于 1984 年 11 月至 1997 年 6 月实施。在此期间，外汇均衡基金（EEF）将宣布并捍卫每日泰铢兑美元汇率。在当时的环境下，固定汇率被认为是支持长期经济增长的最佳货币政策制度。

第二个阶段：货币目标制度（1997 年 7 月至 2000 年 5 月）：在 1997 年 7 月 2 日采用浮动汇率制度后，泰国接受了国际货币基金组织（IMF）的财政援助。在国际货币基金组织的项目中，采用了货币目标制。在这一制度下，世界银行利用金融方案拟订办法，以国内货币供应为目标，以确保宏观经济的一致性，并达到可持续增长和价格稳定的最终目标。泰国央行将设定每日和季度的基本货币目标，这是其日常流动性管理的基础。日常流动性管理的主要目的是防止利率和金融体系流动性的过度波动。

第三个阶段：灵活的通货膨胀目标制（2000 年 5 月 23 日至今）：在

国际货币基金组织的项目之后，世界银行对泰国国内和外部环境进行了广泛的重新评估，认为货币供应目标制不如通货膨胀目标制有效。改变的主要原因是，随着时间的推移，货币供应与产出增长之间的关系变得不那么稳定了，尤其是自金融危机以来，这种现象尤为明显。随着退出国际货币基金组织的项目，泰国当局有必要确定一个新的适合泰国的政策定位。泰国银行于2000 年5 月宣布采用灵活的通胀目标，一个主要的动机是维持物价稳定，鉴于灵活的通胀目标制框架要成功运作，需要进行体制改革，人们设想，灵活的通货膨胀目标制将有助于今后重建对中央银行和货币的信心与信誉。在灵活的通胀目标架构下，货币政策委员会于2000 年4 月5 日首次获委任，被授予由央行行长决定货币政策的权力。货币政策委员会由9 名成员组成，包括著名的外部专家和世行最高管理层。货币政策委员会有权制定以稳定物价为首要目标的货币政策方向，并修改灵活的通胀目标框架，以适应泰国经济发展之需。然而，目前货币政策委员会由7 名成员（3 名来自泰国银行，4 名外部成员）负责决定货币政策的方向。2008 年3 月3 日，泰国新银行法案［B. E. 2551（2008）］通过。新的BOT 法案明确规定了泰国银行作为国家中央银行在维持货币稳定、金融系统稳定和支付系统稳定方面的目标和责任。[①]

三　利率管理体制

利率是资金的时间价值，是资本这一特殊生产要素的价格。泰国是东南亚第二大经济体，泰国央行自2015 年4 月以来保持1.5% 基准利率不变。2017 年9 月，泰国财政部常务次长建议中央银行下调政策性利率，配合财政政策。低利率政策可以吸引国外游资流入。商业银行存款利率的变化对经济影响比较明显。泰国商业银行存款利率上升，会引起贷款、再贷款利率的提高，从而使得信贷规模收缩。中小企业贷款成本增加，对中小企业的经营较为不利。信贷规模收缩也就是紧缩银根，会导致股市下跌，进而影响泰国的证券市场。同样，基建规模也会缩减。泰国当前金融管制放松，在这样一个条件下，利率风险无处不在。因此，双边贸易国可以运用良好的管理手段以及较高的管理水平，将泰国金融市场风险降到

① 《中国首度成为泰国最大贸易伙伴》，2014 年3 月，中国—东盟博览会官网（http：//www. ca-expo. org/html/2014/2imao qudongtai-0306/203053. html）。

最低。

四 外汇管理体制

泰国财政部授权泰国中央银行对外汇买卖和兑换履行监管职责。由泰国中央银行下设的外汇管理与政策部具体实施。

外汇管理的主要法规有《外汇管理法》（1942 年）、部委法令第 13 号（1954 年）。泰国的法定货币为泰铢，可自由兑换；实行浮动汇率制，汇率由外汇市场供求决定。当泰铢波动较大且偏离基本面时，泰国中央银行可进行汇率干预。

泰国货币单位为铢（Baht），泰国的货币受《外汇管理法》（1942 年）和部委法令第 13 号（1954 年）管制。财政部授权泰国银行管理外汇交易。所有外汇交易一般都受到监管，并需要泰国银行的许可。泰国充分放宽了对外汇交易的管制。对于带入泰国的外汇数量不受控制或限制。利息、股息、利润或特许权使用费，在所有适用税务清算之后，可以自由汇出。同样，本票和汇票也可以自由汇出境外。

根据中泰两国《关于促进和保护投资的协定》，双方都应保证另一方国民或公司自由转移其在己方领土内的投资及其收益，包括利润、股息、利息及其他合法收入；投资的清算款项；与投资有关的贷款的偿还款项；知识产权和商誉的许可证费；技术援助或技术服务费、管理费；在一方领土内从事与投资有关活动的缔约另一方国民的正常收入等。因此，泰国允许中国投资者在依法缴纳费用后，将有关收益汇回中国。

五 金融监管体制

随着泰国金融行业综合化和混业经营程度越来越高，泰国金融行业逐渐实行统一的监管模式。泰国的银行业包括泰国中央银行、商业银行和作为专业金融机构的银行。《泰国银行法案》设立财政部长和中央银行的目的是共同维护国家金融秩序稳定。一旦发生有可能影响或者破坏金融稳定的事件时，泰国银行应当及时向财政部长报告，分析问题，解决问题，将危害降低到最小。泰国政府 1942 年颁布的《泰国银行法案》规定，将所有中央银行的职能划拨给泰国银行，泰国银行由泰国财政部监管。泰国财政部（MOF）是泰国政府内阁级部门。它被认为是泰国政府重要的部门之一，财政部主要负责泰国国内公共财政、税务、国库、政府物业、政府垄断经营、创收等事务。泰国财政部为泰国政府机构，金融机构以及国有企业提供贷款担保业务。泰国财政部门负责管理泰国国家的财政收入，进行财产管理和王室的基金管理。

泰国商业银行主要有商业银行、零售银行、外国银行分行和外国银行子银行组成。根据1962年出台的《商业银行法》，泰国商业银行由泰国中央银行——泰国银行进行监管。泰国银行的主要职能包括：制造以及发行货币；维持金融体系的稳定以及制定货币政策；管理泰国银行的资产；为政府提供贷款以及发行国债；为金融机构提供贷款；建立支付系统并维系其运转；监督金融机构的运作；管控货币汇率系统以及管理国家外汇储备。

在对外资银行监管方面，对外资银行设立分行数量以及在泰国国内进行融资等方面有很多限制。例如，外资银行在泰国境内只能设立4家分行，在曼谷及其周边地区只能设立1家。银行如果想进行商业银行业务等，必须为有限责任公司形式，同时还要获得泰国银行制定部长批准的营业执照。泰国银行设立较高的外资银行进入门槛，对于外资银行采取严格控制与监管。截至2015年末，中国已在泰国设立两家中资银行，分别是中国工商银行和中国银行。

第五节　中泰金融合作进展与建议

泰国与中国的经济金融结构具有相似性，同属于中低收入水平的发展中国家，二元经济结构明显，金融结构同属于银行主导型，两国金融合作具有双赢基础和广阔前景。随着中国—东盟自由贸易区（CAFTA）的建成，中国与泰国在金融领域的合作取得进展，但合作的继续深化存在制约因素。根据泰国金融体系的特点和改革的长远发展方向，结合泰国目前施行的国家总体发展规划以及中国金融体系发展的需求，结合两国金融结构与经济结构的特征，就中国—泰国金融合作的突破与推进策略，提出以下几个方面的建议。

一　中国—泰国金融合作的突破点

泰国与中国的经济金融结构具有相似性，两国金融合作具有双赢基础和广阔前景，但合作的继续深化存在制约因素。结合泰国目前施行的国家总体发展规划以及中国金融体系发展的需求，中国—泰国金融合作的突破点包括如下几个方面。

（一）先进的支付手段共享以及推动人民币跨境支付

泰国本土的移动支付发展缓慢，由于使用信用卡对持有人有很高的要求，因此银行卡也不普及。并且相对于欧美市场，由于中泰在旅游业方面的密切关系，泰国的移动支付市场相对而言是比较容易进入的。这使得先进的支付手段——扫码支付在泰国具有很大的发展空间。自 2013 年 5 月中国第一批跨境支付试点名单公布后，国内第三方支付企业在泰国打开了广阔的市场。目前，以微信、支付宝等为代表的先进支付手段在泰国市场上的拓展情况良好。

（二）推进金融科技监管合作

在当前科技与金融深度融合、金融科技迅猛发展的形势下，中泰两国更加重视金融业务风险与技术风险叠加后所产生的扩散效应，平衡行业发展与风险监管间的关系。目前两国的共同问题包括有效监管框架尚未形成、风险检测管控难度加大、监管手段无法满足风险监测需求等，因此两国可在共同关切的问题上展开密切交流与合作，比如在对加密数字货币的监管方面应相互借鉴经验。

（三）推进中泰双边大额投资项目的金融合作与支持

根据泰国 20 年国家战略、国家发展规划和 4.0 战略方针所组成的总体发展战略，泰国提出建设东部经济走廊（EEC）的原则之一是招商引资，打造新经济增长引擎。2017 年 7 月，泰国在北京举行了中泰投资合作开发论坛暨泰国东部经济走廊投资路演，参会的中国官员表示，泰国东部经济走廊的规划内容和“一带一路”倡议下的基础设施互联互通以及国际产能合作高度契合，希望中泰共同努力，将 EEC 打造成为“一带一路”建设在中南半岛的成功典范。泰国也表示，EEC 计划与中国“一带一路”倡议紧密相关，是吸引中国投资者的桥梁，能够作为支持中国“一带一路”倡议的“动力阀门”。这样的双边大额投资项目需要中泰金融合作与支持。而中国在 EEC 的投资也将面临其他国家的竞争，因此解决人民币国际化、中资银行机构延伸、直接融资和金融产品推广等问题，建立双边金融合作的稳定平台，是保障双边投资项目成功及深化金融合作的基础。

（四）合作推进面向农村地区和中小企业的金融服务

在中泰两国金融发展中同样面临着农村地区、中小企业及低收入群体融资难等问题，两国金融体系的健康发展需要解决的还有缩小城乡差距，消除阶层对立与动荡根源问题，目的是尽力保证国内经济的持续平稳发展。自2008年以来，中国重视推动农村发展与改革的解决方案，提倡符合农村需要的金融服务项目助力农村发展，而小额信贷业务和微型的金融服务被视为十分有效的解决方案之一。但是，目前我国农村小额信贷公司在政策支持、信用环境、金融监管、存款来源等方面存在一系列问题。这些问题始终没有得到很好解决，因此阻碍了中国农村小额信贷公司的发展。泰国农业合作银行在推行农村小额信贷服务方面可以为中国提供相关经验。泰国内阁于2017年12月批准2450亿泰铢的金融支持计划，旨在通过政府控股的金融机构帮助中小企业。2018年4月泰国最低日薪上涨，为改善中小企业的资金流动性，泰国中小企业发展银行（SME Bank）于当年2月开始为受影响的中小企业发放了780亿铢的贷款。

（五）合作推进关切社会发展和民生福利的金融合作

泰国国家总体发展规划的目标包括降低经济发展过程中的不平衡、不平等问题，实现社会公平，以及促进合理分配资源的可持续发展绿色增长。这也是中国的社会经济发展目标。中泰两国可将金融合作延伸到其他社会问题的解决举措上，比如两国都面临着人口老龄化问题。在推动社会发展和促进民生福利方面进行金融合作，能够共同促使两国金融体系的长远健康发展。

二 对中泰金融合作的展望与建议

泰国的经济发展处于东盟国家中等靠前水平，以农业、旅游业及汽车制造业为支柱产业。其金融发展水平也位于东南亚国家前列，相比之下，泰国金融体系较为完善，目前形成了以银行业为主导、资本市场迅速发展并逐渐壮大的局面。作为中国在东南亚地区亲密的合作伙伴之一，中泰两国的经贸往来日益增多，经济发展潜力巨大。“亚洲是全球经济发展必不可少的一部分。一直以来，泰国致力于全方位变革，力争成为亚洲贸易和工业投资中心。”泰国4.0新经济发展模式强调经济结构调整、鼓励科技创新，建设一个开放包容的社会。力争全面进入4.0时代，即通过创新和技术应用发展高附加值产业，促进泰国经济转型升级，跨越中等收入陷阱，增强竞争力。未来，中泰两国将会在基础设施、产业集群、电子信息、通信技术、数字经济、科技和能源领域开展更深入的合作。

泰国是中国“一带一路”倡议的积极响应者，也是“一带一路”倡议重要的战略支点。加强和泰国的金融合作有利于及务实地推进两国关系。中泰两国目前正致力于推进“金融互通”。从双边商业银行合作现状来看，根据中国银行官网数据，截至 2016 年底，中国工商银行在泰国设立 23 家分行，中国银行在泰国设立 9 家分行。中国银行业监督管理委员会数据显示，2009 年泰国盘古银行开始在北京设立分行，至此泰国已有三家银行在中国设立分行。盘古银行在中国已设立 5 家分行，开泰银行在中国设立 2 家分行，泰京银行在中国设立 1 家分行，其空间布局覆盖处于西部地区的成都和昆明。中国商业银行在泰国本土设立分行的数量可以逐渐增加，拓展业务范围，便利两国贸易合作。为实现人民币在泰国地区的“金融互通”，中国银行（泰国）股份有限公司正努力推进这一进程。自 2014 年以来，中国银行（泰国）股份有限公司加强与泰国证券交易所的合作，就人民币结算、港股联通、中股联通等进行推进，促进泰国证券市场币种结算多样化。中泰两国正全力推进“金融互通”。

第七章

中国—越南金融合作

越南位于中南半岛东部，与中国、老挝和柬埔寨接壤，拥有58个省以及5个直辖市，人口数量为9620万人。在54个民族中，京族为最主要的民族，占越南人口总数的85.3%。越南的金融发展与其经济发展相辅相成。在越南独立至实施革新开放期间，越南经济处于“计划经济”时期，同时受到长期内外战争的影响。加上不当的对外政策，越南经济在较长时期内处于严重的危机状态，工业发展缓慢、萎靡不振，农业生产持续衰退，人民生活水平普遍下降，经济基础非常薄弱。1986年，越南开始实施革新开放政策，通过了对整个社会政治、经济生活进行全面改革的《政府报告》，越南经济改革全面拉开，改革涉及农业、工业、价格、财政和外资等方面。正是由于实行了革新开放，越南的产业结构、金融体系、国际贸易等各方面状况不断改善，越南经济在较长时期内实现高速增长。越南在2001年确立了社会主义导向的市场经济体制。我们将从越南经济发展规模及其经济结构的变化方面，考察越南金融结构的变动，从金融结构的视角探讨中越两国金融合作的空间和推进措施。

第一节　越南革新开放经济的发展考察

1986年以前，越南在国际社会上的处境极端孤立，外来经济援助和对外经贸关系仅限于“经互会”各成员国之间。庞大的军费开支、巨额的财政赤字、激增的外贸逆差、停滞的工农业生产、失控的通货膨胀使越南经济陷入严重的危机之中，人民生活也遇到不少困难。在这样一种严峻形势下，越南共产党号召并领导越南人民进行了经济革新。1986年，越共“六大”会议召开，通过了对整个社会政治、经济生活进行全面改革的《政府报告》，越南经济改革全面拉开，改革涉及农业、工业、价格、财政和外资等方面。改革符合越南的基本国情、适应了经济发展的规律，使越南经济发展进入良性发展轨道。正是由于实行了革新开放，越南的产业结构、金融体系、国际贸易等各方面状况不断改善，越南经济在较长时期内实现了高速增长。越南的经济改革大致可以分为以下四个阶段。

一 经济改革起步阶段

第一阶段（1986—1990 年）为越南经济改革的起步阶段。1986 年，越共“六大”提出全面革新思路——彻底批判统包统管经济体制，肯定商品生产和市场经济的客观存在，主张多种经济成分并存的多样化发展，初步形成在国家管理下、按照市场经济机制运行的、沿着社会主义定向经济发展的多种成分的商品经济模式。在财政金融方面，实行紧缩性的财政和货币政策，通过减少货币发行量和提高利率来降低通货膨胀。在农业方面，推行承包到户政策。同时，越南从计划经济逐步走向市场经济，总体经济发展趋势向好。

在农业方面，越南早在 1980 年就在海防市推行“水稻联产承包到组到人”的改革试点，然后于 1990 年在全国范围内推广“三五农业承包制”——稻秧、田间管理和收割等环节由农户承包负责。同时落实农业生产责任制和奖惩制度，将超产部分的 80%—90% 作为承包者的奖励，对于未能完成定额任务的要按 100% 赔偿。在农业经济管理问题上，采取投标承包制度并延长土地承包期限至 15—20 年，将农户的分成比例提高至 40%—50%，同时在保证公粮和合同定购粮的前提下允许农户自由买卖生产资料和粮食。越南于 1989 年完成了由粮食净进口国向净出口国的转变，成为仅次于泰国和美国的世界第三大大米出口国。

在非国有经济方面，1988 年非国有经济占越南国民经济的比重上升至 69. 5%，而国有经济的比重下降至 30. 5%；在工业领域，非国有经济工业产值占越南工业总产值的 40. 2%；在商业领域，非国有经济的比重从 1986 年的 45. 6% 上升至 1989 年的 60. 8%；在劳动力就业方面，1990 年非国有经济就业人数占越南劳动力总数的比重达 88%；1988 年，有 318517 个体经营户注册，而 1990 年增加到了 376930 户。

二 经济改革加速阶段

第二阶段（1991—1995 年）为越南经济改革的加速阶段。1991 年，越共“七大”肯定了“六大”的革新路线和所取得的成就；同年 11 月，中越关系恢复正常。1994 年，越共中期全国代表会议提出建设“遵循社会主义定向的受国家管理的市场机制”，“社会主义定向经济”一词正式出现。1995 年，越南逐渐扩大对外开放程度，当年越南加入东盟（成为第 7 个成员），美国对越南解除了已存在 20 多年的禁运。1991—1995 年，越南 GDP 年均增长 8.2%，大幅度超额完成目标。1991 年的通货膨胀率为 67.1%，到 1994 年已经降至 15% 以下。[①] 在农业方面，1992 年，越南粮食产量由 1985 年的 1820 万吨增长至 2400 万吨。

在非国有经济方面，1991 年 6 月召开的越共“七大”通过了《2000 年越南社会经济稳定发展战略》，提出“鼓励多种经济成分与国外发展多种形式的联营合作，大力挖掘私营经济、个体经济和家庭经济的潜力”。1991—1995 年非国有经济占 GDP 的比例高达 61.8%，可见非国有经济对国民经济的发展起着重要作用；在工业领域，非国有经济工业年平均产值占越南工业年平均总产值的 29%，其增长速度为 10.6%；在商业领域，1991—1995 年，非国有经济占商场零售商品的总额分别为 73.1%、75.8%、78.2%、76.5%、76.3%；在农业领域，1991 年，非国有经济的发展速度为 2.2%，1995 年提高到 4.3%，其年均增长速度为 3.9%。1996 年底，非国有经济单位有 200 万个，其中私有企业有 2 万家，小型工业生产单位有 80 万家，工业和服务业合作社有 6000 家。

三 经济改革稳定阶段

第三阶段（1996—2005 年）为越南经济改革的稳定阶段。1996 年，越共“八大”提出“彻底废除官僚集中的统包统管制，建立遵循社会主义定向的受国家管理的市场经济体制”的目标；2001 年，越共“九大”正式阐述了“社会主义定向市场经济”的含义——长期实现社会主义定向的、受国家管理的、按市场机制运行的多种成分经济体，也是越南社会主义过渡时期总的经济模式。

---

① 潘登富、李兴：《越南改革开放的成就与问题及经验教训》，《东南亚纵横》1996 年第 1 期。

在非国有经济方面，1996 年越共“八大”召开，确立了长期发展多种成分经济的战略。1997 年越南第十届人民代表大会召开，决定以各种方式促进非国有经济的发展，鼓励各种经济形式间的合作，通过对国有经济实行股份制改革和民营化改革来推动非国有经济的发展，以此应对东南亚金融危机。1997 年非国有经济占 GDP 的比重为 57.9%。2001 年新企业法颁布后，有超过 12 万家新公司注册，到 2003 年有 27662 家，到 2004 年约达到 36000 家，私营部门的发展逐渐成为越南经济发展的一个重要环节。

在这 5 年中，越南总体经济一直保持着高速增长，各项经济指标均完成或超额完成。例如，2005 年越南 GDP 约 600 亿美元，GDP 增长率达到 8.4%，人均 GDP 达到 640 美元，外汇储备达到 83 亿美元。

四 经济改革最新阶段

第四阶段（从 2006 年开始）为越南经济改革的最新阶段。越共“十大”对社会主义定向市场经济建设 14 项基本内容做了进一步阐明：明确国民经济的社会主义经济方向；强化政府职能并提高管理水平；发展各种基本市场业务，并按照健康竞争的机制运行；促进各经济成分和经营组织模式的发展。2011 年 1 月，越共“十一大”召开，大部分人都不同意《向社会主义过渡时期的国家建设纲领》中对社会主义基本特征的论述。越南国家领导人高度重视群众的意见，将社会主义的解释语修改为：“以现代化生产力和进步适宜的生产关系为基础，经济高度发展。”

《2006—2010 年经济社会发展计划》提出的总目标是：经济持续高速增长，加速推进国家工业化、现代化，发展知识经济，改善人民的物质、文化和精神生活。《2011—2020 年经济社会发展战略》进一步明确了三个努力方向：市场经济体制完善、高质人力资源发展、基础设施现代化。

近十年来，越南经济总量保持着较高速的增长（如图 7－1 所示）。以 2010 年不变价美元来衡量，2008 年越南 GDP 首次超过千亿美元，随后一直保持着增长态势，GDP 增速不低于 5%，大部分年份维持在 6% 以上，2018 年 GDP 增速突破 7%，2019 年 GDP 为 2008.6 亿美元，增长率在 7% 以上。2020 年由于新冠肺炎疫情的影响，越南的 GDP 增速下滑至 2.91%。① 其中

---

① 《2020 年越南 GDP 增长达 2.91%》，2020 年 12 月，越南人民报网（https://cn.nhandan.com.vn/theodongsukien/item/8388201－2020 年越南 gdp 增长达 2－91.html）。

四个季度的 GDP 增速分别为 3.68%、0.39%、2.69%和 4.48%，可见越南在第二季度受新冠肺炎疫情的影响最大，而在 2020 年下半年经济增长有所恢复。

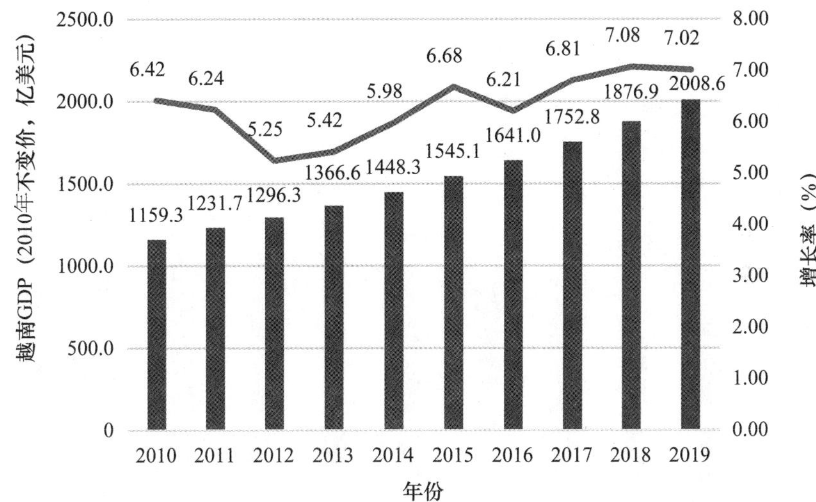

图 7-1　2010—2019 年越南国内生产总值及其增长率

资料来源：世界银行网站。

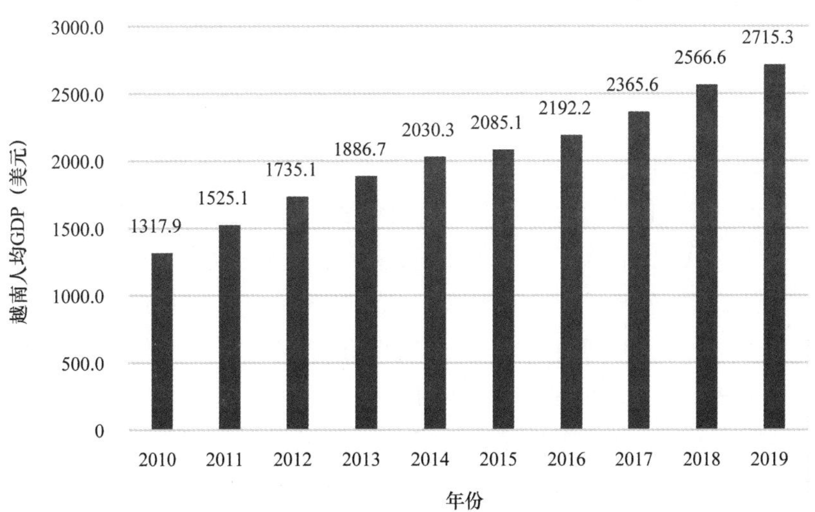

图 7-2　2010—2019 年越南人均 GDP

资料来源：世界银行网站。

越南在人均 GDP 方面（如图 7－2 所示），2008 年突破 1000 美元后一直保持着快速增长，在 2014 年已经突破了 2000 美元。2019 年越南人均 GDP 为 2715.3 美元。近十年来，越南人均 GDP 增长最快的年份是 2011 年，增速达 15.7%；增长最慢的年份是 2015 年，增速仅为 2.7%；其他年份的增速均处于 5% 以上，2019 年增速为 5.8%。

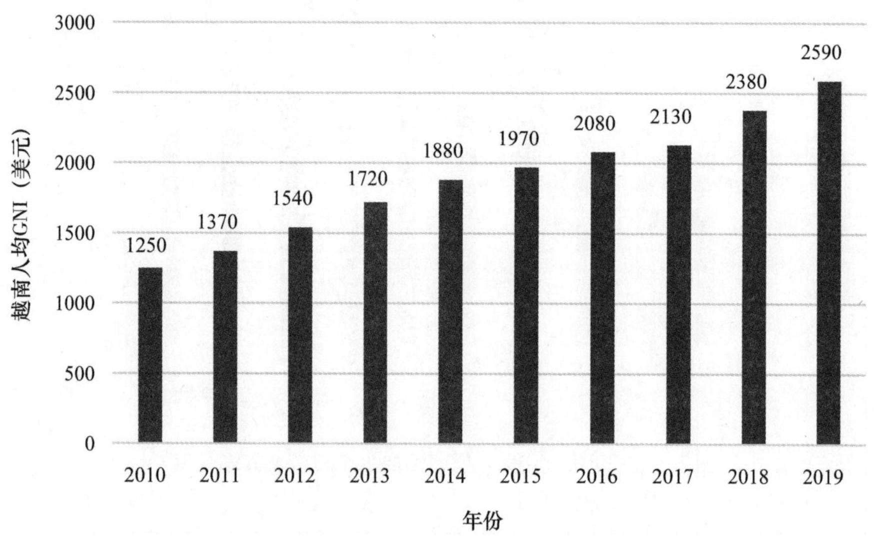

图 7－3　2010—2019 年越南人均国民总收入

资料来源：Wind 数据库。

越南人均国民总收入在 2009 年首次突破 1000 美元，并从低收入国家行列跨入中等偏低收入国家行列。近十年来，越南人均国民总收入（如图 7－3 所示）逐年增长，2016 年越南人均国民总收入突破 2000 美元，2019 年达到 2590 美元。其中，越南人均国民总收入增长最快的年份是 2010 年，增速达 23.8%；增长最慢的年份是 2017 年，增速仅为 2.4%；10 年间有 4 个年份的增速在 10% 以上。

越南签署新一代自贸协定，特别是《跨太平洋伙伴关系全面及进步协定》（CPTPP）和《越南—欧盟自贸协定》（EVFTA）将对 2021—2025 年的越南经济产生深刻的影响。越南国家经济社会预报和信息中心建立了预测 2021—2025 年越南经济增长的两种情景。据其预测，2021—2025 年越南 GDP 年均增速约达 7%，宏观经济保持稳定，通胀率在 3.5%—

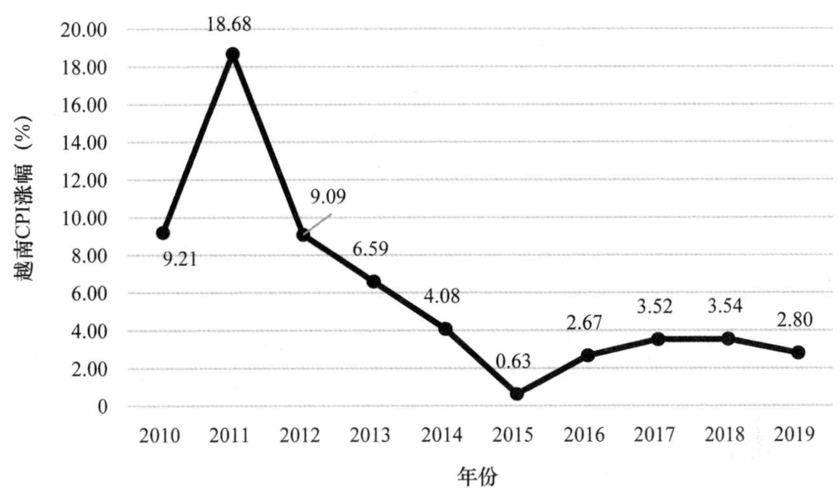

图 7－4　2010—2019 年越南 CPI 涨幅

资料来源：Wind 数据库。

4.5%，劳动生产率以每年 6.3% 的速度增长。另外一个经济预测情景是，若越南可充分利用第四次工业革命的科技成果，招商引资的质量得到改善，越南 GDP 有望增长 7.5%。①

第二节　越南的经济结构考察

在越南产业结构方面，2005—2017 年，越南第一产业占三大产业总值的比重总体上呈现出下降趋势，第二产业有小幅度波动，第三产业稳步发展，且在三大产业总值的比重中常年保持在 40% 以上。2017 年，农、林、渔业占三大产业总值的比重为 16.7%，同比下降 0.6%；工业和建筑业占三大产业总值的比重为 39.5%，同比上升 0.4%；服务业占三大产业总值的比重为 43.8%，同比增加 0.2%，成为越南最大的产业。2020 年越南的经济结构为：农林水产业的比重占 14.85%，工业和建设业的比重占 33.72%，服务业占 41.73%。② 下一步越南将继续加快产业结构调整，增加加工制造业

① 《2021—2025 年越南 GDP 预计增长 7%》，2019 年 11 月，越南人民报网（https://cn.nhandan.com.vn/economic/item/7436301－2021—2025 年阶段越南 gdp 预计增长 7.html）。

② 《2020 年越南 GDP 增长达 2.91%》，2020 年 12 月，越南人民报网（https://cn.nhandan.com.vn/theodongsukien/item/8388201－2020 年越南 gdp 增长达 2－91.html）。

比重，特别是深加工、农产品加工、配套产业和消费品制造业。

一 农林产业

越南耕地和林地占国土总面积的60%。由于地处热带、亚热带，气候炎热，适宜种植水稻、玉米、甘薯和木薯等粮食作物，其中以水稻为主。素有“越南粮仓”之美誉的湄公河三角洲的水稻种植面积和产量在全国居第一位，红河平原居第二位。1996年，全国粮食作物的种植面积为821.26万公顷，其中水稻种植面积为702.07万公顷，占全国粮食作物总面积的85.5%。2002年越南水稻种植面积占全国粮食作物种植面积的48%（2000年和2001年这一比例分别为60%和59.9%）。随着革新开放的深入发展，越南不断对农业种植结构进行调整，进一步增加经济作物和水产养殖面积而减少水稻种植面积。2007年，越南全国水稻种植面积比2006年减少了12.38万公顷，为720.1万公顷，相当于2006年的98.3%。这是越南连续第四年缩减水稻种植面积，与2002年相比，水稻种植面积共缩减了26.2万公顷。①

越南的农业发展有许多便利条件，如温湿的气候、充足的水源等，植物生长系数非常高，种植、养殖的品种类别多种多样，农业生产复种指数高。地理条件比较优越，有5个平原（北部平原、清乂静平原、平治天平原、南部平原、中部南区平原），7个生态区和一些小型气候区，可进行复种、间种。

自1986年以来，越南农业发展很快，最突出的成绩是粮食产量得到持续稳步的增长。1985年粮食总产量为1820万吨；1990年粮食总产量为2148万吨；1998年粮食总产量为3110万吨；2000年粮食总产量为3500万吨；2002年粮食总产量为3600万吨。到2009年，粮食总产量达到4330万吨，其中，水稻3980万吨，玉米440万吨，茶叶产量达到79.88万吨，橡胶产量为73.37万吨、胡椒产量为10.56万吨、牛肉产量为32.38万吨、猪肉产量为293.14万吨、家禽产量为52.28万吨、禽蛋产量为59.521亿枚。

越南不少粮食作物、经济作物和水果等热带特色农产品和水产品在世界市场上占有相当的份额，具有很强的国际竞争力。越南是世界上三大谷

① 徐绍丽等：《列国志——越南》，社会科学文献出版社2015年版，第xxx—xxx页。

仓之一，腰果产量占世界总产量的一半以上，是世界上第三大橡胶生产国。越南已成为农产品出口的重要国家，咖啡、腰果、黑胡椒出口额均居世界第一，粮食出口已稳居世界第二位，还是世界上水产品十大出口国之一。

2007 年越南正式成为 WTO 成员，在农业生产和出口方面面临着新的机遇，美国给予越南贸易最惠国待遇，这有利于扩大农产品出口市场。在这些因素的共同作用下，越南农业有了新的发展。2019 年前 9 个月，尽管面临非洲猪瘟的巨大影响和出口市场的困难，越南农业仍保持良好的增长势头，增速达 2.02%。2019 年前 9 个月，越南农业出口额达 300.2 亿美元，农林水产品贸易顺差达 68.6 亿美元，比 2018 年同期增加约 10 亿美元。畜牧业因遭受非洲猪瘟的巨大影响，导致猪肉产量下降 8%，生产总值下降 0.6%。其他畜牧产品的产量均保持增长势头，如水牛肉产量达 7.05 万吨，增长 3.1%；牛肉产量达 26.49 万吨，增长 4.2%；禽肉产量达 93.14 万吨，增长 13.5%；禽蛋产量达 92 亿枚，增长 10% 等。[①] 2020 年，越南农林水产业增长 2.68%，对全国经济增长的贡献率达 13.5%，其中农业增长 2.55%，林业增长 2.82%，水产业增长 3.08%。[②]

二　工业和制造业

在法国实施殖民侵略以前，从原始社会到封建社会漫长的时间里，越南是以农耕经济为主，只有一些手工业作坊，几乎没有现代工业。在法国殖民时期，越南发展了一些工业，包括矿产开发和加工业等。[③]

① 《越南农业部门将采取有力措施确保完成全年目标任务》，2019 年 10 月，越通社（https：//zh. vietnamplus. vn/越南农业部门将采取有力措施确保完成全年目标任务/103732. vnp）。

② 《2020 年越南 GDP 增长达 2.91%》，2020 年 12 月，越南人民报网（https：//cn. nhandan. com. vn/theodongsukien/item/8388201 – 2020 年越南 gdp 增长达 2 – 91. html）。

③ 1945 年越南八月革命后，法国人卷土重来。法国人在越南时期主要忙于对付越盟，越南的工业几乎处于停滞状态。1954 年法国人离开越南，越南开始了北南分治时期。在北方，应胡志明主席和越南劳动党中央的邀请，1956 年 4 月，中国时任领导人陈云访问越南，对越南北方工农业生产建设的重大方向性问题，提出了“先农后工，先轻后重”的重要主张，并被越南劳动党中央所采纳和实施。这一时期，越南北方恢复了法属时期的一些工厂，同时在中国的援助下，发展了一批工矿企业。在南越，尽管战争持续，由于得到美国的援助，华人经济活跃，一些轻工企业甚至一些当时比较先进的电视机制造厂都得到了发展。1975 年越南北南统一，越南在市场经济已很有基础的南方实施极“左”的社会主义改造，推行一系列新经济政策，包括对工商企业进行国有化。越南南方工业遭到了严重的打击，一批拥有较先进技术的工厂变成了一堆废铁。这一时期一直延续到越南正式革新开放的 20 世纪 80 年代中期。

实行革新开放以后，越南工业发展较快，国家对工业领域的投资逐年增加，一些私营企业也发展起来，尤其是一批外资企业的进入，它们带来了先进的生产技术和管理经验。越南工业进入了一个快速发展的时期。1986—1990 年，越南工业生产的年增长率为 6.2%，1991—1995 年达到了 13.6%。

1986—1990 年，因处于转轨时期，许多企业对新机制一时还不适应，越南工业生产的年增长率仅为 6.2%。1991—1995 年，工业生产步入稳定发展阶段，年增长率为 13.6%。1996—2000 年，虽然受东南亚金融危机的影响，1998 年和 1999 年的工业发展速度有所下降，但在这 5 年中工业产值年均仍增长 13.5%，居东南亚国家之首。2001 年工业总产值达 228.182 万亿越盾（1 美元 = 15130 盾），同比增长 14.5%，其中油气、电力、钢铁、化肥、建材、纺织、服装、鞋类、电子电器、粮食和食品加工等增长尤其明显。2004 年，越南工业总产值达 354 万亿越盾，同比增长 16%，占 GDP 的 41.1%。2007 年是越南工业部和贸易部合并的头一年。2007 年越南工业和建筑业产值为 297 亿美元，同比增长 10.6%，远高于 GDP 的增长速度（8.5%）。2008 年，越南工业产值同比增长 14.6%。2009 年，越南工业产值同比增长 9.9%。2010 年工业产值同比增长 14%。其中国有企业产值同比增长 7.4%，外资企业产值同比增长 17.2%。这表明越南已初步建成门类较齐全的工业体系。

2020 年，越南工业和建设业增长 3.98%，贡献率达 53%。工业部分增长 3.36%，其中加工和制造业为主要支撑，成为全国经济增长的引擎，增长率达 5.82%；建设业增长 6.76%。[①] 得益于丰富的劳动力资源，越南的加工制造业发展迅速。电子、纺织和鞋类作为越南的三大优势产业，对越南出口的贡献超过六成。然而，越南工业中多数行业的产业链并不完整，科技创新能力薄弱，附加值不高。

三 服务业

越南第三产业服务业在 2020 年创造了最高的水平，就越南经济的比重来说，服务业对越南经济的拉动曾经占到整个国家 GDP 的 40.92%，因此越南的服务业成为越南经济的支柱。在第三产业中，占比最高的几项依

---

① 《2020 年越南 GDP 增长达 2.91%》，2020 年 12 月，越南人民报网（https://cn.nhandan.com.vn/theodongsukien/item/8388201 - 2020 年越南 gdp 增长达 2 - 91.html）。

次为批发零售业，汽车、摩托车和金融、银行和保险业，房地产业等。因新冠肺炎疫情暴发，服务和贸易遭受严重影响，2020 年越南服务业增长率创下 2011—2020 年阶段新低。批发零售业、金融银行和保险、物流、居住和餐饮服务等的增长率分别为 5.53%、6.87%、1.88% 和 14.68%。①

2021 年 4 月，越南政府总理批准 2021—2030 年、展望 2050 年越南服务业发展的总体战略。该战略的具体目标是，2021—2030 年越南服务业的增长率将达到 7%—8%，高于经济的总体增长率。到 2030 年，服务业的份额将占 GDP 的 50% 左右。2030—2050 年，服务业的增长率将继续高于经济的总体增长率，约占 GDP 的 60%。该战略的总体方向是在第四次工业革命和越南深入融合国际的背景下，加快体制改革，提高服务业的透明度、效率和竞争力。此外，要加快以现代技术为基础的服务业结构调整，应用第四次工业革命的成果，尤其是在服务领域，如金融、银行业、保险、医疗、教育、运输、物流、贸易等行业。保持服务业的增长率高于国内生产总值的增长率，逐步提高服务业占 GDP 的比重。②

第三节　越南金融体系形成考察

越南金融体系的发展历程大体上可分为三个阶段：越南金融业的起步阶段，即革新前的越南金融状况；越南金融业的发展阶段，即在 1986 年进行的革新中对金融业实施的改革；越南金融业的完善阶段，即当代越南金融体系。

一　越南金融业的起步阶段

越南南方于 1975 年解放，1976 年越南南北统一，改名越南社会主义共和国。在解放南方后，越南国家银行将接管原南越政权的银行体系、整顿私人银行和外国银行、设立南方各地（包括省、市、郡、县）的银行作为核心任务。③ 依托越共四大提出的经济建设任务，越南金融系统

---

① 《2020 年越南 GDP 增长达 2.91%》，2020 年 12 月，越南人民报网（https://cn.nhandan.com.vn/theodongsukien/item/8388201-2020 年越南 gdp 增长达 2-91.html）。

② 《越南服务业发展战略：2021—2030 年期间服务业的增长率将达到 7%—8%》，2021 年 4 月，中国—东盟自由贸易区官网（http://www.cafta.org.cn/show.php?contentid=92674）。

③ 徐绍丽等：《列国志——越南》，社会科学文献出版社 2005 年版，第 199 页。

在 1976—1985 年运用货币、信贷以及银行的各项职能，集中国内外的资金力量，满足越南国民经济的发展需求、国内各生产部门的建设以及流动资金的信贷需要。

（一）1976—1980 年

1976—1980 年，越南南北货币得以统一。在越南南方解放后，基于南北两地的政治制度和经济结构差异，越南政府曾允许南越发行的旧货币短暂流通。通过近三年的调整适应，最终越南政府在全国范围内统一发行新货币，并规定了新盾与北方旧盾（1∶1）和南方旧盾（1∶0.8）的兑换比①，为全国财政和经济政策的统一奠定了基础。

这一期间，越南信贷系统及信贷投资的改善主要体现在两个方面：第一，从越南全国统一信贷制度来说，扩大了信贷范围，扩大了基本建设投资，局部开放了消费信贷资金；第二，从越南银行投资面向的部门来说，发展受到集中促进的主要是第一和第二产业的部门。

就越南信贷系统的构建来说，在 1976 年越共“四大”通过的决议的指导下②，越南信贷系统分两个方面推进自身的构建和完善：一方面，越南全国施行统一的信贷制度，将信贷范围从计划内扩大至包含计划内和计划外；另一方面，越南落实银行扩大贷款的政策，旨在扶持资产投资和国家基本建设。此外，除了扩大国有经济和集体经济的信贷外，越南银行系统还开始发放消费信贷。

就越南信贷投资的启动来说，1976—1980 年，越南银行的资金增加 65 亿越盾，流动资金投资增加 20 亿越盾。③ 这些银行信贷资金被用于支持国家基础建设和刺激经济发展，包括对地方经济特别是县级经济的促进，以及对各生产部门发展的促进。

（二）1981—1985 年

1981—1985 年，越南的贷款余额、短期贷款总额增长过快，而同期存款却未见同步增长。由于越南信贷部门的自由资金无法满足信贷投资的需求，越南政府只能通过印刷超额货币来填补资金缺口。

具体来说，一方面，越南银行系统中进入流通的贷款余额增加幅度过

① 陈伶、古小松：《走向 2000 年的越南》，广西人民出版社 1991 年版，第 180 页。

② 《越南共产党第四次全国代表大会文件》，越南外文出版社 1977 年版，第 27 页。

③ 陈伶、古小松：《走向 2000 年的越南》，第 187 页。

大、速率过快。1981—1985 年，每年贷款余额增长率达 163.2%。越南银行的自有资金和长期贷款增长效果显著，1980 年自有资金和长期贷款总额为 2.663 亿盾，至 1985 年底已达 94.38 亿盾，年均增长率为 204%。另一方面，越南社会总产值年均增长率为 78.5%，越南银行的存款没有相应增加。1980 年，越南银行国家居民存款约 1.35 亿盾，至 1985 年增加至 26.22 亿盾，年均增长率为 80.99%，且一半以上为活期储蓄。[1]

上述情况导致在越南银行专项存款和长期储蓄数额不足的同时，其信贷投资大大超过银行的储蓄资金和自由资金，为平衡和调节信贷收支、弥补信贷缺口，越南政府只能超额发行货币。在社会总产品未相应增加的背景下，信贷额和社会货币流通量的提升加剧了越南的通货膨胀和物价上涨。

二 越南金融业的发展阶段

1986 年，越南开始正式施行革新，国家在经济转轨和金融深化方面所取得的成就不凡，成为地区内经济增长快速、市场活跃的代表。这一从传统的计划经济体制向市场经济体制转变的革新过程大体上分为三个阶段：第一阶段，对市场经济的探索徘徊阶段；第二阶段，革新高速发展阶段；第三阶段，革新平稳发展阶段。在越南三个阶段的革新事业推进过程中，其金融体系的改革主要体现在以下方面：货币及银行政策改革、银行系统改革、信贷及证券市场改革。越南正式的金融改革开始于 1988 年，依据亚洲金融危机及越南金融动荡的爆发，将其改革划分为三个阶段。亚洲金融危机爆发之前的改革集中于金融体制改革；亚洲金融危机爆发到越南金融动荡期间致力于金融制度和证券市场建设；从越南金融动荡期至今则相对注重货币金融政策的调整。

（一）货币政策改革

越南政府严格将中央银行和商业银行的职能区分开来，规定中央银行所承担的职责只是稳定货币，行使国家宏观调控的职能，而不得从事经营性业务；而商业银行则严格按照商业化、企业化的模式进行自负盈亏的经营，但不负责对亏损和无力偿还债务的企业提供贷款及资金供给。对于利率政策，越南政府于 1989 年决定对其进行根本性改革，大幅提升利率，

---

① 陈伶、古小松：《走向 2000 年的越南》，广西人民出版社 1991 年版，第 188 页。

以此作为应对通货膨胀的有效手段之一。一是允许商业银行实行浮动利率。由国家制定利率浮动的最高限和最低限，商业银行在规定的浮动幅度内，可以根据市场供求情况，自行决定利率。二是实行利率明显高于通货膨胀率的政策。1992 年，越南政府继续调整利率，实施利率自由化，旨在对价格、资本和其他基本生产要素实行市场机制。[①] 但是对农业贷款仍然实行政策性利率，一般低于对工业的贷款，具体由政府决定，农业银行的政策性经营亏损由政府给予补贴。

对于运用货币政策等工具，越南以往通过行政手段提高利率并对国营经济部门实行紧缩贷款和财政预算政策，以此控制货币供应量。而改革之后，越南货币供应管理的重心转移至直接监督货币发行量、间接监督货币流通总量、强制规定最低货币储备量。

对于汇率政策，自 1989 年开始，越南由固定汇率政策逐步转向国家调节下的自由浮动汇率政策。所有的银行都可以经营外汇，同时越南分别在河内和胡志明市建立外汇交易中心。从 1992 年起实行汇率并轨，汇价按河内和胡志明市两个外汇市场的价格确定；允许有管理的外汇买卖，企业可以到外汇市场或银行购买所需要的外汇。统一而灵活的汇率在国家调节下实施，使得比价真实地体现了越盾标明的外币价格，并取决于市场供求。

（二）银行系统改革

越南是一个社会主义国家，长期实行计划经济，金融体系十分单一。自金融改革以来，越南积极着手建立多元化的金融体系。到 1990 年，越南建立起了以中央银行为领导，工商、农业、投资和外贸四种专业银行支持的国有银行体系。此后又成立了合资、合股银行、财务公司，允许外国银行在越南设立分支机构和代表处。到 1998 年底，越南已有 56 家合资、合股银行，23 家外国银行分行和 62 个外国银行代表处。越南银行系统的改革主要包含四个范畴：银行系统目标改革；银行资金供应改革；银行系统整顿；外资银行改革。

对于银行系统目标，越南国家银行 1997 年对此做出规定，包括开展畅通的贸易—信用政策；制定银行法；促进银行业的对外接轨，发展同国际金融组织的密切关系；整顿完善国内银行系统。上述这些措施主要是为

① 刘稚等编著：《当代越南经济》，云南大学出版社 2000 年版，第 325 页。

了拓宽信贷资金在国家建设中的用途、全面发展银行部门、确保银行对外工作以及提升信贷质量。

对于资金供应，越南银行部门为满足国家在经济建设活动中的资金需求，积极拓展信贷活动，尤其是着力增长中长期放款余额以及对国营经济领域的信贷，保证获得政府审批的项目的资金供应。

对于整顿银行系统，越南政府于 1998 年启动对自身银行系统的整顿以应对金融危机，其措施主要包括对现有银行的合并或转型，以及对新成立的银行注册资金底线的严格规定。1998 年递交至越南中央银行的关于银行行政法令的草案中，包括对金融机构经营管理的规定、对金融管理的规定、对国际给付损益平衡的规定、对国家外汇存底使用管理的规定、对货币相关印造管理运输及销毁的规定、对银行最低注册资金的规定。①

自 1988 年始，越南的外资银行有了一定的发展。政府允许设立外资银行办事处、分支机构，也对外资及合资银行所拥有的资金做出了规定，1991 年开始允许成立拥有 900 万美元资金的外资银行。至 1995 年，虽然在越南开设的外国银行办事处、分支机构、外资银行及合资银行数量有了较大提升，但其业务十分有限，多数只提供长期贸易信贷。

（三）信贷及证券市场改革

越南信贷及证券市场改革主要包含四个范畴：农业信贷改革；信用合作社改革；货币和信贷政策改革；证券市场改革。

对于农业信贷，越南设立了具体的农业信贷目标，即将商业信贷配套投资建设需求，采取信贷计划以扶持越南农业、农村的基础设施发展。同时，越南农业及农村发展银行还为农民贷款提供各项优惠政策，为因客观原因而遭遇困难的农民减轻还款压力，并尽量简化贷款办理手续。

对于信用合作社，在革新期间，越南在经济高速发展的同时，其国民贷款需求也迅猛增长。由于革新期间国有商业银行不能满足非国有企业的资金需求，能够向贷方提供优惠利率的信用合作社逐步壮大。在 1990 年出台的银行条例中，越南政府对信用合作社的管理愈加严格及规范化。

对于货币和信贷政策，越南政府在革新中将其主要目的拟定为：控

① 刘稚等编著：《当代越南经济》，云南大学出版社 2000 年版，第 324 页。

制及治理通货膨胀；改革银行体制并监督资金市场；使得信贷和金融服务产业按商业经营原则活动；发展股份银行和信用合作社；将信贷、黄金等经营活动公开化、合法化；构建经济成分多样化的资金市场；调动闲置资金；搭建股票交易所；广泛使用非现金结算手段等。①

对于证券市场，越南政府先行设立了证券交易中介公司、证券交易公司、资产管理公司、保证金管理公司、证券保险公司等，1998 年正式成立证券交易中心，规划上市债券和股票。

三 越南金融业的完善阶段

自 1986 年至 2019 年，越南革新已 30 余年。这 30 多年深入、全面和彻底的革新进程是越南发展过程中的重大历史阶段，是标志着越南党、国家和人民成长的里程碑，这一越南全党、全国人民的伟大革命事业，体现为对民富、国强、民主、公平、文明目标的争取。

具体到金融体系，自 1986 年革新以来，越南金融市场快速发展：越南银行对金融机制进行了改革，使其符合越南实际情况并逐步接轨国际，为发展多成分经济、抑制通胀、提高人民生活以及加快经济货币流通等做出积极贡献；越南证券市场逐步形成，有助于形成多样化投资资金来源；越南保险市场为保持生产活动及居民生活稳定、争取资金来促进国家工业化和现代化事业做出积极贡献。

（一）银行业呈现出新面貌

1986 年越南政府实施革新政策后，1988 年越南政府为加强宏观调控，将国家银行过渡为中央银行，1997 年越南政府颁布《越南国家银行法》，在不到 10 年时间里，越南的银行业实现了法制化进程，呈现出新的面貌。革新后越南银行业发展历程如表 7 – 1 所示。

由于全球金融危机、经济衰退和国内经济疲软的冲击，越南宏观经济运行中存在许多不稳定因素，房地产和股市双双走软。2011 年底，越南全国信贷机构体系陷入困境，流动性紧张。

为应对这种不利局面，推进以商业银行体系结构重组为核心的金融体系结构重组进程，越南政府总理于 2012 年 3 月 1 日签发第 254/2012/Q – DTTg 号决定，正式批准《2011—2015 年阶段信贷组织体系结构重组》提

---

① 刘稚等编著：《当代越南经济》，云南大学出版社 2000 年版，第 329 页。

案，旨在改善越南信贷组织体系的经营能力，着力增强信贷组织体系安全性和活动效果，强化银行业自律管理和坚持市场化原则。

表 7－1　　革新后越南银行业发展概述

时间（年）	事　件	补充说明
1988	将国家银行过渡为中央银行，加强宏观调控	商业银行功能向农业银行和工商银行转移
1990	颁布银行条例	下放国有商业银行自主权；加强国家银行对银行系统的控制
1990	四家专业银行经营效益和状况良好	工商银行、农业银行、投资银行、外贸银行
1991	开放私人开办股份制金融机构	—
1993	私人开办的股份制银行达 10 家	—
1993	专业银行获批允许外商入股	外商最多可持有 30% 的股权
1995	合股银行达 52 家	—
1997	颁布《越南国家银行法》	—
2003	修订《越南国家银行法》	—

资料来源：古小松《越南经济》，中国出版集团 2016 年版，第 196—198 页。

通过实施该重组提案以及在越南银行业和政治体系的努力下，银行体系结构重组和坏账处理等走上了正确之路，至 2015 年，越南银行业基本完成了商业银行体系结构重组和坏账处理两项目标，打造了更稳定和强大、高效的信贷机构体系。具体来说，这期间以商业银行体系结构重组为核心的越南金融体系结构重组进程所取得的显著成就包括：多家经营能力弱的银行完成合并，通过从严处理坏账问题增强银行流动性，注重控制信贷风险及提高竞争力，着力改善商业银行乃至信贷组织体系的健康性。至提案规划完成的 2015 年，越南全国共有 19 个信贷机构，外国银行分行通过兼并、合并、撤销许可证、解体等形式进行缩减；年均贷款基准利率从 20% 降至 7%—9%；黄金市场管理有序、稳定运行；汇率保持稳定；资金流向经济的渠道逐步疏通；银行信贷按照使用目的合理分配并符合革新、经济社会可持续发展方向。

（二）证券业进一步完善

同大多数发展中国家一样，越南在经济建设中也面临着严重的资金短缺问题，自1986年越南政府实施革新政策以来，越南证券业发展迅速，制度化和规范化水平逐年提升。从1993年为证券市场的建设做铺垫，历经十多年，越南政府一步步实现了《证券法》的立法目标，标志着越南证券市场正规化和法制化的达成。革新后越南证券业发展历程如表7－2所示。

在2000年胡志明市证券交易中心开业时，仅有机电工程股份公司（REE）和远通无私股份公司（SACOM）两只股票上市。2016年，越南有超过千家上市企业，其总市值占国内生产总值的比例超过六成。越南政府总理阮春福如此评价越南证券部门所取得的成就："这是令人瞩目的数字，体现了越南证券市场在金融体系中的迅速成长。"

证券市场为国家财政有效地筹集了资金。在20年的发展历程中，越南债券市场年均增长31%，是东南亚地区和东盟"10+3"（东盟十国加中日韩）经济体中增长最快的市场，成为越南政府重要的筹资渠道。2010—2015年，越南证券市场共为国家财政筹集到795.83万亿越盾的资金，比2005—2010年增长了17倍，占同期发行的政府债券规模总额的94%。这笔重要资金被用于服务国家经济社会发展项目。

证券市场成为企业融资渠道。截至2016年，企业通过证券市场发行股票共筹集到380万亿越盾的资金，众多上市企业的资本规模通过证券市场大幅增加，有些企业增加了17—19倍，最大企业的资本规模年均增长60%，许多企业在成功上市挂牌后已成为大型企业、集团。

表7－2　革新后越南证券业发展概述

时间（年）	事件	补充说明
1993	成立建立和发展资本市场研究委员会	为建立证券市场做准备
1996	成立国家证券委员会	管理证券和证券市场
1998	成立胡志明市证券交易中心	—
2000	胡志明市证券交易中心正式运作	两家挂牌上市公司开始执行第一盘证券交易
2004	越南国家证券管理委员会交由越南财政部管理	加强对证券市场的有效管理
2005	河内证券交易所开业	—
2006	越南国会通过《证券法》	—
2007	《证券法》正式生效	—

资料来源：古小松《越南经济》，中国出版集团2016年版，第202—204页。

股市总市值劲升。就股市总值来说，2000 年越南股市仅有 2 家公司挂牌上市，总市值为9860 亿越盾，占 GDP 的 0.28%；发展至 2016 年 11 月，越南股市总市值达 1790 万亿越盾，占 GDP 的 43%，债券市场余额占 GDP 的 24%。越南股市和债券市场市值在 GDP 中的高占比，有助于在促进证券市场与信贷货币市场和谐发展的基础上打造现代金融体系。就上市公司数量来说，在越南两个证券交易所挂牌上市的企业数量日益增多，2016 年上市公司数量达到 691 家，在非上市公众公司股权交易市场（UP-CoM）交易所上市的公司总数为 373 家。大量的上市公司有助于缩小自由市场，拓展集中市场，增强透明度、专业性及保护投资者利益。

证券公司规模增加近百倍。越南证券市场诞生时仅拥有 7 家证券公司，注册资本最低为 60 亿越盾，最高为 430 亿越盾；发展至 2016 年底，越南证券公司共有 79 家，其中注册资本最高的为 4.2 万亿越盾，比初始阶段增加近百倍。截至 2016 年 11 月，越南正常运转的基金管理公司共有 43 家，管理资产规模达 146 多万亿越盾，比 2010 年底增长 50%。上述基金管理公司共管理 30 只证券投资基金，净资产总额达 7.37 万亿越盾，其中包括 8 只开放式基金、2 只交易所交易基金、1 只封闭式基金和 1 只房地产投资基金。

证券市场推进经济结构调整。越南证券市场以拍卖、挂牌上市等形式实行股份化、从非主营业务撤资，以此推进国有企业改革，旨在增强透明度、运营效率和保护投资者利益。2011—2015 年，实行股份制的越南国有企业共 438 家，完成计划的 81% 以上，收回 28 万多亿越盾。

在实行股份制后，一方面，挂牌上市的企业的规模、运营效率、管理质量都得以提升，总资产年均增长 12%，所有者权益总额年均增长 18%，并形成一系列大型企业，如越南乳制品股份公司、Vincom、马山集团、和发集团、越南冷电科技股份公司等。另一方面，越南证券部门在树立有关企业管理工作和实现商业运作透明化的新标准中起到带头作用，上市企业根据国际标准对此加以不断完善，并将该模式扩展到国有企业和其他企业类型。

（三）危机稳定后内外货币政策灵活搭配

为维持宏观经济稳定、抑制通货膨胀、改善国际收支平衡，越南央行于 2009 年 11 月 25 日宣布，自 11 月 26 日起，将美元兑越盾的汇率上调 5.44%，至每 1 美元可兑换 17961 越盾，并将美元对越盾的汇率允许波动区间由原来的5%收窄至3%，这已是越南两年内第三次贬值本币。与此同时，越南央行还宣布，自2009年12月1日起将基准利率和再融资率由7%上调至8%，再贴现率由5%上调至6%。为增加政府美元储备额度，保证市场外汇供应量，2009年12月30日越南国家银行发文要求7大国有企业（越南石油集团、越南煤矿—工业集团、南方粮食总公司、北方粮食总公司、越南机械组装总公司、南方航空港总公司、越南化工原料总公司）于12月31日将外汇存款中30%的定期存款、100%的活期存款以及所有的外汇往来收入出售给外汇指定银行，该次售汇额度接近20亿美元，约占越南全年贸易逆差的1/6。近十年来越南的通货膨胀率波动较大。2010年至2013年，越南CPI涨幅较高，在6.5%的水平以上，2011年的CPI涨幅甚至超过了18%。近六年来越南的CPI涨幅则较低，基本保持在4%以下，其中2015年更是降低至0.63%。在世界经济论坛公布的2019年全球竞争指数中，越南在参与排名的141个经济体中排名第67位，其中一项考察指标获得满分，即“世界上通货膨胀率最稳定”考察指标。①

越南金融体系结构如图7－5所示。

越南的金融业虽得到不断的发展与完善，但越南的金融结构仍比较单一。从监管的角度来看，越南以越南国家银行、国家财政部、国家证券委员会三大机构为核心，分别对银行类及非银行类金融机构实施监管。其中，越南国家银行作为中央银行，对国家货币和银行经营实施监管，此外还负责制定监管方面的法规，对违规的信用机构进行惩罚；而越南国家财政部主要负责对保险业的监管、相关法规的制定，及保险经营许可证的签发与撤销；越南国家证券委员会则负责监管证券市场，包括签发证券公司上市的许可证、证券公司的经营活动、证券交易与服务等。很明显，越南的金融机构种类偏少，相对于非银行类金融机构，越南银行类金融机构明显占据着主导地位，其中又以国有银行居多，银行机构市场化程度不高。而且，非银行类金融机构也仅仅包括金融公司、金融租赁公司、保险公司与证券公司四种类型而已。

① 碧银：《改革尝到甜头》，2019年10月，越南人民报网（https://cn.nhandan.com.vn/economic/economic_ policy/item/7346301－改革尝到甜果.html）。

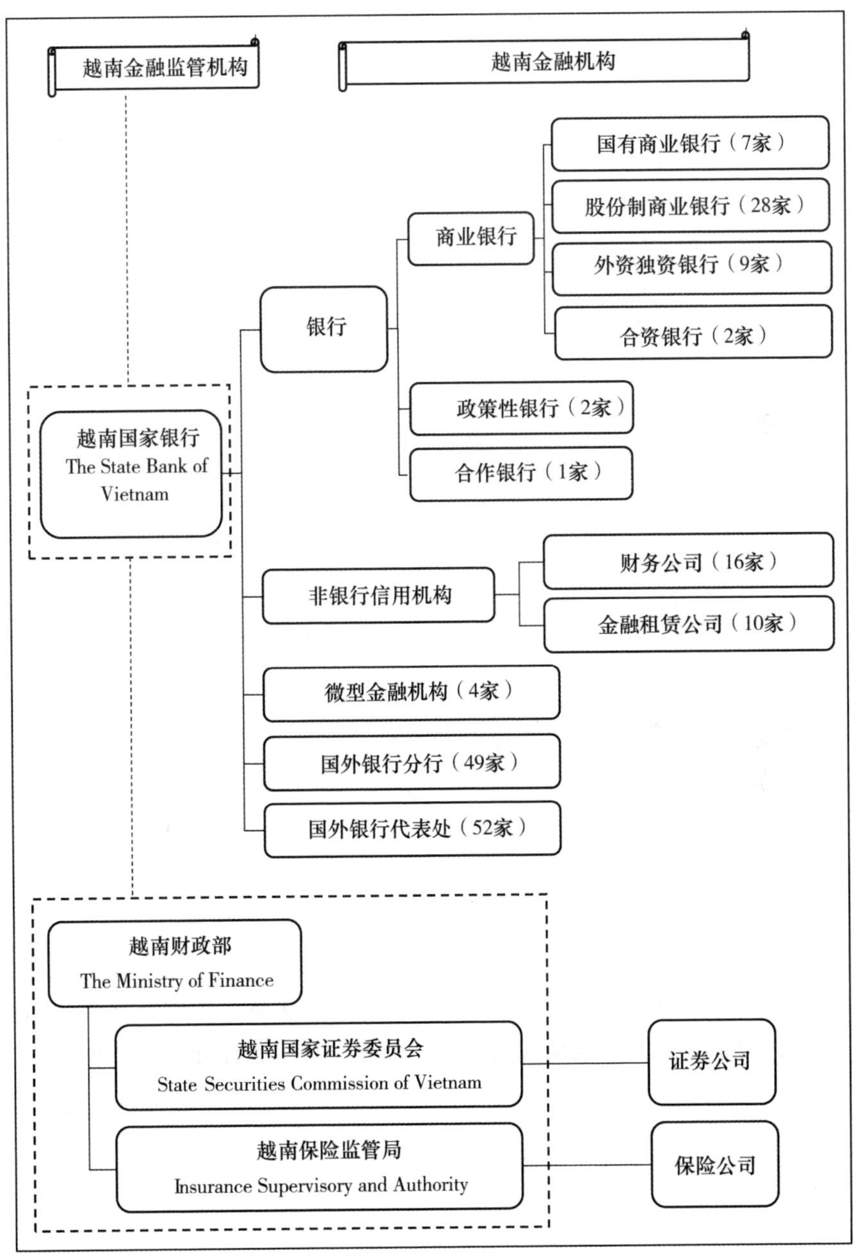

图7-5 越南金融体系结构

资料来源：笔者自行整理作图。

第四节 越南金融机构体系

在越南进入革新开放时期后，现代金融机构体系得以逐步形成和发展。1997 年，东南亚金融危机爆发，虽然越盾面临的压力巨大，但越南较为完善的金融体系依旧能够保持国内金融形势的相对稳定。越南 2006 年 11 月加入世贸组织后，银行业的外资比重有所提高。在政府的宏观调控下，越南致力于建立和发展多元化的金融机构体系，依法管理银行，扩大金融市场建设，而这些金融领域的革新措施也取得了良好的成效，金融机构体系日趋成熟，有助于促进国内企业改革，并在越盾从贬到升的过程中帮助稳定物价。

一 越南中央银行

越南国家银行（State Bank of Vietnam，SBV）是越南的中央银行，属于越南中央政府的一个部级机构。越南国家银行行长属于越南政府内阁中的一员。

越南国家银行的职能包括执行国家货币、银行活动和外汇的管理，发行货币，充当信贷机构，为政府提供金融服务等。越南国家银行的业务活动，旨在稳定越南货币的价值，确保安全可靠的银行业务和信贷机构体系，确保国家支付系统的安全和效率，并在社会主义导向下为社会经济发展做出贡献。

在组织架构方面，越南国家银行管理委员会是最高决策机构，领导各分工部门、非生产性单位以及 63 个省、市级分行。63 个省级和市级分行，是越南国家银行的独立单元，受越南国家银行行长的中央管理和领导，其职能包括对其所在区域的货币、银行业务的实施向行长提出建议，并在行长的授权下实施若干中央银行业务。越南国家银行机构框架如图 7 – 6所示。越南国家银行各分工部门职能如表 7 – 3 所示，国有非生产性单位职能如表 7 – 4 所示。

越南国家银行货币政策的目标是以积极、灵活并紧密结合财政政策的货币政策来控制通货膨胀，稳定宏观经济，支持经济增长在一个合理的水平，确保信贷机构的流动性。

其货币政策的主要措施有在宏观经济和货币发展中，灵活地管理合理的利率和汇率；确保越盾的价值，继续限制美元化和黄金化；与信贷质量控制一起实施扩张性信贷措施；继续实施把银行贷款与经济政策联系起来的项目，将信贷结构转向重点领域；加快推进信贷机构改革进程；加强与其他宏观经济政策的协调等。

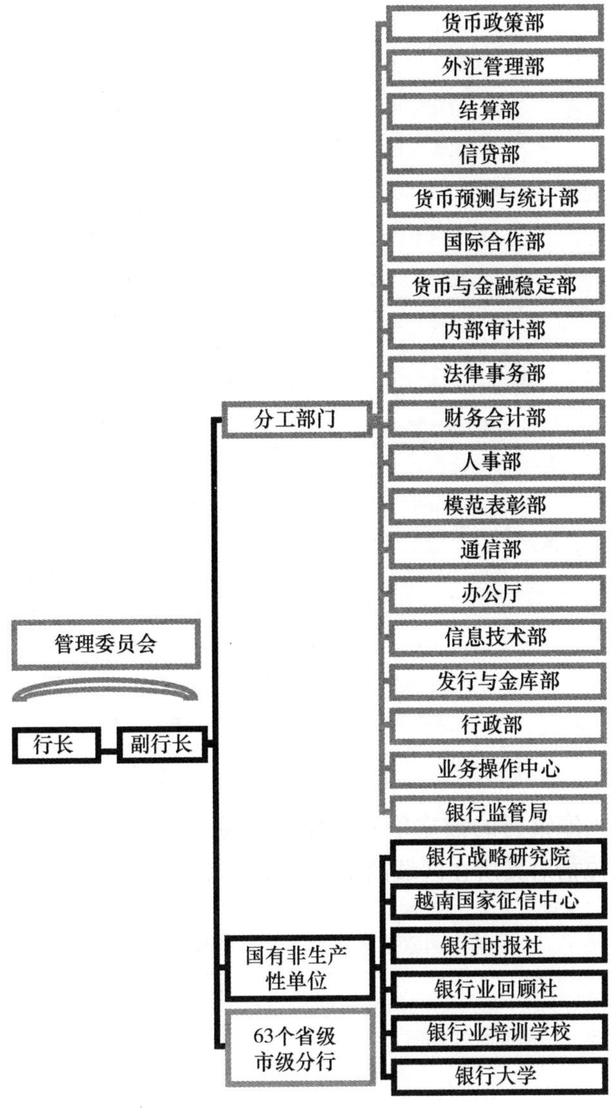

图7-6　越南国家银行机构框架示意

资料来源：越南国家银行。

表 7－3 **越南国家银行各分工部门职能**

部门	职能
货币政策部	在制定国家货币政策方面为行长提供建议和协助，执行货币政策
外汇管理部	在外汇、黄金交易方面为行长提供建议和协助
结算部	在经济结算方面为行长提供建议和协助
信贷部	在银行信贷业务和货币市场管理方面为行长提供建议和协助
货币预测与统计部	在货币预测和统计方面为行长提供建议和协助
国际合作部	在越南国家银行职责范围内的国际合作方面为行长提供建议和协助
货币与金融稳定部	在执行稳定货币与金融方面为行长提供建议和协助
内部审计部	对越南国家银行各部门的业务进行内部审计和控制
法律事务部	在制定货币、银行和外汇业务的法律框架方面为行长提供建议和协助
财务会计部	在开展财务、会计、基础设施投资方面为行长提供建议和协助
人事部	在人力资源管理、人员编制、薪酬管理方面为越南共产党越南国家银行委员会和行长提供建议和协助
模范表彰部	在模范选取和表彰方面为行长提供建议和协助
通信部	在与银行部门的信息沟通方面为行长提供建议和协助
办公厅	在指导和管理银行业务、执行越南国家银行的行政改革、记录和归档银行部门活动方面为行长提供建议和协助
信息技术部	在应用信息技术于越南国家银行和银行业方面为行长提供建议和协助
发行与金库部	在货币发行和金库运作方面为行长提供建议和协助
行政部	管理越南国家银行公共资产和行政活动，包括资产管理、财务管理、技术基础设施、后勤保障和员工保健等
业务操作中心	在中央银行业务操作方面为行长提供建议和协助
银行监管局	在越南国家银行职责范围内对银行业进行行政检查、专门检查和监督；在管理信贷机构、小型金融机构和其他机构银行业务，以及反洗钱方面为行长提供建议和协助

资料来源：越南国家银行。

表 7－4 **越南国家银行国有非生产性单位职能**

非生产性单元	职能
银行战略研究院	研究和制定银行发展战略和计划、进行银行技术研发
越南国家征信中心	收集、处理、记录和分析信用信息，提供信息服务
银行时报社	宣传越南共产党方针、国家立法和政策、银行业务的平台和社会论坛
银行业回顾社	宣传越南共产党方针、国家立法政策、银行业务和银行业的科学技术成果的平台和专业性论坛

续表

非生产性单元	职能
银行业培训学校	培训越南国家银行和越南银行业工作人员，丰富其知识、提高其管理水平、提升其专业技能
银行大学	培训和加强大专、本科和研究生阶段的经济、银行和金融领域的人力资源能力；在经济、银行和金融领域进行研究和咨询

资料来源：越南国家银行。

二　越南商业银行

越南的商业银行组织体系已经形成了国有银行为主导，股份制银行为主要组织形式的多层次商业银行体系。目前越南有 7 家国有商业银行，此外还有 34 家城市股份商业银行、18 家农村股份商业银行、12 家金融租赁公司。在越南的外资银行包括 50 家外国银行分行、4 家合资银行、5 家外国全资子银行、49 家外国银行代表处。

（一）越南商业银行发展情况

在越南商业银行数量方面（如图 7 – 7 所示），2011—2018 年越南商业银行数量维持在 40—50 家，每年有不同幅度的波动，总体上表现为先降后升的趋势。

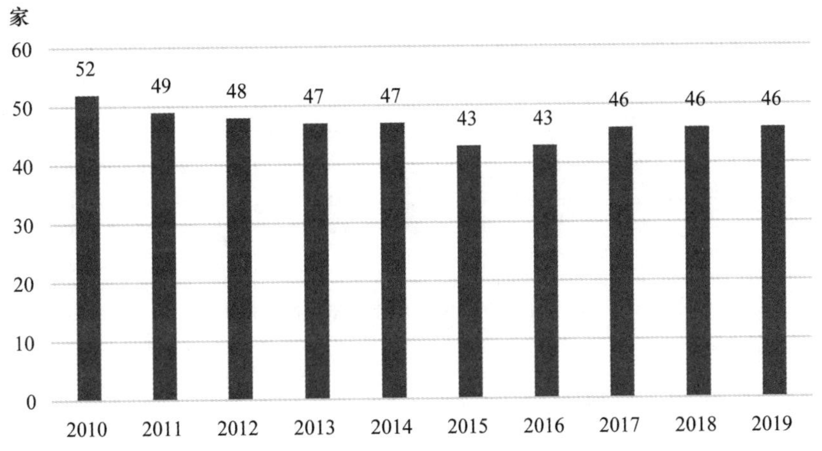

图 7 – 7　2010—2019 年越南商业银行数量

资料来源：国际货币基金组织。

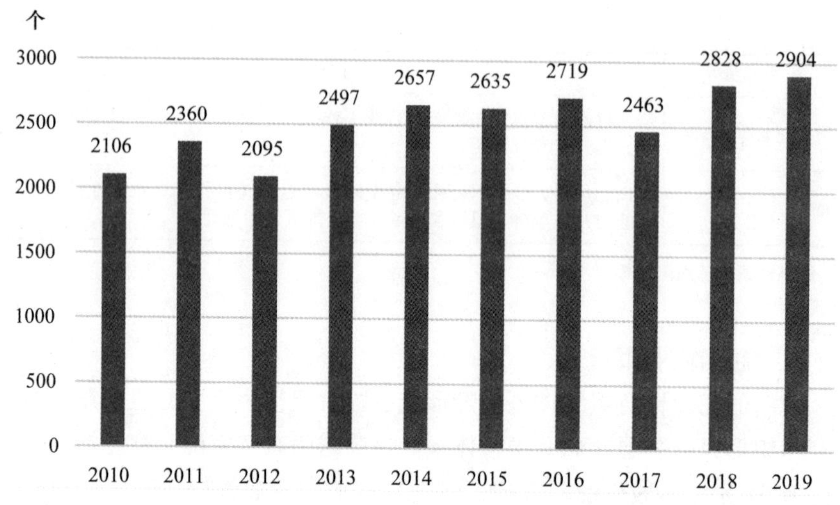

图 7－8　2010—2019 年越南商业银行网点数量

资料来源：国际货币基金组织。

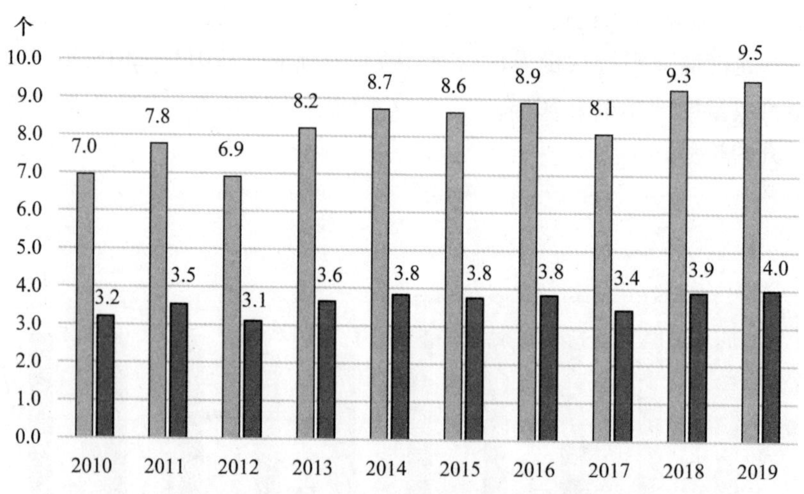

图 7－9　2010—2019 年越南商业银行网点密度

资料来源：国际货币基金组织。

在越南商业银行分支网点数量方面（如图 7－8 所示），在近十年间整体上呈现上升的态势，除了 2012 年、2015 年和 2017 年之外的其他年份数量都有所增加。2019 年越南已经有超过 2900 个商业银行分支机构。

越南商业银行网点密度的变化趋势（如图 7－9 所示）与越南商业银行网点数量相近。截至 2019 年，平均每千平方千米内有 9.5 个商业银行网点，平均每 10 万成年人对应 4 个商业银行网点。

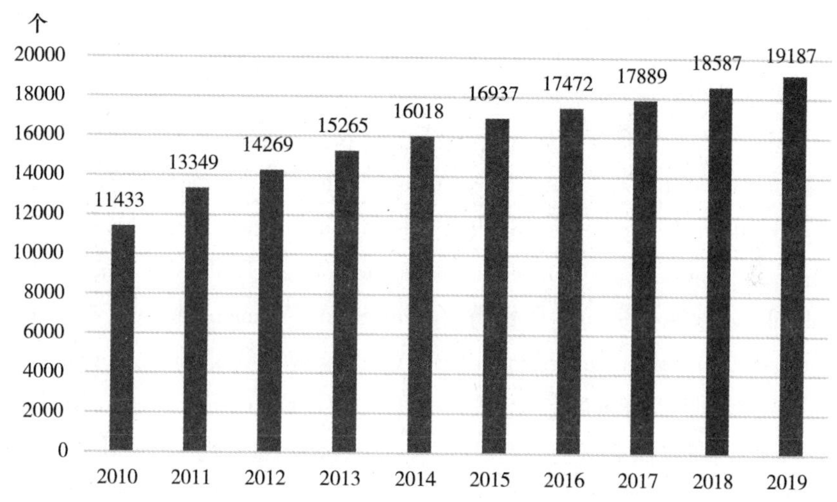

图 7－10　2010—2019 年越南 ATM 数量

资料来源：国际货币基金组织。

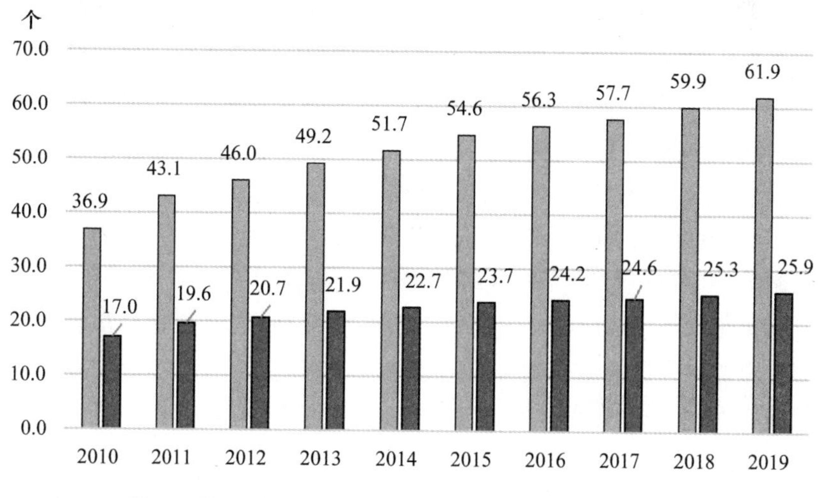

图 7－11　2010—2019 年越南 ATM 密度

资料来源：国际货币基金组织。

越南在 ATM 数量方面（如图 7 – 10 所示），近十年来保持逐年稳步增长趋势，从 2010 年的 11433 个提升到了 2019 年的 19187 个，十分接近两个 ATM 的关口。在 ATM 密度方面（如图 7 – 11 所示），变化趋势与 ATM 数量相近。截至 2019 年，平均每千平方千米内有超过 60 个商业银行网点，平均每 10 万成年人对应 25. 9 个商业银行网点。

（二）越南国有商业银行介绍

越南有 7 家国有商业银行，包括越南农业与农村发展银行（Vietnam Bank for Agriculture and Rural Development, Agribank）、越南工商银行（Vietnam Joint Stock Commercial Bank for Industry and Trade, Vietinbank）、越南外贸银行（Joint Stock Commercial Bank for Foreign Trade of Vietnam, Vietcombank）、越南投资与发展银行（Joint Stock Commercial Bank for Investment and Development of Vietnam, BIDV）、越南建设银行（Vietnam Construction Bank, CB Bank）、全球油气银行（Global Petro Commercial Bank, GP Bank）、海洋商业银行（OCEAN Commercial Bank）。下面对部分越南国有商业银行进行介绍。

1. 越南农业与农村发展银行（Agribank）

越南农业与农村发展银行是根据 1988 年 3 月 26 日第 53/HDBT 号法令成立的。在其发展过程中，越南农业与农村发展银行始终保持其作为越南领先商业银行之一的地位和作用，率先响应货币政策，促进宏观经济稳定，遏制通货膨胀，支持农业和农村地区的发展，为促进经济结构调整，建设新农村地区和社会保障做出了巨大贡献。

越南农业与农村发展银行成立之初，起点较低，总资产不到 1. 5 万亿越盾；资本总额为 10560 亿越盾，其中 58% 为国家银行借款；未偿还贷款总额为 11260 亿越盾；不良率超过 10%；客户是国有企业和合作社。到目前为止，经过 30 多年的发展，越南农业与农村发展银行是越南领先的国有商业银行，是越南唯一的国有持股 100% 的商业银行。农业与农村发展银行在越南所有地区有近 2300 家分支机构和交易办事处，拥有近 40000 名员工。截至 2019 年 9 月 30 日，越南农业与农村发展银行总资产达 13981. 110 亿越盾；信贷和投资额超过 11. 2 万亿越盾。农业和农村地区的未偿贷款始终占总贷款的 70% 以上，并占越南农业和农村信贷市场份额的 50% 以上。

作为在银行体系中发挥关键作用的国有商业银行之一，越南农业与农村发展银行一直发挥着国有商业银行的先锋和示范作用，严格有效地执行货币政策和越南共产党及国家关于货币和银行业务政策，特别是农业和农村发展的信贷政策。越南农业与农村发展银行正在有效实施七项政策信贷计划（农业和农村发展信贷政策下的贷款；通过贷款或关联团体向家庭和个人发放的贷款；根据支持政策帮助减少农业损失的贷款；用于牛和家禽养殖的贷款；用于咖啡种植的贷款；根据渔业发展政策提供贷款；对“清洁农业”的优先贷款）以及两项国家目标计划（新农村建设和可持续减贫）。

在 30 多年的发展中，越南农业与农村发展银行在规模、结构、质量和运营效率方面一直保持着稳定增长。越南农业与农村发展银行连续多年进入越南十大企业之列，并获得了许多国际组织的赞誉和奖项。在 2018 年 3 月 26 日成立 30 周年之际，越南农业与农村发展银行获得一等劳动奖章。2019 年，越南农业与农村发展银行被穆迪投资者服务公司（Moody's Investors Service）首次授予 Ba3 评级，这是越南商业银行的最高评级。就资产规模而言，越南农业与农村发展银行在亚洲排第 142 位。

2. 越南工商银行（Vietinbank）

根据第 53/HDBT 号法令，越南工商银行于 1988 年 3 月 26 日从越南国家银行分离出来。其发展分为三个阶段。第一阶段（1988—2000 年），越南工商银行正式成立，其内部治理结构从一层转变为二层，正式投入运营。第二阶段（2001—2008 年），越南工商银行针对债务处理、组织模型、一般政策和机制以及业务运营成功实施了结构重组。第三阶段（2009 年至今），越南工商银行成功地实现了银行业务各个方面的现代化和标准化，进行了全面的系统创新，并按照国际标准和惯例转换组织模型和公司治理。2009 年 7 月 16 日，越南工商银行在胡志明市证券交易所（HOSE）上市（股票代码：CTG）。

越南工商银行的业务范围是：从机构和居民中动员和吸收短期、中期和长期存款；根据资金来源的性质和特点向机构与居民提供短期、中期和长期贷款；在机构和居民之间提供支付服务；进行外汇交易，国际贸易金融服务，商业票据、债券和其他有价票据的贴现；提供越南国家银行允许的其他银行服务。

越南工商银行的总部位于河内，在全国 63 个省市设有 155 个地方分支机构，在胡志明市和岘港设有 2 个代表处，此外还有 1 个贸易融资中心，5 个现金管理中心，3 个非营业单位（银行卡中心，信息技术中心，人力资源开发和培训学校）和 958 个交易办公室。越南工商银行在德国设有 2 个外国分支机构，在缅甸设有 1 个代表处，在老挝设有 1 个子公司(其中在巴塞设有 1 个分支机构，万象设有 1 个交易办事处)。除了广泛的业务网络外，越南银行还与全球 90 多个国家和地区的 1000 多家银行建立了合作关系。

3. 越南外贸银行（Vietcombank）

越南外贸银行于 1963 年 1 月 4 日由越南国家银行下的外汇局设立。越南外贸银行是越南政府选择进行私有化试点的第一家国有商业银行，于 2009 年 6 月 30 日在胡志明市证券交易所（HOSE）正式上市（股票代码: VCB)。

在 56 年的发展中，越南外贸银行为国民经济的稳定和增长做出了重要贡献，坚持了主要外贸银行在促进国内有效经济增长以及对区域和全球金融界产生重大影响方面的作用。越南外贸银行从一家最初专门从事外贸业务的银行，发展成为一个多业务银行，为客户提供国际贸易中广泛的金融服务，包括传统业务（例如资本交易、存款、信贷、项目融资等）以及现代银行业务（例如外汇交易和衍生产品、卡服务、电子银行等)。

在越南市场运作了半个多世纪之后，越南外贸银行已经成为越南较大的商业银行之一，目前在国内外拥有 16800 多名员工，560 多个分支机构、交易办事处、代表处。其中包括河内总部，111 个分行，遍布全国的 441 个交易办事处，在越南的 4 个子公司，在国外的 3 个子公司（中国香港的 Vinafico，美国的 Vietcombank Money Transfer Company，在老挝的子银行)，在新加坡的 1 个代表处，在胡志明市的 1 个代表处，在美国即将成立的 1 个代表处，3 个行政单位（培训和人力资源学院，在河内的 1 个现金处理中心和胡志明市的 1 个现金处理中心）以及 4 个合资公司。

4. 越南投资与发展银行（BIDV）

越南投资与发展银行成立于 1957 年 4 月 26 日，原名为越南建设银行(Bank for Construction of Vietnam)，1981—1990 年其名称为越南投资与建设银行（Bank for Investment and Construction of Vietnam)，1990 年后更名为越南投资与发展银行（Bank for Investment and Development of Vietnam)，2012 年进行股份制改革之后更为现名，即越南投资与发展银行。

1957—1981 年，当时的越南建设银行成立于越南经济复苏时期，为建设资金的管理和分配做出了重要贡献。越南建设银行将资金用于建设工业设施和建设项目，以服务于国民福利和民生，为改变北越的面貌做出了贡献。越南建设银行和越南人民共同努力完成了战时的建设任务，为防空工程、交通工程和重要工业工厂的搬迁提供了资金。1975—1981 年，越南建设银行在战后加入了对南部经济设施的改造，并开发了新的基础设施，为工业、农业、运输、公共福利项目以及对国民经济至关重要的关键项目提供了资金。

1981 年 6 月 24 日，越南建设银行从财政部转移到越南国家银行，更名为越南投资与建设银行。1981—1990 年，越南投资与建设银行改善了持续发展的运作机制，逐渐成为该国领先的专业银行之一，确保了建筑公司的营运资金，鼓励它们加快建筑进度并提高技术和生产率。该银行还直接向企业提供贷款，根据市场机制逐步转变为商业银行。

1990 年，根据第 401 / CT 号决定，越南投资与建设银行改建为越南投资与发展银行，正式变成商业银行，并进行了首次国际业务运营。在此期间，其国外业务涵盖金融、银行、保险和证券，并在老挝、柬埔寨、缅甸、俄罗斯和捷克设有代表处和分支银行。

2011 年 12 月 28 日，越南投资与发展银行对所有权结构进行了重大调整，根据国际惯例提高了银行透明度，于 2012 年 4 月 27 日正式转变为越南投资与发展银行，于 2014 年 1 月在胡志明市证券交易所（HOSE）上市（股票代码：BID）。

越南投资与发展银行经营的业务包括银行业务、保险业务、证券业务、金融投资业务。目前拥有 25000 名员工，190 个支行，855 个交易办公室，57825 个 ATM 和 POS 机，有 7 个子公司和 4 个合资公司并在 6 个国家和地区开展业务。

（三）越南非国有商业银行介绍

下面对部分越南非国有商业银行进行介绍，包括亚洲商业银行、西贡—河内商业股份银行、西贡商信银行、西贡商业股份银行、前锋银行和越南技商银行。

1. 亚洲商业银行（ACB）

亚洲商业银行（Asia Commercial Joint Stock Bank，ACB）成立于 1993 年 5 月 19 日，总部在胡志明市，目前注册资本金为 9.38 万亿越盾。亚洲商业银行是越南第一家发行万事达卡（Master）和维萨卡（Visa）国际信用卡的越南股份制商业银行。

2000 年，随着越南股市开业，亚洲商业银行设立了亚洲商业银行证券公司（ACBS），制定了多元化经营战略。2003 年，亚洲商业银行应用了符合 ISO 9001：2000 的质量管理体系。2004 年，亚洲商业银行资产管理公司（ACBA）成立。2006 年 10 月，亚洲商业银行在河内证券交易所上市。2007 年，通过成立亚洲商业银行租赁公司（ACBL），继续推进业务多元化战略。2010 年，亚洲商业银行的分支机构网络迅速扩展，办事处达到 223 个，同时获得了政府授予的两枚劳动奖章，并被多个著名的金融杂志和组织评选为越南最佳银行。2011 年，亚洲商业银行又开设 45 个分支机构。

2013 年，尽管业务结果未达到预期，但亚洲商业银行在存款和越盾贷款方面取得了正增长，且坏账率控制在 3% 左右，CIR 减少到 66%，比 2012 年减少了 7%。2014 年，亚洲商业银行将已经使用了 14 年的旧的核心银行平台升级为名为 DNA 的新版本，并完成了其企业形象转换的第一阶段，引入了新的品牌并翻新了分支机构和 ATM 外观，此外，亚洲商业银行还制定了风险管理框架以遵守有关审慎比率的新规定。亚洲商业银行的分支机构规模不断扩大，绩效得到改善。

2. 西贡—河内商业股份银行（SHB）

西贡—河内商业股份银行成立于 1993 年。2016 年，越南工商会同越南劳动荣军与社会部、工贸部、自然资源与环境部、越南劳动总联合会和国家证券委员会联合评选并公布 2016 年越南极具可持续性企业百强榜单。西贡—河内商业股份银行是跻身 2016 年越南最具可持续性企业百强榜的三家银行之一，表明西贡—河内商业股份银行是一家成功地将经营发展与国家经济发展和环保工作相结合的银行。在 2017 年前 9 个月里，西贡—河内商业股份银行因银行保险服务（Bancassurance）等业务快速增长而实现税前利润 1.33 万亿越盾（截至 2017 年 9 月 30 日），同比增长 68.78%。西贡—河内商业股份银行被美国《环球金融》（*Global Finance*）杂志评选为“2018 年越南最佳银行”。

2018 年第一季度，西贡—河内商业股份银行合并后的总资产逾 286.9 万亿越盾，法定资金达 12.03 万亿越盾，较 2017 年底增长 8390 亿越盾。自筹资金达 18.8 万亿越盾，同比增长 9000 越盾；筹集资金总额达 264 万亿越盾，其中一级市场募集资金达 227 万亿越盾，与 2017 年底相比增长了 8%；信贷总额达 202.5 万亿越盾，与 2017 年底相比增长了 2%。西贡—河内商业股份银行税前利润达 5000 亿越盾，同比增长了 63.5%。西贡—河内商业股份银行在越南、老挝和柬埔寨有近 500 个分支机构和交易办事处，有大约 7000 名员工，为大约 400 万个人和机构客户提供服务。

3. 西贡商信银行（Sacom Bank）

西贡商信银行（Sacom Bank）于 1991 年由 Go Vap Economic Development Bank 和三个信用社（Tan Binh、Lu Gia 和 Thanh Cong）合并而成。2006 年，西贡商信银行成为第一家在胡志明市证券交易所上市的越南股份制商业银行（股票代码：STB），上市当日的总资产为 1.9 万亿越盾。2015 年，西贡商信银行与南方银行（Southern Bank）合并，成为越南五大商业银行之一（在总资产、注册资本金和运营网络方面）。西贡商信银行曾被《全球金融》杂志评为“2014 年最佳外汇提供商”“2015 年最佳外汇提供商”和“2016 年最佳新兴市场银行”，被越南《国际金融》杂志评为“2015 年最佳零售银行”，被越南《资产》杂志评为“2014 年越南最佳国内银行”，被《银行家》杂志评为“2016 年东盟 100 强银行”。

4. 西贡商业股份银行（SCB）

西贡商业股份银行（Sai Gon Joint Stock Commercial Bank，SCB）由三家银行合并而成：Sai Gon Joint Stock Commercial Bank、Vietnam Tin Nghia Commercial Joint Stock Bank（Vietnam Tin Nghia Bank）和 First Joint Stock Bank（Ficombank）。

在 2018 年前 9 个月里，其逾期债务和不良贷款继续维持在较低水平，分别为 0.94% 和 0.52%；服务利润达 5750 亿越盾，比整个 2017 年高出 24%。其中，国际结算服务、国际卡以及保险服务占该银行总服务收入的 64%；国际结算业务总收入达到近 30 亿美元，相当于 2017 年全年业绩；国际卡发行总数为 9.5764 万张，其中包括 7.7362 万张储蓄卡和 1.8402 万张信用卡；信用卡交易总额达 8.352 万亿越盾，相当于 2017 整年业绩的 144%；外汇和政府债券交易成果显著，利润达 4290 亿越盾。截至 2018 年 11 月 27 日，西贡商业股份银行注册资本金约为 15.23 万亿越盾。截至 2018 年 12 月 31 日，西贡商业股份银行的资产额约为 5089 亿越盾。

目前，西贡商业股份银行的运营网络遍布越南 28 个主要省、市的 239 个银行网点，员工总数超过 6000 名。西贡商业股份银行于 2015 年获得“越南强势品牌奖”“杰出创新银行产品奖”“越南最佳公司治理银行”称号、“越南增长最快的银行”称号，于 2016 年被评为“越南十大负有盛名的银行”“年度最佳商业银行”“最佳客户服务银行”，于 2017 年被评为“越南最佳商业银行”和“越南最佳外汇提供商”，于 2018 年被评为“越南最佳客户服务银行”“越南最佳商业银行”，于 2019 年获得“越南最佳客户服务银行”称号、“越南外汇银行品牌卓越奖”“越南最佳零售银行”称号、“杰出银行产品或服务奖”。

5. 前锋银行（TP Bank）

前锋银行（TP Bank）成立于 2008 年 5 月 5 日，同年 12 月获得 ISO 9001：2000 认证。2010 年 8 月和 12 月，其注册资本金分别增至 2 万亿越盾和 3 万亿越盾。2013 年 8 月推出 eGold 技术解决方案和多功能卡，成为越南首家提供类似智能技术解决方案的银行。2014 年 9 月，成为越南第一家推出基于 HTML5 平台电子银行的银行。2016 年 7 月，其总资产超过 8.32 万亿越盾。前锋银行于 2014 年和 2015 年被 *Global Financial Market Review* 杂志评为“越南最具创新性的数字银行”，2015 年和 2016 年被评为“越南最佳零售银行”。2016 年被 *The Asian Banker* 杂志评为“越南最佳互联网银行”，被 *Vietnam Report* 评为“越南十大最负盛名银行”。穆迪将前锋银行的信用等级提升至 B2 级别，这是越南商业银行中的最高水平。2018 年在胡志明市证券交易所上市。

6. 越南技商银行（Techcom Bank）

越南技商银行（Techcom Bank）成立于 1993 年，初始注册资本金为 200 亿越盾，成为当时注册资本金的第三大银行。1996 年注册资本金增至 700 亿越盾（700 万美元）。1999 年注册资本金增至超过 800 亿越盾（560 万美元）。2001 年，注册资本金增至 1023.45 亿越盾（700 万美元）。2004 年推出了新的品牌标识。2005 年，注册资本金增至 5550 亿越盾（3570 万美元）。2007 年总资产达到 4 万亿越盾（25 亿美元）。2009 年被《越南报告》评为越南五百强企业。2010 年，被 *EuroMoney* 杂志评为“2010 年越南最佳银行”。2011 年成为越南第二大股份公司。2012 年，越南技商银行的客户数量达到 280 万户。

2016 年越南技商银行被 *Finance Asia* 杂志评为“越南最佳银行”，被

Asia Risk 杂志评为“越南年度杰出银行”。2017 年，越南技商银行客户数量超过 500 万户，税前利润超过 8 万亿越盾，保持着两位数的利润增长，被 *Asian Banker* 杂志评为“越南盈利能力第二强的银行”。2018 年越南技商银行已经完成了越南历史上最大的银行 IPO，并在胡志明市证券交易所上市（股票代码：TCB），市值达到 65 亿美元，注册资本金增至接近 35 万亿越盾，并成为越南第一个税前利润超过 10 万亿越盾的股份制商业银行。目前，越南技商银行在越南 45 个省市有 2 个代表处和 314 个交易办公室，为超过 600 万个人和企业客户提供产品和服务。

三　越南证券机构

（一）越南证券机构发展情况

越南证券市场在交易运行中实行的是会员制，投资者的交易行为须通过证券公司进行。由于越南证券市场起步较晚，证券公司的发展水平与其他证券市场发展水平较高的国家相比还存在较大差距。据胡志明市证券交易所的数据，截至 2019 年 6 月，胡志明市证券交易所共有会员 73 家。根据河内证券交易所的数据显示，截至 2019 年 6 月，河内证券交易所共有会员 70 家。

表 7－5　**胡志明市证券交易所 2018 年股票交易份额前十的证券公司及份额**

排序	公司名称	市场份额（%）
1	西贡证券公司（SSI）	18.70
2	胡志明市证券公司（HSC）	11.24
3	越南资本证券公司（VCSC）	10.95
4	Vndirect 证券公司（VNDS）	7.31
5	MB 证券股份公司（MBS）	5.63
8	西贡—河内证券股份公司（SHS）	4.02
6	ACB 证券有限公司（ACBS）	3.46
7	FPT 证券股份公司（FPTS）	3.34
9	保越证券股份公司（BVSC）	2.99
10	越南投资发展银行证券股份公司（BSC）	2.83

资料来源：胡志明市证券交易所。

越南政府自2006年开始允许外国证券公司在越南开设分支机构，进入越南证券市场，但是越南证券市场上的外资证券公司不多，大部分都是母公司实力较为强劲的证券公司，如日本证券公司、摩根士丹利证券公司、华尔街证券公司等。由2018年在胡志明市证券交易所中交易份额前十的证券公司的名称及份额可以看出，越南证券市场上交易份额居前十位的证券公司均为越南本土证券公司，说明本土证券公司在越南证券市场上占据主导地位。根据越南证券市场上最早成立的本土证券公司的注册资本及经营业务情况，可以看出本土证券公司的经营业务基本上涵盖了越南证券市场上所有的业务。①

表7－6 越南本土证券公司经营业务

证券公司名称	注册资本（亿盾）	经营业务类型
保越证券公司（BVSC）	430	经纪、自营、承销发行、投资账户管理、证券投资咨询
越南投资发展银行证券公司（BSC）	430	经纪、自营、承销发行、投资账户管理、证券投资咨询
ACB证券公司（ACBS）	430	经纪、自营、承销发行、投资账户管理、证券投资咨询
西贡证券公司（SSI）	60	经纪、证券投资咨询
第一证券公司（SFC）	430	经纪、自营、承销发行、投资账户管理、证券投资咨询
升龙证券公司（TSC）	90	经纪、投资账户管理、证券投资咨询
越南工商银行证券（IBS）	550	经纪、自营、承销发行、投资账户管理、证券投资咨询

资料来源：胡志明市证券交易所。

（二）越南证券机构介绍

下面对部分越南证券机构进行介绍，包括保越证券公司、越南投资发展银行证券公司、ACB证券公司、西贡证券公司、越南资本证券公司、胡志明市证券公司和Vndirect证券公司。

① 潘永：《越南投资分析报告》，广西师范大学出版社2014年版，第140—144页。

1. 保越证券公司（BVSC）

保越证券公司（Baoviet Securities Joint Stock Company，BVSC）成立于1999年，由原越南保险公司（现称为Bao Viet Holdings）作为财政部的创始股东，由国家证券委员会于1999年11月26日下发营业执照No. 01/GPHDKD。2000年设立下属分支机构，并在胡志明市开设交易办事处。2006年将注册资金从494.5亿越盾增至1500亿越盾，并在河内证券交易所（HNX）上市（股票代码：BVS）。2008年将注册资金从1500亿越盾提高至4500亿越盾。2009年将注册资金从4500亿越盾增至7223亿越盾。2017年与日本东京金融控股有限公司签署了合作谅解备忘录。

保越证券公司的总部设在河内，有一个分支机构在胡志明市。此外在河内市和胡志明市还分别有4个交易办公室，位于河内的有Headquarters Transaction Office、Transaction Office No. 1、Thanh Xuan Transaction Office和lang Ha Transaction Office，位于胡志明市的有branch Transaction Office、90 Cao Thang Transaction Office、233 Dong Khoi Transaction Office和174 Le Hong Phong Transaction Office。保越证券公司开展的业务有证券业务、研究与分析业务、投资银行业务以及金融投资业务。

2. 越南投资发展银行证券公司（BSC）

越南投资发展银行证券公司（BIDV Securities Joint Stock Company，BSC）成立于1999年11月26日，总部位于河内市，是越南投资与发展银行（BIDV）的子公司，是越南第一家由银行参与证券市场运营的证券公司，也是越南较早的两家证券公司之一。2000年于胡志明市成立了分支机构。2003年成为越南首家获得ISO 9001：2000认证的证券公司。2011年7月19日，越南投资发展银行证券公司在胡志明市证券交易所上市，股票代码为BSI。2013年，越南投资发展银行证券公司在胡志明市证券交易所和河内证券交易所的股票交易份额均排在第九名，在河内证券交易所的债券交易份额排第一名。

2014年和2015年，越南投资发展银行证券公司为一些著名的交易提供咨询服务，如为越南机场股份公司提供IPO咨询服务、为Vinatex和越南航空提供IPO咨询服务、为Vinacomin提供3万亿越盾债券发行咨询服务。2016年，越南投资发展银行证券公司注册资本金达到9.02亿越盾，并获得了提供衍生品相关服务的资格，在胡志明市证券交易所的股票交易份额排第七名，在UPCOM的股票交易份额排第九名，在河内证券交易所的债券交易份额排第一名。

3. ACB 证券公司（ACBS）

ACB 证券公司（ACB Securities Company Ltd.，ACBS）成立于 2000 年 6 月，总部位于胡志明市，是亚洲商业银行（ACB）100% 控股的子公司。ACB 证券公司有一个子公司 ACB Capital（ACBC）。ACB 证券公司在越南共有 8 个分支机构和 3 个交易办公室。2009 年 ACB 证券公司通过了 ISO 9001：2008 认证。曾获得 2008 年银行和金融业最佳品牌、2009 年值得信赖品牌、2010 年越南领先股票品牌等奖项。2011 年被 *Asiamoney* 杂志评为最佳经纪人、最佳客户服务提供方、最佳交易执行者、最佳会议和活动组织者等奖项。

2012 年，ACB 证券公司在胡志明市证券交易所和河内证券交易所的交易份额均排第三名。2013 年推出 iOS 移动端交易软件，2015 年推出桌面端以及 Android 移动端的交易软件。2015 年被誉为越南证券市场十大越南证券公司之一。截至 2015 年 12 月 31 日，ACB 证券公司注册资本为 1.5 万亿越盾，股本资本为 18230 亿越盾，总资产为 22260 亿越盾。

4. 西贡证券公司（SSI）

西贡证券公司（SSI Securities Corporation，SSI）成立于 1999 年 12 月，总部在胡志明市。初始注册资本金为 60 亿越盾。2001 年 7 月，注册资本金增至 200 亿越盾。2002 年 7 月成立了河内分支。2004 年 4 月，注册资本金增至 230 亿越盾。2005 年 6 月，注册资本金增至 520 亿越盾。2006 年 9 月，注册资本金增至 5000 亿越盾，同年 12 月在河内证券交易所上市。2007 年 4 月，西贡证券公司分别在胡志明市和海防市设立了分支机构 Nguyen Cong Tru Branch 和 Hai Phong Branch，7 月注册资本金增至约 8000 亿越盾，8 月成立了子公司 SSI 资产管理公司（SSIAM），10 月在胡志明市证券交易所上市。2018 年 12 月，资本金已超过 5.1 万亿越盾。

5. 越南资本证券公司（VCSC）

成立于 2007 年的越南资本证券公司（Viet Capital Securities Joint Stock Company，VCSC）是越南发展较快的证券公司之一，自 2013 年以来，VCSC 在经纪市场上的份额位居前三。2009 年被评为 Top 3 投资银行，交易份额排第十二位，成功使 Masan 集团 IPO 和上市。2010 年被评为 Top 2 投资银行，交易份额排名升至第九位，成功为最大的股票 PV Gas 进行 IPO。2012 年交易份额提升至第四位，2013 年、2014 年、2015 年连续三年的交易份额提升至第三位。最近的 2018 年交易份额也排第三位。自 2012 年起多次被 *Finance Asia*、*Alpha Southeast Asia*、*EuroMoney* 等杂志评为“最佳投资银行”，多次被 *Asia Money Polls* 评为“最佳销售者”。

6. 胡志明市证券公司（HSC）

胡志明市证券公司（Hochiminh City Securities Corporation，HSC）成立于 2003 年，其总部设在胡志明市，初始资本为 500 亿越盾，于 2003 年 4 月 23 日获得胡志明市规划和投资部的商业登记证第 4103001573 号和 2003 年 4 月 29 日获得国家证券委员会颁发的商业许可证第 11 号/ SSC-GPHDKD，正式开始运营。2006 年注册资本金增至 1000 亿越盾。2008 年注册资金进一步增加至近 3950 亿越盾，并推出了基于网络的交易系统。2007 年注册资本金增至 2000 亿越盾。

胡志明市证券公司于 2009 年 5 月在胡志明市证券交易所（HOSE）正式挂牌上市，股票代码为 HCM。2010 年注册资本金增加至 6000 亿越盾，被汤森路透（Thomson Reuters）评为越南第一大证券公司和亚洲 20 强领先证券公司之一。2011 年被 *Asiamoney* 杂志评为“最佳经纪人”“最佳分析师”以及其他 15 个主要奖项，在越南当年 105 个证券公司中成为盈利最高的公司（当年有 63 家公司报告亏损）。2012 年注册资本金增加至超过 1 万亿越盾。2012 年、2013 年胡志明市证券公司的交易份额在市场上排名第一，被河内证券交易所授予“2013 年杰出证券公司”称号。2017 年已经连续五年被《福布斯》越南公司评选为 50 强上市公司之一。截至 2018 年 12 月 31 日，胡志明市证券公司的股东权益总计为 30600 亿越盾（约合 1.3 亿美元），成为越南较大的证券公司之一，拥有雄厚的财务基础和投资能力。胡志明市证券公司的网络已扩展至全国，有 10 个分支机构和交易办事处。

7. Vndirect 证券公司（VNDS）

Vndirect 证券公司（VNDS）成立于 2006 年，注册资本金为 500 亿越盾，总部位于河内。2007 年在胡志明市成立了分公司，注册资本金增至 3000 亿越盾，并成为越南第一家提供电子交易的证券公司。2010 年 Vndirect 证券公司在河内证券交易所上市，注册资本金增加值达 1 兆亿越盾。2011 年第三季度在河内证券交易所占有率排名第一，并荣获“最可靠电子交易平台奖”。2012 年在河内证券交易所的交易份额排名第二，在胡志明市证券交易所的交易份额排名第四，并被列入 HNX30 指数成分股，同时也是河内证券交易所较大的30家上市公司之一。

2014年注册资本金增加至1.55兆亿越盾，成为越南第三大证券公司（以资本额来衡量）。Vndirect证券公司是三家荣获2005—2015年河内证券交易所"最佳进步奖"的证券公司之一。截至2018年3月，Vndirect证券公司的注册资本金为6810万美元，拥有657名员工和450多名经纪人，开立了12.5万个账户，在河内证券交易所的交易份额排名第二，在胡志明市证券交易所的交易份额排名第四。

四 越南保险机构

（一）越南保险机构发展情况

越南自实行市场化经济体制，尤其是成为WTO成员后，其经济发展突飞猛进，保险业也出现持续增长的态势，受到了世界的瞩目。

截至2018年底，越南全国共有64家保险公司，其中有30家非人寿保险公司，18家人寿保险公司，2家再保险公司，14家保险中介公司。此外还有1家外国保险公司分支机构。① 根据品牌价值评估机构Brand Finance的数据，保越保险公司（BAO VIET）在2017年越南金融保险行业排名第一，并进入越南品牌50强，其品牌价值为1.08亿美元，比2016年上涨19%。②

在保险公司的资产实力方面，保险公司总体资产在2016年增长18.2%，达到239.4万亿越盾。其中人寿保险公司资产达到131.6万亿越盾，非人寿保险公司资产约为61.5万亿越盾，中介再保险公司资产达到0.711万亿越盾。近年来，越南保险公司资产占GDP的比值保持在4%左右。

在保险公司市场份额方面，在越南人寿保险市场上，Prudential是2016年保费收入市场份额最高的公司，份额高达27.11%。紧随其后的几个公司为Bao Viet Nhan Tho（26.02%）、Manulife（11.91%）、AIA（10.34%）和Dai-ichi（10.27%）。在越南非人寿保险市场上保费收入居前五位的公司市场总份额占85.65%。在越南非人寿保险市场，PVI是

---

① Thuy Linh and Kieu Oanh, "Investors Trust in the Insurance Market in Vietnam," 2018年11月（https：//customsnews.vn/investors-trust-in-the-insurance-market-in-vietnam-9031.html）.

② 《"保越"品牌价值达到1.08亿美元》，2018年1月，越通社（https：//zh.vietnamplus.vn/保越品牌价值达到108亿美元/75038.vnp）。

2016年保费收入市场份额最高的公司，份额达18.65%。随后分别是Bao Viet（17.41%）、Bao Minh（8.34%）、PTI（8.3%）和PJICO（6.78%）。越南非人寿保险市场上保费收入居前五位的公司市场总份额占59.48%。①

保险经纪人数量保持增长态势。在新增保险经纪人数量方面，2016年上半年新增112769名保险经纪人，同比下降了5.9%。其中新增保险经纪人较多的三个公司分别为Prudential（新增25483人）、Bao Viet Life（新增21405人）和Dai-ichi（新增17858人）。在保险经纪人总数方面，截至2016年6月底，共有437738名保险经纪人，同比增长29.5%。其中保险经纪人数量较多的三个公司分别是Prudential（181808人）、Bao Viet Life（新增94129人）和Dai-ichi（新增53811人）。

（二）越南证券机构介绍

下面介绍部分越南证券机构，包括保越保险公司、保明保险公司和PVI。

1. 保越保险公司（Bao Viet）

保越保险公司的前身是越南保险公司。越南保险公司于1965年1月15日成立，从事非人寿业务。1989年越南保险公司改制为越南保险股份制公司。1996年Bao Viet建立了越南市场上第一家人寿保险公司。1999年Bao Viet证券股份公司成立，是越南第一家证券公司。2005年Bao Viet基金管理公司成立。2007年在成功进行首次公开募股（IPO）之后，Bao Viet金融保险集团成立。汇丰保险收购Bao Viet 10%的股份。2008年成立Bao Viet股份制商业银行。2009年Bao Viet Holdings在胡志明市证券交易所上市（代码：BVH）。汇丰保险增持Bao Viet的股份至18%。2010年Bao Viet推出了新的品牌标识。2011年Bao Viet Holdings通过向现有股东发行新股将注册资本增至68050亿越盾。2012年Sumit-omo人寿保险公司成为Bao Viet的战略投资者。Bao Viet Bank的注册资本增至3万亿越盾。2013年Bao Viet Insurance和Baoviet Life将注册资本增加至2万亿越盾。2016年成为越南首家总收入达到10亿美元的金融保险集团。

---

① Takayam, "Insurance Market in Vietnam," 2017年5月（http://www.b-company.jp/en/2017/05/04/insurance-market-in-vietnam/）.

保越保险公司2025年愿景为“加强越南金融保险集团的领先地位，以雄厚的财务实力和可持续的盈利能力增强国际竞争能力”。为了实现2025年愿景，保越保险公司将在2016—2020年实施三个方面的战略：实现可持续的盈利增长，集中资源以创造突破性的业务绩效，增强竞争优势，树立保险业务的领先地位并继续抓住其他金融服务的业务机会；通过采取多样化的资本筹集方式来加强财务能力，遵循股息政策的方针，该方针将为发展基金留出部分利息，严格控制资本利用效率，提高公司价值并确保对股东的长期利益；基于一个与国际接轨的平台整合公司治理和管理。

2. 保明保险公司（Bao Minh）

保明保险公司成立于1994年11月28日。目前有1640名员工，3998名专业代理商，62个会员公司和550个交易办事处，在胡志明市有1个专业培训中心，总部设在胡志明市，设有22个职能部门。保明保险公司的业务范围包括人身保险、机动车保险、财产保险、海事保险、航空保险、农业保险等。

2006年11月28日在河内证券交易所上市，2008年4月21日在胡志明市证券交易所上市，股票代码为BMI。2018年总收入为42690亿越盾，税前利润为2008亿越盾，税后利润为1620亿越盾，2018年底总资产为54780亿越盾。截至2018年底，Bao Minh保险公司的市场占有率为7.65%，在越南29家非寿险企业中排名第四。曾获得2009年一级劳动奖章、2004年二级劳动奖章、越南五百强企业等荣誉称号。

3. PVI Holding（PVI）

PVI成立于1996年，前身为Petro Vietnam保险公司。PVI于2006年成为Petro Vietnam Insurance Joint Stock Corporation，并于2007年在股票市场上市，股票代码为PVI。2011年8月，PVI成功进行了重组，可以在母公司—子公司模式下运营。母公司PVI Holdings履行主要职能：资本管理和投资；战略管理和计划；人力资源，品牌和IT管理。

其会员单位在四个核心领域履行业务职能：PVI保险公司（PVI Insurance Corporation）在非人寿保险领域运营；PVI再保险股份公司（PVI Reinsurance Joint Stock Corporation）在再保险领域运营；英属维尔京群岛太阳人寿保险有限公司（PVI Sun Life Insurance Company Limited）在人寿保险领域运营；英属维尔京群岛资产管理股份公司（PVI Assets Management Joint Stock Company）从事资产管理和金融投资。PVI 获得了许多荣誉，包括劳动英雄称号，三等独立勋章，一等、二等、三等劳动奖章，被列入《福布斯》越南公司的“50 家最佳越南上市公司”名单和“发展最快的 500 强企业”和“越南的强势品牌”名单。

第五节 越南金融市场体系与结构

越南金融市场主要由证券业、银行业、保险业、衍生品、外汇市场等组成。银行业是越南金融产业的核心。在越南的金融产业中，不论是银行数量与其他金融机构数量的差额，还是银行资产与其他金融机构资产的差额都较大。近年来，随着越南经济的快速增长，越南的银行业金融机构数量不断增加，银行业务的规模也不断扩大。20 世纪末，为了使越南实现工业化和现代化，维持稳定的经济增长并重组经济以提高效率和竞争，越南需要大量的投资资金，越南证券市场应运而生。后续伴随着经济发展，外汇市场等其他市场逐渐发展壮大，形成了越南金融市场体系。

一 越南证券市场

（一）越南证券交易所

目前，越南有两家证券交易所，其一是胡志明市证券交易所，于 2000 年 7 月 28 日开业；另一家是河内证券交易所，于 2005 年 3 月 8 日开业。此外，越南还有非上市公众公司股权交易市场（UPCoM），是由河内证券交易所于 2009 年设立的为中小企业服务的交易所。UPCoM 是上主板前的中间步骤，对公司信息披露的标注要求比较低，而电子交易系统和清算系统与河内证交所一致。UPCoM 让公司有充分的时间为登陆主板做准备，如整理合格的报告格式，组建董事会等。越南 IPO 流程相对简单，时间不长。拟上市企业在申请后约 4 个月，即可先在 UPCoM 挂牌上市。在 UPCoM 挂牌超过 270 天即可转板至胡志明市和河内证交所。

1998 年 7 月 10 日，越南总理签署了关于股票和证券市场的第 48/1998 / ND-CP 号法令，并决定在胡志明市和河内市设立证券交易中心。

2000 年 7 月，胡志明市证券交易中心正式启用。经过 7 年的发展并融入全球证券市场，政府于 2007 年 5 月 11 日签署了第 599 / QD-TTg 号决定，将胡志明市证券交易中心改建为胡志明市证券交易所（HOSE）。2007

年8月8日，胡志明市证券交易所正式开业。截至2007年12月31日，共有507种类型的上市证券。其中包括138只股票，总市值达3650亿越盾；3张基金凭证，发行量为1.714亿张；以及366种债券。由于股票市场的增长，HOSE的会员证券公司数量、规模和服务质量都在不断增加。截止到2007年12月31日，已有62家证券公司注册成为HOSE的成员，总注册资本为9.99万亿越盾。大多数成员证券公司都获得了涉及所有业务的许可证：经纪、自营账户、承销和投资咨询。市场上的上市股票数量迅速增加，吸引了许多本地和外国投资者、个人以及机构。截至2006年底，会员证券公司开设的投资者账户数量为106000个。到2007年底，这个数字增加到298000个，其中外国投资者开设了7000多个账户。2007年，总交易量为2390股，总交易值为2245650亿越盾。VN INDEX从2005年末的307.5点升到2007年3月12日创纪录的1170.67点。①

根据第127/1998 /QD-TTg号决定，河内证券交易中心成立并于2005年8月3日投入运营。根据第01/2009 /QD-TTg号决定，在对河内证券交易中心进行改制和重组的基础上，河内证券交易所（HNX）于2009年6月24日成立。HNX为整个证券市场的发展做出了巨大贡献，HNX组织了积极有效的股票拍卖，政府债券招标，并经营着包括上市股票市场，政府债券市场、非上市公众公司股权交易市场（UPCoM）和衍生品市场在内的市场。②

（二）越南证券市场发展

近十年来，越南国内上市公司数量（如图7－12所示）有所波动，但总体上呈现逐年增加的趋势。2008年越南国内只有330家上市公司，2011年已经翻了一番，截至2019年，越南国内有745家上市公司。越南所有上市公司的年底总市值及其占越南GDP的比重在2008—2011年也经历了大幅波动。自2011年起，尽管越南国内上市公司数量增幅明显降低，但越南上市公司年底总市值及其占GDP的比重却开始稳步爬升，尤其是在2017年出现大幅度上涨。

---

① 《胡志明市证券交易所的建立和发展》，2018年8月，胡志明市证券交易所官网（https://www.hsx.vn/Modules/CMS/Web/ViewArticle? id = 46a6dd59-2cd5-4ef7-b12a-4c30778140c4&fid = c5b6b7cf3a9b4307ab689bcf2e8b8990）。

② 《河内证券交易所里程碑》，2005年，河内证券交易所官网（https://www.hnx.vn/en-gb/gioi-thieu-hnx-lspt.html）。

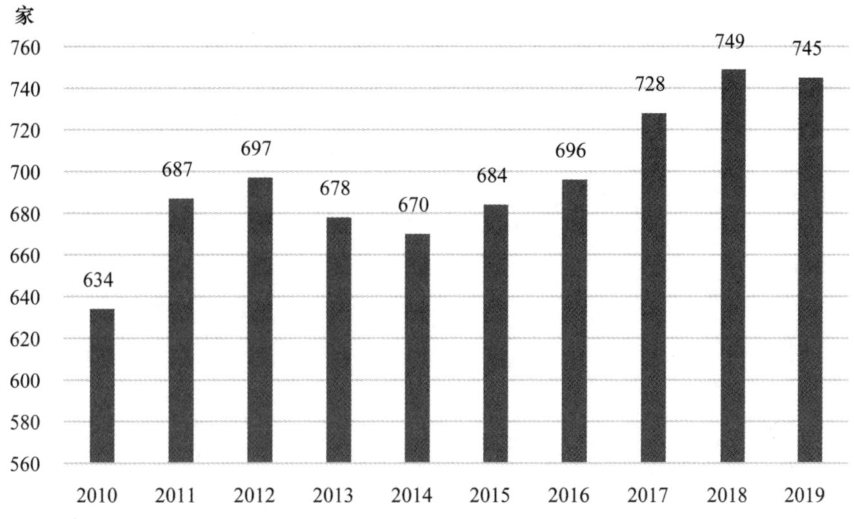

图 7－12 2010—2019 年越南国内上市公司总数

资料来源：世界银行网站。

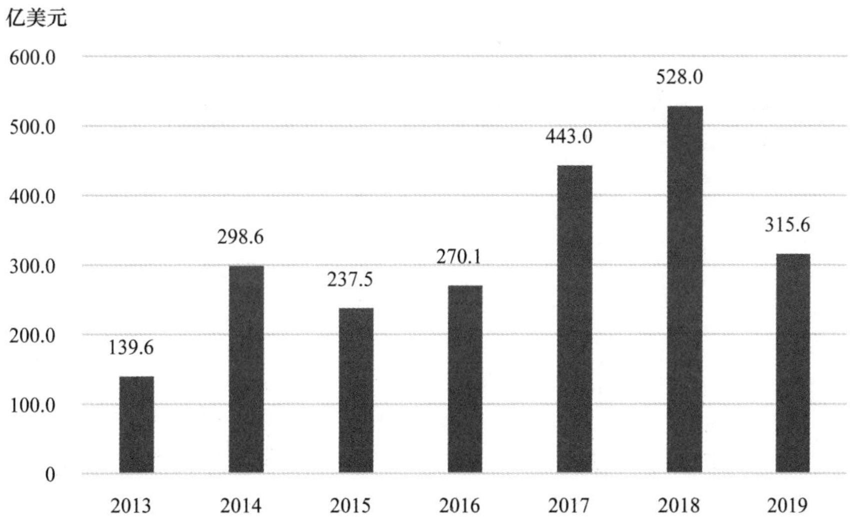

图 7－13 2013—2019 年越南股票交易总额

资料来源：世界银行网站。

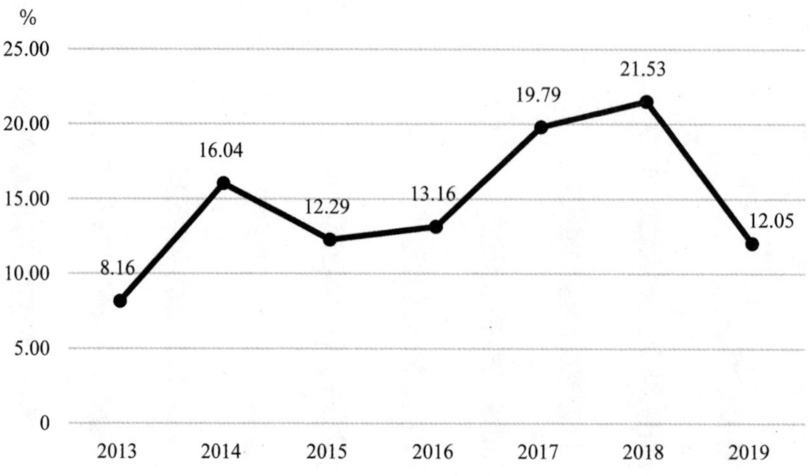

图 7 - 14　2013—2019 年越南股票交易总额占 GDP 比例

资料来源：世界银行网站。

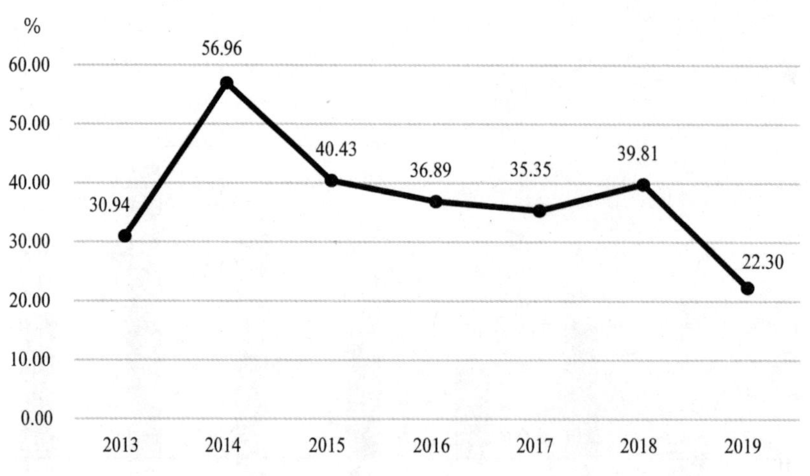

图 7 - 15　2013—2019 年越南股票市场换手率

资料来源：世界银行网站。

在交易活跃程度方面，越南股票交易总额（如图 7 - 13 所示）波动十分明显。以现价美元来计算，2013 年越南股票交易额只有 139.6 亿美元，次年增长超过一倍。在 2015 年有所下降，随后持续增长至 2018 年，越南股票交易额已经突破了 500 亿美元，但 2019 年却出现了巨幅下降。越南股票市场交易额占 GDP 比重的变化趋势（如图 7 - 14 所示），与越南股票交易总额的变化趋势相似。2018 年该数据达到波峰值 21.53%，次年剧烈下降至接近一半的水平。

2013—2019 年，越南股票市场换手率（如图 7－15 所示）同样没有一个稳定的水平，也没有一个明显的升降趋势，在 20%—60% 的区间中大幅波动。

（三）越南证券市场展望

越南政府总理阮春福在 2019 年初的越南证券开市仪式上，提出指导财政部和有关机关完善关于证券和证券市场的法律框架。一方面，越南将加强保护少数投资商的体制，继续落实越南证券市场发展战略（2011—2020 年），主动提出 2030 年前证券市场的发展战略，集中发展衍生证券和企业债券市场等。此外，阮春福还指出要升级越南证券市场的地位，加强监察与监督功能，处理违法行为，保障证券市场的纪律，为公众和投资商树立信心，帮助证券市场实现稳定可持续发展。① 另一方面，越南证券市场未来可能推出无表决权股票和无投票权存托凭证（NVDR），旨在提高外国投资商的资金获取能力、增加流动性和推进越南股市升级。

证券业相关法律法规正在进一步完善中。为了完善机制和法律环境，保障证券市场稳定、健康、可持续发展，满足融入国际社会的要求，越南拟大幅修改《证券法》，将使证券市场更公平和透明。越南《证券法（修正案）》与现行的《证券法》相比变化巨大，该法案修改了 98 条，补充了 29 条，取消了 30 条，仅 8 条保持不变。

越南总理阮春福于 2019 年 1 月批准将重组河内证券交易中心和胡志明市证券交易中心，建立越南证券交易所的计划。越南证券交易所总部位于河内，将作为河内证券交易中心和胡志明市证券交易中心的母公司，注册资本为 3 万亿越盾（约合 1.3 亿美元），是国家独资有限公司，由财政部代表国家行使资本所有权。而河内证券交易中心和胡志明市证券交易中心作为其子公司，具有独立法人地位，独立运营。越南证券交易所将负责制订运营计划和战略，发布有关股票上市和交易的规定，并监督两个子交易所的运作。②

---

① 《阮春福出席 2019 年越南证券开市敲锣仪式》，2019 年 2 月，越通社（https://zh.vietnamplus.vn/阮春福出席 2019 年越南证券开市敲锣仪式/91912.vnp）。

② 《越南证券交易所即将成立》，2019 年 1 月，驻越南经商参处（http://www.mofcom.gov.cn/article/i/jyjl/j/201901/20190102827491.shtml）。

二 越南银行业市场

（一）越南银行业市场发展

越南银行业的特点是：整体规模较小但数量众多、国有银行占越南银行业金融机构的主导地位，银行体系面临着因信贷扩张过快而导致的资本充足率不足问题。同时，越南银行业普遍存在坏账基数较大、抗风险能力较低以及外来银行的冲击所造成的激烈竞争等挑战。越南政府也在不断采取相应措施应对挑战，确保越南银行业的健康稳定发展。

银行存贷比是衡量银行信贷规模的重要指标，2008—2016 年越南银行的存款和贷款规模严重不均衡。一般来说，由于存款需要支付客户利息，存款越多，银行的相对成本就越高，因此一家银行的存贷比越高，银行的盈利能力就越好。然而从抗风险的角度来看，存贷比越高，银行的抗风险能力越差，因此，考虑到银行业的稳定发展，银行存贷比例不宜过高。从越南的存贷比数据来看，越南银行信贷规模在 2008—2011 年上升幅度较大，最高值甚至接近 900% 的水平，此时越南银行业的抗风险能力严重降低。2011 年以后，银行业存贷比虽有所下滑，但依然维持在较高水平。

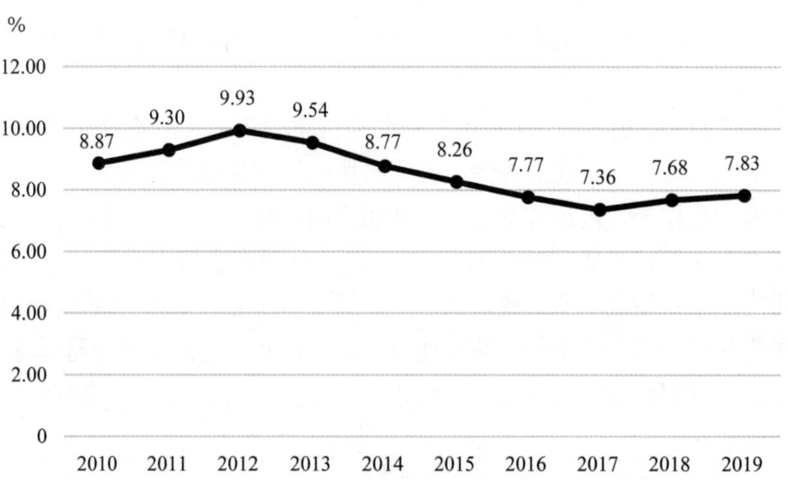

图 7 - 16 2010—2019 年越南银行资本对资产的比率

资料来源：世界银行网站。

越南银行资本对资产的比率（如图7－16所示），在2010—2012年总体呈现出上升趋势。其在2013—2017年的5年间逐年下降，在2017年到达最低水平7.36%后，近两年有所回升，但回升幅度小，截至2019年该数据仍在8%以下。

越南银行不良贷款与贷款总额的比率（如图7－18所示），在2010—2019年间则在1.5%至3.5%的区间波动，2010—2012年表现为上涨，2012年后则呈现逐年下降的趋势。

越南商业银行存款账户数量（如图7－19所示）在近十年间稳步增长，从2010年仅有1680万个存款账户提升至2019年的8850万个，增长超过5倍。

越南银行卡数量（如图7－20所示）总体上表现为增长趋势，近十年来仅在2015年有所下跌。从结构上看，越南的借记卡数量远远超过信用卡数量，以2019年为例，借记卡总数（8120万张）是信用卡总数（516.5万张）的15.7倍。从越南商业银行储蓄账户数量和借记卡、信用卡数量来看，越南商业银行的业务整体上也呈现出逐年扩张的趋势。2018年，人均储蓄账户数量达到7980万个和人均借记卡超过8020万张。

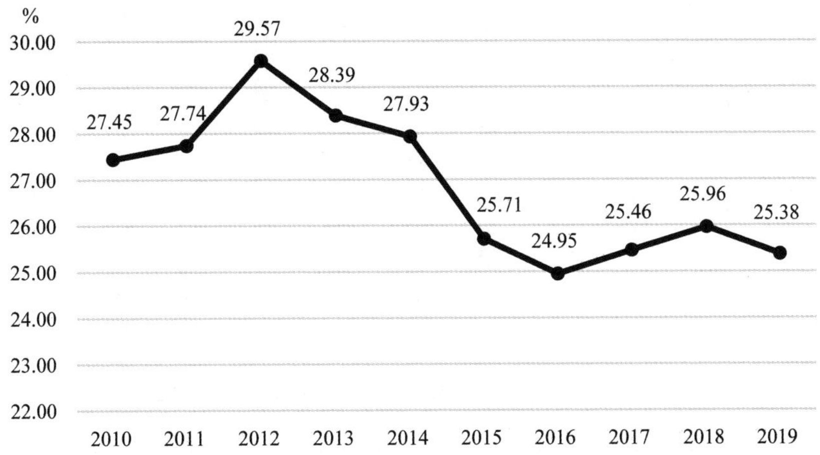

图7－17　2010—2019年越南国内总储蓄占GDP的比例

资料来源：世界银行网站。

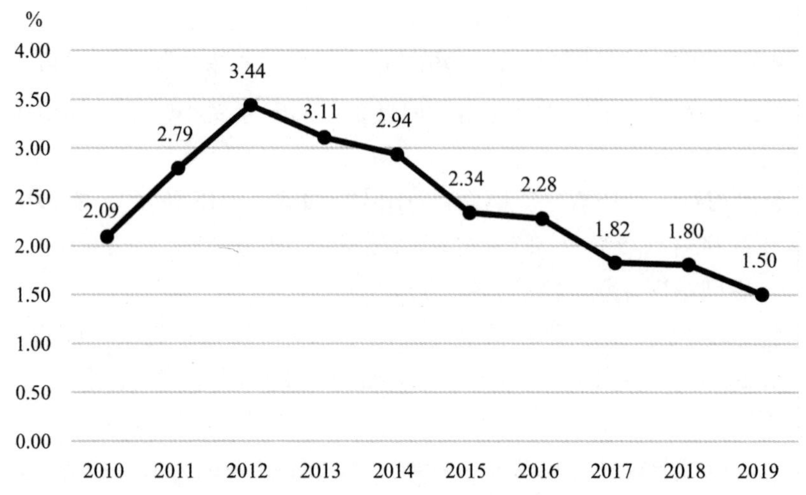

图 7 - 18 2010—2019 年越南银行不良贷款与贷款总额的比率

资料来源：世界银行网站。

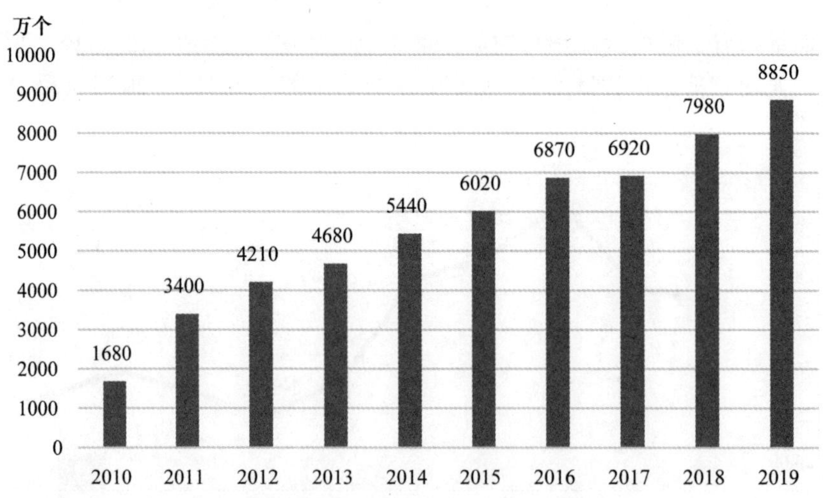

图 7 - 19 2010—2019 年越南商业银行存款账户数量

资料来源：国际货币基金组织。

越南的移动和网络交易（如图 7 - 21 所示）在近五年来得到飞速的发展，从 2015 年仅 1.42 亿笔迅速提升至 2019 年的 9.72 亿笔，增长了 5.8 倍。

由于核心收入的增长和宏观经济走强，越南银行盈利能力显著提高。根据越南国家银行（SBV）的数据，截至 2018 年 11 月底，越南国内银行系统的资产回报率（ROA）从0.57%上升至0.7%。股本回报率（ROE）也增加了1.42个百分点，达到9%。金融和融资租赁公司的资产回报率最高，达到3.02%，股本回报率也高达13.83%。政策性银行排名第二，资产回报率为1.02%，银行合作社相关比率最低，仅为0.42%。国有和股份制商业银行的资产回报率分别仅为0.52%和0.76%，远低于整个行业的平均水平。

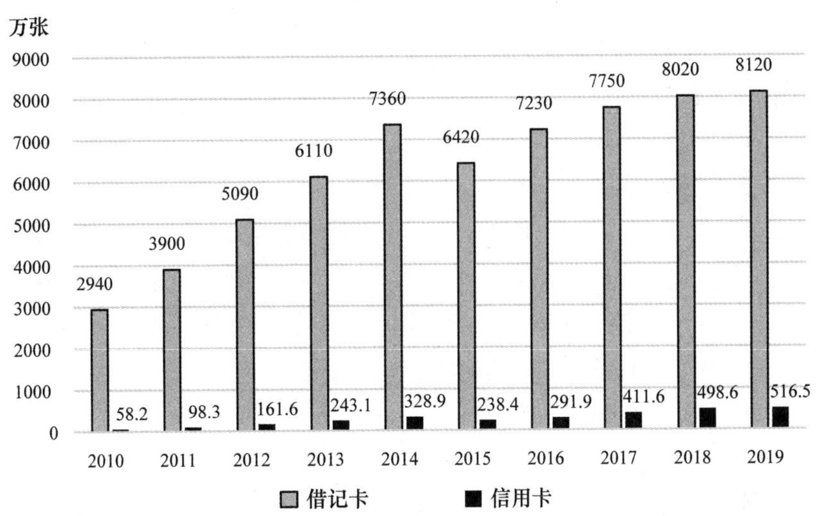

图7-20　2010—2019年越南银行卡数量

资料来源：国际货币基金组织。

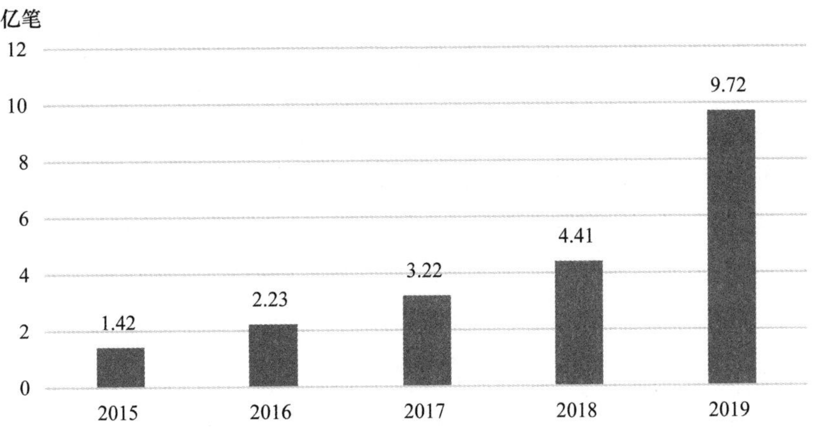

图7-21　2015—2019年越南移动和网络交易数量

资料来源：国际货币基金组织。

越央行报告显示，截至2018年11月底，信贷机构和外国银行在越分行总资产较年初增长8.23%，达到10800万亿越盾（约合4635亿美元）。其中包括农业银行、越南工商银行、越南银行、越南投资发展银行、GP Bank、CB Bank和海洋银行在内的越南国有银行总资产达到4800万亿越盾，增长了5.18%，占银行总资产的44%。股份制商业银行资产额为4190万亿越盾，增长9.07%，而金融和融资租赁公司资产额为154.89万亿越盾，增长9.15%。

值得注意的是，2018年合资银行和外资独资银行的资产额显著增长了18.34%，达到1100万亿越盾。此外，信贷机构和外国银行在越分行的股权资本也增加了10.02%，达到785.66万亿越盾。

关于资本充足率（CAR），上述所有信贷机构的资本充足率均高于9%，其中国有银行的资本充足率为9.33%，股份制商业银行的资本充足率为11.13%。在国有及股份制商业银行的中长期贷款比率中短期资本分别为31.43%和33.77%，这有助于银行满足央行关于从2019年开始相关贷款占比应降至低于40%的要求。①

（二）越南银行业市场展望

2018年是越南银行业取得成功的一年：多家信用机构的利润创历史新高，流动性合理稳定，市场利率平稳，坏账及信贷余额处于低水平。这些都成为越南信用机构对2019年经营前景持乐观态度的基础。根据调查，86%的信用机构认为，其2018年经营情况比2017年更好，而88%的信用机构认为，其2019年经营情况将会比2018年更好，其中35%的信用机构则预测其经营情况将有大幅改善。②

随着工业4.0时代的来临，越南大型商业银行正朝着数字化方向迅速开发新服务。据国际数据集团（IDG Vietnam）的考察结果，电子银行越来越得到广泛使用，更加便利和节省时间，电子银行使用率从2015年的21%提升至2017年的81%。③ 未来，越南银行将提高现代技术应用水平、

---

① 《越南银行业盈利能力改善》，2019年3月，驻越经商参处（http：//www.mofcom.gov.cn/article/i/jyjl/j/201903/20190302839223.shtml）。

② 《越南银行业对2019年前景表示乐观》，2019年2月，驻胡志明市总领馆经商室（http://hochiminh.mofcom.gov.cn/article/jmxw/201902/20190202836975.shtml）。

③ 《工业4.0时代越南银行业迎来的机遇》，2018年7月，越通社（https：//zh.vietnamplus.vn/工业40时代越南银行业迎来的机遇/83074.vnp）。

将银行产品和服务，朝着现代化、高效率的方向迈进。

无现金交易也将成为越南银行业未来推进的重点。2019 年，越南国家银行、越南电子商务协会及国家支付公司（NAPAS）正式将每年 6 月 16 日定为无现金日。越南认为推动无现金支付面向无现金社会将成为工业 4.0 时代下发展的必然趋势，政府总理颁发第 2545 号决定，批准 2016—2020 年越南无现金支付发展提案。截至 2019 年 3 月，互联网支付交易次数同比增长 66% 左右，交易规模同比增长 14% 左右，手机支付交易次数和交易规模同比分别增长 98% 和 232.3%。① 越南国家银行将继续有效开展 2016—2020 年促进非现金交易业务的提案，通过银行缴付公用事业费及社会保障计划费用等，加强用 POS 机刷卡付款，研究并应用二维码、加密卡信息、移动支付、非接触式支付、生物认证等先进的电子支付新解决方案和技术。②

三　越南外汇市场

在革新之前，越南曾经多年实行官方的固定汇率。但是在此汇率之外，还有一个黑市汇率，而黑市汇率往往是官方汇率的几倍乃至十几倍。例如 1988 年初，官方汇率是 1 美元兑换 308 越盾，但黑市却高达 1 美元兑换 3000 越盾。因此，越南人对越盾失去了信任，纷纷把手中的越盾换成美元保值。

从 1989 年 3 月 16 日开始，越南将复式汇率逐渐改为统一汇率，实行由国家管理的自由汇率制。所有的银行都可以经营外汇，分别在河内和胡志明市建立外汇交易中心。在实行统一汇率后，越盾币值得以稳定。

2008 年越盾受到金融危机的影响而出现大幅贬值，因此越南采取单一盯住美元的办法来稳定汇率。自 2016 年起，越南开始实施更灵活的汇率生成机制，不再单一地盯住美元，转而参考一篮子货币，涉及了众多与越南有密切经贸往来的经济体。根据越南的官方汇率（如图 7 – 22 所示），越盾在 2010—2019 年总体上呈现贬值的趋势。

越南外汇市场的参与者包括外汇指定银行（获得越南国家银行批准开办外汇业务的银行）、外汇当局、企业和个人客户等。外汇交易品种主要有即

---

① 《越南正式将 6 月 16 日定为无现金日》，2019 年 6 月，越南人民报（https：//cn. nhandan. com. vn/economic/finalcial/item/7065901—越南正式将 6 月 16 日定为无现金日 . html）。

② 《促进非现金交易业务》，2019 年 6 月，越南人民报网（https：//cn. nhandan. org. vn/newest/item/5731701 – 林同省着力吸引投资促进经济发展 . html）。

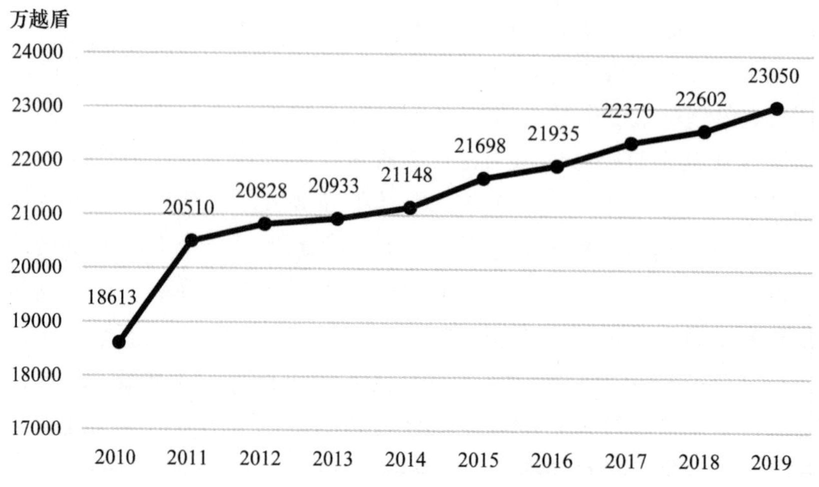

图 7－22 2010—2019 年越南官方汇率（当年平均值）

资料来源：世界银行网站。

期、远期、掉期等。交易的主要货币为 USD/VND，其余外币对越盾以及外币对外币的交易较少。此外，越盾的外汇期权已被暂停，而外汇期货交易尚未开展。总体上，越南外汇市场处于初级阶段，产品种类很少。

四 越南衍生品市场

2014 年 3 月，为了防止不受监管的金融衍生品交易活动，越南时任总理阮晋勇批准了由越南财政部提出的发展金融衍生品市场的计划。2015 年 4 月，日本交易所提出将为越南河内证券交易所提供国债期货等金融衍生品的制度构建提供支持，如完善法律法规和制定投资规则的建议、引入旗下日本证券结算公司（JSCC）的清算系统等。2017 年 8 月 1 日衍生品的证券市场正式开市。截至 2017 年 12 月 15 日，有超过 1.4 万个衍生品交易账户开立，股指期货合约成交量达 94.6326 万手，成交额达 81 万亿越盾，日均成交量超过 1 万手，日均成交额近 9000 亿越盾。①

根据河内证券交易所的数据，截至 2019 年 6 月，能够进行衍生品交易的证券公司共有 14 家，且均为越南本土证券公司。目前，衍生品证券市场交易活动主要集中于个人投资者，机构投资者的参与是有限的。衍生

① 《河内证券交易所市值规模呈强劲增长态势》，2017 年 12 月，越南人民报网（https://cn.nhandan.org.vn/newest/item/5731701－林同省着力吸引投资促进经济发展.html）。

品交易开户量逐年递增。截至 2019 年 7 月底衍生品交易开户量为 7.8445 万户，同比翻一番。现有四家证券公司拥有衍生品证券市场的交易和结算体系。国内个人投资者的衍生品交易量依然占优势，占全市场交易量的 91.15%（2018 年底占 99.1%）。

包括自营业务证券公司在内的国内证券组织投资商交易量仅占 1.54%。外国投资商的交易量有所增加，但所占比重很小，仅为 0.58%。5 年期国债期货合约成交量主要集中于银行等组织投资商，自营业务证券公司的成交量仅为 10%。

两年来，衍生品成交量达 3600 万手。在 2019 年前 7 个月，越南 VN30 股指期货合约日均成交量近 10 万手，同 2018 年相比增加 0.27 倍，同 2017 年相比增加近 9 倍，未平仓合约量（OI）从 2017 年的 8077 手增至 2017 年 7 月 31 日的 2.0494 万手，增加 2.6 倍。在 2018 年 5 月及 6 月和 2019 年 5 月及 6 月等基础市场大幅下降的阶段中，金融衍生品交易量环比猛增，特别是全市未平仓合约量环比呈突破性增长。例如，2019 年 5 月 23 日未平仓合约量为 3.9854 万手，创历史新高，同 2018 年底相比增加 0.85 倍，同 2017 年底相比增加近 4 倍。落实从低到高的产品发展路线图，2019 年 7 月 4 日，河内证券交易所举行国债期货合约挂牌上市仪式，旨在向投资商尤其是组织性投资商提供更多投资选择及债券市场风险防范的有效工具。上市一个多月后，国债期货合约赢得投资商的关心与接受。2019 年 7 月底未平仓合约量为 55 手。迄今为止，越南衍生品证券市场上按国际惯例共有 7 个期货合约代码，其中 VN30 股指的期货合约代码共 4 个，5 年期国债期货代码共 3 个。①

衍生品证券市场的诞生，对于优化越南证券市场结构和为投资者提供风险防范工具意义重大。2019 年，越南河内交易所（HNX）继续研发 VNX200 股指期货合约。未来，将继续研究开发股票指数期权、单一股票期货（SSF）、单一股票期权（SSO）等新衍生品。此外，越南河内交易所配合有关职能机构为新衍生品构建法律框架，旨在为新产品于 2020 年挂牌上市丰富产品、满足投资商的需求做好准备。

---

① 《回顾越南金融衍生品市场两年运行里程》，2019 年 8 月，越南人民报网（https://cn.nhandan.com.vn/newest/item/7201401－回顾越南金融衍生品市场两年运行里程.html）。

五 越南保险市场

越南保险业始于20世纪90年代初。在1998年以前，越南保险业以国有企业为主，包括Bao Viet、Bao Minh、Vinare、Bao Long、Pjico、PVI、PTI等公司。此外，越南批准成立了VIA（越日合资）、VIC（越日合资）、BV-AON 3家合资保险公司。1998年至2004年，越南允许多种经济成分共同参与保险业，批准成立首家非国有股份保险公司（远东保险公司）、2家外商独资非寿险公司（Alianz、Group Pama）、4家寿险公司（Bao Minh Cmg、Prudential、Manu Life、AIA）、3家合资保险公司（VIET-UC、SVI、IAI）。[①] 2007年，越南加入WTO，保险市场进入全面开放阶段。

在保险公司数量方面，到2002年，越南已经有17家保险公司，其中4家国有保险企业、5家联营保险公司、4家外国独资保险公司、3家保险股份公司、1家保险中介公司。人寿保险市场已遍及全国61个省市各县乡。越南保险总公司和保越保险公司在全国61个省市都设立了分公司，保越保险公司还设立了200个客户服务办事处。越澳保明CMG保险公司在越南30个省市设立了办事处。英国Prudential保险公司也扩大了20个客户服务中心。此外，还有40个国际保险公司办事处。越南已形成开放式的多成分保险市场。

在保险种类方面，保险公司在越南刚开始只开展人寿保险，保险种类单一，随着经济社会发展和人民生活水平的提高，保险类别不断增加，到2002年已有90个类别，涉及财产、民事责任和人身三大保险经营活动。

近年来越南保险业发展势头良好。2016年保险业总收入达到101767万亿越盾（约合45亿美元），其中保费收入总额超过86万亿越盾，比去年同期增长22.74%。财产险2016年收入总额达到36.37万亿越盾，比去年增长14.69%；寿险收入总额为69.7万亿越盾，增长34.26%。保险公司总体资产增长18.2%，达到239.4万亿越盾。[②]

2018年，越南保险行业总收入同比增长24%，达133万亿越盾。其

---

① 《越南保险业发展有关情况》，2007年5月，《越南经济》杂志（http://vn.mofcom.gov.cn/article/ztdy/200705/20070504677198.shtml）。

② 《越南2017年保险市场发展势头强劲》，2016年12月，驻越经商参处（http://www.mofcom.gov.cn/article/i/jyjl/j/201612/20161202410078.shtml）。

中，非寿险保险公司总收入达 45 万亿越盾，寿险保险公司总收入达 87 万亿越盾。保险行业总资产预计达 384 万亿越盾，同比增长 21%。其中，寿险保险公司总资产达 302 万亿越盾，非寿险保险公司总资产达 81 万亿越盾。保险公司的保险准备金约 248 万亿越盾，同比增长 31%。总股本约 76 万亿越盾，同比增长 16%。在保险赔付方面，2018 年越南整个保险市场赔付约 36 万亿越盾，其中非寿险公司赔付 17 万亿越盾，寿险保险公司赔付 18 万亿越盾。[①]

越南的保险业仍处于起步阶段，存在着投保率较低、保险产品单一、保险中介发展缓慢、专业人才缺乏、市场不规范、保险业发展没有与经济社会发展相匹配等问题[②]，但其发展态势十分强劲。由于越南经济的持续发展所带动的金融体系结构的不断完善，加上保险市场的不断对外开放，越南未来保险业的发展机遇颇多，保险市场潜力巨大。

未来，保险业相关法律法规将得到进一步完善。根据越南保险管理与监督局的章程，2019 年，保险业将继续完善法律框架，重点是完善《越南保险经营法》修正案草案，旨在确保其透明度、安全性与有效率，符合国家经济发展定向和国际相关标准，满足各经济领域和社会阶层的基本保险需求，为经济整体的稳定和社会安全做出贡献。

第六节　越南金融体制

越南金融体制包括越南金融监管体制、越南银行体制、越南货币发行体制、越南借贷资本利率体制、越南利率管理体制、越南外汇管理体制。

一　越南金融监管体制

越南金融监管体制为分业监管方式，监管主体主要为越南中央银行、越南国家证券委员会和越南财政部。

（一）银行业监管

在监管主体方面，对越南的银行和非银行信用机构进行监管的是越南

---

① 《2018 年越南保险行业营业收入增长 24%》，2018 年 12 月，越通社（https：//zh.vietnamplus.vn/2018 年越南保险行业营业收入增长 24/90185.vnp）。

② 潘永：《越南投资分析报告》，广西师范大学出版社 2014 年版，第 145—148 页。

的中央银行——越南国家银行。越南国家银行作为专门的政府机构，主要职责包括依法履行国家制定实施的货币政策，以及对银行或非银行信用机构经营活动进行行政管理。其具体职能包括：颁布国家对货币和银行或非银行信用机构经营活动方面的法规，规定银行或非银行信用机构的准入与退出机制，对其签发或撤销营业执照，监控其经营活动，对其执行处罚、解散和清算等。

在监管内容方面，越南的信用机构法对银行或非银行信用机构的准入和退出机制都做出了规定。在准入机制方面，信用机构在法定资金额度上需满足最少额度规定，且法定资金额度的变更需要向越南国家银行报告。非银行金融机构只能提供有限的银行业服务，并且需要获得越南国家银行签发的许可证。在退出机制方面，越南国家银行规定，若信用机构出现破产、违规等操作时应撤销其营业执照，并且必须及时在大众媒体上公布，以保证公众及时获取信息。①

（二）证券业监管

在监管主体方面，《越南证券法》规定，越南财政部下设的国家证券管理委员会（State Securities Commission，SSC）是对越南证券业进行监管的最高机关，履行国家对证券市场的行政管理。越南国家证券管理委员会成立于1997年，其职能和权限是在证券和证券市场领域起草法律法规，对证券交易所和证券公司的活动进行监督，保证证券市场有效运行。②

越南国家证券委员会对证券公司的准入机制做出了严格规定：证券公司、保险投资基金，以及基金管理公司的设立经营必须获得由越南国家证券委员会签发的营业许可证，并且信用机构经营证券业务必须设立证券公司。另外，外商若想进入越南证券市场，则只被允许成立所占比率不超过其法定资金30%的合资证券公司。在市场退出机制方面，证券公司若从事短售、内部交易或其他禁止性的行为，则该证券公司将被取消营业执照，证券公司经营许可证的取消还需要及时在大众媒体上进行公布。越南国家证券委员会对证券公司采用的是集中性监管模式③，越南证券市场的发展处在初级阶段，在对市场的监督管理方面还存在很大的不足，越南政

① 潘永：《越南投资分析报告》，广西师范大学出版社2014年版，第148—149页。

② 盛学军：《东盟国家金融法研究》，厦门大学出版社2017年版，第237页。

③ 潘永：《越南投资分析报告》，广西师范大学出版社2014年版，第149—150页。

府也在加紧完善证券市场的监管机制。2015 年 12 月，越南财政部针对证券市场监管，专门出台了第 197/2015/TT－BTC 号通知，对越南证券市场从业人员需具备的条件，以及证券从业人员的工作范围进行了更加明确的规定。

（三）保险业监管

在监管主体方面，越南财政部是越南保险业的监管部门。保险监管局（Insurance Supervisory and Authority）作为财政部的下属机构对越南保险业进行直接监管，颁布《保险法》，完善保险业监管的法律法规。财政部主要负责颁布相关保险业的法律法规，对保险活动进行检查和监控，对保险经营许可证的签发或撤销进行严格控制，正确引导保险业的健康发展，而越南保险业协会则负责保护保险人和被保险人的权益。

在监管内容方面，为促进越南保险业的快速发展，越南财政部近年来逐渐放开了对越南保险公司市场准入的规定。目前，保险公司和保险经纪人必须拿到由财政部签发的经营许可证才可以在越南经营保险业务。设立保险公司的资本金要求为：财产险或健康险公司的资本金要求为 1500 万美元，寿险公司为 3000 万美元，财产险再保险公司为 2000 万美元，寿险再保险公司为 3500 万美元。普通保险经纪人的资本金要求是 20 万美元，而再保险经纪人的资本金要求是 40 万美元。另外，自 2012 年开始，越南财政部根据保险公司的经营情况将保险公司分为四类，实施分类监管，以正确引导保险业的健康发展。越南政府在 2016 年还出台了《保险业务法》实施细则，对越南保险公司设立与运营寿险业务、非寿险业务、健康险业务、再保险业务和外国保险公司的分支机构等问题进行了详细规定。越南工贸部保险监管局局长和越南保险协会会长范金平在 2017 年初表示，工贸部和政府将出台一系列政策措施为发展公共财政及疾病保险等新保险产品提供制度框架，为保险市场的健康发展提供保障。

二　越南银行体制

（一）越南银行设置方式

1. 国有商业银行

越南国有商业银行经越南国家银行行长决定设立，代表国家的利益，通过从事银行业务以及与之相关的商业活动来实现国家设定的经济目标。越南国有商业银行的整个组织体系分为五个层次。最高层级为银行总部。

第二层级有各交易中心、各个分行（一级分支机构）、各代表处、各公共服务单元、银行的各个附属公司。第三层级为分行的二级分支机构。第四层级为分行的三级分支机构。第五层级为附属于交易中心和第一至三级分行的交易所和储蓄所。①

2. 民营股份制商业银行

越南民营股份制商业银行的组织体系共分为五个层次。最高层为银行总部。第二层有总营业部、各个分行（一级分支机构）、各代表处、各非经营性单元、银行的各个附属公司。第三层为分行的二级分支机构。第四层为分行的三级分支机构。第五层为各个营业处和业务网点。② 越南民营股份制商业银行可以依据国家银行的规定开立总营业部、第1—3级分行、代表处、营业处和业务网点、非经营性单元和附属公司。具体组织结构的安排由董事会决定。

（二）越南银行组成结构

越南的商业银行组织体系已经形成了国有银行为主导，股份制银行为主要组织形式的多层次商业银行体系。越南原有五大国有银行，分别是越南农业与农村发展银行（Agribank）、越南工商银行（Vietinbank）、越南外贸银行（Vietcombank）、越南投资与发展银行（BIDV），九龙江三角洲房屋发展银行（MHB）。2015年5月，九龙江三角洲房屋发展银行（MHB）和越南投资与发展银行（BIDV）合并，前者的各分行和交易所全部并入后者。此外，越南还有34家城市股份商业银行、18家农村股份商业银行、12家金融租赁公司。在越南的外资银行包括50家外国银行分行、4家合资银行、5家外国全资子银行、49家外国银行代表处。③

（三）越南银行职能划分

1. 计划经济时期

越南国家银行成立于1951年2月。在成立之初，其主要使命有：经营国库、发行及管理货币，开展金融信贷、统一国家预算收入及支出，最终目标是增加国家收入、促进经济发展。1975年越南统一后，越南国家银行的主要任务是进行机构整合，将原南越银行及金融机构进行国有化并

---

① 盛学军：《东盟国家金融法研究》，厦门大学出版社2017年版，第130页。

② 盛学军：《东盟国家金融法研究》，第138页。

③ 参见中国银行业监督管理委员会国际部（http：//www.cbrc.gov.cn/chinese/home/docView/379240FD892D4B1FA218B2AB50ED0901.html），2017年9月。

在组织上全面纳入越南国家银行，以及制定及实施统一的货币政策和统一的清算结算系统。①

2. 革新开放时期

越南从20世纪80年代中期开始由计划经济向市场经济过渡，越南银行体制的改革与越南经济改革同步进行。1990年越南对银行业系统进行重组，将商业银行和中央银行分开，同时为私营部门进入银行业铺路。目前，越南商业银行体系包括了国有商业银行、股份制银行、合资银行、外资独资银行等多种形式。

处于主导地位的国有商业银行，主要从事商业银行的活动，不再担当政策性机构的角色。股份制银行的股权结构更丰富，有公众、私人持股两类，主要服务于中小企业。在合资银行方面，外资比例上限为49%，经营活动与股份制银行相近。越南的合资银行虽然出现时间较早，但数量极少，增长缓慢，能坚持经营的银行也不多，规模以及占市场的份额较小。外资独资银行2008年才在越南首次出现。外资独资银行利润主要来源于越南国内的外商投资者，外资独资银行办理贸易结算、融资和汇兑业务。②

三　越南货币发行体制

（一）越南货币发行原则

根据《越南国家银行法》，越南国家银行是越南社会主义共和国唯一发行货币的机关，组织印、造、保管储存货币，实现货币发行业务和管理货币流通。越南的货币单位是“盾”，货币符号是“VND”。一盾等于10毫，1毫等于10苏。

（二）越南货币发行流程

越南国家银行设计纸币和金属货币的面额、尺寸、重量、式样、图案和其他特征，报政府总理批准。越南国家银行组织实施货币的印刷、铸造、保管、运输、发行和销毁工作；越南国家银行规定残缺、污损货币的分类标准，兑换、回收因流通过程而造成的残缺、污损货币；不兑换因破

① Nguyen Thi Ngan（阮氏银）：《中越商业银行制度比较研究》，硕士学位论文，海南大学，2016年，第15页。

② 何曾：《越南银行业改革及启示》，《区域金融研究》2014年第2期。

坏行为而造成的残缺、污损货币。越南国家银行回收和撤出流通各类不再适合的货币并发行其他货币替代。在越南国家银行规定的期限内各类回收货币可以换取同等价值的其他货币。在兑换期限结束后，各类回收货币不再具有流通价值。越南国家银行按政府规定组织印刷、铸造、在国内外销售各类用作搜集或其他目的的纪念币。

财政部检查货币发行业务规则的执行情况，财政部和公安部监督货币的印刷、铸造和销毁过程。

四 越南借贷资本管理体制

（一）越南贷款结构

2018 年越南银行信贷总额较上年底增长 14%，是 2014 年以来最低增长率。2018 年越南国家银行对信贷结构继续进行调整，主要侧重于保障生产经营和优先领域，风险得到控制。其中，第三产业信贷额增长 16%，第二产业信贷额增长 12.1%，第一产业信贷额增长 8.8%。[①]

截至 2021 年 4 月，根据越南国家银行公布的最新数据，在 2020 年 9 月越南的信贷结构中（如表 7－7 所示），工业和建筑业的未偿贷款最高，接近 2005 万亿越盾。其次为贸易、交通和通信业，未偿贷款比前者少 2 万多亿越盾。农业未偿贷款为 750 万亿越盾。

表 7－7 2020 年 9 月越南信贷结构

产业部门	未偿贷款（万亿越盾）	增长率（%，对比 2019 年底）
农林渔业	750.3	4.75
工业和建筑业	2484.8	5.28
工业	1624.9	4.28
建筑业	859.9	7.22
贸易、交通和通信业	2201.4	6.32
贸易行业	1973.4	6.75
交通和通信业	228.0	2.79

① 《2018 年越南金融机构信贷增长率创五年来低点》，2019 年 1 月，驻越南经商参处（http://www.mofcom.gov.cn/article/i/jyjl/j/201901/20190102825170.shtml）。

续表

产业部门	未偿贷款 （万亿越盾）	增长率 （%，对比 2019 年底）
其他产业	3257.5	6.86
总计	8694.1	6.08

资料来源：越南国家银行。

（二）越南借贷资本效率

越南银行对私人部门的国内信贷占 GDP 的比重（如图 7－23 所示）在 2000 年后整体上呈现上升的趋势，在 2009 年已经超过了 100%，在 2017 年达到了历史最高位 137.91%，约为 2000 年的 4 倍。由此可见，银行对私人部门国内信贷所发挥的作用越来越大。此外，根据越南国家金融监察委员会报告，2017 年越南信用系统为经济发展提供资金的占比为 64.6%，资本市场只占总资金的 35.4%。[①] 由此可见银行在越南金融业中的重要性。

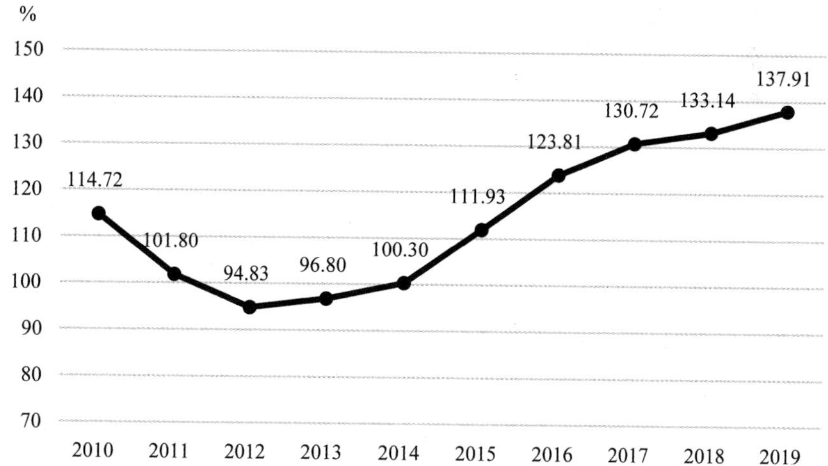

图 7－23　2010—2019 年越南银行对私人部门的国内信贷占 GDP 比重

资料来源：世界银行网站。

① 《越南银行业对 2019 年前景表示乐观》，2018 年 3 月，驻胡志明市总领馆经商室（http：//www.mofcom.gov.cn/article/i/jyjl/j/201803/20180302722253.shtml）。

（三）越南借贷资本监管

越南借贷资本的监管主要由越南国家银行负责。越南国家银行对在市场运作过程中的信用机构进行严格的监管，规定信用机构的最小自有资金比率为8%、流动比率为100%、中长期贷款的最大比率为短期资金的25%以及贷款总额的最大值为资产总值的5%，若超过5%则需要向越南国家银行报备。

五 越南利率管理体制

（一）越南利率管理方式

越南国家公布再融资利率、基本利率和其他利率，以实施货币政策并防止高利贷。若货币市场出现非正常变化，越南国家银行将规定利率管理机制来管理在信贷机构之间及其与客户之间以及其他信贷关系中所采用的利率。

（二）越南利率管理政策

根据2010年6月16日第47/2010／QH12号《信贷机构法》的规定，“信贷机构和客户有权依法就利率以及信贷延期费用达成协议”。根据2001年12月31日第1627/2001／QD－NHNN号决定《信贷机构向客户提供贷款的规定》，“贷款利率应由信贷机构及其客户按照越南国家银行的规定商定”，即信贷机构和外国银行分支机构与其客户有权就利率达成协议，但必须遵守越南国家银行（SBV）关于利率的特别规定。

为了确保信贷机构计算利率时的连贯性和透明度，取代第1627号决定（关于贷款的草案）的通函草案进一步规定，信贷机构必须提供准确和可信的信息以供客户决定是否签署贷款协议，包括贷款利率、本金和适用于可调整利率情况下决定利率的因素和时间。

对于越盾贷款，根据第07/2010／TT－NHNN号决定①，信贷机构可以按照其向客户提供贷款的相关法律规定，根据市场资金供求和借款人的信用等级，以可协商的利率向客户提供越盾贷款，包括用于以满足生产、经营、服务和发展投资资金需求的中长期贷款，以及短、中、长期消费贷款（包括以借款人的工资偿还的房屋维修贷款或购房贷款，购车贷款，

---

① 《Thông t' 07/2010/TT－NHNN》，2021年4月19日，Vanbanphapluat（https；/vanbanphapluat. co/07-2010-tt-nhnn）。

用于支付学习或医疗费用的贷款，用于购买家用器具的贷款，用于支付文化、体育和旅游活动费用的贷款，以个人透支形式提供的贷款，以及通过发行和使用信用卡提供的贷款）。

对于美元贷款，根据第718/2001 / QD－NHNN号法案决定，信贷机构应根据国际市场利率和外币信贷资金的国内供求情况来确定利率。

（三）越南利率管理制度

越南商业银行需要根据越南国家银行的要求及时进行利率的调整以符合相关规定。比如，越南国家银行发布06/2016/TT－NHNN号公告，2017年1月1日至2017年12月31日，商业银行必须降低投放中长期贷款的短期资金比重，占比应从60%降低到50%。而此前用短期资金来发放中长期贷款的越南商业银行，因此采取提高越南存款利率来吸引资金回流以满足最新的占比要求，存款利率提高的幅度为0.1%至0.4%不等。[①]

截至2019年7月，越南各家银行的短期贷款年利率为6%—9%，长期贷款年利率为9%—11%。实际上，2019年初，许多银行宣布把年利率下调0.5%，导致越盾短期贷款年利率降至6%。[②] 不过，不是所有企业都能获得上述低利率贷款款项的。原因在于银行的贷款准入条件苛刻。借款方必须是拥有健康信用记录、具备有效的经营合同及项目的权威企业。

六 越南外汇管理体制

（一）越南外汇管理制度框架

越南的外汇管理机构是越南的中央银行——越南国家银行。越南外汇管理方面的主要法律法规为2005年颁布的《越南外汇管理条例》。越南的主权货币是越盾，不可自由兑换。越南现行的汇率形成机制是有管理的浮动汇率制度，官方汇率报价参考与越南有密切经贸往来的国家的一篮子货币。越南国家银行将单日越盾兑美元汇率波动的区间设置为官方汇率报价的上下3%以内。

（二）越南经常项目和资本项目外汇管理

在经常项目外汇管理方面，货物贸易出口的收入需立即调回，无强制

---

① 《越南商业银行纷纷提高存款利率》，2016年9月，中华人民共和国商务部（http：//www. mofcom. gov. cn/article/i/jshz/new/201609/20160901396213. shtml）。

② 《努力保持利率稳定》，2019年7月，越南人民报（https：//cn. nhandan. com. vn/economic/finalcial/item/7111901－努力保持利率稳定. html）。

结汇要求；货物贸易进口实行负面清单管理制度；服务贸易、收益和经常转移、贷款利息支付没有限制，但需按照贷款合同的条款进行。

在资本和金融项目外汇管理方面，外商直接投资须经越南中央人民政府、投资与计划部或省级人民政府批准。外商投资类型受《投资法》规范；对外直接投资须获得越南投资与计划部许可，在具备外汇牌照的银行开立账户，并向越南国家银行的分支机构登记账户和对外投资资金流向。

2019 年 8 月，越南国家银行颁发了关于《外国投资者境内直接投资外汇管理规定》实施细则第 06/2019/TT - NHNN 号通知，就投资活动开展境内外汇划转业务做出具体的规定：在获得职能机构颁发的投资许可证、投资登记证或通知有关满足新批、增资和出资条件的信息并签署 PPP 合同之前，投资商获许从外国或获准在越南境内开设的银行的外币及越盾支付账户往国内转钱用于支付在越投资筹备期间所需的合法费用。[①] 相关条例于 2019 年 9 月 6 日正式生效。

第七节 中越金融合作进展与推进建议

中越两国和两国人民之间的传统友谊源远流长。1950 年 1 月正式建交，两国在政治、军事、经济等领域进行了广泛的合作。20 世纪 70 年代后期，中越两国关系恶化。1991 年 11 月，在中越两国领导人的努力下，两国两党关系实现正常化。此后中越两国在政治、军事、经济等领域进行了广泛的合作，并不断加深友好关系。越南对中国而言不仅是一衣带水的重要邻邦，同时也是长期患难与共的社会主义“兄弟国”，虽然两国关系在发展过程中遭遇了一定的挫折，但总体来看两国的合作与互动趋向于紧密和频繁。两国自 1991 年关系正常化以来，双方经济合作迅速发展。双方贸易额从 1991 年的 3223 万美元增至 2018 年的 1067.06 亿美元，增长约 3310 倍。2020 年是中越建交 70 周年，中越两国经济合作必将不断深化，领域将更加多元。但是，中越经贸合作催生了体量巨大、内容多样的金融需求。然而，越南本身金融体系发展的不均衡及其提供金融服务的相

---

① 《〈外国投资者境内直接投资外汇管理规定〉实施细则》，2019 年 8 月，越南人民报（https：//cn. nhandan. com. vn/economic/economic_ policy/item/7211701 - 《外国投资者境内直接投资外汇管理规定》实施细则 . html）。

对落后，让其不能匹配中越两国间日益密切的经贸联系，加强中越金融合作已是必然。

一 中越金融合作发展现状

早在1995年，第一个中资银行——中国银行就进入越南市场并设立分行。到2018年，中国五大国有银行在越南都设有分支机构，开展支付结算业务合作。目前，中越双方边境贸易超过80%是使用人民币结算。除了传统的支付结算业务外，中资银行的越南分行联合越南本地银行、外资在越银行提供银团服务，为一大批“一带一路”项目提供资金保障，确保中越企业顺利合作。2015年，双方正式宣布成立中越金融与货币合作工作组，成为中越金融合作机制的重要部分。两国中央银行层级和监管机构之间的交流与合作也不断加深，为双边金融机构合作起到牵头作用。越南作为东盟一员也通过中国—东盟平台加强与中国的金融合作，积极参加“中国—东盟金融合作与发展领袖论坛”“中国—东盟保险合作与发展论坛”等多边金融合作机制。中国和越南的金融合作包括两国中央银行和监管机构的合作、商业性金融机构的合作。

（一）中越中央银行和监管机构合作

在中越两国政府间金融合作的内容中，货币合作是重点。中越两国主要通过金融与货币合作工作组的机制进行政府间金融合作。

中越金融与货币合作工作组会议已经召开了5次，召开地点在中越两国轮换。首次会议的召开时间是2015年7月，召开地点是越南河内，会议由中越两国中央银行的副行长共同主持。2020年由于新冠肺炎疫情的出现，第五次中越金融与货币合作工作组会议在2020年12月改为以线上视频的形式召开。中越金融与货币合作工作组会议主要讨论和交流中越两国宏观经济形势、金融市场形势、货币政策以及未来合作计划等。

2017年5月，中越发表联合公报，专门提及了中越金融与货币合作工作组，两国将进一步重视这个政府间金融合作机制，希望通过该渠道为两国的经贸合作提供金融支撑。

（二）两国商业性金融机构合作

中越两国商业性金融结构合作起步较早。在商业银行方面，1995年12月，中国银行在越南胡志明市设立分行，成为进入越南的第一家中资银行。目前，中国五大国有银行在越南均设立了分行，其中在河内设立分行的有中国农业银行和中国工商银行，在胡志明市设立分行的有中国银行、中国交通银行和中国建设银行。越南西贡商信银行于2008年1月在中国广西南宁市设立代表处，是中越两国商业银行合作的里程碑。

在证券机构方面，由于越南对证券经营牌照的颁发十分谨慎，外资在越南新设立证券机构的难度极大。越南对外资控股本地券商的限制相对较小，目前越南有13家外资控股券商，其中有5家中资控股券商（不含中国台资控股券商），分别是越南建设证券（已上市）、越南投资证券（已上市）、越信证券、南方证券和Gateway证券。

二 越南金融改革对中国的启示

越南在银行业方面的金融改革成绩较为突出。尽管越南实施银行业改革的时间比中国晚，但由于中越两国都是发展中国家，在政治体制、经济体制方面有一定的相似性，且两国银行业改革的背景也比较相近，所以在一定程度上能够给中国的金融业改革尤其是银行业改革提供启示。

其一，越南在1998年10月颁布了《越南国家银行信贷法》，对国有银行进行资本金补充、不良贷款处置和股份制改革；其二，越南建立了存款保险制度，依托新成立的越南存款保险公司，增加对银行偿付能力的监测和保障；其三，积极放开对国内私人资本进入银行业的限制，以改善国有商业银行的所有权结构，或通过成立新的股份制银行来增加新的竞争主体，进而提升越南银行业的竞争程度和运行效率；其四，越南积极推进利率市场化，逐渐放松对商业银行的利率管制。① 越南的银行业改革在放宽国内私人资本进入银行业的限制方面比中国做得更好，初步建立起了存款保险制度，充分体现出后发优势。

三 推进中越金融合作的建议

越南是东盟地区经济增速较高的国家，经济发展潜力巨大。未来越南的金融业将进一步发展，并助力越南经济增长。越南经济结构与中国互补性强，但在低端产业存在竞争，金融结构与中国相近，为银行主导型，但也有向市场主导型金融结构过渡的规划。为此，我们提出如下建议。

---

① 潘永、邹冬初：《越南银行业改革：措施、成效、启示》，《区域金融研究》2011年第9期。

（一）增强两国战略互信

中越两党关系是中越两国关系发展的“压舱石”和推进器，两党间的传统友谊和密切交往在中越两国关系向前发展中起着重要的战略引领作用。因此，深化两党合作需要双方实施好新的党政干部培训合作计划，开展好党务工作的合作与交流，及时就两党两国关系中的重大问题交换意见，把握好双方合作的大方向。

同时，发挥好民间外交对中越民间友谊的推动作用。首先，中国对越民间外交可以借助中越双边合作机制展开，同时也可以在众多地区和国际多边外交场合展开。其次，中国对越民间外交应配合其他轨道的外交同步展开，关注政府、非政府专业人士、商业人士、普通民众、教育培训研究机构、社会公益组织等维度。最后，中国对越民间外交需适应由网络构建的、具有全新意义的信息社会，重视培养同时具备外交、网络技术、中华文化、越南国别等方面专业知识的综合性人才。

（二）充分利用政策叠加优势

充分利用中越双边合作机制，强化两国的经贸金融合作。中国和越南自 2008 年 5 月建立全面战略伙伴关系以来，在经贸领域已经构建了包括中越经济贸易合作委员会、中越双边合作指导委员会、中越陆地边境口岸管理合作委员会、中越贸易合作工作组、中越基础设施合作工作组、中越金融与货币合作工作组等在内的合作机制，中越两国应该充分利用这些机制，协调推进两国多领域产能合作，集中精力做好大项目建设，大力推进两国边境和金融合作，推动双边贸易均衡可持续发展，积极构建中越命运共同体。

充分利用中国政府支持中越边境省份，特别是广西的区域政策。主要包括中国—东盟博览会、中国—东盟商务与投资峰会、广西自贸区、西部陆海新通道、面向东盟的金融开放门户、中国—东盟信息港、沿边重点开发开放试验区等国家级开放合作平台，及时解决广西与越南在经贸活动中所遇到的困难和问题，推动合作项目落实到位并根据双方实际提出新的合作建议，不断扩大和深化双方各领域合作。可以借鉴中国别的自贸区的金融改革创新政策，在跨境经济区设立金融合作机制，发展广西和云南两地与越南间的金融合作，并以沿边金融改革综合试验区和跨境经济区为依托，在丰富边境地区的金融合作内容基础上，将金融合作逐步向两国腹地延伸。

(三)提升中越政府间金融合作的层次

通过在政府间签订各类金融协定，为两国商业性金融交流奠定制度基础，具体而言，可以通过充分利用各类合作平台，加强地区金融政策的对话协调；通过加强货币领域合作，实现双边本币结算业务发展；通过加强金融基础设施建设，推进地区资本层面的互联互通，特别是将银行业发展成为两国商业性金融机构合作所依托的主要实体，拓展两国银行间良好的双边合作基础。一方面，可以鼓励商业银行基于市场原则互设分支机构。另一方面，可以研究中越两国企业在贸易和投资中的金融需求，推出有针对性的金融合作机制和产品，满足人民币在跨境贸易方面的结算需求。

第八章

中国—马来西亚金融合作

马来西亚是一个位于东南亚地区的国家，是由前马来亚联合邦、沙巴、砂拉越及新加坡于1963年9月16日组成的联邦制、议会民主制、选举君主制和君主立宪制国家，后来新加坡在1965年8月9日从联邦中被除名，并独立建国。目前全国共有13个州，除了沙巴州和砂拉越两州位于马来西亚沙砂之外，其余的槟城、吉兰丹、霹雳等11州均位于马来西亚半岛上，除此之外还有首都吉隆坡、纳闽以及布城三个联邦直辖区。马来西亚国土面积超过33万平方千米。以中国南海为隔，马来西亚可划分为“西马”与“东马”两大部分，截至2019年，全国人口超过3258万人。我们将从马来西亚经济历程、发展规模及其经济结构的变化，结合金融体系形成过程，考察其金融发展规模与结构的变动，从金融结构的视角探讨两国金融合作的空间和推进策略。

第一节　马来西亚经济发展历程及其考察

作为一个新兴的、具备工业化市场的经济体，马来西亚对外一直保持着较为开放的态度，并以国家利益为主要导向。虽然其重要性正在日益下降，但是多年来马来西亚政府在指引国家经济发展上一直占据着相当关键的地位。马来西亚拥有亚洲最佳的经济纪录（如图8-1所示），其国内生产总值在1960—2019年总体保持着增长态势，虽然在2014年前后有所回落，但到2018年，马来西亚GDP已达到3543.48亿美元，人均GDP为9183.555美元，为中高等收入国家。

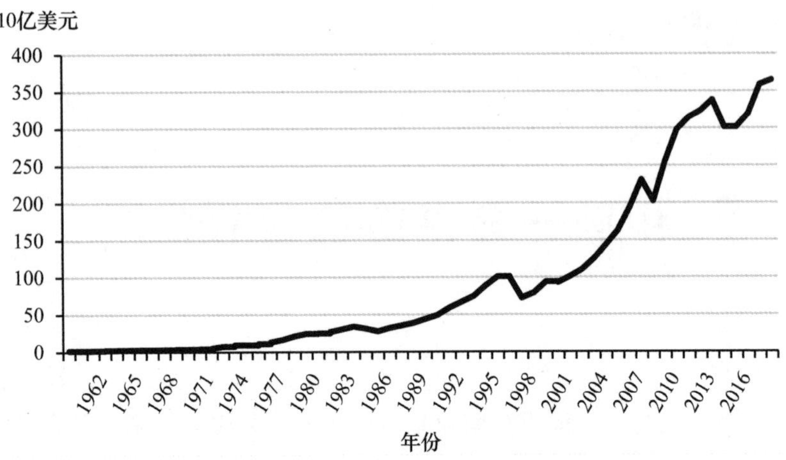

图 8－1 1960—2019 年马来西亚国内生产总值

资料来源：世界银行网站。

一 独立后的马来西亚经济

1957 年 8 月 31 日马来西亚宣布独立。事实上，一直到其独立之后，马来西亚都属于一个纯粹的农业国家以及锡金属产出国家。1960 年之后，马来西亚政府在农业发展上做了改变，基于本身的优势，大力推广农业多元化政策，使得农产品的种类更加多样化，包括油棕、可可等在内的农作物比重大幅上升，更能满足全球市场的需求。在这之后，马来西亚传统的出口贸易如香料贸易逐渐被橡胶出口所替代。60 年代国际植物油脂供不应求，棕油价格上涨，为了适应国际市场的变化，马来西亚改变过去单纯出口橡胶的局面，实行农业多样化，首先选择棕油作为重点发展对象，棕油成为第二个大宗出口作物。到 60 年代中期至 70 年代中期马来西亚更是一跃成为全球出口棕油最多的国家。由于大量种植橡胶树，马来西亚橡胶产量和出口居世界首位。70 年代马来西亚发展第三个重要出口作物——可可。

到了 80 年代前后，马来西亚的经济支柱已经变成了原油产业以及天然气工业，虽然与当时的“亚洲四小龙”仍存在一定的差距，但是其经济发展速度仍十分惊人。随着这两大产业给经济带来的飞速增长，许多轻工业也得到了同样迅猛的发展，得益于其带来的众多就业机会，马来西亚还在一定程度上解决了民族的贫富差距问题。在 60 年代末，马来西亚政府通过对稻米种植产业的补贴、市场价格的控制以及投入大量资金兴修水利灌溉，增加水稻灌溉面积，希望国内的稻米能够达到自给自足的程度，改善以马来人为主的稻农的生活和收入水平。但是，由于此计划在实行中受到种种限制，农民还是国内最贫穷的一个阶级。20 世纪七八十年代，大量的农民子弟背井离乡到城市找工作，造成没有年轻人愿意从事农业劳动，许多印尼人开始进入马来西亚农田工作，这为日后国内各种社会问题留下了后患。

马来西亚拥有许多种族，具有各种族生活在一起，彼此互相尊重、谅解和团结一致的传统。但是，1969 年 5 月 13 日，在首都吉隆坡发生的种族暴乱事件——“5·13 事件”，使当时的国父、第一任首相敦姑·阿都拉曼决议调整经济政策。1971—1991 年，马来西亚政府为消除各民族之间的贫富差距和解决英殖民政府分而治之制度所遗留的民族经济问题（马来人多为渔夫、农夫；华人多为商人；印度人多为英殖民地书记、割胶员），开始实行马来西亚新经济政策（Malaysian New Economic Policy）。马来西亚新经济政策的出发点是依靠国家政权的力量，提高马来西亚原土族（Bumiputera，马来少数民族）的资本以及与国内其他种族的经济竞争力，最大限度地鼓励和支持其发展工商业，使其在马来西亚能够在政治与经济上同时占据主导地位。新经济政策的具体内容主要包括：（1）全国贫困户的比例要从 49.3% 下降到 16.7%，为解决贫困人群的就业问题、增加贫困人群的收入，规定在不论种族的前提下为其生存和发展提供更多的福利和机会；（2）推行“各种族经济分配均衡”政策：利用行政手段，对各种族在国家经济中的资本占有率进行重新组合，马来西亚原土族由 2.4% 提高到 30%。除此之外，为了改变马来西亚不同民族之间就业水平差异过大的情况，新经济政策还对不同种族的就业比率进行了规定，具体为就业人口的种族比率要与实际的种族人口比率相符，马来人的占比要超过五成，华人占比为 35%，印度人占比则仅为 10%。从 20 世纪 80 年代末至 90 年代中期，马来西亚经济大发展，此项政策使马来人占据了马来西亚经济利益相当大的比重。比如，各企业的董事局主席必须是马来西亚原土族，国有企业和产业多由马来西亚原土族任高层职位，建立土族银行发展基金，以及历年来备受争议的本地大学入学定额制（Local University Quota System），即原土族占据 70% 的入学额度。1982 年 2 月，马来西亚时任首相马哈蒂尔提出“向东学习”政策，提倡国民在经济、社会等多个方面向位于马来西亚东方的日本、韩国两个发达国家学习，并加大了派遣人员前往深造交流的力度。马哈蒂尔希望以此政策对国家社会经济、工作技能、科学技术、管理经营模式、行政结构、人民工作和学习态度、组织结构等多方面进行改革。“向东学习”可以说是马来西亚当时最具影响力的向外政策，此举奠定了马来西亚日后经济发展的基础。

二 伊斯兰经济的建立与发展

早在 1948 年 7 月 1 日巴基斯坦总督赫德·哈桑就提出了建立伊斯兰银行的设想。到 1972 年，纳加尔在总统纳赛尔的支持下，在首都开罗创立了第一家伊斯兰银行——纳赛尔社会银行。随着纳赛尔社会银行的影响越来越广泛以及石油美元的滚滚而来，海湾国家纷纷紧随其后，建成了一系列伊斯兰银行，国际伊斯兰金融运动由此拉开帷幕。另一边，以伊斯兰教为国教的马来西亚也在国内掀起了一场伊斯兰复兴运动，不少伊斯兰教徒、组织以及政党纷纷提出要使国内的环境进一步伊斯兰化，以维护自身的权利和利益。在这种内外力的双重作用下，1983 年的《伊斯兰金融法案》、1989 年的《银行和金融机构法案》应运而生。在《伊斯兰金融法案》的影响下，马来西亚第一家伊斯兰银行于 1983 年 3 月正式成立，其采用的是与一般商业银行完全不同的运行系统，随着同年 11 月第一家分行的成立，马来西亚出现了越来越多的包括银行在内的伊斯兰金融机构，其业务和存款金额也随之水涨船高，对伊斯兰金融的发展起到了显著的推动作用。随着 1989 年《银行和金融机构法案》的出台，马来西亚伊斯兰金融的发展又再次得到了推动。1990 年，马来西亚最早发行了伊斯兰债券，该国壳牌公司发行了 1.2 亿林吉特的伊斯兰债券。同时，马来西亚的独特之处在于其存在无担保的伊斯兰债券。这样的债券意味着如果拥有足够的非无形资产，发行人就可以在无担保资金做支持的情况下发行债券。从整体上看，马来西亚的伊斯兰债券市场的主要业务集中在经营中期以及短期伊斯兰商业债券上。20 世纪末期，经过亚洲金融危机的洗礼，马来西亚的伊斯兰金融业迎来了一次重组和改革，在东南亚各国各行业百废俱兴的情况下，它趁此机会采取了更为迅猛的发展举措。

然而，尽管发展势头迅猛，但从整体上看，马来西亚的伊斯兰银行在全马金融业中的地位和作用似乎仍然是有限的。20 世纪 90 年代的经济发展，不仅推动了马来西亚伊斯兰金融的发展，迎来第二家伊斯兰银行的诞生，并且其结构得到了合理的调整，规模进一步扩大；而且让马来西亚的金融业发展水平得到了质的提升——金融资产在1999年积累到了299亿林吉特，而1993年的金融资产只有区区24亿林吉特。同年的存款额也上升至117亿林吉特，而在90年代初全马的存款额仅为10位数。到了2006年，马来西亚伊斯兰银行系统的资产总额占全国银行系统资产总额的11.60%，达1180亿林吉特，贷款余额和存款余额分别占15.7%和11.6%。

综上所述，历经起步阶段、成熟时期和逐渐国际化的发展过程，马来西亚的伊斯兰金融业在国家金融系统中占据重要地位，并在今后的马来西亚经济发展中发挥着不可替代的作用。马来西亚是典型的“双系统”国家，其同时具备独立而完整的伊斯兰金融系统以及传统的金融系统。同时，马来西亚的双金融系统同其他伊斯兰国家相比有显著的区别：在一般的伊斯兰国家只是纯伊斯兰金融体系或者零星的伊斯兰金融机构附加于传统金融系统之上，而马来西亚伊斯兰金融系统最大的特点是其金融系统的系统性和完备性。

三　2020年“宏伟愿景”时期

马来西亚政府在2001年先后制定了《2020年宏愿》、“第二个远景计划纲要”和马来西亚经济发展第六个五年计划等一系列全新经济发展计划和规划，使得马来西亚国家发展有了更加明确的远景和目标。

《2020年构想》也被称作《2020年宏愿》，是1991年2月马哈蒂尔政府为马来西亚国家发展制定的中长期目标。目标是使马来西亚在2020年成为“全面发达的工业化国家”，其具体指标是：通过不断提高制造业在国内生产总值中的比例，使国内生产总值每10年翻一番，年均经济增长率达到7%；30年后人均国民收入增长4倍，达到1.2万美元左右。

1991年6月，马来西亚的“第二个远景计划纲要”出台，其中包含由1991年至2000年10年间的经济发展计划，可分成“第六个五年计划”与“第七个五年计划”两个五年计划阶段。计划纲要规定，要以“新发展政策”取代原先的“新经济政策”。“新发展政策”主要的经济指标是：在今后10年内使国民经济产出总值翻倍，平均每年的增长率要达到7%以上；同时还给马来西亚的支柱产业定下了具体的年均增长目标，例如农林渔业要达到3.5%、服务业和建筑业要达到7.2%、采矿业为3.5%等，其中制造业最高，要求其平均年增长率在10%以上，具体为10.5%，制成品在出口中的比例达到80%，贫困率从17%降到7%。“新发展政策”强调基础工业多元化，重视人力资源开发。总的来说，这一计划更强调通过经济平衡发展达到社会公正的目标，使经济发展先于按种族分配财富。政府对于帮助和支持马来西亚原土族的立场并没有改变，但是对于该族人占30%的股权设置固定的实现时间的举措加以了废除。

（一）“六五”计划的实施

1991年7月，马来西亚政府公布了“第六个五年计划”（1991—1995年），为新的国家发展政策制定了第一个阶段性的实施方案。

在“第六个五年计划”执行过程中，马来西亚政府的首要目标便是进一步促使本国的经济增长方式发生变革，即从原来的劳动密集型转变为更有效率、更为先进的技术密集型。为此采取了一系列措施：

（1）重视和鼓励科技开发，投资建设及提高国内的科学与技术开发基本设施，陆续设立马来西亚科学与工艺资讯中心、国家科学中心、工艺园等。

（2）大力支持以技术创新为主的企业发展，具体表现在包括税收减免在内的一系列政策优惠上。得到此项“照顾”的行业主要包括航空航天、电子、通信以及环保设备制造等。与此同时，还对劳动密集型的企业施行了一定的发展限制与进入门槛。例如，1991年11月，马来西亚财政部向国会递交的1992年度财政预算案中列有一条修订案：取消之前对劳动密集型企业的免税政策（包括新兴行业的企业），所有企业将至少征收11%的公司税，包括免税在内的多项税收优惠政策都不得再延期，且由免税变为减税；将符合剔除投资税的最高限额比例从100%降为60%。

（3）进一步重视人力资源培训，主要是培养技术创新型以及新兴行业领域的人才。主要表现在对教育加大投入力度，增加自然学科、理工科、职业教育的比例，全面提高教育普及水平等方面。到1995年投入的教育与培训经费达81.78亿林吉特，还筹办3所新大学和数所学院。在大学中增加理工学生比例，对中等技术和职业学校实行扩建、增建和升级。同时鼓励外资企业设立技术培训机构与技术开发机构，技术培训的经费可以从公司应付所得税中扣除。此外，政府还设立“人才开发基金”，用以培养技术人才。

马来西亚的“六五计划”可以说是其发展史上实行得最为成功、给国家带来益处最大的一个五年计划。在实行“六五计划”的五年中，GDP 年平均增长率达到 8.6%，超过原计划 7.5% 的预定目标。1995 年更是高达 9.6%，人均国民生产总值为 3530 美元，也超过了原计划指标。通货膨胀率一直控制在 4% 以内，对外贸易等均有大幅度增加，贫困率、失业率大幅度下降。

（二）“七五计划”期间经济的曲折发展

1996 年 5 月，时任马来西亚总理马哈蒂尔提出了继“六五计划”之后的又一个五年计划。在分析过去 5 年马来西亚经济发展所取得的成就以及所存在的问题的基础上，“七五计划”提出应该将经济发展的重心由高速增长转为稳定增长，将经济年增长目标降到了 8%，以应对发展中所遇到的“瓶颈问题”。除此之外，还继续把改善马来西亚的国际收支状况（到 21 世纪将国际收支扭亏为盈）以及进一步消除不同民族间的财富分配不均现象（到 21 世纪消除全国赤贫）等列入发展计划中，“七五计划”还将改善国际收支状况、继续推行社会重组政策、改变各种族收入不平衡现象等作为发展目标。

在“七五计划”提出的背景之下，马来西亚在同年 11 月推出了第二个为期 10 年（1996—2005 年）的工业发展蓝图，对当时国内的工业发展提出了由劳动密集型向资本密集型以及技术密集型过渡转化的目标，旨在提高整个工业的产值，到 2005 年其在整个国民生产总值中所占的比例要达到 38.4%，最终成为推动国民经济产出增长的重要支柱。在这个计划下，政府设定在 1996—2005 年的新计划期间内，制造业每年的增长率为 9.6%，到 2005 年要使制造业占全体经济的比率达到 38.4%（1996 年为 33.1%）。在上述两个原则下，马来西亚政府制定了五个制造业发展的策略：（1）国际化取向：以国际市场为目标，发展具有国际规模及国际水准的企业；（2）强化竞争力：发展产业群、深化和扩大产业链，以提升生产力；（3）改善产业基础，改善人力资源素质，加强技术吸收能力，改善基本建设等；（4）培养本土企业：加强本国企业家在重点产业的参与；（5）资讯知识产业的发展：以资讯及知识为产业发展的基础，强化产品开发、销售及采购能力。在上述发展策略下，政府选定了几个重点产业群，分别为国际化产业群，包括电机电子业、化学业（含石化及制药）及纺织成衣；策略性产业群，包括交通工具（火车、汽车）、材料（多元酯材料、金属材料）及机械设备等；资源性产业群，包括以木材、橡胶、棕榈油、可可等为基础的产业，以及以农渔产品为基础的产业。上述所谓国际化产业群，是以外来投资为主导的产业，这些产业以外销为导向；所谓策略性产业群，是以政策引导的投资，以内销为导向；至于资源性产业群是指以马来西亚的天然资源为基础的产业。

1997 年 7 月 2 日，泰国抵制不住国际金融炒家大量抛售泰铢的压力，突然宣布放弃泰铢与美元的联系汇率制，对泰铢实行“有管理的浮动”，使泰铢一落千丈，贬值 20% 以上。这一由货币贬值所引起的金融风暴随后由泰国蔓延到马来西亚、新加坡、印尼等其他东南亚国家，甚至还影响到了东欧和拉美的一些国家，形成了一场震荡世界的金融危机。

面对这场暴风骤雨般的金融危机，马来西亚不仅汇率大幅贬值，股市也遭受重挫。在危机不断扩大之际，马来西亚却出人意料地拒绝了国际货币基金组织提出的金融援助和调整改革措施。不过，从 1997 年 9 月 4 日开始，马来西亚就开始陆续采取紧缩的货币与财政政策作为应对，具体包括：暂时搁置高达百亿美元的投资项目和计划、对政府的财政预算进行大幅削减、冻结在海外以扩张性投资为目的的资金、对于政府部门系统的人员工资进行下调、采取其他措施以抑制消费尤其是对于国外产品的消费等。总而言之，这一场金融危机给马来西亚的经济发展带来了巨大的打击，据有关部门统计，当年马来西亚的人均收入下降幅度超过 10%，由前一年的将近 4500 美元降至约 4000 美元的水平。

紧缩措施的实行所导致的一个直接后果，就是在 1998 年上半年经济出现了严重的衰退情形。在金融危机的“余震”以及紧缩型经济应对措施的影响之下，马来西亚 1998 年上半年的经济增长水平为 -6.8%。通货膨胀率升至 5.7%，由于经济不景气带来的利率上升以及贷款收缩等问题，各行各业的企业纷纷倒闭，人均收入水平下降的情况进一步恶化，降到 2500 美元的水平。1998 年实际 GDP 严重衰退 6.7%，制造业产业衰退 10.2%，以美元计价的进出口值也分别衰退 25.9% 及 6.9%。

为了应对金融风暴所带来的经济危机，1998 年 1 月 7 日，马来西亚政府成立了国家经济行动理事会（NEAC），NEAC 作为政府经济咨询机构负责起草国家经济振兴计划，其中比较关键的建议有：政府以财政的刺激配套来制止经济领导行业的继续萎缩和迅速重新启动经济；放松货币政策来降低利息；成立拯救产业公司来协助银行业解决产业贷款的困境；成立拯救资产公司来重组资产和巩固银行业；成立企业机构债务委员会来协助还有潜能的企业机构自动重组其债务。总的目标是力求以较宽松的货币政策及扩张性的财政政策来缓和国内需求的不振。1998 年 7 月，以马哈蒂尔为代表的马来西亚政府出台了应对经济困境的宏观措施，放弃以往的紧缩型应对政策，正式公布了“振兴经济方案”。在货币政策方面，将法定准备金率由 13.5% 降至 4%，同时要求商业银行 1999 年对工商业的贷款增长率必须达到 8%。除了降低利率外，还取消了对房地产贷款的限制，放宽了购买股票的贷款限额。在 1999 年度预算案中免征个人所得税一年，并以免征销售税、增加公共假期等方式推动国内旅游消费。从同年 9 月开始，马来西亚对外宣布实行外汇管制措施，将美元兑马来西亚林吉特的汇率定为 1∶3.8。

在对内方面，马来西亚则宣布了一系列扩张型的经济政策以期振兴国内经济，具体包括：降低利率水平；放宽贷款条件、增加贷款额度、由国家为银行注资；对于濒临倒闭、难以维持的企业专门设立国家资产公司进行接手和收购；鼓励并采取措施支持银行、企业进行重组或合并等。上述政策的实施在一定程度上遏制了经济继续恶化的势头，并带来了立竿见影的效果。

在一系列应对措施的帮助之下，马来西亚的经济发展于 1999 年开始重回正轨，GDP 增长水平也扭亏为盈，由原来的 -6.8% 提高到 6.1%。在这一经济复苏的背景下，同年 2 月 15 日马来西亚政府开始逐渐放宽资金管制措施，不再强制扣留外资，而是以缴纳撤资税取代之，且随着撤离时间的延长，这一税率也随之下降，最低可达 10%，条件是一年之后才能撤离马来西亚。

到了 21 世纪，马来西亚经济发展水平保持了稳定增长势头，各项经济指数基本恢复到金融危机前的水平。2000 年 10 月，马来西亚政府取消了撤资税，但仍保留货币管制措施。这一年，马来西亚 GDP 增长率为 8.5%。

四　21 世纪时期

在“八五计划”（2001—2005 年）期间，马来西亚推动传统经济模式向知识经济转化，增大发展潜力；加速农业、服务业以及制造业的转型，并通过调节分配结构巩固社会稳定，采取了刺激内需、调整对外出口的产品结构、大力促进和采取优惠政策吸引外来投资、重组金融业等多项经济措施；为了抑制经济过热和通货膨胀，马来西亚央行终止了 1998 年实施的固定汇率制，开始提高存款利率，终止林吉特与美元的固定汇率制度，使得美元兑林吉特的汇率不再固定维持在 1998 年的 1∶3.8 的水平上。上述措施的施行促使马来西亚经济向良性发展。“八五计划”期间，虽然在初起之年经济发展遇到较大困难，2001 年全年 GDP 和进出口比率都是负增长，但是经过有针对性的调控，从第三季度开始，经济趋于好转。到 2002 年，马来西亚经济渡过了调整期，各项指标趋于正常，全年 GDP 增幅达到 4.1%。在这之后，马来西亚克服了一系列来自内部和外部的困难，使得经济保持了稳定而快速的增长，在 2003 年后，其国民产出增长率基本保持在 5% 以上。

在马来西亚第九个五年计划（2006—2010 年）期间，制造业、服务业、农业，尤其是与电、能源、太空、生物科技、矿产等相关的产业是马来西亚发展的重点。为了促进这类产业的发展，马来西亚政府采取了辅助中小型新兴企业成长、颁布各类优惠政策吸引外来直接投资等政策。同时，马来西亚还致力于发展旅游业，并加强各类交通、医疗基础设施建设；在教育方面，马来西亚实施了战略性的行销手段，促进了各类教育体制的改进和教育产品的开发；在农业方面，马来西亚大力推进“新农业”经济，鼓励利用 ICT 及生物科技等技术培育农作物。

2015 年，马来西亚的经济增长出现了下滑，低于政府的预期。特别是国际进出口市场以及大宗商品市场上能源价格的大幅下跌，导致以能源出口（石油和天然气）为主要经济增长导向的马来西亚遭受了巨大的影响，引起马来西亚股票市场、汇率市场的剧烈波动，进而产生一系列连锁反应，影响到其宏观经济。受到经济增长放缓、国际油价下跌、美联储加息等一系列因素的影响，马来西亚林吉特遭遇了金融危机式的打击，产生了将近 20% 的大幅度贬值。美元兑林吉特的汇率一度达到近 20 年来的最高点：1∶4.29，由此引发了进口成本上升、物价异常上涨，进一步加剧了马来西亚经济的动荡局势。

马来西亚经济增速较高，增长动力强劲，现已经进入中高等收入国家行列。WDI 数据显示，2019 年马来西亚的国内生产总值达到 3646.81 亿美元，人均国内生产总值达到 11414.2 美元。在过去 49 年中，马来西亚经济平均增长幅度为 6.3%，曾在 1988—1996 年经历高速增长，近年来经济增速维持在5%左右（如图8－2所示）。

从结构上看，马来西亚经济以工业和服务业为主导。2018年，农林业增加值占GDP的比重为7.7%；工业增加值占GDP的比重为39%；服务业增加值占GDP的比重为43.6%，其余产业增加值占GDP的比重为9.1%。在对外贸易方面，马来西亚进出口贸易额为4643.2亿美元，其中出口额为2473.2亿美元，同比增长13.5%；进口额为2170.0亿美元，同比增长11.3%。马来西亚的贸易顺差为303.2亿美元，同比减少15.2%。在投资方面，2018年马来西亚吸引国外投资金额109.6亿美元，同比增长3.2%。

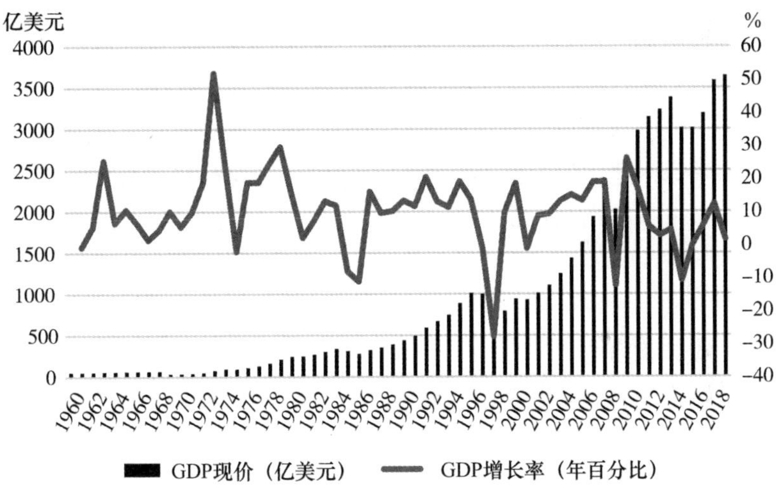

图8－2　1960—2019年马来西亚国内生产总值及增长率

资料来源：世界银行网站。

虽然现阶段马来西亚总体经济情况较好，且在经济增长放缓之后能够再度回到稳定的增长态势中来，但是在其想要迈入高收入国家行列的情况下，其仍然面临着来自多方面的挑战。如全球经济疲软、国际能源价格下降、本国经济波动较大、“一马公司”事件的影响等。在新冠肺炎疫情仍在全球肆虐，马来西亚经济增速放缓的情况下，马来西亚政府的首要任务是获取民众尽可能多的支持，协调各方势力，维持政府稳定。除此之外，恐怖主义势力的抬头也将给经济稳定发展带来威胁。随着极端组织“伊斯兰国”在中东被击溃，大量恐怖分子回流至原籍国家。马来西亚沙巴地区地处马来西亚、印度尼西亚、菲律宾三国交界，成为回流的重要中转站，极端组织有可能在该地区周边实施绑架勒索、招募成员、滋扰袭击等活动，从而对马来西亚的正常经济活动造成负面影响。

第二节 马来西亚的经济结构

在国际金融危机以及全球疫情的冲击之下，全球经济格局以及产业链结构都发生了改变。经济下行的冲击暴露了全球产业链过长所带来的不稳定性，因此在后疫情时代，世界经济分工势必会面临着格局重组、产业链收缩的趋势。事实上，美国早在这之前就试图积极推动其制造业回流国内，而在疫情的冲击之下世界各国的跨国贸易以及项目合作都受到了不同程度的冲击。在这一背景下，各发展中国家必将加速推动产业结构与供应链调整，一些国家有可能利用此次机会与周边国家展开次区域合作。从现实角度来看，东盟国家之间、东盟国家与中国之间都具有良好的次区域合作基础。以上这些情况都迫使马来西亚做出改变，加快产业结构调整与经济转型。

一 农林牧渔业

农林牧渔业是马来西亚的支柱性产业，自古以来就十分受到国家的重视。正如前文所述，马来西亚自建国开始就对农林牧渔业制定了大量的政策以及投入了资源支持，以确保农业的稳定发展以及农业从业者的收入水平。截至 2018 年，马来西亚农业用地面积达到 85710 平方千米，占全国土地面积的比重达 26.09%，除此之外，还有许多没有经过开垦的荒地位于沙巴等地区，因此在进一步发展农业方面，马来西亚仍具有较大的潜力。除了土地资源之外，马来西亚还有丰富的森林资源、海洋资源等，自从 20 世纪 70 年代开始，政府便有意识地对国家的森林资源以及海洋资源进行保护，比如限制砍伐和过度捕捞、鼓励植树造林、为渔业从业者购买相关设备提供低息贷款等，因此马来西亚的农林牧渔业一直都有着较为良好的发展环境。

马来西亚是较大的农业生产国之一，拥有领先的棕榈油行业和高效的畜牧业。自 2015 年以来，其农业已基本上从厄尔尼诺效应中恢复过来。然而，由于劳动力短缺和对外国工人的限制，该行业也面临着挑战。2017 年，外籍工人对农业劳动力的贡献超过 37.4%。为了克服行业所面临的挑战，政府暂时减征从事农业和种植业的外籍工人的税赋。除此之外，快速的城市化、不断增加的劳动人口和不断变化的生活方式促使人们在饮食方面有所转变。由于城市人口消费模式的变化，对肉类的需求也在增加。尽管消费者支出增加，马来西亚农业行业近年来仍然面临各种挑战，主要原因是国际市场上的棕榈油价格较低。由于森林破坏所造成的环境问题日益严重，棕榈种植园主面临着扩大种植区的困难，这导致对种植面积的分配实施了更严格的控制。近年来，熟练劳动力短缺和最低工资的上升导致棕榈油行业利润率下降。政府决定将最低工资提高到每月 1100 林吉特，并进一步计划将最低工资逐步提高到 1500 林吉特，这将对生产成本产生重大影响。马来西亚在禽肉、鸡蛋和猪肉方面是自给自足的，但牛肉和羊肉依赖进口。随着中产阶级的扩大，马来西亚对优质肉类产品的需求不断增长。对进口肉类，特别是牛肉的需求越来越旺盛。对牛肉的需求估计将以比以前更快的速度增长，并为国内外投资者提供机会。据估计未来几年农林牧渔业有增长机会的两个细分市场是家禽和从棕榈油中衍生的油脂化学品。家禽业的增长将主要受投资增加所推动，而油脂化学品的增长可能是由于种植公司决定生产更多的上游产品。

二　工业制造业

从整个马来西亚国民经济的结构来看，工业在其中所占的比重最大，也最为重要。马来西亚的工业主要集中在全国 200 多个工业区和工业园区及 13 个国家自由工业区。自由工业区是为满足出口导向工业需求而建立的出口产品加工区。自由工业区的企业被允许免税进口生产过程中直接需要的原材料、零配件和机械设备。

自其建国以来，马来西亚的工业总体上一直保持着较高的增长趋势，21 世纪以后其增长更是十分迅速。在 2015 年至 2019 年的 5 年间，马来西亚年均工业增长率达到了 3.97%。马来西亚的工业产品以加工食品、橡胶产品、建筑用料、电子产品及零部件、石化产业产成品等为主。细分之下，马来西亚工业还联系着大量的上下游产业，彼此之间相互促进和影响，因此，可以说工业是马来西亚国民经济最重要的支柱。

三　旅游业

马来西亚政府非常重视旅游业的发展，不仅成立了旅游发展局，各州还成立了旅游协会和各种旅行机构。20 世纪 80 年代后期以来，马来西亚采取了多种措施以发展旅游业，如加强组织管理、增加财政拨款、扩大税收优惠、展开强大的促销攻势、改善客运交通系统、培训导游和酒店服务人员、增加旅游景点和活动项目等。在政府的大力推动下，马来西亚旅游业迅速发展，1990 年旅客人数达到 750 万人次，创汇收入达 45 亿林吉特，占国家外汇收入的 5%。

马来西亚游客大多来自东盟国家，约占总数的 70%，虽然 1997 年的金融危机对马来西亚的旅游业影响较大，游客人数从 1997 年的 620 万人次减少到 1998 年的 550 万人次，收入同比减少 93 亿林吉特，但旅游业仍是国家收入的第三大来源，仅次于制造业和棕榈业。旅游业同时拉动了酒店、商店和饮食业的发展。进入 21 世纪，由于全球化程度的不断加深，越来越多的国外游客前往马来西亚旅游，一方面是由于马来西亚优美的自然风景和丰富的旅游景点，另一方面是因为马来西亚政府的各项旅游优惠政策，使得马来西亚的旅游业逐渐发展，其国际地位和国际声誉逐渐提高。2016 年，到马来西亚旅游的外国游客达 12.35 亿人次，为其国内生产总值（GDP）贡献了 580 亿林吉特，占总 GDP 的 4.7%。

四 交通运输业

马来西亚的交通运输业，包括航空运输、陆路运输、铁路和公路以及水路运输都较为发达。目前，马来西亚已经建立起了较为完善的交通网络，呈现出四通八达的格局，吉隆坡也在朝着成为连接亚、欧、澳等大洲重要交通枢纽的方向努力。2010 年，马来西亚交通运输业实现产值 508.02 亿林吉特，约占国民生产总值的 6.6%。铁路运输系统相对完善，截至 2009 年，马来西亚铁路总长度为 2418 千米，铁路干线贯穿马来半岛南北，年客运量达 540 万人次。马来西亚的公路交通发达，与铁路相比，人们更多地选择使用公路交通，因此无论客运量还是货运量，公路交通运输都占据着极大的比重，成为国内交通运输的主要方式。马来西亚大多数公路质量较高，道路指示牌设计得较为明显、清晰、科学，一般道路指示牌以马来文书写，也有的是以马来文、英文书写。虽然多数公路是在丘陵和山地上修筑的，道路弯曲，但路面质量较好，平整、光洁，通行能力强。马来西亚有 117 个机场。其中铺设了砖石跑道的有 37 个，没有铺设砖石跑道的机场为 80 个；其中跑道长度超过 3047 米的有 5 个，跑道长度为 2438 米至 3047 米的有 9 个，跑道长度为 1524 米至 2437 米的有 8 个。直升机场有 2 个。航空货运量已经超过总货运量的 32%。马来西亚内河运输不发达，主要集中在东马地区的沙巴和砂拉越两州。但马来西亚濒临马六甲海峡，具有得天独厚的海运优势，而马六甲海峡又是世界上最繁忙、通航船只数量最多、航运量最大的航线。马来西亚大部分进出口货物依靠海上运输，所以港口在国家经济发展中占有重要地位。马来西亚的 13 个州都有临海港口，共有 19 个港口。马来西亚在马六甲海峡沿岸有多个城市，如槟城、巴生、波德申、马六甲、新山等，都有良好的港口，关丹是东海岸的主要港口。此外，在东马的沙巴州和砂拉越州，有美里和古晋等多个港口。

第三节 马来西亚金融体系发展历程

马来西亚于 1963 年 9 月 16 日宣告成立时，仍然沿用英属马来亚和北婆罗洲委员会发行货币这一机制。直至 1967 年，1959 年成立的马来西亚国家银行依法获得独家发行货币的特权，才开始以国家中央银行的名义正式发行马来西亚的流通货币林吉特，辅币为仙（Sen），发行货币和硬币的权力仅限于马来西亚中央银行。从 1957 年马来西亚联邦成立到 1967 年底，马来西亚商业银行由开始的 17 家增至 44 家。在这些商业银行中，民族资本银行由 7 家增加到 23 家，外资银行由 10 家增加至 21 家，开设的分支机构也由 73 家增加到 215 家。其中有本地投资，也有外资，属当地资本的银行增至 91 家，另外属外资的银行则增至 124 家。尤其是，至 1970 年，外资银行仍占有举足轻重的地位，马来西亚商业银行的存放业务、总资产中的绝大部分还一如过去那样受外资银行的控制。

一 马来西亚金融体系形成的阶段考察

马来西亚是东盟相对较为发达的经济体，也是经济增长较快的经济体。随着马来西亚经济持续、高速的增长，其金融化水平和金融发展程度也不断上升。马来西亚在 1989—1996 年保持了较快的经济增长速度，较快的经济增长也引致了较大的金融需求。广义货币量增长迅速，从 1970 年的约 13. 5 亿美元，增长到 2015 年的 4067. 4 亿美元，扩大了 300 多倍。进入 21 世纪以来，马来西亚经济发展平稳，2002—2017 年

（除去2009年外）一直保持着5%以上的经济增长，并且广义货币增长率由2004年最高25%逐步降至5%以内，同时物价也处在相对稳定的区间，近年来通货膨胀率保持在3%以下。马来西亚经济的金融化快速上升，现已超过世界平均水平。用M2/GDP指标衡量经济金融化表明，2015年马来西亚的经济金融化已经达到140%左右，而该指标在1970年还不到50%。

根据东方金诚发布的《“一带一路”沿线国家主权信用概况(2016)》研究报告，2016年马来西亚金融实力在东南亚9国中排行第二位，仅次于新加坡，高于全球平均水平（50），其金融业发展水平较高，是全球最大的伊斯兰金融中心。马来西亚金融体系成熟稳定，是亚洲较大的公司债券市场之一，也是东南亚地区最大的伊斯兰债券市场。外资企业在马来西亚融资较为便利，马来西亚政府针对不同行业、不同企业也设置了不同的融资服务。

从资产占比来看，银行业在马来西亚的金融产业中有着相当重要的地位。2015年，马来西亚金融产业的总资产高达8553亿美元，其中光是商业银行的资产便占据了其中的将近七成。2011—2015年，马来西亚商业银行资产规模较为稳定，在金融机构资产总额中的占比保持在65%以上。证券业（投资银行）、保险业、信托及伊斯兰银行等机构的资产所占比重较低，且行业内增速不一致。其中伊斯兰银行资产增速较快，其占比由2011年的13.1%增至2015年的15.7%，而信托、证券、保险行业的资产占比均出现负增长。

马来西亚证券监督委员会（证监会）负责管制和发展马来西亚的资本市场。马来西亚交易所成立于1973年并在2005年上市，是东盟较大的交易所之一，在60个经济区中拥有超过900家公司。2016年10月18日，马来西亚联昌银行（CIMB）和中国银河证券股份有限公司签署了初步协议，探索在股票经纪业务中建立战略伙伴关系。双方协商成立合资公司，包括机构和零售券商业务、股票研究以及相关证券业务。

在金融监管方面，马来西亚有两套相互平行、互为独立的金融监管体系，即传统的监管体系（中央银行）及纳闽国际商业和金融中心（Labuan IBFC），也称纳闽金融服务局（Labuan FSA）监管体系。

总体来说，马来西亚金融体系相比其他东盟国家（除新加坡外）较完善，尤其是银行类与非银行类金融机构的结构比较合理，且机构种类亦呈现出多样化的特征。其中，最具本地特色的当属马来西亚的伊斯兰银行与伊斯兰保险公司等机构。然而，马来西亚的金融业开放度并不是很高，虽有花旗、汇丰、渣打等外资银行入驻马来西亚，但事实上，外资银行在银行类金融机构中的占比不大，主要仍是以马来西亚本土金融机构为主。这对于实现中国—东盟双边银行业合作造成了一定的阻碍。

二　马来西亚金融体系的完善与展望

1997 年亚洲金融危机在使马来西亚金融体系遭到重创之后，马来西亚就开始有序执行发展金融业的改革策略。银行业的体系建设与市场化建设较为完善，在当时马来西亚金融体系的发展中起到了主心骨的作用，为其提供了强大的助力。此外，马来西亚建立起东南亚最大的债券市场，一方面减少对银行体系的过度依赖，另一方面促进整个马来西亚金融业的稳定；随着马来西亚金融业的不断发展、中马合作的日益紧密及人民币国际化进程的不断推进，截至目前已有不少中国项目通过在马来西亚债券市场上成功进行人民币融资的案例。

近十年来，马来西亚金融业展现出了法律架构的现代化，正如前文所言，为了维护金融业发展的稳定，马来西亚已经建立起了两套相互平行、互相独立的金融监管体系。同时还对一系列相关法律条例进行了落实，比如对马来西亚央行权力的强化，以针对异常的寻租活动进行干预，同时也能够对影子银行一类的体系机构进行更好的监察。

除此之外，金融创新以及“多点开花”同样也是马来西亚金融业发展的重点方向之一，以此形成了马来西亚以央行为整个金融体系的主导，证券、银行以及保险公司等并驾齐驱的局面。具体来说，无论是银行业、保险行业还是股票市场的发展，都对马来西亚的经济发展有着重要的影响，比如银行业的效率与其经济增长速度成正比、股票市场与国民经济之间相互影响，相互促进等。马来西亚重视本土企业或机构的情况在金融业也同样存在，以银行业为例，虽然马来西亚存在着大量的外资银行，如花旗银行、渣打银行、汇丰银行、华侨银行、中国银行等，但是相比马来亚银行、大马银行、联昌银行等马来西亚本土国营银行，其无论是占据的市场份额还是资本占比都较小。

自 2017 年以来，对亚太地区银行业的展望是从“负面”调整为“稳定”，认为因经济状况改善，银行业风险趋向稳定。据2019年穆迪评级对于马来西亚的相关评估，穆迪对马来西亚长期本、外币主体评级为A3，展望稳定，从总体来看，马来西亚金融发展稳中有进。

三　金融调控体系

（一）货币政策调控

马来西亚主要以经济增长、维持汇率稳定、保持国际收支平衡以及消除国家的通货膨胀作为主要的货币政策目标。马来西亚货币政策的主要特点包括：在兼顾经济发展和财富分配以消除不同种族、集团和地区之间发展不平衡时，大力扶植外向型企业。这是由马来西亚本身的国情决定的，马来西亚是一个对于出口贸易十分依赖的国家，以出口能源、初级加工产品等为主的外向型经济是马来西亚国民经济的重要组成部分，但正因如此马来西亚常常会受到许多外部因素的影响。所以在制定和实施货币政策的过程中，马来西亚货币当局会对相关内容进行深度的考量。

从历史的角度来看，可以将马来西亚货币政策的发展分为以下几个阶段：（1）1957—1967年。在独立后这10年期间，由于金融体制尚不能有效地执行货币政策，宏观经济的稳定主要由财政手段来完成，货币政策只限于通过利率政策的实施来发挥作用。（2）1968—1973年。这一时期既是经济调整和增长，又是马来西亚货币政策体系初步建立的时期。从1968年开始，为了维持经济的稳定以及减少国际形势变化所带来的冲击，马来西亚正式授予其央行灵活制定和实施货币政策的权力。为了加强其在货币、信贷等方面进行管理的有效性，马来西亚还在1973年专门出台了新的银行法。同年，为了进一步巩固央行独立实施货币政策的地位，马来西亚政府采取了一系列措施，主要包括独立股票交易市场的建立、针对外汇实施浮动汇率制度以及更为自由的外汇管制、终止与新加坡的货币互换协议等。（3）1974—1978年。货币政策得到了进一步的发展，主要在于两方面：一是利率的进一步市场化，马来西亚央行不再具有制定商业银行利率的权力，而是将其交由各个商业银行自行决定；二是进一步完善了货币市场工具体系，补充了可转让存单以及承兑汇票两种新的工具。（4）20世纪80年代之后，马来西亚央行对于货币政策的制定与实施逐渐成熟和完善，这一时期其用于调控的工具变得更加丰富。其间，它采取的货币政策松弛有度，在保证物价稳定和经济发展的前提下对发展部门提供了包括融资在内的支持，对利率的限制也进一步放宽，允许其根据市场压力情况进行相应的调整。这一时期，在政策操作上是运用降低商业银行法定准备金和流动性比率的措施向金融体系注入所需流动性。1986 年更多地运用了公开市场业务，作为其货币政策的有效工具。

（二）财政政策调控

财政政策在确保宏观经济稳定和公共财政稳健方面发挥着重要作用。通过调整公共支出和税收措施，有效的财政政策有望使经济保持增长势头，提高经济的潜在产出，同时加强政府财政管理。作为一个开放型经济体，马来西亚面临着全球经济和贸易脆弱性、地缘政治紧张局势以及大宗商品价格和金融市场波动等外部不确定性。这些仍然是管理国家经济和公共财政的关键挑战。因此，必须制定健全的财政政策，确保经济具有弹性，能够提供应对外部冲击的反周期措施，总体目标是维护国家发展议程。

如表 8 - 1 所示，马来西亚政府一直采取财政措施实现经济多样化，改善人民福祉。在支持财政整固工作的同时，政府的财政立场以两大支柱为基础，即加强财政收入基础和确保公共开支用于高效率的计划和项目。

表 8 - 1　　2018—2020 年马来西亚联邦政府财务状况

	百万林吉特			增长率（%）			GDP 占比（%）		
	2018	2019	2020	2018	2019	2020	2018	2019	2020
收入	232882	26330	24453	5.7	13.1	-7.1	16.1	17.4	15.2
经营费用	230960	26226	24102	6.1	13.6	-8.1	16.0	17.3	14.9
经常项目收支	1922	1040	3510				0.1	0.1	0.3
增长支出总额	56095	53700	56000	25.0	-4.3	4.3	3.9	3.5	3.5
减去：收回贷款	788	900	766	57.5	14.2	-14.9	0.1	0.0	0.0
开发支出净额	55307	52800	55234	28.5	-4.5	4.6	3.8	3.5	3.5
Overall balance	-53385	-51760	-51724				-3.7	-3.4	-3.2
Primary balance	-22838	-18760	-16779				-1.6	-1.2	-1.0

资料来源：马来西亚财政部。

对经济的影响。促进增长的财政政策旨在促进投资、提高竞争力、改善公共基础设施和增加包容性。通过审慎和有纪律的财政政策，政府将确保社会经济议程仍然作为指导国家实现2030年共同繁荣愿景的重中之重。

第四节 马来西亚金融机构体系

马来西亚的金融发展程度较高，在中国—东盟自贸区内仅次于新加坡。马来西亚国家银行是马来西亚的中央银行，它完全归政府所有，主要负责实施审慎的货币政策，将通货膨胀率维持在一定的水平，以保持林吉特（马来西亚货币）的购买力；维持整个金融系统的稳定，建立一个健全、先进的金融体系。纵观马来西亚金融体系，可见其银行类及非银行类金融机构的种类相当多，并形成了以马来西亚国家银行为管理核心，银行、保险与资本中介机构并存且共同发展的局面。马来西亚国家银行下设银行业监管、金融控股公司监管、保险及伊斯兰保险监管与开发性金融机构监管四类监管部门。其中，银行业监管部门主要对银行类金融机构进行监管（开发性银行除外）；保险及伊斯兰保险监管部门则对不同的保险公司、保险经纪公司实施监管；开发性金融机构监管部门则专门针对开发性银行实施监管（见图8－3）。在马来西亚国家银行的监督推动下，马来西亚已形成一个多元化、综合性、有弹性的金融系统。

一 银行类金融机构

（一）马来西亚国家银行

马来西亚国家银行（马来西亚中央银行）于1959年1月开始运作，根据2009年《马来西亚中央银行法》发挥马来西亚中央银行的作用，旨在促进货币和金融稳定，为马来西亚经济的可持续增长提供有利环境。同时在实施深化和加强金融市场（包括外汇市场）举措方面也发挥着重要作用。马来西亚国家银行的权力由国家赋予，在马来西亚的整个金融体系中占据着主导地位，对诸多商业银行以及非银行金融机构进行监察和管理。马来西亚国家银行下设银行理事会负责货币政策、相关经济措施和战略的制定以及对银行日常业务进行管理。马来西亚国家银行理事一般由包括行长在内的9名委员组成。除此之外，马来西亚国家银行还具有清晰的管理框架体系，下设多个部门分管不同的事务，如货币评估与战略部负责

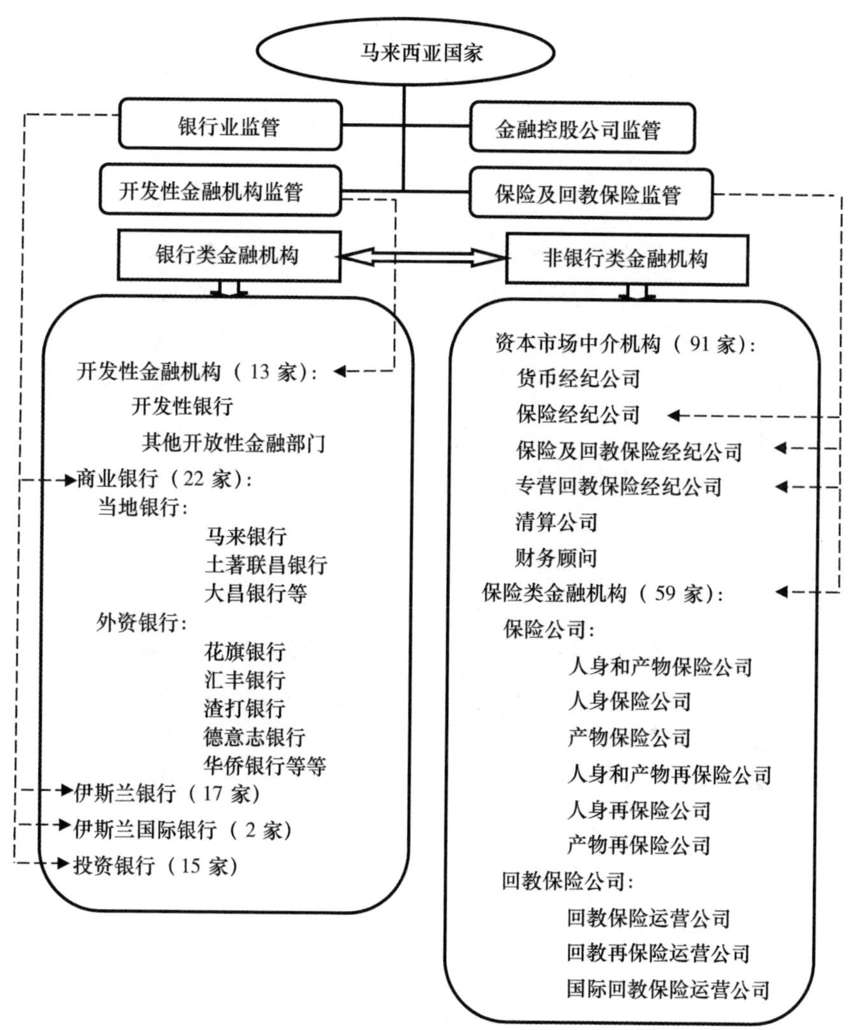

图 8－3　马来西亚金融体系架构

资料来源：根据马来西亚国家银行网站资料整理所得。

货币政策的初步制定以及对施行情况进行监控评估；经济研究部负责对国家的宏观经济运行情况进行监控分析，并形成相应的报告；投资操作与金融市场部负责对马来西亚国家银行的资产通过包括各类货币政策工具在内的手段进行使用和投资；银行监管部主要负责对马来西亚诸多商业银行的运营进行监督管理，但是其中只包括部分本土银行和外资银行，对于伊斯兰银行，则由专门的伊斯兰银行和保险部负责。除此之外，还有提供法律援助和支持的法律部、负责国际业务的国际部、负责外汇管理的外汇管理部，还有货币管理与操作部、金融集团监管部、金融产业发展部、支付体系政策部等分工明确的部门，同时其内部还设立包括财务部、人力资源部等具有行政功能的部门。

（二）商业银行

马来西亚具有多种类型的商业银行。按照其性质，可以分为本土商业银行、外资银行，而外资银行也可分为中资银行和其他外资银行。马来西亚的本土商业银行主要有兴业银行、安联银行、大马银行、联昌银行、丰隆银行、马来亚银行等。外资银行主要有花旗银行、汇丰银行、渣打银行、美国银行、德意志银行、华侨银行等。在中资银行方面，中国银行早年在马来西亚槟城设立了第一家分行，随后中国工商银行、建设银行、南京银行分别在马来西亚设立了分支机构。同其他国家传统的商业银行一样，马来西亚商业银行从事的主要以吸收存款和发放贷款等为主的银行零售业务，同时也提供包括承兑汇票、存单、各类商业票据等金融市场工具的交易支持服务。除此之外，马来西亚的商业银行还承接包括租赁、信用贷款等一些其他金融机构、金融公司的业务。

1. 马来亚银行

马来亚银行又名马来亚银行有限公司（Maybank，全名为 Malayan Banking Berhad），位于马来西亚吉隆坡，由一名在马来西亚的华侨邱德拔在马来西亚建国后的第二年创办成立。但是，由于马来西亚政府对于本土民族的支持和对外来民族的排挤，马来亚银行被政府强行接管，最终其所有权落在了马来西亚土著民族之手。截至目前，马来亚银行按市值计算是在马来西亚证券交易所（大马交易所）上市的最大公司，资产总额约合 1050 亿美元。在马来西亚上市公司中排名第一，在《福布斯》全球 2000 强企业中列前 500 名。

马来亚银行集团提供广泛的产品和服务，包括商业银行、投资银行、伊斯兰银行、离岸银行、租赁和租购、保险、保理、受托人服务、资产管理、股票经纪、代理人服务、风险投资和互联网银行。

如表 8 - 2 所示，马来亚银行的使命是通过以公平的价格向人们提供金融服务，并使之始终处于社区的中心，从而使整个亚洲的金融服务人性化。

表 8－2　　马来亚银行 2010—2018 年大事记

年份	大事记
2010	是大马交易所首家宣布股息再投资计划的上市公司 是马来西亚第一家总资产规模超过 1000 亿美元，税后利润达到 10 亿美元的银行 率先在全国范围内为轮椅使用者开设残疾人友好银行分行 马来亚银行庆祝成立 50 周年 推出 Trade Connex，这是马来西亚第一家本地银行，可在线提供一整套全面的常规贸易融资产品。马来亚银行推出了 Waqf，这是马来西亚一家金融机构为客户提供的首个结构化社区捐赠计划。马来亚银行新加坡分行为新加坡的中小型企业推出首个伊斯兰融资方案。推出马来西亚的 Pantai American Express 信用卡，这是亚洲第一家与医疗服务提供商合作的联名信用卡 PT 银行与马来亚银行 Indocorp 联合转变为成熟的伊斯兰银行，并更名为马来亚伊斯兰印尼银行 成立马来亚银行基金会的初期拨款为 5000 万林吉特，以带动集团在该地区的企业责任计划 名列“2010 年服务质量最佳 10 家银行” 马来西亚马来亚银行—菲律宾马来亚银行为马尼拉名胜世界进行了具有里程碑意义的交易（飞机贷款），这是该国第一笔交易
2011	第一家马来西亚银行推出“海外抵押贷款计划”，为马来西亚人提供伦敦林吉特的抵押贷款 收购在新加坡上市，具有强大区域平台的投资银行集团金英控股有限公司 通过共享银行服务与 Pos Malaysia Berhad 建立战略合作伙伴关系。在全国 400 多个 Pos Malaysia 网点提供精选的 Maybank 服务 在马来西亚率先推出“Maybank 2 卡”，该卡只需一次注册即可向持卡会员提供两张信用卡 马来亚银行新加坡分行成为新加坡首家推出具有 NETS FlashPay 功能的白金借记卡的合格全额银行 马来西亚第一家银行，推出了 eCustody，这是一个基于互联网的电子前端平台，为机构客户提供在线管理其托管账户的服务 以“Humanise Financial Services Across Asia”的使命为驱动力，推出全新的企业形象 马来亚银行菲律宾分行在阿亚拉郊区开设马来亚银行宿务商业中心，这是首家提供全方位服务的分行，涵盖汽车贷款中心、超大型住房和个人贷款柜台等
2012	马来亚银行成为第一家同时与缅甸的四家银行签署协议的本地银行，以向该国引入马来亚货币速汇（MME）汇款服务 马来亚银行重申其对柬埔寨的长期承诺，将其业务本地化 马来亚银行基金会扩大了其本地奖学金计划，使其首次包括了来自大学前水平的奖学金。基金会向 19 所顶尖的公立和私立地方大学的应届学生提供全额奖学金 马来亚银行通过在北京设立新的分支机构来扩大其在中国的网络，以扩大其在大中华区的业务 正式在老挝开办了马来亚银行的第一家分行，从而完成了集团在东盟所有 10 个国家的业务拓展 马来亚新加坡银行在银团伊斯兰贷款的支持下执行了第一次伊斯兰利润率互换，从而建立了其在伊斯兰对冲解决方案中的能力 马来亚银行成为马来西亚最有价值的品牌

续表

年份	大事记
2012	马来亚银行宣布成功完成有关其私募的簿记建库活动，以低于市场价格的折价筹集约36.6亿林吉特（12亿美元）。此次私募是马来西亚公司历史上规模最大的私募，受到国内外机构投资者的欢迎 马来亚银行菲律宾分行在菲律宾推出 Maybank 信用卡 马来亚银行菲律宾分行宣布将其办公室迁至位于 Taguig Bonifacio Global City 的新 Maybank Corporate Center 是新加坡第一家推出 Maybank Smart TV App 的银行，充分利用 Samsung Smart TV 的全部功能，为客户和非客户创建了一个真正创新的在线服务和参与渠道 马来亚银行推出了增强的区域现金管理平台，该平台通过新加坡最先进的基于 Web 的 Maybank2E 平台交付，以进入亚洲快速增长的现金管理市场 马来亚银行在柬埔寨推出其网上银行服务 Maybank2u，向该国客户提供这一服务 马来亚银行通过在柬埔寨金边经济特区开设其在该国的第 12 个分支机构来扩大其在柬埔寨的网络
2013	马来亚银行是第一家采用 Microsoft Windows 8 平台作为其企业移动银行应用程序 Maybank2E-Regional Cash 的东盟银行 马来亚银行在马来西亚推出了首个投资关联计划豪华版（Luxury Edition），这是一项单一的封闭式投资关联保费保险计划，旨在为奢侈品市场提供保险保护和投资相结合的服务 马来亚银行推出了 Maybank 2u Pay，这是马来西亚的另一家银行。Maybank 2u Pay 是一个支付网关，可在博客商店中进行购买，不仅提供快速、安全的交易，而且提供便捷、可靠的在线购物体验 马来亚银行扩大了与曼联的成功联合品牌合作伙伴关系，将"Maybankard Visa Infinite 曼联"卡推向市场，这是世界上第一个针对利基高净值人群的联名曼联卡 马来亚银行扩大了其海外抵押贷款计划（OMLS），以包括在三个新市场（即悉尼、珀斯和新加坡）购买住宅物业，使马来西亚投资者能够享受用林吉特购买房地产的便利融资。马来亚银行是马来西亚第一家推出 OMLS 的银行 马来西亚时任总理纳吉布在伦敦举行的世界伊斯兰经济论坛上主持了马来亚银行（Maybank）伊斯兰资产管理的启动仪式
2014	通过自动柜员机推出无卡取款服务，将马来西亚的第一项服务推向市场，无须提款卡就可以取现 在马来西亚建立第一个儿童保育中心，名为"Maybank Tiger Cubs 儿童保育中心"，为雇员的子女提供紧急的儿童保育设施或备用儿童保育服务 首个也是唯一一家马来西亚成立的组织被纳入韬睿惠悦全球高绩效公司准则，该准则是国际公认的高绩效组织基准 是第一家以马来西亚林吉特（RM）为中国客户提供贸易融资的银行，使他们能够享受直接与马来西亚同行进行跨境贸易交易的便利 马来西亚信用担保公司（CGC）和马来亚银行签署了一项新的投资组合担保协议，这是此类协议中的第一个，也是该国最大的协议，这反映了它们共同致力于增加所有各级中小企业的融资渠道 通过其"智能退休 Xtra"计划扩展到延期年金市场，该计划是马来西亚有史以来第一个通过 Bancassurance 渠道提供的延期年金保险计划

续表

年份	大事记
2014	推出新的马来亚银行 Visa 白金借记卡——马来西亚首张通过 Visa Pay Wave 启用的 Visa Debit 白金卡 发行首笔 TOKYO PRO-BOND，以 3 年期进行融资，筹集资金 311 亿日元（约合 3.05 亿美元） 推出 M2U Pay Snap & Sell，这是同类产品中第一个创新移动应用程序，它使个人可以方便地在社交媒体平台上随时随地销售其产品 在 Channel News Asia 的评选中，成为马来西亚可持续发展表现较好的三大公司和亚洲百强公司之一，也是亚洲首家此类公司 推出全面的贸易融资平台 myTrade2Cash，这是东盟首个此类平台，使中小企业可以通过 DNeX 在线平台方便地从马来亚银行申请贸易融资设施 与 Visa International 合作推出 M2U Visa Direct，这是马来西亚首款此类汇款服务，它提供了一种创新的选择，可以向 200 多个国家的受益人的 Visa 卡账户进行汇款 推出马来亚银行 Visa Pay Wave 微型标签—— 一种新的便捷方式，利用 Visa Pay Wave 技术进行付款，这是马来西亚市场上的另一个先河。这项新服务使非接触式付款可以简单地被链接到 Visa 卡的 Micro Tag 电子标签上进行，该标签分别放置在持卡人的个人物品上，例如钱包、电话或车钥匙上
2015	马来亚银行与马来西亚盲人协会（MAB）合作推出了首个面向视觉障碍者的东南亚电影院，即马来亚银行（MAB）电影院 马来亚银行在 Maybank2u 应用程序中推出了马来西亚首个“快速平衡”服务，旨在丰富其移动银行的价值主张 通过昆明分行马来亚银行成为在中国西南地区的云南省开展业务的第一家马来西亚银行，也是仅有的两家东南亚银行之一 马来亚银行推出了两个新的数字银行应用程序——Maybank Treats 和 Maybank Property Finder Apps，为东南亚客户首次提供了此类便利 是马来西亚为符合条件的残疾人士（PWD）发起小额信贷计划的首家银行 马来亚银行发行了马来西亚银行业的首个武士债券，以 3 年和 5 年的期限筹集了 313 亿日元（约合 2.61 亿美元） 在东盟护照框架下推出第一只伊斯兰股票基金，即马来亚银行博世大中华区东盟股票基金，以挖掘大中华地区和东盟地区股票市场的巨大潜力 马来亚银行在开斋节期间为客户提供“电子”礼品选择，其中包括“duit raya”和 Maybank2u 的马来亚银行 Raya 礼品卡，这是马来西亚的首创 是马来西亚第一家率先在移动银行中使用生物识别认证的银行，在 Maybank2u 应用程序中引入了 Quick Touch 服务，该服务使客户可以访问其账户并使用其移动设备上的指纹进行身份验证来检查其余额 马来亚银行启动了 Maybank Fintech，这是东南亚地区的首个此类计划，旨在为符合条件的科技初创企业提供资金，并在金融技术领域提供支持 推出“校园休息室”形式的新分支机构概念，Maybank @ Monash 是马来西亚莫纳什大学在马来西亚的首例此类活动。该休息室经过专门设计，可满足学生和大学社区独特的银行需求 推出首创的数字应用程序“Snap & Donate”，客户只需在手机上拍摄慈善组织的徽标，然后直接通过该组织即可为慈善受益人做出贡献 马来亚银行与全球技术巨头 SAGE 合作，直接通过其会计和薪资模块以及在线和移动银行渠道进行即时电子支付。开展缅甸业务，旨在专注于交易银行业务，企业贷款服务，这是使其成为缅甸领先的跨境银行目标的一部分 第一家与马来西亚全球创新与创造中心（MaGIC）正式建立合作伙伴关系的银行，旨在进一步推动该地区的初创企业发展 是马来西亚第一家与中国银联商户服务有限公司签署协议，以扩大其在中国的现金管理业务的银行

续表

年份	大事记
2017	Mohaiyani Shamsudin 被任命为马来亚银行董事长，这是公司董事会的首位女董事长 是马来西亚为集团内合格的女性雇员实施长达一年的延长产假的首家银行 宣布与中国支付宝建立合作伙伴关系，以在马来西亚各个网点提供非接触式支付便利 推出 Maybank2u Pay，这是一个新的支付网关，可支持电子商务企业家促进在线业务 推出区域协作性金融科技沙盒平台，这是东盟首个此类平台，以促进金融科技的发展 是马来西亚企业历史上第一家上市公司，市值突破 1000 亿林吉特 与著名的欧洲足球俱乐部巴塞罗那足球俱乐部（FC Barcelona）推出联名借记卡和信用卡 在 M2U 移动银行应用程序中引入了面部和语音识别功能，这是马来西亚第一家在银行应用程序中提供所有三种生物识别功能的银行，包括较早的指纹识别 马来西亚第一家银行使用名为 Maybank QRPay 的 QR 代码推出无现金移动支付选项
2018	通过引入经过重新设计的全新 Maybank2u 网站，重塑了在线银行业务体验 推出 Maxi Home Ezy 计划，这是一个针对首次购房者的新型负担得起的抵押贷款计划 推出“Future Ready”数字技能提升计划，旨在提高员工的数字素养，为其提供能够确保他们现在和将来具有相关的能力 与新加坡南洋理工大学合作建立财富管理学院 通过 M2U 为客户推出首创的数字财务规划师 是第一家与肯德基合作的银行，肯德基是马来西亚最大的快餐连锁店，可使用 QR 码提供付款便利 新加坡金融管理局批准，将马来亚银行的社区金融服务业务在当地注册，并向马来亚银行新加坡有限公司（其在新加坡注册成立的全资子公司）颁发了具有合格全银行特权的正式银行牌照 在新加坡推出 MSpace，这是 Maybank 网络中的第一家分支机构，该网络将咖啡馆与现代银行服务相结合 马来西亚首家通过其在线银行和移动平台以及 ATM 和自助服务终端提供客户 ASNB 账户实时查看和充值的银行

资料来源：马来亚银行官网。

2. 联昌国际银行

马来西亚第二大银行是联昌银行集团，由纳西尔拉萨掌管。土著联昌控股的盈利主要来自司库部和投资银行业务，投资银行主要从事证券相关及企业融资业务，司库部以货币交易为主。马来西亚国内重要的企业并购案大多数由联昌证券主理，联昌证券银行（CIMB）在马来西亚投资及证券银行中处于优势地位。联昌证券原是东南亚地区最大的投资银行，在 2012 年 4 月成功收购苏格兰皇家银行的亚洲投行业务后，一跃成为亚洲最大的投资银行。联昌证券原是土著联昌银行（Bumiputra Commerce Bank）的子公司，专门处理企业融资以及证券投资事务，在上市3年后除牌，与母公司土著联昌银行合一，土著联昌银行也改名为联昌银行（CIMB Bank），而纳西尔则顺理成章地成了联昌银行集团的董事经理兼行政总裁。其后不久，联昌银行成功收复南方银行（Southern Bank），并在新加坡并购吴证券（GK Goh），扩充成为区域性投资银行。吴证券是一家以新加坡为基地的证券行和金融服务机构，在东南亚多个国家设有分行。此外，土著联昌在印尼也拥有资产，即印尼的商业银行（Bank Niaga）。商业银行在2012年上半年取得5570亿印尼盾的税前盈利，比2011年同期提高了16%。联昌银行拥有员工3.2万人，不仅遍布东南亚各国，就连中东地区、中国上海、美国纽约、英国伦敦等地都设有分行或代理机构。

3. 大众银行

马来西亚大众银行是马来西亚第三大银行集团，它由郑鸿标创建于1966年，总资产在2004年底达到920亿林吉特。大众银行在全马拥有252家分支机构。

大众银行发展迅速，在其创办同年便于吉隆坡开设了第一家分行，在其创办的第十年正式上市，成为一家上市银行。它在规模扩大的同时也积极通过媒体广告等手段吸引民众前来存款，并且取得了一定的成效，在它与其他商业银行的努力之下，马来西亚的储蓄率一度达到全球第一。

随着大众银行规模的不断扩大以及迅速发展，除了传统商业银行的业务之外，它开始逐渐涉足如信托管理、风险投资等金融产业的其他领域，具有成为金融集团之势。在20世纪70年代末马来西亚中央银行将利率制定的权力下放到各大商业银行后，大众银行凭借其高于行业的存款利率吸引了大批存款，存款成长率远高于马来西亚银行业的平均水平。到90年代初期，大众银行的总资产已经超过了30亿美元，使其在马来西亚银行业中第三的地位进一步稳固，并且得益于其妥善合理的经营，在1997年遭遇亚洲金融危机期间仍然能够保持盈利状态，多次被国内外媒体盛赞为马来西亚“最佳银行”。从21世纪开始，其海外业务逐渐扩张，于2006年并购了亚洲商业银行，并购价格为多年来最高，达45亿港元，这一次并购使得其在中国的分行骤增到50余家。次年，大众银行顺势推出了马来西亚第一只中国基金，以中国的股票市场为主要投资对象。2017年7月，大众银行创办人兼集团主席郑鸿标宣布于2019年1月1日卸下主席职务，因其一儿三女无意接掌公司，引起市场关注。

截至目前，大众银行已经坐实其马来西亚第三大银行业集团的地位，分行遍布东南亚、亚洲乃至世界各地，拥有将近两万名员工。2020 年 5 月，根据《福布斯》全球企业榜公布的数据，其在全球企业中列第 664 位。

4. 马来西亚兴业银行

马来西亚兴业银行是马来西亚第四大银行集团，RHB Bank Berhad 是兴业银行集团的最终控股公司。该银行于 2016 年 6 月 28 日在大马证券交易所上市。马来西亚兴业银行是该国最早成立的第一家本地银行，并于 1913 年 7 月成立了广益银行公司（广益银行），开办银行和金融相关业务，包括伊斯兰银行、投资银行、股票经纪、租赁、离岸银行、离岸信托服务、房地产投资、一般保险、单位信托管理、资产管理以及代理人和托管人服务等。马来西亚兴业银行拥有 380 多个分支机构和办事处网络，遍布马来西亚、新加坡、泰国、文莱、柬埔寨、老挝、缅甸和越南。

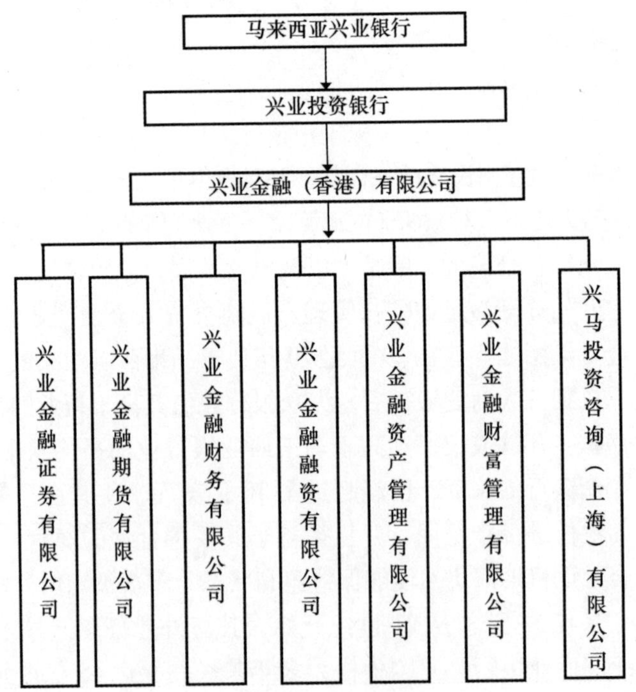

图 8－4　马来西亚兴业集团组织架构

资料来源：兴业银行官网。

5. 大马银行集团

大马银行集团是马来西亚第六大银行集团，是马来西亚领先的金融服务集团，在支持马来西亚的经济发展方面拥有超过43年的丰富专业知识。它拥有大约300万客户和1万多名员工。该集团于1988年在大马交易所上市。按资产计算，它是马来西亚第六大银行集团，截至2018年3月31日，市值约为116亿林吉特，资产为1379亿林吉特。大马银行集团提供广泛的常规金融服务以及伊斯兰金融解决方案和服务，包括批发银行、零售银行、投资银行、一般保险承保、寿险和伊斯兰保险、股票和股票经纪、期货经纪、投资咨询和管理服务以及资产、房地产投资信托和单位信托。该集团的宗旨是帮助马来西亚的个人和企业共同成长和取得共赢。

表8-3　**大马银行大事记**

年份	大事记
1988	大马银行成为第一家在吉隆坡证券交易所上市的商业银行 大马银行被任命为政府顾问，以制定国家私有化总体规划 大马银行推出了首个股权单位信托基金，阿拉伯—马来西亚第一基金
2005	大马控股有限公司完成私有化 负责集团投资银行业务的大马投资集团有限公司在大马交易所上市
2011	该集团继续被评为行业领导者，其奖项包括：2010年《资产三国》（Asset Triple A Country）奖项中的马来西亚最佳国内债券发行公司，《The Edge-Lipper》马来西亚基金奖中的最佳债券集团，2011年RAM联盟奖中的五个奖项。由于在债券市场上的卓越表现，获得了MIRA首届马来西亚投资者关系奖的最佳投资者关系首席财务官大盘奖，并获得了2011年亚洲公司治理奖最佳亚洲奖
2015	“AmIslamic Bank”品牌更名为“AmBank Islamic”。法人实体名称也从AmIslamic Bank Berhad更改为AmBank Islamic Berhad
2016	AmMetlife Insurance和AmMetlife Takaful将总部迁至Menara 1Sentrum 大马银行集团启动了四大战略，到2020年成为马来西亚领先的银行集团之一

资料来源：大马银行官网。

6. 丰隆银行

丰隆银行有限公司是一家位于马来西亚的区域金融服务公司，在新加坡、中国香港、越南、柬埔寨和中国大陆设有业务。该银行注重技术，强调发展金融能力以服务于五个地区的客户。丰隆银行有限公司（“HLB”或“银行”）在马来西亚交易所上市，并隶属于丰隆集团。该银行总部设在吉隆坡，具有浓厚的马来西亚企业家传统。

HLB最初于1905年在砂拉越的古晋注册成立Kwong Lee抵押和汇款

公司，后来于1934年改名为Kwong Lee Bank Limited，继承了马来西亚最古老的本地金融机构的遗产。广利银行有限公司于1982年5月被MUI集团收购，并于1983年2月2日更名为马来亚联合银行有限公司。1989年，它更名为MUI银行。在MUI银行的大旗下，它在全国的分支机构从11家增加到35家。

1994年1月3日，丰隆集团通过丰隆信贷有限公司（现称丰隆金融集团有限公司）收购了MUI Bank Berhad，并将其更名为丰隆银行有限公司。该银行于1994年10月17日在吉隆坡证券交易所（现称大马交易所）上市，此后通过并购的方式实现了突飞猛进的发展。丰隆银行在2011年与EON银行集团合并，使丰隆银行成为马来西亚第五大银行集团。截至2016年6月30日，其资产超过1800亿林吉特。

在区域方面，丰隆银行于2008年成为第一家进入中国银行业的马来西亚银行，并拥有成都银行有限公司20%的战略股权。同年12月，丰隆银行成为第一家马来西亚和东南亚银行获得在越南注册成立和经营以及100%全资商业银行的许可证。2013年，丰隆银行在柬埔寨成立其100%全资商业银行，并于11月在南京成立了代表处。

2011年5月6日，丰隆集团宣布完成收购国贸银行（EON Bank），正式接管国贸银行的所有资产和债务，国贸银行也正式成为丰隆银行的一部分。在其后的8周内，国贸银行的所有分行被更名为丰隆银行。

丰隆银行于2012年推出了“丰隆银行马赫”（Mach by Hong Leong Bank）品牌。该行还通过不断优化和整合电子及数字设施与流程，加紧了数字化工作，以改善客户银行业务的整体进程。

（三）伊斯兰银行

正如前文所言，马来西亚有着十分发达的伊斯兰经济，也存在着两套不同的银行体系，在伊斯兰经济体系下发展起来的马来西亚伊斯兰银行是其银行业的重要组成部分。早在1983年7月，马来西亚就出现了第一家伊斯兰银行。伊斯兰教法提倡消除贫富不均的现象，禁止收取重利及以不正当手段敛财的行为。因此，不同于传统的商业银行经营模式，伊斯兰银行的任何经营活动都不能附带利息，同时也不能存在任何如垄断等不正当的敛财行为。在银行的贷款业务方面，伊斯兰银行只有慈善贷款一种方式，以实用性为其主要原则，其模式一般为利润共享、股本参与以及分期付款等。

马来西亚于1983年出台了《伊斯兰银行法》，成为世界上最早的传统商业银行和伊斯兰银行并存的国家。相关法律的出台给予马来西亚中央银行监管伊斯兰银行的权力。经过多年的发展，马来西亚的伊斯兰银行业各方面都排在世界前列，如银行资产、分行的数量、业务的规模等。马来西亚的伊斯兰银行同样可以分为由本土建立的伊斯兰银行以及来自国际、以外资为主的国际伊斯兰银行。截至目前，马来西亚的本土伊斯兰银行共有16家，而国际伊斯兰银行有5家。

根据伊斯兰教义，包括银行业在内的所有金融行业都必须遵守其不能收取重利，不得以不当手段敛财的规定，因此伊斯兰的金融产品主要分为四类，即存款业务、投资业务、融资业务以及信用卡业务。存款有活期存款和储蓄账户、伊斯兰商品交易。投资有一般投资账户和特定投资账户。融资根据提供资金的不同类型，可以做多种细分：资产融资、资产支持型融资、仁慈贷款、贴现、临时贷款、平房单位融资、现金额度、俱乐部会员融资、伊斯兰商品融资、计算机融资、合同筹资、教育融资、设备融资、设备保理、固定资产融资、基本储备融资、分期付款代理、住房融资、工业分期付款、土地融资、租赁、典当、个人融资、厂房及机器融资、项目融资、物业融资、循环信贷额度、股权融资、杂项融资、银团融资、定期融资、旅游融资、车辆融资、营运资金融资。如果融资产品线为佣金的话，可以分为承兑汇票、银行担保、汇票、出口信贷再融资、信用证、提货担保、信托收据等几种类型。伊斯兰银行的信用卡服务主要分为赊账卡、信用卡、借记卡等。马来西亚伊斯兰银行业发展迅速，仅仅在2007—2012年的5年时间里，其行业资本规模的增幅便超过了4倍，达到438%。

不论是沙特、巴林、卡塔尔还是阿联酋这几个波斯湾国家都想让自己成为区域的金融中心，因为这些市场都信奉伊斯兰教，任何金融产品包括债券、房贷、存款都要符合伊斯兰律法（Shariah），我们称它为伊斯兰金融体系。这个体系根据《古兰经》的戒律，不可收利息，不可放高利贷，所有金融资产的回报都应该是参与投资的所得。表现在债券上，就是所谓的浮息债券，投资人投资了银行同业拆款这样的投资项目，同业拆款利率加码多少点就是你的投资回报，这相当于其他国家的债券利息。与其他亚洲国家不同的是，积极打造伊斯兰金融中心的马来西亚还有吸引中东资金的独特优势。马来西亚银行宣布多项金融计划，以分享伊斯兰国家估计高达1万亿美元的可投资资产。这些计划包括：提供外币伊斯兰金融服务的现有伊斯兰银行和回教保险公司获准成立外币业务单位；释出有条件的伊斯兰银行及回教保险执照；成立马来西亚伊斯兰金融中心执行委员会等。马来西亚在发展伊斯兰金融方面的成绩有目共睹。继 2005 年发出 3 张伊斯兰银行执照给科威特金融机构、卡塔尔伊斯兰银行及沙特阿拉伯 AlRajhi Banking 后，2009 年 2 月马来西亚又批出 4 张回教保险执照，其中一张给予汇丰保险。此外，大马渣打银行还推出了世界首宗伊斯兰外币换汇服务。据估计，目前全球伊斯兰银行的资产总额约 2500 亿美元，且每年以 15% 的速度成长。

在马来西亚政府的支持和推动以及由于国际化政策日臻成熟的伊斯兰金融市场的引导之下，越来越多的跨国金融机构与本土金融机构都积极从事马来西亚伊斯兰银行业。2002 年马来西亚仅有 2 家伊斯兰银行，下设分支机构 128 家，在总银行及其分支机构中的占比分别为 4.26% 和 5.06%，这意味着当年伊斯兰银行服务客户占全体银行服务客户的 5%；到了 2016 年，马来西亚伊斯兰银行数量增长至 16 家，提供伊斯兰金融产品的银行网点数量为 2197 个，在总银行数及其分支机构中的占比分别为 29.63% 和 87.95%（见表 8－4）。

马来西亚伊斯兰银行的总资产规模增长稳定，重要性不断提升。2007—2018 年，马来西亚伊斯兰银行资产总额保持稳定增长。随着伊斯兰银行资产总额的稳健增长，它在马来西亚金融机构资产总额中所占的比重也稳定地保持在 10% 以上，并呈较快上升趋势，由 2011 年的 13.21% 增加至 2017 年的 18.36%（如图 8－5 和图 8－6 所示），在马来西亚国内银行系统甚至整个金融系统中扮演着越来越重要的角色。

表 8－4　　2002—2016 年马来西亚银行数量　　（个）

	2002	2005	2008	2011	2012	2013	2014	2015	2016
全部银行	47	43	47	56	56	55	54	54	54
分支机构	2531	2244	2271	2435	2481	2479	2494	2500	2498
伊斯兰银行	2	6	17	16	16	16	16	16	16
分支机构	128	766	2039	2147	2171	2177	2192	2206	2197

资料来源：Financial Stability and Payment by Bank Negara Malaysia（2002—2016）；最新数据仅公布到 2016 年。

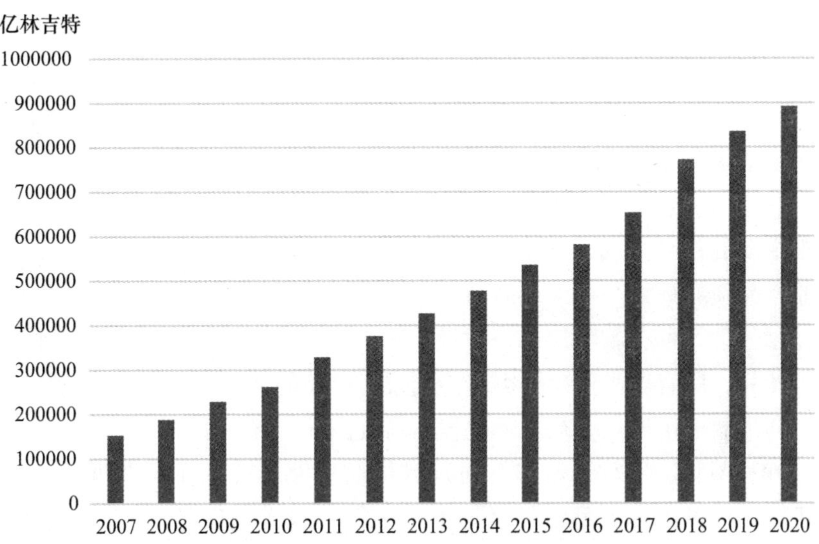

图 8 - 5　2007—2020 年马来西亚伊斯兰银行资产总额

资料来源：Wind 数据库。

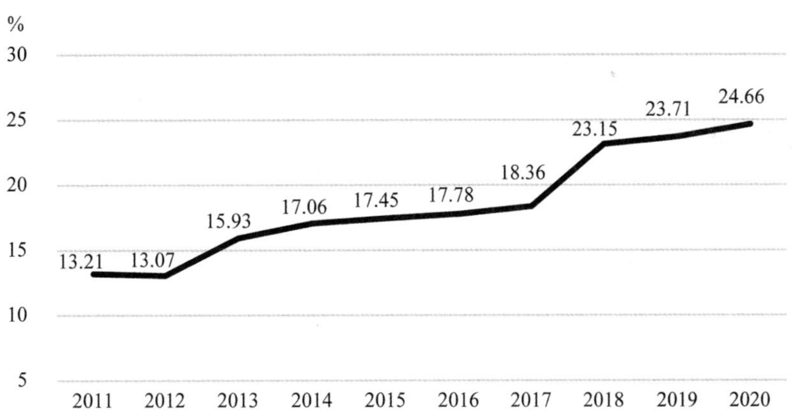

图 8 - 6　2011—2020 年马来西亚伊斯兰银行资产占比

资料来源：Wind 数据库。

虽然马来西亚伊斯兰银行已经具有较为多样的金融产品，但事实上，其每推出一款新的伊斯兰金融产品都需要花费比传统商业银行更长的时间和更复杂的程序（如要经过交易委员会的批准），这同样是由于其要遵守伊斯兰教义这一实际情况所决定的。这也就决定了伊斯兰银行的金融产品必定远不及传统银行的金融产品丰富。在这一问题上，马来西亚实现了突破，在符合伊斯兰教法的基础上不断推陈出新，伊斯兰银行铲平囊括风险控制对冲工具衍生品以及加强型流动新金融工具等推出的障碍，例如远期利润率协议、利润率互换协议、央行票据以及专有的伊斯兰货币互换协议等。在“国际伊斯兰金融中心”计划的发展潮流中，马来西亚央行采取积极主动的初级方式，陆续以新的伊斯兰金融产品为主打，主要包括伊斯兰原产品债券计划与衍生产品的主要协议等。在现阶段，马来西亚伊斯兰银行已包含 3 种存款账户和 2 种投资账户等银行负债产品和 30 多种银行资产产品，所有产品供应种类与传统银行产品的 90% 可以相互覆盖。

马来西亚伊斯兰银行国际化程度高且国际排名居前列。众多伊斯兰国家（如科威特、巴林、沙特等国）的伊斯兰银行选择在马来西亚建立分支机构，许多国际大型银行（如汇丰银行）也专门在马来西亚设立伊斯兰银行，有些银行（如花旗、苏格兰皇家银行等）则通过设伊斯兰业务窗口的方式参与马来西亚伊斯兰银行业务。与此同时，马来西亚国内的伊斯兰银行在政府的鼓励和帮助下也开始涉足国际金融业务，并以合资、股权并购等方法拓宽科威特、巴林、沙特等伊斯兰海外市场。2015 年路透社发布了关于全球伊斯兰金融行业的发展报告，其中提及马来西亚的伊斯兰金融行业规模已位列全球伊斯兰金融行业第一，总资产规模达 4150 亿美元，超过沙特阿拉伯和伊朗；根据《2014—2015 年世界伊斯兰银行业竞争力报告》，巴林、土耳其、马来西亚、科威特、沙特阿拉伯、阿联酋 6 国共有 20 家银行入选世界较强伊斯兰银行之列，其中马来西亚有 4 家入选，与沙特、阿联酋并列为入选银行数量较多的国家。需要特别指出的是，由于中东产油国对伊斯兰银行政策的偏爱，阿联酋、沙特、科威特等国家的伊斯兰银行资产与规模位于世界前列不足为奇，由此可见，马来西亚伊斯兰银行业竞争实力居全球顶尖。

1. 马来西亚回教银行

1983 年，马来西亚回教银行成为马来西亚第一家伊斯兰银行，目前在全国拥有超过 400 万客户。马来西亚回教银行被公认为伊斯兰银行业务参考和指南的来源，其职责是发展该行业并为伊斯兰金融体系带来更多发展。

从一开始伊斯兰银行就因提供完全符合伊斯兰教义的解决方案而名声大振。通过不断的创新，提供了满足客户财务需求的多种解决方案。马来西亚回教银行在全国 144 个分支机构和 990 个自助服务终端提供最广泛的专用伊斯兰银行渠道网络。

马来西亚回教银行致力于提高建立数字银行能力，从而加强了扩大市场份额的努力。马来西亚回教银行开发与金融技术（“FinTech”）相关的策略和平台，使其能够更好地与客户联系，开创银行业经验和服务卓越的新纪元。通过严格遵守伊斯兰教义的规则和原则，马来西亚回教银行赢得了作为道德和可信赖的银行机构的声誉。马来西亚回教银行坚持强大的公司治理承诺确保了其在照顾利益相关者最大利益时始终做出正确的决定。作为一个完全符合伊斯兰教义的组织，马来西亚回教银行根深蒂固的价值观和原则向其灌输了确保社会和自然环境福祉的责任感。通过社区参与计划，马来西亚回教银行在改善贫困社区的生活以及保护宝贵的自然生态系统方面发挥了作用。

当前伊斯兰银行承担了加强伊斯兰金融的作用和影响的责任，通过采用马来西亚国家银行提倡的基于价值的中介原则（“VBI”），马来西亚回教银行致力于成为一家负责任的金融机构，致力于维护包容性和可持续性的价值。

2. 安联伊斯兰银行

安联伊斯兰银行具有全面的银行业务范围，专注于消费银行、商业银行和中小型企业来发展业务。它利用现有的常规银行销售和分销渠道来推销和推广其产品和服务。这也为安联金融集团提供了难得的机会，可以专注并发展伊斯兰投资银行业务，尤其是在财富管理和资本市场领域。

在其投资组合中，安联伊斯兰银行提供了“安联 i-Wish 住房贷款”，这是马来西亚首个与伊斯兰存款挂钩的住房融资工具，可以让马来西亚人更快地拥有自己的住房。

在财富管理方面，2006 年，全球最大的独立对冲基金研究公司 Eurekahedge 将安联阿迪布基金和安联伊斯兰货币市场基金评为伊斯兰基金类别中的世界前十名。安联伊斯兰银行拥有一支训练有素的专门人员队伍，根据伊斯兰和伊斯兰教义为客户提供财务咨询服务。

二　非银行类金融机构

（一）储蓄机构

1. 国家储蓄银行

马来西亚国家储蓄银行（Bank Simpanan Nasional，BSN）成立于 1974

年12月，为政府所有。国家储蓄银行同时接管了邮政储蓄银行的义务和责任。BSN的任务是鼓励储蓄、投资和通过智能财务管理来提高人民的生活质量。BSN拥有超过5100名员工、382个分公司和621个自动取款机（ATM），并拥有超过700万的客户，储蓄金额超过80亿林吉特。BSN的主要产品包括个人理财、抵押贷款、保险储蓄证书（SSP）、伊斯兰银行方案、转账储蓄账户、Matrix-i借记卡以及VISA和万事达信用卡。

其子公司包括Permodalan BSN Berhad（PBSN）和BSN Takaful Berhad。PBSN是根据1965年《公司法》于1994年10月13日注册成立的机构，是资产管理机构，也是国家储蓄银行（BSN）的全资子公司。PBSN的法定资本为4000万林吉特，包括4000万股每股面值1个林吉特的普通股，其中200万股已发行并缴足。PBSN于1995年1月2日开始运营。根据1993年《证券行业法》，PBSN于2005年5月8日获得了所需的来自证券委员会的管理单位信托基金许可证。

2. 合作社

信用合作社是马来西亚合作社发展的基本形式。回顾历史，1922年，合作社由英国殖民当局引进马来西亚，并颁行《合作社法令》。到了1948年，殖民当局又把发展合作社作为推动农村发展，促进战后重建的战略推进措施，制定新的合作社法令。合作社快速发展期是在20世纪70年代以后，此时全马陆续成立了全国合作社联盟（ANGKASA）、农业组织管理局（FOA）、渔业组织管理局（FDA）。这些新成立的机构加上先前的合作社发展局（JPA），共同推进了各类合作社的发展。1993年，为促进全国合作社的发展，并提高经营管理水平，政府将原适用不同地区的三部法令——《沙巴合作社法令》《砂越合作社法令》《合作社法令》合并成一部《合作社法案》，对JPA、FOA、FDA进行合并。合作社运动的指导和监督权，最终授予JPA，由其独立承担。马来西亚的合作社涉及银行、信贷、农业、住房、工业、消费、建筑、运输、服务9大类。截至2017年1月，马来西亚全国的合作社数量为12000家。

（二）保险相关公司

保险业在经济发展中起着举足轻重的作用，是服务业的一个重要驱动力。截至2012年，马来西亚符合《保险法》标准的持照公司有125家。其中数量最多的是保险理算公司，达36家，占比超过1/4；其次是传统的保险公司，仅仅比保险理算公司少一家。此时的保险经纪公司主要负责保险经纪业务，这一类型的公司有 31 家。除此之外，还有一些专业保险公司、财务咨询公司等类型的公司。在注册代理机构方面，人寿保险的注册代理机构有 82743 家，一般业务保险的注册代理机构有 35354 家。马来西亚由于伊斯兰教盛行，其金融中介也带有伊斯兰特色。其中，1984 年马来西亚政府颁布了《伊斯兰保险法》，次年马来西亚便成立了第一家具有伊斯兰性质的保险公司，并且由马来西亚国家银行行长担任其总裁一职。其服务对象主要是马来西亚的伊斯兰教徒以及穆斯林家庭，在伊斯兰保险公司成立之初，其主要提供的险种可以分为两类：其一是以健康险、团体险、教育险等为主的家庭保险；其二是以各种意外事故险以及交通工具险、海运产业险等为主的一般类保险。随着时间的推移，马来西亚的保险业也在不断发展壮大，其中创新产品不断推出是马来西亚保险业快速发展的一个重要原因。

1. 保险公司

人寿保险分为四大类：终身保险、储蓄保险、临时保险和其他险。对于工程保险，很多马来西亚保险公司提供一种叫作承包商所有风险保险（contractor all risks），这个保险产品是特别针对建筑工程的。保险的对象是业主、主承包商、分包商。关于员工保险，在马来西亚雇用当地员工，需要给员工上雇员工作以外的保险，完全由雇主支付员工薪金的 1.25%。马来西亚保险资产规模如表 8－5 所示。

表 8－5　**马来西亚保险公司指标数据**

年份	2014	2015	2016	2017	2018
保险基金资产占国民总收入的比例（%）	21.21	21.26	20.93	20.52	19.90
人寿保险保费占国民总收入的比例（%）	2.69	2.79	2.63	2.42	2.43
一般保险保费占国民总收入的比例（%）	1.56	1.52	1.44	1.26	1.22

资料来源：Wind 数据库。最新数据仅公布到 2018 年。

2. 再保险公司

为鼓励国内企业积极创新，也为了增加国内保险行业的保险金自留比率，马来西亚政府针对保险行业的发展提出了鼓励和支持再保险行业发展的倡议。此前由于国内缺少能够提供此类服务的公司，导致许多业务和资金流向了国外，因此，在这一背景下，包括马来西亚国家再保险公司在内的多家属于马来西亚本土的再保险公司纷纷成立。

3. 保险中介

正如前文所述，马来西亚的保险行业还包括保险经纪公司、财务咨询公司、保险理算公司等类型的企业。其中保险经纪公司的业务主要以提供定制类型的专业方案服务为主，可以针对不同的客户提供不同的保险购买方案。除此之外，还可以帮助客户进行追诉或代理等服务；保险行业中的财务咨询公司是指可以接受客户委托，为客户提供需求分析、保险产品购买指导方案、代理筹划等服务的公司；而保险理算公司的业务对象则不单单指购买保险的客户，同样也包括保险公司，其业务范围则包括当保险事故发生时为委托人（包括购买保险的索赔人或被索赔的保险公司）评估损失，以确保最终的索赔额度合理，同时确保索赔流程能够正常进行，马来西亚的保险理算公司多为小型的、主要业务以处理汽车保险为主的公司。

（三）开发性金融机构

为了促进主要包括工业和农业在内的行业的发展，马来西亚政府专门设立了专业性金融机构，为地方和中央政府的相关部门以股权参与和低息贷款的形式提供资金，开发性金融机构的主要目标是为借款者提供量身打造的长期贷款。其中，马来西亚的开发性金融机构主要包括：于1960年成立的马来西亚兴业金融有限公司，主要为制造业提供中长期贷款，是一家被政府合并的上市公司；于1969年成立的马来西亚农业银行，主要为国家农业项目的发展以及农业从业相关人员提供贷款服务；于1973年成立的马来西亚基础设施开发银行，与马来西亚兴业金融有限公司一样，主要的服务对象是马来西亚的制造业，同时包括一些大型的国家基建项目，但是主要的功能与业务范围有所差异，其提供的是融资方案和机制；于1972年成立的马来西亚信用担保公司，它主要是由马来西亚国家银行和一众商业银行支持成立的，主要业务范围是对中小企业的贷款进行担保，帮助中小规模企业从金融机构中获得信贷融资；于1995年开始正式运营的（马来西亚）进出口银行，主要为马来西亚的进出口贸易提供信贷、融资等服务，其成立的根本目的便是促进马来西亚进出口贸易的通畅与发展；还有马来西亚工业与科技银行等开发性金融机构。除了这些全国性的开发性金融机构外，马来西亚还有不少以促进地方发展为主的、为地方提供资金的开发性金融机构，比如于1977年成立的沙巴州开发银行，它也是在沙巴州政府的支持与筹备之下建立起来的，主要目的是吸引外来投资、促进沙巴州地区的经济发展，可以说是一个优秀的马来西亚地方开发性金融机构的代表。

（四）伊斯兰金融机构

顺应国内外伊斯兰金融业发展趋势的马来西亚伊斯兰银行业经过30余年迅速而综合的发展，最终趋于完善。在政府推动伊斯兰银行自由化政策的鼓励以及由于国际化政策日臻成熟的伊斯兰金融市场的引导下，愈来愈多的跨国金融机构与本土金融机构都积极从事马来西亚伊斯兰银行业。2002年，马来西亚仅有2家伊斯兰银行，下设分支机构128家，在总银行及其分支机构中的占比分别为4.26%和5.06%，这意味着当年伊斯兰银行服务客户占全体银行服务客户的5%；到了2016年，马来西亚伊斯兰银行数量增长至16家，提供伊斯兰金融产品的银行网点数量为2197个，在总银行数及其分支机构中的占比分别为29.63%和87.95%。

马来西亚伊斯兰银行的总资产规模增长稳定，重要性不断提升。2007—2018年，马来西亚伊斯兰银行资产总额保持着稳定增长。随着伊斯兰银行资产总额的稳健增长，其在马来西亚金融机构资产总额中所占的比重也稳定地保持在10%以上，并呈较快上升趋势，由2011年的13.21%增加至2017年的18.36%（如图8－5和图8－6所示），在马来西亚国内银行系统甚至整个金融系统中扮演着越来越重要的角色。

第五节　马来西亚金融市场体系

随着马来西亚金融业的不断发展，马来西亚已经建立起较为完善的金融市场体系。按照功能的不同，马来西亚金融市场主要可以分为六个：一是资本市场，二是证券市场，三是债券市场，四是外汇市场，五是衍生品市场，六是保险市场。

一　资本市场

马来西亚资本市场主要包括马来西亚证券交易所交易及自动报价系统在内的主板市场和二板市场。相比其他同类国家，由于融资渠道的完善，马来西亚资本市场排名很高。马来西亚拥有东盟国家最大的债券市场，马来西亚的债券市场同时也是该地区较发达、较具活力的债券市场之一。马来西亚最大的债券发行者是马来西亚金融部门，据相关数据，马来西亚债券市场上有超过一半的债券都是由其发行的。截至 2011 年 12 月 31 日，其市场规模达到 8480 亿林吉特（相当于 2823 亿美元）。马来西亚发达的政府债券市场在相当程度上得益于公司债券市场的补充，2011 年底该债券拥有 3/4 的市场规模。马来西亚同时又拥有世界上最大的伊斯兰债券市场。国内外投资者可以通过交易所和场外交易市场买卖传统和伊斯兰债务工具。在马来西亚，几乎所有的证券转移电子都通过马来西亚国家银行（BNM）的实时电子资金划拨和证券（租赁）系统，由其全资子公司马来西亚电子清算公司（myclear）实施操作。

二　证券市场

马来西亚的证券市场也同样发达，基本上所有的企业（包括外资企业在内）在马来西亚都具有丰富的信贷工具选择。信贷的发放是通过市场调节来进行的。国内外的投资者都可以选择在马来西亚的资本市场上进行有限制的融资活动。这一限制主要包括两部分：一是融资结构，其融资资金的成分必须按照一定比例构成，必须由马来西亚本土银行提供一部分资金，根据最新的相关政策规定，这一比例是 60%；二是关于大额融资的限制，那便是马来西亚国家银行会对超过 1000 万林吉特或 400 万美元的贷款融资进行额外的审查。这一限制的主要目的是维护马来西亚资本市场的稳定以及促进国内相关行业的发展。在证券投资方面，马来西亚同样有一套健全的管理体系来规范证券投资行为，同时还有符合国际规范的高度透明的法律体系与会计制度，因而对外国证券投资没有限制。

马来西亚的证券市场由证券监督委员会（SC）、吉隆坡股票交易所（KLSE）、马来西亚证券交易与自动报价有限公司（MESDAQ）、马来西亚衍生产品交易有限公司（MDEX）组成。

（一）证券监督委员会（SC）

马来西亚证券监督委员会成立于 1993 年，作为公司招股书的登记机关和公司债券发行的核准机关，对马来西亚证券与期货市场的发展起着促进作用。监督委员会拥有调查权与实施权，管制证券与期货合约、公司的收购与合并，以及单位信托计划。它监督交易所、清算所与中央存票所，鼓励其自我管制，同时采取措施以确保市场上各机构与领有执照的人士循规蹈矩。

（二）吉隆坡证券交易所（KLSE）

KLSE 于 1973 年正式成立，其成立的宗旨是为国内外投资者提供一个安全、高效且具有吸引力的投资场所。吉隆坡证券交易所同样属于马来西亚证券业框架体系，因此同样具备健全的管理架构，该架构为投资者提供保障，以及确保快速与可信赖的信息公开与传播。吉隆坡证券交易所发展十分迅速，已经成长为全亚洲屈指可数的大型证券交易所之一，早在新世纪之初就已经拥有超过 280 家上市企业，市值总额超过百亿美元，现如今吉隆坡证券交易所能够提供接近 1000 家上市公司的各种投资选择，这些上市公司按照规模的不同分别在主板和二板挂牌上市，其中资产规模较大的在主板市场挂牌上市，规模较小的则在二板市场挂牌上市，但是也有着最低缴纳 4000 万林吉特的规定。

吉隆坡证券交易所早已建立起高效的互联网交易系统。证券的所有权由电子账面记录跟踪，上市证券的票据不需移动，可以经过互联网运转。

（三）马来西亚衍生产品交易有限公司（MDEX）

马来西亚衍生产品交易有限公司是吉隆坡证券交易所的附属公司，是一家期货与期权交易所。由吉隆坡期权与金融期货交易所（KLOFFK）以及商品与货币交易所（COMDEX）合并而成，主要目的是迎合投资者对更有效的风险与组合投资的管理日益增长的需求。在 MDEX 交易的是吉隆坡综合指数期货合约和综合指数期权合约、3 个月的吉隆坡银行同业拆息率期货合约，以及原棕油期货合约。所有的交易由马来西亚衍生产品清算所清算，该清算所与 MDEX 分开独立管理。该清算所保证所有的合约交易，由此确保财务稳定。马来西亚衍生产品交易有限公司拥有一个全自动化的交易系统，包括一个即时报价系统，把所有客户的账户分开，投资者可对风险进行督察与管理。

虽然起步时间相对较晚，但是马来西亚的证券市场发展十分迅速，同时具备同一地区其他国家所不具备的一些条件，因此丝毫不逊色于其他国家。截至 2019 年 12 月 31 日，马来西亚证券交易所共有 927 家上市企业，其中国内企业占据了绝大部分，为 919 家，国外企业为 8 家，总市值已经超过 4000 亿美元。证券市场的迅速发展为马来西亚经济的持续增长提供了资金保障，但马来西亚的证券市场并不规范，主要表现为其管理体系所涉及的部门较多，管理不规范。

1993 年 3 月，马来西亚证券市场的监管体系发生了改变。在此之前，分别由负责实施相关法律（如《公司法》和《证券业法》）的公司注册处、负责监督和管制市场运行以及上市公司规范运营的吉隆坡证券交易所、负责管理包括证券投资在内的外商投资事务的外国投资委员会，以及负责对新挂牌上市的企业及其证券的发行进行审查的资本发行委员会四个机构分工，共同对证券市场进行监管。而在此之后，资本发行委员会被证券交易委员会所替代，对企业上市、证券发行的监管规定变得更加严格，其余三个部门的职责保持不变，也就是说，虽然发生了改变，但是马来西亚多部门共同监管证券市场体系的情况仍然没有得到改变。

除此之外，马来西亚政府对于证券市场也具有相当大的影响力，主要体现在其对于吉隆坡证券交易所的控制上。虽然后者在名义上由一所独立的、经过正规途径注册的股份制有限公司经营着，其内部事务也是对外宣称通过一个经选举产生的董事会进行内部、自主、自律的管理，并且会委派大量工作人员负责维护证券市场的日常运营以及监督其交易活动。然而，马来西亚政府通过在其董事会中派遣人员担任成员的方式来实现对其的控制：董事会一般由 9 名成员组成，其中只有 1 名是经由企业的股东选出来的；其余 8 名中的一半是通过个人股东选举产生的，一半直接由政府委任派遣。除此之外，其主席更是必须经过马来西亚财政部的直接任命。

三 债券市场

债券市场履行着央行货币政策操作平台的功能，同时还是一些衍生金融工具如债券期货、期权等的基础。发达国家的债券市场扮演着银行部门“备胎”的功能，具有金融稳定的作用。马来西亚债券市场发展迅速，相关数据显示，马来西亚 2003 年 12 月的债券市场规模为 940.06 亿林吉特，到了 2019 年 12 月已经增长到 4136.35 亿林吉特，增长幅度超过 340%，且后者相当于马来西亚当年国民生产总值的 1.045 倍。同股票市场一样，债券市场也是金融市场的重要组成部分，二者都为金融资源的有效配置起到了不可或缺的作用。但是其与股票市场在许多方面又有所不同，因此债券市场同样是一个无可替代的金融市场，对于区域金融安全的健康发展具有重要的参考意义。

造成亚洲金融危机的重要原因之一是以银行体系间接融资为主的融资结构会导致信贷结构的期限错配，因此马来西亚政府开始着力发展资本市场，扩大直接融资的比重。在政府的大力推动下，在市场规模、工具种类和市场效率上都取得了明显的进步，马来西亚债券市场进入快速发展通道。从债券品种结构来看，马来西亚国债与公司债券市场发展比较均衡。

马来西亚政府推动债券市场发展的主要措施是：

（1）加强监管协调，建立专门统一的部际协调机制，保证整个市场有计划、有秩序地在统一的框架下运转。同时，国家债券市场委员会组建了三个工作组，即法律与规章制度改革工作组、产品与制度发展工作组、基础设施和具体运作工作组，从不同侧面研究、推动债券市场的发展。

同时，监管部门之间的协调成为马来西亚政府在推动债券市场发展中的重要改革内容。根据职责的不同，经由马来西亚国家银行以及证券监督管理委员会牵头组织，二者与多个相关部门共同商讨制定出了马来西亚两大关于金融产业的“主规划”，即“资本市场主规划”以及“金融发展主规划”，并将其作为金融市场发展的指导性文件。在这两份规划中均包含着对于债券市场发展的规划以及指导性意见，主要包括进一步推动马来西亚债券发行的市场化进程；扩大发行者和投资者群体；促进风险管理工具的引入；提高二级市场流动性；建立可信的、有效的基准收益率曲线等17条，并逐步将其落实。

（2）积极推动债券市场基础设施建设。一方面，建立健全债券市场法律法规体系。另一方面，推动和完善债券发行、交易、信息和结算系统建设。马来西亚中央银行积极推动建立FAST系统、BIDS系统和RENTAS系统。其中FAST系统作为整个马来西亚独一无二的发行系统，对于马来西亚债券市场的发展具有重要的推动作用，其中关键的一点便是实现了经由互联网的全自动发行，国内所有类型的债券（公司债、国债、政府债等）的发行都需要通过其来实现。BIDS系统则是一个先进的电子化的债券市场信息集中与发布系统，具有强大的信息集散、处理功能，能够实现为投资者实时提供债券市场的相关信息（如交易行情、国债收益率曲线、债券对比分析等）。RENTAS系统为所有在BNM开立账户的市场成员提供DVP结算服务，大大降低了结算风险。在中央银行开立账户，使用RENTAS的成员包括由中央银行监管的各类金融机构、由证监会监管的金融经纪人和清算所以及货币或资本市场上交易活跃的机构，即那些平均结算量持续超过RENTAS交易量0.1%的机构投资者。

（3）大量的评级机构。虽然在推行以信息披露为基础的监管理念的马来西亚，公司债券没有最低评级要求，不需要银行担保，但公司债券3/4的发行人都是评级为AAA或AA的，企业违约率比较低。因此这也成为马来西亚债券市场发达和繁荣的不可或缺的条件之一。马来西亚最大的两家评级机构，大马信用评级机构与马来西亚评级机构分别成立于1990年和1996年，至今，马来西亚所有企业如果想要发行债券，都需要先通过这两家机构的评级。除此之外，马来西亚政府还鼓励国外机构参股信用评级机构，从而使其信用评级标准与国际标准接轨，进一步提高其社会公信力。

从2000年7月开始，马来西亚监管部门不再对公司债券发行进行实质性审核，而是以充分的信息披露为基础进行监管，对公司债券发行实施注册制。这一举措简化了审批程序，缩短了审批时间。同时不再规定公司债券最低信用等级，取消强制性的担保要求。在简化许可流程、放松对公司债券的实质性审批的同时，对信息披露的要求则大大强化了。所有公司的债券发行都必须有政府认可的信用评级公司的评级，发行人必须按规定在公开的媒体上披露各种规定信息，同时对错误或引起误导的陈述及时进行说明等，以强化对投资者的保护。

（4）构建科学的基准收益率曲线。科学、有效的基准收益率曲线是债券市场健康发展的重要支柱之一。马来西亚国家银行所发行的国债按照期限主要可以分为三种，分别是三年期、五年期和十年期；为了不断完善基准收益率曲线，马来西亚国家银行不仅定期发行三种国债，还大力推进发行的透明度，对发行制度进行各种创新。其目的在于促进债券市场的价格发现以及维持债券市场的规模。

（5）完善主要交易商制度，提高市场流动性。所谓主要交易商制度，便是以提高债券市场流动性为目的，要求债券市场的主要交易商分别在一级市场与二级市场上进行投标和双边报价活动的制度。这一制度于1989年被引入马来西亚债券交易市场。

（6）通过税收优惠刺激债券市场发展。首先，税收优惠也是政府推动债券市场发展的重要手段。在这一方面，马来西亚政府针对不同的投资者、不同类型的债券市场制定了不一样的税收优惠政策。比如针对企业债券，马来西亚政府所采取的是取消印花税的政策，这在一定程度上对于其发展具有推动作用。其次是针对伊斯兰债券市场所采取的取消其所得税征收的政策。对于海外投资者，马来西亚政府也一视同仁，与伊斯兰债券市场一样，对于非本国居民取消了对其投资行为征收所得税的政策。实践表明，这些税收优惠政策对市场发展起到了重要的推动作用。

通过以上措施以及多年的努力，马来西亚已经越来越接近实现其当初建立债券市场的目标：将其打造成一个具有吸引力、充满活力并属于马来西亚的债券市场，为各个行业的企业融资提供一个稳定的渠道，同时为投资者提供一个值得信赖的投资市场。事实上，马来西亚债券市场的发展还给当地带来了诸多益处，不仅促进了整个马来西亚金融业的发展，同时也在较大程度上对马来西亚诸多大型项目提供了融资渠道支持。一方面减少了银行的压力，另一方面减少了项目对于银行融资的依赖。除此之外，马来西亚债券市场一直十分开放包容，对于外资机构在本地发行债券进行资金筹措这样的行为，它都会欢迎与支持。正如前文所言，随着马来西亚债券市场的不断发展以及与中国之间交流合作的不断紧密，许多中资机构为中国项目在马来西亚发行人民币债券的行为也如雨后春笋般涌现出来。

四　外汇市场

马来西亚具有开放的外汇市场，国际资本可以在其中自由投资、随意流动。除了少数国家（塞尔维亚、以色列以及黑山）的货币之外，投资者无论是不是马来西亚国人都可以任意开设马来西亚林吉特或者是对外账户，并在马来西亚兑换任何外币并将其汇出。当地的出口商在出口过程中可以在外汇账户中留有不超过 1000 万美元的金额。对于游客而言，其在出入境时并没有任何关于货币数量（无论是本币还是外币）的携带限制。

作为世界上最大的棕榈油（Palm Oil）生产国和出口国，马来西亚交易所与世界上其他商品交易所一起交易农产品期货。同时，股票和期货交易的高度发展，使得外汇市场在马来西亚得到了发展。随着网络的发展和在线交易终端的出现，外汇交易于 2000 年初就开始进入马来西亚。马来西亚人开始与诸如福汇（FKCM）、GM 和 Deal for Free 这样的经纪商进行交易。到 2005 年为止，经纪商关注到马来西亚市场的增长，并开始直接在当地市场进行营销。交易商也被当地迷你规模以及大笔转换的货币所吸引。2013 年 3 月 20 日马来西亚央行放宽了外汇管制的部分条例，例如允许非居民在国内发行外币证券，以及允许本地保险商投资海外。

新规则将促进资金的双向流动并有助于形成平稳有序的外汇市场。

马来西亚外汇账户分为国内和国外的居民货币账户。居民国内货币（MYR）账户不能在国外流通，但可自由兑换成外币。但是，如果国内货币的转换总数高于官方限制（个人和公司每年100亿林吉特和5000亿林吉特），则需要外汇管制部门批准（COFE）。非居民可以开立使用林吉特计价的多个外币账户。非居民的国内货币账户（外部账户）可自由兑换成外币。

五 衍生品市场

马来西亚是世界上第二大天然棕榈油（CPO）生产、出口及服务国（如图8－7所示），虽然近年来进出口情况有所波动，但其年出口量基本上都能保持在1600万吨以上。马来西亚的衍生品市场也以天然棕榈油远期合约（FCPO）为主。近年来马来西亚衍生品市场发展迅速，以林吉特原棕榈油期货（FCPO）交易为例，2017年的交易量已经超过了千万手，较2016年同比增长4%，其日交易量占持仓的比重一直保持在20%左右。不断进行现有产品的创新是马来西亚衍生品交易所为确保对市场的吸引力所采取的积极举措。与此同时，为了使其在市场上更具竞争力以及更加贴近市场，马来西亚衍生品交易所也在对林吉特原棕榈油期货合约进行调整。主要的措施包括提高投资者持有林吉特原棕榈油期货合约的上限等。截至目前，马来西亚衍生品交易市场有来自34个不同国家的参与者参加马来西亚衍生品市场的交易活动，高达40%的成交量都是马来西亚以外投资者进行的。不仅如此，还有越来越多的来自发达国家（以美国为主）的投资者正不断涌入马来西亚的衍生品交易市场，这主要是因为其开放包容的市场结构特征，对于外来资本的流入，马来西亚最大的衍生品交易市场——马来西亚衍生品交易所并不做任何的限制。除此之外，马来西亚还计划在衍生品创新方面加大支持和投入力度，如设计新的衍生品品种，推出更多的交易模式（如单股交易期权等），以期给整个马来西亚衍生品市场带来足够的活力，保证其长期而稳定的发展。

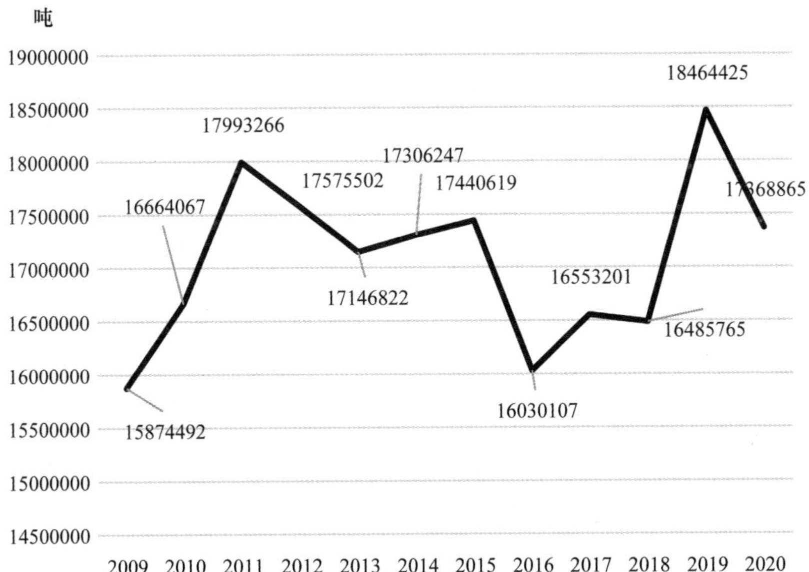

图 8－7　2009—2020 年马来西亚棕榈油出口走势

资料来源：Wind 数据库。

六　保险市场

随着经济的快速发展，马来西亚保险业也迅速发展起来。在 20 世纪 70 年代其保险市场刚刚建立之时，由于相关管理体系尚不完善的原因，马来西亚保险市场呈现出保险公司“小而多”的局面——超过 150 家保险公司，且基本上每一家公司的规模都不大，所占市场份额基本不超过 2%，这样的情况并不利于保险业的长期稳定以及健康发展。因此，马来西亚国家银行在 90 年代开始以不签发营业执照的方式限制了保险行业的准入。这一限制从 1993 年后才逐渐放松，自此到 21 世纪以前，马来西亚总共批准成立 8 家新的专业再保险公司，对于一般类型的保险公司则继续保持着限制的态度。[①] 2001 年，马来西亚国家银行出台并实施了“金融业 10 年发展规划（2001—2010）”。其中第一阶段为期 3 年，马来西亚国家

① 截至 2019 年，马来西亚获取执照的保险公司仍然只有 155 家，其中有 36 家直接保险公司，36 家中又分别有 14 家人寿保险公司和 22 家一般保险公司；专业再保险公司 8 家；理财顾问机构 33 家；公估机构 50 家；保险经纪公司 28 家；全年的行业保费收入为 553. 56 亿林吉特。除此之外，同年马来西亚登记在案的伊斯兰保险公司数量为 15 家，比世纪初多了 13 家，还有超过 58000 家的代理商。2019 年马来西亚伊斯兰保险公司的净收入为 113. 3 亿林吉特。

银行主要围绕促进国内保险公司的发展、增强其在行业内的竞争力采取了一系列相关措施，主要包括提高其实收资本金数额（从原来的5000万林吉特提高到1亿林吉特），公布并购计划并希望借此扩大国内保险公司的规模，增强其各方面能力等。除此之外，在这一时期马来西亚国家银行在保险费率的确定、相关条款的制定方面仍然保持着比较严格的监管，甚至部分险种（如车险、火灾险等）的条款将直接由马来西亚国家银行设立的相关监管部门制定。

随着时间的推移，马来西亚金融业得到了不断发展，而保险业等在这一背景之下也同样有所改善。因此，由于马来西亚在加入世界贸易组织时许下的承诺，其相关的行业监管部门适时地提出了开始推动马来西亚保险业市场化与自由化改革。多个险种的费率确定以及条款的制定得以逐步放开。

马来西亚保险业的另一个特点是其直接保险机构并不多，大多数产品的销售都会经由保险经纪公司或代理机构来完成。其中前者主要负责大规模的非个人商业性保险业务，后者则主要针对个人、家庭进行服务。银行保险因其便利性而受到人们的追捧，随着电子商务的发展，电子商务保险随之开展起来。

由于曾是英国殖民地，马来西亚的法律体系源于英国，在20世纪90年代之前，基本上没有关于保险行业的成文而系统的法律体系，相关案例的审判都要通过援引发生过的相似案件的判决。1996年马来西亚正式出台了《保险法》，对整个行业进行规范和调整，该法赋予马来西亚国家银行颁布相关规定和政策的权力。除此之外，与银行业相似，马来西亚还专门出台了关于伊斯兰保险的相关法案。发展至今日，马来西亚已经具备了健全的保险法体系，关于每一个细节，尤其是关于处罚方面的法律规定十分具体。

马来西亚在保险监管方面的法律规定与众不同。其规定了保险业的监管体系，担任最高监管机构的是马来西亚国家银行，马来西亚国家银行并没有颁发保险公司营业执照的权力，但是却需要对所有申请成立的保险公司的相关资质进行审查，最后签发营业执照的是国家财政部。除此之外，马来西亚国家银行拥有签发保险经纪公司等非一般保险公司营业执照的权力。检查部和管理部是中央银行中主要的保险监管部门。检查部负责监督保险公司的运营情况；管理部则主要对国家所制定的行业法律法规进行贯彻执行以及对整个行业的长期健康发展负责，并对一些日常事务，如新成立保险公司的资质审查以及其他类型机构营业执照的颁发等。在关于保险公司的组织形式方面，无论是马来西亚本土的保险公司还是外资保险公司，都只能选择股份制或者有限责任制。此外，除了再保险公司之外，马来西亚并不允许纯粹的外资保险公司在马来西亚经营，必须与本土资本进行合资运营。

第六节 马来西亚金融体制考察

马来西亚是东盟重要国家之一，经济金融比较发达。近年来，马来西亚金融改革与发展取得较大成果，马来西亚金融市场较发达，融资渠道多，银行和证券市场规模大，金融创新产品多，在企业融资方面直接融资占比高。马来西亚彻底开放银行及金融业，给予外资前所未有的参与机会，在当地进行竞争。马来西亚的一项重要举措是放宽对当地伊斯兰银行、投资银行、伊斯兰保险公司（或伊斯兰互助计划）及保险公司的外资持股量限制，马来西亚央行放宽对金融机构在股票市场上投资的限制，以进一步促进马来西亚金融业的发展，形成了独具马来西亚特色的金融体制，这是马来西亚逐步改善投资环境的一项措施，也是进一步推动金融业发展的重要举措。

一 银行体制

（一）银行设置方式

1. 中央银行设置方式

马来西亚国家银行（马来语：Bank Negara Malaysia，英语：Central Bank of Malaysia），又可译为马来西亚中央银行。该银行是马来西亚的中央银行。成立于1959年1月24日，总部设在马来西亚首都吉隆坡，并在吉隆坡、槟城、新山、古晋、亚庇和瓜拉登嘉楼设有分行。

马来西亚中央银行设有董事会，其组成人员包括行长、1—3名副行长以及5—8名董事。在具体职责方面，马来西亚中央银行董事会主要负责：（1）对银行的预算和运营计划的审批业务进行管理；（2）监督银行的管理并在银行政策生效前进行审核，通过银行的资源履行其职责；（3）负责其他法律规定的事项。此外，董事会可以要求中央银行出示任何簿册或文件，并有权获取其依据本法履行职责而需要的信息。

马来西亚中央银行董事会下面设有管理委员会、审计委员会以及风险管理委员会。根据马来西亚中央银行法的规定，管理委员会的职责是：(1) 负责诸如货币委员会、稽核委员会等中央银行其他委员会人员的委任；(2) 审查和向董事会建议银行批准的预算和运营计划；(3) 负责由中央银行法规定的其他事项。而审计委员会的职责主要是协助董事会进行监督，监督的内容包括：(1) 账户和银行财务报表的完整性；(2) 银行内部控制系统的有效性；(3) 本行内部审计职能的表现；(4) 对银行法律和法规的遵守情况。风险管理委员会的职责则是协助董事会对银行企业风险的审查与管理的监督。这三个委员会的董事均不能少于 3 人，且其任命需由部长推荐，总统任命。

在董事会之外，中央银行行长作为中央银行的行政负责人，负责统筹中央银行具体行政事务及相关政策的制定，在具体实施上，则由行长之下设立的行长秘书、行长办公室及 3 位副行长与 7 个助理总监负责。[①]

2. 商业银行组织结构

马来西亚商业银行的组织结构，一般是根据业务及产品类型划分的。其具有如下特点：

第一，独立的制约机制。马来西亚商业银行多为股份有限公司，设立有股东大会、董事会、独立董事及下设的各委员会。独立董事大多是与银行管理层没有直接或者间接牵连的非银行员工，履行监督银行管理层决策与股东利益是否一致的职责，参与包括任命高层管理人员在内的各专门委员会的工作。这一机制很好地制衡了银行管理层在工作决策中的作用，对于家族控制经营尤为突出的马来西亚来说极为重要。

第二，平衡企业管理关系。董事会做出集体决策，商业银行章程大多规定通过决议时需要有多数或 2/3 以上的董事出席才有效。同样的原则也适用于董事会的各项治理委员，一般各委员会由 3 人或以上人员构成，经验丰富的委员在专项问题上做出集体决策以平衡董事会主席或银行 CEO 的权力。马来西亚商业银行的组织机构中设有治理委员会，涵盖审计委员会、薪酬委员会、风险管理委员会等，部分商业银行设置董事会执行委员会或者提名委员会。这之中，审计委员会和风险管理委员会用来确保商业

---

① 参见马来西亚中央银行官网（http：//www. bnm. gov. my/）。

银行报表及内部风险控制的完备。

第三，提供一体化服务。商业银行从20%的客户手中获取80%的利润，需要对市场做深入细致的研究，实时掌握客户需求，针对不同的目标客户群体实行区别化营销，这使得商业银行设置了以客户为中心的业务部门。在金融危机发生后，各个国家的大型商业银行依据所处环境及银行战略的变化对其组织结构进行不断调整，构建了更为清晰、透明的产品服务作业链。行政作业链向下依次是总管理层、区域主管、区域总经理、分行行长、关系经理到客户经理；金融产品链向下依次是产品总主管、分区产品总主管、产品中心、关系经理，一直到客户；业务审批链向下依次是信贷总主管、高级信贷主管、分区信贷主管、信贷主管，关系经理一直到客户，这使商业银行能够以市场导向、客户中心、效益目标、客户经理为主体，为目标客户提供多功能、全方位、一站式的金融服务。以新加坡大华银行为例，它主要依据产品和服务种类划分为四条业务服务线。第一条线是批发与零售银行业务，第二条线是全球外汇资金业务，第三条线是投资银行业务，第四条线是涵盖保险相关业务的其他业务。通过这些业务线，深入目标市场，为客户提供量身定制的产品和服务。

第四，建立与绩效挂钩的激励机制。马来西亚的商业银行都非常重视对管理人员，特别是高层管理人员的约束和激励，设有薪酬委员会来审查决定高层管理人员的薪酬。其指导原则主要有：基本工资加上效益奖金将高层管理人员薪酬和股东利益挂钩；一般薪酬委员会设立主要效益指标，对高层管理人员进行考核；强调长期性以防止短期行为；与同业银业相比，设置有竞争力的福利待遇。其中，以股票为基础的激励机制比较盛行。①

（二）银行组成结构

马来西亚的银行体系是由商业银行、证券银行、金融公司与兴业金融机构组成的，马来西亚银行体系也是马来西亚工业界信贷的主要机构来源。在贸易上，马来西亚商业银行提供了一系列的金融服务协助，如离岸外汇借贷、重拨资金、出口赊账、信誉保证、信贷证明等。而金融财务机

① 林淑惠：《东盟五国银行业国际竞争力研究》，硕士学位论文，厦门大学，2006年，第37页。

构主要的服务对象为商业公司，所提供的服务包括分期付款或借贷。工商银行现已成为提供一站式投资服务的银行，负责给予投资意见，并提供财务及管理的专业服务，范围包括国际性代理、出入口代理以及资产和基金管理。马来西亚出入口银行为马来西亚的对外贸易与投资提供融资及便利，着重为马来西亚出口商与投资者以及马来西亚货品买主提供中期与长期信贷。马来西亚出口信贷保险则提供出口保险与保证。

马来西亚国家银行是马来西亚的中央银行，是政府的银行家和财务顾问，主要负责监督国内的银行体系、管理本国的外汇管制条规以及发行本国货币林吉特是银行体系的最后贷款人。

马来西亚有 23 家国内商业银行与 21 家外国商业银行，共有 1710 家分行分布在全国各地。另外，还有 25 家外国银行设有代表处，外国银行代表处只为马来西亚的商业机构在其国家或者设有代表处的国内商业团体提供信息交换和联络服务，不从事正常的银行业务。同时，马来西亚有 10 家证券银行共 22 家分行提供多种服务，其中部分证券银行与国外知名的投资银行有联营关系。证券银行在短期货币市场与筹集资金方面的作用不可忽视，它们的服务包括包销、贷款财团、安排发行股票与股票上市、公司融资与管理咨询服务，以及投资组合管理等。

伊斯兰金融服务。伊斯兰金融服务在马来西亚已存在 30 余年，伊斯兰银行是伊斯兰金融服务旗下的一环，全球伊斯兰金融服务正朝着高速发展的方向迈进，而马来西亚是其中的佼佼者。马来西亚伊斯兰银行和新近设立的 Bank Muamalat Malaysia Berhad 是马来西亚两大伊斯兰银行，它们分别在国内拥有 85 家分行和 44 家分行，提供基于伊斯兰关于银行与信贷观念的银行业服务。

除了银行外，伊斯兰金融服务还有 10 家金融公司，接受零售存款与提供以分期付款形式购买的贷款、房屋贷款与租赁交易。其中，有 7 家贴现公司被核准投资于国库债券、政府证券、银行承兑、可转让存单与私人债，以及接受短期基金。此外，马来西亚有 438 家的信贷机构，包括建屋信贷公司、信用代价券公司、代收账款公司与租赁公司为公众提供信贷与融资便利。

马来西亚有数家发展金融机构，提供中期至长期的资本融资。它们是以特殊融资提供者的角色为农业、工业与出口业服务的。有关的机构是马来西亚兴业金融公司、婆罗洲发展（沙巴）公司、婆罗洲发展（砂拉越）公司、马来西亚发展与基建银行、马来西亚工业与科技银行、马来西亚出口信贷保险公司、马来西亚农业银行、马来西亚出入口银行、沙巴发展银行、沙巴信贷公司、马来西亚信贷保证公司、马来西亚国民合作社银行与国民储蓄银行。

二　货币发行体制

（一）货币发行原则

货币单位有：

（1）马来西亚货币单位为林吉特，分为一百仙（Sen）。

（2）林吉特的缩写形式应为“RM”或“MYR”。

关于发行、印刷或铸造货币的权力：

（1）银行是在马来西亚发行纸币及硬币的唯一权力机构，而该纸币及硬币只可由银行印制或铸造，或由银行授权印制或铸造。

（2）政府、任何州政府、公共当局、金融机构、其他机构或个人不得发行、印刷、铸造或授权印刷或铸造货币，或发行、印刷、铸造或授权印刷或铸造银行认为可能作为法定货币通过的、应要求支付给持票人的作为文件代币的任何文件或代币。

（二）货币发行流程

（1）马来西亚国家银行应安排纸币的印刷和硬币的铸造。

（2）在银行的办公室以及银行可能不时设立或任命的机构发行，或者重新发行和交换纸币与硬币。

（3）安全保管未发行的货币存量，并要安全保管和销毁用于印刷纸币和铸模的印版及模具的板纸。

（三）货币发行制度演变

马来西亚中央银行在成立的初期并没有发行货币的权力，该项职能由马来西亚货币局行使，直到 1967 年，马来西亚国内进行了相关货币制度的改革，该项职能才由中央银行行使。

三　借贷资本管理体制

（一）贷款结构

企业（非金融企业）是一国实体经济活动的市场主体，是社会资金循环系统中的重要部门之一。我们采用融资来源结构的划分标准来描述和分析企业资金的融入结构，具体可分为两个层次：外源融资中直接融资与间接融资的结构；间接融资、直接融资的内部结构。

1. 直接融资与间接融资

马来西亚企业外源融资逐渐由间接融资主导转向间接融资与直接融资并重的结构。马来西亚企业外源融资的大致规模和结构是：在2008年以前，企业外源融资大部分为间接融资，占比在70%左右；自2009年以来，间接融资比重逐年下降，而直接融资所占比重则逐年上升。到2012年，直接融资比重超过间接融资，占比为51.3%，近年来直接融资比重略有下滑，但仍旧保持40%以上的比重。与中国相比，马来西亚企业外源融资已经表现出显著的间接融资与直接融资并重的结构。

2. 重债轻股的企业直接融资内部结构

直接融资的方式有多种，我们需要进一步分析直接融资的内部结构。从国外历史经验来看，美国企业的直接融资以债券和商业信用为主；英国和法国企业的直接融资以股票为主，同时其商业信用也占有较高的份额；日本企业的直接信用以商业信用为主；德国企业的直接融资中股票和商业信用并重。可见，商业信用这种融资方式在各国直接融资中都占有重要地位。由于缺乏关于马来西亚商业票据的相关数据，本小节主要分析企业直接融资中股票和债券融资的结构。

马来西亚直接融资结构表现出明显的“重债轻股”特点，虽然股票融资和债券融资内部结构变化较大，但股票和债券融资的比重变化不大。从时间序列中可以看出，除个别年份外，债券融资常年占比在75%以上。而在债券融资内部，又凸显出以中期债券为主导的特点，自2006年以来，中期债券占比均在50%以上。企业直接债券融资波动较大，从2008年以来，其表现出先下降再上升的趋势。2015年，直接债券融资占直接融资的比重为13%。

在股票融资中，IPO融资和配股融资规模波动较大，但权证融资较少。近年来，配股融资逐渐取代IPO成为股票融资中的主要部分。2015年，配股融资占整个直接融资的13%，而IPO融资占比仅为4%。

3. 以传统商业银行为主导的间接融资的内部结构

企业间接融资的内部结构可以按来源不同和贷款主体不同加以划分。首先从整体规模上看，企业贷款占银行当期贷款（获准）的比重较为稳定，但从规模上看近年来有所下滑。从时间序列上看，企业贷款占比在35%左右波动，2015年企业贷款当期获准为361.1亿美元，占整个银行贷款约37%。

从贷款来源看，商业银行贷款是企业间接融资的最主要来源，同时，伊斯兰银行的企业贷款占比逐渐上升。由于机构定位及主营业务的差异，来源于投资银行的贷款极少，可忽略不计。从当期获准贷款来看，各类企业占比波动不大，较为稳定，房地产行业、批发零售和制造业为获取贷款前三大行业。这也与马来西亚的经济结构相类似。

马来西亚财政局为本地及外资私有企业提供多样化、种类齐全的信贷工具。政府规定，当地及外资银行要将资金的一部分为马来西亚公民发放特殊利率的贷款，信贷的发放是通过市场调节进行的。马来西亚有一套健全的管理系统，国外投资方可以在马来西亚的资本市场上进行融资，但他们从马来西亚国内市场上获得的融资额，必须至少有60%来自马来西亚国内银行。当贷款超过1000万林吉特（相当于400万美元）时，需要马来西亚中央银行同意。但中央银行规定国外证券代理公司只能从马来西亚的金融机构获取500万林吉特以内的贷款。管理体系是用来规范证券投资行为的，因而对外国证券投资没有限制。马来西亚透明度高的法律体系和会计制度能够更加适应国际规范，但马来西亚对企业的兼并或并购行为进行法律约束。①

（二）借贷资本效率

马来西亚企业外源融资逐渐由间接融资主导转向间接融资与直接融资并重的结构。马来西亚企业外源融资的大致规模和结构是：在2008年以前，企业外源融资大部分为间接融资，占比在70%左右；自2009年以来，间接融资比重逐年下降，而直接融资所占比重则逐年上升。到2012年，直接融资比重超过间接融资，占比达51.3%，近年来直接融资比重略有下滑，但仍旧保持着40%以上的比例。与中国相比，马来西亚企业外源融资已经表现出显著的间接融资与直接融资并重的结构。②

① 李健等编著：《东盟十国金融发展中的结构特征》，中国社会科学出版社2017年版，第109—117页。

② 马来西亚的证券市场起步较晚，但发展速度远远超过其他东盟国家。截至2010年12月31日，马来西亚拥有957家上市公司，其中主板市场有844家上市公司，二板市场有113家上市公司，总市值超过4200亿美元。2010年增加29家上市公司，因此，当年发行市值高达66亿美元。证券市场的迅速发展为马来西亚经济的持续增长提供了资金保障。根据BIS的统计数据，截至2006年6月，马来西亚债券总余额达1340亿美元，紧随日本、中国大陆、韩国、中国台湾之后，位于东亚地区第五位。

在东亚经济危机后，马来西亚政府对资本市场融资结构进行了制度上的优化，直接融资和间接融资比重大致相当，其借贷资本效率进一步提升。

（三）借贷资本监管

马来西亚财政当局为本地和外资的私有企业提供了大量可选择的信贷工具。除了政府要求当地银行和外资银行拿出资金的小部分以特定的利率贷款给购买低价房的马来西亚公民外，信贷的发放是通过市场调节进行的。外国投资者也可以在马来西亚国内资本市场上融资，但他们在马来西亚融资额的60%以上必须来自马来西亚国内银行。如果贷款额超过1000万林吉特（相当于400万美元）时，必须得到马来西亚中央银行的同意。而外国的证券代理公司最多只能从马来西亚的金融机构得到500万林吉特的贷款。马来西亚有一套健全的管理体系来规范证券投资行为，因而对外国证券投资没有限制，高度透明的法律体系和会计制度符合国际规范。但是在马来西亚，兼并或并购是受到法律约束的。

马来西亚的证券市场由证券监督委员会（SC）监管，马来西亚证券监督委员会成立于1993年，作为公司招股书的登记机关和公司债券发行的核准机关，为马来西亚证券与期货市场的发展起着促进作用。证券监督委员会拥有调查权与实施权，管理证券与期货合约、公司的收购与合并，以及单位信托计划。监督交易所、清算所与中央存票所鼓励自我管制，并采取措施以确保市场上各机构与领有执照的人士循规蹈矩。

四 利率管理体制

（一）利率管理制度的发展

1978年10月，马来西亚中央银行建立了一套新的利率管理制度。除最低存贷款利率外，商业银行还可以自主设定存贷款利率。1981年，马来西亚中央银行从最低贷款利率控制制度改为参考利率制度。当时，马来西亚取消了贷款利率限制制度，商业银行逐渐开始将贷款基准利率作为价格基准。利率自由化在马来西亚取得了成功，尽管在利率自由化初期，马来西亚的经常账户从盈余转为赤字。1982年，马来西亚经常账户赤字达到GDP的13.44%，并且其比重逐年大幅度升高。在政府于1983年大幅削减支出后，经常项目收支状况开始改善。与此同时，马来西亚金融经济随着金融资产的快速增长而出现快速发展，金融市场深化的衡量指标（包括 M2/GNP 和国内信贷/GNP）开始稳步增长。与此同时，存款和贷款利率有所降低，导致赤字和价格升至市场评估前的水平。改革的结果表明，马来西亚在利率市场化上获得成功。

（二）利率市场化的成功因素

马来西亚利率市场化取得成功的原因有以下两种：

第一，马来西亚经济在 20 世纪 70 年代保持着相对稳定的水平。当时通货膨胀率相对较低，资本账户和经常账户比较合理。1976—1980 年，在实际 GDP 增长率约达 8% 的情况下，马来西亚的平均通货膨胀率低于 5%。而且马来西亚的储蓄率较高，1979 年达到 39%，财政赤字一直维持在 GDP 的 6%—7%。

第二，马来西亚有着良好的金融业生态，金融机构处于市场竞争之中，政府的管控较少，使商业银行、非银行机构、储蓄机构和保险公司蓬勃发展。其中，商业银行资产约占金融部门资产的 40%，非银行机构和央行分别为 20% 和 10%。这些机构已初具规模，有着丰富的市场化运营经验。因此，马来西亚的利率改革不会对这些企业产生负面影响，而这些企业是无法控制的。马来西亚直到 1978 年才设立贷款利率限制和存款利率限制。但在 1975 年至 1979 年，马来西亚的实际储蓄率超过了既定水平，高于许多工业化国家在 1950 年至 1960 年所达到的水平，这表明利率受政府影响较小。

（三）危机下马来西亚利率政策的调整

20 世纪 90 年代末亚洲金融危机爆发之前，马来西亚的经济发展状况良好，在金融危机爆发当年，马来西亚实际 GDP 增长率保持在 7.7% 的水平上，较上年仅下降 0.9 个百分点。亚洲金融危机的负面影响在 1998 年显现出来，马来西亚 1998 年实际 GDP 增长率为 -7.5%。马来西亚中央银行在亚洲金融危机时期货币政策的主要目标是减缓经济衰退及促进经济恢复。通货膨胀面临的压力较小，马来西亚在 1998 年 8 月开始逐渐实行宽松的货币政策，适当降低银行同业拆借利率。马来西亚的同业拆借利率受利率政策影响从 1998 年约 10% 下降到 1999 年末的 3% 左右。之后，马来西亚逐渐恢复经济稳定发展。2008 年的全球金融危机使各国经济普遍受到影响，马来西亚 2009 年实际 GDP 增长率降至 -1.7%。在全球金融危机期间，马来西亚实施了刺激经济的货币政策措施，在2009年的第一个季度连续降低同业拆借利率，下降幅度为0.25—0.75个百分点。2010年，全球各国经济逐渐复苏，马来西亚国内需求增长率同比上升6.8%，私人消费增长率同比上升7.3%，国民经济同比增长7.2%。2010年，马来西亚实行货币政策的目标转为平衡通货膨胀与经济增长风险。2010年初，马来西亚货币委员会调整了货币政策，使货币政策从临时性走向正常化。所以，马来西亚货币政策委员会在2010年3月、5月和7月三次增加同业拆借利率，每次增加0.25个百分点。商业银行也因此提高了基础贷款利率，但银行客户的借款成本低于金融危机爆发前，所以促进了实体经济的发展。

五 外汇管理体制

马来西亚的外汇管理部门是马来西亚国家银行。主要法规为《马来西亚中央银行法》《金融服务法》。马来西亚法定货币为马来西亚林吉特。自2016年9月26日起，重新实行有管理的浮动汇率制，市场干预仅限于提供流动性以确保有序的市场秩序。官方汇率由外汇市场供求决定，并作为所有国际交易的参考值。

（一）经常项目和资本项目外汇管理

1. 经常项目外汇管理政策货物贸易

国内银行及非银行金融机构被授权将经常项目的交易和付款用于居民和非居民的国际贸易补偿，但交易只发生在马来西亚。出口商可使用从出口中获得的货币来结算国内货物或服务贸易。居民在境内进行的商品或者服务交易，必须以林吉特结算，居民出口企业不得以外币支付在境内实施的交易。对出口实行许可证制度，对某些货物实行出口管制，以避免国内市场的不足。出口收入必须在出口之日起6个月内转移到马来西亚，出口商最多可保留25%的外币结算收入，其余部分以林吉特计价。在进口方面，采用进口许可证制度，由马来西亚财政部和皇家海关控制进口，并将进口许可证的权力移交给各行业的主管当局。实施负面清单、进口配额、进口配额制度等非关税措施。

2. 资本和金融项目外汇管理政策

资本和金融项目外汇交易通过国内银行以及指定的外国办事处进行，但资本和货币市场工具、衍生品及其他工具、信贷工具的本币交易结算只能在马来西亚进行。在直接投资方面符合马来西亚国家银行 FDI 审慎性要求的居民可以进行 FDI。林吉特的贷款仅限于海外投资。这种限制只适用于通过外汇交易获得的外国投资基金，也适用于贷款人银行的目标，而不是直接的外国投资和金融资产交换。马来西亚对直接外国投资的股权参与实施控制，通常要求非公民购买股权不可以超过马来西亚金融机构资本的 5%。对于在国外购买房地产的外国直接投资，不同数额的投资需要得到马来西亚经济规划小组的同意。关于资本和货币市场工具的规定是：非居民出售或发行股票必须获得证券交易委员会的同意，居民在国外购买、出售和发行以林吉特计价的股票也必须获得证券交易委员会的同意。非居民必须获得许可授权才能购买、出售或发行利率衍生产品。居民为对冲和投资目的，通过在国外指定市场的期货中介机构购买衍生品和其他工具（外汇衍生品除外）须经同意。允许银行向非居民发行或者向境外销售以林吉特计价的金融工具，向任何人销售以外币计价的金融工具。居民可以向居民金融机构以外的非居民借入外币，但非居民贷款总额不得超过 1 亿林吉特。居民对非居民的出口信贷自出口之日起不得超过 6 个月，对非居民的出口信贷总额不得超过 1 亿林吉特。外国居民购买房地产的要求与管理外国直接投资的要求相同。在马来西亚，非居民以 50 万林吉特以上的价格购买住宅、商业和办公物业没有限制。

（二）金融机构外汇业务管理

有执照的国家银行可向非公民发放外国货币贷款以支撑其实体经济活动。国内银行可向公民和非公民发放外币贷款，但不得超过等值的 1000 万林吉特。在外贸市场上非公民可通过经批准的国内银行进行金融交易；公民享有 600 万美元的对冲许可；在马来西亚国家银行注册的非公民投资者可以签订长期合同；在马来西亚国家银行注册的马来西亚公民和非公民公司可以与有执照的银行签订合同。

六　金融监管体系

马来西亚的金融体系是马来西亚金融结构的组成部分。它由中央银行、商业银行、开发银行和合资企业、贴现公司、金融公司等组成。马来西亚中央银行成立于 1959 年 1 月 26 日。1963 年 9 月 16 日，它成为马来西亚的中央银行。总部设在吉隆坡。主要职能是：发行林吉特；充当银行和政府的财务顾问；维持货币稳定和稳健的财务结构；开展信用监督和管理，对商业银行、国际商业和金融公司进行监督，等等。

（一）监管主体

马来西亚的金融监管体系主要是由马来西亚央行即马来西亚国家银行对包括银行业、保险业和证券业在内的行业进行统筹监管。在对马来西亚银行体系的监管方面，其监管对象主要包括伊斯兰国际银行、投资银行、伊斯兰银行以及商业银行。1993 年成立的马来西亚证券监管委员会监管马来西亚证券行业，证券监管委员会主要由行业独立专家构成，其更具有行业协会的性质。马来西亚证券监管委员会参与证券管理中的调查和实施，负责管制证券和期货合约，并包含信托项目等，但其实质上依旧是由央行统筹监管。

马来西亚保险业也是由马来西亚国家银行进行监管，其主要的监管对象为保险经纪公司、伊斯兰保险经纪公司以及保险公司、伊斯兰保险公司。

（二）监管内容

以建立和维护稳定、健全及高效的金融体系为一般目标，确保金融机构和金融市场有序发展，保护金融活动各方尤其是存款人的利益，推动经济和金融发展。马来西亚具体监管对象以银行法或证券法等金融法规为主，金融监管有三大目标体系：第一，维护金融业的安全与稳定；第二，保护公众的利益；第三，维持金融业的良好发展。

1. 《资本市场与服务法》和《证券委员法》

《资本市场与服务法》（2007）于 2007 年 5 月通过国会讨论，并在同年 9 月 28 日正式生效。这部法规整合了原来的几部旧法：《证券行业法》（1983）、《期货行业法》（1993）及《证券委员法》（1993）涉及筹资活动的部分。随这部法规一同生效的还有《资本市场与服务法》（2007）、《市场监督指引》《牌照手册》等行政条文。《资本市场与服务法》引进了单一的许可制度，有益于资本中介市场的发展。在单一的许可制度的支持下，中介机构只需要持有资本市场和服务执照，不必持有单独的执照，从而有效降低了行政成本，节约了时间。在《资本市场与服务法》推出后马来西亚政府又进行了数次修订，最近的一次修订是在 2015 年 9 月 15 日。

《证券委员法》（1993）的起草则为证券委员会的成立打下了政策基础。在这部法规中，证券委员的权力和职能被详细列举出来。证券委员自身是被委托监管证券行业的法人主体，并通过广泛的执法和调查权力来确保市场运行的公平有序及稳定。《证券委员法》颁布施行之后又经历了多次修订，最近的一次修订是在 2017 年 11 月 24 日。

2. 马来西亚证券委员会（SC）

马来西亚证券委员会（SC）于 1993 年 3 月 1 日根据证券委员会第 1993 号法案成立，是一个拥有调查和执行权力的自资法定机构。它向财政部长报告，其账目每年提交给议会。证券委员会的诸多监管职能包括：监管交易所、票据交换所和中央托管；公司招股说明书的登记；核准公司债券的发行；证券及衍生品合约有关的所有事项的管理；SC 指定的上市团体、上市公司和实体的收购兼并管理；与单位信托计划有关的所有事项的管理；对所有持牌人的授权和监督；鼓励自我调节以及确保市场机构和持牌人的行为正当。马来西亚证券委员会通过履行上述职能来尽到保护投资者的最终责任。除了履行其监管职能外，马来西亚证券委员会亦有责任鼓励和促进证券及衍生品市场的发展。

3. 银行业监管

传统的监管体系（中央银行）及纳闽国际商业和金融中心（纳闽金融服务局）监管体系为马来西亚银行业的监管体系。两套监管体系相互平行、相互独立。马来西亚中央银行对商业银行的管理采取集中单一式的监管模式，具体表现为马来西亚央行一家负责全国商业银行（除离岸银行外）的统一监管，其他监管机构不履行监管职能。马来西亚央行对商业银行的监管主要依据《2013 年金融服务法令》以及央行货币政策委员会出台的各项法令。这些法律、法规涉及维护商业银行的竞争秩序，用以保护金融交易者的合法权益。马来西亚央行通过每年一次的现场检查和多次专项的非现场检查来保证商业银行的稳健运行。

根据 1996 年《纳闽金融服务管理局法》，纳闽金融服务管理局（FSA）作为离岸银行的监管机构而成立。FSA 是一个负责开发和管理纳闽国际商业和金融中心的法定机构。FSA 的主要职责是向企业颁发在纳闽国际商业和金融中心经营的许可，及对获得许可的实体进行监管，负责制定金融服务政策。

第七节 中马金融合作进展与建议

近年来，中国与马来西亚的经贸往来呈现出良好的发展势头，双方贸易额每年均以两位数的速度持续快速增长着。自2010年以来，随着世界经济的复苏和中国—东盟自贸区正式建成，中马贸易增长强劲。目前，中国已成为马来西亚最大的贸易伙伴，而马来西亚则是中国在东盟国家中的第一大贸易伙伴。中马两国之间日益增长的经贸和投资关系为金融行业的发展奠定了基础，也对银行服务提出了新的需求。马来西亚与中国金融合作不断发展。马来西亚央行已经买入人民币计价债券作为其外汇储备。这标志着中国政府推动人民币国际化的努力取得了重大进展。具有代客境外理财业务资格的商业银行可以代客投资马来西亚的资本市场，为两国的客户提供更加便利、更加优质的金融服务。但我们也应看到，马来西亚金融产品采用各式各样的形式进行宣传，杂乱无章，而且广告内容充斥着大量金融技术名词，难以吸引处于经济艰难时期的消费者的注意，不利金融服务业竞争发展。人民币在区域化道路上存在众多障碍，表现在国际贸易和国际投资领域的影响力不足上。马来西亚实行以政府为导向的金融系统。政府一般以一种凌驾于市场之上的强制力在经济发展进程中对经济活动加以管控，推动经济发展。中国是马来西亚最大的贸易伙伴，两国一直保持着密切的经贸关系。特别是自由贸易协定全面实施后，中马金融和贸易合作进一步加强，两国金融合作更加重要。关于中马金融合作，考虑其华人经济结构的特殊性和伊斯兰金融，我们提出如下建议。

一 积极协助马来西亚进一步推动金融体制改革

在亚洲金融危机爆发后，马来西亚的金融体系暴露出了很多问题。比如资本使用效率低下，政府的保护造成了商业银行对政府的严重依赖和“道德风险”，国内证券市场依旧需要更高标准的管理制度去规范经济行为。马来西亚企业交易缺乏透明度，证券市场与股票市场监管制度的缺陷使马来西亚证券市场往往由政府操纵，导致证券组合投资活动不符合风险和收益关系规律。同时，马来西亚监管金融业的力度不够。20世纪90年代金融危机发生后，马来西亚政府以稳定国内金融市场为目标，开始采取整顿金融秩序、减少财政支出等政策措施。建议中国有关方面协助马方依据市场运作准则，制定商业重组方案并严格监管，以避免再次产生呆账，大力整顿其国内证券业。

在亚洲金融危机后，马来西亚金融机构重组取得了成功①，为推动中马金融合作奠定了良好的基础。

二　在汇率层面应加强中国和马来西亚的金融合作

在亚洲金融危机爆发前，当时美元货币频繁变动，给整个东盟带来了强烈的外部冲击，马来西亚政府实行资本管制，锁定林吉特对美元的汇率，并禁止林吉特的兑换交易。在危机过后，马来西亚又回到盯住美元的汇率制度上。从马来西亚金融发展以及中马金融合作成果来看，中国和马来西亚金融对外开放程度比较高，对汇率波动十分敏感，因此，需要进行货币合作，实现汇率稳定。机制的存在对各国能否有效开展合作、实现共同利益具有重要作用。通过降低交易成本、提高信息透明度、降低不确定性、增加可预见性，进而促进行为体达成协议，从而大大提高各国的合作效率。理论和实践证明，汇率政策协调机制具有必要性。为保障区域金融稳定和健康发展，可以逐步建立一种区域内固定汇率制度的汇率协调机制。

货币互换有助于区域内货币投资、结算，从而最终使得马来西亚减少对美元的依赖，达到金融稳定的目标。自 2003 年起中国与马来西亚签署了货币互换协议，但目前贸易结算货币仍主要以美元为主，不利于进一步加深区域经济合作。为进一步加强中国—马来西亚金融合作，中国应当在原有货币互换协议基础上继续进一步扩大货币互换规模，推动区域货币互

① 从 1999 年 6 月 30 日开始，国有资产管理公司完成了第一个确定金融机构不良资产的工作。这不仅适用于陷入困境的金融机构，也适用于外国银行，还适用于整个体系对不良资产的识别。从 1999 年 6 月 30 日到 2002 年 6 月 30 日，国有资产管理公司收购了来自金融国有资产管理机构将近 200 亿林吉特的不良贷款，而仅付出了约 90 亿林吉特的代价。截至 2002 年 9 月 30 日，国有资产管理公司共从有困难的金融机构购买了 477.6 亿日元的不良贷款，其中以 198.2 亿日元的 54.4% 折价购买。马来西亚银行（BCRC）对面临资金困难的 10 家银行追加投入近 76 亿林吉特，对 4 家银行进行市场重组。银行重组措施使银行资本状况逐步得到改善。另外，不断改善的经济环境将为相关公司提供银行资本重组机会，同时减少对高不良资产比例银行的投资。截至 2002 年 5 月底，国有资产管理公司已将 7 家银行的资金全部收回，剩余 21.4 亿英镑已由其他三家银行收回。国有资产管理公司债务重组委员会于 2002 年 8 月 15 日正式停止运行，该委员会自 1998 年起已成功完成重组企业和促进企业复苏的使命。国有资产管理公司并购项目 48 个，规模约 526 亿林吉特，重新规划重组企业财务情况，防控系统性风险的发生。

换多边化，续签即将到期的货币互换协议，积极促进人民币与马币直接兑换的早日实现。

三 完善双边跨境结算体系

随着中马经济合作的逐渐推进，经济融合度进一步加深，未来这一贸易集聚优势必将更大，中国与马来西亚之间的贸易往来也将更加密切，需要构建一个有利于提高各国之间贸易结算效率以及安全性能更强的区域性结算、清算体系以满足各国之间贸易愈益扩大的需要。马来西亚经济以出口导向型为主，必然形成对美元的依赖，易产生汇兑风险损失。在自贸区建设发展的过程中，推动使用以人民币为结算货币的跨境贸易，在中马自贸区建设中凸显人民币结算货币的主导地位，可以避免由美元汇率的变动对中马双方合作所带来的损失。以人民币作为主要结算货币的中国—东盟经济贸易合作将会给马来西亚经济的发展带来诸多机遇。加强多边中央银行合作，加快双边结算协议的签署，在推进区域各国货币互信的过程中，逐步实现人民币的区域主要结算货币地位，避免汇兑损失，稳定东盟国家的汇率，为更深远的合作奠定现实基础。疏通各国银行结算途径，在边境地区增加设立地摊银行，健全边贸结算体系。建设连接马来西亚的人民币清算系统，开发人民币交易产品，推动人民币在东盟的区域化。中资银行与境外参加行代理清算协议的数量和广泛程度，决定其推行人民币结算业务渠道的发达程度。中资银行间建立完善的人民币结算体系，必须与境外参加行签署人民币清算协议形成覆盖重点区域的代理清算网络。对跨境结算体系来说，中国能做的是对各层次金融机构运用互联网为东盟各成员国提供移动支付、网络支付等业务，并鼓励使用人民币进行直接结算，降低汇率波动并减少交易成本。在现阶段，以微信、支付宝等为代表的先进支付手段已在东盟部分国家展现出良好的发展前景，其中微信已经获得了马来西亚的支付牌照。

四 推动双边金融市场的开放

马来西亚银行的经营环境长期趋于稳定，在东盟地区处于领先地位。中马银行间的合作交流是双方金融市场合作的重点。特别是马来西亚作为一个典型的“双系统”国家，其伊斯兰金融系统发展已经非常先进和成熟。中国应积极洽谈，考虑并推动在穆斯林聚居的西北地区建立部分伊斯兰银行金融机构，突破由于宗教原因而对中国金融机构发展、提供业务实施严格限制的藩篱。马来西亚对外资银行的设立没有明确要求也为中资进入马来西亚提供了不少便利。中国可考虑与马来西亚开展更全面的金融合作，部分借鉴马来西亚伊斯兰银行在产品开发、模式选择、监管制度等方面的建设经验。

就证券业发展来说，马来西亚的证券业发展趋势良好，股票市场规模逐步扩大，现已建立起较为完善的证券市场体系。马来西亚债券发行较多，中国与马来西亚可以考虑深化证券市场合作。由于马来西亚政府债券的外国投资者持有比例已达30%以上，意味着风险的提升，因此，双方的金融合作需要加强对金融安全和稳定的监管。

第九章

中国—菲律宾金融合作

菲律宾共和国共有7107个大大小小的岛屿，面积29.97万平方千米，人口为10665.20万人（2018年），菲律宾民族多样，主要有马来族、他加禄人、伊洛人、邦邦牙人、维萨亚人、比科尔人，国民宗教信仰为天主教、伊斯兰教、独立教、基督教新教。自然资源矿藏主要有铜、金、银、铁、铬、镍等20余种，支柱产业为制造业和建筑业。我们将从菲律宾经济发展历程、发展规模及其经济结构的变化，围绕中菲合作关系发展变动趋势，结合金融体系形成过程，考察其金融发展规模与结构的变动，从金融结构的视角探讨两国金融合作的空间和推进策略。

第一节　菲律宾经济发展历程与结构形成

1898年在美西战争中西班牙战败后，美国接收菲律宾作为其殖民地，直到1946年菲律宾共和国成立，获得完全独立。1965年，费迪南德·马科斯当选菲律宾第六任总统，并于1971年连任，取消总统任期限制，开始军事独裁统治。以马科斯上台为起点，可以将菲律宾经济发展大致划分为三个阶段。

一　马科斯独裁统治时期（1965—1986年）

1965年马科斯上台时菲律宾人均收入为430美元，远高于东南亚各国。1972年马科斯实施军事独裁统治之后，采取了一系列刺激经济的政策。一是整顿政府机构，实行土地改革；二是发展垄断性质的进口部门和加工贸易部门，设立出口加工区，大力支持外资进入；三是增加基础设施和资源开发投入，扩大政府支出，政府基础建设支出在1971年马科斯第一个任期结束时比 6 年前增加了 90%；四是政府通过发行国债，从国内外大举借款，外债成倍增加。马科斯的政策使菲律宾经济扭转了 60 年代大幅度下跌趋势，到 70 年代末菲律宾已建立起工业化体系，包括初级产品进口替代部门、重工业和化学工业部门、农业综合企业部门。20 世纪 70 年代菲律宾经济发展较好，年均 GDP 增长率超过 6%。马科斯时代前期的经济发展主要依靠外债投资和垄断型国有企业的发展。在此期间，政府干预经济力度越来越强，国企垄断越来越严重，家族企业趁机在全国范围内扩张，市场经济机制被压制和破坏，成为典型的权贵经济。

20 世纪 80 年代初全球经济的衰退对依靠外债投资和初级产品加工为主的菲律宾经济造成严重打击，消耗了大量资源的国有企业挤占了私人部门的发展空间。在经济衰退期间，经营不专业、效率低的垄断型国企不仅没有支持菲律宾经济，反而成为菲律宾政府的沉重负担。马科斯统治时期的“密友资本主义”（国家资源和特权分配给予马科斯亲近的政商）最终导致菲律宾工业化模式和国家经济从 1984 年开始全面崩溃（见图 9 -1），其后两年 GDP 增长率均为 -7.3%，通货膨胀率高达 50%。

马科斯执政时期菲律宾传统大家族迅速膨胀，其经济势力逐渐由土地扩张至国家各个实体经济、金融行业，政治势力由地方扩张至中央，家族

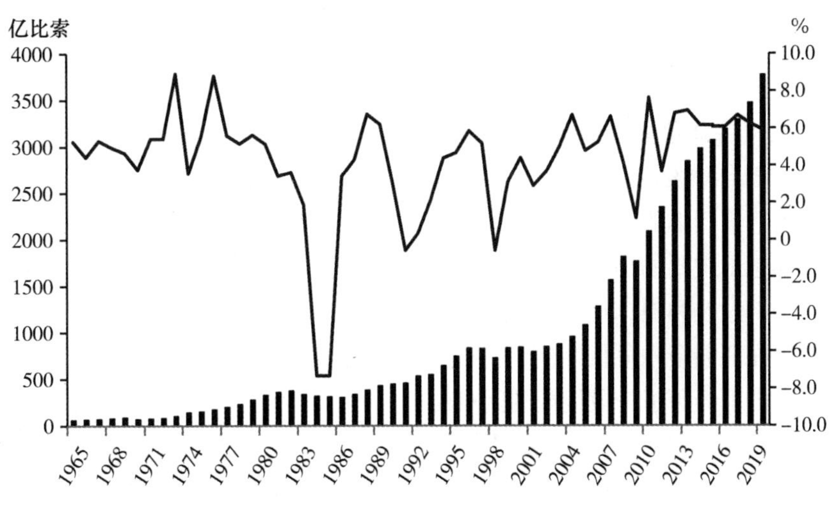

图 9 -1　1965—2019 年菲律宾经济总量及增长率

资料来源：世界银行和国际货币基金组织网站。

政治、家族经济成为菲律宾经济社会发展的重要特征。

二 经济自由化改革时期（1986—1996 年）

1986 年菲律宾爆发“二月革命”，结束了马科斯近 20 年的独裁统治。阿基诺夫人上台后，依据国际货币基金组织和世界银行提出的方案对菲律宾经济、金融进行自由化改革。阿基诺夫人推行的经济自由化改革初步扭转了菲律宾经济下滑情况，控制了国内的通货膨胀率。但菲律宾政治局势的动荡再次使得国内经济一落千丈，1991 年菲律宾国内生产总值呈现负增长。1992 年拉莫斯政府主持国内事务，在经济上进一步坚持自由化政策、推动出口导向型经济发展，在政治上实行民族和解、保持局势稳定。拉莫斯政府时期稳定的社会形势使菲律宾经济取得了长足的发展，经济增长率始终保持在 5% 以上，1996 年人均 GDP 达到 1197 美元，通货膨胀率降至 4.7%，失业率降至 8.1%。随着国内政治局势和金融环境的改善，市场经济机制复苏，国内外投资者活力逐渐被激发，各类投资均有大幅度增长。

在这一时期，菲律宾经济不但在总量上呈现复苏趋势，经济发展质量也逐步提高。菲律宾经济已从以前完全依靠国内消费和低级加工带动的经济增长模式中走出来，并逐渐参与世界经济大循环，对外出口和投资成为经济增长的主要推动力。但菲律宾经济发展层次较低、贫富差距较大等基础性问题仍然存在。

三 后金融危机复苏时期（1997 年至今）

1997 年爆发的亚洲金融危机对菲律宾经济冲击巨大，菲律宾比索大幅度贬值、银行坏账上升、企业经营困难、经济衰退、失业人数增加。但菲律宾不是最主要的当事国，且其多年来经济增长率一直不高，热钱流入较少，经济过热和泡沫现象要远低于印尼、马来西亚、泰国等重灾国，因此菲律宾在亚洲金融危机期间所遭受的打击程度较轻。菲律宾经济在金融危机的冲击下经历了一段很短的困难时期，其经济增长率仅在 1998 年降为负数，之后就迅速回复到 4% 以上的水平，在随后几年内保持稳定的复苏增长。2006—2018 年，总体来说，菲律宾经济保持着相对稳定的增长，最高增长率接近 8%，年均增长率达 5%，但增长速度波动幅度较大。整体通货膨胀率保持在较低水平，失业率也在逐渐下降（见图 9－2）。

菲律宾极度不稳定的政治局势和安全局势，使菲律宾经济无法保持稳

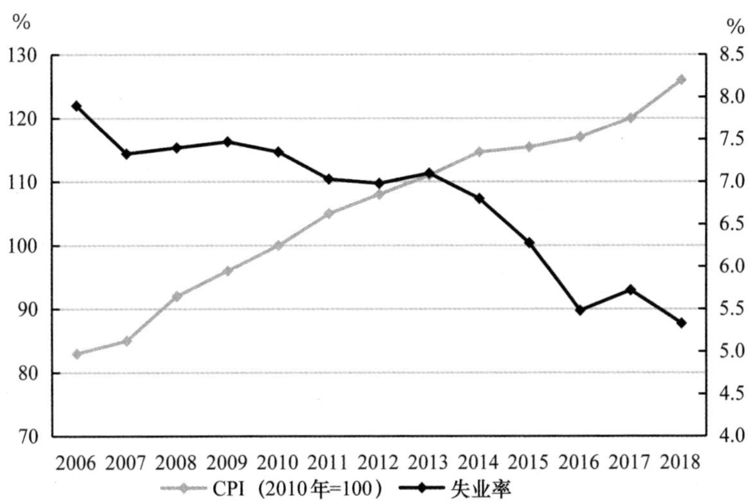

图9－2　2006—2018年菲律宾通货膨胀率与失业率

资料来源：菲律宾中央银行网站。

定的增长。政坛风波引发的金融市场持续震荡、反政府武装“新人民军”和穆斯林武装与政府的冲突等都在很大程度上阻碍着菲律宾经济的发展。而菲律宾与美国的特殊关系、较为开放自由的经济金融市场，则使其经济复苏速度较快。2008年全球金融危机后，菲律宾经济增长仅1.1%，但2009年国内生产总值增长率就反弹至7.3%，创造了近40年最高数值，菲律宾经济发展始终处于大幅度、周期性波动的状态。

2010年后上台的阿基诺三世政府强力推动了多项社会改革，经济也取得了良好的发展。但菲律宾固有的社会问题并没有得到很好的解决。人口、失业、腐败、贫富差距问题没有得到改善，家族政治、家族经济的特征仍然存在。很多学者认为，菲律宾这一时期强劲的经济发展对国内富豪阶层更加有利，菲律宾家族在社会经济中的优势地位使其更能在经济发展中获益。

表9－1　**菲律宾经济发展主要指标**

主要指标	数值				
	2014	2015	2016	2017	2018
实际GDP（亿比索）	71654.80	76001.80	81227.40	86657.10	92070.00
名义GDP（亿美元）	2845.90	2927.70	3048.90	3136.00	3309.10

续表

主要指标	数值				
	2014	2015	2016	2017	2018
经济增速（%）	6.10	6.10	6.90	6.70	6.24
人均 GDP（美元，购买力平价 PPP）	6974.70	7353.30	7815.50	8360.40	8935.30
人口（万人）	9988.00	10156.00	10324.00	10492.00	10665.20
政府债务占 GDP 的比重（%）	42.10	41.50	39.00	39.90	
财政赤字/盈余占 GDP 的比重（%，警戒线为 3%）	0.90	0.60	-0.40	-0.40	
出口额（货物，亿美元）	498.24	431.97	427.34	518.14	516.74
进口额（货物，亿美元）	671.54	665.06	782.83	920.29	1007.10
贸易差额（货物，亿美元）	-173.30	-233.09	-355.49	-402.15	-490.36
经常账户余额（亿美元）	107.60	72.70	-12.00	-21.40	-78.80
经常账户余额占 GDP 的比重（%）	3.80	2.50	-0.40	-0.68	-2.38
外汇储备（亿美元）	720.60	739.60	734.30	732.30	
外债总额存量（亿美元）	772.00	765.00	729.00	744.00	788.00
失业率（%）	6.80	6.30	5.50	5.70	
通胀 CPI（%）	3.60	0.70	1.30	2.90	5.21
汇率（美元/比索）	44.40	45.50	47.49	50.40	52.66
外国直接投资净额（百万美元）	1010.00	-99.70	-5880.00	-6950.00	-5850.00

资料来源：世界银行网站。

表 9-2 中国和菲律宾经贸合作主要指标

主要指标	数值				
	2013	2014	2015	2016	2017
中国出口（货物，亿美元）	198.70	234.70	266.70	298.40	320.40
出口增速（%）	18.70	18.10	13.60	11.90	7.40
中国进口（货物，亿美元）	181.8	209.80	189.70	174.00	192.30
进口增速（%）	-7.40	15.40	-9.60	-8.30	10.50
中国贸易顺差（货物，亿美元）	16.90	24.90	77.10	124.50	128.10
中国大陆对菲律宾直接投资（百万美元）	54.40	225.00	-27.60	32.20	108.80

资料来源：世界银行网站。

四 菲律宾的经济结构

一是经济发展主要依靠投资拉动。菲律宾居民消费约占菲律宾实际GDP的70%左右，对经济增长率的贡献稳定保持在5%以上，2015年达到6.17%。菲律宾进出口活动受外部经济影响较大，近几年波动较为剧烈，2015年进口增长率为13.55%、出口增长率为5.46%，均属于近几年的较高值，但对GDP的贡献较小。投资带来的资本形成在2013年以后占实际GDP的20%以上，对经济增长的贡献率在2015年达到13.55%，是各部门中贡献最高的（见图9－3）。

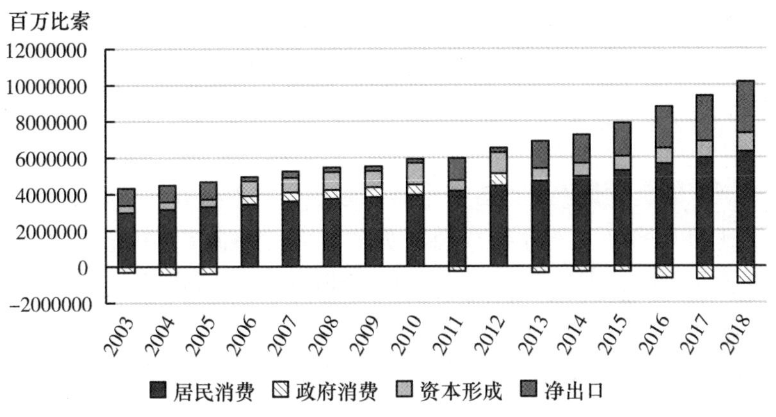

图9－3 2003—2018年菲律宾GDP部门结构

资料来源：菲律宾统计局网站。

二是以低层次服务业为支柱的经济结构。目前工业和服务业是菲律宾经济结构的主要支柱，服务业占菲律宾GDP的比重常年保持在50%以上，其中2015年达到近年来的峰值57.03%；工业占菲律宾GDP的比重达到33.48%。2015年服务业和工业分别增长5.97%和6.70%，涨幅略低于2013年的7.91%和7.19%。菲律宾农业产业发展相当落后和缓慢，农业占GDP的比重持续下降，2015年降至10%以下（见图9－4）。

服务业作为菲律宾经济结构的支柱产业，并不是类似发达国家在漫长的发展过程中形成的具有高附加值的第三产业，而是包含业务流程外包行业和海外劳工在内的低端服务业。近年来，菲律宾政府与西方国家进行合作的流程外包（BPO）业务，多是因为其国民能够熟练地使用英文，可以

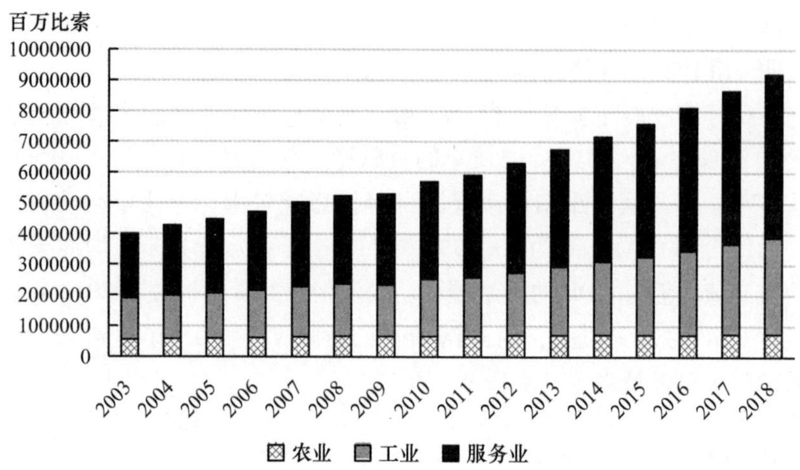

图 9-4 2003—2018 年菲律宾 GDP 行业结构

资料来源：世界银行网站。

为发达国家的企业提供电话客服中心和账单寄送中心等低端服务。近两年发展迅速的 BPO 行业对菲律宾经济贡献较大，外企提供的较高工资也促进了菲律宾国内消费的增加。但菲律宾 BPO 行业仍处于服务业的底层，不具备长期发展的条件。

菲律宾海外劳工政策从某种角度来说堪称菲律宾国策，在世界各大发达城市的劳工每年向菲律宾国内输入大量的外汇。从 2006 年以来菲律宾海外劳工汇款均保持在名义 GDP 的 10% 左右（见图 9-5）。而菲律宾海外劳工以家政服务为主，受宏观经济不景气的影响较小，但其市场容量有限、未来的发展潜力较低。

菲律宾经济“繁荣—崩溃”的周期性变化反映了菲律宾经济发展的结构性问题——出口导向型经济完全依赖投资，作为经济支柱的服务业层次较低，发展潜力较小，因此世界宏观经济和流动性状况对菲律宾的影响极大。

此外，近几年来，菲律宾经济虽然在规模上有一定程度的增长，但其基础设施不足、经济发展结构不合理的问题并没有得到改善。正如很多发展中国家一样，菲律宾的经济增长并没有广泛惠及群众，大多数财富流入家族集团、富豪阶层，造成了更严重的贫富分化。

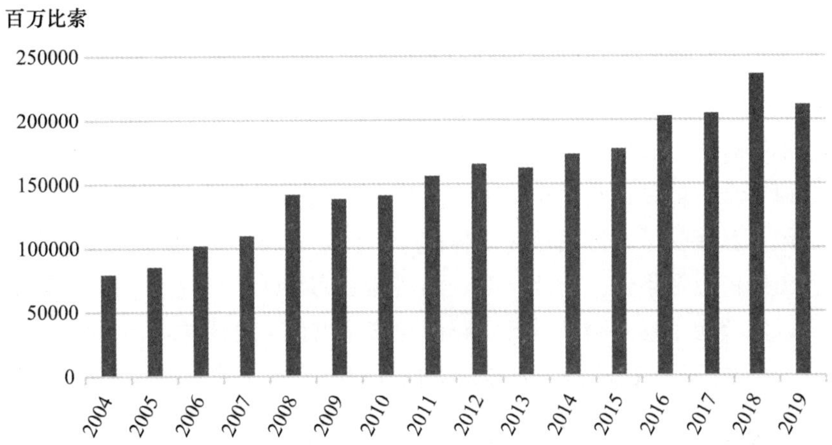

图 9－5　2004—2019 年菲律宾海外劳工汇款情况

资料来源：菲律宾统计局网站。

第二节　菲律宾金融体系形成考察

菲律宾曾处于美国殖民统治之下，早年建立的金融体系缺乏独立性。菲律宾的金融体系主要由银行业构成，但是效率低下。20 世纪 70 年代初，菲律宾进行金融自由化改革，改革包含重启中央银行市场调控、放开利率管制等。同期，菲律宾证券市场极不活跃，1978 年，在 196 个上市企业中有 20% 并未进行交易。在两次银行收购合并后，菲律宾境内逐步形成了以少数全能型商业银行为核心，以多数小型存款银行为辅的金融体系。

一　菲律宾金融体系的构建

二战结束后初期，菲律宾的金融体系在东南亚国家中是比较完整的。在与其他东南亚国家的横向对比中，菲律宾的金融业因起步早加之受到美国殖民统治的影响，所以比同时期的其他东南亚国家具有较为发达的金融业。菲律宾由于长期处于美国的殖民统治下，在 1946 年菲律宾建国初期，其金融体系的布局与美国金融体系相仿，如拥有商业银行体系、证券交易所等金融部门。1949 年菲律宾成立中央银行，虽然相比之前具有较高的自主性，但究其根源仍然带有不少殖民色彩，独立性受人左右。

到了20世纪60年代70年代末，菲律宾金融业的发展却落后于同地区其他国家，在货币化程度、金融机构数量的增长与资产规模扩大等方面远不及新加坡、马来西亚、泰国和印尼。究其原因，一方面与菲律宾经济发展不符合预期有关，另一方面与其典型的金融约束政策直接相关。这导致菲律宾金融体系运营效率低下，金融中介成本极高。菲律宾在建国之初就已经全盘接受了西方发达经济体的金融体系安排，却不具备与之相匹配的各项经济金融条件。与此同时，马科斯政府腐败所导致的垄断、权力寻租，以及金融市场封闭，最终使得菲律宾金融体系全面失灵。

20世纪70年代初，菲律宾采纳世界银行和国际货币基金组织联合调查团提出的金融改革方案。同时，菲律宾开始整顿内部庞大而低效的银行体系，通过设置最低资本要求和较高的监管标准等，促进各银行之间的收购合并，最终形成高效的大型商业银行。1972年，菲律宾开始进行金融改革，修订了银行业相关法律，重塑货币体系，菲律宾中央银行开始摒弃一般性金融业务，加速对商业银行的经营机制进行完善，把投资银行从商业银行的业务范围内剥离出来，进一步加强原有金融部门和金融机构的专业性，扩大金融机构规模和加强中央银行对国内信贷的控制，但收效甚微。接着允许非银行机构在中央银行的控制下实施自由利率，70年代中期，菲律宾采取措施推动其国内证券业的健康发展。自70年代末以来，菲律宾金融资产规模不断扩大，结构不断变化，呈现出以下特点。第一，商业银行规模迅速扩大，成为金融体系的主体，呈现出集中、大型化发展的趋势。第二，中央银行实力增长迅速，政府商业银行资产份额下降，政府转向通过增强中央银行的实力来强化货币政策的执行与金融宏观调控，可见政府在金融管理中的职能与方式有所转变。第三，非银行金融机构发展快，金融体系趋于多样化。政府为健全金融体系，着力发展社会保障、保险机构。第四，金融体系中二元结构特征明显，表现在两个方面：一是正规的金融市场与非正规金融市场并存，二是金融业中传统部门与现代部门并存。

（一）金融市场的发展

菲律宾的银行同业拆借市场正式建于1963年，是银行之间和非银行金融机构之间短期资金供给与需求的中介。汇兑市场开始于1965年，主要开展期票、票据回购协议和储蓄替代业务。在银行的参与下，60年代末到70年代汇兑市场获得稳定发展。但菲律宾80年代初国内发生的金融危机，造成汇兑市场严重萎缩，其主要原因在于政府加强了对票据融通的管制。政府债券市场正式建立于1966年，但一直处于不发达状态，这部分可归因于低利率的限制。但是债券市场在1981年国内金融危机后得到迅速发展。其主要原因在于当时的马科斯独裁政府大力增加公债发行以弥补扩大的财政赤字，推行以市场利率发行的国库券，因此使货币市场产生了结构性变化。20世纪70—80年代，菲律宾资本市场和外汇市场发展十分不景气，股票市场交易由1973年的59.33亿比索下降为1981年的13.49亿比索，外汇市场交易量也从未超过10亿美元，其主要原因一是宏观经济发展状况不佳，二是汇率管制导致汇率扭曲。

（二）金融调控

20世纪70年代中期以前，菲律宾实行的是严格管制的货币政策，货币发行速度慢，国内信贷紧缩，限制利率，实施汇率管制，金融波动不是很大。70年代中期以后，货币政策开始松动。80年代初，重大的金融改革开始实施。1980年8月，菲律宾取消了两年以上定期储蓄利率的最高限额；1981年底，进一步取消银行活期、定期存款利率的最高限额。而此时其国内相当一部分信贷却不按市场条件而是仍由公共部门金融机构进行分配，但是国内信贷的规模、货币发行速度、利率水平都大为提高。同时菲律宾还采取了贬值的汇率政策。然而，当时世界经济的不景气严重影响了菲律宾经济，1983年10月，菲律宾国内出现外汇危机，财政赤字扩大，1984年通货膨胀率达到50%。在这一时期，国内信贷以年均25%的速度增长，1983年达到30%。当时货币政策的放松加剧了这种不稳定状况。1980—1983年，存贷利率几乎没有管制，使得实际利率可以主动调整。与70年代实际利率为负相比，金融市场价格扭曲在很大程度上得到纠正，这促进了金融储蓄货币化程度的提高。由于金融放松管制，因利率变化而导致的投机资本的流动也引起了相应的利率变动，特别是在1986年以后通货膨胀和汇率相对稳定的阶段。

二　菲律宾金融体系的发展阶段

20世纪八九十年代，菲律宾经历了经济过山车，在20世纪70年代经济强劲增长之后，在80年代初陷入债务和经济危机中。国民生产总值增长率在1981—1983年逐渐降低，经济形势逐步恶化。菲律宾经济在1986—1990年得到恢复。由于国内金融业薄弱，国内的政府赤字融资以及中央银行的巨额亏损导致通货膨胀压力加大，私营部门被挤出国内信贷市场。

（一）80 年代以来的金融体系改革

1980 年，在世界银行和国际货币基金组织的参与指导之下，菲律宾着手进行进一步的金融改革，解除对银行业的种种限制，金融机构准许经营更多业务，建立大型全能商业银行。金融改革的主要目标有三个：一是加强金融中介作用，提高储蓄和货币化水平；二是建立中长期产业发展资金；三是推动金融机构的扩张。为此，菲律宾采取了利率自由化、金融机构一体化、准备金率降低以及利率和收入税制改革等措施，并于 1981 年实现了利率完全自由化，这使得当时的金融业得到了较大发展。菲律宾首都银行经过几轮并购，逐步成为一家集商业银行、投资银行等多项金融业务于一体的大型银行集团。

然而，在接下来的几年里，由于财政赤字巨大，外债增加和宏观经济波动加剧，菲律宾出现了严重的金融危机。1983—1986 年，菲律宾国内的经济危机严重束缚了银行业的发展，其主要的两家国有银行——菲律宾发展银行（DBP）和菲律宾国家银行（PNB）因付款困难，而被迫向菲律宾中央银行寻求帮助。1985 年，菲律宾关闭了从事非法贷款的菲律宾银行，并开始全面重塑金融业。1987 年，菲律宾金融部门开始复苏，新政府重新启动了改革，采取的主要措施是：（1）通过降低中间贷款成本为金融部门减税，降低实际利率，促进其国内投资；（2）为了控制通货膨胀，政府发行债券并逐步取代央行的借贷账单，成为公开市场操作的主要工具之一；（3）整顿和重组政府金融机构，建立审计监督机构，取消政府特殊减税和贷款特权以及政府债务担保。这些措施加快了菲律宾金融发展的步伐。

（二）90 年代以来的金融体系改革

在 20 世纪 80 年代，菲律宾在马科斯的铁腕统治下政治动荡和经济下滑。与此同时，1980 年的金融改革并没有给菲律宾金融业带来预期的结果，因为菲律宾中央银行采取了一些不恰当的措施来协调金融改革。菲律宾较为成功的金融体制改革始于 90 年代初期，1993 年 7 月 3 日，菲律宾中央银行依据 1987 年《菲律宾宪法》有关条款和 1993 年颁布的《新中央银行法》正式成立，取代 1949 年 1 月 3 日成立的菲律宾中央银行行使货币当局职能。1992 年拉莫斯总统上台后，采取了一系列积极措施振兴经济，菲律宾经济开始全面复苏。在全球金融自由化浪潮和IMF贷款条件的双重作用下，从1992年起，菲律宾金融业朝着自由化和非制度化方向发展。伴随着一系列金融改革政策的出台，如1992年成立资本市场开发委员会，全面开展资本市场开发研究，部分放开外汇市场管制；1994年菲律宾市场允许外资银行进入；1995年允许外资银行在菲律宾全方位开展业务，菲律宾中央银行提高资本充足率标准，实施巴塞尔协议等，菲律宾的金融业有了较大的发展。在八九十年代，在市场机制尚不成熟、金融体制尚不健全的情况下，菲律宾过早地开放金融市场，放开对关键资本项目的管制，这为1997年的亚洲金融危机埋下祸根。亚洲金融危机爆发后菲律宾国内金融市场受到了重创，但其受损程度相对于其他东盟国家要轻。在这之后菲律宾政府实施了一系列举措以提高抗风险能力，推动金融市场向前发展。

三　菲律宾金融体系的完善与展望

（一）菲律宾1997年东南亚金融危机以来的金融改革举措

菲律宾中央银行自从1997年东南亚金融危机发生以来，采取了多种措施使其国内银行体系加强抵御全球化影响和风险的能力。这些措施的主要目标是制定与国际接轨，更加符合现实的银行行业标准及管理方法，力求降低道德风险。

1. 提高银行资产质量

菲律宾与亚洲的其他国家有所不同，菲律宾政府解决其银行体系不良资产的能力十分不足。为此，在东南亚金融危机后，菲律宾政府主要动员私人资本解决和恢复银行不良资产。（1）为了帮助借款人提高偿付能力，菲律宾中央银行一直采取审慎的政策从而使通货膨胀率和利率保持在较为稳定的水平上。2002年，菲律宾在货币政策目标中加入对通货膨胀的控制。（2）菲律宾中央银行制定银行贷款损失准备金标准，要求各商业银行等做好万全准备以面对贷款损失。（3）菲律宾中央银行努力通过提供法律框架来减少银行不良资产，推动建立私营部门主导的资产管理公司。（4）菲律宾中央银行要求不良资产率较高的银行采取措施，逐步使不良资产损失准备金率不断提高。

2. 加强风险管控

菲律宾中央银行逐步强化银行体系的风险管控，表明在技术进步和监管逐步放松的前提下提高银行的自主性才是加强监管的最终目标。2001年，菲律宾中央银行通过了第280号公告，使用《巴塞尔协议I》框架并且发布资本充足率的行业标准。2002年，进一步要求银行计量并实施市场风险和信用风险的资本冲销。2004年12月，菲律宾中央银行宣布实施《巴塞尔协议II》，采纳协议三大要素，即最低资本要求、监管部门的监督检查和市场约束，来加强银行体系的风险管控能力。

3. 发展资本市场

为了帮助发展国内资本市场，菲律宾中央银行实施了以下改革举措：

一是建立私营部门主导的固定收益交易所（FIE）。这是为了帮助固定收益证券二级交易的流动性和价格发现机制的制度化，为公众提供除传统股票之外更多的投资选择，并为私营和公共部门发行人开辟更多的渠道来挖掘低成本的资本。

二是第三方证券保管制度化。证券独立保管人通过确保所有交易均由相应的债务工具支持，为投资者提供更好的保护，防止多重证券销售的欺诈行为。由于托管人记录证券的买卖价格，针对托管人的制度起到了防止价格操纵的作用。第三方托管进一步补充了设立外资企业的相关规定，为建立回购和证券借贷市场铺平了道路。因此，为了使独立的第三方证券保管机构制度化，菲律宾央行规定银行在其监管下将（用于准银行职能的）证券在2003年转让给央行认可的保管人。菲律宾货币委员会已经批准了六家第三方托管商的认证：四家外资银行（渣打银行、德意志银行、汇丰银行和花旗银行）；一家本地银行（菲律宾银行）和非银行金融中介（菲律宾托管和信托公司）。

三是设立单位投资信托基金（UITFs）以取代普通信托基金（CTFs）。作为投资产品，UITFs将更具竞争力，因为它们将不再受到准备金的要求，并且可以免除单一借款人的极限计算。UITFs也允许以独立美元来源的投资者以美元计价的形式提供。不过，UITFs有更清晰的保障措施，可以将它们与存款替代品区分开来。保障措施包括要求将UITFs持有的资产每日标记在市场上，并由第三方保管，以保护投资者免遭基金管理人员的不当行为。

四是将支付结算系统升级为实时总结算系统（RTGS）。主要用以提高支付交易的效率、可靠性、速度和及时性。2002年，实时总结算系统正式应用于政府证券回购和银行同业拆借，这个体系显著提高了结算效率和支付系统的可靠性。

4. 其他改革措施

2004 年，菲律宾中央银行与证券交易委员会（SEC）、保险委员会（IC）和菲律宾存款保险公司（PDIC）共同发起成立了金融业论坛（FSF），以促进行业内政策法规的协调和进行资源共享。菲律宾中央银行还要求金融业采用与国际接轨的菲律宾新会计准则，以提高银行和其他金融机构财务报表的透明度和准确性。

（二）菲律宾全球金融危机以来的金融改革措施

1. 政府实施一系列改善宏观经济的政策

放宽对于政府重点建设项目的贷款限额，比如菲律宾对国内能源与发电行业给予优惠贷款支持；进一步完善退休计划，增加监管机构，对养老金改革的问题进行可行性调研；拓宽中小企业资金来源等。面对全球性的金融危机，菲律宾政府采取有效的措施，扩大货币供给并降低利率，从而使得菲律宾银行系统逐渐走出了金融危机。

2. 中央银行加强监管

国际金融危机爆发后，菲律宾中央银行发布了一系列防范化解系统性风险的重大举措，包括提升信贷质量、对各类金融机构进行大力监管等。菲律宾中央银行加快推进金融执法规范化，修改金融业相关法规，不断提高透明度和加强问责制，防止和尽量减少不符合国际标准的系统性风险的发生。

3. 银行业加强经营管理水平、提高抗风险能力

在金融危机之后，菲律宾银行体系做出了变革。首先各银行间不断收购合并，商业银行和农村银行分支机构不断增加。菲律宾银行体系存款规模增长明显，1996 年，其存款规模为 12710 亿比索，2008 年为 41950.66 亿比索，到 2018 年 4 月，则达到约 119489.38 亿比索。虽然银行机构数量因并购而下降，但其业务网络不断扩张。其次，菲律宾推行放款贷款计划，以满足政府的优先事项需要。截至 2018 年 4 月，其贷款规模达到约 90677.10 亿比索，比 1996 年的 12217 亿比索增长了 7 倍多。最后，菲律宾加强对银行系统客户的管理，实施反洗钱措施。就不良贷款来说，2008 年菲律宾银行不良贷款率为 4.65%，之后不断下降，到 2016 年降至 1.72%。以上举措确保菲律宾银行体系在 2008 年国际金融危机发生后得以平稳发展。

第三节 菲律宾金融机构体系

自1997年东南亚金融危机以来，菲律宾中央银行先后采取一系列措施来整顿、改革菲律宾的金融业，并形成了当前以菲律宾中央银行为主要监管者，证券交易委员会、保险业委员会、菲律宾存款保险公司共同监管的格局。其中，菲律宾中央银行是国家货币管理部门，负责制定和实施国家外汇管理政策，致力于促进经济发展和保持物价稳定，为经济的可持续发展提供强有力的金融支持，并对金融机构实施有效的监管。而证券交易委员会、保险业委员会与菲律宾存款保险公司则分别对证券业、保险业实施监督管理。菲律宾的金融机构可以分为银行类金融机构和非银行类金融机构两大类，其中银行类金融机构主要包括普通商业银行、政府特别银行、农村银行和专业性银行四种。

一 中央银行

菲律宾中央银行（The Bangko Sentral ng Pilipinas，BSP）于1993年7月3日正式成立，是依据1987年《菲律宾宪法》有关条款和1993年颁布的《新中央银行法》（the New Central Bank Act）而设立的，同时取代1949年1月3日成立的菲律宾中央银行（the Central Bank of Philippines）行使货币当局职能。

（一）发展历程

1933年，菲律宾建立起中央银行法案的雏形。在英联邦时期（1935—1941年），菲律宾的货币系统由财政部和国库管理。与此同时，有关菲律宾中央银行将促进价格稳定和经济增长的讨论也在有序进行中。1939年，菲律宾立法机关通过了建立中央银行的法律，但由于当时菲律宾由美国实施殖民统治，同时又受到既得利益集团的强烈反对，该法律并未获得美国总统批准。1944年日本占领期间通过了第二部法律，但随后日本战败，菲律宾再次沦为美国殖民地，该法律的实施无效。1946年，曼努埃尔·罗哈斯（Manuel Roxas）总统上任后不久，就指示时任财政部长Miguel Cuaderno起草一份中央银行章程。1947年，Cuaderno主持建立菲律宾—美国联合金融委员会，对菲律宾的金融、货币和财政问题进行调查研究。该委员会认为，菲律宾必须建立中央银行，以支持货币体系的转变。随即，曼努埃尔·罗哈斯总统成立中央银行理事会（Central Bank Council），负责起草货币管理机构章程草案，并于1948年2月将该草案提交至国会。菲德尔·拉莫斯（Fidel V. Ramos）总统于1993年6月14日签署了第7653号共和国法，即《新中央银行法》。该法律规定建立一个独立的货币当局，即菲律宾中央银行，明确保持价格稳定是其主要目标。该法律还赋予中央银行自主权，这是旧中央银行所没有的。1993年7月3日，新中央银行法生效。

（二）权力与职能

根据《新中央银行法》第1章第1款第3条，央行的主要目标是维持价格稳定、促进经济平衡持续增长，推动并保持货币稳定和比索的可兑换性。同时，央行还担负着发行货币、监管银行和开展类似银行业务的非银行金融机构、管理外汇储备、制定汇率政策、充当最后贷款人和政府的银行等重要职能。

（1）流动资金管理。菲律宾央行制定并实施旨在影响货币供应的货币政策，与其维持价格稳定的主要目标相一致。

（2）货币发行。菲律宾央行具有发行本国货币的权力。菲律宾央行发行的所有纸币和硬币均由政府完全担保，并被视为所有私人和公共债务的法定货币。

（3）充当最后贷款人。菲律宾央行出于流动性目的向银行机构提供贷款。

（4）金融监督。菲律宾央行对银行进行监督，并对履行准银行职能的非银行机构行使监管权。

（5）外汇储备管理。菲律宾央行力求保持足够的国际储备，以满足任何可预见的外币净需求，以维护菲律宾比索的国际稳定和可兑换性。

（6）制定汇率政策。菲律宾央行决定菲律宾的汇率政策。目前，菲律宾央行坚持以市场为导向的汇率政策，以维持外汇市场秩序。

（7）其他活动。菲律宾央行还充当政府各部门以及政府所控制的公司的银行家、财务顾问和官方存款人。

二　证券交易委员会

（一）权力与职能

菲律宾证券交易委员会（Securities and Exchange Commission，SEC）

享有《证券监管法》、经修订的第902－A号总统令、《公司法》《投资机构法》《金融公司法》和其他现行法律所赋予的权力和职能。

（1）对获得特许经营、政府颁发许可证的公司、合伙企业或协会具有管辖权和监督权。

（2）就有关证券市场的问题制定政策和建议，就证券市场的各个方面向国会和其他政府机构提供咨询意见，并提出立法和修正案。

（3）批准、拒绝、暂停、撤销注册声明以及注册和许可申请，或要求对注册声明以及注册和许可申请进行修改。

（4）规范、调查或监督人员的活动，以确保其合规。

（5）监督、暂停或接管交易所、清算机构和其他分区域办事处的活动。

（6）对违反法律以及据此颁布的规则、条例和命令的行为施加制裁。

（7）批准、修改或废除规则、条例和命令，并就这些规则、条例和命令发表意见以及提供指导，监督其遵守情况。

（8）争取政府、民众、军方和所有执法机构以及任何私人机构、公司、协会或个人的协助和支持，或由其代理，以执行其权力和职能。

（9）发出停止令，以制止对投资者构成欺诈或伤害的行为。

（10）要求任何注册公司或协会的负责人在其监督下召集股东或其成员的会议。

（11）发出传票，传唤证人出席委员会的任何诉讼程序，并在适当情况下命令检查、搜查和扣押任何实体的所有文件、档案和记录，纳税申报单和账簿或被现行法律规定为适当处理案件所必需的被调查人。

（12）根据法律规定，通知并对公司、合伙企业或协会的特许经营权或注册证书进行暂停或撤销。

（13）行使法律规定的其他权力以及执行委员会为实现这些法律的目的和宗旨所赋予的明示权力，或为执行这些权力所必需或附带的权力。

根据《证券法规》第5.2节，证券交易委员会对PD 902－A第5节所列举的所有案件的管辖权已移交给一般管辖权法院或相应的地区审判法院。对于由公司内部争端而提交最终解决的悬而未决的案件，证券交易委员会应保留管辖权，这些悬案应在相关守则颁布后一年内解决。对于在2000年6月30日之前提交的暂停中止的付款/恢复案件，证券交易委员会将保留管辖权，直到予以最终处置。考虑到《PD 902－A修正案》第

2、4 节和第 8 节已被《证券监管法》明确废除，因此证券交易委员会保留上述法令第 6 节所列举的权力，除非这些权力与《证券监管法》的任何规定相抵触。

（二）任务、使命、价值观和愿景

证券交易委员会是负责管理公司、资本市场参与者、金融市场，以及保护投资者的国家政府监管机构。证券交易委员会于 1936 年 10 月 26 日根据《联邦法案》（CA）（又称为《证券法规》）创建，其任务是规范证券、交易所、经纪人、交易商和推销员的注册和交易活动。随后颁布了法律，以鼓励投资者更积极地参与私营公司和企业的事务，并扩大委员会的职责范围。最近颁布的法律更加关注证券交易委员会在发展和规范公司及资本市场方面的作用，以实现良好的公司治理，保护投资者，最大限度地促进产权和财富民主化。

证券交易委员会是菲律宾企业部门的注册管理者和监督者。它监督着超过 60 万家活跃的公司，并评估其注册的所有公司提交的财务报表。证券交易委员会还负责监管资本市场，这是菲律宾金融体系和经济的重要组成部分。

随着证券交易委员会监管的公司和其他形式的协会的数量不断增加，并且鉴于交易性质的复杂化以及资本市场不断变化的特征，SEC 必须逐步发挥其作为企业部门审慎的注册管理者和监管者以及资本市场独立监护人的关键作用。

为扩大证券交易委员会的职权而颁布的法律有 1976 年的 SEC 重组法案、1980 年的菲律宾公司法典（CCP）、2019 年 2 月 23 日生效的经修订的《公司法》（RCC），等等。

（三）发展历程

SEC 是根据第 83 号联邦法案或《证券法规》于 1936 年 10 月 26 日成立的，以维护投资者在股市中的利益。1936 年 11 月 11 日，SEC 在 Ricardo Nepomuceno 专员的领导下开始运营。它的主要功能包括证券登记，每项已登记证券的分析，财务状况评估以及发行证券的申请人的业务，筛选经纪人或交易商许可证的申请，以及对股票和债券经纪人以及证券交易所进行监督。该机构在日本占领期间被废除了，由菲律宾执行委员会取代。随着英联邦政府的恢复，SEC 于 1947 年重新启用。由于商业环境的变化，SEC 于 1975 年 9 月 29 日进行了重组，成为一个由 3 名专员组成的合议机构，并根据 PD 902 - A 法令被赋予准司法权。

1981 年，SEC 扩大到包括两名额外专员和两个部门，其中一个部门负责起诉和执行，另一个部门负责履行监管职能。2000 年 12 月 1 日，SEC 按照《证券法规》的要求再次进行了重组。

三 储蓄保险公司

菲律宾储蓄保险公司（PDIC）是菲律宾政府的职能部门之一，是菲律宾财政部的附属机构。它是遵循第 3591 号共和国法（经修正）创建的，目的是为所有银行的存款提供保险。PDIC 的存在是通过为存款公众提供存款保险来保护存款人，并帮助促进金融稳定。PDIC 的任务是完善强制性存款保险保障体系，以建立、维护对菲律宾银行系统的信心，并保护其免受非法破坏。

1963 年，PDIC 遵循第 3591 号共和国法（1963 年 6 月 22 日）创建。1964 年，PDIC 从普通基金中拨出 500 万比索为永久保险基金（PIF）提供资金。1969 年，PDIC 董事会批准了公司章程，以建立组织并重新定义每个部门的权力和职责。1978 年，PDIC 将每位存款人的最高存款保险额从 1 万比索提高到 1.5 万比索。1984 年，PDIC 对每位存款人的最高存款保险覆盖范围从 1.5 万比索提高到 4 万比索。1987 年，金融委员会于 11 月批准将 1981 年分配给 PDIC 的 6 家农村银行的清算责任交还给中央银行。1988 年，世界银行给出关于加强金融部门的报告，建议 PDIC 在银行的监督/检查以及处理不良银行方面发挥更大的作用。1989 年，建立流动资金池，以解决农村银行的临时流动资金需求，为农村银行系统的稳定做出贡献。根据流动资金池计划，农村银行提供一部分流动资金。这些资金被投资于高收益、无风险的政府证券，如果出现流动性问题，农村银行可以利用这些证券。此外，在需要更多资金的情况下，PDIC 需维持信贷额度不变。从 1989 年到 1993 年，PDIC 建立了 27 个流动资金池，由 429 个农村银行出资组成。1990 年，PDIC 推出农村金融机构增强计划（CFIEP），帮助农村银行减轻可转债的负担，以筹集资金。1992 年，最高存款保险额从 4 万比索提高到 10 万比索。1993 年，PDIC 首次行使职权终止了 25 家拖欠银行贷款的被保险人身份。1997 年，PDIC 首次对两家银行的存款记录进行了检查。1998 年，亚洲开发银行和世界银行分别为 PDIC 提供了技术援助赠款。2000 年，《一般银行法》（第 8791 号共和国法）废除了 PDIC 对银行进行独立审查的权限。2002 年，PDIC 成为国际存款保险业者协会（IADI）的创始成员。2005 年，PDIC 开始行使其恢复的审查权以及新的调查权。其间还通过公开招标成功进行了 PDIC 和菲律宾国家银行政府股份的大宗出售。2012 年，由于出口和工业银行（EIB）在全国拥有的 50 个分行倒闭，PDIC 面临着大银行倒闭的麻烦。在确定银行可以在符合某些条件的前提下进行修复后，PDIC 进行了银行修复工作。10 月 PDIC 进行了购买欧洲投资银行的资产和承担债务的公开招标，但由于未收到任何投标而宣布失败。2013 年，PDIC 和世界银行合作通过 PDIC 存款保险金融模型项目的技术援助，加强了对银行的监管和对存款人的保护。2019 年，为了帮助提高公众对菲律宾银行系统的信心，PDIC 于 2 月与 Kantar Philippines，Inc. 合作，进行了有史以来第一次全国范围的公众意识调查。该调查旨在评估公众对 PDIC 和存款保险的认识和看法。调查结果显示，有 15% 的受访者了解 PDIC 的核心职责。所得的基准数据将用于设计和实施高效且响应迅速的沟通计划和活动，以增强对存款人的保护并促进金融稳定。

四　全能型银行

（一）菲律宾金融银行

菲律宾金融银行（BDO Unibank）于 1968 年作为一家储蓄银行（Acme Savings Bank）成立。1976 年被 SY 集团收购后，更名为 Banco de Oro Savings and Mortgage Bank。截至 2016 年，该银行总资产为 489.8 亿美元，净利润为 9467 万美元。按照资产衡量，菲律宾金融银行是菲律宾最大的银行，同时也是菲律宾提供全方位服务的全能银行。它提供各种金融产品和服务，包括存款、贷款、外汇、信托和投资、经纪、信用卡、汇款和企业现金管理服务，并通过其当地子公司提供投资银行、私人银行、租赁和金融、农村银行、人寿保险、保险经纪和股票经纪服务。菲律宾金融银行拥有菲律宾国内最大的分销网络，拥有 1300 多个运营分支机构和 4000 多个 ATM。

菲律宾金融银行是 SM 集团的成员，SM 集团是菲律宾较大、较成功的企业集团之一，其业务涉及零售、购物中心运营、房地产开发（住宅、商业、度假村/酒店）和金融服务。菲律宾金融银行由一批具有专业知识的经理和银行从业者进行管理。此外，该银行拥有业内最强大的董事会，由金融、会计、法律和商业等各个领域具有丰富经验的专业人士组成。

菲律宾金融银行在决策和提供产品及服务等方面奉行可持续发展原则。将其可持续发展战略定位于联合国可持续发展目标上。根据菲律宾金融银行的可持续发展理念，其可持续发展战略涵盖产品、人力资本、灾难响应和治理等方面。

菲律宾金融银行的发展历程如下：

1967 年初次成立，被命名为 Acme 储蓄银行。

1976 年被 SM 集团并购。

1994 年获得商业银行执照（KB license），资产总值为 130 亿比索。

1996 年获得全能型银行执照（U/KB），资产总值为 360 亿比索。

2001 年和菲律宾 Dao Heng 银行合并，资产总值为 770 亿比索。

2002 年并购第一电子银行的银行业务部门，总资产为 1210 亿比索。

2003 年并购 Banco Santander Philippines，总资产为 1490 亿比索。

2005 年并购菲律宾 UOB 的银行业务分支，总资产为 2340 亿比索。

2007 年和 Equitable PCI 银行合并，并购菲律宾 Amex 储蓄银行，总资产为 6170 亿比索。

2008 年总资产为 8020 亿比索。

2009 年并购 GE 货币银行（GE Money Bank），总资产为 8620 亿比索。

2012 年并购村镇银行（Rural Bank）San Juan 的银行业务，总资产达 1.2 万亿比索。

2014 年并购花旗银行储蓄业务分支（Citibank Savings）和 DB Trust and Real Bank，总资产达 1.9 万亿比索。

2015 年并购“一网络银行”（One Network Bank，将其更名为 BDO 网络银行），总资产为 2 万亿比索。

2016 年对 Nomura Securities 进行风险投资；并购 Exclusive Franchise of Diners Club 公司；控股 Generali Pilipinas Life，将其更名为 BDO 人寿保险，总资产为 2.3 万亿比索。

2017 年总资产达 2.7 万亿比索。

2018 年总资产达 3 万亿比索。

2019 年计划并购 RB Pandi 银行的相关业务。

（二）首都银行及信托公司

首都银行及信托公司（Metropolitan Bank and Trust Company）是菲律宾首屈一指的金融机构。它在全球范围内提供各种银行产品和服务，其网络包括2300多台自动柜员机，950个本地分支机构，32个外国分支机构和代表处。首都银行及信托公司成立于1962年，一年后开设第一家分行。1970年，首都银行及信托公司在中国台北开设第一家国际分行，随后于1973年在中国香港设立代表处。同时，首都银行及信托公司是第一家在美国开设私人银行的菲律宾银行，并于1975年在关岛设立办事处。截至2016年，首都银行及信托公司总资产为1025.6亿美元，净利润为10.2亿美元。

首都银行及信托公司是一家领先的金融集团，拥有多元化的业务组合，包括投资银行、储蓄银行、租赁和融资、银行保险和信用卡等。该行为大型本地公司和跨国公司，为中间市场和中小型企业、高净值个人和零售部门提供全方位的银行服务。该行主要利润来源于金融服务、房地产开发、电力和制造业。

首都银行及信托公司由一群菲律宾商人在马尼拉的Binondo成立，主要是为菲律宾华人社区提供金融服务。它于1963年开设了第一家分支机构，然后在成立几年后便扩展到了菲律宾以外的地区。1975年，首都银行及信托公司在关岛开设了办事处，成为第一家进入美国领土的私人银行。后来，它在美国大陆城市洛杉矶和纽约建立了分支机构。

首都银行及信托公司于1979年成立了首都银行基金会（Metrobank Foundation Inc.），致力于为社区工作做出贡献。此后，该基金会发展成为亚洲最大、较受尊敬的慈善组织之一。

1981年，首都银行及信托公司在菲律宾证券交易所上市，并获得了通用银行牌照，从而获得了本地和国际子公司的大量股权。它于1986年成立了信用卡公司Unibancard Corporation（现为Metrobank Card Corporation）。1988年，首都银行及信托公司与日本最大的汽车制造商三井集团合资成立了丰田汽车菲律宾公司。10年后，它与另一家全球巨头安盛集团合作，诞生了菲律宾安盛人寿保险公司。

1995年，首都银行及信托公司成为第一家总资产达228亿比索的银行，以及该行业中规模最大的银行。它是第一家在海外筹集补充资本的本地银行，2003—2006年，其二级资本（Lower Tier 2 Capital）和混合核心资本（Hybrid Tier 1 Capital）的总额达到3.25亿美元。

首都银行及信托公司也一直在稳步向国际扩张。在20世纪90年代后期，首都银行及信托公司在伦敦、台中、东京和首尔开设了分行和办事处。首都银行及信托公司是首家获得日本财务省银行牌照的公司，也是韩国第一家菲律宾银行。2001年，首都银行及信托公司在中国上海开设了分行，成为中国第一家菲律宾银行。2010年，首都银行及信托公司成立了全资子公司首都银行（中国）有限公司，这是菲律宾首家在南京设立的外资银行总部。该银行是首都银行及信托公司在中国运营的基础，在南京、上海、常州、泉州和厦门设有9个分支机构。

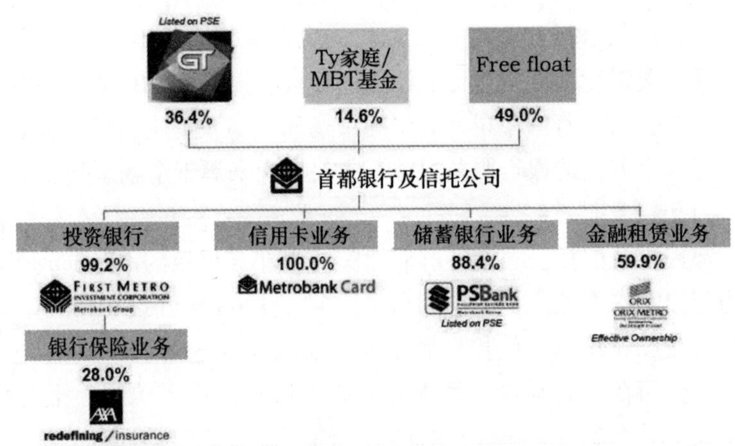

图9-6 菲律宾首都银行联合企业图谱及股权份额（更新至2019年3月31日）

资料来源：菲律宾首都银行及信托公司网站。

（三）菲律宾群岛银行

菲律宾群岛银行（Bank of the Philippine Islands）起初以当时的西班牙女王伊莎贝尔二世的名字命名，被称为El Banco Español Filipinode Isabel II。该行成立于1851年，是菲律宾和东南亚最古老的银行。它标志着菲律宾银行和金融业的开端。菲律宾群岛银行是一家全能型银行，在菲律宾、中国香港和欧洲拥有800多个分支机构，并拥有近3000个ATM和CDM（现金存款机）。该行与其子公司和分支机构一道，为零售和企业客户提供了广泛的金融产品和解决方案。菲律宾群岛银行的服务包括消费者银行、贷款、资产管理、保险、证券经纪和发行、外汇、租赁和投资银行等。2016 年，菲律宾群岛银行总资产为 329.1 亿美元，净利润为 4.2523 亿美元。

该银行是在菲律宾成立的第一家银行，标志着菲律宾银行和金融业发展的开端。该银行在菲律宾早期的经济历史中发挥了独特的作用，实际上履行了许多职能，使其成为菲律宾的“中央银行”，这些职能包括向国家财政部提供信贷以及以自己的名义印刷和发行货币。

在 1898 年的美西战争之后，该银行根据美国联邦政府 1863 年和 1864 年《国家银行法》进行了重组，并从根本上进行了私有化。该银行于 1912 年 1 月 1 日采用了目前的名称。

在 20 世纪 80 年代初期，菲律宾中央银行货币委员会允许菲律宾群岛银行发展成为多元化的全能型银行，除了传统意义上商业银行的业务之外，还可以提供投资和消费银行服务。

（四）菲律宾土地银行

菲律宾土地银行（Land Bank of the Philippines）被认为是菲律宾农村地区较大的正规信贷机构。按照资产、贷款和存款规模衡量，它是菲律宾较大的商业银行之一。菲律宾土地银行成立于 1963 年，旨在为农民和渔民提供商业银行业务。它拥有一个强大的农村分支网络，该网络由 365 个分支机构和 1600 多台自动柜员机组成。截至 2016 年，菲律宾土地银行总资产为 308.3 亿美元。

（五）菲律宾国家银行

菲律宾政府在 1916 年成立菲律宾国家银行（Philippine National Bank），该银行在 2007 年被私有化。菲律宾国家银行被认为是菲律宾较大的私人全能型银行之一。它提供全方位的银行和金融产品，并与菲律宾政府机构、地方政府单位以及政府所有控股公司进行合作。截至 2016 年，菲律宾国家银行资产总额为 143.7 亿美元，净利润为 1.3716 亿美元。

2016 年 7 月，菲律宾国家银行为许多菲律宾人提供稳定和安全的金融服务。菲律宾国家银行的主要商业银行业务包括存款、贷款、票据贴现、贸易融资、外汇交易、资金转账、汇款服务、资产管理、各种零售银行和信托服务等。该行还通过其子公司和分支机构从事储蓄银行业务。菲律宾国家银行也在国际上提供全面的金融服务，例如在美国、加拿大和中国香港提供的汇款服务、投资银行服务、人寿和非人寿保险服务、股票经纪服务、租赁服务等。2019年上半年，菲律宾国家银行报告其合并资产总额增长24%，达到1.09万亿比索，比上年同期增加2110亿比索。2019年第一期的净收入达到39亿比索。迄今为止，该银行在全国范围内共有712家分支机构和1500多个自动取款机。菲律宾国家银行在国际上拥有广泛的覆盖范围，在亚洲、欧洲、中东和北美拥有70多个海外分支机构、代表处、汇款中心和子公司。

1. 早期的发展

菲律宾国家银行于1916年7月22日成为政府所有的银行机构，总部位于马尼拉埃斯科塔，美国人H. Parker Willis是该行第一任主席。它的主要任务是为菲律宾的工农业提供金融服务，并支持政府的经济发展政策。后来第一次世界大战对菲律宾的主要出口产品产生了巨大需求，这些出口产品包括糖、椰干、椰子油、马尼拉大麻和烟草。然而，由于当时获得信贷的机会受限，因此没有足够的资金来生产这些抢手作物。为了解决这个问题，亨德森·马丁（Henderson Martin）与米格尔·夸德诺（Miguel Cuaderno）（后来成为中央银行行长）起草了菲律宾国家银行章程。

随着菲律宾国家银行的成立，菲律宾建立起了自己的银行。菲律宾国家银行被授权向农业和工业提供短期和长期贷款。然后，菲律宾农民可以利用年利率8%—10%的贷款。菲律宾国家银行还被授权接收存款、外国信贷和再贴现票据。它还具有发行流通券的特殊权力。因此，直到1949年，菲律宾国家银行一直充当着菲律宾事实上的中央银行。

1916年7月24日，菲律宾国家银行在伊洛伊洛省（Iloilo）成立了第一家分支机构。

1917年，菲律宾国家银行开设纽约分行，标志着其业务进入国际银行领域。次年，它在中国上海建立了五个分支机构。

菲律宾国家银行于1942年1月暂时停止运营，但在日本当局的监督下于同年2月重新运营。第二次世界大战后，菲律宾国家银行立即收购资产并承担了国库银行部门的债务。

随着1949年中央银行的成立，菲律宾国家银行不再担当货币发行人、保管银行存款、存放政府资金和银行体系结算所的角色。

1955年，菲律宾国家银行被授权以拥有股份和发行债券的权力的投资银行形式运营。

1963年，菲律宾国家银行成立了国家投资与发展公司，主要从事企业的长期股权融资业务。菲律宾国家银行于1966年转移到新的总部，并在整个远东地区启动了第一个在线电子数据处理系统。

1967—1979年，菲律宾国家银行继续通过在伦敦、新加坡、雅加达、檀香山和阿姆斯特丹开设办事处来扩大业务。在国内，它开设了14个省级分支机构。也是在此期间，世界银行启动了美元汇款计划。

1980年，菲律宾国家银行成为菲律宾第一家全能型银行。菲律宾国家银行在80年代中期遇到了运营困难，并在1986年得到政府的协助。

2. 私有化阶段

菲律宾国家银行的私有化始于其30%的股票的公开发行，其股票于1989年在证券交易所上市。1992年，菲律宾国家银行成为菲律宾第一家资产达到1000亿比索的菲律宾银行。同样在1992年，该行第二次公开发行股票以继续其私有化。菲律宾国家银行的总部于1995年迁至位于帕赛市的金融中心。1996年，菲律宾证券交易委员会（Securities and Exchange Commission）批准了菲律宾国家银行的新公司章程和细则，并将菲律宾国家银行由政府控制变为私人控制，政府控股权降至46%。

3. 现阶段——新的开始

1999年，由Lucio C. Tan领导的一群新的私人股东收购了菲律宾国家银行大约35%的已发行股本。2000年初，Lucio C. Tan集团将其在银行的股份增加到69.32%，并在不到一年的时间内注入了近200亿比索的新资本。这样做是为了强调新股东对改善银行财务状况的承诺，当时菲律宾国家银行由于资产质量差而导致经营亏损。2000年下半年，菲律宾国家银行遭受了流动性危机，中央政府通过实施资本重组和注入250亿比索的流动性援助，为其提供了支持。2002年5月，政府和代表私人股东集团的Lucio C. Tan集团签署了协议备忘录（MOA），其中体现了有助于扭转该行运营局面的条款，包括通过将政府在该行的股份从16.58%增加到44.98%，从而将集团的份额从68%减少到44.98%，以解决政府的流动性援助问题。同时，菲律宾国家银行实施了一项为期5年的复兴计划。2005年8月，作为私有化计划的一部分，政府通过拍卖出售了其在菲律宾国家银行5%的股份（拍卖前政府的股份为32.4%）。以Lucio C. Tan集团为代表的私人股东行使了优先购买权，将政府的股份减少至12.5%，并将该集团所占股份提高至77.43%。2007年6月，菲律宾国家银行向菲律宾储蓄保险公司（PDIC）偿还其

61 亿比索的贷款，比贷款到期日提前了 4 年多，偿还贷款表明银行的财务状况已经得到恢复。2007 年 8 月，该银行完成其第一层后续股票发行，筹集了约 50 亿比索的第一层资本。菲律宾政府通过菲律宾储蓄保险公司（PDIC）和 DOF 将该行 7180 万普通股出售给公众，从而使政府完全退出了菲律宾国家银行。自康复计划启动以来，菲律宾国家银行超出原计划目标完成了任务。虽然该计划要求从 2005 年开始盈利，但该银行早在 2003 年就已盈利。在 4 年内，菲律宾国家银行的净收入从 2003 年的 5200 万比索增加到 2006 年的 8.2 亿比索，增长了约 15 倍。通过成功退出政府的康复计划和强劲的收入表现，菲律宾国家银行展示了其在减少不良资产、加强核心业务和提高盈利能力原则基础上保持竞争力的能力。菲律宾国家银行仍然是菲律宾较大的银行之一，拥有众多竞争性银行产品，可以满足包括 200 万以上存款人在内的庞大客户的多样化需求。菲律宾国家银行在美国、加拿大、伦敦、法国、意大利、中国香港、日本、新加坡和中东国家的汇款中心保持着在海外汇款业务中的领导地位。菲律宾国家银行通过其子公司从事多种金融及相关业务，例如汇款服务、投资银行、非寿险、股票经纪、租赁和融资以及外汇交易，还通过其附属机构从事其他服务，例如人寿保险服务。

（六）菲律宾安全银行

菲律宾安全银行（Security Bank）成立于 1951 年，是第二次世界大战后第一家菲律宾私营银行。它为零售、商业和金融等行业提供全方位的产品和解决方案。1995 年，菲律宾安全银行在菲律宾证券交易所上市。截至 2016 年，菲律宾安全银行总资产为 26.8 亿美元，净利润为 1.633 亿美元。菲律宾安全银行在财务管理专业知识方面的历史悠久，就资产、存款、资本和股本回报率而言，该银行始终是菲律宾十大私人银行之一。

1. 早期发展

20 世纪 50 年代末，菲律宾安全银行在马尼拉各地进行分支机构扩张，在首都的分支机构比任何其他同业银行都要多。

60 年代，菲律宾安全银行在邦板牙（Pampanga）的首家省级分行的开业标志着该银行扩大了在全国范围内的经营。在这 10 年中，它在维萨亚（Visaya）群岛和棉兰老岛的各个地区都设立了分支机构。

70 年代，菲律宾安全银行通过推出菲律宾第一家信用卡专营店 Diners

Club，成为菲律宾信用卡产品和服务创新的领头羊。该银行还向市场推出了创新的信托产品和服务，这些产品和服务是前信托计划（Pre-need）和共同信托计划的先驱。

1991 年，由弗雷德里克·Y. 戴（Frederick Y. Dy）领导的新的多数股东控制了菲律宾安全银行及其信托公司，为银行确定了新的发展方向。

1994 年，该银行获得了全能型银行的经营许可。1995 年，安全银行在菲律宾证券交易所（PSE：SECB）公开上市，以 1.5 比索的价格首次公开募股（IPO）发行。

2. 成长阶段

菲律宾安全银行已经发展成为菲律宾领先的全能型银行之一，为各种客户提供金融服务。其主要业务包括零售、商业和公司银行业务等。为了满足客户的需求，该行还提供广泛的服务，如融资和租赁、外汇经纪、股票经纪、投资银行和资产管理等，这些都得到了其专业分支机构的支持。该行子公司和关联公司包括 SB Cards Corporation、SB Capital Investment Corporation 及其子公司 SB Equities Inc. 和 SB Rental Corporation、SB Forex Inc.、安全土地公司、与日本丸红株式会社和 Security Bank Savings 的合资公司 SBM Leasing Inc. 等。该行的 39 个分支机构已被合并到母公司 Security Bank 的分支网络中。这些分支机构现在向该行的批发和零售客户提供完整的全能型银行产品。2015 年 2 月，菲律宾安全银行与 FWD Life 合作推出了 Bancassurance 产品，增强了其金融服务产品的稳定性。

（七）菲律宾发展银行

菲律宾发展银行（Development Bank of the Philippines）是菲律宾第二大国有银行，也是较大的政府控股公司之一。菲律宾发展银行在四个主要领域提供融资服务，即基础设施、物流、中小企业、社会服务。截至 2016 年，菲律宾发展银行总资产为 102.7 亿美元，净利润为 8106 万美元。

复兴金融公司（Rehabilitation Finance Corporation），即菲律宾发展银行的前身，在成立之初，就负责为战后恢复提供资金，它一直坚定不移地致力于支持政府的各种发展计划，作为菲律宾首要的发展融资机构，它的发展重点是支持基础设施建设，支持旨在为优先部门的增长奠定基础的项目，包括运输和物流项目、环境工程项目、社会服务和社区发展项目以及中小型企业发展项目。菲律宾发展银行加快将贷款流向公共部门如地方政府部门、水利和电力合作社等的步伐。

菲律宾发展银行的历史可以追溯到英联邦时期，当时政府为发展融资建立了早期的基础设施。1935 年，成立了国家贷款和投资委员会 (NLIB)，以协调和管理政府信托基金，例如邮政储蓄基金和教师退休基金。1939 年吸收国家贷款和投资委员会职能的农业和工业银行 (AIB) 成立，并开始利用政府资源开展业务直到战争爆发。1947 年，政府建立了复兴金融公司 (RFC)，并购接管了农业和工业银行的职能。复兴金融公司为农业、商业和工业的发展以及战后重建提供了信贷便利。1958 年复兴金融公司被重组为菲律宾发展银行。公司名称的更改标志着从战后经济恢复到更广泛活动的转变。菲律宾发展银行获得政府认购的 5 亿比索的初始资金，扩大了其设施和运营范围，加快了国家发展的步伐，推动其分支机构网络在全国范围内的建立。菲律宾发展银行充分利用外国和本地资金，以补充其资本来源，信用直接从国际金融机构获得。菲律宾发展银行在资本形成、创造就业机会和增加收入方面为经济发展起到了巨大作用，尤其是在农村地区。然而，在 20 世纪 70 年代末 80 年代初，由于一段时期的经济困难，越来越多的不良资产削弱了菲律宾发展银行的生存能力。1986 年总统科拉松·阿基诺的第 81 号法案规定修订 1986 年宪章，该宪章要求清理菲律宾发展银行的账簿，对银行进行重组并注入初始运营预算。该措施恢复了菲律宾发展银行的财务活力以及贷款业务。随着 1986 年 6 月 30 日不良资产和负债转移给菲律宾政府，菲律宾发展银行实施了一项体制加强计划，其中包括彻底修改信贷程序和实施新的贷款重点计划，同时为住房、农业和中小型工业重新开放了贷款窗口。1995 年菲律宾发展银行获得了扩大的银行业执照，并获得了全能型银行业执照。1998 年总统菲德尔·拉莫斯 (Fidel V. Ramos) 签署 R. A. 8523 法令，修改了菲律宾发展银行 1986 年宪章。在新的宪章中纳入的主要规定包括将法定资本存量从 50 亿比索增加到 350 亿比索，以及设立总裁和首席执行官一职。这些为其开展其他活动铺平了道路，使菲律宾发展银行能够更有意义地履行其发展任务。当前，菲律宾发展银行加强了其作为菲律宾基础设施银行的发展重点。该银行通过资助具有经济竞争力的项目来刺激国民经济的增长。菲律宾发展银行着眼于对每个菲律宾人的福祉产生最大和最直接影响的行业，率先推动相关基础设施建设项目的落地，包括公路和高速公路建设、电力和水的生产与分配、学校和医院建设等。

（八）其他全能型银行

菲律宾联合银行（Union Bank of the Philippines）是菲律宾第一家推出网上银行业务的银行。它还推出了菲律宾第一个电子储蓄账户——EON 网络账户，这标志着电子支票的开始。菲律宾联合银行在线服务可通过多种渠道进行交易和访问，包括全国的分支机构网络，现场和非现场自动柜员机，网上银行和呼叫中心。它还为菲律宾本地和跨国公司提供现金管理服务。

菲律宾中华银行（Rizal Commercial Banking Corporation，RCBC）成立于 1960 年，它是菲律宾较大的全能型银行之一，也是一家开发银行，由菲律宾中央银行授权进行商业和投资银行业务。它通过 448 个分支机构和全国 1100 多台自动柜员机为 650 多万客户提供各种服务。它还管理着处在 24 个国家的汇款办事处和合作办公室。2016 年，菲律宾中华银行总资产为 99.5 亿美元，净利润为 7384 万美元。

作为一家多元化的金融服务机构，菲律宾中华银行通过最合适的工具为企业和个人提供金融服务，以创新的产品为其选定的市场提供服务。2009 年，该行开始涉足小额信贷业务，通过 Rizal Microbank 为小企业家提供服务。菲律宾中华银行由 Yuchengco 集团公司（YGC）控股，后者是东南亚历史悠久、规模较大的企业集团之一，涵盖 60 多项业务。该银行的其他重要投资者包括国际金融公司和国泰人寿保险股份有限公司，后者是中国台湾最大的上市控股公司国泰金融控股有限公司的全资子公司。为了应对不断增长的数字消费，菲律宾中华银行不断创新其产品和服务，以适应数字经济下不断变化的消费者需求。菲律宾中华银行在金融和非金融交易中为客户提供诸多金融服务，例如现金和支票存款、现金提取、支票兑现、账单支付、资金转账等。

第四节　菲律宾金融市场体系

菲律宾的金融市场是由货币市场、资本市场和外汇市场构成的。其中货币市场最为发达，而且是东南亚地区最为复杂的。为了便于讨论，这里将国家外汇和境外银行系统外汇交易的分析划入外汇市场一节。但严格地说，这类交易应属于另一类不同的市场，即实质上属于如同新加坡亚洲美元市场或欧洲美元市场那样一种国际货币和资本市场。

一 货币市场

在菲律宾的金融市场上最为发达的就是货币市场，而且菲律宾的货币市场情况也是东盟地区最为复杂的。同业银行通知贷款市场以及商业票据市场是菲律宾货币市场上两个较为重要的次级市场，这两个市场也是紧密联系在一起的。

（一）同业银行通知贷款市场

在工业银行通知贷款市场上，银行和准银行对每天的储备头寸进行调整，并不求助于中央银行，而是于前一个晚上进行直接的借贷交易。此外，菲律宾银行家协会为方便管理会员银行之间的贷款交易，发布了一系列新的规章制度，但由于当时国际收支长期处于逆差状态外加菲律宾当局采取紧缩性的政策，商业银行遭遇了准备金不足等难题。之后，同业银行利率波动明显，外加一些银行出于自我利益的考虑，开始在市场上频繁地买卖，这又进一步迫使利率上升。

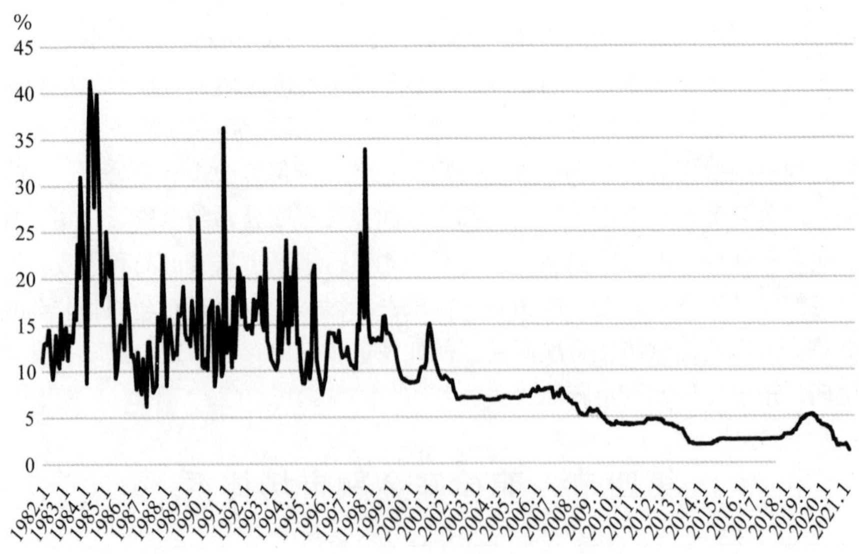

图 9－7　菲律宾银行间同业拆借利率

资料来源：Wind 数据库。

从图 9－7 可以看出，自 1997 年东南亚金融危机以后，整个菲律宾银行间同业拆借的利率开始逐步下降，近几年则保持着相对的平稳状态。

（二）商业票据市场

商业票据市场由 1965 年公司间借贷市场发展而来。从图 9－8 可以看出，菲律宾国内银行平均贷款利率呈逐渐下降状态，在最近几年里趋于平稳，这给那些资金缺乏的公司提供了良好的借贷机会。在一些投资公司的鼓动下，一部分公司借款人开始将自己的商业票据贷入市场，同时，为了满足一些小型或者短期投资者的需求，商业票据市场采用了参与凭证和回购协议这两种新的方式，这也使得投资者能够方便、快捷地参与该市场的交易。

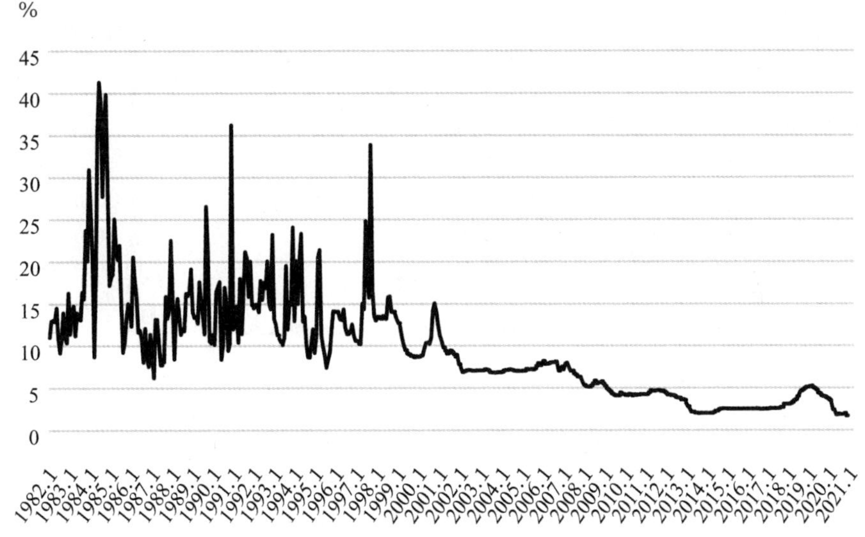

图 9－8　菲律宾国内银行平均贷款利率（%）

资料来源：菲律宾央行网站。

二　资本市场

早在 20 世纪 20 年代中期，菲律宾的资本市场就已经成立了。1927 年成立的菲律宾股票交易所是东南亚历史上十分悠久的交易所之一。目前，菲律宾股票交易所拥有两个交易大厅。一个总部位于马卡蒂市的中央商务区，另一个是在奥提加斯中心帕西格市的菲律宾证交所。菲律宾股票交易所的董事会由 15 人组成，由 Jose T. Pardo 领导。菲律宾股票交易所的主要指数包括 PSE 综合指数或 PSEI，该指数是由 30 家上市公司的股票价格组成的。2010 年 7 月 26 日，菲律宾股票交易所推出新的交易系统 PSE Trade，用它取代 Mak Trade 系统。该系统是从纽约股票交易所买来的。菲律宾股票交易所拥有 8 个组成指数：菲律宾股票交易所所有股指数、菲律宾股票交易所综合指数、菲律宾股票交易所金融行业指数、菲律宾股票交易所控股企业指数、菲律宾股票交易所工业指数、菲律宾股票交易所采矿和石油指数、菲律宾股票交易所性能指数和菲律宾股票交易所服务指数。当前随着商业银行业务的扩展，股票市场的承销达到较为可观的数量。

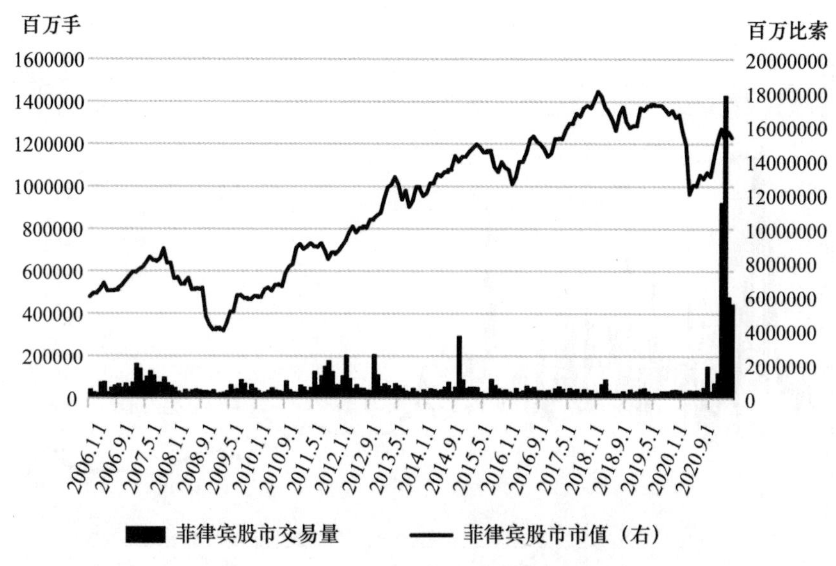

图 9－9 菲律宾股票市场市值与交易量

资料来源：菲律宾央行网站。

图 9－9 显示，菲律宾股票市场正在逐步发展中，同时世界证券交易所联合会报告显示，2012 年，菲律宾股票成交手数增长率排名较为靠前。此外，菲律宾证券交易指数表现良好，在亚洲仅排在泰国之后。据菲律宾央行公布，2017 年菲律宾股票市值达到 175831.19 亿比索，创历史新高，同时股票交易较前几年也相对稳定，2017 年达到 218.11 亿手。

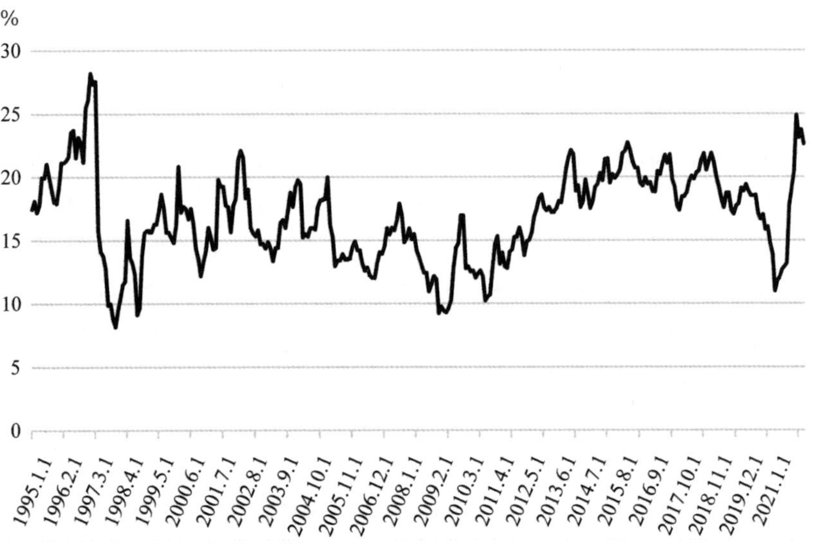

图 9-10 菲律宾股市市盈率（%）

资料来源：菲律宾央行网站。

三 外汇市场

虽然目前菲律宾官方宣称采用自由浮动的汇率制度，但实际上采取的是比索盯住美元的汇率制度。当汇率出现大幅波动时，菲律宾中央银行（BSP）会采取一定的措施进行适当干预。菲律宾中央银行在外汇市场上的作用主要是保证外汇市场的正常有序运行，结合汇率市场现状，政府逐步将汇率向外向型和市场主导型方向改革，以保证货币价格稳定，避免汇率风险。

菲律宾银行家协会通过菲律宾交易系统在各大商业银行和菲律宾中央银行之间进行比索和美元汇兑服务。而大多数的交易系统成员参与比索与美元交易所使用的电子平台名称为菲律宾交易和交流公司（pdex）。该公司通过此交易允许瞬时传输价格信息和交易确认。与此同时，如果银行不同意，可以通过路透社处理屏幕继续处理比索美元现货交易。银行间交易是在交易系统成员之间进行的，这些银行和央行也可以通过交易经纪人进行业务往来。目前，菲律宾外汇经纪人主要有塔利特邦菲律宾公司、传统金融服务菲律宾公司和 ICAP 菲律宾公司等，大多数商业银行使用路透社的平台与彭博金融服务。美元和比索的交易在付款结算时利用的是当地银行间即期和远期外汇市场的电子系统（PVP）。PVP 是实时全额结算系统，连接着菲律宾央行的菲律宾支付与结算系统（Philpass）和菲律宾国内美元转移系统（PDDTs）。该系统允许在线、实时全额结算，实现国内银行间美元转移和第三方账户到账户的美元转移。此外，该系统也为外汇交易网上查询和解决提供了一个便捷设施，即为美国的 PDDTs 参与者提供银行间美元和单一比索汇兑服务。当下菲律宾结算公司主要有菲律宾证券结算公司（PSSC）、花旗银行等。

尽管实行严格的外汇管制，然而菲律宾还存在着一个外汇“灰”市场。居民可在该市场上出售合法持有的外币存款，兑换比索。值得注意的是这些外币存款均可合法地调往国外。

四 衍生工具市场

居民可在境外发行、购买不涉及本币的外汇衍生品合约。除经菲律宾中央银行批准注册的外汇投资项目外，非居民不得在境内购买涉及远期购汇的衍生品。禁止非居民信托部门投资信托基金和中央银行特别存款账户基金。

第五节 菲律宾金融体制

菲律宾的金融制度体系基本上是按照美国模式建立起来的，相较于大多数东南亚国家而言较为先进和完善，金融体系以混业经营的全能商业银行为中心，但其金融业发展速度远远低于预期。金融市场虽具备较为完善的制度，但其发展规模和层次较低。

一 银行体制

（一）银行设置方式

混业经营的全能商业银行是银行业的核心。菲律宾央行于 1980 年 3 月推行金融改革，在随后的 30 多年中，全能商业银行的业务范围逐步扩大。目前全能商业银行可以从事商业银行业务、投资银行业务、信托业务、租赁业务、保险业务等。菲律宾的全能商业银行历经数十年的发展，成为可从事各类业务的综合性金融服务集团。

混业经营提高了菲律宾证券市场的竞争程度。金融改革的主要目的之一是增加证券市场的竞争程度，从而活跃长期资本市场。2018 年底，菲律宾投资行协会登记在册的投资银行包含直接参与投资银行业务的全能银行和从事投行业务的全能银行子公司。这表明在全能银行中，也有多家银行参与投资银行的业务。绝大多数全能银行的投资银行子公司是菲律宾证券市场上的主要参与者。

为促进菲律宾本地银行与外资银行之间的相互渗透及融资合并。菲律宾政府进一步扩大外资银行准入，促使本国银行完善经营管理制度。同时更加开放的政策也有利于增强外国投资者的信心，从而吸引更多的外资进入。菲律宾从 1992 年开始逐步加快金融业开放速度，允许 10 家外资银行开设有权进行整体服务性经营的外资分行。一方面，制度性因素是银行准入问题背后的主要原因，由于菲律宾股份制缺乏较为实质的内容，因此政府只能通过持有部分银行的股权进而干预银行业务。另一方面，大部分银行的主要股权集中掌握在少数家族中。

在世界性金融危机后，尤其是自 2009 年起，菲律宾对银行系统做出改革，提高同行业间的重组合并和放宽贷款条件以满足政府优先发展项目之需。截至 2009 年 3 月底，菲律宾银行机构（包含总部）从 2008 年的 845 个下降到 811 个。菲律宾银行机构（总部）主要包括 38 个商业银行，76 个储蓄银行（TBS）以及 697 个农村银行（RBS）。同时，经营网络（包括分行机构）从 2008 年同期的 6787 个增加至 7743 个，主要反映了银行机构数量因改革而减少，但随着不断拓宽经营网络，资本经营的规模竞争力提高了。

（二）银行组成结构

菲律宾的银行业主要由三部分组成——全能商业银行（Universal and Commercial Banks）、存款银行（Thrift Bank）和农村合作银行（Rural and Cooperative Banks）。

菲律宾前十大全能商业银行资产总额占所有银行资产总额约 80%，直接反映出菲律宾银行资产额集中度较高（见图 9 - 11）。尽管菲律宾境内小型银行所占资产份额不高，但由于小型银行的数量众多，因此其竞争十分激烈。同时大型全能商业银行集团在经营业务上高度相似外加受市场容量的限制，所以全能商业银行之间竞争的激烈程度不亚于小型银行间的竞争。菲律宾的商业银行系统主要包括全能银行和商业银行两大类，这两大类银行的机构数量占整个银行体系的 48. 21%，其吸纳的资金总额占到菲律宾整个银行体系的 88%。

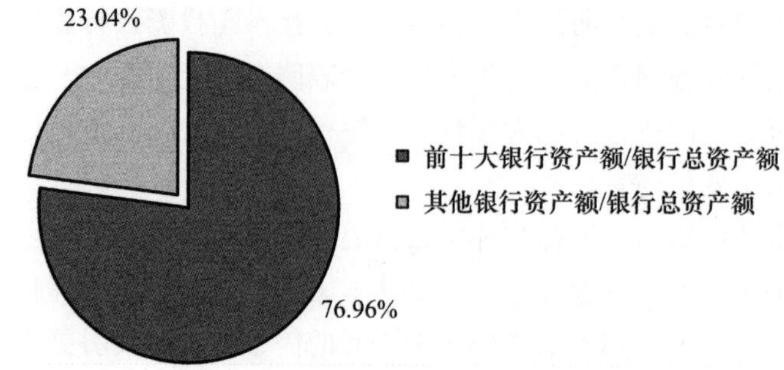

图 9－11 2015 年菲律宾前十大银行资产比重（%）

资料来源：菲律宾中央银行网站。

表 9－3 **2015 年菲律宾十大全能商业银行**

银行名称	所在地	总资产（百万美元）
BDO Unibank Inc.	Metropolitan Manila	43066
Metropolitan Bank & Trust Company	Metromanila	37330
Bank of The Philippine Islands	Makati-Metromanila	32149
Land Bank of the Philippines	Manila	25408
Philippine National Bank	Metromanila	14411
Security Bank Corporation	Makaticity-Manila	11284
China Banking Corporation—Chinabank	Manila	11170
Rizal Commercial Banking Corp.	Metromanila	10941
Union Bank of the Philippines	Makati City	9364
Equitable PCI Bank Inc.	Manila	7025

资料来源：世界银行网站。

（三）职能划分

菲律宾国有银行历经几次改革之后逐步成为专门的政策型银行。而菲律宾土地银行和发展银行仅能依靠政府部门的存款运营资金，无法从大众手中获取存款。尽管菲律宾国有银行资产额在 2015 年的占比已下降至 12.35%，但其政策性业务在经济社会中仍然具有十分重要的意义。

菲律宾央行（BPS）为主要监管者，负责发布对其他银行监管的政策指引。其相关监管机构包括证券交易委员会、保险业委员会和菲律宾存款保险公司。

全能商业银行不仅保留了传统商业银行的功能，同时也被允许从事证券公司的经纪业务或投资银行业务。全能商业银行是菲律宾国内规模最大、资源最充足的金融机构，能够提供最全面的银行金融服务。

存款银行也称储蓄银行、平民银行，主要包括存贷银行、股票储蓄贷款机构和微型存款银行。存款银行可获取公共存款从而进行投资活动，同时也可为国内的商业系统或个人，尤其是为政府鼓励的市场提供短期流动性帮助和中长期融资服务等。

农村合作银行主要是向农村商业体系中的个人提供金融服务，从而提升和扩展农村商业。由于菲律宾没有全国性的身份认证系统，因此菲律宾居民也不具备个人信用记录。而农村合作银行采用村民互保、实地调查等较为原始的方式对农村居民进行调查，在此基础上建立地方性的信用系统。

土地银行则向农业、工业、建房类及其他生产类型的企业提供贷款。土地银行向农民合作社和农民协会发放贷款可以促进农业的发展，并改善以农业为生的居民的生活质量。建立土地银行的主要目的是满足农民和渔民的需要。尽管它提供了全能银行服务，但官方仍将它归类为持有全能银行执照的专业化的政府银行。

二 货币发行体制

（一）货币发行原则

菲律宾中央银行（BSP）拥有发行国家货币的独家权力和权威。菲律宾中央银行的纸币和硬币是根据其资产发行的，金额不超过其资产。菲律宾中央银行发行的所有纸币和硬币均由政府提供全面担保，并被视为所有私人和公共债务的法定货币。

（二）货币发行制度演变

在20世纪70年代中期以前，菲律宾实行的是严格管制的货币政策，货币发行速度慢，国内信贷紧缩，利率受到限制，汇率受到管制，其波动不是很大。在70年代中期以后，货币政策开始松动。80年代初，重大的金融改革开始实施。1980年8月，菲律宾取消了两年以上定期储蓄利率的最高限额；1981年底，菲律宾进一步取消银行活期存款、定期存款利率的最高限额。此时其国内相当一部分信贷仍未按市场条件进行配置，而是由公共部门金融机构进行分配。尽管如此，菲律宾国内信贷的规模、货币发行速度、利率水平都大为提高。然而，当时世界经济的不景气严重影响了菲律宾经济，1983 年 10 月，菲律宾国内出现外汇危机，财政赤字扩大，1984 年通货膨胀率达到 50%。与此同时，国内信贷以年均 25% 的速度增长，1983 年达到 30%。当时货币政策的宽松加剧了这种不稳定状况。1980—1983 年，存贷利率几乎没有受到管制，使得实际利率得以主动调整。与 70 年代实际利率为负相比，金融市场价格扭曲在很大程度上得到纠正，这促进了金融储蓄货币化程度的提高。

1995 年前，菲律宾中央银行（BSP）使用货币总量目标导向的方法确定货币政策，即假设货币、产出、通胀之间存在稳定、可预测的关系。这就意味着菲律宾央行能够决定货币供应量，从而保证经济增长，但菲律宾央行对通货膨胀缺乏控制力。

1995 年后，菲律宾央行更强调保证物价水平的稳定，而非单独依靠控制货币供应量。此外，货币当局也注意到了货币政策目标中的陷阱，例如无法判断货币政策在作用于经济时其效果所存在的较长且多变的时滞问题。

2000 年 1 月，菲律宾央行货币政策制定主体——货币政策委员会将控制通胀率的变化作为货币政策框架原则，将保持物价水平稳定作为货币政策目标。具体操作是，菲律宾中央银行公布一个固定的通货膨胀率，将其作为目标，并保证在规定时间内达到。这一通货膨胀目标制的货币政策框架自 2002 年 1 月起正式执行。

三　借贷资本管理体制

（一）贷款结构

为了重整金融产业，进一步加强关于银行方面的监管，菲律宾央行按照国际标准对银行贷款分类、准备金制度、贷款的来源、贷款抵押等政策进行了修订。从 1998 年底开始，菲律宾逐步实施了一系列金融改革措施，以优化银行监督管理机制并提高金融系统的抗风险能力。按国际标准，菲律宾银行实施改革的一揽子措施主要有：（1）从 1998 年底至 2000 年底，根据银行的不同类型，将银行最低资本额度提高 20% 至 60%；（2）由 1998 年 10 月 1 日银行强制性坏账储备占贷款总额的 1% 增至 1999 年 4 月的 1.5%，再增至 1999 年 10 月 1 日的 2%；（3）定期监督与检查银行及其分行、联营行的运营情况；（4）增加银行经营的透明度；（5）要求各银行按市场情况，标出银行内部有价证券的交易情况。

（二）借贷资本效率

在基本制度上，菲律宾混业经营的全能银行体系模仿了美国现有的金融安排。但与美国全能银行主要以投行业务的收入维系不同的是，菲律宾混业经营的全能银行还是以传统商业银行业务为主，其收入来源主要依靠利息。换言之，菲律宾全能银行仅发挥了商业银行的功能，为实体经济提供信贷支持，在业务网络方面仍有较大的拓展空间。

（三）借贷资本监管

为防止各类危机的发生，菲律宾央行在 1997 年 6 月正式发布通告，银行对不动产部门的贷款不得超过银行总贷款及其有价证券总额的 20%，该政策不包含用于改善居民住房的 350 万比索的贷款。除此之外，新央行明确表示商业银行用于不动产抵押贷款不得超过已估价不动产价值的 60%（沈红芳，1999）。

四 利率管理体制

菲律宾从 1980 年开始逐步对利率市场化做出改革，1981—1985 年首先实施利率市场化。在长期贷款利率先行放开之后，菲律宾又进一步放宽了短期利率，最终形成完全市场化的利率制度。

（一）利率管理方式

菲律宾中央银行提供长期流动性（贷款和存款）窗口，以提供或鼓励对手方的主动性。在政策利率［新利率走廊（IRC）结构下的隔夜利率］附近设定 ±50 个基点（bps）。

隔夜拆借利率的设置反映了货币政策的立场，并成为菲律宾中央银行的主要货币政策工具。每天使用固定利率和全额分配方式将隔夜拆借利率设施提供给有资质的交易对手，其中个别投标者根据其投标规模获得总投标金额的一部分。

（二）利率管理政策

2018 年，面对国内资本的不断外流、本币持续贬值以及无法降低的通货膨胀率，菲律宾央行不得不采取提高政策性利率的措施，分三次将隔夜回购利率从 3.0% 调升至 4.0%。

（三）利率管理制度

隔夜正逆回购利率即基准政策利率调整与否及调整幅度由菲律宾货币

政策咨询委员会（The Advisory Committee）讨论研究并提供建议，最终由货币委员会（The Monetary Board）决定。

菲律宾中央银行在 2016 年 6 月正式采用利率走廊（IRC）制度作为货币业务的框架。IRC 是一个指导短期市场利率的系统，即菲律宾中央银行政策利率，它包括中央银行贷给银行的利率（通常是隔夜贷款利率）和存款利率。

五 外汇管理体制

（一）外汇管理制度框架

在亚洲金融危机爆发之前，菲律宾政府长期实行有管理的浮动汇率制度，但实际上是与美元挂钩，形成一种盯住美元的汇率制度。在该汇率制度下，外资的过度流入导致了菲律宾国内的通货膨胀效应，进一步致使国内经济不稳定。在盯住美元的汇率制度下为保证比索对美元汇率的稳定，比索币值长期处于被高估状态。

当下菲律宾的外汇管理制度框架如下：

外汇管理部门：菲律宾中央银行是菲律宾的外汇管理部门，负责设定汇率制度并监督、干预外汇市场，基于现有法律框架及中央银行货币委员会政策履行外汇管理职责。

主要法规有《共和国法》（1993 年）、《外汇交易条例手册》和《菲律宾中央银行外汇管理修正案》（第 925 号公告）。

主权货币及汇率形成机制：主权货币是菲律宾比索，实行自由浮动汇率制度，汇率完全市场化，商业银行在与客户交易时自由设置汇率和买卖价差。当菲律宾比索汇率出现剧烈波动时，菲律宾中央银行会直接或通过做市商参与美元/菲律宾比索交易进行干预，但不公开相关干预数据。菲律宾中央银行每日根据菲律宾交易系统前一日菲律宾比索兑美元加权平均汇率，并参考前一日路透系统中纽约市场其他货币收盘价来确定菲律宾比索兑美元的参考价。

菲律宾比索近年来的运行态势呈倒 V 字形，比索兑美元先贬值后升值。1997 年亚洲发生金融危机后，菲律宾央行实施贬值政策以促进出口贸易。1999—2005 年，菲律宾比索长期处于贬值状态。2002—2004 年，虽然货币贬值政策对经济的促进作用已经逐渐减弱，但新当选总统阿罗约的经济发展承诺迫使菲律宾央行仍然采取贬值政策。再加上周边地区恐怖袭击事件、菲律宾国内自然灾害频发以及国内腐败猖獗、社会不安定因素时现，菲律宾比索的市场预期较差，并在 2004 年创下新低。2006 年菲律宾改革取得可喜的成效，菲律宾比索逐步升值，并于 2008 年达到峰值 44.47 点。

（二）经常项目和资本项目外汇管理

1. 经常项目外汇管理政策

进出口贸易企业需向银行递交相关文件后方可办理外汇收付。如果进口需要采用承兑交单或赊销方式，那么银行则需要在付款前向央行提前汇报。关于非贸易项下的经常支付，单笔不超过 3 万美元则可直接办理；单笔高于 3 万美元，则需提供相关文件，但无须央行的批准；如果经常支付涉及外汇贷款或与外汇投资相关，不论金额多少均需要提供相关证明。

对于货物贸易，出口外汇没有强制汇回和强制结汇要求。出口须填报出口报关单，部分商品出口须经相关部门许可。出口实行负面清单管理，部分出口产品由于国家利益或环境保护等原因而受到监管，必须获得相应许可证才能出口。在进口方面，须在装运日当天或之前开立信用证。与东盟以外国家的贸易往来不允许使用菲律宾比索进行结算。贸易项下交易报表须在菲律宾中央银行要求时限内上报。

对于服务贸易、收益和经常项目转移，通过授权代理银行或授权代理外汇公司购汇等值 12 万美元以上，或通过外汇交易商、货币兑换商单笔购汇等值 1 万美元以上，或按月累计购汇等值 5 万美元以上，须提交相关材料。外汇交易机构或货币兑换机构单笔交易 50 万以上菲律宾比索或等值外币，只能通过支票或直接通过存款账户交易。博彩收入跨境转移须提供相关证明。

2. 资本和金融项目外汇管理政策

1992 年菲律宾开放资本项目，希望通过开放资本项目来平衡国际收支。实现资本项目自由化，大大促进了资本转移和直接投资的增加。截至 2015 年 12 月底，菲律宾外汇储备达 806.67 亿美元，表明菲律宾的总体支付能力良好。下面将详尽介绍直接投资、资本和货币市场工具、衍生品及其他工具、信贷和担保的管理制度。

直接投资：在对外直接投资方面，居民每年可通过授权代理银行或授权代理外汇公司购汇进行对外直接投资，购汇额度为每人每年或每家机构每年（仅限合格投资者）等值 6000 万美元，超限额须获菲律宾中央银行批准。居民还可通过外汇交易商或货币兑换商购汇进行对外直接投资，没有金额限制。在外商直接投资方面，菲律宾对外商直接投资实行登记式管理，经菲律宾中央银行登记注册的外商直接投资可凭相关单证从授权代理银行、授权代理外汇公司、外汇交易商或货币兑换商那里购汇。资本项下汇入、汇出款项，须经过银行审核后方可办理。用于注册的投资款须以现汇形式汇入，不必兑换为菲律宾比索，但其他形式的外汇投资款须以现汇形式汇入并结汇。使用授权代理银行或授权代理外汇公司购汇资金进行直接投资资本与利润汇出，须在菲律宾中央银行登记。

资本和货币市场工具：居民通过授权代理银行或代理外汇公司购汇进行证券投资、债券投资、货币市场工具投资、集合投资以及非居民境内发行的外币计价投资工具等，年度购汇总额为等值6000万美元，超限额须获菲律宾中央银行批准。居民还可通过外汇交易商或货币兑换商购汇进行对外投资，没有金额限制。非居民可在境内购买证券、债券、货币市场工具等，但须符合证券监管部门的规定，使用授权代理银行或授权代理外汇公司的购汇资金汇出资本或投资利润时须进行股权登记。

衍生品及其他工具：居民可在境外发行、购买不涉及本币的外汇衍生品合约。除经菲律宾中央银行批准注册的外汇投资项目外，非居民不得在境内购买涉及远期购汇的衍生品。禁止非居民信托部门、投资信托基金投资中央银行特别存款账户基金。

信贷和担保：非居民未经菲律宾中央银行许可不允许进行本币融资。授权代理银行或授权代理外汇公司的外汇资金不得用于非居民贷款。以外币计价向境外母公司或子公司发放的企业间贷款初始期限至少为1年。政府部门及其附属机构对外提供担保须经菲律宾中央银行批准，本地及外资银行、非银行金融机构对非居民私营部门举借外债（外汇贷款除外）的担保不需注册登记，但须向菲律宾中央银行报告以取得使用授权代理银行或授权代理外汇公司外汇资金的资格。境外银行及非银行金融机构对居民的担保须经菲律宾中央银行批准。

（三）金融机构外汇业务管理

银行业：由菲律宾中央银行授权在菲律宾经营的商业银行可以进行菲律宾比索、美元以及其他货币的即期交易。只有授权开展外汇交易业务的银行才能与菲律宾中央银行或其他银行开展菲律宾比索兑美元交易。离岸金融机构与非居民和其他离岸银行业务往来自由。在信贷业务方面，境内银行不得向非居民提供本币融资；全能型银行及商业银行的国内外汇贷款须经菲律宾中央银行批准；储蓄银行和农村合作银行只能发放短期外汇贷款。在证券投资方面，境内银行在境外发行无担保次级债务、在境外设立或投资收购分行及附属机构须获得菲律宾中央银行批准。全能型银行及商业银行可投资各种期限的境内发行以外币计价的证券。储蓄银行和农村合作银行仅允许投资境内发行、适销的外币计价债务工具。银行在遵从衍生品交易风险管理规则及相关制度的情况下，可从事一般授权的衍生品交易，但非“一般授权”类的金融衍生品交易须经菲律宾中央银行批准。综合性银行、商业银行可在交易对手和客户对冲风险市场上与其进行远期、掉期外汇交易。被授权发行外汇信用证、支付、接收和议付进出口汇票的储蓄银行可申请二类衍生品代理，在一定条件下成为可交割远期外汇的交易商、经纪商或最终用户。银行没有外汇存款准备金要求，但银行须保持100%的外汇存款资产覆盖率。外资持有的境内银行股份总额不得超过40%。银行外汇敞口头寸（无论是超买或超卖）应在其未动用资本的20%以下或不超过等值5000万美元。

保险和基金业：保险公司、养老基金以及准银行功能的机构投资者每年从授权代理银行或授权代理外汇公司购汇进行境外投资的额度为6000万美元，超过该额度须向菲律宾中央银行申请。

（四）个人外汇管理

居民使用外汇没有限制，允许居民在境内外开立外汇账户，账户余额可自由在境内外划转，但居民不得开立境外本币账户。非居民可在境内开立本外币账户，外汇账户存款可自由提取或划转，本币账户的开立需要满足特定的资金来源和材料要求。

在个人经常项目方面，非居民或居民携带超过5万菲律宾比索现钞、支票、汇票等银行票据出入境或办理上述票据的跨境划转，须取得菲律宾中央银行授权许可；非居民或居民携带等值大于1万美元的外币现钞或外币票据出入菲律宾时，必须向海关提交外币及其他外币计价货币工具申报表，并说明资金来源或资金用途。出境非居民和旅居境外的菲律宾人可以在机场或其他港口自由兑换等值1万美元以内的外汇。

在个人资本项目方面，在一般情况下，银行不得向非居民个人发放本币贷款。但对于持有特殊投资者居民签证、菲律宾经济区管理局签证和1940年菲律宾移民法案中规定的非移民类签证的非居民，允许办理除房地产贷款之外的本币消费贷款；对于任期1年及以上的驻菲律宾大使馆官员允许办理本币消费贷款。居民私人地产不得向非居民转让，除非居民个人或机构在公共领域取得土地持有资格。

表9－4 菲律宾外汇管理小结

	汇兑限制	额度管理
经常项目外汇管理政策		在服务贸易、收益和经常转移项下，通过授权代理银行或授权代理货币兑换机构购汇等值12万美元以上，或通过外汇交易机构、货币兑换机构单笔购汇等值1万美元以上，或按月累计购汇等值5万美元以上，须提交相关材料
资本和金融项目外汇管理政策	在外商直接投资方面，用于注册的投资款须以现汇形式汇入、不必兑换为菲律宾比索，但其他形式的外汇投资款须以现汇形式汇入并结汇	在对外直接投资方面，居民每年可通过授权代理货币兑换机构购汇进行对外直接投资，购汇额度为每人每年或每家机构每年（仅限合格投资者）等值6000万美元，超限额须经菲律宾中央银行批准
个人外汇管理政策		非居民或居民携带超过5万菲律宾比索现钞、支票、汇票及其他境内银行承兑的汇票出入境或办理上述票据的跨境划转，须取得菲律宾中央银行授权许可；非居民或居民携带超过等值1万美元的外币现钞或外币票据出入境时，均须向海关提交外币及其他外币计价货币工具申报表，并说明资金来源或资金用途

六 金融监管体制

（一）监管主体

当前，菲律宾采取以中央银行为主要监管者，证券交易委员会、保险业委员会、菲律宾存款保险公司分业共同监管的模式。其中，菲律宾中央银行是国家货币管理部门，为经济的可持续发展提供强有力的金融支持，并对金融机构实施有效的监管。而证券交易委员会、保险业委员会与菲律宾存款保险公司则分别对证券业、保险业实施监督管理。菲律宾的金融机构可分为银行类金融机构和非银行类金融机构两大类（如图9－12所示）。

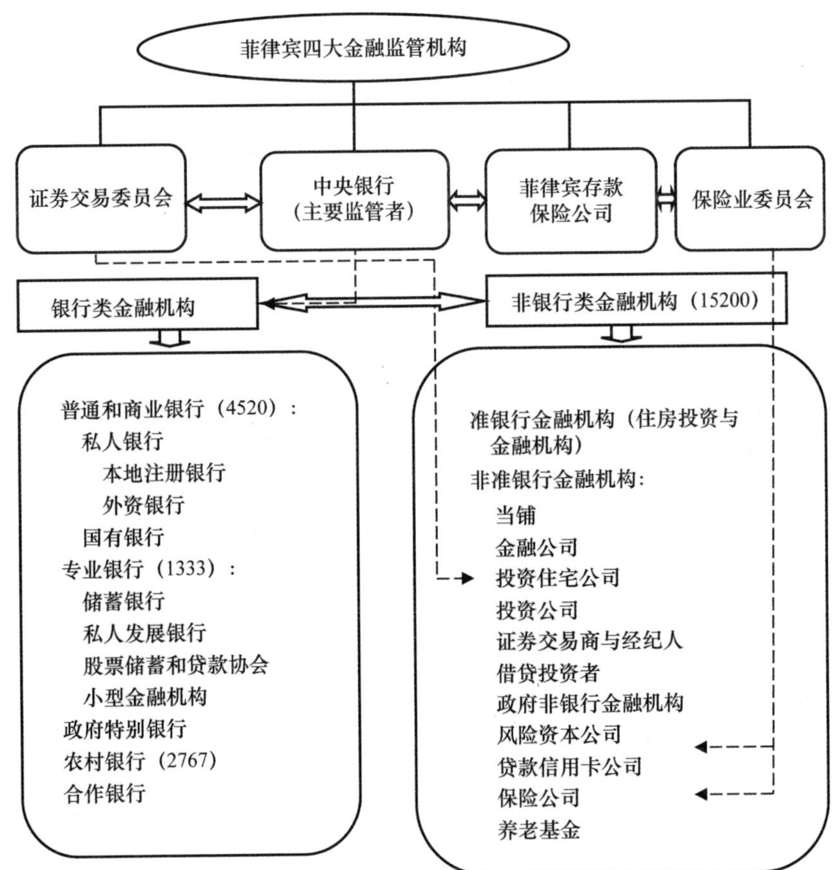

图 9－12　菲律宾金融监管框架

1. 菲律宾央行

菲律宾中央银行设立小额信贷监管组，负责监管部分商业银行的信贷业务。在通常情况下，菲律宾央行对商业银行信贷业务每年检查一次，从而了解评估其资产负债、风险管理等方面的情况。但是由于部分商业银行的小额信贷没有设置抵押，具有一定的风险，因此菲律宾央行也会发布通告为小额信贷提供一些方针策略。

2. 证券交易委员会

1997 年，菲律宾政府将小额信贷非政府组织纳入正规金融监管体系中。因此所有的小额信贷非政府组织，不仅要求在证券交易委员会注册为非营利性组织，还要求向证券交易委员会提交相关的年度财务报告。但其却不用接受来自政府监管机构的审慎监管，因为它们不吸收公众存款，也不必向任何监管代理汇报，没有任何机构拥有非政府组织金融相关业绩的全部信息。但事实上，大部分非政府组织仍然向会员收取一些储蓄费用。目前，证券交易委员会对非政府组织的监管还存在许多问题，有待进一步规范和完善。

3. 合作社发展局

菲律宾合作社发展局成立于 1990 年，它监管包括储蓄信用合作社在内的所有合作社，由于菲律宾合作发展局隶属于总统办公室，因此它要负责储蓄信用社下属合作社及其联合社和协会的注册工作等。但是由于信用合作社可以吸收成员的存款，且数量较大，为保护社员的存款安全，因此必须对信用合作社实行审慎监管。

4. 信贷委员会

信贷委员会主要分为国家信贷委员会和小额信贷委员会。在通常情况下，国家信贷委员会分工负责制定国家信贷相关战略以及部分监管机构间的协调。而小额信贷委员会主要负责监管小额信贷机构。1997 年，国家信贷委员会颁布小额信贷国家战略，国家信贷委员会同时强调私营部门在小额信贷中的作用。此后，国家信贷委员会制定了对所有类型的小额信贷机构的绩效标准，主要目的是对小额信贷机构进行评价，通过小额信贷机构的财务报告进行对比。虽然菲律宾看似对金融机构有一套严格的监督管理制度，不过，政府内部的腐败以及私人家族具有强大的势力等，都使得菲律宾金融机构的实际情况并不如表面所看到的那样。

（二）监管内容

由于银行业在菲律宾金融机构中占据重要位置，因此菲律宾政府对银行的监管甚是严格。1997 年东南亚金融危机后，菲律宾政府对各大银行提高了资本要求。同时菲律宾中央银行还发布了一系列措施以降低系统性风险，包括信贷质量的控制、商业银行的监管等。菲律宾在 2001 年便引入了《巴塞尔协议》来监管银行。菲律宾采取分业监管体制，菲律宾中央银行（BSP）负债监管银行部门，证券交易委员会（SEC）负债监管证券机构，保险委员会负债监管保险机构。

第六节　中菲金融合作进展与推进建议

整体来说，菲律宾属于欧美国家传统势力范围，欧美国家金融机构在很早之前就进入了菲律宾市场，菲律宾金融机构接触世界先进金融机构的程度要深于中国金融机构，对于金融合作的要求更高，因此，在单纯的金融合作方面，中国金融机构对菲律宾的吸引力较小，没有明显的优势。中国与菲律宾的金融合作需要结合中国自身的优势和特点，以开拓新的金融市场为经营起点。

一　金融机构合作

中菲两国金融机构之间的合作已经深入了菲律宾金融机构的薄弱环节，例如中小企业金融支持方面的合作。2016 年 9 月 5 日，菲律宾财政部称希望与中国加强贸易和金融往来，其中金融往来具体包含了通过货币互换的双边金融合作、项目融资等。2017 年 10 月 21 日，中国银行与菲律宾签署了《促进中菲中小企业跨境贸易与投资战略合作协议》，并与菲律宾 7 家企业签署了《银企合作谅解备忘录》，促进两国银企合作。当前中菲金融机构之间的合作，除中资银行在菲律宾设立分支机构这种传统银行业务扩张模式以外，还可以中菲合资银行的形式在菲律宾新设金融机构，或者以股权投资的方式收购菲律宾当地的银行机构，这样更能增强菲律宾国内民众的认可度，更好地开展银企合作以及小微金融业务。

二　金融市场合作

菲律宾国内正在力推微型金融业务。当前菲律宾有三种类型的微型金融机构，即 AGO、NGO、银行和合作社。菲律宾关于微型金融的国家战略是呼吁微型金融走市场化道路。菲律宾国内小贷微型金融以私有机构为主，政府计划为其提供市场导向的信贷政策。菲律宾已经取消了政府直接介入的信贷项目，菲律宾的微型信贷主要由私有小贷机构主导。微型金融是菲律宾减贫的核心项目之一，菲律宾法案承认微型金融也是合法的银行业务活动。2011 年菲律宾提出微型金融的法律和监管框架，没有其他明确的法律条款可以覆盖所有从事微型金融的机构，包括监督微型金融机构的运营职责也仅有菲律宾中央银行在执行。菲律宾是公认的微型金融非常发达的亚洲国家之一，经济学人智库及环球微型金融通视都认为，菲律宾微型金融监管环境在亚洲国家中名列前茅。首先，中国与菲律宾在普惠金融方面的合作，需要注意的就是在供给方面要提供强大的金融机构，包括银行和非银行金融机构。其次，在消费者保护和公民金融支持方面要做到产品合理化。最后，普惠金融涉及在菲律宾的防灾、抗灾和灾后重建工作。只有对上述内容考虑周全了，才能实现中菲普惠金融合作的可持续发展。

2016 年 10 月，在杜特尔特访问中国期间，中菲签署了《关于加强双边贸易、投资和经济合作的谅解备忘录》。发行东南亚地区第一笔主权熊猫债，为东南亚地区及更多准备尝试在中国资本市场上融资的国际主流发行人树立了成功的样板。中菲两国在债务资本市场上有了成功合作的经验之后，可以此为样板，推广到资本市场的其他领域。

三 金融监管合作

早在 2005 年 10 月 18 日，中国银监会便与菲律宾中央银行签署了合作备忘录。2016 年杜特尔特上台后，中国与菲律宾在金融方面的合作开始朝深化方向发展。菲律宾与中国发表的联合声明表示，愿意在亚投行和其他国际与地区银行框架下加强合作。这意味着菲律宾开始认同中国在金融方面的支持政策和计划，也为两国以及地区性金融监管合作打下了良好的基础。同时，菲律宾在 2017 年 7 月表示，菲律宾央行将向外国银行开放到菲律宾扩张业务的渠道。

中国与菲律宾之间的银行业合作集成框架并未成形，两国金融机构的合作案例实际上在杜特尔特上台之前并不多见。目前，中菲双方在金融监管方面的合作主要是根据合作协议构建了合作框架。当然，根据地区性金融合作大框架来安排两国的监管合作也是一条值得借鉴的道路。同时，中国方面应该利用本国金融体系所形成的专业服务和网络优势，为菲律宾与中国各领域合作提供有力的金融支撑，并定期召开论坛和讲座。

菲律宾金融体系改革的未来方向主要集中在银行业和资本市场上。银行业的政策方向将集中在两个主要目标即灵活的银行体系和更深入的资本市场上：促进建立一个更强大、更稳定的金融体系；发展国内资本市场，以改善投资，保护投资者，并为中小企业提供更便捷的融资渠道。这两项业务都是增长的关键。在金融监管方面，菲律宾央行（BSP）的改革措施将着眼于维持健康的银行体系，倡议通过遵守国际会计准则2005年的规定进行资产清理和资本基础建设，并遵守2007年通过的《巴塞尔协议II资本充足率框架》；通过加快推进基于风险的监管，提高菲律宾央行的监管技术和能力，促进公司治理，对照国际标准和惯例，改善监管环境。菲律宾央行还提倡进行关键立法，包括延长SPV法的有效性和修订央行宪章。为了进一步发展国内资本市场，刺激国内储蓄和提供投资机会，菲律宾央行将继续支持全面实施第三方托管制度和固定收益交换业务；促进建立更多的信用评级机构，支持建立中央信贷信息局；扩大银行利用资本市场的机会，继续对其他托管基金进行信托改革；支持其他有利于资本市场发展的立法。特别地，菲律宾央行将支持通过信用报告法案、企业复兴法案等相关修正案。为了加强政策的社会影响力，菲律宾央行将继续提倡小额信贷，让穷人和小企业家能够分享国家经济发展的成果。菲律宾央行还将开展经济和金融扫盲计划，向消费者、投资者、海外菲律宾工人和他们的受益者伸出援手，扩大他们的投资选择，确保他们的经济前景。

四　中菲金融合作潜力分析与建议

从菲律宾金融发展考察中可以看出，先进的制度并不是金融发展的先决条件，金融制度的安排必须适应社会以及经济发展的现状，脱离实际的金融制度未必能使金融行业向好发展。菲律宾的金融结构在东南亚乃至全球都很有特色，作为较早具有完善的金融体系和先进的制度安排的金融市场，其后续发展水平远低于预期，以致金融功能难以发挥。因此，菲律宾政府在加速金融业自由化、非制度化的同时，赋予央行更大的独立性，使之能够很好地发挥对金融中介实行监管与指导改革的作用。这些努力使得菲律宾金融中介的实力在金融自由化环境下不是减弱而是有所加大。有效的监管和改革是避免爆发金融危机的保障。同时，在亚洲区域内的金融危机之后，由于菲律宾中央银行对国内金融中介所持有的有价证券贷款及其他风险贷款实施了更为严格且高效的监管机制，菲律宾银行体系持续保持着较为健康的态势。有了这样的基础条件，我们建议：

第一，中国金融机构在菲律宾开设分支机构可以拓展融资贷款渠道，支持菲律宾中小企业融资，支持在菲律宾小额信贷业务的拓展。同时，利用菲律宾放开外资限制的政策，综合利用直接投资、股权投资等形式增加在菲律宾中资金融机构的数量。在此基础上，有效加大信贷投放，加快机构拓展。

第二，中国的非银行金融机构可以在普惠金融的基础上，推广更多更丰富的金融组合产品，向菲律宾国内的消费者、投资者以及广大海外菲律宾工人普及，与菲律宾金融机构一起帮助扩大以上人群的投资选择，确保他们的经济前景。

第三，中国与菲律宾央行之间的监管合作。中国可以和菲律宾分享监管技术与风险管理的经验，促进金融监管国际合作，在反洗钱、反恐融资等方面实现信息共享与合作。

第四，推动中国与菲律宾资本市场实现合作与经验共享，促使菲律宾资本在中国资本市场上有所作为，同时鼓励中国民间资本参与菲律宾资本市场。

第十章

中国—老挝金融合作

作为中南半岛的内陆国家，老挝国土面积仅有 23.68 万平方千米。就老挝地理位置而言，其北部接壤中国，南部接壤柬埔寨，东部接壤越南，西北与缅甸接壤，西南与泰国毗邻。农业是老挝发展的主要产业。老挝潜在耕地面积达到 800 万公顷，而实际耕地面积仅为 80 万公顷，农业主要出产稻谷。老挝还有较为丰富的森林资源，总覆盖面积达 1120 万公顷，约占全国总面积的 48%。老挝矿业发展良好，矿藏资源丰富，但大多数矿藏未查明储量和品位。目前，老挝已建成四个水电站，装机容量达 41 万千瓦。老挝拥有丰富的自然旅游资源，良好的气候条件和空气质量为老挝发展旅游业提供了基础，许多旅游资源尚待开发。2018 年老挝总人口达 701 万人，其中城镇人口占 35%，农业人口占 65%。2020 年老挝 GDP 为 1303.54 万基普，2019 年，GDP 增速为 4.65%，2019 年老挝人均 GNI 为 7980 国际元。我们将从老挝经济历程、发展规模及其经济结构的变化方面，围绕中老良好关系，考察其落后的经济发展水平下的金融发展规模与结构变动，从金融结构的视角探讨两国金融合作的空间和推进策略。

第一节　老挝经济发展历程

由于老挝位于中南半岛内陆，国内人口少，工业发展落后，农业、工业生产均不能满足国内需求，因此，老挝国民需求大多通过进口商品来满足。意识到这些问题，老挝政府着手紧抓农业生产，推动水利设施建设，推出双季稻种植。此外，在工业方面，积极打开生产渠道，以替代进口来源。为创造适合国情的经济发展路线，老挝政府大力推动旅游业发展。

一 殖民地经济

1969—1975 年，由于受到帝国主义和殖民主义的侵略，老挝经济受到严重影响，国家主权遭受侵犯。在随后的 20 年里，老挝展开抗美救国斗争，为了维持国家独立性和完整性，展开了长时间的军事反击，对自身经济发展无暇顾及。至今老挝已经完成民族民主革命 30 年，由于殖民主义和帝国主义对国家所造成的破坏，老挝致力于经济修复和恢复发展工作，这导致其经济增长停滞，发展速度异常缓慢。

二 社会主义计划经济

20 世纪 80 年代，老挝包括人民革命党和政府等在内的国家领导层着手研究经济政策，开始布置调整老挝经济发展路线，实施宏观调控，努力完善国家发展相关的经济制度和法规，出台五年计划以及革新开放政策，鼓励老挝国内经济发展，尤其是开展市场经济体制建设和对外经济合作。1986 年 11 月，老挝召开“四大”扫除对老挝人民思想认识的禁锢，同时制定 1986 年至 2000 年以及第二个五年计划的方针和任务，从此，老挝国家进入革新开放阶段。对于老挝而言，“四大”是改革的起点，成为老挝革新开放的重要里程碑。1986 年 11 月，在中国提出“改革开放”政策几年之后，老挝革命党第四次全国代表大会提出了“革新”路线。向市场经济制度改革迈进和对外经济开放政策的实施成为老挝面向国际，走向世界舞台的重要举措，相关政策的实施也大幅度提高了老挝人民的经济和生活水平，老挝从此进入高速发展时期。

三 社会主义市场经济

全国人民代表大会在老挝革命党执政中占据着十分重要的地位，在老挝社会主义发展进程中，其党和政府对经济实施有力的宏观调控，其中主要包括实施经济体制改革政策，对经济相关内容进行立法以及制定经济发展五年计划等多个方面。21 世纪初，老挝政府在“以经济发展为中心，增强经济实力”的方针指导下，在《国家社会经济发展计划（2006—2010）》中对 21 世纪初老挝经济发展做出以下评价：1997—1999 年，由于受到亚洲金融危机以及国内自然灾害的侵袭，老挝经济发展形势十分严峻；进入21世纪“第二个五年计划”期间，老挝经济逐渐复苏，社会生产力和经济元素向好发展，为经济进入快速发展阶段奠定了良好的基础；老挝的法律和立法结构也进行了逐步的调整，经济体制逐渐向市场化转变；国内政治局势稳定，在国际舞台上表现沉稳；老挝人民民主共和国在东盟以及整个国际舞台上的地位得到提高，与其他国家各个领域的交流和沟通积极性较高。随着亚洲经济逐渐稳定，在科技革命以及全球化的背景下，老挝进入克服困难和障碍的重要发展阶段，并保持着经济稳定和快速发展。

在老挝革新开放的时代号角下，从2007年以来，老挝金三角经济特区正发生着巨大的改变：从中国“一带一路”倡议、“国家革新开放”政策到“一带两轴系山水，一城五区促发展”规划。湄水之巅，佛之圣地；欢乐之都，未来之城——老挝金三角新城，占据着得天独厚的政策优势，借助强大的资源力量，借势独特的黄金水道，直面东南亚港口和经济，成为颠覆博胶省想象的澜湄会客厅，成为老挝新经济的摇篮。从“黑色金三角”到“黄金金三角”，成为世界替代经济的先行示范区，对老挝金三角而言，这即是“罂粟时代”到“木棉时代”的巨大跨越，构建了时代的宏伟篇章。

2020年，按CPI计算的通货膨胀年增长率为6.5%，各指标如图10－1、图10－2、图10－3所示。

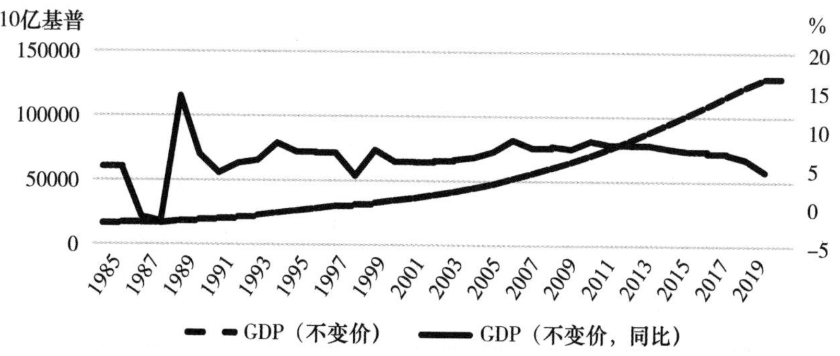

图10－1　1984—2019年老挝国内生产总值与GDP年增长率

资料来源：Wind数据库。

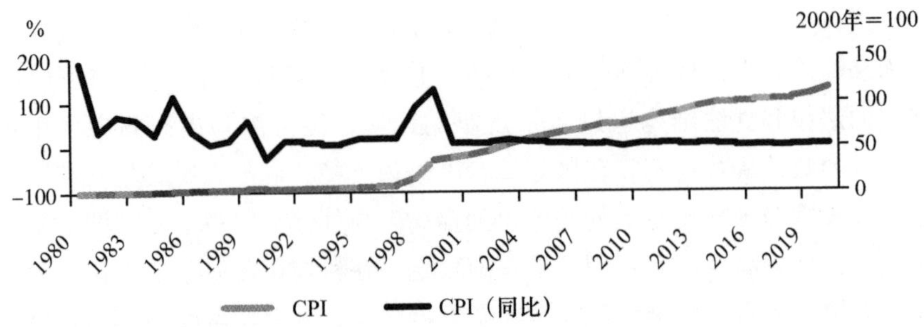

图 10－2 1980—2020 年老挝按 CPI（右轴）及 CPI 计算的通货膨胀年增长率

资料来源：Wind 数据库。

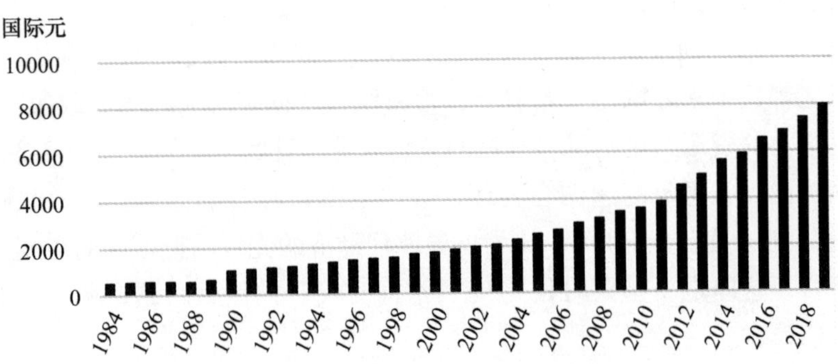

图 10－3 1984—2019 年老挝人均 GNI

资料来源：Wind 数据库。

第二节 老挝经济结构考察

就经济发展而言，老挝是东亚和太平洋地区十分贫穷的国家之一，从综合经济发展指标来看，老挝位于 30 个亚洲国家中的第 26 名，在联合国人类发展指标（包括生命期望值、教育文化程度以及经济发展等 10 项指标在内的综合指标）中，老挝排世界第 133 位。① 从 20 世纪 80 年代中期以来，老挝经济改革已经取得了比较明显的成效，在经济总量和经济结构上进行了相应的改革和发展。

---

① 根据 2018 年数据，老挝人均 GDP 为 2568 美元，人均产值 2100 美元，其中，老挝国内 73.2% 的人口每日人均收入不到 2 美元，30% 左右的人口处于贫困线以下。作为老挝主要经济支柱产业的农业占据 GDP 总额的 42%，就老挝人口工作结构而言，80% 的劳动力从事农业生产。

一 农业仍是老挝的经济支柱但占 GDP 的比重下降

老挝境内多山脉，为传统意义上的农业国家。老挝全国可耕地面积达到 190 万公顷，农业用地约占全国总面积的 8%。农业用地中水田占据大多数，约 92 万公顷，占可耕种面积的 48%（如图 10 -4 所示）。湄公河及其支流为其主要水域和水源，老挝以水稻为主要农作物，除此之外，还有玉米、薯类、咖啡、花生、烟草、茶叶等。然而，由于老挝农业耕种方式较为传统，生产技术落后，全国农业生产率低，粮食产量不高。受历史因素影响，老挝在一段时期内曾大量种植鸦片，近年来，政府开始管理鸦片种植，减少了鸦片种植区域。政府这一重要举措也为老挝国际地位的提升奠定了基础。

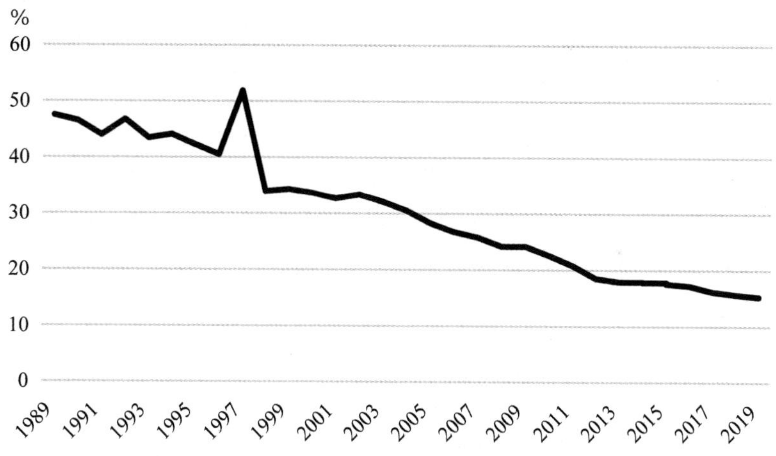

图 10 -4 1989—2019 年老挝农业增加值占 GDP 的比重

资料来源：Wind 数据库。

除农业以外，老挝畜牧业相对发达。畜牧业主要饲养牛猪等家畜，老挝国内牧场总面积达到约 878000 公顷。由于国土本身潜在的农业资源和林业资源相对丰富，老挝出产柚木和紫檀等名贵木材，树种繁多，现有可用作林业、种植业的面积约占总土地面积的 90%。然而，老挝农村经济较为落后，这也体现在家庭能源有 80% 取自木材方面，国内年平均消耗木材 400 万到 500 万立方米。虽然农业始终保持着国家支柱产业的地位，但近年来也呈现出农产品总产量下降的趋势，农业对 GDP 的贡献自 2005 年至 2018 年的 14 年间降幅达 30%，从 45% 下降至 15%。

二 工业占 GDP 的比重上升

老挝政府为解决国内贫困问题，从 1986 年开始实施改革开放，采取了对市场经济体制逐步渗透以及对外经济合作开放等政策。自实施改革开放政策以来，老挝国民经济发展显著。以工业发展为例，如图 10－5 所示，1990 年，老挝工业产值占国内生产总值的 14%，2012 年这一数据已上升至 28.34%，实现年均增长率 16%。老挝工业化进程中最大的障碍就是工业基础薄弱，受基础薄弱的制约和影响，引进外资能力较弱，发展进程遭遇障碍。老挝国民大会发布的一份政府报告预测，2019 年老挝的 GDP 增长率将为 6.7%，其中工业是推动增长的领头羊。此份政府报告预计 2019 年老挝工业的增长率将实现 8.3%，与此同时，农业和服务业的增长率将分别达到 6.6% 和 2.8%。实现工业增长的重要原因在于经济特区工厂的创办和开设。由于廉价的劳动力成本，老挝具有相对优势。越来越多的制造商，包括服装电子设备装配等公司，逐渐将生产基地转移至老挝。虽然老挝工人的最低工资根据总统令已有所增加，但是老挝目前的最低工资仅为每月 110 万基普（130 美元）。老挝极低的劳动力成本和日益改善的基础设施及商业环境吸引了不少日本公司进驻老挝经济特区，特别是老挝南部的 Pakxe-Japan 经济特区。然而，政府虽然预计 2019 年工业增长率位居第一，但老挝的总体经济结构将保持不变，工业增加值有些许下降，但工业生产总值占 GDP 的比重在上升。2019 年，工业增加值占 GDP 的比重达到了 30.91%（如图 10－5 所示）。

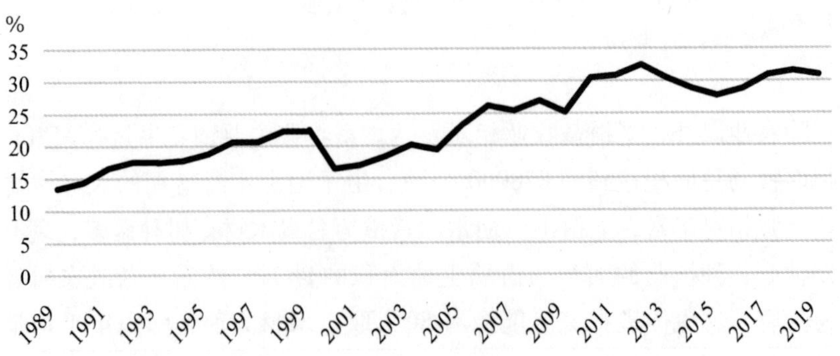

图 10－5 1989—2019 年老挝工业增加值占 GDP 的比重

资料来源：Wind 数据库。

三 服务业占 GDP 的比重上升

在经济全球化和区域化发展的背景下，世界主要发达国家的经济重心开始向服务业转移，服务业在就业中的贡献上升，在国内生产总值中的比重持续增加，服务业的不断发展推动着全球产业结构由工业型经济向服务型经济转变，而服务行业的发展也成为经济增长的快速助力。

对于老挝而言，其服务业发展也得到了一定程度的提升，随着服务业的不断发展，这些变化体现在公路、水路、航空等设施的迅速修建上，便利的新型交通工具逐渐成为老挝人民可以依靠的出行方式。通信行业受政府扶持以及外资资助较多，随着经济发展，其变化明显。[①] 旅游业是老挝实现经济发展的主要新兴产业。老挝政府放宽边境旅游相关政策，减少签证费，加大基础设施投入，以促进旅游业的持续发展。近年来，与老挝签订相关合作协议的旅游公司已达 500 家，老挝开设 15 个主要国际旅游港口，其中，老挝游客主要来源国包括泰国、越南和中国。为进一步推动经济发展，促进旅游业成为经济发展的新引擎，老挝政府将 2012 年规定为“旅游年”。金融、债券和保险业也得到了较好发展。1989—2019 年老挝服务业保持稳定发展态势，对老挝的 GDP 增长产生正效应（见图 10－6）。

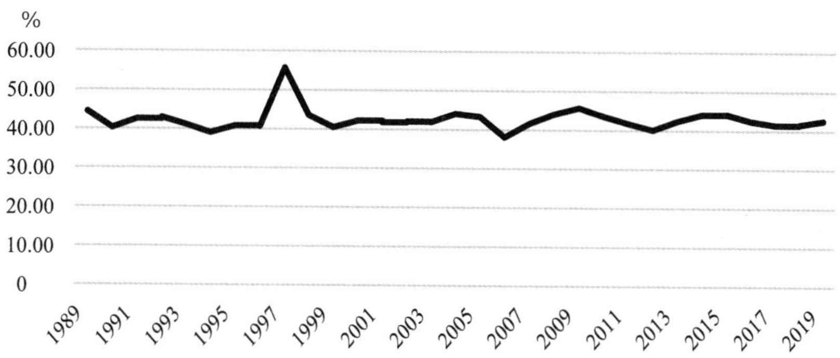

图 10－6 1989—2019 年老挝服务业增加值占 GDP 的比重

资料来源：Wind 数据库。

① 根据老挝通信领域主管部门相关数据，2010 年统计的老挝固定电话用户达到 167 万户，互联网用户高达 1.6 万户，手机用户更是达到 400 万户。根据老挝政府信息，2011—2012 财年，老挝社会经济发展规划制定了关于通信行业发展的目标，规定老挝在该财年内要完成手机用户覆盖率达 93%，无线通信信号基站实现建设 5544 座的宏伟目标。

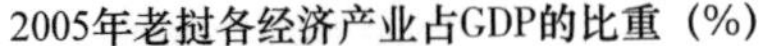

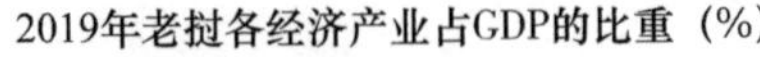

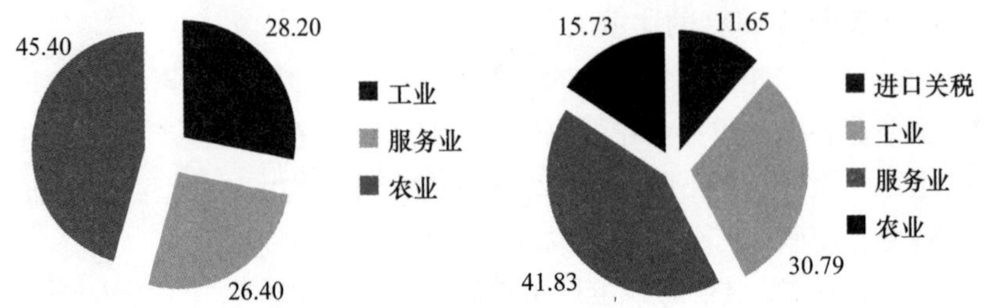

图 10－7 2005 年、2019 年老挝三大产业占 GDP 比重的变化

第三节 老挝金融体系发展历程

自 1988 年起，老挝对其银行业进行了重组，建立了一系列商业银行。但老挝的金融体系仍不够成熟，还需进一步完善。迄今为止，银行机构在老挝整个金融体系中占据着主导地位，且机构类型丰富，包括国有商业银行、合资银行、外资银行分行、私人银行及银行代表处等。当前，老挝尚未真正成立证券交易所，因而证券市场这块儿仍是空白。

一 银行业

老挝银行业发展过程曲折，其基础和形成阶段主要受曾经作为法国殖民地的历史影响，老挝所有的货币信用及银行业相关活动都由这一基础衍生而出。由于战争时期以及殖民阶段的老挝社会发展十分缓慢，经济遭受严重打压，没有融资需求，银行业相应发展停滞。老挝从 1952 年初到 1953 年末，私营银行成为银行业的主要组成部分，包括老挝首都银行（Lao-Vientiane Bank）、万象银行（Vientiane Bank）及 Viangjaluan Bank 在内都属于私人创办的商业银行。1954 年，老挝政府设立的财政部主要集中于对国家货币和经费等领域的管理，对银行业管控范围不大，此时的老挝银行业受法国政府掌控。由于金融危机和其他复杂的综合性因素，老挝中央银行对国家金融和行业相关部门进行整顿和融合，原有的八家国有商业银行被整治合并成包括老挝外贸银行（Banque Pour le Commerce Exterieur Lao，BCEL）、老挝发展银行（Lao Development Bank，LDB）和农业促进银行（Agriculture Promotion Bank，APB）在内的三家国有银行，这三家国有银行业务占据国内银行业市场的 55%。除此之外，六家外国银行分支机构占据贷款市场份额的14%。

二 保险业

老挝对境内保险公司颁布了管理规定。1990年的老挝保险No. 11/90. NA以及1992年1月23日关于保险法实施细则的No. 01/PM总理令具体规定了保险公司必须是经营保险业务，且具有法人资格的公司，主要形式有国有企业、联营企业、私营企业以及外国保险公司的分支机构。这些公司制企业要有包括老挝中央银行计划和投资委员会、财政部等在内的相关机构颁发的营业和投资许可，在遵守老挝法律法规的前提下，方能展开相关业务。保险公司主要投资方式有独资和合资两种。

老挝国内较大的三家保险公司是：老挝国家保险公司（Insurance du Lao）、老挝—越南保险公司（Laos-Viet Insurance Co.，Ltd.）和日本Toko保险公司（Toko Insurance Company，Ltd.）。与国家关联较大的保险公司为老挝国家保险公司，属于财政部与法国安联国际合资运作的公司，这家公司在老挝保险市场上占据最大份额，且在全国范围内经营势头良好。具体而言，老挝国家保险公司（AGL）的股份分配为安联公司持股49%，老挝财政部持股51%，公司有超过200名员工和5000万美金的资本金，销售收入高，属于保险行业内的龙头企业。劳务保险公司在全国范围内均设置销售网点，在边境口岸设置服务支点，建立了良好的服务网络，形成并创造了巨大的销售收入和公司利润。2008年1月8日创办的老挝—越南保险公司是由越南投资和发展银行（BIDB）、越南BIC保险公司、老挝外商银行（BCEL）、越南联营银行（LVB）四方共同创立。协议显示，老挝—越南保险公司注册资本为300万美元，从事人寿和非人寿两种保险业务，经营持续期限长达50年。老挝—越南保险公司作为老挝与越南合资创办的第二家保险公司，在老挝市场上的份额不断扩大，业务范围逐渐拓展，保险品种不断丰富和多样化，其中，汽车保险、人身意外保险和普通险种是其主要经营业务。该保险公司在经营策略和保险品种的创新和拓展上投入很大。Toko保险公司是日本投资方名为“Mutsui Sunitomo Insurance Group Co.，Ltd.（MSIG）”投资的保险公司，该保险公司是2009年4月30日与老挝财政部签署合作协议创建的一家合法经营的保险公司。Toko公司通过出资200万美元占有51%的股份注册成立MSIG（LAO）保险公司。这家保险公司成为2008年老挝与越南联营保险公司以外的另一家占据老挝保险市场份额较大的外资公司。该公司主要经营汽车保险、人身意外保险等相关业务，与老挝—越南保险公司具有类似的经营范围。随着经济社会的不断发展，老挝社会整体风险意识愈发提高。这也从根本上促进了老挝社会民众对购买保险产品的需求。由于需求的多样性，保险行业开发业务和产品趋于多元化。但仍有许多领域尚未涉及，包括农业高风险、职业保险等各个方面均有待发展。总体而言，在改革开放以来老挝保险行业得到政府充分的支持。保险业指标整体上呈现出良好的发展趋势，2011 年老挝保险收入达到 7045 亿基普，其中财产类保费收入达 4375 亿基普，赔付金达 2671 亿基普。根据 2011 年统计数据，老挝共有保险业机构 6 家，保险业分支机构 28 家，保险市场的市场化进程逐渐加快。

三 证券业

受第六个（2006—2010 年）老挝五年计划的影响，证券交易市场成为老挝服务业的重要组成部分。为推动证券行业的发展，老挝政府授权中央银行组织开展相关工作，相关发展方案和路径借鉴中国和越南的成功经验，通过将本国银行短期信贷融资行业分流、转向证券行业发展的方式，促进证券业平衡稳定地提升。2007 年 9 月 19 日，老挝中央银行与韩国证券交易市场签订谅解备忘录，2009 年 5 月，老挝建立证券交易委员会，促进证券市场的进一步发展，将原证券市场筹建委员会相关人员重组任命为证券交易委员会办公室人员。2009 年 7 月，老挝与韩国证券交易市场签订相关协议，同时，越南证券交易所和泰国证券交易所共同推动老挝证券交易所顺利开业。老挝证券交易所股权结构 51% 属于老挝中央银行，49% 属于韩国。证券交易所于 2011 年 1 月 11 日正式成立，目前证券交易市场上仅有两家上市公司进行股票交易，其中一家是老挝外商银行，另外一家是老挝电力公司。老挝外商银行是老挝最大的商业银行，发行 20% 的股票，2011 年创造利润 2623 万美元，实现同比增长 27% 。老挝电力公司是在老挝蓬勃发展的水力发电行业基础上建立的，并被推动进入证券业市场。老挝电力公司 25% 的股票在证券市场上进行交易，其中 10% 的 IPO 股票面向外国投资者，老挝电力公司本身持股 75% 。其中 Ratchaburi 电力公司是老挝电力公司的最大股东，持股数额约为 4330 万美元。证券交易所成立当天，交易额仅 21. 4 亿基普（26. 5 万美元）。

第四节　老挝金融机构与市场体系的形成与现状

由于银行业承担着为老挝整个社会进行融资的关键任务，健康的银行体系是经济发展的基础和必要条件。老挝银行业发展仍处于世界相对落后水平，总结老挝金融发展的问题主要有三点：第一，银行不良资产率过高，直接对商业银行持续发展造成影响；第二，金融机构自身抗风险能力差；第三，国家社会法制基础较差。对于老挝金融业进一步发展而言，这些问题将成为进一步改革的方向。

一　老挝金融机构体系框架

老挝金融机构体系架构如图 10－8 所示。

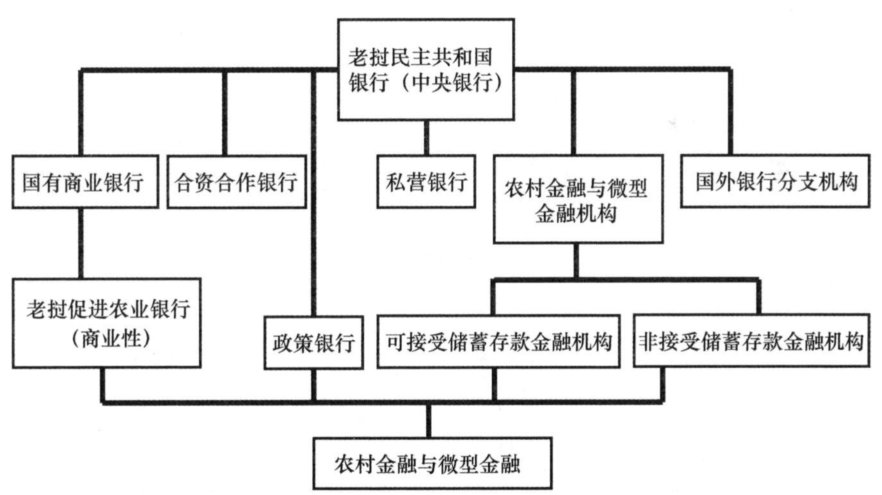

图 10－8　老挝金融机构体系框架

（一）老挝民主共和国银行（中央银行）

稳定本国货币的价值，保证银行体系的安全性，推动社会、经济的增长是老挝建立银行体系和推动银行体系发展的最终目标和准则。第一个目标和第二个目标是老挝中央银行发展和制定政策规则的主要目标，由于国家具有一定的特殊性，老挝在制定规则和政策时，会结合经济文化背景做出灵活调整。而第三个目标则是在第一、第二目标实现的基础上逐渐推进的，尤其是通过推动社会经济发展，吸引外国投资者来老挝进行投资，这一发展路径在银行体系和社会经济发展过程中起到了巨大的推动作用。老挝中央银行的主要职责包括实现管理国家的基本职能和实现中央银行的权限及职能。

1. 实现管理国家的基本职能

根据老挝政府文件，老挝中央银行主要具有以下的职能、责任和权限：首先，对国家货币供应量进行预测，为政府监督管理统计提供方便；其次，在老挝中央银行业务活动范围和过程中，满足经济发展需求，发挥中央银行所具备的支撑和支持作用；最后，向政府通报年预算案，根据实际情况决定是否增加货币供应量，在政府会议上，讨论银行行动策略，向政府提出解决国家经济困难的提案。

在老挝实际经济发展过程中，老挝中央银行承担的责任和义务都与国家财政部门相似，并没有成为一个真正合格的银行。邓小平说过，要把银行作为真正的银行，结合中国改革开放前的经验，如果政府部门规定中央银行为国家财政机构，那么银行就不能独立，应作为银行发挥作用。在改革开放后，中国就此现象进行调整，赋予银行真正的银行职能和义务。老挝中央银行却仍然作为政府的财政部门发挥作用，不能履行独立的职能。早在 1990 年至 1995 年，老挝中央银行就曾提出对银行发展进行改革，针对银行体系的发展战略提出以下方案：第一，对银行体系的金融机构以及商业银行管理提出总体建议，颁布银行草案对相关机构进行管理。第二，肃清老挝中央银行的权限和能力，规定中央银行的主要职责和义务是监督和检查商业银行，维护银行体系正常运转，同时保证政府对中央银行的领导性作用。此外，对违法违规以及货币信用等问题进行相关处理。第三，开展合法合规的外汇管理业务。第四，在法律规定的范围内，与国际金融机构和其他组织机构开展相关业务。第五，吸收借鉴国外先进的银行体系建设经验以及货币政策制定规则，通过人才交流培养等方式，提升银行业经营业务能力。除提出以上改革和发展方案以外，1996 年，老挝银行开始引进互联网技术，在银行体系内安装先进设备，推动高科技在业务流程中的应用，提升经营管理效率。然而，由于缺乏相关人才，以及高科技设备的利用和管理经验，老挝银行体系效率仍然不高。

2. 实现中央银行的权限与职能

第一，中央银行负责管理货币运转体系，包括组织发行、印刷保管和运转以及流通各个方面，同时肩负着回收和销毁货币的义务。鉴于老挝金融经济发展的特点，信用卡及支票以及电子货币的使用量较小，现金流通量仍然较大，因此，货币运转是银行十分重要且繁杂的任务。第二，为资本流动提供短期信用和经济结算的工具，这项任务在中央银行的运转过程中基本已经实现。第三，在管理好国内资本和货币市场的基础上，实现货币市场开放，金融系统开放，从而达到目标，这仍然需要较长时间的准备阶段。第四，对国家外汇储备进行监督、检查、管理以及核算，在保证外汇储备安全性的基础上积累外汇储备。基于引进国外先进基础设备的经验，老挝外汇管理效率日益提升。第五，履行国库中间代理业务职能，包括提供国库开支账户和预支财政预算两个方面。根据相关规定，"当国家财政出现资金短缺或困难时，老挝国家银行（中央银行）应当向中央财政提供资金"。

（二）老挝商业银行系统现状

1. 两级化银行系统

老挝国有商业银行由国家设立，是从省级、市级国家银行分支机构中单独成立并转化而来的。经过历时多年的分割和改造，老挝国有商业银行体系主要由以下部分构成：老挝北部的六家国有商业银行的分支机构集中合并成为总行，设在琅勃拉邦省的北方国有商业银行——澜沧银行，澜沧银行的分支机构及业务活动主要在琅勃拉邦省、乌多姆赛省、波乔省、南塔省、沙耶武里省和丰沙里省展开；新老挝银行（Lao-Mai Bank）由中部地区的银行——波里坎赛银行（（Bolikhamxai Bank）、甘蒙银行（Khammuan Bank）和沙湾拿吉银行（Savannakhet Bank）合并而来，总行设在沙湾拿吉省（Savannakhet province）；南方银行（Phak Tay Bank）位于南部地区，由南方的四家银行合并而来，总行设在占巴塞省（Champasac province）。各个地区的经济发展目标和路径不同，因此所设立的商业银行大小、业务活动范围也不尽相同。

老挝首都万象设立四家国有商业银行：老挝首都银行（Nakhonluang bank）、赛塔提腊银行（Setthathilat bank）、外贸银行以及农业促进银行。根据老挝国家银行计划，老挝国有商业银行正积极向国际化和市场经济体制建设目标迈进。除国有商业银行以外，老挝还存在合资银行形式。老挝首都万象建立了政府与泰国私人合营的银行以及与其他国家合资的银行及股份制银行等多种银行形式。虽然在银行经营和拓展阶段，老挝银行体系得到了充足的发展，为国家经济发展做出不小的贡献，但目前仍存在一定的局限性。其局限性主要体现在以下几个方面：

首先，老挝国有商业银行仅设立在较发达的省市和地区，机构设立没有涉及其他落后地区；其次，银行业务活动规模较小，效率不高，尤其是欠发达地区的银行业务办理能力差。根据1999年老挝国家总理发布的第18号政府文件（1999年6月7日），老挝针对国有银行和其他银行经营机构类型做出相应调整，将六家商业银行合并为两家商业银行，即将新老挝银行、南方银行以及老挝首都银行合并为新老挝银行，将澜沧银行、新曙光银行和赛塔提腊银行合并为老挝澜沧银行。老挝澜沧银行业务范围较广，新老挝银行业务则集中在中部和南部地区。原有的农业促进银行、外贸银行、老挝外贸银行将逐步发展为老挝的进出口银行。将原有的老挝首都银行、新老挝银行、南部银行、老挝澜沧银行、赛塔提腊银行、新曙光银行、农业促进银行和老挝外贸银行八家国有商业银行调整、合并为四家国有商业银行，即外贸银行、澜沧银行、新老挝银行以及农业促进银行。此外，在老挝还设有两家合资银行和八家外国银行代表机构，包括万象商业银行、英国渣打银行代表办事处、盘谷银行支行、泰国农业银行支行等。老挝政府调整银行体系的主要目标是完善金融体系建设，对业务人员进行相关培训，逐步提高银行体系运转效率。

2. 商业银行的业务活动

就经营业务的范围而言，区别于中央银行，商业银行主要职能是吸收资金，发放贷款以及提供其他金融中介服务，是以货币和信用为主要经营目标与范围的特殊企业。

(1) 吸收资金方面

老挝商业银行吸收资金的途径众多，但主要资金来源仍为居民在银行的储蓄和不断增加的外国投资资金（见图10－9）。

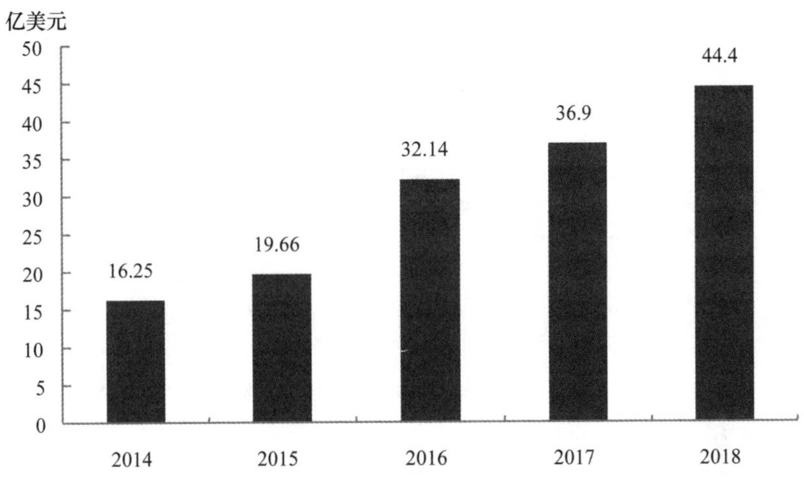

图 10 –9　2014—2018 年老挝国有商业银行吸收资本存款

资料来源：老挝统计局网站。

国有商业银行的实际业务活动有：

第一，关于资本来源。国有商业银行承担的业务主要以劳务国家银行为基础，吸收和发放存款。根据老挝的实际情况，最受欢迎的银行是外贸银行。截至 2018 年 12 月 31 日，老挝国有商业银行吸收资金总额达 44 亿美元，主要项目包括三个月、六个月和一年期短期存款。在老挝国家实施对外开放政策的过程中，商业银行不断发展，从国家地区和国际经济组织中吸收了大量资金。

第二，关于供给资金。国有商业银行主要以促进良好投资项目的发展为目标，到 2010 年银行提供的国内信贷已达 GDP 的 21.24%，相较 1995 年实现 7 倍增长（如图 10 –10 所示）。除此以外，国有商业银行根据行业发展形势以及对经济发展的贡献提供资金贷款。

（2）商业银行借款人方面

随着老挝国内银行业的发展，借款人数量从 2013 年开始呈现出上升趋势，在 2014 年达到顶峰，但在 2013 年，国际货币基金组织（IMF）要求老挝采取措施抑制信贷的快速增长，以保障宏观经济的稳定性。如果信贷增长过快，将导致进口值走高，国家的外汇储备将很快被消耗殆尽，以及由于政策的滞后效应，从 2014 年开始，借款人数量放缓并维持在较为一致的水平上（如图 10 –11 所示）。

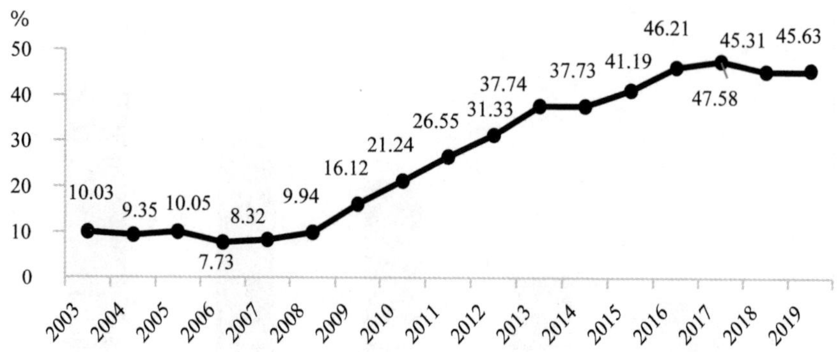

图 10－10 2003—2019 年银行提供的国内信贷占 GDP 的比重

资料来源：Wind 数据库。

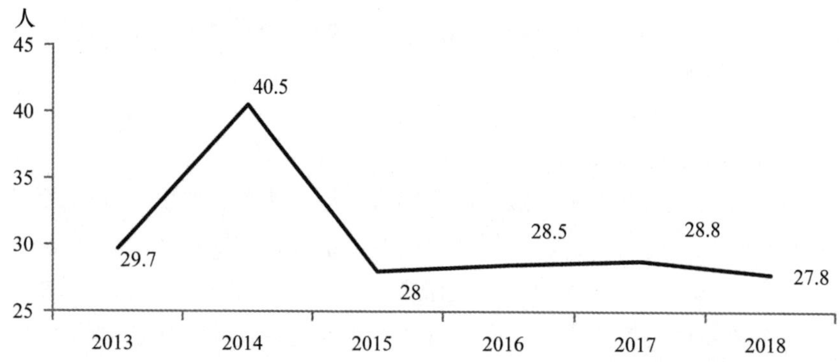

图 10－11 2013—2018 年老挝商业银行的借款人数量（每 1000 位成年人）

资料来源：老挝统计局网站。

（3）商业银行利差

老挝国有商业银行在市场上主要发挥着中介服务机构的作用，在资金往来上扮演着需求角色。对于盈利而言，其主要来源是资金活动中形成的利息差额，这种利差水平也在一定程度上反映了银行在运作过程中是不是高效的。老挝商业银行存在存贷利差较高的问题，尤其在以发达国家的银行业市场作为对照时，这也反映了老挝国有商业银行在银行业发展方面的不完善，结构处于垄断状态和国家监管水平不高，存在着整体运作水平不高，业务能力和办理相关业务的效率较低问题，这使得市场上存在着高度的信息不对称，利差基本维持在 10% 以上（如图 10－12 所示）。

图 10 - 12　1995—2010 年老挝商业银行存贷款利率

资料来源：老挝统计局网站。

（三）老挝外贸银行

1975 年，老挝外贸银行成立，1976 年开始正式运作。老挝外贸银行业务主要集中在办理国家对外往来资金上，老挝外贸银行营运对外银行业务和国外援助资金、国际贷款、国际社会赠与和其他资金。根据 1989 年老挝颁布的商业银行管理条例，老挝外贸银行主要从事向国有企业和国内企业、商业公司提供存款业务等金融服务。

1. 老挝外贸银行的发展转变

老挝外贸银行是老挝国内第一家引进计算机系统的金融机构。自从实现职能转变以来，它进行了一系列的政策和服务调整，从质量和数量两个方面提高服务能力。近年来，老外贸银行对计算机系统进行不断的升级和改进，开展一系列相较于其他银行更加有效率的现金业务。以信用证、存款、贷款业务和跨境计算业务、国内外业务结算（SWIFT）等为代表的金融业务均属于该银行的金融产品和服务提供范畴。2007 年 10 月，老挝外贸银行开始针对自身业务办理过程中的科技含量进行提升，提高自身业务处理效率，引进先进技术，推动银行现代化发展，包括引进和使用 E - Banking 系统等先进银行业管理工具，致力于实现银行业服务水平的提升，为社会民众提供包括手机银行、移动银行和互联网银行等在内的多项便捷高效服务。在商业区和政府部门等地区，老挝外贸银行均设立了 ATM 机，方便社会民众享受更快捷的银行服务。近年来，老挝外贸银行机构逐渐增加，规模不断扩大，国内共有 14 家分支机构和 9 个外汇兑换点，包括

718 名银行体系工作服务人员。1999 年 6 月，老挝外贸银行与越南投资和发展银行成立老—越银行，2008 年成立老—越保险公司。除与越南展开商业合作以外，2009 年老挝外贸银行与法国成立老—法银行。随着中国国际地位的提升和银行业发展水平的不断提高，加上中国与老挝贸易往来不断增多，中国与老挝展开金融合作已经成为必然趋势。老挝外贸银行成立租赁公司，同时与泰国 KTZMICO 证券资产公司合作成立证券公司，合作协议的签订也在一定程度上为 2010 年 10 月 10 日成立的老挝证券市场提供证券交易服务等奠定了基础。

2. 老挝外贸银行的主要业务

为响应国家政策制定和政府相关号召，老挝外贸银行积极宣传政府储蓄政策，鼓励民众的存款行为。商业银行存取业务越来越便利，也为民众与银行之间的良好信任建立了基础。现代金融工具的发展为老挝外贸银行进一步提升服务水平指明了方向，在引进现代化金融工具推动老挝外贸银行业务水平提升的同时，其经营份额在市场上所占比重也越来越高。根据相关统计数据，2009 年老挝外贸银行基本业务指标——资产负债比得到大幅度提升，相较 1990 年增长了 89 倍。1990 年、2005 年老挝外贸银行总存款余额分别为 45 亿基普、266.63 亿基普。就总存款指标而言，2009 年，老挝外贸银行总存款额达 557.5 亿基普，相较 1990 年实现 123 倍增长。老挝外贸商业银行存贷款业务的服务对象主要是国家部门，为国家发展和相关政策的实施提供资金支持，包括提供基础设施建设资金，同时针对进出口业务提供基本信贷和其他服务。至 2009 年，老挝外贸银行总贷款金额达到 17580 亿基普，较 1990 年实现 199 倍的增长。同时，老挝外贸银行以自我筹资的方式提供资本，满足银行和社会民众对资金的需要。2003 年，老挝外贸银行冲销部分不良贷款，提升资本质量。

3. 农村金融及微型金融业务

在农村金融及微型金融业务方面，老挝外贸银行涉及程度较低。部分相关业务和金融产品仍处于尝试和研发阶段，尚未向公众提供。

（四）老挝发展银行

2003 年 6 月 19 日，依据 2002 年 12 月 10 日老挝国务院总理和财政部第 2582 令，老挝发展银行经老挝人民民主共和国银行批准成立。出于提振人民群众信心以及树立老挝革命党政策信誉的目的，老挝发展银行是一家自负盈亏的国有商业银行。

1. 老挝发展银行的经营和发展

老挝发展银行主要面对中小型企业提供相关金融服务。根据老挝经济结构，农产品加工以及家庭型企业和国有企业占比较重，中小型企业占据企业总量的90%。因此，对于银行开发业务而言，中小型企业是不可忽视的存在。为满足中小型企业资金贷款需求，老挝发展银行以自筹资金、吸收社会资金为资金来源开展贷款业务。目前，老挝发展银行已实现通过自有资本满足中小企业贷款的目的。虽然老挝发展银行在银行业体系中处于优势地位，但是，银行业在发展历程中不断引进其他相关商业银行和外资银行业务，总体经营水平得到持续提升，老挝发展银行在银行业中的优势地位也必然面临其他同类型银行的挑战和竞争。在接下来的发展进程中，老挝发展银行必须通过提高服务水平，面向服务群体进一步调整经营战略，进而达到适应相关群体需求的目的。

2. 老挝发展银行的金融服务特点

相较市场上的其他商业银行而言，老挝发展银行所提供的金融服务种类相似，包括存款业务、结算业务、信用住房贷款和其他中小型企业相关的金融贷款服务等。与其他银行有区别的地方在于，相对部分国内中小企业而言在老挝发展银行取得贷款更加便利。老挝发展银行提供包括定期和活期等在内的不同种类的储蓄业务。客户可以使用本币、泰铢或美元作为存款货币，存款利率依照中央银行规定的基准利率进行调整。从事经济活动的中小企业是老挝发展银行贷款业务实施的重要主体。除此以外，理财业务以及公司财务等结算业务也属于老挝发展银行拓展的重要业务，老挝发展银行承接部分个人贷款和小额信贷。老挝发展银行是第一家与中国昆明银行签署双边银行结算业务的银行。依据 2002 年 12 月 10 日老挝国务院总理和财政部第 2582 号令，老挝发展银行开始使用人民币进行结算。由于老挝发展银行的经营活动主要面对中小企业提供信贷服务，虽然也有部分资金用于为农村中小企业提供农业贷款业务，但就目前发展而言，其总体业务发展规模难以充分匹配农村地区发展的需要。

（五）老挝促进农业银行

老挝促进农业银行针对农业发展建设提供最多的资金支持，是政府为实现促进农业发展目标而专门成立的国有银行。

1. 老挝促进农业银行的发展转变

1992 年，为促进农业发展，老挝促进农业银行成立。促进农业银行的主要业务涉及农林以及手工业，老挝国内超过 50% 的农业政策性直接贷款是由促进农业银行提供的。老挝促进农业银行在建立初期并不是中央银行监管下的金融机构，直至 2002 年，由于不良贷款超过 88%，老挝政府对该银行进行监督和管理，对其资产进行重新处置，并注入大量资金。其不良资产的产生主要是由于贷款管理机制缺失和金融监管不到位。因此，政府决定撤销对促进农业银行以前执行的补贴性贷款政策，并完善贷款政策，重新注入资金，提高信息系统利用能力和人员管理能力，对促进农业银行进行了彻底改革。

2. 老挝促进农业银行的农村金融及微型金融业务

促进农业银行是老挝国内开展农村业务最多的银行，该银行的金融服务对象包括手工业行业等在内的中小企业。除此以外，促进农业银行也参与政府在国际范围内展开的双边以及多边国际合作项目，促进农业银行承包和推动的项目大多以农村地区为核心展开。老挝促进农业银行同时肩负着发展农业的重要任务，因此，促进农业现代化和农村发展成为其发展过程中的目标。

（六）老挝政策银行

老挝政策银行（Nayobay Bank，NBB）是经老挝中央银行允许而建立的具有特殊目的的银行，其具有非营利性质和自主经营性质。老挝政策银行主要面对老挝境内的 47 个农村贫困县及周边地区开展业务。出于消除贫困、发展农村地区的目的，2006 年，老挝国务院总理与财政部通过相关文件，批准对中央银行成立专门银行管理农村贫困专项资金，政府划拨 530 亿吉普作为启动资金，这也宣告了老挝政策性金融机构的独立运营，并成为对贫困县和村级地区提供政策支持的国有银行金融机构。

老挝政策银行资金仅来源于国家财政部，根据财政部报告及对贫困县和村的资金补助计划，利用专项资金对贫困村及周边地区展开贷款业务，对包括 47 个贫困村在内的个人和企业给予帮助和支持，以提高当地人民生活水平。相应的贷款业务具有优先级排序，以村妇联、发展基金等扶贫计划组织为优先级。

（七）合作合资银行

1986 年，老挝对经济体制进行了大规模的调整和改革，尤其针对国有银行为主体的银行展开了一系列改革，对原本的八家国有银行进行功能和规模合并，仅保留三家国有银行。此外，1989 年，老挝政府通过并颁布商业银行法。根据商业银行法相关内容，老挝银行业允许国外金融机构以合资形式从事老挝境内的金融业务。2006 年，在老挝商业银行法的基础上，政府对商业银行法进行了修订。从此，老挝金融机构形成既有商业银行，又有合资银行、私营银行等多种性质的银行共存的局面。

1. 老挝共同发展银行

老挝共同发展银行是 1989 年成立的老挝第一家合资银行，是老挝银行和泰国商人共同成立的合资合作银行。老挝共同发展银行（Joint Development Bank，JDB）注册资本为 400 万美元，其中，泰国占资 70%，老挝银行占资 30%。1989 年 10 月，老挝共同发展银行正式挂牌并开展业务，起初仅提供存贷款业务。随着经济发展的需要，2003 年，老挝共同发展银行开展 VISA 等银行卡服务。2005 年，该银行开展了 ATM 机服务。自此，现代金融工具成为老挝共同发展银行经营范围中的一种，现代金融业和现代化金融工具被广泛运用于老挝共同发展银行业务范畴中。2010 年，老挝共同发展银行股东泰国方收购了老挝人民民主共和国持有的 30% 的股份，成为私营商业银行，老挝共同发展银行仅在大城市设立分支机构，并提供相应的金融服务。

2. 老挝—越南银行

1999 年 6 月 22 日，老挝—越南银行于首都万象宣布成立，成为老挝境内第二家合资银行。初期，老挝—越南银行仅提供双边贸易结算和其他普通金融服务。近年来，经过不断的发展和进步，老挝—越南银行已经成为仅次于老挝外贸银行的老挝第二大商业银行。基于良好的服务和业务水平，该银行口碑良好，开展业务的范围也逐渐拓展。

3. 老挝—法国银行

2010 年，老挝—法国银行在老挝银行业市场上挂牌成立，同时该银行也成为老挝境内第三家国内外合资的特殊商业银行。老挝外贸商业银行与法国金融机构共同创办该银行，注册资本 300 亿基普，其中，法国（COFIBRED）持有 54% 的股份。老挝—法国银行的业务范围主要涉及个人贷款业务、企业融资、零售金融服务等领域。该银行通过不断提高业务受理水平和金融服务能力，争取占领更大的市场份额。

（八）私营商业银行

为鼓励外国资本进入老挝金融市场，以形成良好的竞争局面和发展环境，老挝于 2006 年颁布商业银行法，鼓励和支持设立私营银行，通过公平竞争的原则和方式不断发展老挝银行业。目前，老挝国内有两家经营良好的私营商业银行，它们开展各式各样的存贷款等业务，甚至形成了与其他商业银行、国有商业银行竞争的良性格局。老挝国内现存的两家私营银行由 Phongsavan 集团和 ST 集团 100% 持股成立。

1. Phongsavan 银行

2004 年，Phongsavan 银行由约 1000 万美元的资本金和老挝银行 250 万美元的保证金注资成立。以“为老挝民众提供最有价值的金融服务”为宗旨，该私营银行追求通过提高自身服务能力和水平，为老挝民众提供便捷优惠的银行服务。Phongsavan 银行的服务主要包括存贷款、中小型企业的贷款融资、个人或公司的理财业务等。除此之外，该银行针对消费贷款、住房贷款、车贷等多领域开展广泛的业务，相关业务的开展灵活性高，对社会群众而言方便快捷。

2. ST 银行

2009 年 7 月，ST 银行成立并正式成为老挝境内的第二家私营商业银行，开展吸收国内外资金并发放存贷款业务，为老挝经济发展和国家建设提供良好的经济和金融环境。

ST 银行业务范围较广，以公民、商贩、教师和公务员等各类群体为服务对象，从事多元化金融服务。由于政府秉持在公平竞争的环境下促进商业银行自由发展，在老挝私人银行发展过程中，保持优胜劣汰的法则，通过不断提高自身业务能力，展开良性竞争。由于农村地区基础设施不完善，交通不便利，私营银行业务范围仍然主要分布在大城市和周边地区。农村地区商业银行发展空缺较大，也面临着较大的业务拓展困难。面临促进农村地区进一步实现发展，摆脱贫困的迫切难题，老挝政府鼓励银行业相关银行主体和金融机构参与农村经济，对参与农业和基础设施建设的金融机构给予政策优惠和补助。

（九）非银行类金融机构

1. 老挝证券机构的发展现状

2009 年 7 月，老挝成立证券管理委员会（简称“证管委”），老挝央行与韩国证券公司签署成立合资证券市场协议，根据协议内容，老挝以所投入的土地和证券大楼作为股本，占股 51%，韩国主要提供人才培训、科学化系统，占股 49%。2010 年 5 月，老政府总理波松签发《关于证券和证券市场的政府令》。同年 8 月，由外贸银行出资，联合泰国 KT Zmico

证券成立老挝外贸银行恭泰证券，恭泰证券成为老挝国内首家证券公司。12 月，澜沧证券（发展银行和越南 SACOM 银行合资设立）获得批准、成立并实际开展业务。2010 年 10 月 10 日，在老挝首都万象证券市场正式举行挂牌仪式。2011 年 1 月 11 日，老挝证券市场正式开盘，首轮上市的公司是外贸银行和大众发电。根据统计数据，老挝市场上共有包括老挝外贸大众银行（2011 年 1 月 11 日）、老挝电力大众公司（2011 年 1 月 11 日）、老挝世界大众公司、老挝石油大众公司、苏万尼家装中心大众公司、普西开发建设大众公司（2017 年 10 月 10 日）、老挝水泥公众公司（2018 年 3 月 2 日）、Mahathuen 租赁公众公司（2018 年 9 月 18 日）、老挝农业科技大众公司（2018 年 9 月 25 日）、老挝东盟租赁大众公司（LALCO）等在内的 11 家上市公司。

在老挝境内经营的保险公司主要有三家：老挝国家保险公司、老挝—越南保险联营公司和日本 Toko 保险公司。

就老挝市场分布和组成而言，占据最大份额的公司为老挝政府相关部门（财政部）与法国安联国际合资共同创建的老挝国家保险公司，老挝国家保险公司在老挝全国范围内设有分公司和办事处。根据出资协议，老挝国家财政部持股 51%，安联公司持股 49%，公司有 200 名员工，实现超过 5000 万美元的销售收入。此外，2008 年，该保险公司获得国际著名奖项与国际市场的认可。老挝国家保险公司在老挝国内的分支机构较多，在全国范围内的销售支点提供了良好的服务环境，为其创造销售利润奠定了良好基础。老挝外贸银行与越南合资创办的老挝—越南联营保险公司在老挝保险市场上也占有较大的市场份额，同时，由于设计了较多的保险组合和险种，该公司业务范围得到持续扩大。包括财产保险和人身保险在内的一般保险业务是该公司的主营业务，相较于老挝国家保险公司，该公司的不足之处在于营销策略和产品需要进一步创新和改进。2009 年 4 月 30 日，日本投资方（MSIG）与老挝政府通过商议，达成了相关合作协议。根据合作协议的相关内容，日本投资方投资 200 万美元以持股 51% 的形式注册成立 MSIG（LAO）保险公司。由日本与老挝共同注资成立的外资保险公司也成为继老挝—越南联营保险公司之后又一家外国资本与老挝政府相关部门共同持股经营的联营外资投资公司。该保险公司主要经营汽车保险、人身意外保险，与上述两家保险公司经营范围类似。随着老挝社会经济进入快速增长阶段，国民的风险意识逐渐提高，因此，保险公司和保险行业逐渐昌盛。但为对社会居民提供更好的服务，保险行业仍需要得到进一步发展，以保险公司险种为例，涉及农业高风险职业等复杂领域的险种仍然需要开发。

2. 信用租赁公司

目前，老挝国内共有三家信用租赁公司，其中老挝的第一家信用租赁公司是2009年成立的。信用租赁公司主要针对特定的客户群体，包括公司、国有企业以及对外进出口业务所涉及的各种类型的组织机构等。

3. 典当行

老挝国内经济发达的大城市和商业区存在少数几家典当行。典当行所经营的业务主要是针对汽车、黄金等有价物品。2009年，老挝中央银行为规范典当行业发布了相应的规则和法律，这些规则和法律有力地推动了典当行业向正规化发展，填补了典当行相关法律的空白。这些规则和法律对典当行的规范发展起到了积极作用，由于典当行业处于较低的发展水平，相关行业所面临的风险也相对较大，如果对其加以合理规范并引导，将会起到重要的社会资金调节作用。对于老挝的小型经济体而言，典当行等金融机构有利于中小公司实现短期资金缺口调节，也将成为老挝在未来阶段扶持小型经济体的优惠政策出口。

在正规金融体系为老挝市场主体提供良好的金融业务服务之外，非正规金融体系在老挝国内大中城市和商业发达地区也十分活跃，高利贷、钱会等形式是老挝非正规金融系统存在的主要表现。非正规金融系统对社会整体秩序产生了极大的挑战，其存在也对正规金融系统的正常运作产生了巨大影响，提升了金融管理的难度。对于老挝人民而言，参与非正规金融系统，既会付出相应的成本，也会带来可观的利润。由于监管当局的管理能力低下，法律法规不健全，使得非正规机构在正规金融系统以外独立存在。对于老挝金融发展而言，需要建立更加完善和规范的法律规章制度，辅助金融机构的发展。

（十）微型金融机构

微型金融对于亚洲、非洲、拉丁美洲以及东欧转型国家等发展中国家而言意义重大，甚至在部分发达国家中也具有良好的发展趋势，其所涉及的范围广，服务能力强。在过去的40年中，微型金融和小型小额信贷为农村人口提供了良好的金融服务和广泛的扶贫发展。由于贫困人口达不到传统资金提供的条件，理论研究者、政策制定者以及实际操作者共同寻找到一种可以解决贫困人口持续发展问题的扶贫金融模式——微型金融。微型金融和小额信贷主要通过以下两方面进行区分：第一，小额信贷为低收入家庭提供金融服务，而微型金融则主要针对社区居民及农村个体；第二，小额信贷提供贷款储蓄保险汇款服务，而微型金融则针对运营主体提供多种金融服务。老挝微型金融以老挝中央银行关于正规微型金融机构和半正规微型金融机构的两种法律为基础成立。其中，正规金融机构指的是吸收储蓄存款的金融机构和部分银行；半正规微型金融机构主要包括通过非吸收储蓄存款开展业务的金融机构，以国家政府附属部门、国际非政府组织发展基金等从事小型小额现代金融服务机构的主体为代表。二者的主要区别在于是否能吸收储蓄存款，正规金融机构可以正常进行存贷款业务的办理，利用所吸收的储蓄存款进行贷款业务的发放，同时可以按规定从事代理结算和代售保险等业务，但对于半正规金融机构而言，由于不被允许进行存款等其他来源资金的吸收，其运营资金主要来源于自身资本和国内外捐款。

二 老挝金融市场体系

“老挝证券交易所”（Lao Securities Exchange，LSX），简称“老交所”，即老挝资本市场，主要以吸引外资，为国家和企业发展筹集资金为目的。建立多层次完善的资本市场体系是推动老挝经济发展的重要基础。老挝证券交易所主要经历了以下三个成立阶段。

第一个阶段：老挝人民革命党于 1996 年在第六次全国代表会议上，提出第四个五年经济发展计划（1996—2000 年）。该发展计划指出，根据国家长期发展计划和目标，为推动全面脱离贫困目标的实施，促进目标在 2020 年得以完成，推动国家经济社会健康发展，需进一步完善和修改当前投资政策，改善投资环境，更好地吸引国外资金的注入，促进国际经济金融合作的开放步伐。以此为基础，中央银行开始研究金融市场与企业的融资产业链，也正是在这个阶段开始萌生创立老挝证券交易所的想法，并着手准备相关工作。1997 年，老挝正式加入东盟，由于受金融危机的影响，准备工作被迫停滞。

第二个阶段：在金融危机过后，随着全球化程度的不断加深，经济逐渐得到恢复。2001 年，在老挝人民革命党召开的第七次全国代表会议上，第五个五年经济社会发展计划（2001—2005 年）提到，为投资和进一步推进商业发展，国家财政部要进一步深入拓展对金融市场的完善。在这个五年计划实施期间，中央银行深入证券市场交易过程中，积极探索证券市场发展规划。2005 年，经历严峻考验和挑战后的老挝金融市场得到逐步完善，在一定程度上对相关法律法规和草案进行了调整与改善。

第三个阶段：老挝人民革命党于 2006 年召开第八次全国代表会议，推动第六个五年经济发展计划的出台，其主要内容包括：进一步推动老挝金融市场发展，扩大对资金的吸引能力，通过调整债券发行和其他业务的程序，增加金融市场的便捷性。同时，中央银行也调整对公司和企业的相关规定，对上市标准进行完善和修订，为证券市场的未来发展提供重要的募集资金的渠道。随着经济水平的进一步提升，老挝政府意识到第五个五年计划中关于金融市场和证券市场相关任务的重要性，并于 2006 年派遣相关人员前往越南、韩国、泰国等国家吸取先进经验。2006 年，电力矿业的出口以及旅游业是国家经济增长的主要因素，在这些行业的推动下，老挝经济条件逐渐改善。这也影响着政府对经济发展的认识，老挝更加深刻地意识到对于经济进一步开放而言，外商直接投资是不可或缺的重要部分。老挝投资国主要包括越南、中国和泰国，为了稳固金融市场发展资金来源和扩大国际投资规模，老挝政府着力于改善金融市场发展，以满足公司企业运转和生产的资金需求。在此基础上，批准成立老挝证券交易所，这也成为老挝金融市场发展史上最大的里程碑。

（一）市场结构

货币市场和资本市场是组成老挝金融市场的两个主要部分，可以将资本市场细分为一级市场和二级市场，其中一级市场主要满足参与者对资金的大量需求，同时推动其他参与者进行投资，实现由储蓄转向投资。进入一级市场的参与者，要么筹措到所需资金，要么成为公司或企业的股东，但是这种交易并不是公开进行的。投资银行是一级市场上重要的金融机构协调者，它们通过承销证券，确保与公司达成相关承销（underwriting）协议，而后按照某一销售价格向公众进行推销。二级市场是流通市场，属于发行股票并进行交易买卖的公开市场。二级市场上的参与者可以根据自己的需求买进或卖出股票，双方共同决定价格，在这个市场上，交易成为主要的目的。一级市场与二级市场有着紧密关联。因此，证券交易所管理方向主要包括买卖双方的交易过程、提供透明信息、保证交易顺畅等（见图 10 – 13）。

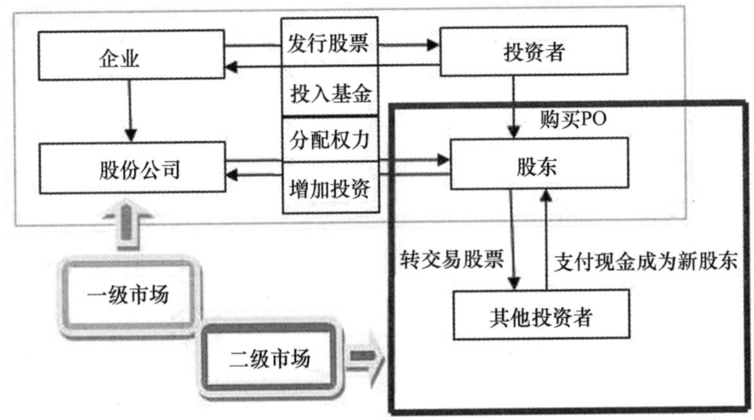

图 10－13　老挝一级市场与二级市场的联系

（二）市场规模

2011 年 1 月 11 日，老挝证券交易所在首都万象开始正式运营。在挂牌运营首日，老挝证券交易所仅有两家国有企业上市公司。第一家公司为老挝外贸大众银行（Banque Pour Le Commerce Exterieur Lao Public，BCEL），进入老挝证券市场首日，其相关挂盘价为 8000 基普，交易量 20 万股，总交易额达到 16 亿基普。第二家上市公司为老挝电力大众公司（EDL-Gen），进入老挝证券交易市场首日开盘价格为 4300 基普，挂盘价为 4700 基普，交易量达到 114505 股，总交易额约为 5.38 亿基普。老挝证券市场对交易标的限制为股票，而成交和结算的货币仅限基普。截至 2019 年，老挝证券市场上已有 11 只股票（见表 10－1）。

表 10－1　**老挝证券交易所的上市公司**

上市公司名称	股票简称	上市交易日期	上市公司经营范围
老挝外贸大众银行	BCEL	2011.01.11	银行
老挝电力大众公司	EDL	2011.01.11	电力
老挝世界大众公司	LWPC	2013.12.25	商场
老挝石油大众公司	PTL	2014.12.09	石油
苏万尼家装中心大众公司	SVN	2015.12.11	家具
普西开发建设大众公司		2017.10.10	建筑

续表

上市公司名称	股票简称	上市交易日期	上市公司经营范围
老挝水泥公众公司		2018.03.02	建筑
Mahathuen 租赁公众公司		2018.09.18	金融
老挝农业科技大众公司		2018.09.25	农业
老挝万象中心大众公司		2019.05.28	房地产
老挝东盟租赁大众公司		2019.10.10	金融

（三）市场运营与管理

老交所营业时间为周一至周五，交易时间从 8：30—11：30。自 2011 年起，老挝证券交易所正式开始挂牌运营，在初始阶段，每日进行两次交易，在不断的发展过程中，逐渐增加至 6 次交易。至 2014 年 12 月 3 日，老挝证券交易所将交易方式更改为连续竞价交易，具体时间改为 8：30 开始，8：00—9：00 限价委托，9：00—11：20 连续竞价，11：20—11：30 确定收盘价，进行限价委托，11 点半正式闭市。根据老挝证券交易所的相关规定，如果证券交易所成交价额在开市和闭市前 5 分钟产生较大幅度的变动，实际成交价格将延迟 5 分钟，采用随机形式进行特殊操作。除此以外，老挝证券交易所规定在闭市后，将当日证券交易所内产生的开盘价、收盘价和实际成交价格、实际成交数量等相关信息进行披露，投资者可以通过网站了解实时信息。为控制参与老挝证券交易所投资者的相关风险，老挝证券交易所将每日股票价格波动控制在 5%—10% 以内，起初交易量仅为 1 股，至 2016 年将证券交易所交易数量增加到 100 股。国外参与者需要额外承担相关费用和手续费。老交所对外国投资者在持股方面有一些限制（见表 10－2）。

表 10－2 **部分上市公司外国投资者持股情况** （%）

分类	BCEL	EDL	LWPC	PTL	SVN
总外国投资者	20	10	100	100	100
机构投资者	5	1			
个人投资者	1	1			

自改革开放以来，老挝经济不断发展，无论是经济结构还是经济发展速度都日益向好。良好的经济发展环境为资本市场提供了发展机遇。然而，与其他国家相比较，处于类似发展阶段的新兴资本市场，相比老挝资本市场发展程度仍相对较高。在证券市场未来发展中，老挝仍然有以下几个方面亟待提高：

第一，为满足多元化投资和融资需要，老挝证券市场在市场体系建设方面尚需加强，以适应经济持续发展和创新，以及市场上融资需求对象多元化改变的需要。第二，对上市公司质量进行高标准严格要求，制定进入市场的规则和标准，保证有潜力的企业可以进入证券市场，在促进上市公司健康发展的同时，保证证券市场秩序的稳定。第三，不断提高市场内部信息披露的及时性、有效性和完善性。引入电子化平台，提高信息披露和监管效率，改进对信息披露内容和格式的要求，完善上市公司信息披露制度。第四，保证市场与政府的良性互动，完善法律监管体系建设，营造公平、公正、高效率的市场运营环境。政府作为市场的监管者，需要通过完善法律法规和规章制度的方式调动市场参与主体的积极性，推动市场潜能释放，实现经济发展。第五，提高老挝人民对资本市场的意识。加强证券市场相关从业人员的资格培训，促使证券市场质量从本质上得到提高。

老挝证券市场是新兴市场，在运行过程中仍然需要不断加以完善和改进。起步晚且国内经济发展水平不高，相关从业人员素质不高等原因，对老挝证券市场的发展产生了一定程度的限制。但随着经济的发展和进一步开放，证券市场所发挥的作用将越来越大。处于从新兴市场转向成熟市场的过渡发展时期的老挝证券市场在融入国际金融体系中，应当发挥其应有的作用。因此，随着经济的不断增长，老挝证券市场所面临的机遇和挑战也将越来越大。

第五节　老挝金融体制

老挝是一个内陆国家，同时也是东盟成员国，经济不够发达，特别是金融机构及各种金融工具的数量相对不足，对于老挝的经济发展有着较大的影响。在金融发展过程中，强化老挝政府自身的金融职能，促进金融改革，这对于老挝的发展有着非常重要的意义。老挝正处在一个从计划经济向市场经济过渡的时期，需要运用各种新的机制，特别是利用好政府金融职能，提供多元化金融服务，这样才能够实现老挝国内经济的发展。但是老挝个人与私营经济的改革面临着资金方面的短缺以及财政方面的短板等情况。因此，需要通过一系列改革举措，创新老挝金融体制，实现老挝经济的快速发展。

一 监管机构：老挝中央银行

老挝中央银行所执行的任务和扮演的角色主要是进行宏观调控，对商业银行和金融机构进行严格监管，同时，作为银行结算中心对老挝货币和信贷等进行适当调整。总体而言，老挝中央银行更像是老挝财政部及相关部门政策实施的配合者。根据老挝政府对中央银行的规定，老挝中央银行主要有以下职权：首先，对银行机构和其他金融机构的业务进行监管；其次，审查商业银行信贷是否符合国家政策需求；再次，对商业银行进行稽核检查，实施全面监管工作；最后，以国家和政府制订的计划为基础，对银行进行直接或间接干预。然而，在实际工作中，老挝中央银行把自身职责重点放在了完善现代资金机制和中央调控两方面，对银行则疏于管理，使得银行业在发展中出现错漏。根据老挝中央银行架构，其最高管理机构为行长与副行长组成的执行董事会，在董事会下主要设有以下部门：行政管理部、组织与人事部、内部审计部、会计部、信息技术部、货币发行部、货币政策部、商业银行监管部、银行业务部、金融机构监管部、国际关系部、老挝证券委员会办公室、老挝证券交易所、资产管理中心、存款人保护基金、反洗钱情报室、银行学院以及四个分行——占巴塞省分行、琅勃拉邦省分行、沙湾拿吉省分行、乌多姆塞省分行（具体如图 10 – 14 所示）。

二 老挝中央银行监管组织结构

老挝中央银行及其下属四大分行的职责和义务主要是：

第一，监管银行系统及其他金融机构的发展；第二，管理国有储备，包括外汇储备等；第三，统计银行业从业人员和其他商业银行及金融机构的相关信息，对银行业发展进行分析和预测；第四，与政府进行相关经济问题的讨论和提交报告；第五，作为政府代表参与相关国际金融活动，并与国际组织签订合作协议；第六，执行政府规定的其他任务。

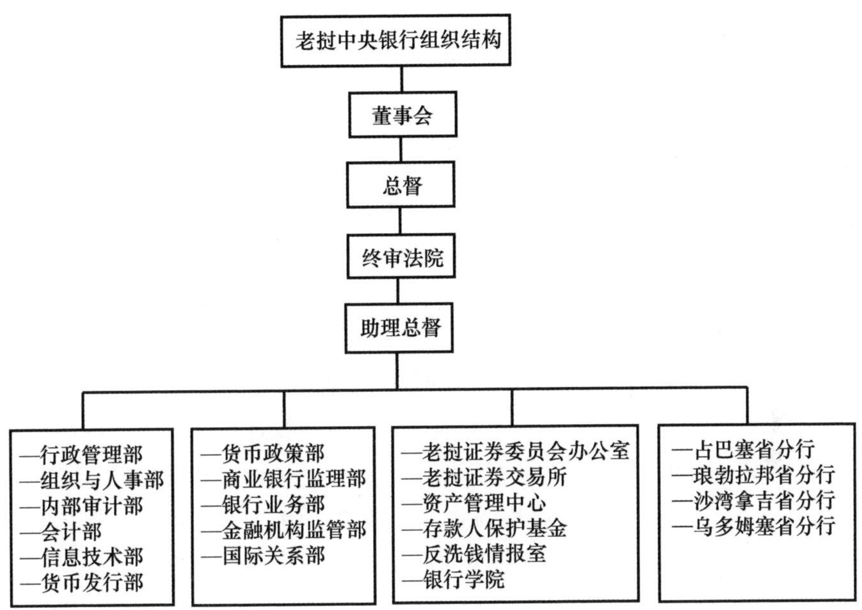

图 10－14　老挝金融监管框架

三　监管模式

老挝银行业主要实行分业经营、分业监管，中央银行对所有证券业和银行业的机构组织进行监管，使之与老挝社会发展情况相适应。但由于中央银行掌握的权力最大，在监管过程中容易产生监管水平低下，权力过于集中所导致的腐败问题等。

（一）老挝商业银行资本充足率监管现状

对于银行发展而言，资本充足率指标是反映银行整体财务能力的重要指标。资本充足率指的是总资本占总资产的比例，这一指标既反映了银行吸收资金的能力，也反映了未来承担风险和损失的能力。因此，在一定程度上该指标反映银行业务的稳健性，也与银行经营状况有着直接联系。对银行资本充足率进行分析，银行资本充足率越高，则意味着银行未来面对系统性或非系统性金融风险的止损能力越高。在《巴塞尔协议》中，资本充足率是以资本风险加权资产的比率来确定的，而标准比率则为 8%，资本充足率反映存款人和债权人在受到损失后，银行能够通过自有资本对损失进行弥补的能力，因此，它不仅作为银行和其他金融机构的财务指标，也反映了其进行风险管理的模式。

（二）老挝商业银行提升资本充足率的管理对策

在国际次贷危机后，经历严重的金融界和经济的震荡，《巴塞尔协议Ⅲ》出台，这也标志着新一代银行监管框架的形成。对于老挝银行业而言，以其在金融体系中发挥的重要作用，安全和稳定是银行业发展的首要目标。因此，在银行业发展过程中，资本充足率的管理始终占据着重要地位。针对以上背景，这里从商业银行和监管机构两个方面提出资本充足率管理的相应政策。

1. 提高资产质量，降低不良资产比率

由于老挝商业银行在成立和发展阶段，银行业标准不统一，存在着不良贷款率高的问题，近年来，随着银行业经营和管理水平的不断提高，在一定程度上对不良贷款和质量不高的资产进行了削减。然而，对于降低风险发生的可能性而言，不良贷款和资产质量问题仍须受到重视。提高银行资产质量，建立良好的不良贷款处理应对机制，仍然是老挝商业银行发展过程中十分重要的环节。

2. 开拓商业银行融资渠道

根据资本充足率所涉及的资本指标，银行业要想提高资本充足率，就必须依靠核心资本和附属资本数量的增加，同时减少风险权重资产。从这一路径出发，监管机构应当积极推动国有商业银行进行股份制改造，通过引入国际资本和社会资本，增加银行资本金，实施更加灵活、有效的管理模式，通过股份制改造，建立真正意义上的国内商业银行体系。

3. 提高商业银行风险管理的能力

对于商业银行自身发展而言，在保证、满足银行业要求以外，应当依据自身的发展情况，建立合理的资本充足率管理制度，以保证自身的业务能力水平。与此同时，在从事存贷业务过程中，尤其要注意贷款企业的质量，预防信用风险和危机的发生，提高自身的稳定性，保持稳定发展进程。

4. 转变商业银行的增长模式和盈利模式

就老挝银行发展模式而言，其主要依靠存贷利差获取利润，而这种传统的银行发展模式往往会导致较高的信贷增长速度。因此，为防御新兴风险的发生，银行可以通过拓展中间业务和其他业务，增加产品多样性，提供更加完善的服务来转变自身经营盈利模式，从而达到提高自身抵御风险能力的目的。

5. 监管部门应加强资本充足率监管

监管部门要进行制度框架和技术上的不断调整和完善。在兼顾资本数量的同时，监管部门应当对资本质量提出更高的要求。尤其是面对金融业务国际化的发展背景，老挝国家银行对商业监管部门的方案应当依据新的国际银行监管框架进行完善。根据《巴塞尔协议》，老挝商业银行资本充足率监管规定应当做出以下调整。

（1）完善资本充足率监管体制

分类监管资本充足率对于提升监管部门工作效率具有十分重要的意义。首先，监管部门应当完善资本充足率监管体制，对商业银行最低资本充足率进行严格监管和规定，以达到防范金融风险的目的。与此同时，监管部门也需要提高监管效率，防止由于资本监管所造成的信贷紧缩和经济下滑问题出现。在金融监管效率提升方面，可以通过对商业银行采取分类和重点监管等模式，完善和促进资本充足率监管机制。

（2）货币政策与资本监管相结合

兼顾货币政策和资本监管。在对银行业资本充足率指标进行监管的过程中，监管部门需兼顾经济稳定发展的目标，对货币政策进行相应的调整和控制，防止出现货币政策被冲击的现象，这也要求监管部门提升监管效率，对监管制度进行改革，保证货币政策效果。

（3）建立反周期资本充足率监管框架

根据不同的经济周期，建立具有弹性的资本充足率以完善监管框架。资本充足率指标具有顺周期的特征，也就是说，资本充足率对于宏观经济具有同方向的推进作用。在处于经济上升阶段时，资本监管会使宏观经济得到进一步提升，而在经济的下降阶段，宏观经济也会因资本监管而产生一定程度的下降趋势。以此为基础，根据不同的经济周期，经济监管体制需要进行不断调整，对资本充足率指标的要求和监管方式不能是一成不变的，而是要根据经济发展情况进行调整，是具有弹性的。

（4）提高监督管理人员的监督水平

对于提高监管能力而言，监督管理人员的自身业务水平十分重要。监管部门在对监管政策和制度进行调整的同时，需要兼顾监管人员质量的提升，加强与银行相关管理人员的沟通和交流，了解资本充足率管理的具体情况，以做出具体的适应性改变。

(5) 提升监管信息的透明度

监管部门不仅对商业银行公布自身信息有相应的要求，也要在市场上对资本充足率数据进行科学、适当的公布，以满足监管信息公开透明的要求，提升资本充足率的信息披露程度和体系市场化程度，促使市场约束机制发挥作用。

第六节　中老金融合作进展与推动建议

自1986年开始实施经济改革以来，老挝金融同步迎来跨越发展时期，其主要表现为：老挝银行业由一级银行系统转变为二级银行系统，多元化银行主体基本成形，商业银行资产质量、规模及主要指标不断向好，老挝证券交易所于2011年初正式运营交易并成为全球最袖珍的证交所，保险市场不断扩大。但靠其自身发展很难适应新经济时代的金融需求。只有通过国际金融合作的方式，深化中老两国的金融合作与发展，促进老挝国内相关金融业务特别是跨境货币结算业务的发展，改善老挝的金融宏观管理政策和相关配套的金融基础设施状况，以及培养和引进国际金融合作方面的高端人才，才能够让老挝的政府金融职能发挥出更加积极的作用。

一　支持老挝建设资本市场

以“一带一路”倡议为背景，推动中老产业和资本的进一步深度融合。2018年6月19日，“中老资本市场合作对接会”在深圳成功举行。中国与老挝资本市场合作对接会在深圳成功举行，进一步深化了投资者及企业对劳务经济社会发展环境的认识，通过展演、展示的方式介绍和宣传老挝优质企业。在展示过程中，汇集了老挝证券交易所七家上市企业，其行业领域主要包括外贸、电力、石油、电信、家具、水泥、租赁等，采取现场路演与网络转播相结合的方式，集中对其投资环境进行把握和介绍，同时与60家中国企业及专业投资机构对接，向网上4000余家投资机构进行了宣传和展示。2017年12月，老挝证券交易所与深圳证券交易所签署合作谅解备忘录，旨在通过信息分享、人员交流、人员培训互访和经验分享等，利用多渠道建立老挝与中国资本市场深层次合作关系。建议深圳证券交易所与老挝证券交易所合作，对其所运营的平台进行优化，强化相关运营技术，强化风险防范，提高平台公信力和权威性，建设具有更高影响力的跨境投融资对接平台，以便与境内外金融机构更好更深入地合作共享资源，打造合作网络，扩大平台渗透能力和影响力，从而更好地为“一带一路”建设和相关国际跨境合作服务。

二 老挝人民币国际化业务的发展

2009 年，跨境贸易人民币结算试点工作正式展开，这标志着人民币国际化正式启动。至今，人民币在国际范围内的流通和使用范围越来越广，人民币的功能发挥越来越稳定。同时，人民币仍然保持着向国际货币转变和发展的趋势，在国际贸易、跨境投资、国际信贷和储备等方面中国人民币的作用发挥得越来越明显，目前，人民币已经成为真正意义上的第五大支付货币，同时在 SDR 权重占比上是处于第三位的国际货币。随着人民币跨境业务的有序推进，中国正着重推动、完善人民币基础设施和制度建设。人民币跨境业务的畅通也为中国在国际市场上的业务拓展，经济金融改革深化创造了良好的基础条件。2019 年初，中国人民银行工作会议再次强调人民币国际化进程的前进方向和政策着力点：完善人民币国际化的使用政策，推动人民币更好地为实体经济服务，为跨境贸易和投资奠定良好的基础；进一步完善和优化中央银行间货币合作框架；推动人民币市场流动性服务框架的形成。这些目标的提出为人民币国际化的前进方向提供了参考。

随着中国与老挝在国际贸易和投资领域合作的深化，人民币逐渐成为两国经济往来中的常用工具，在跨境结算和交易过程中的使用愈发普遍。经深入研究发现，对人民币的使用不仅仅局限在中老边境贸易上，人民币在老挝金融中的地位也有了极大的提高。由于以中老经贸往来为基础的人民币国际化进程与巴黎、伦敦离岸金融中心有着极大的区别，具有实际职能的人民币在结算和计价功能上得到了更好的发挥。由于在东盟国家中老挝金融环境较为宽松，其本身的金融环境与缅甸、柬埔寨和越南等国又有着极大的共同点，因此老挝推动使用人民币结算对人民币国际化在整个东南亚地区的实现具有前瞻性意义。

三 在老挝推行人民币国际化业务

2018 年，中国已经超越其他国家成为老挝第一大出口国，第二大进口国，双方贸易依存度不断提高。随着人民币国际化进程的加快，中国进口商的议价能力提升，双边贸易结算中的人民币使用比例日益增长。同时，中国与老挝经济结构互补性较强，投资发展潜力大。由于老挝自然资源丰富，国家经济整体发展水平不高，中国与老挝具有较强的贸易互补性。同时，中国也是对老挝直接投资的第一大国。随着中国“一带一路”倡议的提出和推动，人民币国际化进程不断加快，中国在老挝的投资项目逐渐从基本经济往来拓展到基础设施建设等各个领域，投资额大幅增加。随着基础设施的进一步完善，贸易往来拓展将使得中国与老挝的经济往来对人民币有更大的需求。老挝国际金融市场环境较为宽松，为人民币国际化提供了有利条件。

但是，由于人民币国际化进程于 2019 年才正式开始，相较其他国际货币而言，该进程持续的时间仍然较短，因此人民币在老挝本地金融体系中的使用频率依然较低。随着中国与老挝经济贸易往来日益密切，人民币在经济活动中的使用会逐渐增多。但由于人民币国际化进程中部分对人民币的使用活动带有逃离的目的，这种不稳定、不确定的经济活动使得短期国际资本流动的不确定性上升，风险增加。首先，要达成稳定使用人民币作为交易手段的目标，仍然需要长期演进过程。其次，由于中资企业和商业银行相关业务开展的熟练程度不高，对市场的适应和磨合还需要一定的时间，业务从万象拓展到其他城市和地区也需要进一步发展。再次，对老挝国内商业银行的研究发现，其人民币相关业务处于起步和拓展阶段。以老挝外贸大众银行为例，自 2017 年以来，其外币存款机制刚开始使用，人民币流通业务对于其自身发展而言仍然需要降低成本和进一步完善业务流程。同时，受老挝央行政策的影响，老挝对人民币存贷款业务的利息做了规定，在一定程度上限制了人民币存贷业务的发展。老挝央行规定商业银行的存贷款利差不得超过 4%，由于人民币存贷款业务数量少，缺乏相应的派生机制，因此人民币相关业务的开展也较落后。最后，受历史因素的影响，老挝国内普遍和习惯使用美元进行交易，美元普及化程度高，在境内外贸易结算中的使用覆盖范围广。除此以外，由于泰国在 2017 年以前是老挝第一大进出口国，加上地理位置上的优势，两国在经贸往来上对泰铢的使用十分广泛。由于中资银行在老挝分支机构较少，需要奔波于两地办理简单业务，十分不便，同时受到“地下钱庄”的影响，用于购买机械、设备和其他往来的人民币更多地从该途径流向老挝境内，这种途径处于中国政府监管范围以外，对中国人民币管理造成问题。针对人民币在老挝的国际化，我们建议：

第一，需从更深层次上了解和把握老挝政策。通过对老挝政府、银行诉求的分析发现，它对中国主要有以下两点期望：一方面，希望中国海关提高政策透明度，明确中国海关休假和工作安排，进一步提高服务全面性、及时性和透明度；另一方面，老挝外贸大众银行期望在中国国内设置分行，更大限度地满足中老之间资金流动的需求，全面提升跨境清算交易体制发展程度。以此为基础，中国监管机构应当放宽对注册资本等相应指标的要求，对资本充足率、盈利能力等指标进行考察，激励老挝银行和企业进入中国设置分行，同时，加强人才交流和培训，提升老挝金融机构人员的业务能力。

第二，完善中国与老挝货币互换协议和机制。中国已经成为老挝第一大直接投资国。然而，在企业和个人等其他机构投资的过程中，仍然需要经历在国内兑换成美元而后将美元兑换为基普的过程，两次兑换过程所面临的费用和汇率风险较高。签订互换协议将在一定程度上改善两国货币汇兑环境，降低风险与成本。同时，货币互换协议在一定程度上具有培育和辅助人民币实现国际化，促进人民币更好地发挥支付、计价和储备功能的作用，为人民币国际化程度的加深奠定基础。

第三，扩大中老商业银行间人民币现钞跨境调运规模。虽然人民币现钞调运业务已经有所展开，但根据实际情况分析发现，现有规模并不能与民众日益增长的需求相匹配，中老商业银行合作的下一步应当着力于扩大现钞调运业务规模，开展专业化调运业务，进一步实现对人民币国际化进程的推动，增加市场主体对人民币的认可度，从而提高人民币在东盟国家的国际地位和国际声誉。

第四，在万象以外地区开设中国银行分支机构。为满足中资银行在老挝市场上进一步拓展业务的需求，中国政府与老挝政府应当进行进一步的政策沟通和协调，通过制度管理上的适应性调整，放开中资银行开设分支机构的权限，从而满足中老企业对人民币业务的相关需求。

第五，鼓励中老货币直接报价机制的形成和发展。就当前发展状况而言，云南省处于中国与老挝边境地区的发展程度较高的部分银行，如富滇银行等，已经有能力形成人民币对基普的每日直接报价机制，同时也有意愿进一步发展直接报价机制。直接报价机制的形成将有利于人民币与老挝货币基普之间形成更方便和广泛的汇兑交易，有利于提高货币汇兑机制的透明程度，将对市场主体降低自身经营成本，降低隐藏汇兑风险产生不可估量的有利作用。正规的银行交易、汇兑体系机制的形成将有利于银行的健康发展，排除“地下钱庄”对人民币国际化进程所产生的威胁，有利于两国正规金融系统对非正规金融系统产生对抗作用，从而在更深层次上促进中老两国金融经济合作，推动人民币实现进一步国际化。

四 合作创新涉农金融服务

指导和鼓励老挝金融机构与中国金融机构展开合作，创新涉农方式。一是综合运用金融工具，发挥财政、金融政策合力，拓宽中小企业、涉农企业融资渠道。二是以金融创新支持新型农村经营主体和现代农业发展。推进农村产权确权登记颁证，建立农村产权的管理、评估、流转、融资等服务平台。三是开展小额信用贷款、农民创业就业贷款业务。加快建设涉农资产评估体系，发展专业性林权抵押评估机构，开展林权、土地承包经营权、农村居民房屋所有权“三权三证”抵押贷款业务。四是建立完善开发性金融扶贫机制，完善扶贫贴息贷款管理实施办法。支持政策性金融机构在集中连片特困地区配置专项信贷资金，扩大政策性信贷业务覆盖范围。通过再贷款、再贴现和差别准备金动态调整等货币政策工具，增加农村合作金融机构可用资金规模。

第十一章

中国—柬埔寨金融合作

柬埔寨王国（the Kingdom of Cambodia）位于中南半岛南部，与越南、柬埔寨和老挝毗邻，面积约18万平方千米，首都是金边。人口约1480万人，高棉族占80%，华人华侨约占7%。官方语言为柬埔寨语（又称高棉语）。我们将考察柬埔寨经济历程、发展规模及其经济结构的变化，考察其相对落后的经济发展水平下的金融发展规模与结构变动，从金融结构的视角探讨两国金融合作的空间和推进策略。

第一节　柬埔寨经济发展考察

柬埔寨是工业基础比较薄弱的传统农业国，对于国际援助较为依赖。其贫困人口约占总人口的1/10。其最新一届政府正实施第四阶段的国家发展“四角战略”（即农业、基础设施建设、私人经济、人力资源开发），该战略以增长、就业、公平、效率为核心，并提出要促进经济多元化发展。

一　柬埔寨经济发展历程与现状

1993年在国内政局基本恢复稳定之后，柬埔寨经济开始逐渐恢复增长。在过去的20年间，柬埔寨总体保持着平均6%以上的经济增长速度，迅速发展为“亚洲经济新虎”（如图11－1所示）。这主要归功于其奉行的对外开放的自由市场经济政策，推行经济私有化和贸易自由化。起初，刚恢复稳定的柬埔寨由于受到经济生产要素短缺和政治党派矛盾仍未消除等不稳定因素的影响，经济增长处于十分缓慢的状态。虽然1995年柬埔寨实施了一系列积极政策，使得GDP增长率提高至24.5%，但是在随后的几年中，GDP平均增长率再次回落到-3%左右。而在1999—2007年长达9年的时间里，柬埔寨经济步入高速增长的黄金期，其年均GDP增长率约为12%。

在2008年金融危机中，柬埔寨失衡的经济结构和过大的对外贸易依存度使其脆弱的经济无法承受危机所带来的巨大冲击，经济增长严重停滞，GDP增速在2009年下跌至0.47%，在东南亚国家中跌幅最大。随后得益于国际社会的援助以及欧美市场需求的回升，柬埔寨的经济得以迅速复苏并稳步上升。2010—2019年，其经济增长率保持在8%以上，人均GDP也于2014年正式突破1000美元大关（如图11-2所示），在两年后柬埔寨正式脱离最不发达国家行列，成为中等偏下收入国家①，柬埔寨从此站在新的经济增长起点上。2019年，柬埔寨的GDP增长至267.28亿美元，为1993年GDP的11倍，GDP增长率达到9.3%，是过去10年中最高的。该增长率主要得益于其国内的服装鞋业加工、旅游、建筑业、农业等传统支柱行业的贡献。2020年，在新冠肺炎疫情席卷全球的背景下，柬埔寨各行业均遭受重创，经济发展严重受阻，其旅游、建筑等传统支柱行业更是备受打击，所以其总体经济呈现出负增长状态。

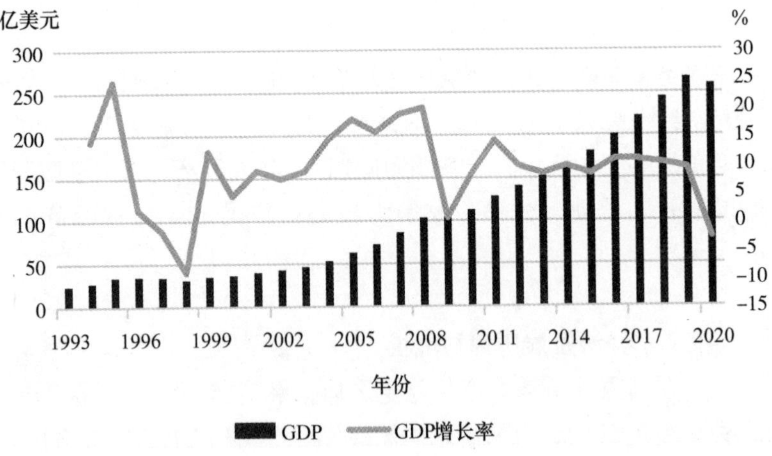

图11-1 1993—2020年柬埔寨GDP及GDP增长率

资料来源：国际货币基金组织网站。

① 《柬埔寨正式脱离最不发达国家行列》，2016年7月，驻柬埔寨经商参处（http://cb.mofcom.gov.cn/article/jmxw/201607/20160701354780.shtml）。

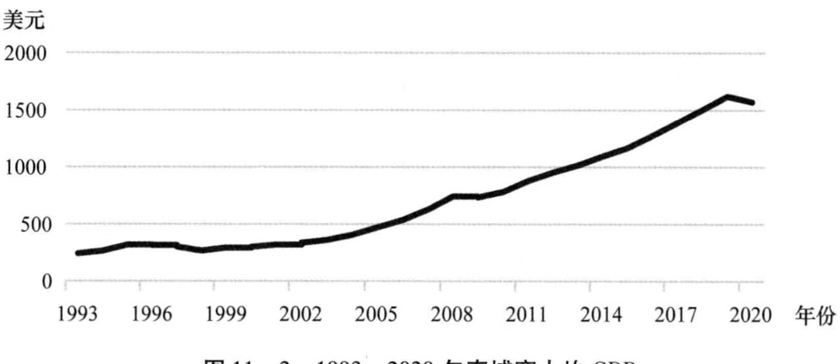

图 11－2 1993—2020 年柬埔寨人均 GDP

资料来源：国际货币基金组织网站。

二 柬埔寨的经济结构

农业是柬埔寨支撑国内经济起步的支柱性产业。在柬埔寨和平重建时期（1993—1999 年），丰富的自然资源和充裕的廉价劳动力优势以及政府的大力扶持，农业增加值占 GDP 的年均比重约为 44.7%。2000—2004 年，由于技术水平较为落后和资金短缺等原因，农业增加值开始下降，占 GDP 的年均比重降至 32.5%。2004 年柬埔寨加入世贸组织之后，通过出口导向型经济拉动农业经济的增长，并且随着柬埔寨农业制度的逐步完善，2005—2011 年，其农业增加值占 GDP 的比重逐渐恢复上升。2011 年以后，随着其国内经济结构的调整，柬埔寨的农业增加值占 GDP 的比重逐年下降，2016 年之后的占比已经不足 25%。

柬埔寨工业基础薄弱、门类单调，但是发展比较迅速。由于受到战争的破坏，1993—1999 年，其工业处于相对比较缓慢的初始起步阶段，占 GDP 的年均比重约为 15%。其中，作为出口导向型产业的制衣业在其工业部门中占据十分重要的地位，并且对国际资本的依赖程度较大。2000—2007 年，得益于欧美国家的优惠政策，其制衣业快速增长，同时也带动了其工业的增长，工业增加值占 GDP 的年均比重升至 31.6%。2008—2011 年受金融危机的影响，工业增加值开始小幅下降，占 GDP 的年均比重基本保持在 22%。2013 年以来，柬埔寨的工业增加值占 GDP 的比重呈现逐年增加趋势，2019 年工业增加值占 GDP 的比重达到 34.2%。

柬埔寨服务业于 1999 年以后在 GDP 中基本占据主导地位，其中旅游业是拉动柬埔寨服务业发展的重要动力，这一经济结构在低收入国家中较为独特。但是由于柬埔寨国内基础设施不完善，因此其服务业的发展受到一定的阻碍。1999 年以后，随着柬埔寨重建后经济复苏，其国内的基础设施也开始逐步完善，从而带动旅游业和房地产等服务业的快速发展，服务业占 GDP 的比重维持在 44%—46% 的范围（如图 11 - 3 所示）。

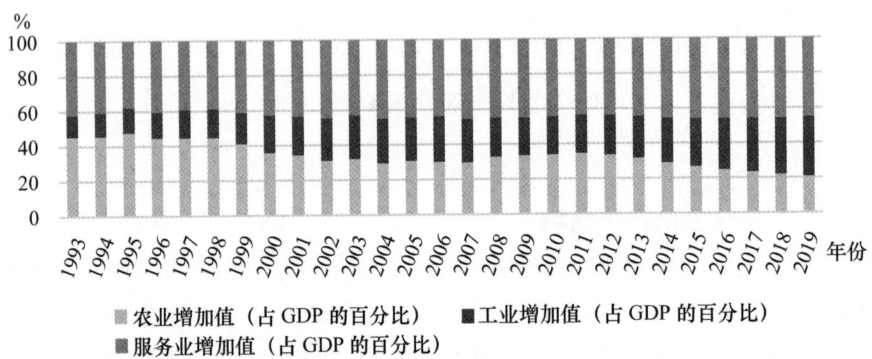

图 11 - 3　1993—2020 年柬埔寨三大产业占 GDP 的比重

资料来源：世界银行网站。

柬埔寨的外贸发展得益于自身的地理区位优势，以及欧美等发达国家给予的特殊贸易优惠政策。同时，柬埔寨 2004 年第一个以低收入国家的身份加入世贸组织，更进一步促进了其对外开放程度。自和平重建时期以来，其外贸依存度大幅提高，特别是在加入世贸组织的 5 年里，贸易额占 GDP 的年均比重达到 137.51%，虽然随后因受到金融危机的滞后影响而有所下降，但是贸易额占 GDP 的比重依旧大于 100%，并且在危机之后该比重重新上升（见图 11 - 4）。

柬埔寨的国际贸易收支长期处于逆差状态，再加上其失衡的经济结构，使得柬埔寨对外部市场变化的风险抵御能力较弱。并且在全球经济下行和欧美市场需求减少的环境下，柬埔寨的制衣和制鞋等依赖外部出口市场的产业所面临的压力增大。

在柬埔寨和平重建时期，它获得国际社会的官方发展援助（ODA），促进了经济的恢复与增长。在此期间流入柬埔寨的外资以官方发展援助为主，这有力地推动了柬埔寨各产业的重建。2004 年以来，随着柬埔寨国内环境的逐渐改善及其加入世贸组织，它吸引了越来越多的国外直接投资

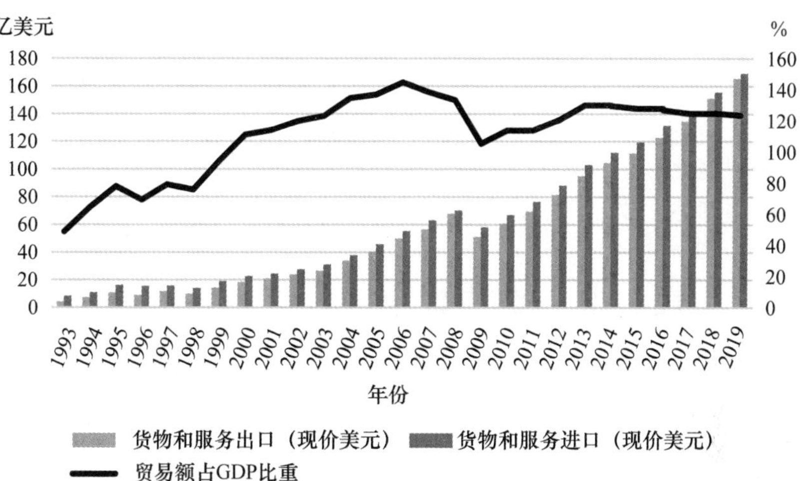

图 11－4 1993—2019 年柬埔寨货物和服务进出口额及贸易额占 GDP 的比重

资料来源：世界银行网站。

（FDI）。2007 年，流入柬埔寨的 FDI 占 GDP 的比重也首次超过了 ODA，此后 FDI 占 GDP 的比重继续上升，并且占据主导地位，成为推动柬埔寨经济增长的主要动力（见图 11－5）。

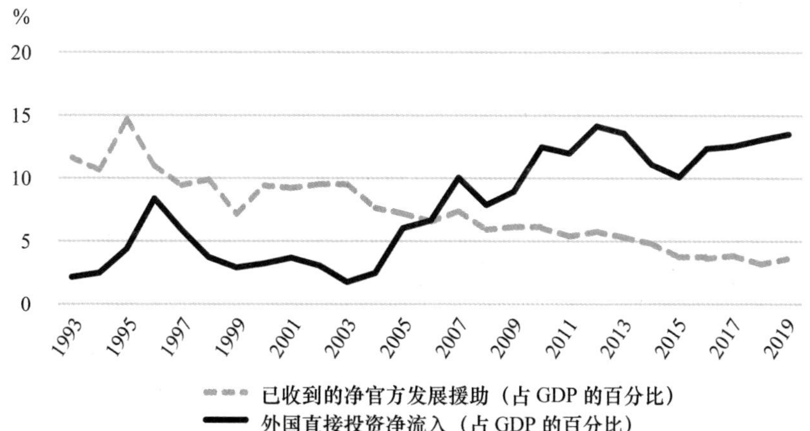

图 11－5 1993—2019 年柬埔寨收到的净官方发展援助和外国直接投资净流入占 GDP 的比重

资料来源：世界银行网站。

柬埔寨高度美元化和自由市场经济使得外来投资资本进入的壁垒低、限制少，但是柬埔寨对外资的依赖度过高。比如，在柬埔寨工业中的支柱产业——制衣业中，由外资拥有或控制的制衣企业约占九成。所以这也将在一定程度上阻碍其推行独立的产业政策。此外，外资较多流入其比较热门的经济领域，也不利于柬埔寨产业结构的转型和升级。

第二节 柬埔寨金融体系发展历程

在1953年独立后，柬埔寨立即着手建立自己独立的金融体系，行使自己的货币发行权。在西哈努克执政时期，柬埔寨先后建立了国家发展银行、高棉商业银行和国家信贷银行。至20世纪60年代末期，柬埔寨基本建立起自己独立的金融体系。相比于其他东南亚国家，柬埔寨的金融体系在和平重建中从无到有并迅速成长，原本落后的现状正被不断地改变。随着柬埔寨经济水平的提高，其国内涌现出大量新的中层阶级，他们所体现出的消费水平和消费行为也引领了一股新的支付、信贷和移动技术潮流。柬埔寨的金融体系是多方面因素综合作用的结果。下文将首先探索柬埔寨金融体系的发展历程，对柬埔寨金融业的建立、发展以及逐步趋向完善的不同阶段进行探讨；其次从金融调控体系、金融机构体系、金融市场体系、金融监管体系四个方面介绍柬埔寨金融体系的基本架构。

一 柬埔寨金融体系的建立

柬埔寨金融业发展起步较晚，但其发展速度相对较快。20世纪90年代，柬埔寨政府进行了一系列金融改革，逐步建立起以银行体系为主导，并以小额贷款作为有效补充，同时整合证券和保险行业的金融体系，但货币市场尚未形成，资本市场才刚刚起步。

柬埔寨国家银行始建于1954年。1954年柬埔寨摆脱法国殖民统治，赢得国家独立之后，柬埔寨银行获得了柬埔寨国民币——瑞尔的印刷权。自1954年以来，该银行负责管理柬埔寨的银行体系至1964年。1975年红色高棉执政期间，柬埔寨国民银行被拆除，其银行大楼被摧毁。因此，柬埔寨货币瑞尔的使用于1975年被中止。1980年，红色高棉政权结束后，柬埔寨国家银行开始重建。1992年，柬埔寨国家银行改名，成为影子机构，而它仍有权发布规则与公告说明。自1993年至今，柬埔寨国家银行在现有金融体系的基础上逐步实现现代化。

柬埔寨保险业的发展实际上始于1956年。在1975年红色高棉政权期间，保险业的发展也被打断。直到20世纪90年代，柬埔寨保险业才开始发展，当时只有一些必要的法律法规被用来满足社会经济发展的需要，用以补偿受害者在自然灾害、事故和其他灾难中所遭受的损失。但是保险的全部功能直到2000年颁布“保险法”以及随后颁布相关法律法规才开始得以实现。2000年8月，柬埔寨经济和财政部颁布了关于“金融业部门组织和运作”法规。金融工业部保险部门（FID）的任务就是发展保险业，重点落实保险业的法律法规、监管框架、制度框架，举办保险研讨会、开展培训课程，以讨论市场发展和培养公众对于使用保险服务好处的意识等，特别是提高柬埔寨保险市场的公众可信度和透明度。

柬埔寨证券业于1995年进入萌芽期，由经济和财政部领导并建立证券工作小组，开始筹备证券市场规章的起草和证券交易所的建立工作。但是这些工作却随着其国内1997年7月爆发的政治动荡和武装冲突事件而被迫中断。到2006年左右，在柬埔寨经济经过10年的高速增长后，建立证券市场的计划才再次被提出。因为柬埔寨政府意识到其国内很多企业的融资渠道十分局限而且融资成本过高，因而其国内快速增长的经济发展需要难以得到满足。2006年11月，柬埔寨经济和财政部与韩国证券交易所签署了关于《柬埔寨证券市场发展》的备忘录。2008年，柬埔寨经济和财政部与韩国交易所签署了另一项关于《在柬埔寨王国建立柬埔寨证券交易所》的谅解备忘录。2009年3月，以柬埔寨经济和财政部为代表的柬政府和韩国证券交易所（KRX）签署了《合资协议》，以建立股票市场（柬埔寨证券交易所有限公司），并根据《公共企业总条例》的规定使柬埔寨证券交易所有限公司成为公共企业。随着柬埔寨证券交易所在2010年注册成立，以及第一个境内公司在2012年挂牌上市，柬埔寨的证券业正式建立。然而，自建立以来，其证券市场的上市公司数量规模、总市值以及股票交易市场上的账户和交易量的增长都十分缓慢，并且市场规模小，因而证券市场难以发挥应有的作用。

二　柬埔寨金融体系的发展阶段

一方面，随着柬埔寨经济的持续快速发展，其自身发展相对滞后的金融体系难以很好地满足国内与日俱增的对于相关金融产品和服务的需求，所以存在着巨大的金融供需缺口，并且其金融发展也难以为其维持长久的经济增长与发展提供支持和动力；另一方面，在经济结构方面，柬埔寨国内以家庭为基础的农业以及以小规模企业为主的发展特点，使得其国内资金需求规模小、频率高、分布广泛。此外，柬埔寨国内旅游业的发展也会带来大量外国游客的日常金融需求（如支付、汇兑等）。以上各个部门金融需求的满足都需要一个以提供针对性金融服务为基础的金融体系，而这也发展形成了柬埔寨金融体系的重要特征。

柬埔寨的金融发展起步较晚，其政府为加快经济发展步伐，致力于加强金融市场和金融部门改革，并且加强相关立法、政策措施的制定和执行，建立健全相关机构。同时柬埔寨也得到了国际金融组织的支持，充分了解并吸收了各国金融发展的经验，使得其在发展过程中的战略错误或政策错误较少。柬埔寨银行业发展迅速，以中央银行作为监管机构的核心，初步建立起了比较完善、高效的银行体系，而证券、保险等行业发展却相对滞后，规模相对较小。

柬埔寨证券业的发展不是很顺利，整体市场规模和交易量都相当缓慢。相比之下，柬埔寨保险业虽然仍处于发展初期，但发展速度很快。柬埔寨保险业由国家和私人两种性质的保险公司组成。截至 2018 年，全国共有 12 家普通保险公司和 8 家人寿保险公司。购买保险的主要对象也从最初的国际机构或非政府组织逐渐普及到普通民众。

三 柬埔寨金融体系的完善与展望

柬埔寨政府在国际金融机构的支持和帮助下进行了一系列重大经济改革，以维持本国经济始终沿着正确的道路发展。这些改革包括将经济组织模式由计划经济模式转变为自由市场经济模式，与国际金融业重新建立联系，确保金融业稳定发展。柬埔寨逐步完善和巩固了由银行绝对主导、小额贷款机构进行有效补充、证券保险业共同发展的金融体系。

柬埔寨金融体系在其重建初期的宏观调控效果非常有限，并且公众对银行体系的信心不高。因此，柬埔寨政府继续推进法律法规改革、能力建设、标准提升、金融透明化和主要财务基础建设等措施的实施，促进了柬埔寨银行体系的建设。同时，加强中央银行对银行体系的监管，也推动其整个银行体系更为完善和高效。近年来，柬埔寨的金融总量和占 GDP 的比重一直在上升，广义货币 M2 持续增加，从 1993 年占 GDP 的比重不到

5%，到2018年则超过了100%。

自2010年以来，柬埔寨在小额贷款方面取得了快速而显著的增长。小额贷款机构的增加可以从消费者贷款、消费者存款、资产、新机构、新型金融服务和产品等方面的增长中体现出来。一方面，在农村地区，小额贷款作为资金来源起着重要的作用，让农村人民建立和发展中小企业，这对减轻农村贫困状况，提高人民生活水平，特别是拉动农村乃至全国的经济发展做出了积极的贡献。因为借款人需要在获得贷款审批前提交清晰的业务计划和还款计划，平均贷款规模的增加不仅表明农民的信贷需求和应用的不断增加，也反映出农村生活水平的提高和经济的增长。另一方面也增加了公众对经济和小额贷款机构财务状况的认识和信心。小额贷款机构严格按照规定执行相关业务标准，流动性水平和偿付能力也保持着较高水平，分别为138.46%和19.26%，远高于最低监管要求所规定的100%和15%。

融资租赁业务自2012年开展以来取得了重大进展。截至目前，根据金融租赁和金融租赁业务规则，柬埔寨国家银行租用了9家金融租赁公司，这一行业在补贴中小企业方面发挥了重要作用，帮助它们扩大了经营，为人民创造了收入，为经济社会发展做出了贡献。这一部门的主要作用体现在资产翻番和信贷增长上，融资租赁业务的资产和信贷分别从2014年的1863亿瑞尔、1470.6亿瑞尔增加到了2015年的4103.5亿瑞尔、3449.7亿瑞尔。柬埔寨融资租赁总公司有857名员工和17家分支机构，为4341.3万名消费者提供服务。

柬埔寨2018年度报告显示，2018年，柬埔寨金融业保持着强劲增长，主要得益于存款与贷款额的强劲增加，以及低水平的坏账率。柬埔寨金融业仍保持着强劲增长并在全国扩大营业范围，参与推动国家经济增长。2018年，柬埔寨银行与金融机构流动资产已增至400亿美元，比2017年增长19.4%。贷款基金为41亿美元，比2017年增长23%；资本金为48亿美元，比2017年增长23.8%；存款额为221亿美元，比2017年增长15.3%；贷款额为245亿美元，比2017年增长18.8%，存款用户有620万个账户，贷款用户则有260万个账户。银行坏账率为2.8%，小额贷款机构坏账率为1%。

2019年7月12日，柬埔寨首相洪森出席并主持内阁会议，会议通过了“2019—2025年金融包容性国家战略草案”。该战略草案是柬埔寨政府“2016—2025年金融包容性国家战略”的更新版本，旨在给出一个全面和清晰的具有效率的行动计划，建立一个稳定、高效和具有包容性的多元化金融市场和金融系统。该战略草案的目的旨在让未获得正规金融服务的妇女比率减少一半，即从2019年的27%，减至2025年的13%；扩大公民使用正规金融服务的比率，从2019年的59%增至2025年的70%，并且改善国民家庭生活、支持经济增长、稳定收入和消除贫困。为了实现该草案规划，柬埔寨打算优先执行六个行动计划：第一，鼓励在正规金融机构存款；第二，促进中小型企业贷款改革；第三，扩大结算系统能力；第四，扩大保障服务；第五，加强金融业监察能力；第六，提高金融用户的权益和保障机制，并提高金融透明度。

四 金融调控体系

（一）货币政策调控

柬埔寨中央银行——柬埔寨国家银行是货币政策调控的主体，其主要任务是确定和指导货币政策以维持价格体系稳定，并在国家经济和金融政策框架内促进经济发展。通过稳健的货币政策，将通货膨胀率控制在较低水平上，即将年均通胀率控制在5%以下（这对发展中国家是合适的）。然而，在高度美元化的经济背景下，货币政策的有效实施受到限制，柬埔寨国家银行失去了作为最后贷款人的能力。目前，实现物价稳定的货币政策工具是制定存款准备金率和进行外汇干预。同时，柬埔寨国家银行正在通过发行可转让存款证、发展银行间货币市场、推广瑞尔使用等方式，开发额外的货币政策工具，以提高货币政策效力。

另一个重要的相关机构是货币政策委员会，该机构是柬埔寨国家银行的一个高级别政策委员会，旨在评估该国的经济和金融发展情况，并就货币政策做出决定，目的是维持价格体系稳定。货币政策委员会每季度举行四次会议。会前由经济研究及国际合作署、统计署的经济学家及其他职员组成秘书处小组，为货币政策委员会准备详细的分析及报告。根据其报告，货币政策委员会将讨论和评估经济的不同方面，涵盖自上次会议以来的主要经济和金融发展。货币政策委员会将把这一分析与他们对未来一段时间内经济和物价可能走向的判断和预测结合起来，然后再决定政策选择，以确保物价长期稳定。

（二）财政政策调控

根据柬埔寨政府于2013年10月16日颁布的第488号法令，柬埔寨经济和财政部负责指导和管理柬埔寨的经济和财政金融事务，并根据经济原则，维护市场和社会公平发展，改善人民的生活条件。通过正确设计和实施与宏观经济管理有关的政策、监管框架和法规来执行公共财政政策调控，管理国有资产，投资以及金融业和其他相关法律法规。其职责如下：制定和监督政府经济金融政策的执行情况；调整经济和金融结构，在经济和财务管理方面建立良好的治理分析框架；监测和预测短期、中期和长期的经济形势，并与其他国家和地区合作，制定针对和改善经济管理的措施；指导和参与实施柬政府关于经济和金融部门国际合作以及柬埔寨融入世界经济的政策，特别是在东盟一体化框架内推动柬埔寨在全国范围内建立统一的金融体系。

第三节　柬埔寨金融机构体系

近年来，在国际金融机构的帮助和支持下，柬埔寨政府积极推进金融改革，使以银行体系为主的金融机构体系逐渐恢复稳定。柬埔寨政府持续促进法律和规章的改革、能力的建构、标准的改善、金融透明化与主要金融基础设施的建立，以强化柬埔寨的金融机构体系。柬埔寨有很大的经济发展空间，特别是在经贸、金融、外汇政策开放等方面，金融机构体系仍有很大的发展前景。柬埔寨国家银行是柬埔寨的中央银行，同时也是整个金融体系的监管主体，其内设监管部门专门负责对所有金融机构实施监督管理。其中，银行类金融机构在数量上占据了柬埔寨金融市场上的很大份额，在一切经济金融活动中发挥着举足轻重的作用。而在柬埔寨银行类金融机构中，商业银行又以 369 家的绝对数量占据着最大比重。相对地，非银行类金融机构则主要以小额信贷机构为主。可见，除银行机构外，小额信贷机构对柬埔寨经济金融活动也起着不可小觑的作用（见图 11 -6）。总之，柬埔寨的金融机构种类单一，规模偏小，结构失衡，非银行金融机构与银行机构在种类、数量等方面均存在较大差距。此外，银行对外开放度不大，外资银行在银行机构中所占比例偏小，柬埔寨与不同国家推进银行业间的跨境合作仍有较大的发展空间。

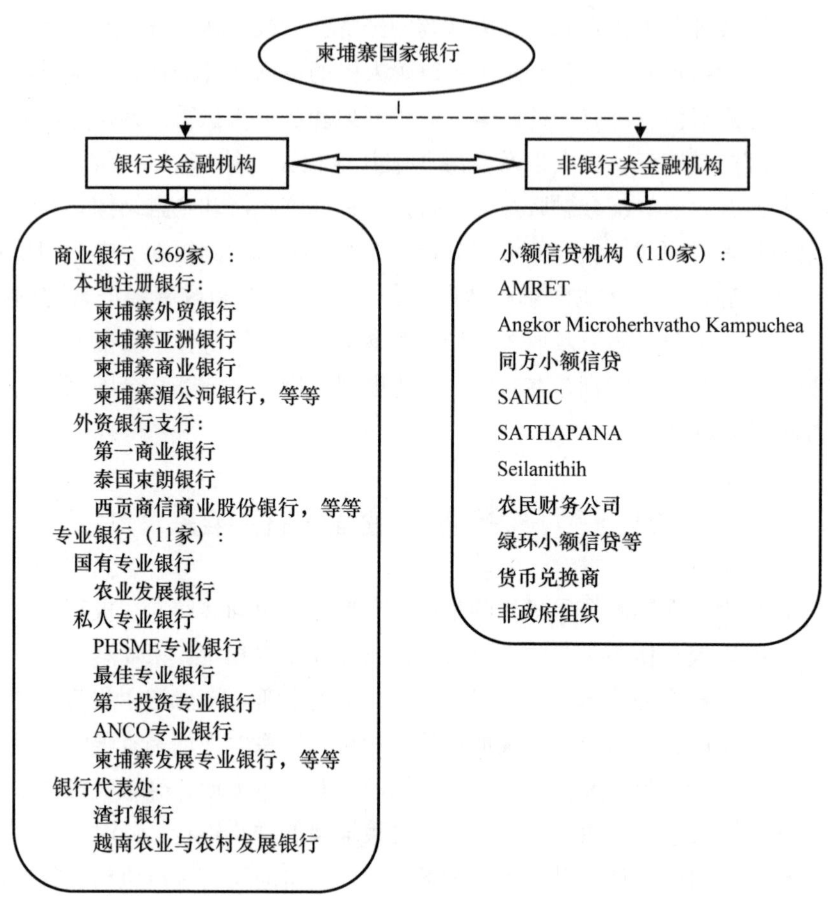

图 11－6 柬埔寨金融体系架构

资料来源：柬埔寨国家银行网站。内容经作者整理后获得。

一 银行类金融机构

柬埔寨银行体系由国家银行（中央银行）和商业银行构成。1989 年，柬埔寨改变单一银行制，建立国家银行和国有外贸银行。1991 年，柬埔寨开始开放银行业，允许私人资本建立商业银行。在随后几年里，外国银行分支机构、本国银行、专业银行、外国银行代表处、小额金融机构等数十家商业银行纷纷建立。柬埔寨银行业体系经过不断的发展和优化，已形成商业银行、专业银行、外国银行的分公司或办事处以及一些以小额贷款机构为主体的银行业结构体系，它们在柬埔寨的金融体系中占据主导地位。1989 年，柬埔寨开始改变单一银行制，建立国家银行和国有外贸银行。1991 年，柬埔寨银行业实施开放，由私人资本建立的商业银行开始获得允许。外国银行分支机构、本国银行、专业银行、外国银行代表处、小额贷款机构等数十家商业银行在随后几年里纷纷建立。此外，柬埔寨的银行业监管采用的是单一监管体系，即中央银行是监管机构。

柬埔寨的中央银行是柬埔寨国家银行（National Bank of Cambodia，NBC），是一家独立的中央银行，成立于 1954 年，总部位于金边，它也被称为“红色银行”或“Banque Rouge”。它负责制定银行政策和发布银行决定、规定、通知以及其他指令。

（一）当地商业银行

柬埔寨有九家比较有代表性的本地注册商业银行：一是 ACLEDA Bank Plc。该银行是一家根据《柬埔寨王国银行和金融机构法》成立的股份制商业银行，是其国内领先的零售银行之一，成立于 1993 年 1 月，是全国性的小微企业发展和信贷非政府组织。该行于 2000 年 10 月 7 日获得柬埔寨国家银行的特许，成为一家专业银行。2003 年 12 月 1 日，柬埔寨国家银行再次授权 ACLEDA Bank 为商业银行，使其能够根据客户和市场的需要提供全面的银行服务，并更名为 ACLEDA Bank Plc，随后该银行推出了许多新的金融服务，包括现金管理和贸易融资，以满足其现有客户和潜在客户的需求。它采用了世界一流的银行技术，使交易得以进行，并且其拥有柬埔寨最大的分行网络，使客户能够方便地获得银行的任何服务和产品。该银行也是柬埔寨第一家受到国际顶级评级机构——标准普尔和 GIIRS 评级的银行。其 51% 的股份由柬埔寨企业实体和个人所有（包括其员工），其余 49% 由三井住友银行（18.25%）、联合银行（12.25%）、ORIX 公司（12.25%）和三个投资基金（Triodos 可持续金融基金会、Triodos 公平分享基金，以及 Triodos 投资管理公司管理的 Triodos 小额贷款基金）（6.25%）所有。截至 2019 年 10 月底，ACLEDA Bank Plc 已扩展形成 262 个分支机构，分布在柬埔寨所有省市。如今，ACLEDA Bank Plc 提供电子银行、贷款、存款、本地和国际资金转账、贸易融资、现金管理、货币兑换和许多其他银行服务。

二是加华银行（Canadia Bank Plc）。加华银行成立于 1991 年 11 月 11 日，当时名为“柬埔寨黄金与信托有限责任公司”，是柬埔寨国家银行（柬埔寨中央银行）和加拿大籍在柬华人的合资企业，其管理层包括柬埔寨国家银行的前员工和加拿大籍在柬华人等股东。加华银行当时的主要业务是黄金交易，并为当地商人提供黄金牌匾制造和贷款服务。自 1998 年私有化以来，加华银行已成为柬埔寨最大的本地银行，拥有全球代理银行关系网络和坚实的本地与国际客户基础，在贷款和存款方面占据着绝对的市场份额。目前，其通过总行及其在金边和全国其他各大城市的 57 家分行提供广泛的金融服务。

三是柬埔寨外贸银行（Foreign Trade Bank of Cambodia）。该银行的总部位于金边，提供包括储蓄、定期存款、贷款、贸易融资、汇款和货币兑换等业务在内的一系列个人和商业银行服务。该银行是根据 1979 年 10 月 10 日柬埔寨前政权颁布的第 1213 号二级法令设立的。2000 年，该银行脱离柬埔寨国家银行的直接管理，永久地转变为柬埔寨的国有商业银行，具有公共经济企业的特征，并打算进行自主经营。2001 年 1 月，该银行从中央银行获得银行执照，在柬埔寨经营商业银行业务，自 2001 年 1 月 4 日起，为期三年。这是第一个授权银行作为独立于中央银行直接管理的独立法人实体运营的许可证。2004 年 1 月 8 日，该行从中央银行获得了第二个银行执照，有效期为自该日起的三年。该行现持有商业银行牌照，该牌照已于 2006 年 12 月 21 日被无限期续期。2002 年 12 月 31 日，柬埔寨经济和财政部通过一份意向声明，宣布作为柬政府金融部门改革的一部分，将该银行私有化。2005 年 10 月 28 日，以私有化委员会为代表的银行股东与加拿大银行和荷兰国际集团控股公司签订了销售协议。中央银行出售其 20% 的股份，欧洲货币基金组织将其 80% 的股份减至 10%。2009 年，根据中央银行的建议，加拿大银行将其持有的股份从 48% 减至 15.22%，两名新的私人股东分别持有 15.39% 的股份，进入柬埔寨外贸银行的核心股东层。为反映股东和董事会的变动，该行于 2010 年 4 月 12 日修订了公司组织大纲和章程。2011 年 3 月，卡纳迪亚银行将其剩余的 15.22% 的股份等分出售给了两名私人股东。截至 2011 年底，荷兰国际集团股东持有该行 44% 的股份、两名私人股东各持有 23% 的股份，经济和财政部持有其余 10% 的股份。

四是柬埔寨联合商业银行（Union Commercial Bank）。该银行成立于 1994 年，总部位于金边，是柬埔寨重要的本地商业银行之一，该银行于 2017 年被 E. SUN Commercial Bank 以 100% 的股份全资收购。经过 25 年多的发展和成长，已拥有 13 家分行。

五是 ABA Bank。该银行于 1996 年作为 Advanced Bank of Asia Limited

成立，为包括个人、微型企业和中小企业在内的客户群体提供一系列全方位的银行产品和服务。该银行以一系列现代化的金融服务接触到大量客户，如今在全国拥有多家分行和网点，以及先进的网上银行和手机银行平台。经过 20 多年的发展壮大，ABA 在市场上的地位明显增强，跻身于柬埔寨国内前三大商业银行之列。

六是柬埔寨亚洲银行（Cambodia Asia Bank，CAB）。该行于 1993 年 2 月 23 日在柬埔寨开始运营，总部位于金边，该公司拥有十多个分行。它提供贷款、储蓄账户、汇款外资和其他金融服务。

七是 Vattanac Bank。该银行是一家零售和商业银行，于 2002 年在柬埔寨开展业务，其总部和办事处位于金边，分行位于暹粒。

八是 MARUHAN Japan Bank Plc。2008 年 5 月，该行成为柬埔寨第一家日资商业银行，旨在通过提供日本的各种银行服务和投资，为柬埔寨的发展和增长做出贡献。此外，该行也是第一家向柬埔寨小额贷款机构提供无担保贷款的商业银行。2012 年 12 月，MARUHAN Japan Bank Plc 收购了柬埔寨领先的小额贷款机构 SATHAPANA Limited。

九是 Booyoung Khmer Bank（BKB）。Booyoung Khmer Bank 于 2008 年 7 月 16 日开业，该银行是柬埔寨的第 22 家商业银行，也是韩国在柬埔寨设立的第三家全资商业银行。

（二）外资商业银行

柬埔寨有七家比较有代表性的外资商业银行分行或子银行：一是柬埔寨澳新银行（ANZ Royal Bank Cambodia）。该银行是澳新银行的子银行，于 2005 年开始在柬埔寨提供相关银行产品和服务。它是澳大利亚与新西兰银行集团有限公司和皇家集团公司的合资企业。2016 年，它被 *Global Finance Magazine* 评为柬埔寨最佳外国零售银行。

二是柬埔寨大众银行（Cambodian Public Bank）。柬埔寨大众银行是大众银行集团（大众银行集团是马来西亚较大和实力较强的国内银行集团之一）的子银行，成立于 1992 年 5 月 25 日。目前，它运营着 31 个分支机构。截至 2018 年 12 月 31 日，柬埔寨大众银行的实收资本为 9000 万美元，是柬埔寨商业银行中资本最雄厚的，股东资金和资产规模分别为 50750 万美元和 24 亿美元。在公众的信任和大力支持下，柬埔寨大众银行已发展成为柬埔寨领先的银行之一。

三是 Kookmin Bank Cambodia Plc。该银行是韩国国民银行（KB Kookmin Bank）在柬埔寨的全资子公司。其主要提供汇款、存款、贷款、外汇业务和投资银行等金融服务，服务对象涵盖柬埔寨的个人和企业客户。

四是 Maybank Cambodia。Maybank Cambodia 是 May Bank 在柬埔寨的分行。1993 年 12 月，May Bank 在金边开设了第一家分行，开始其在柬埔寨的业务。该银行为投资于柬埔寨基础设施发展和服务业的马来西亚以及新加坡的公司提供全面的银行产品和服务。此后，该银行在当地金融市场上为柬埔寨企业提供全方位的银行服务，扩大了其客户群。该行所有的交易都是用美元进行结算的。为了扩大在柬埔寨的业务范围和市场份额，Maybank 启动了一项分行网络扩展计划，该计划使其分行的规模迅速增长。2012 年 4 月，Maybank 在当地注册成立，成为 Maybank（Cambodia）Plc。

五是中国银行（香港）金边分行。中国银行（香港）金边分行是经中国银监会批准设立的，中国银行总行全资拥有的直属分行。金边分行由柬埔寨中央银行核发营业执照，可以经营全能商业银行业务。金边分行成立于 2010 年 12 月 8 日，坐落在柬埔寨首都金边。分行经营柬埔寨国内及国际所有商业银行产品及服务。目前主要从事公司金融、贸易金融、个人金融及全球市场业务等，产品及服务包括公司及个人的各类存贷款、外汇买卖、汇出及汇入款、国际结算、贸易融资等业务，服务对象包括个人和企业。金边分行自营业以来各项业务开展顺利，经营业绩超过预期。秉承“中银”卓越品牌、国际化网络、全球服务、地方智慧理念，以及对中柬两国经济社会的深入了解，致力于为中柬两国企业及民众提供优质、高效、全方位的金融服务。2013 年，该银行获柬埔寨中央银行批准，成为柬埔寨本地和跨境人民币业务清算银行，为当地银行同业提供全面的人民币业务清算服务。

六是中国工商银行金边分行。中国工商银行金边分行于 2011 年 11 月 30 日正式对外营业。主要开展结算、银行卡、电子银行、融资和人民币等业务，依托中国工商银行全球清算网络优势和科技实力，为广大公司客户提供各类存款、汇款、清算、贷款、贸易融资、业务咨询等广泛的金融服务。

七是第一银行（First Commercial Bank）。第一银行早在 1998 年即设立柬埔寨金边分行，旨在提升其国际竞争力，强化亚太市场布局，同时也成为柬埔寨的首家台资银行；在随后的 2009 年、2010 年及 2014 年该行加速拓展网点，增设中洲、奥林匹克、桑园及堆谷四家分行，目前于金边市区共有5处服务网点。2015年为提升营运综合绩效，扩大营运基本盘，并掌握柬埔寨市场发展商机，该行再次获得柬埔寨国家银行（National Bank of Cambodia）核准，增设永盛及水净华两家分行，使其在柬埔寨的营业网点增至7处，建构了更加完整、全面的金融服务网络，深化耕耘当地市场。

（三）专业银行

柬埔寨有三家具有代表性的专业银行：一是Rural Development Bank。Rural Development Bank属于国有专业银行，于1998年根据其国家法令成立。该行是一家独立的公共企业，被授权处理所有银行业务和贷款服务，以支持小额贷款行业，受柬埔寨经济和财政部以及柬埔寨国家银行监管。其主要目标是为参与柬埔寨农村发展的持牌金融机构、商业银行、专业银行、小额贷款机构、协会、社区和中小企业提供服务和再融资贷款。

二是第一投资专业银行（First Investment Specialized Bank，FISB）。第一投资专业银行属于私营专业银行，该银行完全有权向中小型企业发放固定和透支贷款。第一投资专业银行于2005年6月6日获得柬埔寨国家银行的专业银行执照后，在商务部注册成立。自2005年10月开始运营以来，该行的资产和客户呈指数级增长，它向几乎所有级别的民间社会（从农村农民到城市商人）提供贷款服务，已成为柬埔寨银行业的一个组成部分，为未来的持续增长和服务铺平了道路。

三是PHSME Specialized Bank Ltd。PHSME Specialized Bank Ltd属于私营专业银行。该银行于2001年3月21日在当地注册成立，并于同日获得柬埔寨国家银行的执照，成为一家专业银行，随后开始营业。该行的执照规定，该行可利用其资本资源向中小企业、贸易、农业和小企业提供贷款，并提供与该部门有关的其他现金服务。

（四）小额贷款机构

在柬埔寨中央银行的定义中，从信贷支持等金融机构的间接融资功能出发，小额贷款机构也包括在银行体系的范围内。在列举这些机构之前，先介绍一个重要机构——柬埔寨小额贷款协会，该协会是一个非政府组织和专业协会，旨在确保柬埔寨小额贷款部门的繁荣和可持续性。它在创建本地和国际网络、寻求股权和贷款资金、新技术以及监督小额贷款机构之间的冲突解决方面发挥着至关重要的作用。所有这些活动都使每个小额贷款机构成员变得更加强大和成功，从而吸引了国际市场的支持，使行业得以扩大。目前，该机构的成员包括7家具有吸收存款资质的小额贷款机构、68家其他小额贷款机构、10家融资租赁公司，以及11家农村贷款机构。

柬埔寨有15家比较有代表性的小额贷款机构：一是AMRET Co. Ltd.。AMRET Co. Ltd.是柬埔寨领先的小额存贷款机构，也是柬埔寨十大金融机构之一，该机构具有吸收存款资质。它拥有著名的国际股东，是Advans集团的全资子公司。该机构为客户提供适合他们需求的金融服务，为支持柬埔寨企业家，有针对性地开发了一套金融服务，包括为农民提供灵活方便的贷款，以及为中小型企业提供中等贷款。此外，AMRET还为农村和城市家庭以及企业提供全套的存款、储蓄、支付和转账服务，以管理他们的预算，实施他们在柬埔寨各地的项目。AMRET的起源可以追溯到1991年法国一个名为GRET（Recherche et d'Echanges Technologiques）的组织在三个省建立的一个适度的农村贷款计划。2000年，在Horus Development Finance的技术支持下，该项目转变为一家私营有限公司EMT，注册股本为3300万克朗，股东为GRET和SIDI。2001年，EMT从柬埔寨国家银行获得小额贷款机构（MFI）许可证。2002年，EMT在法律上承认了两个新股东，LFP和Proparco，合计拥有20%的资本。2003年，I & P作为新股东加入EMT。EMT于2004年6月14日更名为“AMRET”，LFP收购了Proparco。2006年，Advans SA SICAR成为股东。2008年，根据柬埔寨银行法，Advans成为主要股东和“有影响力的股东”，拥有31.32%的股本。AMRET在2009年1月获得了作为接受存款货币金融机构的经营许可。2012年，Advans SA收购了Oikocredit，将其在资本中的份额增至44.42%。AMRET加强了其基于现金流的个人贷款方法，并试点其中小企业贷款产品。2013年，AMRET推出中小企业贷款和农业金融试点，这是一种农村贷款产品，为中小型农业企业家提供扩大活动所需的资金。在2015年3月成为Advans集团的全资子公司后，AMRET在8月推出了移动金融服务。目前，AMRET正在更新其品牌，以便在未来的项目中继续支持其客户。随着AMRET移动应用程序的推出，数字化进程仍在继续。

二是AMK。AMK是一家小额存贷款机构，具有吸收存款资质。该机构于2003年根据柬埔寨小额贷款条例成为一家独立公司，并于2004年获得柬埔寨国家银行的小额贷款许可证。此后 AMK 快速成长，到2005 年首次实现营业利润，同时其对外借款获得批准，并建立了社会绩效管理机制。在接下来的几年里，AMK 的核心贷款业务迅速增长，其分支网络扩展到全国的各个省份。2010 年，AMK 实施了战略转型，将自身从一家只提供农村贷款的企业转变为一家更广泛的小额贷款服务提供商。这一战略的驱动力是希望为柬埔寨得不到相关金融服务的穷人提供更广泛的金融服务，从而帮助这些人改善他们的生计。2010 年，AMK 小额贷款接受存款许可证（MDI）的发放是这一过程中的一个重要里程碑，它使 AMK 开拓了新的产品和渠道。到 2011 年中，这一存款产品已推广到所有分行，同时还推出了国内转账产品。2012 年，这两项服务扩展至所有 113 个 AMK 分行和支行。AMK 还在 2011 年和 2012 年推出了基于代理的移动银行解决方案（代理银行）。截至 2018 年 12 月，约有 3000 名员工在柬埔寨近 13000 个村庄为近 80 万名客户提供服务。

三是 HATTHA KAKSEKAR Ltd.。HATTHA KAKSEKAR Ltd. 是柬埔寨一家大型小额存贷款机构，由柬埔寨国家银行授权，该机构具有吸收存款资质。该机构在市场上经营超过 25 年，通过 177 家分行及分布在全国的 129 台 24 小时自动取款机，为小微企业及消费者提供多元化的金融服务，例如小微企业及中小企业贷款、房屋贷款、家居装修贷款、储蓄存款、转账及其他金融服务。截至 2019 年 6 月，该机构的存款量为 5.63 亿美元，存款用户达到 213651 人，而贷款组合为 8.81 亿美元，借款人达到 140820 人。如今，HATTHA KAKSEKAR Limited 是泰国第五大商业银行 Bank of Ayudhya（Krungsri）的子公司，也是日本重要银行集团 MUFG Bank（世界上较大、较多元化的金融集团之一）的成员。

四是 PRASAC MFI Ltd.。PRASAC MFI Ltd. 是一家小额存贷款机构，具有吸收存款资质。该机构成立于 1995 年，是欧盟资助的一个促进柬埔寨六个省经济发展的农村发展项目。2004 年，作为一家私营有限责任公司在商务部注册为 PRASAC MFI Ltd.，并获得柬埔寨国家银行的许可，开展小额贷款业务。2010 年，该机构从柬埔寨国家银行获得了小额存贷款机构执照。2012 年，PRASAC 将注册资本从 150 亿克朗增加到 800 亿克朗，共有 5 名股东：BIO、DCG、FMO、LOLC 和 PSCo。2014 年，PRASAC 将注册资本增加到 1880 亿克朗。2015 年，PRASAC 获得 Planet Rating “A & Stable” 等级，并在安全倡议、财务绩效和零售银行业务方面获得 IDG 的三项杰出奖。同年，PRASAC 将注册资本增加到 2880 亿克朗。年末，公司总资产超过 10 亿美元。2016 年 7 月，PRASAC 将其注册资本增加至 4400 亿克朗，股东有 5 家：BIO、DCG、FMO、LOLC 和 PSCo。同年，PRASAC 在其 20 年的运营中达到了一个新的重要里程碑，实现了 10 亿美元的未偿贷款组合。2017 年 3 月，PRASAC 的注册股本为 4400 亿克朗，由东亚银行（BEA）、Lanka ORIX Leasing Company（LOLC）和 PRASAC Staff Company（PSCo）三名股东分配。2018 年 4 月，PRASAC 实现超过 10 亿美元的存款余额。5 月，PRASAC 被小额贷款国际评级机构 Microfinanza Rating（MFR）评为 A 级，前景“稳定”。2019 年 1 月，PRASAC 在东亚银行、Lanka ORIX Leasing Company 和 PRASAC Staff Company 三家股东中增加注册资本 6720 亿克朗。目前，PRASAC MFI Ltd. 是柬埔寨最大的小额贷款机构。它在 24 个省开展业务，为 9 万多个活跃的借款人提供服务，其中约一半是妇女。

五是 KREDIT Microfinance Institution。KREDIT Microfinance Institution 是柬埔寨较大的小额存贷款机构之一，具有吸收存款资质。该机构由世界救援组织于 1993 年成立，为柬埔寨城乡贫困妇女提供金融服务。自 2004 年转为专业小额贷款机构以来，KREDIT 以其高质量、高利润以及对客户和社区发展的强大贡献，显示出其稳健的增长。2010 年末，KREDIT 获得了柬埔寨国家银行（NBC）颁发的小额存款机构（MDI）牌照。

六是 LOLC（Cambodia）Plc（原名 Thaneakea Phum Cambodia Ltd.）。LOLC（Cambodia）Plc 是一家小额存贷款机构，具有吸收存款资质。其专注于为处于社会经济金字塔底部的企业家和家庭提供经济机会，以提高他们的生活质量，已经成为柬埔寨第四大小额贷款机构（按借款人数量和 GLP 计算）。该机构成立于 1994 年 12 月，作为 Catholic Relief Services（CRS）和柬埔寨农村重建和扶贫战略的一部分，开始提供小额贷款服务，使农村妇女能够获得小微企业贷款。2002 年，LOLC 成功地从 CRS 剥离出来，注册为一家有限责任公司，并于 2003 年获得柬埔寨国家银行的许可，成为一家受监管的小额贷款机构。2010 年 1 月，总部位于美国，对社会负责的新兴市场基金管理公司发展中国家市场（DWM）从 CRS 收购了该机构的多数股权。DWM 凭借其丰富的管理经验、严格的监督和高标准，使其能够大大改善运营情况。随着 TPC 的快速发展，LOLC 小额投资有限公司（LOMI）对 TPC 的投资产生了兴趣，并收购了 TPC 的大量股权。2015 年，Thaneakea Phum Cambodia 有限公司更名为 LOLC（Cambodia）有限公司。同年获得柬埔寨国家银行存款许可证，2018 年在新加坡注册成立的 LOLC Private Limited 收购了 LOLC（Cambodia）Plc 的多数股权。

七是 WB Finance Microfinance Institution。WB Finance Microfinance Institution 也是一家具有吸收存款资质的小额存贷款机构，WB Finance 是韩国领先的商业银行 Woori Bank 的家族成员。

八是 SATHAPANA Bank Plc。该机构最初成立于 1995 年，当时名为 SATHAPANA Limited，是一家非政府组织，它在被收购时已成为一个接受存款的小额供资机构，向全国低收入者提供资金，在柬埔寨经济发展和增长方面有着良好的贡献纪录，在各省设有 140 多个分支机构和服务点办事处。在与柬埔寨国家银行和其他政府监管机构进行了多次磋商之后，SATHAPANA Bank Plc 于 2016 年 4 月成立，当时拥有 1.2 亿美元的实收资本，由 160 家分行、73 台自动柜员机和 3458 名员工构成。

九是 Vision Fund Cambodia。Vision Fund Cambodia 的任务是通过向有需要的家庭提供小额贷款和其他金融服务来改善儿童的生活，并使其客户能够成功地发展业务，从而使他们的孩子在健康和教育方面得到改善。

十是 MAXIMA Microfinance Plc。MAXIMA Microfinance Plc 是柬埔寨领先的小额贷款机构之一，总部设在金边。2000 年，该机构启动了小额贷款业务。2005 年，获得柬埔寨国家银行小额贷款许可证并命名为 MAXIMA 公司。2014 年，持有亚洲小额贷款机构多数股份的日本公司 Gojo & Company Inc. 作为新股东加入 MAXIMA。MAXIMA 的创始成员都来自银行业，因此他们都非常了解通过向个人、团体和中小企业提供小额贷款金融服务的价值。

十一是 Intean Poalroath Rongroeurng Ltd. 。Intean Poalroath Rongroeurng Ltd. 是由两位柬埔寨个人 Oknha Phou Puy 先生和 Hao Simorn 女士于 2003 年创立的。它是柬埔寨碾米工协会联合会的一个贷款部门，旨在缓解那些无法获得贷款以扩大生产的碾米厂企业家的资本约束。2005 年 1 月，该公司在柬埔寨国家银行注册为农村贷款机构。同年 7 月，该单位转变为一家私营有限责任公司，并在商务部正式注册，名称为“Intean Poalroath Rongroeurng Ltd.”。2005 年 8 月，该公司获得了柬埔寨国家银行颁发的小额贷款机构执照。该机构在获得注册和小额贷款机构执照后将重点转向小农户。2008 年，柬埔寨国家银行将该机构的小额贷款机构执照作为永久许可证续期。2010 年，公司所有权发生重大变化。2010 年 7 月，Hao Simorn 女士将其拥有知识产权的全部股权转让给 Oknha Phou Puy 先生。2010 年 12 月 31 日，Leopard Cambodia Fund 运营的柬埔寨第一只私募股权基金（Leopar Manual Fund）通过 IPR（HK）Limited 收购了该机构 33.65% 的股权。2015 年 8 月 31 日，IPR（HK）Limited 通过中央银行的正式批准，将其全部股权出售给 Oknha Phou Puy。从此公司的全部股份所有权归 Oknha Phou Puy 所有。

十二是 SAMIC Limited。SAMIC Limited 于 1994 年 3 月作为柬埔寨卫生委员会的小额贷款计划开始成立。该计划是通过更广泛的减贫方案减少结核病发病率努力的一部分。该机构现在通过位于金边、贡布、坎达尔、暹粒和西哈努克六个省的分支机构来提供小额贷款服务。SAMIC 还为农村家庭提供小额保险，为这些家庭中发生的意外死亡提供保护。

十三是 Entean Akpevath Pracheachun。Entean Akpevath Pracheachun 是一家小额贷款机构，由 16 名股东拥有，并于 2007 年 1 月 10 日从柬埔寨国家银行获得小额贷款机构许可证。该机构的使命是通过向希望创建或扩大中小型企业以增加就业机会及提高农村和城市社区生活水平的客户与企业家提供小额融资服务，为柬埔寨的社会经济发展做出贡献。

十四是 Micro Finance Institution Atom Capital Ltd.。Micro Finance Institution Atom Capital Ltd. 由日本投资者高桥明弘（董事长）投资设立，该机构于 2016 年 4 月 24 日获得柬埔寨国家银行的许可，并于 2016 年 6 月 23 日对公众开放，为中小企业以及各个行业的个人提供贷款。

十五是 Active People's Microfinance Institution Ltd.，Active People's Microfinance Institution Ltd. 于 2011 年 3 月 21 日在柬埔寨商务部注册为一家有限责任公司。柬埔寨国家银行从 2011 年 8 月 18 日起授予该公司作为微型金融机构开展业务的永久许可证。

（五）融资租赁公司

柬埔寨有七家比较有代表性的融资租赁公司：一是 Chailease Royal Leasing Plc。Chailease Royal Leasing Plc 是 Chailease 集团和皇家集团共同成立的合资公司，该公司在金边开业，并于 2017 年 2 月获得柬埔寨国家银行的融资租赁业务许可证。公司的核心业务是汽车和机械融资租赁。

二是 ELIN Leasing Plc。ELIN Leasing Plc 成立于 2015 年 2 月 17 日，

是一家上市有限公司，拥有柬埔寨国家银行的融资租赁业务许可证。

三是 GL Finance Plc。GL Finance Plc 是第一家获得柬埔寨国家银行成立许可的金融租赁公司，于 2012 年 5 月开始在柬埔寨开展商业活动。公司的主要活动是开展融资租赁业务和柬埔寨国家银行允许的任何其他形式的融资业务。

四是 I-Finance Leasing Plc。I-Finance Leasing Plc 成立于 2014 年，旨在满足本地人在购买摩托车、汽车和电子设备方面的巨大金融服务需求，并提供具有竞争力的利率。

五是 K FUND LEASING Plc。K FUND LEASING Plc 成立于 2013 年 1 月，旨在为客户提供融资租赁服务，于 2014 年 9 月获得柬埔寨国家银行颁发的融资租赁许可证。

六是 Mega Leasing Plc。Mega Leasing Plc 成立于 2013 年 2 月，主要目标是为本地消费者和企业提供租购融资租赁服务，如机动车、电子设备及家用电器、家具、农业设备及机械等。Mega Leasing Plc 公司于 2014 年 1 月获得柬埔寨国家银行的融资租赁业务许可。

七是 Toyota Tsusho Finance（Cambodia）Plc—TTFC。TTFC 于 2014 年 6 月成立并于同年 10 月开始运营，其总部位于柬埔寨金边。该公司于 2014 年 10 月 3 日获得柬埔寨国家银行（NBC）的许可，经营金融租赁服务，其主要股东是 Toyota Tsusho Corporation，现为丰田汽车、摩托车、农机、工程机械提供融资租赁服务。

（六）农村贷款机构

柬埔寨有三家比较有代表性的农村贷款机构：一是 BORVOR Finance Plc。BORVOR Finance Plc 以前是 CARE Cambodia 的一个小型经济活动开发项目，由 AusAID 通过 CARE Australia 提供资金支持。该项目已于 2003 年 1 月 1 日转变为当地一家名为 BORVOR Finance Plc 的非政府组织。自 1998 年 1 月以来，BORVOR 在柬埔寨率先推行信用合作社模式，在信用合作社九项国际运作原则的基础上推广储蓄和节俭习惯。实际上，它是一个信用合作社联合会，于 2002 年 12 月 6 日在柬政府内政部登记注册。2003 年 3 月 7 日，该机构还通过在柬埔寨国家银行注册，作为农村小额贷款服务提供商开展业务。此外，该机构还是亚洲信用合作社联合会联盟的附属成员。

二是 DAKO FINANCE Plc。DAKO FINANCE Plc 于 2013 年 1 月作为当地非政府组织成立，2015 年获得柬埔寨国家银行作为农村信贷运营商的正式许可。该机构是一家为农村贫困人口提供金融服务的专业金融服务公司，其主要服务是信贷、货币兑换和本地汇款。

三是 PCO Finance Plc。PCO Finance Plc 是一家成立于 2010 年 9 月 22 日的农村贷款机构。它首先在柬埔寨内政部登记为非政府组织，然后于 2015 年 8 月 11 日转型为小额贷款机构，并在柬埔寨国家银行注册。它主要为客户提供商业贷款，以发展小微企业。

二 保险机构

柬埔寨第一家国有保险公司是柬埔寨国家保险公司（Caminco），由柬经济和财政部于 1990 年正式成立，该公司既是保险的管理机构，同时也提供商业保险服务，并于 1993 年 6 月中旬开始在柬埔寨市场开展业务。1992 年以后，又有四家私营保险公司相继建立。截至 2018 年，柬埔寨全国共有 12 家普通保险公司和 8 家人寿保险公司。

柬埔寨有四家比较有代表性的保险公司：一是柬埔寨人寿保险（Cambodia Life）。柬埔寨人寿保险是柬埔寨首家也是唯一一家人寿保险公司。柬埔寨人寿保险成立于 2012 年，是柬政府和海外保险公司的合资企业。2015 年，皇家集团公司从经济和财政部购买了 100% 的股份，现在柬埔寨人寿保险完全由柬埔寨当地人拥有和运营。

二是柬埔寨国家保险公司（CAMINCO）。柬埔寨国家保险公司是柬埔寨第一家国有保险公司，由柬经济和财政部于 1990 年正式成立。1993 年 6 月中旬，该公司开始在柬埔寨市场开展业务。1996 年，柬埔寨国家保险公司的代理公司有四家，分别是 Indochine Insurance Union（1996—2004）、PANA Trading Cambodia（1996—2002）、Asia Insurance（Cambodia）Ltd.（1996—2002）和 Forte Trading Private Ltd.（1997—2002）。2001—2008 年，根据 2001 年 12 月 31 日颁布的第 132 号法令，柬埔寨国家保险公司从国有保险公司转变为一家公共企业，在柬埔寨保险市场上一直是经营者和参与者，2002 年 12 月 12 日，该公司是第一家获得财政部颁发的 5 年一般保险业务经营许可证的保险公司，注册资本金要求为 700 万美元（28000 万瑞尔）。2008 年 6 月，柬埔寨国家保险公司转变为合资企业，其私人合伙人 Viriyah BVB 持有 75% 的股份。

三是亚洲保险公司（柬埔寨）。亚洲保险公司（柬埔寨）是亚洲保险集团旗下的公司，成立于 1996 年 3 月 14 日，在金边注册成立。该公司资本雄厚，管理完善，业务联系广泛，以及保持着持续的发展和盈利。到目前为止，亚洲保险公司（柬埔寨）的股东已经证实了他们对柬埔寨保险市场的长期承诺，根据柬埔寨经济和财政部的规定，他们已支付了7000万美元的投资资本。

四是Infinity General Insurance。Infinity General Insurance成立于2007年，是一家完全资本化的保险公司，并且是英国最大的企业集团——皇家集团的成员，最初是为满足皇家集团无限公司的需求而成立的，现在已迅速发展成为一家领先的综合保险公司，同时发展成为柬埔寨最大的保险公司。此外，该公司还是柬埔寨唯一一家拥有国际金融“A级”评级的再保险公司，专门为小家庭、大公司客户和非政府组织的企业提供优质保险服务和保护。

三　证券机构

2010年2月23日，柬埔寨证券交易所注册成立，柬埔寨经济和财政部持有55%的注册资本，韩国证券期货交易所持有剩余的45%。根据《非政府证券发行和交易法》，柬埔寨证券交易所已获得批准，可以担任市场运营商，清算和结算设施运营商以及开展存托业务。该交易所的目标是通过基于资本市场机制，促进资本、投资和资本重新分配来实现经济高增长。2012年4月18日，金边供水局成为柬埔寨证券交易所第一个上市的境内公司，这标志着柬埔寨证券市场从无到有的建立。2016年8月，柬埔寨正式启动证券交易平台，要求股票承销商进行直接交易，以促进交易活动。交易平台启动后，柬埔寨七家股票承销商直接开设了股票交易账户的买卖账户，交易价格由双方协商确定。这就是说，经过多年的停滞，柬埔寨证券交易所正在逐步放开证券市场，完善股票市场的建设。此外，柬埔寨设立的证券业监管机构是柬埔寨证券交易委员会（SECC）。2019年6月，柬埔寨证券交易委员会与中国证监会于北京签署了双边《证券期货监管合作谅解备忘录》，旨在进一步加强中柬证券期货监管机构的监管和执法合作。①

---

① 中国证监会与柬埔寨证券交易委员会签署《证券期货监管合作谅解备忘录》，2019年6月，中国证监会（http://www.csrc.gov.cn/pub/newsite/zjhxwfb/xwdd/201906/t20190628_358405.html）。

第四节 柬埔寨金融市场体系

在经济持续发展的东盟各国中，柬埔寨受到邻国泰国、越南经济快速发展的影响，其本身也持续取得稳定的经济增长，金融市场体系逐步建立。特别是1993年以来，柬埔寨实行多党制和自由市场经济制度，通过并实施《外汇法》，实现汇率由市场调节，允许美元在市场上流通，允许外商投资者向境外汇出外汇。柬埔寨还颁布了《柬埔寨国家银行发行可交易证券的有关规定》等一系列法律法规。通过加强金融改革和金融市场整顿、强化央行的监控，柬埔寨金融市场取得一定的发展成效。

一 货币市场

柬埔寨的货币市场从严格意义上讲还尚未成形。其票据市场、短期政府债券市场和回购市场均没有建立。柬埔寨的货币市场还处于增长的初期阶段。这主要是由于银行间市场缺乏资金；缺乏做市商和中介机构的网络；发行证券缺乏基准利率。

柬埔寨国家银行于2010年10月15日颁布了《柬埔寨国家银行发行可交易证券的有关规定》，启动建立银行间市场开发项目。银行间市场开发项目的目标是：第一，在担保的基础上促进银行间同业拆借；第二，为货币政策和汇率政策目标提供更有效的工具；第三，重新分配金融机构的金融资源，促进金融市场的流动性；第四，满足市场暂时的流动性过剩需求。

二 资本市场

柬埔寨资本市场是发展停滞的资本市场，仍处于起步阶段。与银行体系相比，其资本市场的规模很小。资本市场上市公司只有四家，虽然交易非常活跃但交易量较小，基本上不能起到资本融通的作用。可以看出，柬政府希望通过融资渠道补充业务的初步设想还没有达成，它的存在更具象征性。

三 保险市场

1956年，柬埔寨保险业开始真正发展起来，但1975年红色高棉政权时期柬埔寨内战爆发，柬埔寨的保险业发展被迫完全中断。一直到20世纪90年代后，其国内保险业才开始重新发展，但其保险业在发展初级阶段仅提供一些必要的基础服务，所涉及的业务范围仍然非常狭小和有限，只能满足社会经济发展的一些基本需要，如补偿受害人因意外或自然灾害和其他灾祸所造成的伤害等。直到2000年，柬埔寨国内的保险业务在其保险法以及更加详细的相关法规出台后得以实现。而柬政府也设立了金融工业部保险部门（FID），其目的就是提高国内保险市场的透明度和公信度，重点关注保险业的法律法规、机构与监督框架，同时还会举办相关的研讨会、培训课程等，提高公众使用保险服务利益的意识。

2012年，柬埔寨保险业得到阶段性的持续增长，保险产品种类不断增加，保险业年增长率达15%，柬埔寨境内共有6家保险公司，即富得保险公司、CAMINCO、亚洲保险、CAMPUBANK LONPA保险、INFINITY保险和柬越保险公司，险种类型主要涉及财产险、工程保险、火险和汽车险等传统险种。2012年5月21日，柬埔寨首家人寿保险公司——柬埔寨人寿保险（Cambodia Life）正式成立。该公司由柬埔寨经济和财政部及四家外国保险公司（印尼PT Asuransi Central Asia保险、香港亚洲保险、泰国曼谷保险和曼谷大众保险）合资成立，双方持股比例为柬埔寨经济和财政部51%和四家外国公司49%。公司投资额为280亿瑞尔，约合700万美元，主要推出定期寿险、终身寿险和抵押贷款寿险三种人寿保险产品。虽然柬埔寨保险市场目前仍处在早期发展阶段，尚不成熟，但其发展情况渐入佳境，每一年都会有不少市场参与者投身保险业。

表11－1 柬埔寨保险市场发展大事记

年份	大事记
殖民地时代	法国保险公司占据市场
1956—1969	伴随着柬埔寨独立，柬埔寨国内保险公司逐渐取代外资保险公司占据市场
1970—1989	柬埔寨内战开始，经济活动停滞不前，保险业基本失去作用
1990	内战结束，重建经济秩序，柬埔寨国家保险公司成立
2001	开始市场经济体制改革，政府部门重组并制定各种法律制度，第一家民营财产保险机构获准设立
2002	成立国营再保险公司
2004	加入WTO
2005	柬埔寨财险协会正式成立
2012	第一家寿险公司成立

资料来源：中国保险报·中保网站。

柬埔寨保险协会（IAC）最新报告显示，2018 年柬埔寨全国保险业毛保费达到 1.964 亿美元，较上年的 1.516 亿美元增长了 30%，主要受人寿保险增长的推动。IAC 报告显示，2013 年至 2018 年，一般保险年复合平均增长率为 15.7%，人寿保险年复合增长率为 120.55%。其中，2018 年一般保险的销售额增长了 15%，人寿保险增长了 50.6%。一般保险的增长主要受汽车保险业（26.3%）、财产（15.2%）、人身意外和医疗（12.1%）保险的推动。与此同时，保险公司 2018 年共支付了 2230 万美元的一般保险索赔款。其中，越来越多的柬埔寨人正在接受人寿保险，以确保其家庭财务的未来。2018 年，人寿保险部门向柬埔寨保单持有人家庭支付了 230 多万美元的保金，超过 2017 年支付的 100 万美元。由此可见，柬埔寨家庭对人寿保险的信任和支持不断增加。IAC 认为，随着柬埔寨民众对保险福利的认识不断提高，保险业在 2019 年及未来几年内仍将实现强劲增长。

四　衍生品市场

金边衍生品交易所成立于 2015 年 9 月，并于 2016 年 6 月 24 日正式取得柬埔寨证监会（SECC）颁发的中央对手方执照（Central Counter-Party）以及衍生品经纪商执照（Derivative Broker），并于同年 9 月正式营运。到目前为止，它已与多家期货交易所、银行、期货经纪商、杠杆交易商、私募/避险基金以及投资公司合作。金边衍生品交易所于 2017 年成立交易系统服务公司，为机构客户提供系统整合、培训、24 小时支持服务。同年 5 月金边衍生品交易所与雅加达期货交易所签订合作备忘录，6 月，在中国台湾成立办事处。2019 年 4 月，期货商品正式上线。目前金边衍生品交易所已经成为柬埔寨最大的中央结算中心，并持续涉足各类金融交易市场。它希望以传统金融交易为基础，并积极向新世代交易市场发展，形成属于柬埔寨的独特的衍生品交易所。

金边公正交易所于 2018 年 9 月正式获得柬埔寨证监会（SECC）颁发的金融衍生品经纪商牌照。该交易所是经柬政府同意，柬埔寨证监会和商务部共同批准设立的，由国家中央银行颁发牌照的综合性金融交易所，是专门从事金融期货、期权、现货、债券、基金、差价合约等金融衍生品交易的公司制交易所。

第五节　柬埔寨金融体制

柬埔寨经济的一个很大特征是经济的美元化，这使得柬埔寨金融体制具有特殊性。就东盟各国乃至全世界来看，美元化进展最快的国家便是柬埔寨，柬埔寨的货币瑞尔在1美元以下的交易中起着补助货币的作用。同样被列为“脆弱国家”的老挝以及取得显著经济发展的越南也是美元化率很高的国家，但并没有高到柬埔寨的程度。

一　金融监管体系

（一）监管主体

柬埔寨的金融体系是以中央银行——柬埔寨国家银行为主的监管主体，其内设监管部门专门负责对所有金融机构实施监督管理。

法律部隶属于柬埔寨国家银行监管总局，其职责和作用是审查适用于银行和金融机构的法律法规。该部门也为与银行及金融机构有关的法律及规例事宜、与法律事宜有关的法院程序或其他决议，以及银行及金融机构及有关各方的诉讼提供咨询及意见。此外，该部还监测银行和金融机构法律和条例的执行情况。

银行和金融机构营业许可授权部门的职能是评估希望成为柬埔寨银行市场新进入者的能力和资格，并审查现有许可证的有效性、许可证的连续性和（或）许可证的有效性。此外，还联合监测和审查本地和国际金融市场的发展，并密切审查国际标准和最佳做法。

此外，对柬埔寨的证券业进行监管的柬埔寨证券交易委员会（SECC），是根据《非政府证券发行和交易法》（第NS/RKM/1007/028号令）成立的。其任务是通过保护公众投资者的合法权利和确保以公平和有序的方式进行证券的发售、发行、购买和出售，发展和维护公众投资者对柬埔寨的信心；促进证券市场的有效监管、高效有序的发展；通过购买证券等金融工具，鼓励多种储蓄工具；鼓励外国投资者参与柬埔寨的证券市场；协助促进柬埔寨国有企业私有化。

（二）监管目标和内容

柬埔寨国家银行通过进行场外和现场监督，实施基于相关规则和风险防范的方法。柬埔寨国家银行履行其作为监管机构的职责，确保国家银行和金融机构业务的透明度、安全性和稳健性，并提高公众对金融体系的信心。

现场监管部门是监管总局的一部分，它通过以下方式在维护和加强柬埔寨银行体系方面发挥着深远的作用：基于银行和金融机构的风险、规模和复杂性制定和实施战略和现场规划；制作现场评估报告，实施及时的纠正措施，跟进现场建议，以及银行和金融机构的前瞻性风险敞口；确保其遵守柬埔寨国家银行的法律法规；与银行、金融机构、其他部门、国内和跨境监管机构合作。

现场监督无论是全面检查还是有针对性的检查，都是每年或根据需要进行的。它包括根据 CAMELS 评级对银行和金融机构进行评估，该评级包括资本充足率、资产质量、管理、权益、流动性和敏感性，同时关注包括战略风险、信贷和市场风险、操作风险和流动性风险在内的关键风险。

非现场监管部门隶属于监管总局，其职责是定期监督、监测和分析银行和金融机构的运营情况，审查银行和金融机构的定期财务报告，以确保符合监管要求，并确保银行业务的安全和稳健。对银行和金融机构合规情况的定期监督包括这些机构的流动性和偿债能力等的合规情况，讨论和引入严格的防范措施，采取严厉措施防止消费贷款不合理增长，更好地管理下列领域的系统性风险：重新审视小额贷款机构的规则，以避免监管套利。讨论贷存比率，贷款价值比率和债务与收入比率等宏观审慎措施，以防止信贷风险和房地产业所造成的消费者高债务问题。

一方面，为了对银行和金融机构进行监测和分析，非现场监管部门与现场监管部门密切合作，采用基于风险的监管和前瞻性的方法，以“监管策略”的形式进行监管，评估 CAMELS 的各个要素和固有的风险以及预警系统，及时采取纠正措施。除了这些职责外，场外监管部门的另一个主要职责是审查和回应银行与金融机构的要求。

另一方面，针对银行业发展及其符合国际标准的情况，柬埔寨银行加强执行审慎规则，通过修改现行规定，有效监督和颁布新规。柬埔寨国家银行颁布了管理国内和国外人员之间信息共享的法规。此外，还发布了关于银行和其他金融机构流动性覆盖规则和风险管理框架的规定。

二 银行体制

（一）银行设置方式

柬埔寨银行机构的设置要求是分层次的（如图 11－7 所示）。首先，第一个层次是中央银行。第二个层次是商业银行，对商业银行要求最低资本金为 1300 万美元；10% 的注册资本；8% 的存款准备率；15% 的资本充足率；50% 的流动比率。第三个层次是专业银行：最低资本金要求为 250 万美元；5% 的注册资本；5% 的存款准备金；15% 的资本充足率；50% 的流动比率。第四个层次是小额贷款机构，对其的要求是比较低的，即 6.3 万美元的最低资本金要求；5% 的注册资本；5% 的存款准备金；15% 的资本充足率；50% 的流动比率。

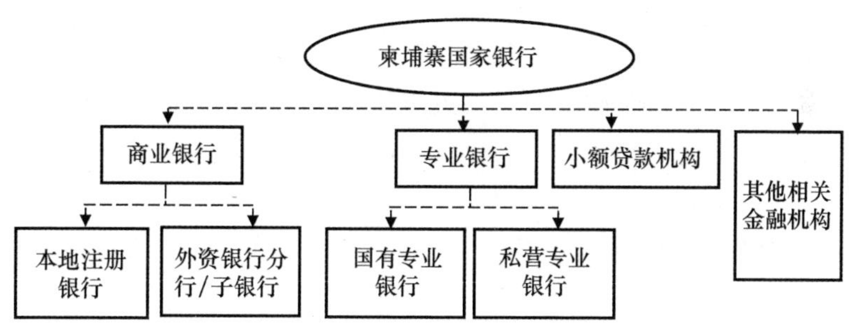

图 11－7　柬埔寨银行系统结构示意

（二）银行组成结构

柬埔寨银行体系经过不断的发展和优化，已形成的银行结构体系的主体包括商业银行、专业银行、外国银行的分公司或办事处以及一些小额贷款机构。柬埔寨国家银行 2018 年度报告显示，全国共有 433 家金融机构，其中银行 57 家，包括 43 家商业银行（15 家本地注册银行、13 家外国银行分行和 15 家子银行），14 家专业银行（其中 1 家是国有专业银行）；其他相关金融机构共有 353 家，包含 73 家小额贷款机构（其中 7 家是拥有吸收存款资质的小额贷款机构）和 273 家农村贷款机构。值得注意的是，柬埔寨中央银行主要是根据金融机构所提供的信贷支持等间接融资功能来对银行体系进行定义的，所以包括小额贷款机构在内的其他相关金融机构也涵盖在柬埔寨银行体系的范围内。

（三）职能划分

中央银行。1996 年，柬埔寨颁布中央银行法，赋予其中央银行的主要职能是：建立金融体系的法律框架，为制定金融政策提供依据；确定并指导货币政策等金融政策的制定以维持价格体系稳定；在金融政策框架内促进经济发展，增加国家资本；管理货币的发行和供给量；监督国家的支付系统；依法对柬埔寨的银行和金融机构的设立进行批准许可、颁发执照、实施监管监督；进行国际收支、外债索偿以及政府间财务清算的管理。

商业银行。柬埔寨商业银行的主要职能是：吸收存款、发放贷款以及办理与商贸相关的业务结算，为个人和企业客户提供基础的银行服务。

专业银行。根据2000年的《银行和金融机构法》，柬埔寨专业银行的主要职能是：吸收“非指定用途”的公众存款、租赁等信贷业务、对资产进行担保等。

小额贷款机构。柬埔寨小额贷款机构的主要职能是：为贫穷和低收入个人、家庭和小机构提供服务，通过贷款和其他金融支持的形式为他们提供小额贷款。

三 货币发行体制

（一）货币发行原则

货币发行原则指的是中央银行向流通界投放货币时所必须依据的法则或标准。柬埔寨的中央银行是唯一有权发行纸币和硬币的银行，即中央银行负责纸币印制、硬币铸造以及其他有关事务，例如发行纸币和硬币的安全和运输，以及在必要时负责对图版、模具和退出流通的纸币和硬币的保管与销毁。

（二）货币发行流程

柬埔寨国家银行货币发行业务由柬埔寨国家银行的专设机构具体办理。货币发行流程具体包括瑞尔的发行、回笼、调拨、保管，残缺票币销毁以及全国各地货币流通的调节和主、辅币的调剂等。

中央银行根据货币政策、货币发行制度和发行纪律以及管理办法等发行瑞尔并使之流通。通过法规确定印制或铸造的纸币和硬币的面值、度量、重量、设计及其他显著特性。经柬政府同意，中央银行有权以中央银行法规的形式决定将已发行的纸币或硬币退出流通，通过按其面值发行其他纸币或硬币来替换；未经中央银行事先书面批准，禁止复制纸币、硬币、支票、有价证券或结算卡，禁止制造设计模仿纸币、硬币、支票、有价证券或结算卡的物体。有权收回应销毁的不适用货币，并以纸币和硬币取代。

（三）货币发行制度演变

柬埔寨货币发行制度的演变主要经历了四个阶段（如表11-2所示）。

表 11 - 2　　柬埔寨货币发行制度的演变

阶段	演变过程
第一阶段（1953—1955 年）	柬埔寨在独立之前，由于其整个金融业都被法国殖民主义所操纵，没有独立的银行、金融体系。因此，其当时未能拥有和发行本国的货币的权力，而是使用法国殖民当局在殖民地区统一印制、流通的“印度支那币”，该货币与法国的法郎直接挂钩。1953 年独立之后，柬国内开始着手建立自身的金融体系。1955 年，在其央行宣告成立后，开始独立发行本国货币瑞尔
第二阶段（1970—1975 年）	由于国内政治动荡和军事冲突不断，柬埔寨金融货币陷入混乱和被废除状态。1970 年，金边政变所带来的常年战乱使得国内生产遭受严重破坏，货物短缺导致物品价格暴涨，引发恶性通货膨胀。1975 年，红色高棉执政后，建立极权主义的民主柬埔寨政权，废除货币和市场，实行按需分配和全民供给制，并且关闭所有银行
第三阶段（1980—1991 年）	1980 年，红色高棉政权结束之后，开始重建其中央银行以及金融制度，重新发行本国货币。此后，由于军费和政府开支的日益庞大，其货币供应量也随之逐年增加，所以瑞尔不断大幅度贬值，通货膨胀日趋严重
第四阶段（1992—1993 年）	1992 年，柬埔寨进入由联柬权力机构接手管理的过渡时期，在此期间，由于当局监管不力，因此导致瑞尔遭受美元涌入所带来的严重冲击。随后瑞尔贬值、物价飞涨

四　借贷资本管理体制

（一）贷款结构

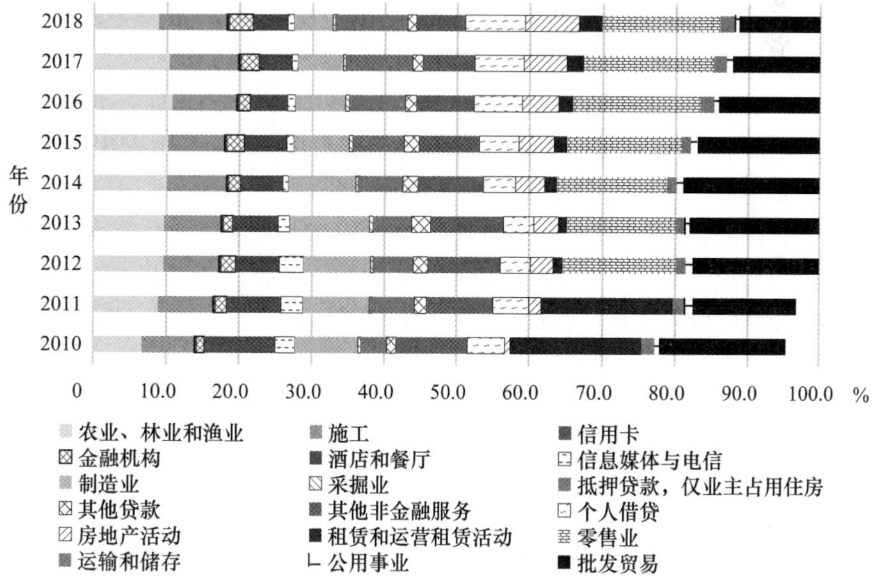

图 11 - 8　2010—2018 年柬埔寨的贷款结构（按行业划分）

资料来源：柬埔寨国家银行网站。

如图 11 - 8 所示，2010 年至 2018 年，零售业，批发贸易，农业、林业和渔业、其他非金融服务、制造业这几个行业的贷款比例接近六成。总体看来，以零售业、批发贸易、其他非金融服务为代表的第三产业的贷款占比大于以建筑业、制造业为代表的第二产业，其后则是以农业、林业和渔业等为代表的第一产业。由此可见，柬埔寨的贷款结构与其经济结构基本类似。按照细分行业来看，零售业和批发贸易的平均贷款占比位居前列，说明零售业和批发贸易已经在其第三产业中占据重要地位。农业、林业和渔业的贷款占比则基本上保持稳定，因为该类产业的主体主要依赖贷款这种间接融资的渠道筹集资金。制造业与农林渔业的贷款占比差异较小，基本在第二产业中占据主导地位。

（二）借贷资本效率

柬埔寨银行业的贷款利率高、期限较短，整体融资成本高、借贷资本效率较低。此外，柬埔寨的信贷体系不完善，其银行业的管理水平和绩效也被普遍认为是低下的。

2017 年，柬埔寨才拥有第一家“B +”国际信用评级的银行（柬埔寨 ABA 银行）。银行业的混乱导致了潜在的经济风险。柬埔寨信贷市场在 2013—2016 年平均以 30% 的速度扩张，比亚洲经济体在经济起飞时信用成长速度更快。2017 年贷款总额增至 203.5 亿美元，增长了 18%。柬埔寨银行与小额贷款机构的不断增加是引发信贷快速增长的主因，柬埔寨信贷占 GDP 的比率在 2013—2016 年已增长一倍，放贷比率对比 GDP 增长比率超出了两倍。国际货币基金组织（IMF）于 2016 年 11 月 16 日发布报告指出，国外资金不断流入柬埔寨银行，使银行贷款激增，已导致柬经济陷入严重风险，并建议柬优先降低信贷增加速度至较合理水准，以降低金融稳定风险，同时密切监督信贷增长情形。①

五 外汇管理体制

（一）外汇管理制度框架

外汇管理部门：柬埔寨国家银行是其外汇管理部门，负责执行汇率政策，对外汇储备进行管理。主要法规有《外汇法》（1997 年）、《反洗钱

---

① 《海外投融资环境与风险分析》，2018 年 12 月，新华丝路网（https://www.imsilkroad.com/db#/countryreport/22/2018）。

及反恐怖融资法》（2008 年）。

主权货币及汇率形成机制：法定货币为瑞尔。实行有管理的浮动汇率制度，由官方汇率和市场汇率两部分组成，每日这两种汇率之差为正负1%。官方汇率以前一天的日平均市场汇率为基础，根据市场流动性进行调整，主要用于银行及金融机构会计核算、海关估值及政府外汇交易。经其中央银行批准，官方汇率委员会于每日早上开会制定当日官方汇率。同时，其中央银行可以通过干预外汇市场保持汇率的稳定。①

（二）经常项目和资本项目外汇管理

首先在经常项目外汇管理政策方面，对于货物贸易，相关管理规定要求在进出口金矿原矿和其他贵金属时，若交易价值超过等价 1 万美元（含），须向柬埔寨国家银行进行申报。出口收入须通过经授权的国内银行汇入出口商的国内账户。国有或私营企业出口特定商品必须经商务部门许可。出口特殊木材须获得出口许可证，禁止出口古董和特定类别的原木。未切割宝石的出口受到管制。进口采用负面清单管理，出于国家安全、健康、环境、道德因素的考虑，禁止进口特定商品。

对于服务贸易、收益和经常项目转移，柬埔寨向非居民支付利息、特许权使用费、租金及与财产使用、股息、支付管理或技术服务有关的收入，征收 14% 的预提税。

其次，在资本和金融项目外汇管理政策方面，对于直接投资，超过等值 1 万美元（含）的境外直接投资须提前申报，外国投资者在柬埔寨的投资应事前获得柬埔寨发展委员会的批准。外商直接投资的清算收益可依据柬埔寨投资法条款自由转账。

对于资本和货币市场工具，非居民可在当地购买证券。在一级市场上，认购股票的 20% 为柬埔寨投资者预留，剩下的 80% 供居民和非居民投资。若以上分配没有实现，柬埔寨证券交易委员会会长可进行再分配。二级市场交易对非居民没有限制。非居民也可在本地销售或发行证券，发行公司可以是注册的股份有限公司或柬埔寨允许的其他公司形式。

对于信贷业务，进出口贷款及借债（包括贸易信贷）可在居民与非居民间自由进行，前提是贷款支付和偿还须通过经授权的中介机构。居民

---

①《“一带一路”国家外汇管理政策概览（2018）》，2019 年 4 月，国家外汇管理局（http：//www. safe. gov. cn/safe/2019/0422/13029. html）。

不能通过银行和金融机构向非居民发放贷款；当居民通过银行收到非居民贷款时需缴纳12.5%的准备金。在金融机构外汇业务管理方面，银行等金融机构不能发放境外贷款（包括租赁贷款和所有种类的签约担保），银行借用外债需计提12.5%的准备金。银行可以开展自身或代客衍生品交易。居民和非居民账户外汇存款准备金率为12.5%，瑞尔存款准备金率为8%。银行须保持50%的流动比率。银行必须保持单一币种净头寸和所有币种的总净头寸不超过资本的20%。

对于货币兑换机构，截至2016年底，柬埔寨共有持牌货币兑换机构73家，授权货币兑换机构2212家。柬埔寨没有正式的即期外汇市场，货币兑换机构可自主确定买卖纸币及旅行支票的汇率。外汇经纪人可经营外汇业务，维护境外账户，买入或卖出钞票及旅行支票。持有执照的货币兑换机构可直接与柬埔寨国家银行进行交易，并以顾客名义进行外币支付和转账。经柬埔寨国家银行授权的商业银行和其他代理商可进行外汇交易，并调节经常项目交易和资本项目交易。此外，若发生外汇危机，柬埔寨国家银行可发布规定对经批准的中间商的活动进行临时限制，特别是针对法律指定交易、外汇头寸及对非居民本国货币贷款的限制等，最长实施期限为3个月。

最后，在个人外汇管理政策方面，对于个人经常项目，旅客出（入）境携带超过等值1万美元的瑞尔或外币现钞须在过境时向海关申报。允许居民自由持有外汇，通过授权银行进行的外汇业务不受限制，但单笔转账金额在1万美元（含）以上的，授权银行应向柬埔寨国家银行报告。个人可开立外汇账户并从此类账户向境外转账。非居民也可开立柬埔寨本国货币银行账户，个人可通过此类账户以外币形式转账国外，涉嫌洗钱及支持恐怖活动的账户会被封锁。

对于个人资本项目，非居民不能购买土地，但可以购买公寓；非居民不能在柬埔寨售卖土地，但可以卖出或转让公寓。

第六节 中柬金融合作进展与建议

1993年柬埔寨重建后，柬政府进行了一系列重大的经济改革，包括采取较为开放的金融发展政策，试图通过加强与国际金融体系的联系，快速稳定地建立国内金融体系。这一方针政策逐渐产生了效果，各种外国资本在进入的同时带来了较为先进的人才、理念和技术，极大地促进了柬埔寨金融体系的快速建立。开放的金融体系也因此保留下来，并且开放程度逐渐加深，形成如今完全开放的金融体系。柬埔寨采用美元化，该国成了美元经济的一部分，其经济规模会相对扩大，而且使该国经济体因此获得融入美国市场以及世界市场的更加便捷的途径，使其吸引了更多的外国直接投资和证券投资，也势必为柬埔寨经济体带来更为严格的金融制度约束，货币政策的作用被削弱，央行作为“最后贷款人”的功能被削弱，中央财政的铸币税流失。为了促进柬埔寨逐渐脱离美元化，就要通过中柬金融合作，帮助其建立先进的金融制度，提高金融部门的效率，提高金融主权比重，进一步推进区域内经济金融合作。目前中国与柬埔寨的金融合作还不是太广泛，双边的金融业务合作都集中在贷款、汇兑这样的低阶段，在金融市场的开放与创新机制上还没有达到应有的水平。

一　中柬金融合作现状以及存在的问题

中柬金融合作自 2010 年两国全面战略合作伙伴关系建立以来空前活跃，同时也在两国共同参加的一系列区域金融合作机制（如 SEAN - ZA、SEACEN、EMEAP 等）的大背景下取得了较多的成果，并且随着两国国内银行等金融机构之间的密切沟通和联系而日益紧密。此外，柬政府提出的如在中柬双边贸易中鼓励积极使用人民币进行结算等举措也促进了中柬两国金融合作的不断深化。但是，中柬金融合作仍然存在以下两个问题。

（一）中柬金融合作的业务领域较窄

中国与柬埔寨金融合作的业务领域还不太广泛，主要集中在贷款、汇兑等基础业务上，其中基于经贸基础的金融合作也大多局限于两国金融机构间的货币互换上，并且在其他领域的金融合作相对较少，如为一些中资企业做融资、贷款保证等类业务还未展开。其主要原因在于柬埔寨在金融市场的创新机制与开放程度上仍旧处于比较初级的水平。

（二）金融一体化程度低、进展慢

中柬两国金融一体化程度较低、进展慢也是双方金融合作中的一个问题。一方面，从各自金融市场的发展程度来看，柬埔寨金融市场起步较晚且发展程度较低，而与之相比发展程度相对更成熟的中国金融市场在利率市场化、资本市场的开放程度等诸多方面也仍然有待进一步深化和改进。另一方面，中柬两国经济发展水平、金融市场发育程度所存在的差距导致两国在进行金融合作时，难免会出现很多问题。

二 中柬金融合作的建议

全球经济在后疫情时期开始进入复苏阶段，同时伴随着区域全面经济伙伴关系协定（RCEP）的签署，产业布局由全球化回归区域化。此外，数字经济、绿色经济等各种新形态、新领域以及新技术的出现和发展也为双方的金融合作带来新的机遇和挑战。在经济环境的新背景下，中柬金融合作将得到持续的推进和深化。在此基础上，结合柬埔寨金融结构现状和金融需求特征，对中柬两国金融合作提出几点可行性建议，以在将来为双方的金融合作创造更多的空间。

（一）加大中柬两国双边贸易投资合作

就柬埔寨而言，因为其经济发展水平较低，相对其他国家来说，其金融行业的发展显得较为落后，突出表现在金融行业规模太小，金融市场体系、机构发展不健全上。所以，要完善柬埔寨金融市场，首要的问题是扩大金融规模，同时，还应该意识到金融领域规模的发展即实体经济的发展。近年来，柬埔寨开放的金融体系给柬埔寨带来了各种外国资本，同时带来了较为先进的人才、理念和技术，极大地促进了柬埔寨金融体系的快速建立以及柬埔寨的经济增长。在中国“一带一路”倡议和区域全面经济伙伴关系协定（RCEP）签署的大背景下，可以鼓励中国企业多“走出去”，由此继续加大中柬两国双边贸易投资作为深化两国金融合作的着力点。

（二）加强中柬两国宏微观金融联系

中柬两国的金融合作，既有政府间宏观战略上加强两国金融联系、推动金融经济体系一体化以及建立联动机制的需求，又有微观金融机构间加强合作、提升金融服务能力的需求，还有民间经营主体便利贸易投资结算、促进经济交流的要求。因此，要重视各主体在深化两国金融合作中的作用，既要形成政府主导的自上而下的合作机制，又要强化民间机构对两国金融合作的助推作用，多主体共同发力，深化中柬两国金融合作。例如，经调研发现，支付宝在柬埔寨国内已经得到越来越多的使用，未来可以其为重要突破口，利用支付宝在民间生活支付场景中的强大渗透力，依托其开展金融合作。

（三）探索中柬两国金融合作的多元化

目前中柬两国的金融合作领域还不太广泛，对于为一些中资企业做融资、贷款保证等类业务还未展开。因此，随着中柬两国贸易投资的不断发展，双方金融合作可通过创新金融产品和服务并加强功能性金融合作等方式扩大合作领域，探索更加丰富和多元化的金融合作模式。可针对中柬两国金融市场的特点，开发适合的金融工具，需着眼企业在资金收付、信贷支持等方面的实际需求，拓宽金融服务范围，提升金融服务水平，包括开展双边股权合作、银团贷款、融资代理等合作。

（四）拓展跨境人民币业务

在中柬双边贸易中使用人民币进行结算，不仅可以减少对第三方货币的依赖，避免汇兑成本和汇率风险，而且可以促进中柬两国贸易投资便利化，增进两国人民的福祉。虽然中柬两国双边贸易中直接使用人民币结算的比重有所增加，但该比重与两国间经贸额不相匹配。为此两国政府需要共同做出努力，积极拓展跨境人民币业务，加大人民币在两国间的直接结算比重。例如，推动货币互换、创新跨境贸易结算方式、推动和授权更多的柬埔寨银行提供人民币结算服务等，提高人民币结算在中柬双边贸易中的使用，提升双边贸易和资金的使用效率，促进中柬两国贸易投资的便利化。

（五）加强金融人才培养和交流

通过加强金融人才培养和交流的方式充分发挥中柬两国在人才资源上的互补优势。建立金融人才培养合作机制，建设中国—柬埔寨金融人才培养基地，开展高端金融人才培训项目，共同培养国际化、复合型金融人才，为深化两国金融合作输送新鲜血液。拓展两地人才业务交流渠道，通过互访等方式加强两国金融人才的交流，增进彼此了解，促进经验传播。

三　通过金融合作优化柬方开放程度过高的金融政策

作为一个高度开放的国家，柬埔寨金融监管几乎不存在任何限制。自柬埔寨重建后，其奉行的是对外开放的自由市场经济政策，并以法律法规的形式保障国外资本进入柬埔寨金融领域的权力。此外，柬埔寨实行外汇自由兑换政策，外资可以自由进出柬埔寨，除土地投资外，对包括金融业在内的其他投资，基本不受投资比例的限制，外商既可以直接投资设立新的金融机构，亦可以入股现有的金融机构。这种开放包容的政策环境，形成了柬埔寨多元化主体以及多种所有制共同存在的金融结构体系，也为柬埔寨金融发展注入了活力。

然而，过度开放的金融政策也存在潜在风险，一方面，这会加重柬埔寨国内产业对外资的依赖，影响其国内产业政策的独立性。另一方面，这会削弱其抵御外部金融风险的能力，尤其是外资的进出不受限制这一项，当其国家境况向好时，国际资本大量涌入造成经济过热甚至产生泡沫；当金融危机到来时，外资的迅速逃离便会带来巨大的灾难。因此，金融政策与国情相适应，并且循序渐进地开放或许相对更加稳健。

第十二章

中国—新加坡金融合作

新加坡是位于马来半岛的一个城市型海岛国家，它的地理位置优越：首先，它位于马六甲海峡的东端，拥有一个至关重要的马六甲海峡关口，是太平洋和印度洋上的关键航道，是亚洲、非洲、欧洲和澳大利亚的海上交通枢纽和世界著名的航空枢纽，国土面积仅为 710 平方千米，总人口达到 561 万人（2017 年），是世界上人口密度较高的国家之一。在中国—东盟自贸区的各成员之中，新加坡的金融业最为发达，金融体系架构也最完善。新加坡金融体系有着明显的特征：综合监管、结构平衡、市场化程度高，这些均有利于新加坡与其他国家或地区实现跨境金融合作。

第一节　新加坡经济发展历程

1965 年前，新加坡凭借其优越的地理位置，成为西方经贸往来的重要港口，作为殖民经济中的贸易中转站，经济主要依靠地区贸易和英国驻军开支。1965 年独立后，新加坡坚持自由经济政策，加快发展资本、技术密集型新兴工业，积极吸引外资促进出口，逐步淡化世界转口贸易中心的角色，使经济基础得到迅速增强，并跻身于新兴的发达国家行列，成为亚洲重要的金融、运输中心及国际贸易中转站。自新加坡独立以来，其经济发展大致可以分为五个阶段。

一　第一阶段：1965—1970 年

1965 年到 1970 年，新加坡经济处于发展工业产品出口阶段，被称为“第一次工业革命”时期。新加坡和马来西亚分家事件对新加坡的经济环境形成巨大的影响，新加坡失业人口数量激增，市场上消费品缺乏，国际收支失去平衡。在此大环境下，政府的经济发展目标为创造就业机会和实现基础工业化。这一阶段的主要任务是将低价值产业转变为高附加值产业，并实施出口导向战略；同时大力建设工业区，加大对炼油和化工业这类资本密集型产业的投资，积极吸引外资创办出口工业。通过这一时期的政策引导和产业发展，新加坡出口产品质量得到有效提高，出口产品的竞争力不断上升，在先进技术方面开始在世界上占据一席之地，并为新加坡民众提供了许多就业机会，改变了过去过分依赖转口贸易的单一经济结构。自 1960 年以来，进口替代工业政策的实施，使得新加坡制造业成为其经济支柱产业。围绕制造业，国际贸易、金融中心、国际旅游业等行业也不断发展形成。这一时期，新加坡政府致力于解决失业和劳动人口增加的问题，出资将一部分失业者培训成工厂的劳动工人，将一部分人培养成城市重建的人才；在培训机构兴起的过程中，新加坡的教育事业也得到了巨大的发展，公民的文化素养不断提高。

二　第二阶段：1971—1978 年

1971 年到 1978 年，新加坡处于产业转型的过渡阶段。此时，新加坡外向型经济发展至高级阶段，被称为“第二次工业革命”时期。新加坡的工业向复杂多样化领域发展，经受住了国际石油危机和西方资本主义国家经济危机的考验，虽然 GDP 有所下降，但是仍保持着平均每年 6.4% 的增长速度。由于新加坡人口较少，在 1979 年面临劳动力短缺困境，在劳动密集型产业中，新加坡难以再发挥其比较优势，需要进行新一轮的产业调整。新加坡试图通过出口产品升级来保持经济持续发展和国际竞争力，政府为此进行了大幅度的经济改组，将劳动密集型的外向型经济发展战略向资本—技术密集型过渡，同时推行高工资高成本政策，鼓励投资于高附加值工业领域。

三　第三阶段：1979—1984 年

1979 年到 1984 年，新加坡处于发展资本和技术密集型产业阶段。

在此期间，新加坡致力于用资本密集型和技术密集型产业代替劳动密集型工业，试图从根本上解决技术落后的状况，提高劳动生产率，提高资源附加值、产品附加值、资产附加值、资本附加值、企业附加值、产业附加值。把大量生产力集中在生产具有高技术含量的产品上，在其他许多部门使用机械化、电脑化、自动化的生产工具，降低劳动密集型产业的占比，从而提高工作效率，节省人力，加快推动新加坡经济的发展。

同时，新加坡政府也推出一系列改革措施：从 1979 年到 1981 年大幅提高工资，调动广大生产者的积极性，在机械化、电脑化、自动化机械的辅助下极大地提高了劳动生产率；政府列出符合新加坡实际的重点工业项目，这些项目主要以生产高、精、尖技术产品为主，极大地推动了技术密集型产业的发展；1980 年新加坡政府投资近亿新元建立肯特岗科技园，培养高科技人才，吸引国外专家，从而加强对高、精、尖技术的研发。

四　第四阶段：1985—1990 年

1985 年到 1990 年，新加坡处于技术升级换代时期。1985 年新加坡经济发生了独立以来首次严重衰退，GDP 下降至 1.7%。这次衰退的主要原因既有外部因素也有内部因素。在国际方面，由于需求减弱、地区竞争持续激烈，许多行业陷入困境；在国内方面，由于政府未能成功地提高国内生产率，高工资高成本政策的实施效果不尽如人意，面临着亚洲其他竞争对手的威胁，国际竞争力面临下降趋势。此外，强制储蓄额度的加大，抑制了国内需求。这一阶段新加坡政府采纳了经济委员会的方案，快速调整经济政策，降低人工成本和公共设施使用费，以促进国际竞争力的恢复；通过修订工资协议办法，提高行业灵活性和生产率；通过改变税率来促进外国投资、服务业及金融业发展等。此后新加坡经济开始恢复健康发展，1985 年后建立了国内资本市场，进一步摆脱了对纽约市场的依赖。

五　第五阶段：1991 年至今

1991 年至今，新加坡处于经济增长新阶段。在 1991 年以后的数十年里，新加坡把服务业、金融业、交通运输业、旅游业作为重点发展行业，将制造业作为经济发展的支柱产业。电子工业取代劳动密集型产业时期主导的钢铁业和修造船业，一举成为新加坡制造业的龙头行业。1997 年亚洲金融危机爆发后，由于前期海外经济迅猛发展，全球经济低迷对新加坡经济造成了严重影响，新加坡和世界经济一同陷入严重的萧条中。新加坡政府开始将经济发展战略由技术密集型向具有全球竞争性的知识密集型过渡。在此期间，新加坡政府制订了三步走计划，力求把新加坡建设成为发达国家：第一步，1999 年国内人均生产总值达到瑞士 1984 年人均国内生产总值水平；第二步，到2020年人均国民生产总值争取与荷兰持平；第三步，在2030年赶超美国。为实现这一目标，新加坡政府实施了提高人口出生率、优先发展高技术产业、引进国际优秀人才、加强基础设施建设、鼓励企业走出国门等一系列新的经济政策。2010年之后，新加坡经济增速十分可观，GDP在2019年处于最高位，达到3720.62亿美元（见表12－1）。

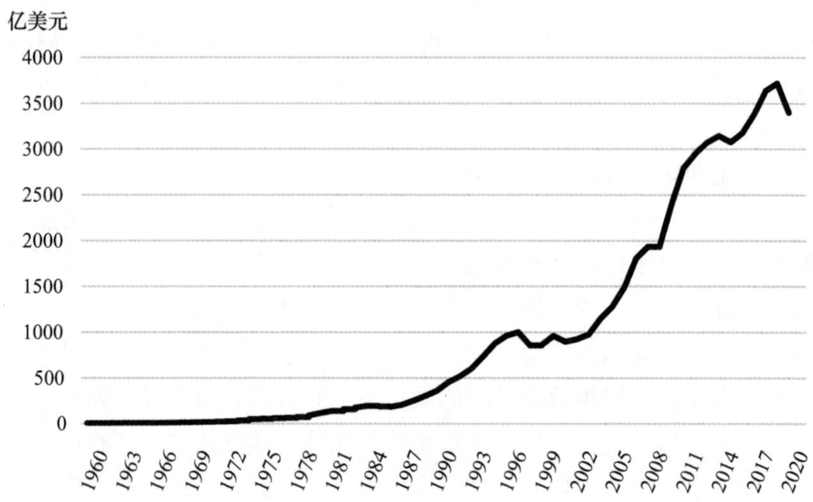

图12－1 1960—2020年新加坡国内生产总值

资料来源：世界银行网站。

表12－1 **1960—2020年新加坡国内生产总值** （亿美元）

年份	国内生产总值
2020	3401.02
2019	3720.62
2018	3641.57
2017	3384.06
2016	3180.68
2015	3080.04
2014	3148.51
2013	3075.76
2012	2950.87
2011	2793.51

续表

年份	国内生产总值
2010	2398.09
2009	1941.52
2008	1936.12
2007	1809.42
2006	1486.3
2005	1278.08
2004	1150.35
2003	976.45
2002	925.38
2001	897.95
2000	960.74
1999	862.85
1998	857.28
1997	1001.24
1996	962.96
1995	878.11
1994	736.91
1993	606.03
1992	521.3
1991	454.66
1990	361.44
1989	304.65
1988	253.71
1987	209.19
1986	185.87
1985	191.57
1984	197.49
1983	177.84
1982	160.84
1981	141.75
1980	118.96

续表

年份	国内生产总值
1979	92.97
1978	75.17
1977	66.19
1976	63.27
1975	56.34
1974	52.22
1973	36.96
1972	27.21
1971	22.64
1970	19.21
1969	16.6
1968	14.26
1967	12.38
1966	10.96
1965	9.75
1964	8.94
1963	9.18
1962	8.26
1961	7.65
1960	7.05

资料来源：世界银行网站。

第二节　新加坡经济结构

经济结构是指国民经济的组成和构造，是一个由许多系统构成的复合体，本节以产业结构为重点介绍新加坡的经济结构。新加坡的产业结构经历了从劳动密集型到高附加值资本、技术密集型再到高技术知识密集型三个阶段。从新加坡三大产业占 GDP 的比重来看，农业在经济中占比极小，工业占比约为 27%，服务业占比高达 73%，是新加坡的主要产业。

一　农业

新加坡农业产值占 GDP 的比重极小，通常不足 1%。2018 年新加坡农业增加值仅占全国生产总值的 0.02%。新加坡土地和水资源有限，截至 2011 年，新加坡全国耕地面积仅占国土面积的 0.9%，所需的粮食和蔬菜进口主要来自中国、马来西亚、印度尼西亚以及澳大利亚等国。此外，新加坡由于受到国土资源的限制，农业主要发展方向为生产高技术、高产值产品，重点建设现代集约型农业科技园，目的是最大限度地提高农业生产力。目前，新加坡建立了六个农业科技园，这六个科技园的作业各不相同，采用新加坡最先进的技术取得比常规农业产品更高的产量。其中农业产品主要包括蔬菜、鸡蛋、观赏鱼、兰花、观赏植物等。

二　工业

工业在新加坡经济发展历程中十分重要，自 1965 年独立后，新加坡逐渐形成了以发展制造业为主，建筑业和公共设施建设为辅的工业格局。20 世纪 90 年代后，电子信息和生物科技等技术密集型产业成为新加坡的重点发展对象。为了发展通信传媒、生物医学等技术密集型产业，新加坡政府牵头建立了纬壹科技城；为了发展航空业，新加坡政府于 2006 年打造了实里达航空园。2018 年，新加坡工业增加值占国内生产总值的 25.2%，其中制造业每年占 GDP 的比重达 20%—30%。电子制造在新加坡制造业中发展最为迅速，是新加坡制造业的龙头产业，新加坡现已成为世界电子产品十分重要的制造中心之一，产品出口额跃居亚洲第三位。石油和石化是新加坡的基础工业，约占制造业产值的 1/3。近年来，新加坡在保持当前优势产业的同时，开始向生物制药、精密工程等以知识为主导的制造业拓展，这些新兴产业将成为新加坡未来的重点发展行业。

三　服务业

服务业占新加坡国内生产的总值最高，是新加坡的支柱产业。2018 年，新加坡服务业增加值占国内生产总值的 69.38%。服务业包括批发与零售、金融保险、交通仓储、商业服务、酒店餐饮等，其中批发与零售、商业服务和金融保险占比最大，2012 年，这三大行业占 GDP 的比重分别为 17%、11.9%、14.6%。金融服务业附加值高，也是新加坡经济至关重要的组成部分和税收来源。按当年价格计算，该产业占国内生产总值的比重，从20世纪70年代的6%增至2008年的13.1%，金融和保险服务业占服务业的比重也快速上升，2013年增幅达9.5%，是近六年来的最快增幅，是服务业中增长较快的行业之一。[①] 2018年金融保险业产值为413亿美元，同比增长5.82%，占服务业总产值（2196.1亿美元）的18.81%。

四 新加坡对外贸易

新加坡是一个国内市场规模小的国家，因此其经济发展只能依赖国外，导致其经济外向型程度高。新加坡政府对于全球贸易自由化保持十分积极的态度，并不断推动全球贸易自由化进程，外贸已经成为新加坡经济发展的主导产业之一。2011年，新加坡人均国内生产总值（GDP）达到50123美元，排名全球第三，而对外商品和服务贸易额相当于其国内生产总值的3.05倍。

在独立之初，新加坡就推行贸易立国的策略。20世纪70年代，新加坡对外贸易快速增长，贸易总额年增长率高达20.2%[②]，即使80年代受到世界经济危机的影响，新加坡贸易总额增速仍然维持在10%左右。这段时期，新加坡进行了产业升级，大力发展技术高附加值工业，积极提高产品出口竞争力；同时新加坡注重融入国际经济社会和区域经济联盟，是WTO的重要参与者，是东盟创始成员之一，以及亚太经合组织和亚欧会议成员，积极支持并建立多边贸易体制。90年代后，新加坡贸易商品结构再次升级，加快了战略核心产业、信息技术产业的发展，新加坡成为全球重要的集成电路、芯片等电子产品的生产基地和主要出口国。2010年后新加坡进出口贸易总额持续增长，从2014年起有所回落，连续7年实现贸易顺差。2016年对外贸易总额为6127亿美元，出口额为3298亿美元，进口额为2829亿美元，贸易顺差额达469亿美元。[③] 2017年新加坡货物进出口额为7012亿美元，比上年增长14.4%。其中，出口额为3734亿美元，增长13.2%；进口额为3278亿美元，增长15.9%。贸易顺差额

① 新加坡统计局：《新加坡2016年统计年鉴》，https：//www.singstat.gov.sg/。

② 毕世鸿编著：《新加坡概论》，世界图书出版公司2012年版，第291页。

③ 中华人民共和国国家统计局：《国际统计年鉴2017》，中国统计出版社2018年版，第xxx—xxx页。

为456亿美元，下降2.8%。2018年全年，新加坡对外贸易总额达到了7823亿美元，同比增长11.6%。其中出口总额为4118亿美元，同比增长10.3%，进口总额为3705亿美元，同比增长13%。贸易顺差额达413亿美元，同比下降9.4%。

表12-2 新加坡进出口贸易额 （亿美元）

年份	2015	2016	2017	2018	2019
进出口总额（亿美元）	6434	6127	7012	7823	7494
出口额	3466	3298	3734	4118	3904
进口额	2967	2829	3278	3705	3590
贸易差额	499	469	456	413	314

资料来源：新加坡金融管理局网站。

在货物贸易方面，2009—2019年，新加坡货物进出口贸易总额呈波动变化，总体有所下滑（见图12-2）。新加坡货物贸易伙伴主要是邻近的东南亚地区（例如马来西亚和印度尼西亚）以及中、日、韩和美国。其中，中国不仅是新加坡第一大货物贸易伙伴，同时也是新加坡第一大出口市场和进口来源。

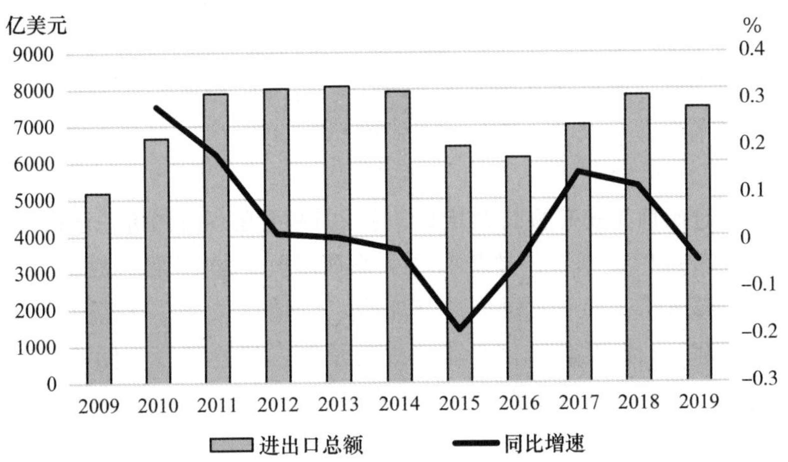

图12-2 2009—2019年新加坡进出口额及增长情况

资料来源：新加坡统计局网站。

五 新加坡对外直接投资

国际对外投资成为新加坡经济增长的重要动力，海外投资所带来的高额利润为新加坡经济增长做出了重要贡献，这在新加坡经济结构中是极其特殊的。20 世纪 60 年代，新加坡对外直接投资主要集中在马来西亚等邻近国家；70 年代逐渐扩大到整个亚太地区；80 年代，新加坡资本开始进入欧美国家，通过对美国、日本、澳大利亚等发达国家的投资和收购，新加坡企业在尖端技术和市场信息的获取方面有所发展；90 年代，随着中国、印度、越南等亚太国家市场的逐渐开放和实施的优惠的投资政策，新加坡投资方向重新回到亚洲邻近的国家和地区；21 世纪，发达国家经济增速放缓，亚太地区发展中国家经济增长迅速，因此新加坡投资重点仍然在亚洲，并将中南美洲的投资也大幅转移至亚洲。1999 年，柬埔寨加入东南亚国家联盟，成为其第十个成员国，至此东盟最终成立。自东盟成立以来，新加坡极其重视与其他九个国家的经贸往来，并且为推动东盟自由贸易区的形成和发展做出了巨大的贡献，在 2001 年召开的东盟非正式首脑会议上首次提出“东盟一体化”计划，承诺在五年内提供 6000 万新元作为东盟成员国发展教育和科技的资金。

2016 年末，新加坡累计对外直接投资达 836861.3 亿美元，其中金融保险服务占比最大，为 46.7%；制造业占比第二，为 18.8%；批发及零售行业占比第三，为 8.1%。2017 年末，新加坡累计对外直接投资 850258 亿美元，其中金融保险服务占比最大，为 46.9%；制造业占比第二，为 19.2%；批发及零售行业占比第三，为 8.2%。从 2015 年至 2017 年的对外直接投资中可以看出，金融保险服务、制造业、批发及零售行业为新加坡对外直接投资的重要组成部分。其中金融保险服务总额占对外直接投资总额的 50% 左右，是新加坡对外直接投资的主要组成部分；制造业投资总额占比连续三年保持在 19% 左右，是新加坡对外直接投资的第二大组成部分；批发及零售行业的投资总额占比连续三年保持在 8% 左右，是新加坡对外直接投资的第三大组成部分（具体投资情况见表 12 - 3 所示）。

表 12-3 2016—2017 年新加坡对外直接投资数据 （百万美元）

年份	2016	2017
对外直接投资总额	836861.3	850258.0
制造业	156908.9	163127.3
建设	2208.3	2168.2
批发及零售行业	68103.0	69472.5
住宿和餐饮服务活动	4764.2	4841.3
运输和储存	18819.0	17480.4
信息与通信	38392.0	41452.9
金融保险服务	390541.4	398662.4
房地产活动	66660.3	67161.7
专业的科学技术服务	24429.9	21716.2
其他	66034.3	64174.9

资料来源：新加坡金融管理局网站。

第三节 新加坡金融体系发展历程

“先外国银行，后本国银行”，新加坡金融业按照这样的顺序最早从银行业开始发展。马来西亚的港口贸易始自 19 世纪初期，吸引外资的流入，推动了马来西亚早期华人企业家的诞生。19 世纪中叶，英殖民政府在新加坡设立了有利银行、渣打银行和汇丰银行。随着商业发展程度的提高，许多外国银行业逐渐在新加坡开设分行，数十家小型华人银行也在金融需求激增的背景下成立。直到 1932 年，华商及华侨三家福建银行合并为现在的华侨银行，新加坡正式跨出了金融集团领先亚洲的一大步。1965 年独立后，新加坡以建立国际金融中心为目标，将金融业作为国家主要产业发展方向，对金融业实施了超前改革，使金融业能够更好地促进经济和贸易的增长。

一 新加坡金融体系建立初期的特点

从建立之初来看，新加坡金融体系具有以下三个特点：

一是新加坡金融管理由三个部门构成，分工职能存在区别。因为新加坡没有中央银行，所以主要由三个部门来执行中央银行的职能。金融管理局主要承担银行的管理职能，承担金融中介机构的角色；投资局主要承担外汇的管理职能，管理国家储备资金以及外汇投资；货币局主要承担货币的管理职能，主管货币的发行与回笼。三者虽然在分工方面存在明显区别，但是三者又是密不可分的，任何货币政策的发布或者金融发展都不能只由一个部门完成，三者相辅相成。新加坡货币局于 2002 年 10 月 1 日被合并入新加坡金融管理局。

二是外资银行和本地银行发展不平衡。由于新加坡是一个国际金融中心，外资银行纷纷涌入，因此外资银行数量在银行业中的占比远高于本地银行，达到 90%。同时由于入驻的外资银行实力十分雄厚，业务熟练，范围大，在市场上占据主导地位。新加坡本地银行建设时间短，竞争力弱，与已经完全成熟的外资银行相比差距较大。在 188 家经营亚洲货币的银行中就有 121 家是外资银行，占比将近 2/3，外资银行占新加坡银行总资产超过 57%。

三是新加坡对金融市场实行内外分离制。新加坡十分明确其“境外金融中心”的地位，不要求新元国际化，而是致力于打造一个内外金融市场并存的格局，在稳固其国际金融中心地位的同时保障国内金融的良好发展。内外分离制是新加坡的成功探索，该制度将国内国外金融市场进行分离，新加坡国内政策不会限制国外金融市场，国外金融市场风险不易蔓延至国内，新加坡在其中只承担国际资金供求中介任务。国外流入的资金可以用于国外，开展国际金融业务，国内金融机构也能够独立发展。两个市场相互联系但是又不相互影响，使得新加坡能够成功地将其金融国际化，成为国际金融中心。

二 新加坡金融体系的发展阶段

自 1965 年独立以来，为了克服天然资源匮乏这一缺陷，新加坡着重发展传统的中介和服务贸易。新加坡政府在推行国内工业化的同时，以打造国际金融中心作为其发展目标，利用地理位置优势，不断扶持金融部门，大力发展离岸金融市场。1968 年，新加坡政府开设国有发展银行，主要为国有企业做融资和担保，但由于与市场上的欧美银行相比，新加坡本地银行的规模和经营较为落后，缺乏国际化的业务能力，因此主要服务对象也仅限于本地居民和本地企业。20 世纪六七十年代，新加坡开始实施“打开大门”引进外资的政策。这一时期，新加坡政府大力扶持外国银行，允许外国银行从事本地银行所从事的所有业务。但是，这样的方针政策产生了一个弊端，本地银行业因逐渐被外资银行主导而陷入被动局面，不利于本地银行的生存和发展。1999 年 5 月，新加坡金管局宣布实施五年开放项目，在确保本国银行占据相当的市场份额的前提下，提高本国银行的市场竞争力。

同时，新加坡证券业在从无到有的 40 多年时间里发展迅速。新加坡在建国早期长达 7 年的时间里仍与马来西亚共用一个证券市场，直到 1973 年 5 月，马来西亚政府决定中止与新加坡的货币互换，此后共用的证券市场被彻底分割为两个市场。1974 年 6 月，新加坡证券交易所正式开始营业，从此开启了新加坡资本市场发展之路。2016 年 3 月，新加坡共对 533 家机构发放资本市场服务许可，其中有 137 家证券交易机构，68 家期货交易机构，40 家企业财务咨询机构，367 家基金管理机构，27 家杠杆式外汇交易机构，17 家证券融资机构，37 家证券托管服务机构，36 家房地产投资信托管理机构，4 家信用评级服务机构。除了在资本市场上的持牌机构外，获得资本市场服务许可的还有 53 家信托公司，273 家注册基金管理公司。

三 新加坡金融体系的完善与展望

新加坡外资银行占主导、本地银行发展缓慢的困境严重受新加坡殖民地历史的影响。1970 年，新加坡金融管理局（下文称“金管局”）在保护本土银行业的同时，继续吸引外资流入、引进外国银行，实行全面银行和离岸银行的分级牌照管理，重点在银行的零售业务方面确保本土银行占据市场主要份额。因此外资全面银行、本土全面银行和离岸银行在零售和国际业务被允许的经营范围内依次收缩，分级牌照至此演变为“全面—限制—离岸”三级牌照。

经济全球化和科学技术的高速发展，使新加坡政府意识到主动开放的重要性。为了提升新加坡本地银行与国际大型银行的竞争力，新加坡金管局于 1999 年 5 月宣布实施五年开放项目，确定了两个基本出发点。一是确保银行业的发展服务于新加坡经济利益；二是确保提高本国银行与外资银行的竞争力，这就要求政府前瞻性地管理竞争，及时调整策略。

新加坡银行业五年开放项目包括三个重要组成部分：三年内逐步执行一揽子开放方案、改进本地银行的公司治理、取消 40% 的外资投资入股限制。其一，新加坡银行业五年开放项目以“三年内逐步执行一揽子开放方案”为目标，在限制外资银行零售网点扩张的政策下，新加坡开始逐步放宽各类牌照的外资银行数，并加快减少不同牌照外资银行的业务经营权限制。其二，新加坡政府意识到良好的公司治理和一流的人才是加强本土银行竞争力的关键。其三，考虑到新加坡公司治理监管规定只有新加坡公民或永久居民才能组成本地银行董事会，有银行高管的决策权，金管局决定废除40%的外资入股限制，并要求本地银行在充分考虑国家利益的前提下，积极改进公司治理模式。

尽管取消了诸多限制，金管局对股权开放仍然秉持审慎原则，采取了“管制—审慎逐步开放”的模式。首先，在银行资本金和管理层人员构成等指标上严格审核外资银行准入资格，限制外资银行机构开设分支网点；其次，审慎开放外资持股本土银行，确保国家利益优先；再次，本土银行在对外开放进程中应当积极关注人才的培养，挖掘优秀人才，进一步提高管理层的专业水平；最后，设定银行业改革绩效三年一评估的标准，并依据结果制定下一步的开放战略。

在金融监管方面，新加坡以严格而著称的金融监管政策使其在1997年的东南亚金融危机中避免了巨大风险，但也在一定程度上阻碍了新加坡金融市场的创新和发展——“对于商业的限制也将商业带来的利润和机会拒之门外”。在东南亚金融危机之后，新加坡为了顺应全球金融一体化的潮流，进一步规范新加坡金融环境，1998—2000年新加坡进行了大规模金融体制改革，并成立了金融部门检讨小组（FSRG），由李显龙负责，主要研究对债券市场、股票市场、国债及风险管理、基金管理、保险和再保险、企业融资和全球电子银行等领域的整改及建议。随着金融监管的转型升级，新加坡的监管逻辑产生了一系列变化。第一，由管制向监督过渡，坚持审慎原则和严格监督，确保稳定的金融环境；第二，面对日益复杂的银行业务和环境，以风险控制为核心，自上而下地进行银行监管；第三，银行评估的重点应为管理水平、风险管理与控制系统；第四，提高银行业披露标准、增强市场透明性、鼓励市场自律；第五，金融相关政策跟随金融市场的变化而变化，随着革新进程而时刻调整。

为了引起海外基金的兴趣，1998年新加坡政府投资公司（GIC）和金管局宣布将350亿新元（约合210亿美元）资金交由市场管理，作为种子资金。在此推动下国际资产管理公司（例如ABN-Amro、Capital International）将其全球调度中心迁移至新加坡，随后摩根士丹利、邓普顿和施罗德基金逐渐扩大了其在新加坡的业务。[①] 2016 年，新加坡资产管理机构管理的总资产（Assets under Management，AUM）规模同比增长 7%，由 2015 年的 2.6 万亿新元增加到 2.7 万亿新元，5 年的复合年增长率为 15%。在区域和国际投资中，新加坡的服务地位凸显，2016 年，新加坡 78% 的资产规模源于国外，其中，亚太占比高达 55%，北美和欧洲也相应达到 19% 和 17%。

新加坡国际金融市场经过近 30 年的发展，已经成为亚洲国际金融中心。自 20 世纪 90 年代以来，新加坡经济保持着良好的发展态势，财政状况良好，未出现大规模财政赤字现象；货币汇率较为稳定，剧烈波动情况较为少见；社会发展平稳，通胀率低于 5%，就业比率得到提高。制造业的主导地位被金融、商业等服务业所取代，服务业成为新加坡支柱产业，增长率累计达 15%。亚太地区许多发展中国家经济增长迅速，经济实力日益增强。这些国家需要大量引入外资来发展国内产业，随着这些国家逐渐参与国际分工，加入全球价值链，区域发展格局转变为全球化发展格局，全球资本的往来使得金融在其中发挥着至关重要的作用。对于新加坡来说，其优越的地理位置和成熟的金融市场使其成为国际金融中心，在区域国家化中成为关键一环。全球资本联系的日益紧密，有利于提升其国际金融中心地位。

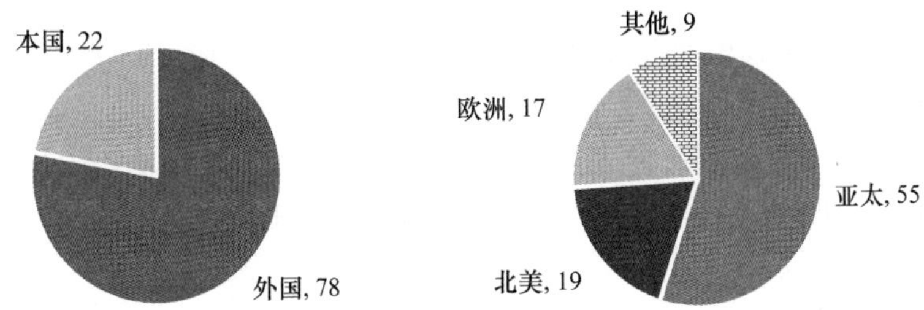

图 12－3　新加坡资产管理地区来源（%）

资料来源：新加坡金管局网站《2016 年新加坡资产管理调查报告》。

---

① 李健等：《东盟十国金融发展中的结构特征》，中国社会科学出版社 2017 年版，第 226 页。

四 新加坡金融调控体系

（一）货币政策调控

新加坡元是新加坡的法定货币，由于新加坡的经济规模小，对外依存度高，因此，从20世纪80年代起新加坡的货币政策主要以控制新加坡元的汇率为目的，建立有效的货币政策和一套较完备的金融管理的法规制度，使其保持稳定的通货膨胀率，以达到经济可持续发展的目标。

新元名义有效汇率是指新加坡货币及与其发生贸易的主要国家的货币进行兑换的值。新加坡的外贸情况将决定每种货币所占的比重。这种新元与一篮子货币的权重汇率可以避免只和单一货币挂钩而引起的新元的大幅度波动，使新元汇率趋向稳定。但新加坡当局不对货币篮子里的货币种类和权重进行说明。自2001年颁布货币政策声明以来，新加坡金管局一直保持不让汇率呈现贬值趋势的原则。新加坡当局规定汇率的波动区间，目的是使新元汇率稳定，同时能消化短期外汇市场震动给新加坡货币带来的影响。当波动呈现上升趋势时，新元将平稳升值；当波动呈现平行趋势时，表示新加坡政府对市场采取中立的政策，使新加坡货币的价值持平。

为了保证新加坡货币的波动在其政策允许的范围内平稳运行，监督和测定新加坡货币与各主要贸易国货币汇率的加权便是新加坡金管局的日常工作之一。当新加坡货币汇率出现超出范围的剧烈波动时，新加坡金管局就会通过即期和远期外汇交易进行干涉。出于技术层面的考虑，新加坡金管局有时会在干预中允许新元汇率先突破政策区间，有时在预测新元汇率有可能突破波动范围时会提前进行干预。干预的主要手段是调节新元和美元之间的交易量和频率。金管局会对汇率进行不定期的干预，是否干预根据情况而定，主要是将市场汇率调控在规定的范围内。调控的方向主要有：

上下移动可波动范围的中间点：新加坡金管局在2010年4月就通过提升其政策波动范围的中线，使新元币值在短期内骤升。

对政策规定的波动范围的上限和下限进行扩大或缩小：该办法一般应用于汇率市场的剧烈波动。2001年，金管局在美国“9·11”事件发生后宣布扩大汇率的可波动范围，从而应对金融市场的震荡。

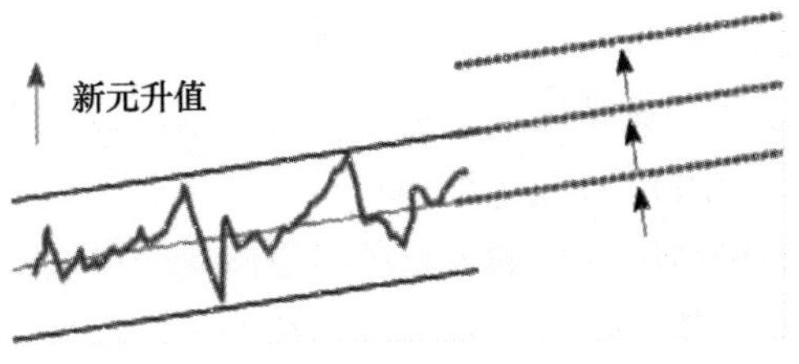

图 12－4　新加坡货币调控（一）

资料来源：新加坡福智霖网站。

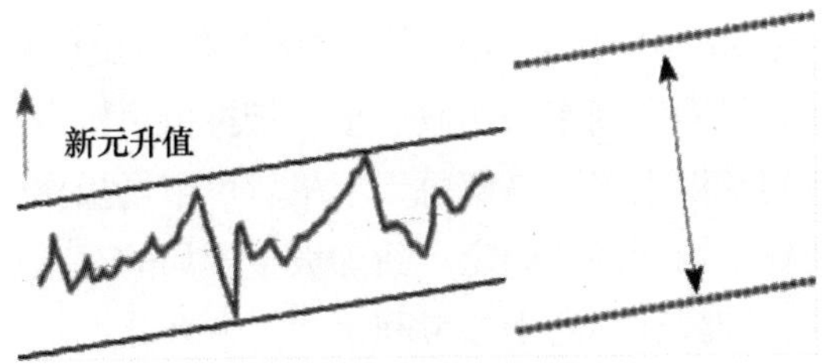

图 12－5　新加坡货币调控（二）

资料来源：新加坡福智霖网站。

对政策波动范围的斜度进行调整，使新加坡货币通过调低斜度降低升值速度（或通过调高斜度提高升值速度）：2015 年在油价大跌时，金管局通过调低斜度，降低新元升值速度。

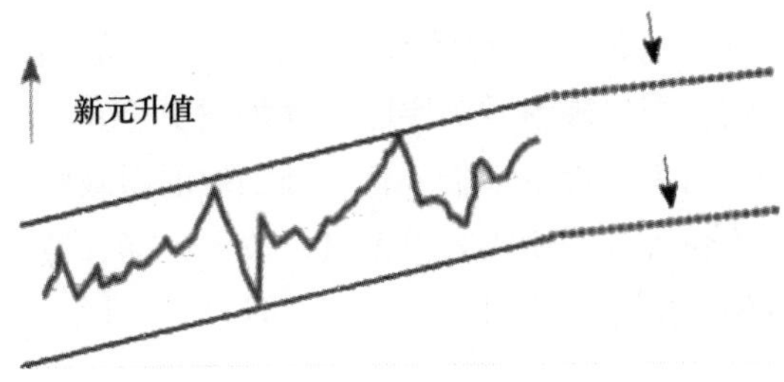

图 12－6　新加坡货币调控（三）

资料来源：新加坡福智霖网站。

由于外汇干预会影响货币供应量和市场利率，为保证市场流动性，新加坡金管局会进行货币市场操作，具体包括在货币市场上提供日间流动性便利、日终流动性便利和常备便利三种融资方式。日间流动性便利方式是指在每天晚间提供的再贷款，新加坡金管局于2003年9月引入这一方式，旨在保证银行间结算的流动性。新加坡金管局指定的主要交易商可以用这种方式进行融资，旨在解决金融机构每日的结算资金缺乏问题。日终流动性便利是在每日较晚时间提供的再贷款，以解决金融机构日终的结算资金不足问题，新加坡金管局通过政府债券回购的方式提供融资，这种融资方式面向新加坡所有的银行。融资利率高出新加坡银行协会在交易当日确定的新加坡银行间利率（SIBOR）2%。① 常备便利是新加坡金管局于2006年6月采用的融资方式，旨在提供主要交易商的借出/存入资金。在每天上午10：45—10：55、下午6：15—6：25，新加坡金管局会以较低的固定利率接受存款、以固定利率采用政府债券抵押借出资金的方式实施两次常备便利。参考利率以主要交易商每天上午货币市场操作中对5亿新元隔夜存款报价的加权平均利率来确定。新加坡金管局的存款利率低于参考利率0.5个百分点、贷款利率高于参考利率0.5个百分点。

对于每次关于汇率干预及货币市场的操作情况，新加坡金管局会在货币和投资政策会议上予以汇报，新加坡金管局为加强同市场、媒体和公众的沟通会定期出版《宏观经济评论》，介绍新加坡金管局内部有关货币政策的研究以及分析货币政策面临的形势，新元的名义有效汇率每周也会在网站上公布；每年货币政策的制定和实施情况会在新加坡金管局的年报中出现。

（二）财政政策调控

新加坡一贯推行稳健的财政政策，在不影响经济可持续发展的前提下，实现收支平衡。当出现财政赤字时，新加坡更愿意通过压缩财政补贴方式来减少支出，而不是大量举借外债。新加坡的财政收入主要来源于政府投资收入、税收收入、费用收入以及其他收入；新加坡的财政支出主要在教育、基础设施、医疗、住房等领域。并且自20世纪90年代以来，新加坡在财政支出构成中，对于经常支出，逐渐降低其比重；对于发展支出，逐渐提高其比重。通过这样的方式，可以将经常支出节省的部分投入经济发展之中，例如社会基础建设领域，提高新加坡经济发展水平，营造良好的社会环境。

新加坡财政收支、财政预算见表12-4所示。2020年，由于新冠肺

---

① 期限为1个月的新加坡银行间利率。

炎疫情暴发，政府收入减少，社会支出大，新加坡的财政收入低于2019年水平，财政支出高于2011年水平。2020年，新加坡财政收入比预算收入少11.4亿美元，主要原因是新冠肺炎疫情暴发导致居民收入减少；而2020年财政支出比预算支出高出10.45亿美元，主要原因是疫情防控支出增加，这并不在预算之中。从财政收支平衡的角度来说，新加坡政府在2019年、2020年都处于财政赤字状态。在2021年财政预算中，新加坡政府预算收入为76.64亿美元，相较于2020年的财政收入略有上升；而财政预算支出为102.34亿新元，相较于2020年的财政收入大幅增加。

表12－4　**新加坡财政收支及财政预算**　（亿新元）

年份指标	2019年财政收支	2020年财政收支	2020年预算收支	2021年预算收支
财政收入/预算收入	74.27	64.61	76.01	76.64
财政支出/预算支出	75.34	94.06	83.61	102.34
财政盈余/预算盈余	－1.07	－29.45	－7.60	－25.70

资料来源：新加坡财政部网站。

新加坡财政政策的重要组成部分是税收政策。根据新加坡税务局统计，2011年税收收入占政府财政收入的75.3%。2017年新加坡政府总支出为179.75亿新元，政府总收入为758.16亿新元，现金盈余为298.99亿新元。在税收方面，新加坡政府逐渐重视通过税收来调节经济、社会行为，从而使其达到预期的经济和社会目标，如允许企业为商业用途而对资产采取加速折旧政策来鼓励机械化、自动化的发展方向等。同时，为吸引外资而为企业提供各种减免税收的优惠政策。

第四节　新加坡金融机构体系

作为全球第三大金融中心，新加坡金融业的发达程度体现在其数量庞大、种类繁多、功能完善的金融机构上。金融服务的各个领域都有新加坡金融机构的身影，新加坡的金融机构主要有证券期货、银行、保险三大类，此外还包括各种名目的中介服务组织，加上监管机构，从而形成了发达、健全的金融市场结构体系。

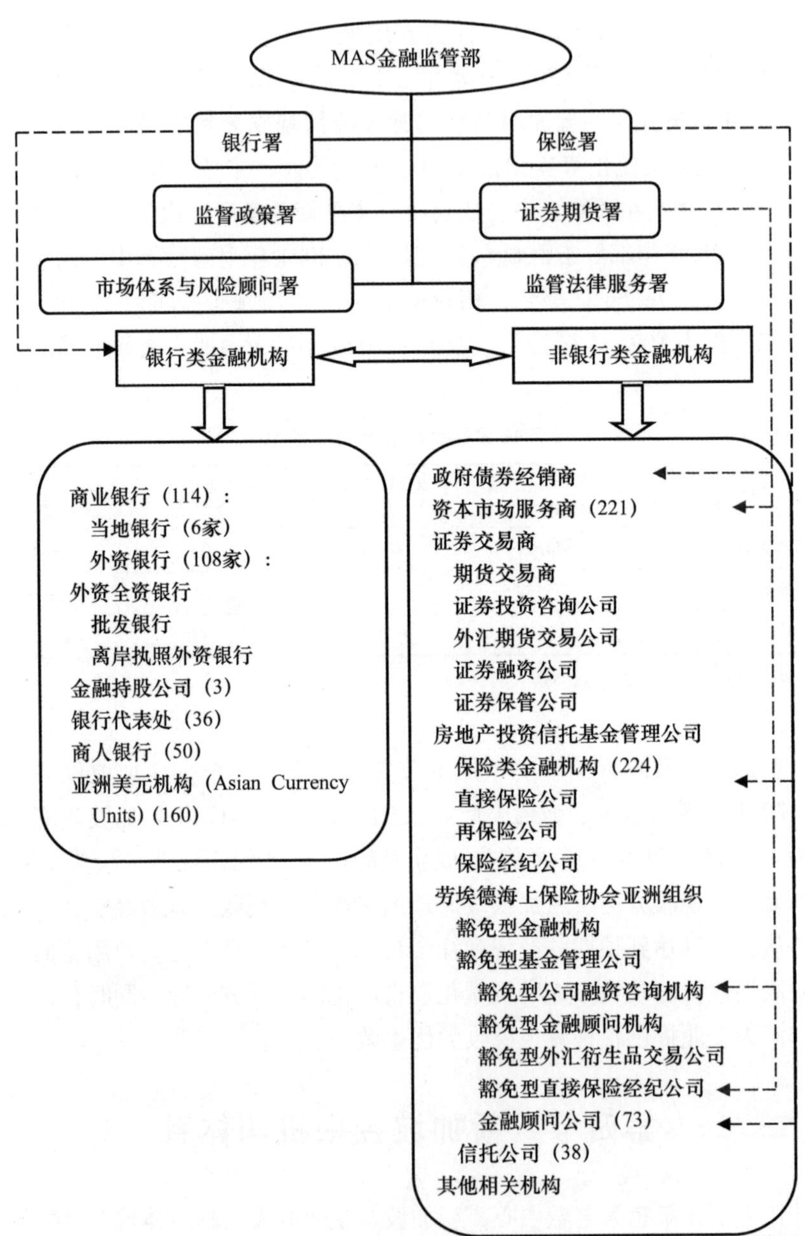

图 12－7 新加坡金融体系架构

资料来源：根据新加坡金融管理局网站资料整理。

一 政府金融机构

新加坡没有中央银行，因此其政府金融机构主要由新加坡金融管理局、新加坡投资局、新加坡货币管理委员会、中央公积金局构成。1967年6月，新加坡货币管理委员会成立，主要职能是发行货币，作为确保所发行货币的坚强后盾。新加坡货币局是新加坡货币管理委员会的一个常设机构，主要职能是负责货币的发行、防止伪造货币、维护货币的完整性等。新加坡货币管理委员会于2002年10月1日被合并至新加坡金融管理局。在此之前，新加坡金融管理局与新加坡货币管理委员会相互协调配合，共同扮演中央银行的角色。

（一）新加坡金管局（MAS）

1971年，根据《新加坡金融管理局法》，新加坡金融管理局成立，是新加坡行使中央银行职能的金融机构，隶属财政部，监管和监督新加坡的150多家存款机构，包括正式银行、批发银行、商业银行和金融公司。新加坡货币管理委员会与新加坡金融管理局合并之后，保留发行货币的职能，行使一般中央银行的职权。

新加坡金融管理局的主要职责包括：（1）根据国家经济发展情况制定和实施金融货币政策。（2）接受政府存款，代理政府发行国库券和其他政府债券，管理国库和国家外汇储备。（3）依据有关法律，审批银行、金融公司和其他金融机构的设立和撤并，并进行管理、监督、稽核。（4）管理和干预金融市场。（5）为银行及其他金融机构开立账户和接受其存款，并以“最后贷款人”身份向它们融通资金。（6）依据《保险法》对保险公司的业务实行管理和监督。（7）代理政府参加国际金融活动等。新加坡的金融管理局是政府的银行、银行的银行，但不是发行银行。[①] 新加坡通过《银行法》《证券法》《金融公司法》等一系列法律对金融机构进行严格的约束，例如，法律规定信用卡和签账卡的发行人受《银行法》的约束。

（二）新加坡投资局（GIC）

1981年5月22日，新加坡投资局（GIC）成立，作为新加坡最大的国际投资机构，承担管理国家的外汇储备和海外投资的任务。20世纪70

---

① 李伟民：《金融大辞典》（四），黑龙江人民出版社2002年版，第39页。

年代，新加坡的经济持续强劲增长，国内储备率水平较高，同时新加坡政府推行节俭的财政政策，因此金融管理局和货币管理委员会可以持有充足的黄金和外汇储备。为了增加外汇储备的收益，新加坡政府改变了多年来对外汇储备和财政储备的短期、低回报投资的外汇投资结构，允许投资长期、高回报的项目。投资结构的改变和业务量的增加使新加坡政府考虑建立一个本国的投资机构，1981 年，新加坡分离出金融管理局有关外汇储备的长期管理权，成立了新加坡投资局。新加坡投资局的成立既保证新加坡在国际投资市场上的自主性与独立性，又提高了新加坡在国际金融市场上的地位。

新加坡政府投资公司下设三家子公司，分别是新加坡政府投资有限公司、GIC 特殊投资有限公司和 GIC 不动产投资有限公司。新加坡政府投资有限公司掌管两大部门，资产管理部门和企业服务部门；资产管理部门负责执行 GIC 在公开市场上的投资操作，例如固定收益证券、股票、货币市场工具等，企业服务部门则提供投资所需的相关信息，例如金融服务、企业规划、风险控管、内部稽核、行政管理、信息技术、人力资源等整合性的服务。GIC 特殊投资有限公司负责 GIC 专门投资于未上市公司的任务，因为要获取优异的长期投资报酬，GIC 需要将投资触角遍布各个领域，其中包括创业投资、过渡性融资、合资、垃圾债券、买断、企业重整等领域。GIC 不动产投资有限公司是掌管 GIC 不动产投资的分支，通过直接或间接投资全球范围内的不动产，该公司对 GIC 获得稳定长期投资报酬做出了巨大贡献。

（三）新加坡中央公积金局（CPFB）

作为独具特色的社会保障制度，新加坡的中央公积金制度在保障居民退休养老的同时，还能用于居民购买住房，并且公积金的储蓄余额可以被政府利用，投资于基础设施建设。保障体系从最初只包含退休保障逐渐扩大到医疗、住房和家庭等多项保障范围，中央公积金局的职能不断扩大。对于新加坡来说，中央公积金制度是保证经济和社会平稳发展的关键力量。中央公积金局主要负责该制度的执行与保障，在资金方面，公积金局是一个独立的系统，可以不通过其他部门自行汇集、结算、使用和储存资金。其核算方式也是独立的，主要为单独核算和自负盈亏。所以，新加坡的财政并不包含中央公积金局，政府法定公积金管理机构独立于政府财政，隶属劳工部，负责制定相关规则与制度，主要资金由下属政府投资公司负责运营。由于公积金是保证民众生活的资金，随时提取并付息的权利要得到保障，因此公积金的投资不会在高风险领域，而是集中在政府债券和股票领域，以政府信用做担保，保证资金的稳定获利。因此，新加坡公积金存款的信誉度十分高，其安全性远远超过私人银行。

中央公积金局储蓄资金随着公积金制度的推行越来越多，2012 年 6 月底，新加坡中央公积金规模为 2192.67 亿新元。新加坡政府利用这笔资金建设住房，同时职工也可以通过积累一定数额的公积金购买住宅。

二　银行类金融机构

银行业是新加坡经济发展的重要支柱，新加坡银行业总资产近 2 万亿美元，对新加坡本地和区域贸易、基础设施增长、已建立的全球私人银行中心融资所起的作用至关重要。不同于其他国家央行，新加坡金管局利用外汇对新元市场进行管控。

银行业也是近十年来新加坡发展最迅速的行业。由于外资银行和本地银行发展不平衡，外资银行在银行业占比过大，挤占了本地银行的市场和发展机会，因此 1970 年新加坡针对本地银行发展采取了保护措施，为本地银行发展营造良好的环境。2007 年，新加坡银行体系主要有三大类，即本地银行、商人银行、商业银行。本地银行主要有四大行，分别是星展银行、华侨银行、大华银行、新加坡邮政储蓄银行；商人银行由于从事的业务领域较为集中，因此在国内经营所受到的限制最小，其主要功能是安排融资；外资银行占比最大的是商业银行，达 90% 左右（如图 12 - 7 所示）。金管局对银行实行三类牌照管理：一是完全执照，颁发给所有本地银行，可以在新加坡不受限制地经营所有业务，以此鼓励本地银行发展，外资银行即使获得完全执照，也还是会受到限制，例如分支机构开设数量的限制；二是批发执照，主要针对外资银行，通过居民存款和分支机构两个方面，进一步限制外资银行的扩张，为本地银行发展创造空间；三是离岸执照，主要针对离岸金融市场。新加坡银行业集中度很高，前三大银行为星展银行、华侨银行、大华银行，据世界银行 GFD 数据库统计，新加坡前五大银行的资产集中度接近于 1。新加坡离岸金融市场业十分发达，2015 年，新加坡资产管理规模的 80% 源于外国，这表明新加坡已经成为国际投资和区域服务的金融中心。

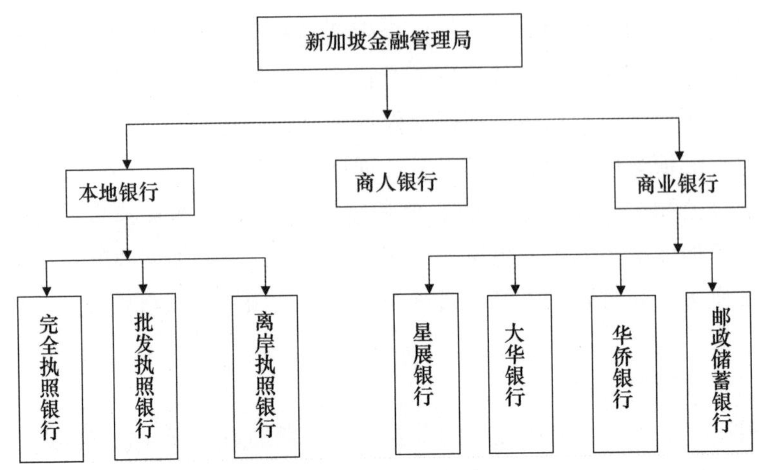

图 12－8 新加坡银行体系结构

资料来源：新加坡金融管理局网站。

（一）新加坡的四大本地银行

根据 2018 年《新加坡统计年鉴》公布的最新数据，2018 年，新加坡共有 127 家银行（包含离岸业务银行），其中本土商业银行有四家：星展银行、大华银行、华侨银行、邮政储蓄银行。

1. 星展银行（DBS）

1968 年，由新加坡政府控股的星展银行成立。成立之初是负责发展融资的金融机构，现在已经发展成为大型银行，提供全面的金融服务，并且是新加坡最大的商业银行。星展集团控股有限公司是星展银行的子公司，从市场资本额来看，该公司是新加坡证券交易所较大的上市公司之一。2006 年，星展集团控股有限公司股东资金共计 187 亿新元，在新加坡排名第一；资产总值为 1974 亿新元，在东南亚排名第一；其市值在新加坡证券交易所亦排名第一，是该地区较大的银行集团之一。新加坡星展银行拥有最大的分行网络，其分行遍布世界各地，例如亚洲地区的中国香港、印尼、中国大陆和印度等，中东地区的阿拉伯联合酋长国，欧洲地区的英国。星展在东南亚地区也完成了多项收购计划。

1998 年，星展银行收购储蓄银行之后，其客户数量超过了 500 万户，在市场上占据绝对优势。星展银行在新加坡资本市场上确立了领导地位，特别是在首次公开售股领域和区域性股票交易领域对于机构投资者和全球托管商来说，星展银行是可靠的托管人，在新加坡货币市场上独占鳌头的同时，还在亚洲市场上设立一个区域性专营代理机构，是岸上外汇服务的杰出机构，在企业贷款方面也具有领先优势。星展银行完善了市场上的各项金融服务。为新加坡企业提供中长期融资；积极从事短期银行信贷服务，例如贸易融资、流动资金融资；提供投资组合管理、投资银行、托管等服务，极大地促进了新加坡的经济发展。在亚太区域，星展银行的信贷评级是最高评级，为“AA－”和“A－1＋”。2004 年 1 月，星展银行购得中国台湾《苹果日报》极少数股份。1998 年 12 月，它收购了中国香港的广安银行，更其名为 DBS 广安银行。根据《环球金融》杂志的评选排名，星展银行在 2012 年全球 50 家十分安全银行榜单上排第 13 位。

星展银行 1993 年在北京设立驻华办事处，由此开启在中国市场上的探索进程。1995 年，星展银行在中国上海设立第一家分行，表明星展银行在中国的业务正式展开。1998 年，星展银行成功获得人民币执照，允许开展人民币相关业务。星展银行是中国首批 10 家外资银行之一，属于最早入驻中国的一批外资银行，为中国的经济发展提供了较为完善的金融服务。星展银行积极发展分行网络，在中国多个地区设立分支行和代表处，为中国市场提供全面的个人、企业、银行和财务金融服务。虽然星展银行在 1995 年就已经在上海设立分行，但是直到 2010 年，星展银行大厦作为在中国的总部才建成并投入使用。星展银行大厦的启用标志着星展银行开始开拓中国市场。多年来，亚洲企业通过星展银行的相关金融服务，逐渐开拓中国市场；中国企业也通过星展银行所提供的国际金融业务，逐渐走出中国，迈向亚洲市场。星展银行对中国“引进来”“走出去”发展战略起到了促进作用，为中国经济发展做出了贡献。2012 年新加坡中小企业及大型企业将星展银行评为当地最佳现金管理银行之首。

2. 大华银行（UOB）

大华银行是新加坡的第二大银行，于 1935 年注册成立，创办人是砂拉越出生的拿督黄庆昌，以及六位福建籍商人。在成立初期，大华银行主要服务于福建社群，其业务集中在东南亚。大华银行在新加坡有 68 家分行，亦在亚太、西欧和北美 17 个国家设立分行与办事处，拥有总资产达到 1130 亿新加坡元，综合实力排世界银行第 33 位。大华银行是亚洲银行业中的杰出代表，在世界各地拥有超过 500 家办事处，涵盖亚太、西欧、北美的 19 个国家和地区。其中，大华银行主要通过收购来促进自身的不断成长。除了分布广泛的分支机构外，大华银行还在中国、马来西亚、印度尼西亚、菲律宾、泰国和新加坡成立了子公司。在亚太区域，除设立在新加坡的远东银行外，大华银行的主要附属银行还有马来西亚的大华银行、泰国的大华银行、印尼的大华银行和大华宇宙银行以及中国的大华银行。

大华银行提供多样的金融服务，例如个人财务服务、私人银行服务、投资银行服务、商业与企业银行服务、资本市场业务、企业融资、外汇资金服务、资产管理、期货经纪服务、创业资金管理、股票经纪和保险服务。大华银行的经营业务呈现出多元化，如旅游和租赁。大华银行在新加坡私人住宅房屋贷款业务和信用卡业务领域是市场领跑者。大华银行在中小企业贷款市场上至关重要。大华资产管理作为大华银行的基金管理公司，其基金经理在新加坡获奖最多，其区域业务范围不断扩大。大华银行是世界最佳银行，其中穆迪对大华银行的评级为 Aa1 级，标普对大华银行的评级为 AA-。在社区发展中，尤其是儿童成长、教育和艺术发展领域，大华银行发挥了积极作用。为了推广亚洲艺术家作品，大华银行每年都举办“全国绘画比赛及展览”，并获得了较高的声誉。为表彰其对艺术的贡献，大华银行连续七年荣获国家艺术理事会颁发的卓越艺术赞助人奖。大华银行还鼓励区域内的所有员工通过志愿者活动，参与当地的企业社会责任项目。这包括在新加坡、印尼、马来西亚、泰国和中国举行的大华银行“爱心公益义跑与义走”活动。

在中国市场上，大华银行的发展也已有 30 多年的历史。大华银行于 1984 年在北京开设了第一家办事处；到 2006 年，大华银行获准拥有为客户处理资本账目资格，是上海第一家获批的东南亚银行；2008 年，大华银行取得人民币零售业务牌照；2011 年，上海黄金交易所授予大华银行在华黄金交易会员资格；2012 年 7 月，大华银行获得合格境内机构投资者资格，2012 年 12 月，大华银行成为首批获得此项银行间黄金询价资格的四家外资银行之一。这些成就使得大华银行能够不断扩大在中国的业务领域。目前，大华银行（中国）的综合财务实力信用等级被中诚信国际信用评级有限责任公司评为 AAA 级，评级展望为稳定。通过一系列的收购行动，大华银行已是亚洲的主要银行之一。

3. 华侨银行（BOC）

1932 年，华侨银行由三大华资银行合并而成，是最早成立的新加坡本土银行，其中三家华资银行最早的成立于 1912 年。华侨银行在 15 个国家和地区拥有超过500个分行和代表处，大东方控股是华侨银行的附属公司，无论从资产规模还是市场占有率来看，大东方控股都是新加坡和马来西亚地区最大的保险集团，其子公司新加坡银行提供私人银行服务，在新加坡私人银行排行中，新加坡银行位于前三。

华侨银行有着覆盖全球的网点优势，提供多样的金融服务，还开通了企业网上银行，提高了便利性。华侨银行旨在通过提供创新性金融服务来满足需求，从而帮助个人和公司实现梦想。华侨银行的企业金融业务包含一般企业贷款、国内外联合贷款业务、国内外应收账款承购业务、企业理财服务。华侨银行的个人金融业务包含一般房贷及理财型房贷、房屋贷款业务含政策性房贷、美装屋贷款专案等业务。华侨银行的外汇业务一般包含联行代收付、外汇存款、进出口汇出入汇款等业务。华侨银行的信用卡业务一般包含各种类型的信用卡、各式认同卡、大润发等联名信用卡。华侨银行的财务金融业务一般包含换汇汇利（CCS）、汇率选择权、外汇保证金交易、利率选择权（IRO）、远期利率协定（FRA）、利率交换（IRS）、交换选择权（Swaption）、新台币暨外币计价结构型商品。华侨银行的财富管理业务一般包含联动式债券、银行保险、特定金钱信托投资、国内外证券投资信托基金业务等。华侨银行的信托业务一般包含不动产信托、受托保管证券投资信托基金、有价证券信托等。此外，华侨银行的其他业务还有企业银行、虚拟账号收费、ACH等业务。2012年，在《环球金融》杂志全球50家安全银行榜单上，华侨银行排第14位。

华侨银行在中国大陆的发展已有近百年历史，自1925年华侨银行在厦门开设分行以来，其业务发展较为稳健。之后，在中国多个地区均成立了分行和代表处。华侨银行（中国）目前聘用的员工超过800名。2007年8月1日，华侨银行（中国）有限公司正式成立。华侨银行从资产规模来看，是东南亚地区的第二大金融服务集团，《彭博市场》杂志称赞其为全球最强银行，穆迪评级为Aa1级。全方位专业金融服务是华侨银行及其子公司针对客户提供的服务。位于上海和成都的华侨银行个人银行部分支行，目前都已获得银监会许可，批准经营全面人民币业务。

4. 邮政储蓄银行（POSB）

1877年1月1日，新加坡邮政储蓄银行在福士广场的邮政总局大楼成立。1951年，该银行拥有10万名储户。随后在1955年达到峰值后缓慢下降。1972年，邮政储蓄银行成为新加坡通信部下属法定机构。1974

年，它成为新加坡财政部旗下机构并成立新加坡信贷储蓄银行私人有限公司，同年为 HDB 房屋所有权提供量身定制的贷款服务。到 1976 年，邮政储蓄银行拥有超过百万储户，存款金额超过 10 亿新元大关。1980 年，它推出密码卡服务。1981 年，其第一个现金在线 ATM 在牛顿分公司推出。1983 年，公司总部转移到勿拉士巴沙路新的 8 层高的储蓄银行中心。到 1986 年，邮政储蓄银行存款越过 100 亿新元大关。1990 年 3 月，它正式更名为新加坡邮政储蓄银行。1998 年 11 月 16 日，星展银行以 16 亿美元收购该银行，在被星展银行收购之前，它是一家邮政储蓄银行，为新加坡人提供低成本的银行服务。在被星展银行收购之后，它是由新加坡星展银行提供的一个个人银行服务品牌，不再是新加坡财政部下属法定机构。

近年来，新加坡邮政储蓄银行推出 POSB 工资账户，该账户旨在满足外籍家庭佣工（FDW）的需求。通过在线资金转账可以轻松获得薪水支付，随附 POSB ATM NETS 非接触式卡，可以在超市或大型购物中心和所有接受 POSB ATM NETS 的商店中付款，可以支付公共交通费用、充值电信预付卡，通过 ATM 提取现金，向家人汇款等，这极大地便利了外籍工薪阶层的生活。

（二）新加坡的外资银行

根据 2018 年《新加坡统计年鉴》公布的最新数据，新加坡有 123 家外资银行，许多全球顶尖银行与金融机构设有分行及区域总部，例如有中国工行、农行、建行、中行四大中资银行，还有渣打、花旗、汇丰等外资银行。新加坡的金融产业以银行业和亚洲货币单位业务（ACU）为主。

1. 中国银行（Bank of China）

1912 年 2 月，中国银行由孙中山先生批准成立，是中国持续经营时间最久的银行。1912 年至 1949 年，中国银行以服务社会民众、振兴民族金融为目标，行使三大银行中央银行、国际贸易专业银行和国际汇兑银行的相关职能。经历多年的发展，中国银行不仅在国内金融业中处于领先地位，还在国际金融界中占据一定的地位。直到 1994 年，中国银行改为国有独资商业银行。10 年后，中国银行股份有限公司挂牌成立。中国银行于 2006 年 6 月先在中国香港联交所挂牌上市成功，并于同年 7 月在上海证券交易所挂牌上市成功。上市之后，在中国的银行中，中国银行是中国全球化和综合化程度最高的银行，拥有相对完善的全球服务网络，在中国内地和 57 个国家与地区开设了机构，形成以商业银行业务为主体、涵盖多个领域的综合服务平台，为市场提供全面的金融服务，给予金融支撑。1936 年，中国银行在新加坡设立第一家分行。中国银行为新加坡客户提供多种金融产品和服务，包括本币和外币存款、个人贷款、汇款、收费卡、财富管理服务、外汇交易、单位信托和保险产品、证券投资和管理、企业贷款等服务。

1936 年 6 月 15 日，中国银行的第一个新加坡分行开业，行址位于丝丝街。中国银行新加坡分行于 2002 年 1 月 1 日与广东省银行新加坡分行合并，共有 6 个网点。中国银行与中国银联于 2008 年在新加坡签订全球战略合作协议，中国银行新加坡分行在当地率先发行银联卡。首个境外大宗商品融资中心于 2011 年 9 月 23 日在新加坡挂牌。2012 年 3 月 31 日，中国银行银行卡中心（新加坡）正式成立。2012 年 6 月 28 日，中国银行财富管理中心（新加坡）正式成立。同年 10 月 5 日，新加坡分行获颁特准全面银行执照。中国和东南亚国家贸易的发展，加快了中资银行的贸易融资业务发展进程，中国银行也迎来新的发展契机。2013 年，中国银行在新加坡的分支机构有 7 个。2014 年 9 月 19 日，中国银行成为新加坡交易所首家人民币期货交易做市商和首家中资结算银行。2015 年 6 月 24 日，成功发行 5 亿新加坡元无担保高级债券，此笔债券系中国银行“一带一路”债券的组成部分。这是新加坡市场上迄今为止商业银行发行规模最大的新元高级无担保债券，也是近年来当地中资银行首次发行新元债券。除新元债券外，中国银行还特别发行人民币债券 50 亿元，并同期在新加坡交易所上市，以庆祝新加坡建国 50 周年。2015 年 6 月 25 日，新加坡分行以伦敦金融交易所为交易标的，运作了中资银行首笔商品回购业务暨新加坡市场同业的首笔商品回购业务。2015 年 11 月 6 日，中国银行在新加坡设立“中国银行全球能源大宗商品业务中心”及“中国银行全球大宗商品回购中心”。2016 年 9 月 8 日，中国银行私人银行（新加坡）正式成立。2016 年 11 月 22 日，中国银行获颁通商中国企业奖，是首家获此殊荣的中资企业。2017 年 5 月 16 日，新加坡分行成为“资本与信用风险管理创新平台”首批会员并成功完成首笔交易。2017 年 6 月 29 日，中国银行在新加坡成立亚洲债券承分销中心。中国银行新加坡分行不仅将部分中国业务引进新加坡，也将新加坡市场的业务加速拓展到中国市场，极大地促进了中新的金融合作。

2. 中国工商银行

中国国务院于 1983 年 9 月正式决定由中国人民银行专门承担中央银

行职能，成立中国工商银行，承担中国人民银行的工商信贷和储蓄业务。1984 年 1 月 1 日，经过紧张筹备，中国工商银行正式成立，标志着最终确立中国国家专业银行体系。在成立后的第一个 10 年里，中国工商银行处于国家专业银行发展时期，此时，企业化改革取得了巨大成绩，中国工商银行通过广泛吸纳社会资金，履行其融资主渠道职能。坚持“择优扶植”信贷原则，重点支持国有大中型企业，积极开拓业务发展，在存、贷、汇等各项业务中取得了进步，成为中国第一大银行。中国工商银行的信用卡、国际业务从无到有，电子化建设逐渐起步，提高了经营效益，较好地完成了国家赋予的任务，即宏观调控任务和政策性贷款，对国民经济发展和改革开放起到了推进作用。1994 年至 2004 年，中国工商银行处于国有商业银行发展时期。开始从国家专业银行转变为国有商业银行，在此过程中工行做出了巨大的努力，并最终获得成功。从 2000 年开始，工行奉行“效益、质量、发展、管理、创新”的理念，重视银行发展的质量和效益，对银行进行全面管理，并不断进行创新，加快向商业银行的转变步伐，改革发展取得了重大突破。此后，工行建立了新型经营管理体系，以质量和效益两大指标为中心，对全行资产质量、经营效益起到了促进作用，在资金实力、跨国经营、业务创新、信息化建设、内部控制等各个方面均实现突破，加强了工行的实力，提高发展效益，为股份制改革提供了有力保障。在中国加入世界贸易组织（WTO）后，中国金融业面临着新的机遇与挑战。自 2002 年开始，为实施股份制改革，工行做了大量准备工作。2005 年 4 月，在国家正式批准工行的股份制改革方案之后，工行财务重组随之启动。同年 10 月，中国工商银行股份有限公司正式成立。一年后，工行股票开始公开发售，并面向海内外，在上海、香港两地实现同步上市，至此完成了工行的彻底转变。2005—2014 年是工行改制上市后第一个转型期。随着转型发展战略的逐渐落实，工行优化调整经营结构，改革创新管理体系，创造了发展最快的“黄金十年”，探索出一条颇具特色的转型发展之路。

1993 年 9 月 9 日，中国工商银行在新加坡成立分行，该分行是其最早的境外营业机构，并获得新加坡颁发的离岸业务执照。2003 年，工行离岸业务执照升格为批发银行执照；2009 年，成为加入新加坡政府海外融资计划的第一家中资银行。“人民币业务中心”于 2011 年设立，并在新加坡市场首发“人民币新币双币信用卡”。2012 年，获得新加坡金管局颁发的特许全面银行牌照。2013 年，获中国央行授权担任新加坡人民币清算行。2014 年，新加坡人民币清算行累计清算量突破 40 万亿元，反映了市场对新加坡清算行服务能力的认可。2015 年，作为唯一的金融机构荣获中国国际贸易促进委员会和中国—东盟商务理事会颁发的“2014 年中国走进东盟成功企业奖”。2015 年，在新加坡市场首发“美元新币双币信用卡”。

新加坡分行作为海外首家、新加坡唯一的人民币清算行，立足狮城、辐射东盟，已成为新加坡人民币业务首选银行。

3. 中国农业银行

1951 年成立的农业合作银行是中国农业银行的前身。20 世纪 70 年代末以来，中国农业银行首先是作为国家专业银行开展业务的，后来转变为国有独资商业银行。随着发展的需要，最后被确定为国有控股商业银行。这三个不同的发展阶段，也为中国农业银行带来了丰富的发展经验。中国农业银行致力于建设服务高效便捷、经营特色明显、价值创造能力突出、功能齐全协同的国际一流商业银行集团，是中国主要的综合性金融服务提供商之一。中国农业银行具有庞大的分销网络，在市场份额上占据一定的地位；其全面的业务组合能够为广大客户提供综合性、多样性的金融服务，满足客户的各种需求；还拥有领先的技术平台，支持业务的创新发展，便利其开展资产管理业务和金融市场业务。

1995 年 7 月 12 日，中国农业银行成立新加坡分行，这是其第一家海外分行。新加坡分行下设 10 个部门：信贷市场部、贸易融资部、资金部、投资银行部、信息技术管理部、营运部、风险管理部、内审部、人事行政部、内控合规部。新加坡分行持有“离岸银行”执照，主要客户有跨国企业集团、大中型中资企业、当地大中型企业、国际性金融同业，主要经营大额批发性业务，为客户量身定做金融需求方案，例如信贷业务、贸易融资、国际结算、资金筹划、外汇交易、债券投资、投资银行咨询等金融业务。在经历了 24 年的苦心经营和发展后，新加坡分行在当地十分具有品牌影响力，新加坡金融管理局于 2012 年为新加坡分行颁发批发银行执照。依托总行先进的科技实力和集团在中国内地与全球范围内广泛的网络机构，新加坡分行为中、新两国及周边国家的企业客户提供全方位的金融服务，为促进中国和本区域国家的经贸往来与投资发挥了积极作用，也为中国和本区域国家人民的紧密关系和友谊做出了应有的贡献。新加坡分行主要从事企业融资、外汇交易、债券投资、贸易融资、国际结算、投资银行咨询等金融业务，特别是在各类贸易融资业务（包括大宗商品贸易融资在内）和各类跨境人民币业务方面，具有丰富的经验与独特的优势，能为客户量身定做各类金融需求方案。新加坡分行将不断深化中新企业投资与贸易的纽带作用，并稳步发展成为农行辐射东南亚国家的区域业务中心和贸易融资中心。

4. 中国建设银行

1954 年 10 月 1 日中国建设银行成立，原名中国人民建设银行。建设银行自成立以来，经历了三个发展阶段。第一阶段负责经办国家财政拨款。1954 年 10 月，经中央人民政府政务院决定，在建设银行成立后，主要负责经办国家基本建设投资的拨款，并对基本建设资金和部门使用国家预算、单位自筹的基本建设资金进行管理和监督。多年来，在提高投资效益和加快国家经济建设方面建设银行发挥了巨大作用。第二阶段作为国家专业银行。从 20 世纪 80 年代中期起，建设银行先后开办了现金出纳、固定资产贷款、居民储蓄、工商企业流动资金贷款、住房贷款、国际金融和各种委托代理业务，以适应经济金融体制改革，符合经济发展的要求。建设银行为广大客户提供各种商业银行业务，积极服务客户需求，使银行职能得到丰富。第三阶段作为国有商业银行。根据国家投融资体制改革的要求，1994 年建设银行向财政部和国家开发银行分别移交财政职能和政策性基建贷款业务，迈入向现代商业银行转轨时期。近 50 年的改革与发展使得建设银行具备了较强的实力，能够主动参与国内外市场竞争。

中国建设银行股份有限公司新加坡分行成立于 1998 年，并于 2010 年从离岸银行牌照升格为批发银行牌照，提供商业银行业务与全面投资银行业务。新加坡分行利用位于国际金融中心的优势及建设银行广大的分支机构网络，为国内大中型企业和新加坡企业提供多种公司融资和贸易结算、投资银行服务，与国内分行联动和当地银行合作提供私人银行服务。建设银行的特色业务与产品是双边贷款和银团贷款。

通过参与新加坡和本区域的银团贷款项目、项目融资和双边贷款合作等业务，建设银行新加坡分行为在新加坡和本区域中资企业和当地企业提供全面融资服务，充分发挥海内外网络优势，主要以内保外贷、外保内贷等方式为国内分行的优质客户提供全面跟随服务。贷款行业分布在航空业、石油化工、贸易、综合娱乐项目、水处理、房地产、电力行业、食品行业和制造业等上。建设银行新加坡分行凭借其专业经验、有竞争力的价格收费，依托建设银行总行境内外广大的分支机构网络，为客户提供国际贸易融资结算一站式专业服务。涵盖进出口贸易项下的各类产品与服务，包括背对背信用证、D/A 票据保付、付款保函权益转让、结构性贸易融资等，还为银行机构提供海外代付、福费廷、风险参与等服务。新加坡分行是在新加坡办理跨境人民币业务较早的中资银行之一，产品线丰富，2011 年全年结算业务量突破百亿元人民币。目前已开办业务包括结构性人民币存款项下的美元贷款、人民币远期信用证美元贴现、人民币汇票融资、人民币福费廷、人民币海外代付等融资产品。新加坡分行还具有良好的产品创新能力，能根据客户的不同需求，度身定做金融服务方案，为客户争取最大的效益。

新加坡分行在 2004 年 4 月设立了投资银行部，主要为建设银行客户提供新加坡资本市场的融资渠道。投资银行部主要从事以下业务：股权资本市场、债务资本市场、财务咨询、资金业务、海外资产簿记业务、私人银行联动业务等。

5. 渣打银行（Standard Chartered）

渣打银行是一家总部设在伦敦的英国银行，为英国政府特许银行，成立于 1853 年，专门经营东方业务。1858 年渣打银行在上海设立分行，1859 年在中国香港设立分行。当时第一任总经理为英国人麦加利，故称为麦加利银行，行址在今中山东一路 18 号。该行额定资本为 77.4 万英镑，实收一半。随着英国在华势力的扩张，该行也成为英国在华资本的一个重要金融机构。经营范围甚广，其业务量在诸外资银行中仅次于汇丰银行。虽然渣打银行业务遍及许多国家和地区，但是在英国的客户量却非常少。2012 年 8 月 14 日，被指控协助伊朗进行违规转账交易的渣打银行与纽约州达成支付 3.4 亿美元的和解方案。

新加坡渣打银行是一家历史可追溯至 1858 年的英国金融机构，它是世界上较大的银行之一。渣打银行在 70 个国家拥有 1200 多家分支机构，90% 的利润来自其在亚洲的业务。渣打银行于 1859 年在新加坡开设第一家分行，并于 1999 年获得全能银行许可证。它在新加坡拥有 17 家分行。渣打银行为企业和机构客户提供贸易融资、现金管理、贷款、证券服务、外汇、债务资本市场和企业融资方面的服务。该银行还通过私人银行部门提供私人银行服务。2016 年，银行总资产为 6466.92 亿美元，总利润为1910亿美元。新加坡渣打银行是国际银行集团的一部分，拥有150多年的历史，其宗旨是通过独特的多样性来推动商业和繁荣，其传承和价值体现在品牌承诺“Here for good”中。该银行在新加坡已有160年的历史，于1859年在新加坡开设了第一家分行。1999年10月，新加坡渣打银行成为首批获得合格全额银行（QFB）许可证的国际银行之一。新加坡是该银行全球业务领导力、技术运营以及创新中心SC Ventures的所在地。2019年5月，其通过将商业银行、企业和机构银行以及私人银行业务转移到SCBSL，完全巩固了其在新加坡的业务运营。SCBSL是全球评级较高的银行之一，得到了穆迪投资者服务公司的A1/稳定，标准普尔公司的A/稳定和惠誉评级的A/稳定等级。新加坡渣打银行支持个人和公司的需求，在其中积累财富并推动商业发展。该银行拥有一个由16个分支机构、6个优先银行中心和27个ATM组成的网络。

6. 花旗银行（Citibank）

花旗银行的前身是“纽约城市银行”，成立于1812年，是花旗集团属下的一家零售银行。花旗银行的发展历程经过两个多世纪，是美国当前最大的银行，在全球将近50个国家和地区都设立了分支机构，是一家国际大银行。目前，花旗银行在160个国家/地区经营着2600多家分支机构。花旗银行于1902年在新加坡成立国际银行公司，之后成为新加坡顶级银行之一。花旗银行在新加坡为客户提供各种金融服务。除投资设施和存款账户外，花旗银行还提供收费卡、抵押贷款和保险产品。作为一个国际性金融服务集团，花旗集团的资产规模和利润位于世界前列，其全球连锁性也是全球最高的，是业务门类最齐全的集团。

花旗集团最初是由花旗公司的旅行者集团合并成立的，于1998年换牌上市。之后，花旗集团通过各种融资手段不断扩张其规模，最典型的手段是股权运作。花旗集团通过增发新股并购、定向股权置换等手段，进行大规模股权扩张。对于并购的企业，花旗银行积极开展战略输出模式，对其业务进行全球化整合，加快其发展进程。通过这一系列措施，花旗银行在短短5年里就实现了71%的总资产规模增加，股东权益增长将近一倍，为92%，资本实力日渐雄厚。其间，花旗银行的盈利能力也得到了巨大提高，利润增加了2.6倍，总收入提高了72%，为资本积累奠定了坚实的基础。花旗银行也成长为美国最大的银行，在世界银行业处于领先地位。

花旗银行新加坡有限公司是花旗集团全资子公司，是美国花旗银行于2004年6月28日在新加坡注册成立的一个部门，总部位于亚洲广场。新加坡花旗银行有一个与汇丰银行、苏格兰皇家银行、渣打银行和马来亚银行共享的ATM网络——ATM5。新加坡花旗银行拥有15亿新元实收资本。新加坡花旗银行是花旗银行在全球开展国际业务的一部分。

7. 汇丰银行（HSBC）

汇丰银行于1865年在中国香港成立，托马斯·苏石兰敏感地意识到中国香港和中国沿海地区的庞大市场，以及对融资的潜在需求，因此创立汇丰银行来帮助企业进行融资。在成立初期，汇丰银行将贸易融资作为其国际业务的特色，被国内外市场广泛接受并受到称赞。20世纪末，汇丰银行趋向于多元化发展，业务范围不断扩大，规模日益增加，成为世界领先的金融机构之一。

汇丰银行于1877年在新加坡开设了第一家办事处。在开设汇丰银行办事处之前，汇丰银行从1865年开始通过代理机构在新加坡开展业务。汇丰新加坡开业后不久，便成为当地商会的首批成员之一。汇丰新加坡公司的早期业务包括向中国商人提供贷款以及为进出口、转口贸易（其中货物被进口和储存以供再出口）融资。1879年，该分支机构为新加坡政府账户招标。新加坡办事处有权在1881年至1909年期间发行纸币。这些纸币受到当地商人的信任，是一种稳定安全的交易货币，对新加坡的经济发展具有重要意义。为了反映新加坡的多元文化性质，每种钞票都被翻译成英语、中文、马来语、阿拉伯语、泰米尔语和古吉拉特语。在1890年购买了土地之后，汇丰新加坡于1892年在Swan和MacLaren建筑公司的监督下在Collyer Quay建造了其第一处新加坡物业。在该建筑里汇丰新加坡20世纪初的主要业务是橡胶和锡融资。汇丰新加坡的经理约翰·彼得爵士（Sir John Peter）于1911年任职，他说服主要的橡胶商人开设汇丰银行账户。到1918年，橡胶已构成新加坡总出口贸易的35%。汇丰银行在橡胶融资方面处于领先地位，是最早为李橡胶集团（现为李集团）提供融资的银行之一。第二次世界大战后，汇丰银行在新加坡经济的重建和复兴中发挥了重要作用。到1948年，它已处理了新加坡35%的对外贸易和贸易交易业务。汇丰银行在新加坡的最早起源可以追溯到1856年的印度商业银行。1959年，汇丰银行收购了商业银行。在交易完成后，商业银行在印度开设了35个分支机构，在印度次大陆的业务尤其强大。此次收购的结果是，汇丰银行成为东亚地区较大的外国金融机构之一。在20世纪六七十年代，汇丰新加坡公司的主要业务是为大规模进出口融资。其业务具备多样化特点，包括租购、租赁、仓储、房地产开发、计算机服务和折扣屋活动。20世纪70年代，汇丰银行还引领了新加坡的技术进步。它于1971年推出了第一台计算机会计系统，并于一年后推出了该地区第一台自动提款机。这些服务为客户提供了十分简单的交易方式。在1977年汇丰新加坡成立100周年之际，汇丰银行董事长迈克尔·桑德伯格（Michael Sandberg）反思了这个城市国家成功的原因："多种因素的综合作用使新加坡升格为该地区国家领导者的当前地位：政府、精明的商业社区、勤奋而熟练的劳动力以及人们强烈的民族认同感。"汇丰新加坡是一家着眼于可持续和负责任金融的著名国际银行。在过去的几年中，被授予总统志愿服务奖、成为第一家免除高级银行业务销售佣金的银行、在果园开设了最先进的旗舰店。如今，它已成为新加坡的主要银行之一，提供广泛的金融服务，包括个人、商业、公司、投资和私人银行、保险、信托、证券和资本市场服务。

8. 马来亚银行

马来亚银行有限公司（Maybank，全名为Malayan Banking Berhad）总部位于马来西亚吉隆坡，属于马来西亚最大的银行。1960年，马来亚银行成立，创办人为邱德拔，马来西亚华侨。后来由于发生挤提事件，该行被政府接管，最后为马来西亚政府所拥有。目前马来亚银行有334家国内分行，34家海外分行，是马来西亚市值最大的上市公司，其资产总额达3370亿林吉特。马来亚银行是亚洲领先的银行集团之一，按资产计算是东南亚第四大银行。马来亚银行集团在18个国家（包括所有10个东盟国家）拥有2600个分支机构的国际网络，43000名员工，为全球客户提供服务。马来亚银行为个人、企业和公司提供广泛的产品和服务，包括消费者和公司银行业务、投资银行业务、伊斯兰银行业务、股票经纪、保险以及回教保险和资产管理。凭借马来亚银行的全球业务足迹，客户可以利用整个东盟及其他地区的大量机会。

新加坡是马来亚银行集团较大的海外业务市场之一。自1960年在南桥路的第一家分行开业以来，马来亚银行已经在零售、批发和全球银行市场上占有重要地位。马来亚银行在2015年被确定为国内系统重要银行

（D－SIB）之一。马来亚银行新加坡有限公司是一家在新加坡注册的子公司，具有合格全银（QFB）特权，可提供零售（个人银行业务、特权财富、高级财富）、私人财富和中小企业银行服务。它在25个以上的服务地点运营。新加坡客户还可以访问ATM5，这是六个参与计划的QFB中新加坡唯一的共享ATM网络，可以在新加坡提供200多个ATM的综合服务。马来亚银行新加坡分行经营全球银行业务（例如贷款/融资、贸易融资、存款、公司的营业账户、汇款、全球市场），以满足公司和机构客户的银行业务需求。截至2018年12月31日，马来亚银行在新加坡的总资产约为733亿新元，拥有2000多名银行员工，凭借在新加坡商业区和郊区房地产中具有战略意义的分支机构，提供高度个性化的服务和面向本地的解决方案，从而为客户带来更多价值。

三 非银行类金融机构

（一）证券业

作为亚洲地区重要的金融中心，新加坡的证券业发展历程并不长。20世纪70年代前，新加坡仍与马来西亚使用同一个交易所——马来西亚与新加坡交易所（Stock Exchange of Malaysia and Singapore，SEMS）。1973年5月，由于两国货币互换协议的终止，马来西亚与新加坡交易所被拆分为新加坡证券交易所与吉隆坡交易所，同年6月，新加坡证券交易所正式营业。新加坡证券交易所于1999年12月1日和新加坡国际金融交易所合并，作为新加坡证券业的主体——新加坡交易所（SGX）正式成立。新加坡交易所于2000年11月23日挂牌上市，发行10亿普通股，发行价为1.1新元，成为亚太地区首家通过公开募股和私募配售方式上市的交易所。

新加坡交易所的交易市场主要分为主板与凯利板。在主板方面，从经营规模来看，一家公司若计划在主板上市，需符合以下三个条件中的一个：最近一个财政年度的综合税前盈利至少为3000万新元；在盈利以外，市值不少于1.5亿新元；营收和市值不少于3亿新元。符合第三个条件的公司需要提供至少一年的营业和管理记录，满足其余两个条件的则要求提供三年的记录。此外，首次IPO的股票发行价必须不低于0.5新元。在股权结构方面，25%的须发行给500名股东。若市值超过3亿新元，该占比可介于12%—20%。与主板不同，凯利板主要面向处于成长阶段、盈利规模较小的企业，并未对寻求在凯利板挂牌的公司设置营收和盈利门槛，但需要一家保荐机构负责指导和监督，并协助准备上市程序。在挂牌后，保荐机构仍需持续担任监督和指导的角色。万一保荐机构决定停止监督，公司也找不到其他机构代替，可能会面临除牌危机。公司若要在凯利板挂牌，15%的股权须由公众持有。在凯利板挂牌至少两年后，公司可申请转到主板，但必须符合主板挂牌条件。

2016 年 3 月底，新加坡共计给 533 家金融机构发放资本市场服务许可，其中有 137 家证券交易，68 家期货交易，40 家企业财务咨询，367 家基金管理，27 家杠杆式外汇交易，17 家证券融资，37 家证券托管服务，36 家房地产投资信托管理，4 家信用评级服务。除了资本市场持牌机构外，还有 53 家信托公司、273 家注册基金管理公司获准许。

（二）保险业

新加坡的保险业非常发达，保险市场是东盟国家里规模最大的市场，其产品横跨各个部门，种类繁多，主要包括一般保险、人寿保险、再保险、专属保险、保险中介人等。历经几十年的迅速发展，新加坡已成长为东盟地区乃至整个亚洲重要的保险与再保险中心，大量本土与国际保险公司、再保险公司、保险中介及保险配套服务机构以新加坡为中心拓展地区与国际保险业务，在世界上排前 25 位的再保险公司中有 16 家将区域中心设在了新加坡。新加坡保险业发展数据如表 12 - 5 所示。新加坡金融管理局于 2009 年 3 月 17 日宣布全面开放保险业，因此新加坡再保险业的发展与政府密不可分，政府推动了它的发展。

2017 年，新加坡保险市场共有 62 家注册保险公司，还有 76 家直接保险公司，30 家再保险公司，62 家专属自保公司，2018 年，新加坡保费规模达到 272 亿美元。

表 12 - 5 **新加坡保险业发展数据** （百万美元）

	2000	2010	2016	2017	2018
行业总资产	45409.8	149335.3	225060.3	254625.4	272006.8
保险发展					
人寿保险	2615.5	3791.5	5777.2	7059.1	7904.0
一般保险	521.0	856.5	1009.7	997.6	1022.0

续表

	2000	2010	2016	2017	2018
国内人寿保险金额	158.0	195.3	275.2	272.5	267.7
家庭生活费用	5.3	4.4	5.5	6.3	6.4
新加坡保险业发展数据					8
国内一般保险费用	1.1	1.0	1.0	0.9	0.8
国内人寿基金资产	21.7	36.6	42.4	45.7	42.8
国内一般基金资产	2.6	2.6	2.7	2.4	2.2

资料来源：新加坡金融管理局网站。

第五节　新加坡金融市场体系

新加坡是重要的国际金融中心，到20世纪70年代初，新加坡已经发展成为亚太地区金融业最发达的国家，成为亚洲美元市场中心。从金融市场的具体领域而言，新加坡在资本市场、外汇市场、债券市场方面都具有全球领先的地位，堪称国际重要的资产管理与运营中心。新加坡的资本市场非常发达，是许多国际大型企业首发上市的优选地。有多达251家资本市场服务商在新加坡营业，其业务性质涵盖了证券融资与经纪、基金管理、证券托管、衍生品交易等所有长期资本市场业务。

一　货币市场

新加坡货币市场包括银行间市场和贴现市场，是亚洲美元市场中心。货币市场的主体是银行间市场，为了满足商业银行、商人银行、邮政储蓄银行和金融公司等的资金拆借需求，对于交易金额和期限未设置最低限制。同业拆借的利率作为新加坡主导性基准利率，主要由供求和离岸金融市场价格决定。在银行间市场上，银行可以通过经纪人交换流动性。银行在同业间经营新加坡元的同时也拆借外汇，因此其不仅是国内金融市场上的重要组成部分，对于连接国内外资金市场也具有重要意义。

在贴现市场上，贴现行可以利用银行的短期存款投资债券以赚取利润。贴现市场包括商业票据市场、国库券市场、可转让存款单市场和回购协议市场等，以短期债券的发行、流通和贴现为主。银行间市场可以通过贴现行融资，但禁止银行实施该操作。

（一）商业票据市场

贸易的融资需求和因印花税废除所导致的票据交易成本下降，促使商业票据市场繁荣发展。该市场上的主要参与者包括进出口商、商业银行、四大贴现行、部分金融与非金融公司，交易品种以商业汇票为主。由于对交易面额和期限没有限制，票据又以真实商业交易为基础，以银行信用为背书，商业票据市场发展很快，成为仅次于银行间市场的第二大市场。

（二）国库券市场

新加坡发行的国库券是为了满足政府调剂短期资金余缺的需求而诞生的短期债券。政府指定一级和二级市场交易商，为国库券的成交提供服务。为了使金管局在控制国库券发行规模上掌握更大的主动权，同时也为了促进新加坡金融市场的发展，新加坡国库券从 1973 年起就由“随要随供”方式转为“招标”方式。

（三）可转让存款单市场

市场参与者包括发行者、投资者和二级市场交易商。新加坡的存款单面额被限制在 100 万新元以下，并要求为 5 万新元的整数倍。在总额不变的情况下，一张大存单可拆分成若干张小存单。期限为 3 个月至 3 年，除 4 个月和 5 个月外都必须是 3 个月的倍数。利率分为固定利率和浮动利率，但固定票面利率居多。总的来说存款单利率比同期定期存款利率要高，比亚洲美元存款单利率要低很多。

（四）回购协议市场

新加坡回购协议市场的参与者包括造市商、金管局、银行和金融公司。除金管局作为调剂货币市场的唯一部门外，其他参与者都是为了满足资金短缺的需求。买方和卖方无须经过中介即可直接交易，但禁止造市商与非银行公司企业利用回购协议进行交易，并对资产总额提出限制。[①] 新加坡的回购协议无交易额的限制，多为隔夜回购。

二 资本市场

1973 年 5 月，在与马来西亚共用的证券市场被分割为两个市场之后，新加坡才开始拥有属于自己的证券市场。新加坡金融市场最核心的要素即其发达的资本市场，表现在以下几方面：一是股票市场发达。该市场在整

① 资产总额不允许超过调整后净资本的 20 倍。

个亚太地区甚至全球都具有重要影响，新加坡证券交易所（the Singapore Exchange，SGX）是超过800家国际大公司的优先的上市选择。二是新加坡的债券市场非常发达。在该市场上，从新加坡政府债券、外国政府债券到本国及外国公司债券都可以交易。在全球追逐固定收益的投资者都可以从中寻觅到大量投资机会。三是新加坡还是亚洲除了日本以外最大的房地产信托投资基金（the Real Estate Investment Trust，REITs）市场，且在造船、航运和基础设施信托投资业务方面也具有重要地位。四是新加坡是全球第四大外汇交易中心，也是亚洲第二大场外衍生品交易中心，同时还是领先的商品衍生品交易市场。五是新加坡的资产管理规模已达到1.2万亿美元左右，并且一直保持着高速的增长，已被认为是全球十分重要的资产管理中心之一。

（一）新加坡股票交易所（SES）

新加坡股票交易所由交易委员会、证券行业委员会（SIC）和新加坡金管局三个主要机构进行管理和监督。交易委员会直接管理新加坡股票交易所；证券行业委员会负责规范证券市场；新加坡金管局负责管理和监督交易所。

1973年证券行业委员会设立，其初衷是制定整个股票行业政策，同时为金管局提供咨询，负责实施《证券行业法》和《接管和合并法》。由金管局的主要官员担任主席，并从政府和私人机构中挑选其他成员。

交易委员会基本反映金管局的立场，有权完成交易所经营目标和执行交易所决策，其成员有九人，由金管局任命五人，另外四名由股票交易所的经纪人担任。交易所的日常经营活动由委员会指派的总经理领导、管理，而经纪人在提供经纪服务的同时，还提供投资咨询等服务，且仅能独立经营。

新加坡股票交易所分为实行自动指示系统的第一交易部和采用“中央限制指示记录系统”的第二交易部，达不到在第一交易部上市标准的公司转入第二部。新加坡股票交易所改革了以往的固定抽佣制，变为灵活佣金制。新加坡股票交易所也能上市交易政府和企业债券，但规定该企业当前收益有持续向好的趋势，至少有200人持有这一债券，每一期限的债券价值至少为35万新元。另外，新加坡股票交易所还设立了电子中央票据清算所，以缩短交易时间和降低管理成本。

（二）债券市场

新加坡政府债券的交易量很小，私企几乎不发行公司债券。尽管政府债券有很大的发行量，但持有者基本只选择到期贴现，而不是在二级市场上进行交易。这样使得资本市场的众多资金由于被公共债务吸收而未真正回流到市场上，活跃在股票交易所的只有为数不多的私企股票。为了促进债券在二级市场上流通，金管局和中央公积金局通过参与政府债券的买卖，降低政府债券交易的佣金率，降低每手交易的最低金额。同时，新加坡为适应资本市场债务证券化，还推出了“备用债券”（NIF）和“包销备用债券”（RUF）等新品种。

（三）期权与期货交易市场

1977 年 2 月，新加坡股票交易所成为亚洲首个有组织的期权交易市场，1984 年成为亚洲期货交易市场上最早进行金融期货交易的机构。除已在其注册国的证交所上市的外国公司外，其他外国公司想要在新加坡股票交易所上市必须符合以下条件（见图 12－9）。

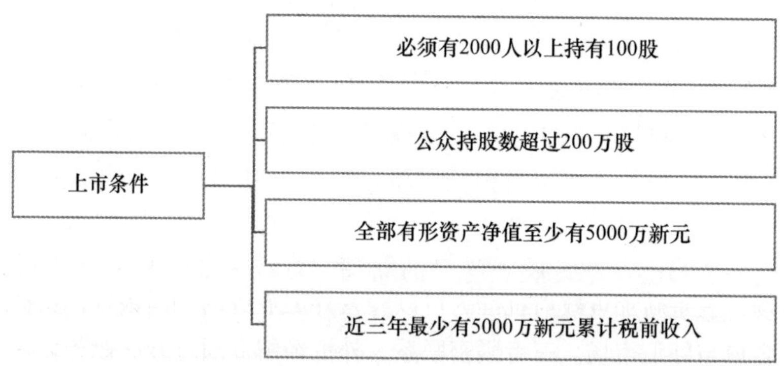

图 12－9 未在注册国上市的外国公司在新加坡股票交易所上市条件

资料来源：新加坡证券交易所网站。

新加坡金融期货与芝加哥商品交易所的国际金融市场实现联网，通过相互抵销系统，实现了两个交易所的交易商交叉贸易和结算，并延长了交易时间，使得国际金融期货能够在 24 小时内全天候进行交易，提高了交易的便利性，促进了交易的成交量。此外，新加坡期权与期货交易市场还通过推出高硫燃油期货合约等，成为亚太区第一个从事能源期货交易的金融市场。

（四）自动报价市场（Catalist）

新加坡自动报价市场（Catalist）[①] 的主要功能是为新加坡的成长型公司提供融资渠道。新加坡于 1987 年 5 月开设了“政府证券自动报价系统”，开始由人工服务转为电脑系统服务，通过电脑系统发行、兑付和交易政府证券，为客户提供登记注册、转让、过户等多种简单服务。1988 年 3 月，Catalist 与美国 NASDAQ 对接后，新加坡投资者也开始对 NASDAQ 上市证券开展交易。Catalist 由一些注册的造市者负责维持市场稳定，新加坡股票交易所的会员公司和获准交易该系统证券的合伙人是投资者进行证券交易的唯一中介。Catalist 证券账户所有交易记录的保存和更新，都通过中央保管有限公司（CDP）清算。

（五）CLOB 国际市场

为避免马来西亚公司在新加坡股票交易所重复上市，新加坡秉承建立自身国际股票交易市场，为周边新兴工业化国家提供股票交易服务的初衷，于 1990 年 1 月成立了 CLOB 国际市场。截至 1990 年 3 月底，CLOB 共有 131 家马来西亚公司、12 家中国香港公司、1 家菲律宾公司的股票在这个市场上成功上市。

三　外汇市场

新加坡外汇市场的主要参与者有三类：一是外汇经纪商，负责办理外汇市场上的交易；二是经营外汇市场的本国银行，负责连接国内客户与外汇市场；三是新加坡政府批准的可以经营外汇业务的外国银行，负责连接国外客户与外汇市场。三者紧密联系，外汇经纪商通过开展业务，将本地银行和国外银行联系起来，加强新加坡和世界各地金融中心的密切程度，提高新加坡金融中心的地位。由于新加坡地理位置优越，时区适宜，因此新加坡开展 24 小时全天候的外汇买卖交易，能满足世界各地交易的需要。为了履行高效的货币结算手续，新加坡不仅积极保持现代通信网络畅通，还与纽约、欧洲达成合作，与其 CHIPS 系统和 SWIFT 系统进行连接，极大地提高了结算效率。[②]

---

① 原 SESDAQ 市场。

② 《国际上主要的外汇市场》，2018 年 11 月 22 日，和讯网（https：//www. fxshell. com/article/33600）。

新加坡金融管理局（MAS）宣布，2019 年 4 月，新加坡日均外汇交易量创下 6330 亿美元的新高，比 2016 年 4 月的 5170 亿美元增长 22%。新加坡保持了其作为全球较大外汇中心之一的地位，全球排名第三，2019 年 4 月占全球外汇交易量的 7.6%。[①] 新加坡前五大交易货币为美元、日元、欧元、澳元和新加坡元，交易量增长 24%—45%，但日元除外，日元交易量下跌 4%。就外汇工具而言，在两个调查期内，即期和外汇掉期交易量分别大幅增加 26% 和 35%。外汇期权和货币掉期分别增加了 9% 和 6%，而 2019 年远期交易量较 2016 年下降了 6%。外汇掉期占日均交易量的 53%，高于 2016 年的 48%，其次是现货（24%）和掉期（15%）。[②] 新加坡场外利率衍生品市场继续保持强劲增长，2019 年 4 月日均交易量飙升 87%，达 1090 亿美元，而 2016 年 4 月为 580 亿美元。新加坡交易最活跃的工具为澳元（32%）、美元（21%）和新加坡元（9%）的利率衍生品。[③]

四 金融衍生品市场

新加坡交易所（Singapore Exchange，SGX，简称新交所）成立于 1999 年 2 月，是一家新加坡投资控股公司。其交易活动由其属下的两家子公司——新加坡证券交易有限公司和中央托收私人有限公司共同管理。公司主要提供相关的证券和衍生品交易服务。它是世界交易所联合会、亚洲暨大洋洲交易所联合会成员。新加坡交易所经营着几个不同的部门，各自负责处理特定业务。SGX ETS（电子交易系统）部门提供新交所市场，其中 80% 的客户来自新加坡以外。SGX DT（衍生产品交易）部门提供衍生品交易。新加坡交易所 ST（证券交易）部门提供证券交易。SGX DC（衍生品结算）部门进行子公司清算和结算业务。

新加坡交易所是亚洲领先且值得信赖的金融市场基础设施，致力于促进资本和创意的交流，为投资者、企业和经济体创造价值。新交所实施最严格的监管标准，运营股票、固定收益和衍生品等多类市场，并在初步整合的业务框架下，提供上市、交易、清算、结算、存托和数据等服务。在

---

① 参见中金网（http：//www. cngold. com. cn/hangye/20190917f12201n1767471140. html）或新加坡金融管理局（www. mas. gov. sg）。

② 参见新加坡金融管理局网（www. mas. gov. sg）。

③ 参见新加坡金融管理局网（www. mas. gov. sg）。

新交所，约40%的上市公司和超过80%的上市债券来自新加坡境外，同时，新交所同亚洲各地和欧洲建立了稳固的联系，亚洲国际化程度最高、联通能力最强的新交所为中国、印度、日本和东盟的基准股票指数提供了全球流动性最佳的离岸市场，产品全面覆盖亚洲股票指数、大宗商品和货币等多种衍生品。作为亚洲领先的中央对手方，新交所因拥有风险管理和清算能力而享誉全球，也是全球率先实行《金融市场基础设施原则》的交易所之一。其总部位于具有AAA主权信用等级的新加坡，新交所拥有800多名员工，在北京、芝加哥、香港、伦敦、孟买、纽约、旧金山、上海和东京设有办事处。

第六节　新加坡金融体制

新加坡的金融系统经受了1987年和1997年两次金融危机的考验。但也正是这一特征，使其创新和灵活性受到质疑，市场的应变能力不足引发了执政者和市场投资者的担忧。下一步的任务是重新调整监管与发展的关系，以适应急速变化的全球金融开放形势。新加坡决定发起一轮旨在变革监管思路的改革。在这一指导原则下，新加坡在1998年到2000年期间进行了大规模金融体制改革，通过将政治决心、人力资本投入、专业操作和市场力量结合在一起，以允许和鼓励金融创新、推进金融自由化、增强市场的活力和竞争力的举措，成功地迈出了打造活跃的全球性金融中心的步伐。

一　新加坡银行体制

（一）银行设置方式

新加坡没有中央银行，因此其政府金融机构主要由新加坡金融管理局、新加坡投资局、新加坡货币管理委员会、中央公积金局构成。1967年6月，新加坡货币管理委员会成立，其主要职能是发行货币，作为确保所发行货币的坚强后盾。新加坡货币局是新加坡货币管理委员会的一个常设机构，主要职能是负责货币的发行、防止伪造货币、维护货币的完整性等。新加坡货币管理委员会于2002年10月1日被合并进新加坡金融管理局。在此之前，新加坡金融管理局与新加坡货币管理委员会相互协调配合，共同扮演中央银行的角色。

（二）银行组成结构

新加坡的商业银行主要由外国银行和本地银行构成。新加坡银行业是近十年来新加坡发展最迅速的行业。由于外资银行和本地银行发展不平衡，外资银行在银行业中占比过大，挤占了本地银行的市场和发展机会，因此，1970 年新加坡针对本地银行发展采取了保护措施，为本地银行发展营造良好的环境。70 年代末，为了集中力量发展银行业，新加坡政府积极鼓励小型银行联合发展，由此产生了四个大型银行集团，其中有新加坡发展银行（星展银行）、华侨银行、大华银行、华联银行。目前，新加坡银行体系呈现出以星展银行、华侨银行、大华银行为核心的高度集中的银行结构。

新加坡金管局对银行实行三类牌照管理：一是完全执照，颁发给所有本地银行，可以在新加坡不受限制地经营所有业务，以此鼓励本地银行的发展，外资银行即使获得完全执照，也还是会受到限制，例如分支机构开设数量的限制；二是批发执照，主要针对外资银行，通过居民存款和分支机构两个方面，进一步限制外资银行的扩张，为本地银行发展创造空间；三是离岸执照，主要针对离岸金融市场。2016 年 3 月，新加坡持完全执照的本地银行有 5 家，在 119 家外国银行中持完全执照的有 28 家，持批发执照的有 53 家，持离岸执照的有 38 家。

（三）银行职能划分

新加坡政府按照商业银行经营业务范围的不同，结合银行发展需求，保护本地银行发展，将境内、境外业务分离，最终形成了三种类型的银行执照。

1. 完全执照银行

在新加坡，拥有完全执照的银行可以不受限制地从事所有银行业务，能够在新加坡开设分行，数量不受限制。拥有完全执照的银行还可以得到亚洲货币单位执照，从事离岸业务。

2. 批发执照银行

批发执照以前也被称为限制性执照，拥有批发执照的银行在新加坡境内设立的办公机构只能是一家，并且不能从事新加坡货币、储蓄和定期存款业务。

3. 离岸执照银行

在 1973 年开始，对于外国银行，新加坡对其发放离岸银行执照。在这个时间之后进入新加坡的银行，一般都能够获得离岸执照。这些离岸银行主要开展亚洲货币业务，进行货币单位交易，但是不能开展国内业务。直到1978年，离岸银行才被允许开展国内金融业务，但是也存在许多限制条款。对离岸银行业务范围的限制是，它们不能开展普通存款业务和定期存款业务；对离岸银行存款的限制是，其新加坡元存款不得超过5000万；对离岸银行分支机构的限制是，只能成立一家分行。

近年来，新加坡金融管理局也在慢慢放开执照限制，对于合格的外国银行更愿意发放完全执照。根据《新加坡统计年鉴》，2016年3月，总计有119家外国银行获得三种执照，其中批发执照占比最高。通过银行执照区分业务领域的金融体系，使得新加坡不仅能够吸引大量优质的外国银行，还能促进本土银行的发展。

二　新加坡货币发行体制

（一）货币发行原则

新加坡元（Singapore Dollar，SDG）是新加坡的法定货币，以S$标记。在1970年以前，新加坡由多个政府部门和机构执行中央银行的各种货币职能，1971年新加坡金融监管局（MAS）成立，享有监管货币各方面的权力，继2002年10月1日新加坡金融监管局（MAS）合并新加坡货币发行局（BCCS）后，它又具备了发行货币的职能。新加坡元可分为纸币和硬币，从2004年起开始发行2元、5元及10元塑胶钞票。

（二）货币发行流程

为了保证政策区间内新元的有序运行，新加坡金融管理局每天都对新元贸易加权汇率的走势进行紧密监测，如果出现新元汇率突破政策区间或出现投机等现象时，新加坡金融管理局就会采用即期和远期外汇交易手段入市干预。由于技术性原因，新加坡金融管理局的干预可能会出现在新元汇率突破政策区间前，也可能出现在新元汇率突破政策区间后。新加坡元和美元之间的交易是主要的干预手段。新加坡金融管理局对于外汇干预的频率并不固定，它会尽可能减少对市场的干预，通过市场力量来维持新元汇率处在政策区间。

由于外汇干预可以影响货币供应量和市场利率，为保证市场流动性，新加坡金管局会进行货币市场操作，具体包括在货币市场上提供日间流动性便利、日终流动性便利和常备便利三种融资方式。日间流动性便利方式是指在每天晚间提供的再贷款，新加坡金管局于2003年9月引入这一方式，旨在保证银行间结算的流动性。新加坡金管局指定的主要交易商可用这种方式进行融资，旨在解决金融机构每日的结算资金缺乏问题。日终流动性便利是在每日较晚时间提供的再贷款，以解决金融机构日终的结算资金不足问题，新加坡金管局通过政府债券回购的方式提供融资，这种融资方式面向新加坡所有的银行。融资利率高出新加坡银行协会在交易当日确定的新加坡银行间利率（SIBOR）2%。

2006年6月，新加坡金融管理局又引入常备便利方式。新加坡金融管理局在借出资金时采用政府债券抵押的方式，在接受存款时采用较低的固定利率。新加坡金融管理局的贷款利率比参考利率高0.5%，存款利率比参考利率低0.5%。

三 新加坡借贷资本管理体制

（一）贷款结构

新加坡商业银行对私人部门的信贷支持占比不高，但总体而言呈现上升趋势，这表明大部分银行信贷还是流向了国有企业部门，私人部门从市场上获得的融资更多。私人部门信贷占总信贷的比重一直处于10%—20%，相比东盟其他国家，越南私人部门信贷占总信贷的比重在80%左右，私人部门从银行获得信贷的占比为90%左右，新加坡银行业并非私人部门最主要的信贷来源。

从贷款结构来看，银行部门提供的国内信贷一直小于私营部门提供的国内信贷，但总体来看，银行部门的信贷支持力度在不断提升，到2014年，二者提供的信贷规模已经非常接近，一方面反映出新加坡银行业的发展，另一方面也体现了新加坡的资本市场的发达程度较高。

从银行贷款的行业结构来看，2020年，新加坡银行对金融机构贷款的占比为19%，制造业占比为7%，一般商业占比为18%，建筑施工信贷占比为33%，运输、存储和通信信贷占比为6%（见图12－10），这反映出新加坡金融机构对资金的需求比较旺盛，是现阶段国内发展势头最强的产业。金融服务业和贸易服务业在国民经济中扮演着重要角色，这与新加坡产业结构相吻合。

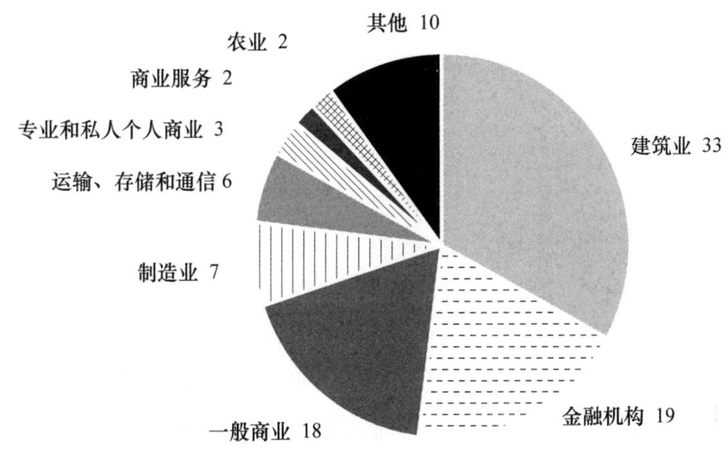

图 12－10　2020 年新加坡商业贷款结构

资料来源：新加坡金融管理局网站。

（二）借贷资本效率

新加坡金融管理局的数据显示，2015 年 8 月，国内银行共发放 6135 亿元的贷款和垫款（Loans and Advances），较 2014 年同期的 6046 亿元增加近 1.5%。新加坡企业 2015 年的信贷质量参差不齐。信贷质量视财力与风险程度两个指标而定。数据显示，虽然多数新加坡企业（63.88%）的风险程度维持不变，但超过两成企业的风险程度却加大了，剩余的约 15% 则有所改善。在财力方面，有 48.64% 企业的财力维持不变，约有四成的企业财力情况得到改善，剩余约一成的企业财务状况则恶化了。

（三）借贷资本监管

1. 完善的信贷准入制度

新加坡银行的信贷准入制度主要包括四个方面：客户准入条件、行业限制条款、符合政府规定的产业政策导向、最高授信额度限制。其中客户准入条件至关重要，诚信背景考察是新加坡银行对贷款客户必不可少的环节。贷前调查一般采取 5C 模型——Character（品行）、Capability（能力）、Collateral（担保）、Cashflow（现金）、Capital（资金）——对企业及相关股东进行全面了解。如大华银行，实行百分制的风险计量办法，考察个人零售业务客户的品行高低、能力水平甚至家庭情况，以此区分客户的风险程度。其中占 50% 的风险权重是信用记录，例如近两年来的纳税情况；占 30% 的风险权重是客户背景，例如从业类型、技术水平等；占20%的风险权重是法人及主要股东家庭状况，例如健康状况。新加坡银行具备高度的风险意识，对贷户素质进行严查，积极了解客户背景。

2. 完整的分权制权约束机制

新加坡银行不仅遵循审贷分离制度，还采取了分级、分类授权机制。评级、授信和审贷权限根据不同行业、不同信用等级进行区分，并保持职务分离、授权监控、凭证记录的一致性。例如新加坡星展银行，作为新加坡资产规模最大的银行，长期坚持独立的风险管理和监督制度，除了使用日常综合风险管理程序准确测量风险、早期识别系统等手段外，还进行压力测试和综合性操作程序审查，再配合内外部审计师、监管部门官员等，使其监督控制经常化、制度化，对于贷款全过程可以实现全覆盖。

3. 科学的贷款操作流程

在新加坡，零售银行和批发银行在坚持审贷分离的监督制约机制的同时，还要设立一个专门的风险管理部门，并设置风险管控总监管理风险管理部。风险管理部主要负责进行风险评估和内部管控，在符合相关规定的前提下，接受前台客户营销部门的投资建议，并分析风险是否在可控范围内。最后上报上级主管部门、总经理批准或者提交信贷委员会审查审议。对于风险管理部门来说，它要全权负责发放贷款。在发放贷款之前，首先要确保发放条件是否满足相关规定，各项条款权责是否清晰，同时要确保各项条款具有法律效益，需要进行法律文书清单的编制。在满足上述条件之后，还要开具书面记录证明，证明每一环节都经过了核查。如果不满足上述条件，那么就要向管理层进行报备，根据管理层的指示来决定是否继续发放贷款。

4. 及时跟进的贷后管理措施

由于在贷前审查十分严格，确保了各环节的安全性，因此贷后监管相对来说就不那么严格了，客户经理只需要对贷款人进行定期检查。检查的方式主要是对企业财务报告进行分析，对企业个人资金往来进行审查，了解其经营状况和财务情况，分析是否存在问题。如果存在问题，就要及时上报，避免出现损失；如果已经出现影响贷款回收的问题，首先要对其是否是骗贷行为进行判断；如果不是，就要进行文件自查，对发放贷款的各个流程进行调查，判断是不是由于银行自身问题导致贷款出现问题，同时还要通过审查发现第二还款来源的可能，从而保证银行的利益。

5. 严格的员工考核管理制度

由于新加坡银行实施严格的内部员工考核管理制度，内部风险管控机制能够发挥应有的作用，保障各项内控制度的贯彻执行。在新加坡银行，员工不仅要与银行签订严格的保密协议和尽职操守等承诺书，还要对员工进行考核管理。考核内容主要分为三大类：尽职操守指标（KCI）、规模利润指标（KPI）和规避风险指标（KRI）。银行对这三类指标进行量化，并参考同事评价、客户评价和上下级评价，以及自我评价。对于考核结果，首先判断是否满足工作内容要求，其次与同级在工作中的表现加以对比，了解员工处于何种工作状况。考核结果也会对员工的薪酬、奖励和升职产生影响。通过这种方式来约束员工行为，激励员工工作热情，提高工作效率。

（四）新加坡外汇管理体制

1. 外汇管理制度框架

新加坡金融管理局承担中央银行的相关职能，制定和实施货币政策、干预外汇市场，因此新加坡金融管理局也是外汇管理部门。与外汇有关的法规有《货币兑换和汇款业务法》《新加坡金融管理局法案》《金融公司法》《银行法》和新加坡金融管理局相关公告。

新加坡的法定货币为新加坡元，汇率制度是单一汇率制。金融管理局的货币政策目标是维持价格稳定，从而促进经济增长。金融管理局允许新加坡元的汇率在一个目标政策区间内自由浮动，并以组合的一篮子货币（Basket of Currencies）为参考，组合方式是主要贸易伙伴和竞争对手的贸易权重。每半年金融管理局公布一次汇率政策。金融管理局干预汇率的方式是通过代理机构进行的，并且不对外公开相关干预信息。对于客户交易中的汇率和交易佣金，银行可以自由设置，由外汇经纪人交易的外汇市场没有买卖价差或佣金的限制。

2. 经常项目和资本项目外汇管理

（1）经常项目外汇管理政策

在一般情况下，新加坡对于货物贸易的限制较小，例如不存在国际收支限制，对于进出口货物也不要求提供押金或预付资金。在出口方面，没有出口税限制，但在出口会消耗臭氧层的产品、橡胶产品时，需要获得出口许可证。对出口收汇没有强制性结汇要求。在进口方面，未设置进口配额以管理或限制进口，但出于健康、安全和环境保护等原因，禁止部分产品进口。进口购汇不要求提供信用证等证明文件。不限制服务贸易、收益和经常转移。

（2）资本和金融项目外汇管理政策

在直接投资方面，非居民投资银行业均可以进行直接投资，但是其投资环节需要经过批准，并符合审慎性监管要求，避免出现投资风险。

在证券投资方面，非居民可以利用发行股票筹集新加坡元，如在许可范围之外用于境内经济活动，需事前通知金融管理局，并将新加坡元兑换为外汇。非居民金融机构须将新加坡元贷款（超过 500 万新元）、股票上市和债券发行的新加坡元收益转换为外币，然后才能使用这些资金为在新加坡以外从事的活动进行融资。非居民购买境内债券没有最低持有期限要求，可在境内自由发售债券。除非有豁免，非居民向新加坡投资者发行资本市场证券，须提供计划说明书，并且在发行前须向金融管理局登记注册并递交计划说明书。

在房地产投资方面，资本项目几乎不设置汇兑限制，但非居民购买土地时需要按照土地管理的有关规定，获得新加坡土地管理局批准。对于房地产购买的限制主要在三方面：一是购买人的国籍；二是需要购买的房产数量；三是在房产出售前房主持有年限。对于上述情况，相关部门额外征收税赋，即不同比例的印花税。

（3）个人外汇管理政策

境内外居民和非居民都可以开立本币账户和外币账户，并且可以自由兑换、划转账户资金。新加坡对个人外汇交易、账户资金划转等没有任何外汇管制措施，但出于反洗钱、反恐怖融资的目的，要求任何人携带超过等值 2 万新加坡元的现钞或无记名票据出入境须向有关部门提交报告。

3. 金融机构外汇业务管理

在银行业方面，新加坡银行的外币存款无准备金要求，但银行在金融管理局的最低现金余额至少为平均新加坡元负债的 3%。金融管理局未对银行外汇头寸敞口进行限制，但会审查银行的内控制度，以确保银行对自身资金交易活动建立适当的控制。银行可通过远期外汇交易对冲汇率风险，并自行管理其远期汇率敞口。金融管理局也参与外汇衍生产品市场，并完全抵补其远期外汇敞口。银行可向非居民金融机构提供贷款，但是信用额度不能超过 500 万新元。超出的贷款额度需要满足以下要求，一是如果不在新加坡境内使用贷款资金，那么需要将贷款兑换成外汇发放；二是在确保平盘透支额的前提下，银行可对非居民金融机构增加临时透支额度，一般要在两个工作日内平盘，确保银行清算成功；三是贷款资金不能用于新加坡货币投机行为，如果审查发现该问题，那么银行可以拒绝向该机构发放贷款。对于银行贷款余额，要每月一次上报金融管理局。

在保险业方面，保险公司的资金要保持充足状态，避免风险产生，起到控制总体风险的作用。例如外币错配风险控制，保险公司执行集中风险控制要求的条件是外币错配超过总资产的50%。

在货币兑换机构方面，金融管理局负责授权货币兑换和汇款业务，需要申请领取相关许可证。但是金融管理局与货币兑换机构之间不存在直接交易，因此其持有的境外账户也不会受到货币兑换机构的规则限制。

（五）新加坡金融监管体制

新加坡金融监管体系最显著的地方在于其“大一统”的特征，即由新加坡金融管理局同时扮演中央银行和金融监管部门两大角色，其监管范围覆盖整个财金体系，而不仅限于银行业。其监管机制在某种程度上可与当年中国人民银行行使全部金融监管职能的情况相比。在分业监管、分层监管较为普遍的现代金融领域，这种高度集中的“大一统”监管体系的确较为引人注目。

1. 监管主体

新加坡金融管理局（Monetary Authority of Singapore，MAS）。新加坡金管局为专业管理。《新加坡金融管理局法案（MAS法案）》赋予MAS管理新加坡金融、银行体系与财金方面所有有关事务的权力。

（1）作为中央银行的MAS

作为新加坡的央行，MAS有制定有关银行家乃至于政府财政部门法令的权力，它也被委托提升金融的稳定度；制定信用与汇兑政策并促进经济发展。MAS现在监管着包括货币、银行体系、保险、安全及相关各财金部门。在2002年之后，原来承担发行货币职能的货币局被并入MAS，从此MAS也承担发行货币的权责。值得一提的事，在货币政策方面，不像其他许多中央银行如美国联邦储备系统、英格兰银行那样，MAS并不是通过控制利率升降进而影响市场的流动性来控管金融的，它是利用汇兑机制，在新加坡元市场上进行操作以控制流动性供给。

（2）作为监管部门的MAS

从职能结构上看，MAS可分为六大职能组团，其组织构架如图12－

11 所示。MAS 的金融监管职能交由金融监管机构组团执行，由保险署、银行署、证券期货署、监管政策署、市场体系与风险顾问署、监管法律服务署组成。其中银行署工作人员占 MAS 总员工数的 1/8 左右，在组团中占比最大。由于新加坡境内银行较多，为了统一高效管理，银行署设立了六个银行监管群，并向这些监管群分配不同的任务，划分监管范围。对于资本期货业务，银行也要进行相应的监管，因此特别设立资本市场部来专门对该业务进行监管。

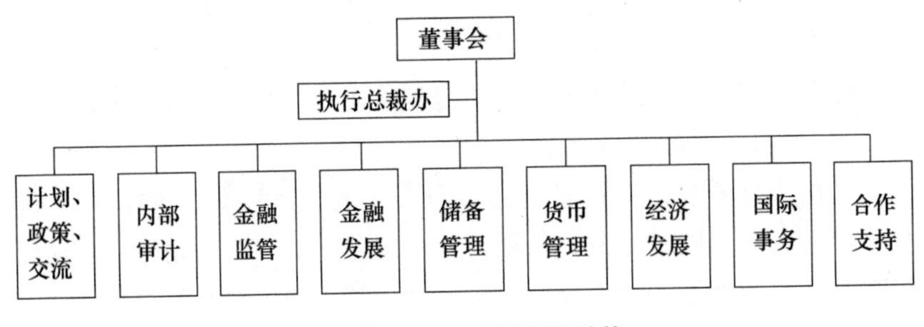

图 12-11 MAS 的组织结构

资料来源：新加坡金融管理局网站。

2. 监管内容

新加坡作为国际金融中心，金融业是其发展的重要支撑。在金融发展过程中，新加坡政府致力于金融自由化，实施一系列开放政策，创造金融开放的良好条件。MAS 在此过程中发挥了重要作用，推出一套完善的监管理念。首先是放松流动性管制，逐渐取消其原先制定的银行流动性指标，由银行对自身的流动性进行申报。其次是更为重视风险监管，对银行风险监管要求严格；同时提高信息的透明度，加强信息披露制度。再次是更加注重与其他国家的合作，达成协议，共同开展联合监管。最后是对不同银行实行分类监管，主要从银行地位、存在风险大小以及对金融业影响程度三个方面实施监管，重点对本地银行和大型外国银行进行监管。

借鉴美联储的骆驼（CAMELS）评级法，MAS 针对不同银行建立不同系统，对本地银行采用 CAMELOTS 评级系统，对外资银行采用 PLATOS 评级系统。通过这些系统，新加坡的监管信息处理能力得到提高，实施了完善的监管流程，即“非现场监管—现场检查—风险评级—非现场跟踪监管”。将非现场监管置于监管循环的主导地位，根据非现场监管所获得的信息，决定对银行的现场检查所采取的方式、检查力度、频率，并对银行业务做出要求，与非现场监管相比，现场检查更关心银行风险。MAS制定了一套由授权、调控和评价三个环节组成的风险评价办法，在评价和管理银行风险方面，运用VAR模型和压力测试两种数理模型。在推行金融自由化的过程中，为确保稳健，MAS对金融机构实行了严格的高标准监管。如MAS还设置了四道防线以防止新加坡元受到攻击。

3. 监管目标

MAS始终将维护金融体系稳定作为其总体目标。MAS认为，影响金融体系的关键因素是金融风险，因此要积极防范金融风险。对于金融机构存在倒闭风险的现象，由于金融风险传染性极强，可能会对金融业带来巨大影响。因此金融机构的内部监控至关重要，金融机构应该具备健全的风险管理制度，监控市场可能存在的风险，加强风险识别。同时，金融机构要制定完备的应急预案，在风险发生时，能够积极应对，减少风险的影响程度。MAS要求金融机构负起承担风险的责任，认为金融机构的竞争力、创新力和进取心会被过于严格的监管严重削弱。

（1）建立稳健的金融机构

MAS对金融机构所面临的风险积极鼓励其进行识别、监测和缓解，对于主要金融机构是否具有恢复和解决问题的计划进行充分评估，并帮助其改进，因为当主要金融机构尤其是大型银行遭遇重大风险或面临倒闭时，可能会破坏金融系统的稳定性。

（2）建立安全高效的金融基础设施

金融市场活动的基础是金融基础设施，如果金融基础设施发生故障，资金流动性可能会受到遏制，并在机构间传导，造成巨大冲击，从而放大系统性风险。由于基础设施的完善有利于维护金融体系的稳定，因此MAS为金融基础设施提供平台，要求其具备应急预案和灾难备份，保证金融基础设施的安全性和可靠性。

（3）打造公平、有效、透明、有序的市场

一个公平、有效、透明、有序的市场可以维护金融体系的信心，因为产生市场效率低下和行为不当的重要因素是信息不对称。MAS致力于阻止不公平交易行为，例如恶意串通、内幕交易、操纵市场、欺诈等。MAS对此类行为，加强监测，一经发现，必定严惩；要求及时披露重大信息，减轻对市场价格的影响。

(4) 建立交易透明、公平的金融中介机构

在经营业务时，提高金融中介机构的透明度和交易公平性是 MAS 市场行为监管的重点。为此，MAS 制定了信息披露制度，设定金融中介机构准入门槛、引导金融中介机构采取公平的商业行为等，对于出现市场操纵、内幕交易、误导性披露等市场失当行为，将会通过民事甚至刑事手段实施惩罚。

(5) 保证信息的对等性

MAS 认为，消费者应该积极主动地保护自己的利益，对自己的利益负责，在选择金融产品供应商时，要慎重考虑，充分了解潜在的风险，对预期所得回报能够有清晰的认知，能够清醒地意识到投资并不一定会带来回报。同时，MAS 也会为了保护消费者利益而采取相应措施，例如要求金融机构信息透明公开，遵循信息披露制度，从而维护消费者的知情权，保证信息的对等性。MAS 还重视金融消费者对知识的掌握情况，通过与其他机构合作向消费者宣传金融知识，引导消费者合理进行财务规划和资金管理，掌握投资技巧。推动建立非诉争议解决机制，畅通公平、高效和低廉的维权渠道，帮助消费者维护合法权益。

第七节 中新金融合作梳理与推进建议

中国是新加坡最大的贸易伙伴。在未来更广泛的经济合作和贸易自由化环境之下，中新双边贸易关系将得到进一步深化。中国工商银行在新加坡于 2013 年 4 月 2 日正式启动人民币清算行服务，通过在工行新加坡分行开立的账户，新加坡和全球各地区的商业银行都可以直接办理人民币业务，提高人民币在全球范围内的汇划效率，人民币使用的便利化，人民币资金在海外的运用渠道得到有效拓展。

一 中新金融合作潜力分析

中新经贸合作呈现出良好的发展势头，按中方统计，2018 年，两国双边货物贸易额达到 828.8 亿美元，与上一年同期相比增长 4.6%。其中出口贸易额为 491.7 亿美元，同比增长 9.2%；进口贸易额为 337.1 亿美元，同比下降 1.6%。在双向投资方面，新加坡对华投资项目有 998 个，增长 41.4%；新加坡在中国的投资占“一带一路”沿线国家对华投资总

额的85%，实际投资额达52.1亿美元，增长9.4%，而中国对“一带一路”沿线国家的投资，经由新加坡投入的投资额大约有1/4。新加坡保持着中国第一大新增外资来源国的地位。

在中新两国经贸关系的快速发展中，作为推动升级经贸合作、不断深化金融合作、共同促进区域合作的重要平台之一，金融支撑所发挥的作用和重要性得到中新两国领导人的共同认可。李克强总理在2018年访新期间就曾强调，中方愿同新方积极打造金融支撑、互联互通、三方合作等平台。

二　新加坡金融改革与中新金融合作

新加坡以弹丸之地成为全球重要的金融中心，由此可见，打造金融中心主要在于“软实力”，在于合理的政策和措施。当前，中国金融业的发展已经到了从粗放向集约、精细化转变，从重规模到重效益转变，从简单的资金流通中介到全方位金融服务架构转变的关键时期，许多城市也提出了打造“区域性金融中心”的口号，上海、深圳及北京等城市更是得到了国家层面的定位和扶持。因此，详细了解和分析新加坡打造国际金融中心的经验和举措，加强中新金融合作，从中吸取有益成分，有利于中国金融业的进一步改革开放与加快发展。

（一）中新金融合作需要政治决心、前瞻设计与市场力量的成功结合

中新金融合作依靠政治决心、前瞻设计与市场力量三者相结合。在政治方面，新加坡政府和李显龙本人亲自推动金融改革，MAS倾力执行改革，李显龙亲自参与每一步改革的设计与执行，与主要参与者进行深入的沟通交流；新加坡政府通过斥资上亿美元，招募麦肯锡等全球顶级机构参与，针对重组规划成立了专门的部门进行国际推广。此外，新加坡在改革之初就公布改革的日程表，确定改革框架，给予市场信心，对改革的每一步成果在此后的18个月内一一进行了公开披露。在对改革转型的设计方面，新加坡政府具有高度的前瞻性，通过强大的专业力量，科学地界定了“全球金融中心”的范畴，合理确定了改革与发展的目标，特别是在资产管理、衍生品业务及REITS发展方面，改革者表现出了极高的市场敏锐性，提前预判了全球金融业务发展的方向，做出了正确的选择。最后，新加坡金融改革的成功，还得益于恰逢时机，正好赶上了21世纪前10年全球金融市场大发展、大创新的黄金时期，在两次大型金融危机的中间时段，合理、充分利用了市场资源，取得了突

破性的发展。

对于中国金融业的决策者、领导者和从业者而言，推动中国的金融改革与发展，必须从新加坡的成功中吸取经验，善于把政治力量、专业力量与市场力量统一起来，形成中新金融合作的合力，共同推动改革与发展。就中国的实际情况而言，政治家对经济金融的控制力量毋庸置疑，但专业性的设计、对市场时机的把握和利用能力如何尚待检验。如果缺乏后两者，单纯依靠政治热情与决心推动的改革很可能南辕北辙、半途而废；或者在改革方向上朝令夕改，这样反而会混淆市场预期，难以形成统一力量；或者单纯局限于模仿、追赶型的改革，无法实现根本性的跨越与发展，改革的前瞻性经不起检验。笔者认为，新加坡推动改革的模式，即由政治人物牵头、专业与市场人士共同参与策划、金融管理当局负责推进的模式，在中国也可以尝试。

（二）中新金融合作必须找到合理的突破口和着力点

中新金融合作是一个庞大、复杂的系统工程，在具体推进上找准着力点非常关键。在亚洲金融危机后，新加坡经过科学论证和周密策划，有所为有所不为，选定资产管理市场作为建设全球性金融中心的突破口，通过发展基金业带动资金、人才等要素向新加坡流动，做大市场存量，从而促进整个金融业的全面发展。这一做法对我们具有重要的启示：在推改革，促发展的过程中，不可能面面俱到，必须要有侧重、有规划，以点带面、抓纲举目。就中国金融改革与发展实际而言，无论是国家层面力推的上海国际金融中心建设，还是各省市自己规划的区域性金融中心建设，都存在头绪过多、目标过全的问题，意图打造集融资中心、清算中心、结算中心、离岸业务中心、理财服务中心等各项功能于一体的金融中心城市。然而，就中国金融实际发展水平而言，即使在上海这样的大城市，距离纽约、伦敦、东京、香港和新加坡等国际金融中心也还有不小差距，难以在短时间内全面赶上，更遑论各省市希望打造的地方性金融中心了。

因此，笔者认为，应借鉴新加坡的经验，“有所为，有所不为”。合理确定主攻方向，构建具有侧重和特色的金融中心，带动中国金融业整体发展，是当前可行之道。一是对上海、北京及深圳等大型金融发达城市，可以结合当前中央实施人民币“走出去”战略的大好机遇，着重发展人民币国际金融产品开发和交易业务，将其发展成为面向全球的人民币债券、股票、相关衍生品交易及资产管理中心，并以此带动银行、证券及保险各行业的发展。二是对于各省会城市，可以结合实际，有所侧重地构建金融外包服务中心、专业化营运中心（包括信息中心、银行卡业务中心等)、清算中心、结算中心等，逐步做大做强。

第十三章

中国—文莱金融合作

文莱国土面积为5765平方千米，海岸线长约161千米，共有33个岛屿，截至2020年，文莱总人口约为46万人。虽然人口数量较少，但文莱却是一个名副其实的多民族国家。文莱拥有十分丰富的石油和天然气矿产资源，森林资源以及渔业资源，特别是金枪鱼资源极为丰富。文莱由于受国土面积较小及油气资源丰富等客观因素的影响，其经济结构较为单一，油气产业是文莱的支柱型产业，为文莱带来了丰厚的收益，促进了国家经济的发展。

第一节　文莱经济发展历程

1984年1月1日，时任文莱苏丹国国家元首穆达·哈桑纳尔·博尔基亚·穆伊扎丁·瓦达乌拉在斯里巴加湾市举行的仪式上宣读了独立宣言，这标志着文莱彻底获得独立，成为一个主权国家。在独立几天后，即1月7日文莱政府宣布加入东盟，由此文莱成为东盟第六个成员国。政治上的独立为文莱经济发展提供了动力。

一　东南亚金融危机以前

凭借其丰富的石油储量，文莱的经济得以飞速发展，在20世纪70年代，国际石油价格不断上涨，文莱高度依赖石油的经济结构进一步加强。虽然石油工业快速推动了国家经济的增长，但文莱的其他产业发展缓慢，建筑业和服务业依托于或服务于石油和天然气工业，制造业、农业的发展也较为落后，粮食、设备、生产材料、中间材料等基本依赖进口。[①]

---

① 汪慕恒：《文莱独立后的经济发展》，《南洋问题研究》1992年第1期。

随着石油的不断开采，且从 20 世纪 80 年代起国际石油价格开始下跌，导致文莱人均国民收入下降，国内消费总需求减少。在金融方面，国家用于放贷的资金受到各种限制，居民收入分配不平等，国家经济发展受到严重阻碍。为了扭转局势，使文莱摆脱世界经济中的弱势地位，文莱政府提出了多元化经济发展的战略，加速发展农业以及非石油工业、乡镇工业和除石油、天然气之外的矿物业。

而后，文莱政府提出了第五个五年发展计划，这项计划制定了五个主要目标：（1）鼓励外资进入，发展新的出口导向型和进口替代型工业；（2）有效地、最大限度地利用国内资源；（3）提高生产力水平和维持充分就业；（4）鼓励和培养马来族公民成为工商企业领导人；（5）继续促进非石油部门的发展，努力实现经济多元化。

至 1986 年，文莱的石油和天然气工业部门占全国 GDP 总量的 84%、出口总额的 98%、国家财政收入的 98%。

1988 年 11 月，文莱设立了工业和资源部，对工业发展和资源开发利用进行宏观调控。在此期间，由于国际石油市场价格好转，文莱逐渐扭转了经济持续下滑的局面，国内生产总值开始回升。1989 年经济增长率为 2.7%。非石油天然气加工业、农业和渔业在国民生产总值中的比重上升到了 2.2%，但远远没有实现自给，更没有较大规模的现代化生产。文莱在本阶段的经济多元化总体进展缓慢。

在第六个五年发展计划期间，文莱政府提出在石油和天然气工业持续向好发展的同时，应加强开发人力资源，加快发展制造业，积极鼓励私营企业的发展。在“六五”计划期间，文莱宏观经济情况良好，发展相对平衡。根据国内与国际经济形势的变化，文莱政府进一步推行了“产业转型”政策，以求改变经济过分依赖石油、天然气开采的单一格局，逐步增加非石油产业在国民经济中的比重。为此，文莱政府采取了一系列多元化的经济政策。经过政府的努力，在这一期间，文莱的经济多元化取得了不错的成果，非油气部门对国民经济的贡献得到增加。

第七个五年发展计划更多地考虑到此后五年国家将要面临的挑战和机遇及为迎接 21 世纪做好准备。政府鼓励私营企业更多地参与国家建设，重视教育与培训，特别是对高科技人才的培养，倡导提高全民素质，加强创造性与责任感，强调社会经济均衡发展，重视加强环保意识。

1997年爆发了东南亚金融危机，这一危机给文莱经济造成了巨大的冲击，加上国际石油价格暴跌，文莱的财政收入锐减。为振兴经济，文莱政府于1998年9月成立了国家经济理事会，制定了刺激经济快速复苏的短期策略，也制定了确保经济持续发展的长期战略。通过增加油气产量和出口量，整顿金融体系秩序，国有企业私有化和加大吸引外资力度等措施，文莱经济逐步摆脱了亚洲金融危机所带来的负面影响。

二 21世纪以后

在第八个五年计划期间，政府为石油及天然气工业拟定了总体规划，为设立石油下游产品及制造业特区等基础设施建设提出了新的发展目标，以吸引外来投资；强调中小型企业创造商机，同时继续努力实施经济多元化的政策。

2004年文莱政府加大对经济发展的投入，大力开发旅游业以及伊斯兰金融业，引进外资发展非石油部门。在获得独立的第20年，依赖石油、天然气带来的收入，以及大力推进经济多元化，再加上文莱人民的辛勤劳动，文莱国民经济飞速发展，综合国力显著增强，人民生活幸福。至此，文莱既无外债，又无内债，且外汇储备和黄金储备稳居世界前列。文莱成为亚洲地区仅次于日本、新加坡的第三个富裕国家。①

在“八五”计划期间，文莱的国民生产总值从2001年的100亿文元增加到2005年的159亿文元，人均GDP从3万文元增加到4.29万文元。

2006年，文莱经济保持稳步向好发展态势。政府继续采取一系列措施推进经济多元化，设立小型企业创新中心，加速发展石油、天然气的下游产业，并加大对农林渔业的投入。2006年，外部环境又为文莱的经济发展提供了机遇，国际石油价格居高不下，以石油、天然气为主要支柱的文莱从中获得了巨大的经济利益。富裕的资金使文莱具备了建立一个国际金融中心的条件，因此，在这一年里，文莱政府推出一系列政策促进伊斯兰银行的发展，为打造区域和国际金融中心奠定了基础。②

2008年，文莱出台了《文莱长期发展规划》（又称《2035宏愿》），

① 马金案：《文莱：2004年“双喜临门”》，《东南亚纵横》2005年第3期

② 马金案：《文莱：2006年回顾与2007年展望》，《东南亚纵横》2007年第2期

该规划包含三个部分，“2035 愿景展望”“2007—2012 年国家发展计划”以及“2007—2017 年发展战略和政策纲要”。

文莱的第九个国家经济发展计划为期 6 年，从 2007 年一直延续至 2012 年。该计划主要强调加快转变人力资源以迎接经济各领域体制上的挑战，增加就业，提高生产力。

2008 年的全球经济危机使文莱的经济发展受到很大影响，2009 年文莱的国民生产总值出现大幅下降。根据亚洲开发银行统计数据，文莱 2007 年国民生产总值为 184.59 亿文元，2008 年达 203.98 亿文元，较上一年增长 10.5%，2009 年暴跌至 156.11 亿文元，降幅接近 23.5%，2010 年回升至 168.67 亿文元，2011 年为 205.79 亿文元，已超过经济危机前的水平。

2012 年文莱经济继续保持增长，其中旅游业成为最大亮点，此后政府大力扶持中小企业发展，在多元化经济发展的背景下，油气产业占比下降，财政金融稳健发展。根据世界银行《2018 年营商环境报告》，文莱的排名上升至第 56 位，截至此时，文莱已连续 3 年获评世界上营商环境进步最快的经济体。[①]

文莱从 2013 年起开始实施第十个五年国家经济发展计划，在这一计划期间，文莱政府拨款 1.23 亿文元用于八个路桥项目建设。此外，政府还拨款 10 亿文元推行电子政务工程，作为政府普及信息技术的主要项目。

三　文莱现阶段经济发展——2035 年远景展望

2020 年，文莱的 CPI 指数为 101.4，GDP 大约为 106.5 亿美元。2019 年数据显示，在其 GDP 的构成中，农业、工业、服务业所占比重大约为 0.99%、63.51% 和 38.18%，与 2018 年相比，农业占比持平，工业占比下降，服务业占比上升。

文莱采矿业的产值将近 GDP 的一半，而文莱除油气资源外，其他矿产资源储量较小，因而采矿业的产值主要来自于油气，油气产业对文莱经济起着决定性作用。在其他部门中，制造业对 GDP 的贡献率为 17%；建筑业、运输通信业、房地产业对 GDP 的贡献率较小，仅占 GDP 的 3.2%、

① 马静、马金案：《文莱：2018 年回顾与 2019 年展望》，《东南亚纵横》2019 年第 1 期

3.9%、4.1%；电力和水的生产及供应业是文莱经济发展的短板，其生产总值仅占 GDP 的 1.2%；批发与贸易业、金融业对 GDP 的贡献率分别为 5%、6%。文莱国土面积狭小、人口较少，人民生活稳定，贸易业、金融业、房地产业从长期来看较为平稳；政府服务业对 GDP 的贡献率为 13.8%，这是因为文莱政府向来重视政府服务水平的提高；相比之下，文莱的农林水产业发展缓慢，现代化程度比较低，对 GDP 的贡献率仅为 1.3%；私人服务业占 GDP 的比重为 0.6%（见图 13－1）。

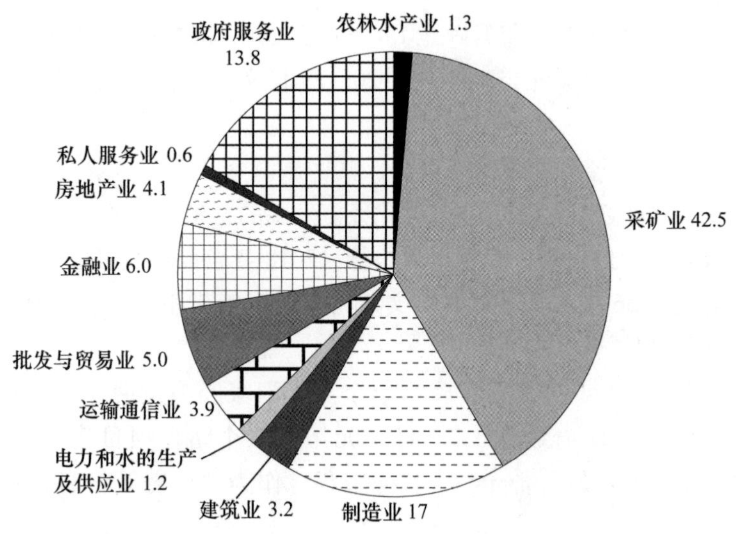

图 13－1 2020 年文莱各行业 GDP 贡献比重（%）

资料来源：文莱首相署经济计划发展局网站。

到 2035 年，文莱将建立起富有活力且可持续发展的经济，人民生活质量进入全球前 10 位。"2035 愿景展望" 为文莱确立了三个目标：首要目标是慢慢提高文莱人的生活水平；其次是在政府的协助下，加快文莱人力资源开发；最后是发展除油气之外的多元化经济。为顺利实现这些目标，文莱制定了八大战略：经济战略、教育战略、机制发展战略、安全战略、本地企业发展战略、社会保障战略、基础设施战略和环境保护战略。①

① 邵建平，杨祥章：《文莱概论》，世界图书出版公司 2012 年版，第 136—140 页。

第二节　文莱的经济结构

自独立以来，文莱政府认真规划文莱未来的发展道路，积极推行经济多样化政策，力图改变从前单一的经济结构。与此同时，文莱政府也不断向他国学习，在借鉴其他国家经济发展的经验后，依据文莱自身的国情，不断探索符合本国国情的工业化道路。

一　农林渔业

（一）农业

文莱的耕地面积仅占国土面积的5%，且土地贫瘠。文莱的农业通常是小户种植，农作物主要有橡胶、水稻、胡椒和木瓜、椰子等热带水果。在二战以前，文莱人民可以实现稻米的自给自足，甚至还有部分用于出口。但在20世纪70年代左右，随着石油的开采以及公共服务事业的不断发展，文莱人逐渐放弃了农业。

为调动农民种植作物的积极性，文莱政府从2004年开始实施扶持计划，此后，文莱的农户数量和水稻种植面积大幅增长。2009年初，文莱出台了五项措施以促进农业发展，其基本内容为：（1）基本鼓励政策：鼓励与外国企业在农业领域开展合资合作；加快引进并推广新技术，提高农业产量；加大在土地、基础设施及病虫害控制等领域的投入。（2）特别鼓励政策：对农业物资提供价格补贴，种子、杀虫剂、除草剂、化肥、农业机械等基本农业物资均可获得政府给予的50%的价格补贴。（3）农业扶持补贴：根据第五个“五年发展规划”中的“水稻价格扶持计划”，继续以补贴价格收购国产水稻；对种植商业化蔬菜的农户提供设备支持；农业发展部门为企业提供包括兽医服务、食品卫生及安全服务等的技术服务。（4）市场促进计划：促进农产品的国内销售和对外出口，指导农户合理利用市场工具，科学安排生产计划。（5）企业拓展计划：采取增拨用地，改善基础设施等措施鼓励、支持那些对国家农业发展做出贡献的企业。

2009年11月，文莱政府提出农业中期发展计划。其内容主要涵盖了四个方面：文莱清真品牌发展计划、养殖计划、水稻种植计划和粮农计划。并且文莱政府力图在2023年实现农业产值达到27亿文莱元。

在不断提高文莱国内农业环境的同时，文莱政府还积极与其他国家开展农业合作。2009 年 5 月，文莱与中国签订了《中国文莱农业合作谅解备忘录》，中方将在本国为文莱培训水稻生产技术人员，派遣国内专家到文莱进行技术指导，帮助文莱培育水稻新品种，鼓励中国农业企业到文莱进行投资。同年 11 月，在“10 + 3”农林部长会议上，中文两国签署了水稻种植合作协议。①

（二）林业

文莱有着丰富的森林资源，根据统计结果，文莱约有 5000 多种植物，2000 多种林木，国土绿化率高达 75%。文莱的森林全部是国有林，可分为防护林、生产林、游憩林、保护林、自然保护区和科研林。目前共有 11 个森林保护区，其中原始森林保护区面积占森林保护区总面积的 86%。此外，文莱还有 14 个森林保留区，可用于商业用途的约为 20 万公顷，野生动物保护区及国家公园占 5 万公顷。

鉴于文莱经济富足，文莱并不需要砍伐热带雨林以换取外汇。因此，文莱的木材全部用于本国建设及家具业，原木、锯材、胶合板等木材产品禁止出口。一直以来，文莱实行严格的森林保护政策，年伐木量限制在 10 万立方米以内，同时执行“砍一棵树种四棵树”的政策，对伐木后的森林进行扩大性重植。②

（三）渔业

文莱海洋资源丰富。文莱有着长达 162 千米的海岸线，在国内，文莱有文莱河、都东河、白拉奕河及淡布伦河四条大河，在靠近红树林的海域拥有数量众多的海产鱼、虾、蟹等。据文莱渔业局统计，文莱海域最大可捕捞量为 21300 吨，其中底层资源为 12500 吨，浮游资源为 5000 吨，沿岸资源为 3800 吨。

1983 年，文莱划定 200 海里水域作为专用经济区域，渔业获得快速发展。至 2008 年，文莱国内有 30 多家企业投资海产品养殖，建有 50 多个鱼虾养殖场。文莱的渔业不仅可以满足国内需求，还用来出口，主要出口到美国、中国台湾、日本和新加坡等地区。

文莱从 2001 年开始举办渔产嘉年华会。集渔业展览、水产养殖、海

---

① 邵建平、杨祥章：《文莱概论》，世界图书出版公司 2012 年版，第 141—144 页。

② 邵建平、杨祥章：《文莱概论》，第 144—145 页。

产加工及捕鱼于一体的渔产嘉年华会已经成为文莱推动渔业发展及促进海产工业交流的一个重要平台。

由于受到资金和技术的限制，文莱大部分水产养殖都无法取得突破性进展。2012 年初，文莱国内成功培育出适合养殖的抗病虎虾品种，渔业局大力吸引外资进入文莱从事虎虾养殖，并将欧洲、日本和韩国定为主要出口国。

在文莱的渔业发展过程中，政府多次出台优惠政策鼓励产业发展，并且不断加强同其他国家的合作。2008 年，文莱渔业局与中国广东省海洋渔业局签署合作谅解备忘录，双方指定企业通过合资组建了位于文莱的 BioMarine 有限公司。该项目一期计划是在两年内安装 80 个深海养殖 HDPE 抗风浪网箱，计划年产军曹鱼、石斑鱼、金鲳鱼等名贵鱼种 400 吨，主要面向中国内地及香港、台湾等地销售。二期计划是建设清真渔业加工厂，通过文莱清真品牌打入中东市场。文莱渔业局为了支持此项计划，划定了 0.4 平方千米近海海域用于水产养殖，还配套建设了鱼产品初加工设施。

二 工业

（一）油气业

文莱石油和天然气资源十分丰富，被认为是“东方石油小王国”。20 世纪初，英国壳牌石油公司开始在文莱进行油气勘探，并于 1929 年在诗里亚打出了第一口油井。1940 年，文莱石油产量达到二战前的最高水平，年产量为 818 万吨。1941—1945 年文莱被日本占领，大量油田设施遭到破坏，再加上当地人民的抵制，文莱石油产量迅速下跌。不久后，英国重回文莱市场，石油产量迅速回升，甚至超过了战前水平。

文莱石油开采在 20 世纪 70 年代达到顶峰，彼时国际市场上的石油危机导致石油价格大幅上涨，文莱从中获得巨大收益。1979 年，文莱石油日产量可达 24.3 万吨，是到目前为止的峰值。在文莱取得独立后，政府开始控制石油开采，以延长开采年限。

20 世纪 60 年代，文莱开始开采天然气。1969 年，文莱成立了液化天然气公司，并于 1972 年成为亚洲第一个液化天然气出口国，文莱的天然气年产量一直都较为稳定。

文莱的油气主要出口日本、韩国、中国、印度、澳大利亚、新西兰及部分东盟国家。中国从20世纪80年代末开始从文莱进口石油，到2000年，进口量大幅上涨。2011年11月，在温家宝总理访问文莱期间，两国签署了包括海上油气田勘探在内的油气上下游合作。同时，浙江恒逸集团还与文莱壳牌石油公司签署了原油供应备忘录。

丰富的油气资源虽然为文莱带来了巨大利益，但也导致了文莱较为单一的产业结构。长期以来，油气产业是文莱的支柱产业，文莱GDP有超过半数是由油气产业贡献的。

（二）建筑业和制造业

大量的市政建设、社会福利房和交通改善项目使得文莱的建筑业迅速发展，成为仅次于油气产业的第二大工业。以前文莱建筑业的技术工人主要来自泰国，现在新进的印度尼西亚、越南和印度劳工大多经验不足，因此，文莱建筑业面临着缺乏经验性技术工人的困难。

文莱的制造业比较落后，主要有服装纺织、食品加工、工艺品制作等，其中服装纺织发展情况比较好。服装是文莱除油气及油气加工品外的主要出口产品，主要经新加坡转口到欧美。自20世纪80年代末以来，文莱的服装纺织业得到了较快的发展，但并没有形成体系。1989年，文莱设立了首家服装厂。由于欧美市场对文莱服装和纺织品没有配额限制，服装制造业成为外国投资的热点，投资文莱服装业的主要是新加坡、马来西亚、中国香港和中国台湾的商人。

三 旅游业

旅游业是文莱近些年来大力发展的产业，文莱将其作为促进经济多元化的重要内容。前往文莱的游客主要来自东盟国家，其次是亚太地区和欧洲。2001年，文莱政府将该年定为“旅游年”，2004年，文莱斯里巴加湾市首次参展中国—东盟博览会“魅力之城”专题，此后，文莱独特的传统文化吸引了一大批中国游客前往文莱旅游。2005年7月，文莱成立了旅游管理委员会。

文莱政府将旅游业作为文莱新的经济增长点，积极采取多项措施对外宣传，希望吸引更多的海外游客前往文莱旅游观光。但鉴于文莱旅游业诞生时间较短，目前文莱的旅游业还面临着诸多困难与挑战，包括来自区域内其他东南亚国家的竞争。

四　交通通信业

在交通运输方面，虽然文莱国土面积较小，但文莱的交通运输业比较发达。目前，文莱国内已建构起水陆空交通网络。文莱的公路设施优良，十分便捷；水运是文莱重要的运输渠道，主要用来运输文莱出口国外的石油和液化天然气；文莱国际机场于1974年建成，距离首都斯里巴加湾市约12千米，它集民用和军用于一体，既是文莱对外交往的枢纽，也是文莱皇家空军的基地。

在邮电通信方面，文莱拥有良好的邮政服务系统，提供各种相关服务，如投递信件、邮寄包裹、出售邮票、缴纳水电费等。1995年9月，文莱开通互联网业务。文莱的通信服务主要由三家公司提供，分别是：DST、Tel-Bru（Telekom Brunei Darussalam，文莱电信）和B-Mobile（文莱移动）。

2005年4月，中国华为技术有限公司与文莱B-Mobile签署了WCDMA商用合同，使B-Mobile成为第一个在文莱启动3G网络的无线运营商。

在国际通信方面，通过地面卫星通信站和海底电缆、光纤，文莱与全球绝大部分国家实现了电话和传真直通。

五　财政金融业

在财政领域，不同于中国，文莱的财政年始于4月1日，止于次年的3月31日。文莱是一个不收取个人所得税和出口税的国家，但收取少量的进口关税、印花税、货物税和房地产税。

其财政收入主要来自于油气产业，其次来自于政府在国内外进行投资所获得的收益。文莱坚持为国民提供高福利，其财政支出主要用于教育、医疗、国防、促进各产业发展、日常公共服务和公民住房补贴。

在金融领域，目前，文莱已经加入国际货币基金组织、世界银行、亚洲开发银行、伊斯兰发展银行组织等国际金融机构。2009年12月，文莱政府经修订的《2000年反洗钱法》正式生效，该法令将赋予政府更大的权力，防止国际毒贩利用文莱的金融机构从事洗钱工作。[①]

---

① 邵建平、杨祥章：《文莱概论》，世界图书出版公司2012年版，第168—171页。

第三节 文莱金融体系

文莱的经济发展水平虽较高，但相比之下，其畸形的产业结构导致文莱金融发展水平较为落后。自 2003 年文莱金融中心成立以来，文莱的金融业获得了较大发展。从总体上看，文莱的金融机构种类与数量明显偏少，以银行、汇款公司、货币兑换公司等提供基本中介服务的金融机构为主。然而，相对于文莱这样一个国家而言，其已能较好地满足经济发展过程中的金融需求。由于文莱的金融结构十分简单，整个金融体系架构也是一目了然。

一 文莱金融体系发展历程

（一）文莱金融体系的建立

1929 年，文莱在诗里亚地区首次发现石油资源，石油的大量开采带动了文莱贸易的蓬勃发展，石油收益直接为文莱国内各项事业发展提供了资金支持，国家经济开始活跃，以石油为中心的贸易空前繁荣，金融体系也因此开始兴起。

1888 年，文莱沦为英国的保护国，1906 年被迫与英国签订补充协定，英国开始派遣驻扎官管理文莱相应政务。从这以后，尽管文莱名义上还是一个苏丹王国，但实际上已沦为英国的殖民地。自此，英国殖民者对文莱的经济资源进行肆无忌惮的掠夺，文莱的民族经济受到极大摧残，国家财政赤字严重，只能依靠借贷维持开支，使得国家经济长时间停滞不前。文莱在诗里亚发现石油后，便给英国殖民者带来了巨额利润，英属马来石油公司也因此大量雇用外国员工，海外员工的工资支付等问题引发了文莱对于银行服务的迫切需求。1935 年，文莱出现了第一家银行——邮政储蓄银行，开始接受公众存款，并由政府为这些存款提供一定的担保。但是该邮政储蓄银行将吸取到的存款用于大量购买海外证券，因此在一定程度上阻碍了本国贷款业务的发展。在文莱邮政储蓄银行未成立之前，由英属马来石油公司提供有关的银行服务，主要目的是为开采石油而雇用的外国雇员和工人提供存取款便利。

1942 年，文莱被日本占领，本土邮政储蓄银行的营业也受到很大的影响，大部分业务不能办理。在文莱被日本占领时期，日本横滨银行成为文莱的第一家外国银行。1945 年日本投降后，这家银行也随之停业。1946 年 11 月，文莱的邮政储蓄银行又开始恢复正常营业，但是邮政储蓄银行业务无法进一步满足文莱民众日益多样化的金融需求。1976 年，邮政储蓄银行便停止接受公众存款，随后不久便宣布停业。也正是本土邮政银行的信用受到严重冲击，促使了大量外国银行的入驻。

二战后，文莱的第一家外国银行是中国香港汇丰银行在 1947 年设立的分行。除此以外，二战结束后英国渣打银行（1958 年）、马来西亚的马来银行（1960 年）以及合众银行（1963 年）、美国的花旗银行（1972 年 3 月）和美洲银行（1972 年 11 月）、新加坡的华联银行（1973 年）都开始在文莱设立分行。与此同时，文莱国民银行和文莱国际银行也诞生了。其中以英国渣打、中国香港汇丰和文莱国民银行的规模较大，这三家银行主要以利率投标和商定利率的形式存放“通知存款基金”，但金融服务对象主要是两个垄断客户：文莱的壳牌石油公司和文莱政府。

20 世纪 70 年代，国际石油危机的爆发，导致国际石油价格飞速上涨，文莱经济也因此迎来阶段性的腾飞。这一时期，文莱国内的基础设施和社会福利设施、采矿业、交通运输业等也依托石油产业得到迅猛发展，人民的生活水平得到大大提高，这自然而然地拉动了国内的消费增长，国家经济的快速发展进一步促进了金融的发展，直接带动了银行业的兴起。但是，文莱金融业是在众多外资银行入驻的环境下起步的，由于这段时期石油资源主要被壳牌石油公司集团所垄断，而文莱壳牌石油公司与其他企业的往来经常通过赊账买卖等方式进行，银行这一金融媒介在其中所发挥的作用十分微弱，受此影响，文莱的金融市场体系在这一时期仍然非常落后，还处于初级阶段。

（二）文莱金融体系的发展阶段

1984 年 1 月 1 日，文莱正式宣布独立，成立“文莱达鲁萨兰国”。并于同年 1 月 7 日成为东南亚国家联盟成员之一。自此时起，文莱得以平稳发展，国内的经济结构也发生了变化，与东盟其他国家的经济联系越来越紧密，出口市场随之扩大，因此文莱国家的发展对金融服务的需求变得越来越迫切，从而推动金融业呈现出多元化发展态势。尤其是文莱在独立当年就积极参加伊斯兰会议组织，加强与其他伊斯兰国家之间的经济合作，国内的伊斯兰金融也随之逐渐兴起。

在独立之前，文莱国内的第二产业和第三产业交替增长，伴随着石油和天然气源源不断地输出，其经济结构因此发生了翻天覆地的变化。1974年，工业占 GDP 的比重高达 90%，而服务业只占 8% 左右，金融业更是发展缓慢。文莱政府为扭转这一失衡状态，在第三个五年计划中就重点提出促进经济多元化发展，改变经济发展结构的要求，为此，文莱的金融业也得到快速发展。到 1986 年第五个五年计划时，服务业的增加值占 GDP 的比重则上升至近 40%，工业增加值占 GDP 的比重却下降到 60%，金融业在服务业中占很大份额。

20 世纪 80 年代初，文莱出现了五家金融公司：信贷公司、工业资源公司、合众国民金融公司、国民金融公司和抵押金融公司。在 20 世纪 80 年代，文莱国民银行则设有 10 家办事处，渣打和汇丰两家银行在文莱各设有 7 家办事处。除此之外，其他商业银行也在文莱境内设有相应的办事处。但文莱政府把国内大量的资金存放在外国银行里，主要为中国香港汇丰分行、英国渣打分行和文莱国民银行，而这三家银行将多余的资金存放在新加坡的银行，也不拆借给文莱当地的其他银行机构，旨在削弱其他银行的竞争实力。面对这三家银行的举措，其他商业银行被迫提升存款利率，以吸收社会存款，维持正常的业务运作。这也导致文莱的同业拆借市场难以发展起来。同时，文莱的贷款部门结构也相对简单，银行贷款的发放方向主要是建筑部门、商业部门和杂业部门，以及对外放款。文莱金融在多元发展的同时，金融机构之间的不当竞争也在一定程度上抑制了文莱金融体系的完善。

此外，这一时期出现了新的金融业形式，即 1991 年文莱成立了一家伊斯兰教金融机构：文莱伊斯兰教信托基金（TAIB）。由于伊斯兰教作为文莱的国教，其最真实的目的是为公众提供伊斯兰形式的相关金融服务，在这样的背景下伊斯兰金融便迅速成为文莱国内穆斯林普遍认同的金融服务。到 1993 年，文莱国际银行进一步转变成文莱伊斯兰银行，同时也成为文莱的国有银行，文莱王室占有文莱伊斯兰银行 80% 的股份。此后，文莱又陆续成立了三家银行：文莱发展银行、佰度瑞银行和文莱伊斯兰信托基金。在保险业方面，文莱伊斯兰保险机构在全国设有超过 11 家分支保险机构。文莱金融体系的发展与伊斯兰金融的关系因此变得越来越密不可分，伊斯兰金融对传统金融的发展也产生了巨大影响。

总的来看，在这一时期，由于受到国际油价下跌、美元汇率波动以及文莱国内石油开采政策的影响，文莱金融业受到了一定的影响，特别是20世纪90年代末的东南亚金融危机，使得国家经济增长放缓，对文莱的金融业也带来了不可避免的冲击。因此，文莱政府进一步对经济结构实施战略性调整，着力促进国内非石油部门的发展，文莱的金融业加快向多元化发展，最突出的标志就是20世纪90年代伊斯兰金融的兴起。虽然文莱国内消费市场有限，经济结构也尚未完善，但是文莱的“马来伊斯兰君主制”政体却为国内的伊斯兰金融发展提供了制度保障，并且文莱苏丹十分重视文莱伊斯兰政治和伊斯兰文化的发展，大力推行伊斯兰经济。文莱伊斯兰基金、伊斯兰银行和伊斯兰保险机构的出现和发展，更是凸显出伊斯兰金融在文莱有着不容小视的发展潜力。这一时期，文莱不再只存在一般的传统金融服务，伊斯兰金融的发展为众多文莱民众提供了相应的服务，并且进一步促进文莱金融业的多元化发展。

（三）文莱金融体系的完善

面对20世纪末亚洲金融危机给金融业带来的重挫，进入21世纪后，文莱开始了危机后的经济复苏，也意识到金融对国家的重要性，文莱的国家经济理事会召开众多会议，制定出一系列的应对措施，以完善国家的金融体系。2001年，国家提出第八个五年计划，继续强调发展非石油产业，提出重点发展金融业，旨在走出危机的阴影，促使经济再次繁荣。

2000年7月15日，文莱设立国际金融中心，并且把发展离岸业务作为国家经济多元化发展的方向之一，文莱政府旨在把文莱建成金融、保险、银行和证券中心。到2007年，文莱的离岸金融公司发展迅速，超过6000家公司选择在文莱进行离岸金融中心注册，涵括信托基金及信托公司、基金管理公司。文莱财政部也积极为完善文莱的离岸市场，制定一系列的经济计划，推动新产品和新服务的创造来适应国内外金融市场的需求。在金融市场的法律法规体制上，文莱进行相应的完善，向成为世界一流的伊斯兰金融体系迈进。同时，为确保文莱的国际岸外金融中心在世界上具有强大的吸引力，文莱通过立法为相关的岸外公司设立无税奖励，文莱也成为所有国家中少数几个提供无税奖励的国际岸外金融中心。通过这一时期的发展，文莱吸引了众多国际知名银行到此注册发展离岸金融业务，如加拿大皇家银行、英国花旗银行和中国香港汇丰银行等都不约而同地来到文莱注册离岸金融中心。除此以外，2002年，文莱成立了国内第一家证券交易公司——国际文莱交易公司（IBX），与此同时，它也成了第一家泛亚洲交易所。IBX 的成立不仅进一步完善了文莱的金融体系，而且它与传统的交易所大有不同。

进入 21 世纪以来，伊斯兰金融是文莱金融体系发展的一大突出特点。2006 年 6 月 12 日，文莱财政部正式宣布成立伊斯兰金融监管理事会，其主要职能是管理和处理文莱相应的伊斯兰金融、银行和保险等事务，也是为了文莱能够更好地建设金融中心。同时，文莱政府允许国内的液化天然气公司向民众发售为期 10 年的伊斯兰债券，而且相继出台一系列可以促进文莱伊斯兰金融发展的法律法规。除此以外，文莱政府还发行了国内第一个短期的伊斯兰金融债券，又把文莱伊斯兰发展银行（IDBB）和文莱伊斯兰银行（IBB）合并。随后不久，又建立起文莱达鲁萨兰伊斯兰银行（IBBD），该银行变成文莱仅有的伊斯兰银行。文莱的种种举措使得文莱伊斯兰银行在世界上也变得更加具有竞争力，推动其不断开拓海外业务，进一步为文莱打造区域性和国际性的金融中心奠定基础。文莱伊斯兰银行快速发展，同时也带动了整个文莱的伊斯兰金融发展，伊斯兰金融一直保持着良好的发展趋势，逐渐与传统金融并驾齐驱，2015 年，伊斯兰银行便处于主导地位，伊斯兰银行的资产占文莱银行总资产的 52.4%，到了 2017 年，占银行业的总资产比重提升到 61.49%。除伊斯兰银行外，文莱的伊斯兰保险以及其他的伊斯兰金融业务也随之蓬勃发展。

在全球金融危机后，文莱进一步通过制定审慎的经济政策和财政政策来减轻金融危机所带来的影响，并且坚决反对通过负债的方式解决国内经济问题。同时为进一步防范和应对金融危机，文莱更加注重加强国际金融合作，并且还成立了保障经济可持续发展的基金，确保国家经济长期稳定发展。此外，文莱政府还为所有正式银行和金融机构提供贷款担保，并且加强反洗钱与反恐融资的力度，为文莱提供一个良好的金融发展环境。2011 年，文莱国家金融管理局的正式成立进一步完善了文莱对金融业的监管，文莱国家金融管理局的成立在很大程度上提高了文莱防控金融风险的能力。目前，文莱金融体系不断完善，国内金融机构不良贷款的占比不断下降，尤其是银行业经营表现得特别突出。其中，文莱佰度瑞银行被国际金融杂志 *Global Finance* 连续两年评选为文莱最安全的银行。

二 金融调控体系

（一）货币政策调控

就文莱货币政策而言，自1967年1月12日文莱新货币互换协议生效以来，文莱元锚定新加坡元，其汇率基本保持在1∶1水平。一方面，两国均从对方的货币稳定和经济增长中受益，文莱这一相对封闭的小国，货币的国际认可度低，其依托新加坡元，开拓海外市场，进出口贸易额显著增加，贸易开放度指标优良，发展潜力巨大。同时，文新货币挂钩，进一步提升了新加坡元的国际认可度，并且便利了新加坡对文莱石油天然气资源的进口，对促进文新两国经济发展具有重要意义。另一方面，文莱元受新加坡元的影响较大，当新加坡元受国内或国外重大事件的影响时，文莱元可能会受到相应程度的冲击，并且随着文莱货币市场和资本市场愈加开放，其货币政策的调控效果也在削弱，因此，金融体系的自动调节能力有限，急需货币管理局适时介入，加强汇率管控与货币发行量管控，进行逆经济风向调节。

（二）财政政策调控

就财政政策而言，近年来，由于能源产量下降所带来的影响，文莱的经济增速呈现出放缓的趋势，但文莱国内充足的储备资产起到一定的缓冲作用。并且文莱政府有效实施扩张性财政政策，增加对私营企业的贷款力度、减少税收，扶持私营企业发展。这些政策对增加文莱国内就业，发展多元化经济具有积极作用，显著地促进了经济增长。

因文莱元与新加坡元挂钩，文莱货币管理局采取货币政策时需格外谨慎，财政政策的作用空间更大。其方式多样，程度可控，方向可调，表现为文莱政府通过多样化的财政政策对金融体系进行调控。

第四节 文莱金融机构体系

文莱国内没有中央银行，国家金融管理局行使一部分央行的权力。2011年元旦，文莱苏丹在新年贺词中宣布，为保持国家经济的繁荣与稳定，政府将在2011年1月1日起正式设立国家金融管理局，负责执行国家货币政策并监管金融体系运作。文莱国家金融管理局的内部结构如13－2所示。

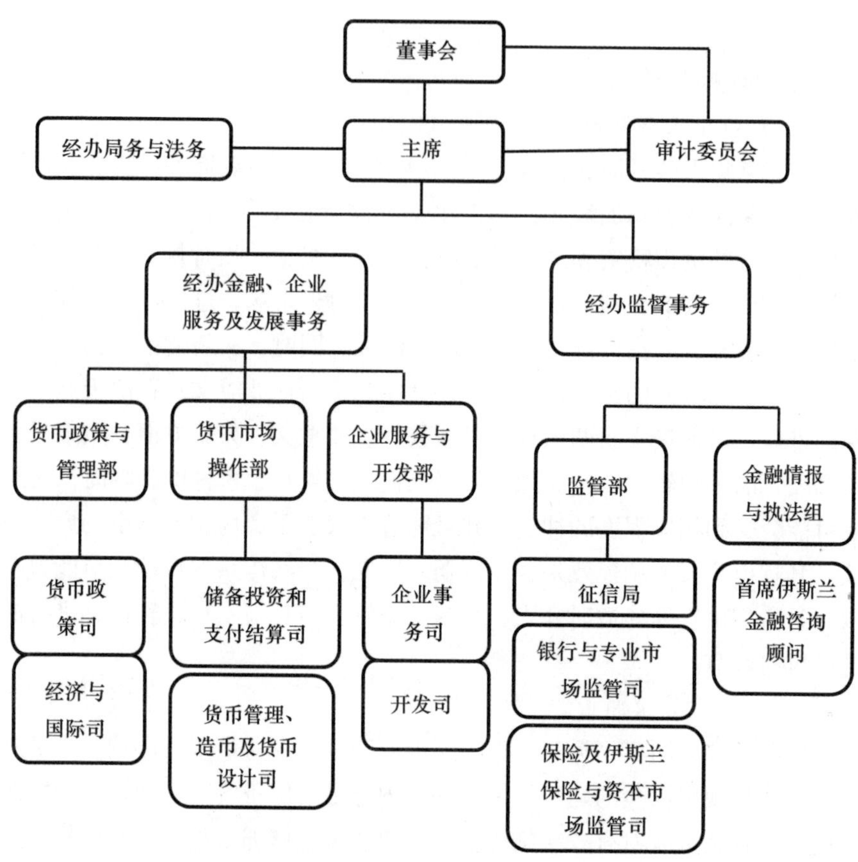

图 13－2 文莱国家金融管理局的内部结构

文莱金融机构体系大致表现为“银行业占主导，保险业发展势头良好，传统金融与伊斯兰金融并存，但同业拆借市场缺失，仅存在伊斯兰债券市场”。如此单一的金融格局，已能满足本国经济发展和金融需求，而且文莱金融市场获得了相对稳健的发展。① 文莱的银行类金融机构种类虽不是很多，但其在文莱整个金融体系中的作用与影响力却不可小觑。此外，由于文莱石油出口等贸易需求，文莱货币兑换公司和汇款公司数量也比较多，占了金融机构总数的 62%。②

---

① 李健、黄志刚、董兵兵：《东盟十国金融发展中的结构特征》，中国社会科学出版社 2017 年版，第 348—350 页。

② 参见文莱财政部网站（http//www. mof. gov. bn/English/FinancialInstitution/FinancialSector/Pages/FinancialInstitutionDirectory. aspx）。

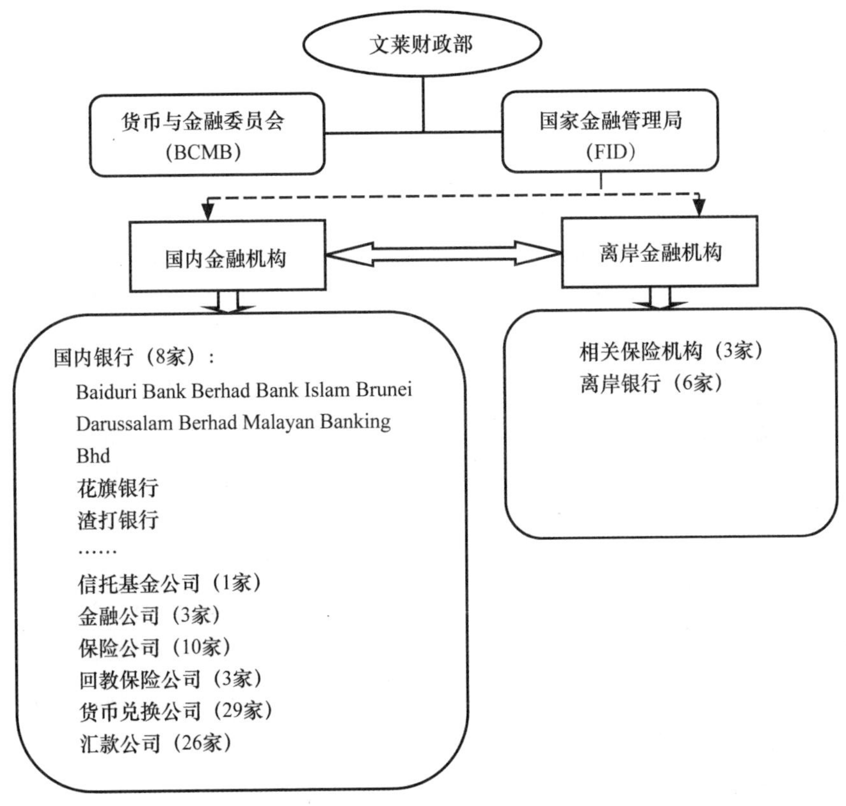

图 13－3 文莱金融体系架构

资料来源：文莱财政部网站。

一 银行类金融机构

（一）银行

文莱国内共有八家银行，分别为佰度瑞银行（Baiduri Bank）、渣打银行（Standard Chartered Bank）、马来亚银行（Malayan Banking Berhad）、大华银行［United Overseas Bank（UOB）Limited］、中国银行［Bank of China（Hong Kong）Limited］、马来西亚兴业银行（RHB Bank Berhad）、State Street（Brunei）SDN. BHD、文莱达鲁萨兰国伊斯兰银行［Bank Islam Brunei Darussalam（BIBD）Berhad］。其中，佰度瑞银行、文莱达鲁萨兰国伊斯兰银行以及 State Street（Brunei）SDN. BHD 是文莱本地的银行，其余几家银行均为外资银行。在文莱本地的三家银行中，佰度瑞银行、State Street（Brunei）SDN. BHD 属于传统银行，文莱达鲁萨兰国伊斯兰银行属

于伊斯兰银行。

1. 佰度瑞银行

佰度瑞银行是一家商业银行，成立于1994年，由文莱皇家航空公司和法国巴黎银行共同出资组建，总部位于文莱的斯里巴加湾。

一直以来，佰度瑞银行的愿景是成为文莱领先的银行和金融集团。在过去的几十年中，佰度瑞银行成立了多家全资子公司。首先是于1996年成立的全资子公司——佰度瑞金融公司（Baiduri Finance），现已成为全国领先的汽车融资公司。接下来是于2015年6月开始运营的全资子公司——佰度瑞资本公司（Baiduri Capital），该公司通过其在线交易平台提供证券交易服务，它现在允许进入包括新加坡交易所、中国香港交易所、马来西亚证券交易所、中国A股以及纳斯达克、纽约证交所和纽约证交所市场有限责任公司（AMEX）在内的国际股市。

佰度瑞银行提供最广泛的金融产品选择。佰度瑞银行内部的公司银行部门为企业提供定制的融资解决方案，作为公司银行部的补充，2015年4月成立了商业银行部，该部门为零售商提供专门服务，如为零售商提供信用卡商户服务、建立Baiduri支付网关系统（BPGS）和商业网站、商业i-Banking以及为中小企业融资。

佰度瑞银行拥有多个服务提供渠道，其分行网络由13个分行、36个ATM网点和一个拥有两个分行的金融分支机构组成，客户可以方便地使用。该银行还提供网上银行服务，该服务有两个版本可供公司和个人使用。此外，佰度瑞银行的个人i-Banking也可以在应用软件——佰度瑞手机银行（Baiduri mobile Banking）中使用。

佰度瑞银行以其在文莱市场上的实力、承诺和创新而闻名，因此它创造了许多的“第一次”，其中包括第一家每周7天提供店内和商场银行服务；率先推出国际通行的Visa Electron借记卡、万事达电子现金卡和Visa Pay Wave；第一个获得PCI－DSS认证的卡支付系统和流程；第一家也是唯一一家提供西联汇款服务的银行；首家也是唯一一家推出多币种——美元、新加坡元和文莱元自动取款机的银行，首家通过其子公司佰度瑞资本（Baiduri Capital）提供网上证券交易。

2014年4月，佰度瑞银行成为文莱第一家被标准普尔国际评级机构评级的银行。2019年7月，佰度瑞银行的评级再次被确认为“BBB+/A－2”，其发展前景稳定。

2. 文莱达鲁萨兰国伊斯兰银行（BIBD）

文莱达鲁萨兰国伊斯兰银行是一家提供全方位服务的伊斯兰金融机构，总部位于文莱首都斯里巴加湾市。这家银行在文莱共设有 16 个分支机构，服务于文莱 1/4 以上的人口，截至 2018 年，其总资产已达 106 亿文元。它的愿景是通过负责任地融合伊斯兰价值观、实体经济和金融，成为基准机构和参照点，在亚太地区成为最好的伊斯兰银行。

该银行是文莱最大的银行，同时也是一家旗舰伊斯兰金融机构，于 2005 年由文莱伊斯兰银行和文莱伊斯兰开发银行合并而成。它是一家国际公认的金融机构，在经验丰富的管理团队的指导下，遵循全球最佳实践。该银行致力于通过不断的服务、产品和技术创新，满足各界客户的需求。

作为文莱的旗舰伊斯兰银行和最大的金融服务提供商，文莱达鲁萨兰国伊斯兰银行拥有约 900 名员工，管理着价值 95 亿英镑的资产，该银行为 20 多万客户提供服务，其重要客户包括零售、企业和国际客户。

BIBD 是文莱唯一一家为零售银行市场所有部门提供服务的银行。凭借对创新和卓越的高度关注，该银行一直因专注的客户服务和向所有利益相关者提供价值的能力而受到认可。

该银行拥有多家子公司，BIBD At-Tamwil Bhd 是其一家全资子公司，主要负责提供伊斯兰租购设施；BIBD Securities Sdn Bhd 是该银行的一家全资子公司，为在吉隆坡和新加坡证券市场上市的本地 BIBD 股票和外国证券提供伊斯兰财富管理产品和经纪服务；Syarikat Takaful Brunei Darussalam（Associate）通过其子公司 Takaful Brunei Am 和 Takaful Brunei Keluarga 提供一般的和家庭的 Takaful 服务；Better Sdn Bhd 是文莱达鲁萨兰国伊斯兰银行在 Tamwil 的全资子公司，提供汽车租赁服务；BIBD（Middle East）Limited 也是其一家全资子公司，是由迪拜金融服务管理局（DFSA）监管的实体，提供咨询和安排服务，并持有伊斯兰背书，以作为一家完全伊斯兰机构运营。

该银行的价值观为：（1）诚信：以绝对的诚信行事，拥有完全的所有权；（2）以客户为中心：专注于为客户提供解决方案；（3）目标一致：以尊重和真诚对待每一个人，以实现银行的愿景；（4）精益求精：要一直努力做得更好。这些核心价值观将指导其在文莱和全球的工作方式，它构成了一个参考点，涵盖了该银行与客户、监管机构、合作伙伴和竞争对手之间工作关系的所有方面，推动实现文莱达鲁萨兰国伊斯兰银行成为在亚太地区最好的伊斯兰银行的最终目标。

（二）信托金融机构

文莱国内只有一家伊斯兰信托机构——文莱伊斯兰信托公司［Perbadanan Tabung Amanah Islam Brunei（TAIB）］。

文莱伊斯兰信托公司是一家根据文莱达鲁萨兰国 Perbadanan Tabung Amanah Islam 法案成立的法人团体，于 1991 年正式成立。

它拥有两家全资子公司，分别为 Insurans Islam TAIB Sendirian Berhad 和 Darussalam Holdings Sendirian Berhad。

文莱伊斯兰信托公司在斯里巴加湾市、瓜拉贝莱特、森库戎、搏拉克斯、麻拉区、都东区、加东区和淡布伦区设有分支机构。该公司提供储蓄和定期存款等服务，同时也提供个人贷款、住房抵押贷款、机动车辆、教育、教育套件和家装融资服务等零售融资服务，以及包括贸易和资产融资服务在内的企业融资服务。文莱伊斯兰信托公司还为客户提供储蓄账户、投资存款账户、银行担保、汇款、ATM 服务、账单支付和短信银行服务。此外，它还提供旅行社和保险服务，以及经营加油站。

（三）金融公司

文莱国内共有三家金融公司，分别为佰度瑞金融公司、汇丰金融公司以及伊斯兰银行集团金融公司。其中，佰度瑞金融公司、汇丰金融公司为传统金融公司，伊斯兰银行集团金融公司为伊斯兰金融公司。

佰度瑞集团是文莱较大的金融产品和服务提供商之一，作为文莱真正的地方实体，该集团致力于为文莱提供全面的、创新的金融产品和服务。佰度瑞集团的核心业务包括为机构或公司提供银行服务、零售银行、消费者融资、证券交易和财富管理。

2018 年，该集团总资产达 424 亿文莱元，跻身于文莱顶级银行集团之列。

（四）离岸银行

文莱国内有两家离岸银行，分别为加拿大皇家银行（有限牌照）以及新鸿基国际银行（文莱）。

二　非银行类金融机构

文莱共有13家保险公司、1家保险公估公司及1家保险经济公司（如表13－1所示）。在13家保险公司中，传统保险公司有9家，伊斯兰保险有4家，传统保险公司又分为6家非寿险公司和3家寿险公司。可见，文莱仍以传统保险为主，但近年来伊斯兰保险快速崛起，发展迅速，保险业发展势头良好。

表13－1　　文莱保险公司

序号	公司名称	公司性质	传统/伊斯兰保险
1	友邦保险有限公司	寿险	传统保险
2	大东方人寿保险有限公司	寿险	传统保险
3	东京海上人寿保险新加坡有限公司	寿险	传统保险
4	奥德利保险私人有限公司	非寿险	传统保险
5	Etiqa 保险有限公司	非寿险	传统保险
6	MBA 保险私人有限公司	非寿险	传统保险
7	国家保险有限公司	非寿险	传统保险
8	标准保险私人有限公司	非寿险	传统保险
9	东京海上保险新加坡有限公司	非寿险	传统保险
10	伊斯兰泰益一般回教保险私人有限公司	一般保险	伊斯兰保险
11	伊斯兰泰益家庭回教保险私人有限公司	家庭保险	伊斯兰保险
12	文莱一般回教保险私人有限公司	一般保险	伊斯兰保险
13	文莱家庭回教保险私人有限公司	家庭保险	伊斯兰保险
14	迈凯轮（B）私人有限公司	特许保险公估公司	传统保险
15	韦莱保险经纪（B）私人有限公司	特许保险经纪公司	传统保险

资料来源：文莱国家金融管理局网站。

第五节　文莱金融市场体系

文莱的金融市场发展比较缓慢，文莱几乎没有外汇市场，文莱政府基本不发行政府债券，政府负债率曾为世界最低，文莱也没有证券交易所。

由于政府对金融市场信息披露与统计不甚完备，目前仅通过理论层面对文莱货币市场和资本市场进行分析。

一 货币市场

文莱银行业在金融机构中占据主导地位，但文莱国内银行间基本不存在同业拆借业务，而国际同业拆借也仅有文莱的银行同新加坡的银行进行短期资金融通这一先例。可见，文莱银行业拆借市场等同于空白。因文莱国内资金拆借市场为空白，为实现资金融通，文莱的银行曾向新加坡的银行进行过资金拆借。追溯往昔，在 20 世纪末，渣打、汇丰、文莱国民银行三家在文莱独大，这三家银行吸收的定、活期存款占文莱全国定、活期存款总额的绝大部分，文莱国内的其他银行只能陷于竞争困境中。鉴于此，其他银行纷纷提高存款利率，以吸收更多的存款，甚至向新加坡银行进行资金拆借，以满足贷款需求，由此产生了文莱国内同国外的拆借业务。但就文莱国内同业拆借而言，其历史等同于空白。

此外，文莱的金融体系虽不健全，但能较好地满足居民部门和国内企业的资金需求，其对于构建多元化的金融体系稍显动力不足。除了同业拆借市场空白外，文莱的票据市场、短期债券市场发展都较为落后，其货币市场建设还有较长的征程。

二 资本市场

文莱的资本市场发展不甚完备，尚处于初级阶段，同业拆借和票据市场等同于空白，股票市场正处于筹备阶段，尚未启动，债券市场只有政府发行的短期伊斯兰债券。随着文莱“2035 宏愿”的提出，文莱政府开始在资本市场上进行革新。文莱持有资本市场服务代表牌照（Capital Markets Services Representative's Licence ，CMSRL ）的数量持续上升，截至 2019 年 4 月，共计有 137 个牌照持有人。2018 年，文莱资本市场牌照持有人总资产达到 44 亿文莱元。

2018 年文莱集合投资计划（Collective Investment Scheme，CIS）总额达 2.71 亿文莱元，相较于 2017 年的 2.403 亿文莱元，增加明显，可见，文莱资本市场集合投资计划发展势头良好（见图 13 –4）。

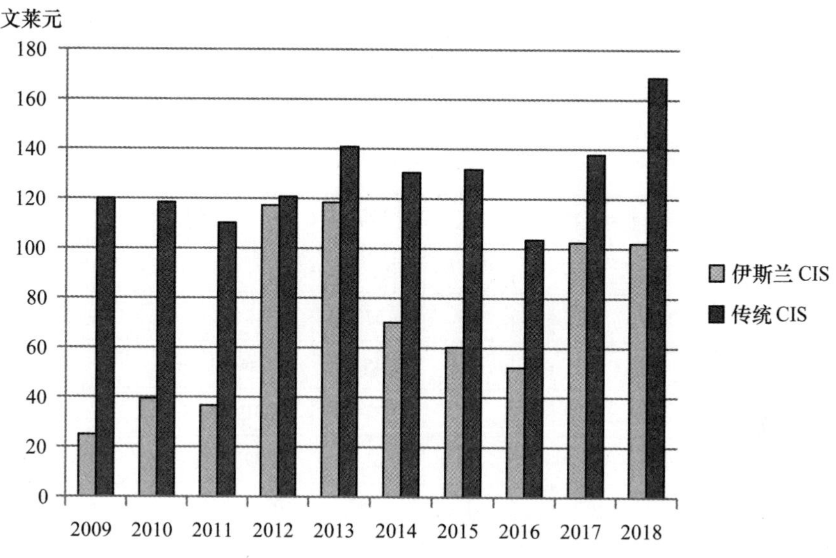

图 13-4　文莱集合投资计划规模

资料来源：2009—2018 年文莱金融管理局年报

三　短期伊斯兰债券市场

文莱的债券市场指的是政府发行的伊斯兰债券市场。文莱国家金融管理局作为文莱政府的代理，负责伊斯兰债券的发行和管理，且伊斯兰债券只有发行而没有交易市场。2006 年 4 月 6 日，文莱政府首次正式推出完全符合伊斯兰教义的短期伊斯兰债券，也称回教债券。该债券是以产业买卖及租借的方式，让投资者受惠，其不涉及任何利息，完全符合伊斯兰教义。为了有效发售回教债券，文莱政府成立了文莱伊斯兰债券控股实业公司以及文莱伊斯兰债券公司。文莱政府将通过土地局，把国家一些资产转移给文莱伊斯兰债券控股实业公司，而后者将把有关产业的受益权转让给文莱伊斯兰债券公司。该公司把有关的产业再转租给政府，所收取的租金，则会分发给投资者。①

第一批伊斯兰债券发行额为 1.5 亿文莱元，利率为 3.4%，期限为 91 天。自 2006 年伊斯兰债券在文莱首次发行，到 2016 年，文莱政府共发行了 106 只伊斯兰债券。随着文莱政府财政状况从盈余转向赤字，伊斯兰债

① 李健、黄志刚、董兵兵：《东盟十国金融发展中的结构特征》，中国社会科学出版社 2017 年版，第 350—351 页。

券的发行规模呈现上升趋势，截至 2016 年底，市场上未清偿的债券总额为 4.732 亿文莱元。

表 13 －2　　　　　　文莱政府伊斯兰债券发行情况

年份	债券发行数量				债券发行总额（百万文元）	平均收益率（%）			
	91 天	182 天	273 天	364 天		91 天	182 天	273 天	364 天
2006	4	—	—	—	570	3. 375	—	—	—
2007	6	—	—	1	450	2. 506	—	—	2. 3
2008	10	—	—	2	374	0. 831	—	—	1. 325
2009	16	—	—	2	617	0. 339	—	—	0. 475
2010	14	—	—	1	649	0. 3	—	—	0. 34
2011	11	—	—	1	991	0. 181	—	—	0. 35
2012	14	—	—	1	1500	0. 18	—	—	0. 28
2013	12	1	2	1	1579	0. 171	0. 18	0. 195	0. 2
2014	7	4	3	1	1500	0. 17	0. 215	0. 313	0. 25
2015	4	3	2	2	1025	0. 698	0. 873	0. 695	0. 915
2016	8	3	2	2	1173. 2	0. 750	0. 854	0. 875	1. 078
小计	106	11	9	14	10428. 2				

资料来源：文莱金融管理局年报。

四　货币汇兑市场

近年来，文莱外币汇入的规模逐年缩减，这主要与世界石油天然气市场不景气有关，文莱石油出口规模逐步缩减，但外币汇出规模逐年缓增，这主要是因为文莱国内金融市场投资渠道有限，使得文莱政府更倾向于将石油美元投资于发达国家的股票或债券。文莱货币汇兑规模如图 13 －5 所示。

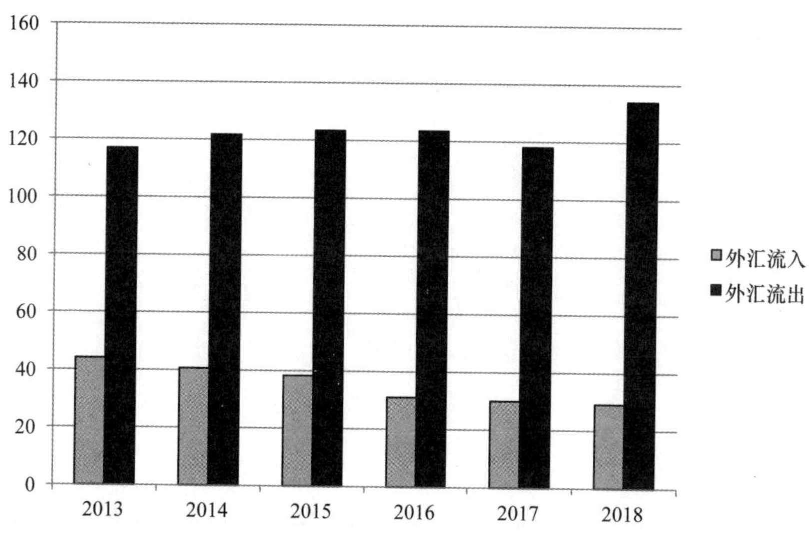

图 13 – 5　文莱货币汇兑规模

资料来源：文莱国家金融管理局年报。

五　汇款市场

汇款市场同金融市场密不可分，前期，由银行业、汇款金融企业负责款项汇入与汇出，后期，客户收到汇款后可广泛用于购买金融理财产品，汇款业务不断与金融产品相融合。因此，文莱汇款市场的表现在一定程度上反映了银行业、汇款金融企业的发展状况。

表 13 – 3　**文莱汇款业务规模**

年份	2013	2014	2015	2016	2017	2018
汇款总额（百万文元）	763	735	710	693	666	724
业务数量（百万笔）	1.3	1.3	1.4	1.3	1.3	1.2

资料来源：文莱国家金融管理局年报。

就文莱汇款市场而言，其汇款规模总量大，但呈缩减趋势。就文莱汇款市场交易方式和交易对象而言，文莱的汇款市场仍主要采用传统的汇款路径，即以现金为主导进行存款和收款（见表 13 – 3）。此外，在文莱的汇款市场上，个人汇款占比高达 85%，而商业汇款仅占 15%，显然，文莱个人汇款业务（包括跨境与境内）占据汇款市场的主导地位。

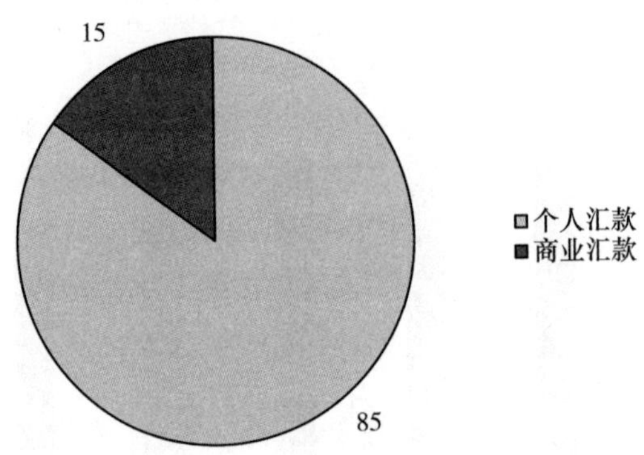

图 13－6 2018 年文莱汇款市场结构（%）

资料来源：文莱国家金融管理局。

可见，文莱汇款市场虽总量可观，但发展后劲不足，正处于瓶颈期，亟须积极创新，如可通过提倡汇款方式多样化，引入大批提供支付结算服务的网络金融企业；健全银行业速汇体系；款项用途金融理财化，即文莱个人汇款占比较大，但个人用款途径有限且回报率不佳，可通过健全款项金融投资理财渠道，实现个人汇款款项带动金融市场发展。同时，金融市场发展带动实体经济发展，进而带动汇款市场发展，实现两者循环稳步推进。

第六节 文莱金融体制

根据 2020 年文莱国家金融管理局的统计报告，金融业对 GDP 的贡献大约在 6%，在 2016—2035 年的金融部门规划蓝图中，文莱提出到 2035 年，金融部门对 GDP 的贡献将会扩大到 8%。政府将采取多种措施提供多样化的金融服务，满足更多的融资需求，促进中小企业、伊斯兰金融和基金管理的发展，促使本国金融转型，实现从“政府依赖”到“自力更生”的转变。除发展国内金融外，文莱还利用在东盟发展的机会，积极为国际客户提供伊斯兰金融服务，打造一批具有竞争力和创新性的金融服务机构。文莱政府还提出要发展“金融生态系统”，即一个拥有现代金融基础设施、领先的边缘监管体系以及拥有世界级技能和人才的金融部门，从而实现文莱金融市场的进一步完善。总之，如今促进金融服务多样化和发展伊斯兰金融成为文莱完善金融体系、建立现代金融体制的主要方向。

一　银行体制

（一）银行设置方式

在文莱设立银行要申请牌照以及达到认缴资本的最低限额。

文莱《银行法》规定，要开展业务的公司，首先要向委员会提出设立银行的申请，经苏丹陛下批准，方可从事银行业务。但是，最终决定权在苏丹陛下手中，他可以任意决定批准与否。在考虑是否批出牌照时，监督须顾及以下几点：

（1）需要保护公众利益或存款人、客户、其他债权人和潜在存款人、客户和其他债权人的利益。

（2）必须保护文莱达鲁萨兰国在金融事务方面的安全、声誉和经济利益。

除非监督信纳——申请人在金融界享有很高的声誉，或者在获得许可证的情况下可以这样做：

（1）任何拟担任该业务的董事、控制人或经理人，均为担任该职位的适当人选。

（2）申请人将在文莱达鲁萨兰国开展银行业务，在开展业务时，将始终保持适当的会计和其他记录，以及适当的业务和记录控制系统。

根据文莱《银行法》的规定，在文莱境内成立一家隶属于文莱的银行总行，其认缴资本不得低于 1 亿美元；在文莱境内隶属于文莱且已经成立的银行，若要拓展海外业务，在文莱境外设立分行机构，其最低的认缴资金根据银行类别而略有不同，传统银行的认缴资本不得少于 10 亿美元，伊斯兰银行的认缴资本不得少于 5 亿美元。外国银行在文莱境内开设分行机构，不论开设的是传统银行还是伊斯兰银行，其总部资金净额均不得低于 3000 万美元。

（二）银行组成结构

文莱银行的内部设置方式与公司类似，由董事会、高级管理人员与其他员工组成，董事会由执行董事、非执行董事和独立董事组成。

由于董事会的职能是对管理层进行有效监督，因此董事会的执行董事人数应保持在最低限度。在这方面，董事会成员不应超过一名执行董事。但董事会可邀请其他高级管理人员出席董事会会议，以便在必要时提供意见。此外，银行应确保其董事会成员中至少多数为独立董事。

（三）职能划分

董事会对本行的经营战略和财务稳健负有最终责任，对本行的长期成功负有集体责任，包括批准和监督管理层执行本行的战略目标、治理框架和企业文化。

董事会的作用和职责是：

（1）提供企业领导，制定战略目标，监督其执行情况，确保为银行实现目标提供必要的财政和人力资源。因此，董事会应积极参与本行事务，及时了解本行业务和外部环境的重大变化，及时采取行动，保护本行的长期利益。

（2）建立审慎有效的控制框架，这个框架可以评估和管理风险，包括维护股东利益和银行资产。

（3）批准高级管理人员的选拔并监督其表现，包括银行内部控制职能部门的负责人。

（4）考虑到存款人、股东及其他利益相关者的合法利益，它还应确保银行与其监管机构保持有效的关系。应当认识到，这些主要利益相关者群体的看法会影响银行的声誉。

（5）制定银行的文化、价值观和标准（包括道德标准），确保理解并履行对股东和其他利益相关者的义务。

（6）考虑可持续性问题，例如环境和社会因素，作为其战略制定的一部分。

（7）监督银行治理框架和实践的有效性，并根据需要进行更改，包括监督披露和沟通过程。还应定期审查，根据银行规模、复杂性、地理足迹、业务策略、市场和监管要求的重大变化，治理框架仍然适用。

（8）在高级管理层和首席风险官的协助下，建立银行的风险偏好，同时考虑竞争和监管环境以及银行的长期利益、风险敞口和有效管理风险的能力。

（9）监督银行遵守风险偏好声明、风险政策和风险限额。

（10）批准该方法，并监督与银行资本充足性评估程序（ICAAP）、资本和流动性计划、合规政策和义务以及内部控制系统相关的关键政策的实施。

（11）要求银行保持稳健的财务职能，负责会计和财务数据。

（12）批准年度财务报表，并要求对关键领域进行定期独立审查。

（13）监督银行的薪酬方法，包括监督和审查高管薪酬，评估其是否符合银行的风险文化和风险偏好。

（14）监督银行举报政策和程序的完整性、独立性和有效性。

高级管理层由一批核心人员组成，这些人员对董事会负责，对银行的稳健和审慎的日常管理负责。高级管理层的组织、程序和决策应清晰透明，旨在促进银行的有效管理。这包括明确高级管理层各职位的作用、权力和责任，包括首席执行官的职责。高级管理人员应具备必要的经验、能力和诚信，以管理其监督下的企业和人员。他们应接受定期培训，以保持和提高其能力，并随时了解与其责任领域有关的最新发展情况。

二　货币发行体制

（一）货币发行原则

文莱国土面积小，石油收入占国民收入的比重大，国家可以通过管理政府支出决定文莱壳牌石油公司的租金和股息办法来管理文莱的货币供应量。[①]

（二）货币发行制度演变

文莱的货币发行制度可以分为四个阶段。

第一阶段：无独立的货币发行当局（1967 年 6 月 12 日前）。

1967 年 6 月 12 日以前，文莱没有独立的货币发行当局。在《马来亚与英属婆罗洲 1960 年货币协定》背景下建立的货币委员会（The Board of Commissioners of Currency），是马来西亚、新加坡和文莱共同的货币发行机构。

根据《马来亚与英属婆罗洲 1960 年货币协定》框架的有关规定，马来西亚国家银行计划从 1966 年 12 月 12 日起代替货币委员会成为马来西亚的纸币发行当局，并在 1 年后发行硬币。

但马来西亚、新加坡和文莱于 1966 年 8 月 5 日修正了货币协定的第 18（a）条款，允许货币委员会继续发行三国货币到 1967 年 6 月 11 日。

第二阶段：货币局阶段（1967 年 6 月 12 日—2004 年 2 月 1 日）

1967 年 6 月 12 日，文莱国内无特定货币发行局的时代终于结束。依

---

① 谭洁：《文莱外商直接投资法律制度研究》，世界图书出版公司 2018 年版，第 144—158 页。

据《1967 年货币法案》建立的文莱货币局（Brunei Currency Board，BCB）自 1967 年 6 月 12 日起负责文莱纸币和硬币的发行。此外，文莱货币局也致力于为银行和公众提供高水准的服务。

具体而言，文莱货币局通过严格控制货币流通量，使对外资产和流动资产不低于即期负债的 70% 和 30%；确保公众对纸币和硬币的需求得到满足；管理货币局自身资产及其托管资产；管理货币基金和货币储备基金。

第三阶段：货币与金融委员会阶段（2004 年 2 月 1 日—2011 年）

随着文莱金融体系的逐步完善，货币发行机构的形式也在发生变化。依据《2004 年文莱货币与金融令》成立的文莱货币与金融委员会（BCMB）自 2004 年 2 月 1 日起取代文莱货币局，负责文莱的货币发行。

但《1967 年新加坡—文莱货币等值互换协定》依然有效。根据此协定，新加坡元与文莱元等值互换，并能在对方国家自由流通。文莱的货币局制度为基础货币与新加坡元的等值兑换提供了制度保障。在文莱，外汇可以自由汇入汇出，并无外汇管制，文元与美元可以自由兑换，货币比价随行就市。①

第四阶段：金融管理局阶段（2011 年至今）

文莱国内政治、经济日趋平衡，格局已初步奠定，文莱政府急需在稳中求进，大力发展经济以振兴国家，富民利民，并且随着文莱国内金融体系的逐步发展，对国家货币、财政政策的效应十分敏感，基于以上原因，文莱政府决定成立金融管理局。自 2011 年 1 月 1 日起，金融管理局（AMBD）正式取代货币与金融委员会，负责文莱纸币与硬币的发行。

三 借贷资本管理体制

（一）贷款结构

文莱的银行在放款期限和放款票面方面非常自由。从客观上讲，当地客户也没有外币票面的贷款需求。在贷款方面，贷款在银行总负债中所占的比重不大（约 1/4）。此外，贷款的部门结构也比较简单。政府的收入很丰厚，从来没有向当地银行借款。文莱的经济欠发达，初级产品的生产

① 《文莱的货币制度和货币政策》，2009 年 8 月，中国人民银行官网（http：//www.pbc.gov.cn/goujisi/144449/144490/144525/144833/2844077/index.html）。

者不论其经营规模如何，都甚少，制造业厂商则更少。文莱壳牌石油公司集团并不向银行借款，而是同其他有关公司按借贷条件进行商务往来。银行除了将部分资金贷给金融公司（通常为子公司）外，大部分资金被贷给商业部门、建筑部门和其他部门（包括个人贷款和购屋贷款）。由于文莱建筑业兴盛，银行之间互相竞争，积极贷给建筑业部门资金。可以看出，建筑业部门将会继续吸收大量的银行资金，形成中期贷款。同时，文莱的建筑业部门因为要进口大量建筑器材，也需要银行提供外贸贷款。为满足运营资本需求，银行还允许其外贸客户套支。总体来看，文莱商业银行贷款的主要形式是外贸套支。其他部门的信贷则主要是消费品信贷，三大银行以外的几家银行均积极开展消费品信贷业务，特别是没有金融子公司的银行。消费品信贷包括汽车、汽艇等高档商品的分期付款信贷，银行在发放消费品信贷时态度谨慎，注重客户的偿还能力。因此，尽管银行间相互竞争，但银行还是将贷款对象集中在收入稳定的政府官员和文莱壳牌石油公司集团的职工身上。文莱银行另一个重要的信贷领域是购屋信贷，在购屋信贷领域中，银行不得与政府津贴性的购屋计划相竞争，购屋信贷作为一种长期信贷，其利率一般是12%—14%。

文莱达鲁萨兰国金融系统的特点是伊斯兰金融和传统金融并行。而伊斯兰金融与传统金融在利息的计算上有所不同。伊斯兰教不仅仅是宗教，伊斯兰金融更是国际金融领域的一种独特方式和一支独特力量。作为文莱主要的立国之本，伊斯兰教自然要求文莱发展伊斯兰金融。伊斯兰金融作为一种独特的金融体系，除了要严格遵守伊斯兰教义外，还表现出与“传统金融”的区别。伊斯兰金融所有的交易都以商品买卖合同的形式开展，禁止收取贷款利息，不同于“传统金融”，其开展的任何业务都表现为商品买卖的形式，银行和客户签订合同，客户按照合同偿还。不管是金融产品还是金融服务，都必须是真实存在的。伊斯兰金融的独特盈利模式和远离金融衍生品的重要保障正是以商品销售合同方式呈现的加价交易。

由于不使用债务融资的方式，因此提高了资源配置效率，伊斯兰金融体系有望保持稳定。加之文莱的政局稳定，经济基础雄厚，毫无疑问，这有助于吸引业者前来创办企业，对文莱利商环境的打造非常有利。①

---

① 广西大学：《文莱近年来营商环境的发展与启示——基于世行〈2015 年营商环境报告〉的分析》，2014 年，广西大学中国—东盟研究院（http：//cari. gxu. edu. cn/info/1087/5346. htm）。

（二）借贷资本效率

文莱银行业起步比较晚，但是发展迅速，规模不断扩大。银行存贷款规模相比前几年有所下降，存贷款比例也比较低，反映了银行有大量的闲散资金，没有达到资金的充分利用，是对金融资源的一种浪费。

（三）借贷资本监管

1997 年东南亚金融危机爆发以后，东盟大部分国家的金融机构都背负着大量不良贷款，文莱企业也面临着严重的财务问题，致使银行坏账问题日益突出，资产状况恶化。为此文莱政府十分重视国内银行金融体系的重组与改革，采取措施提高商业银行的信贷业务质量，快速处理银行等金融机构的不良资产，提高金融风险管理的效率，取得了一定成效。文莱财政部于 2005 年 5 月下令银行限制个人贷款后，不良贷款比例有所下降。经过多年的努力，文莱商业银行的信贷资金整体质量水平有所改善。文莱金融机构的建立以及在金融危机出现后的应对措施，都增进了文莱同世界的交流，增强了外商到文莱投资的信心。①

四 利率管理体制

（一）利率管理方式

对银行业来说，利率结构问题是一个核心问题。文莱的银行存款利率和贷款利率由政府管理的银行公会的同业会员共同同意决定，此项利率只适用于某一额度的金融借贷交易，超过该额度的利率由银行和客户自行商定。受共同同意利率约束的贷款，其额度出现了下降的趋势。共同同意利率大致是按各个银行在新加坡同业拆借利率的月平均值，酌情做息差的调整，以新加坡同业拆借利率为基础的文莱银行利率体现出文莱金融体系对新加坡金融市场的依赖性。由于文元和新元互相平换，而且文莱并无外汇管制，我们不妨认为文莱即使有“借贷市场”，充其量只是新加坡金融市场的一个小的从属市场。这种说法也有现实依据，即文莱银行同业间清算也是在新加坡金融市场上完成的。文莱除三大银行外的其余几家银行因自身存款基础薄弱，在通常情况下，不得不向新加坡金融市场融资。与此同时，文莱银行的当地客户也同新加坡银行有着良好的业务联系，因此，当

① 谭洁：《文莱外商直接投资法律制度研究》，世界图书出版公司 2018 年版，第 145—147 页。

文莱借贷市场利率同新加坡金融市场利率出现较大差幅时，当地客户会选择在新加坡金融市场上交易。尽管如此，文莱的商业银行也保有其优势，即文莱银行法并没有要求商业银行缴纳法定准备金的规定。

（二）利率管理政策

文莱第 2/2013 号通知规定：放松对住宅物业贷款利率的管制。

文莱第 1/2013 号通知规定：对银行利率实施管制。

（三）利率管理制度

1. 放松对住宅物业贷款利率的管制

这一通知解除了对住宅物业贷款实际利率的管制，各银行可在合理范围内对住宅物业贷款产品实行自由定价。

这一通知规定所有银行应确保以下事项：

（1）向客户收取的实际利率不应过高，需反映合理的资金成本风险溢价。

（2）住宅物业贷款的价值反映了对所收取住宅物业的审慎估价，并由一份专业估价报告提供支持，该估价报告自贷款申请之日起不超过三年。

（3）仔细评估借款人的交易对手风险，确保借款人有偿还能力，可以为贷款提供服务，从而将融资财产的收回风险降至最低。

（4）住宅物业贷款的现有收费是合理的，不得增加。不得以任何形式向借款人收取新的或额外的费用。本条款不影响管理局将来监管银行收费/手续费的权力。

（5）最大限度地宣传有效利率，包括银行网站上公布的相关资料。

这一通知要求所有银行从 2014 年 10 月起，每月向监管部门——文莱国家金融管理局提交向客户收取的住宅物业贷款利率。管理局将密切监察对这一部门的贷款，并保留不时进行干预的权力，以确保本国住宅物业贷款有一个健康竞争的市场。

在这一通知中，“实际利率”是指根据 2006 年 6 月 8 日银行令第 66 条发出的第 3/2009 号信贷（融资）贷款通知计算的利率；而“住宅物业贷款”是指为购买、改善、建造或更改文莱达鲁萨兰国境内的不动产，该不动产仅用于个人目的而非商业目的，并应以该不动产的抵押作为担保。

2. 对银行利率的管制

第 1/2013 号通知根据 2006 年银行令第 47（1）条和第 66 条发布，

适用于文莱达鲁萨兰国的所有银行。

这一通知规定了所有银行应遵守以下条例：

第一，关于信贷服务。

(1) 直接借记分配给银行的工资/养老金的信贷工具（不包括透支）的最高有效利率（EIR）为7.5%。

(2) 上述利率不适用于发放给有违约记录的借款人。

(3) 不论采用何种方法进行的计算，所有贷款利率应以利息率报价为最大化。

(4) 银行应提供包含信贷安排关键信息在内的产品披露表，包括本金金额、利率、期限、还款条件、利息计算方法、每月分期付款时间表和应付费用/手续费，方便借款人进行比较和做出明智的决定。

(5) 银行向客户收取的实际利率不得过高，并应反映其资金成本的合理风险溢价。

(6) 为确保一个健康竞争的市场，管理局会密切监察市场提供的利率，并保留宣布银行实际利率过高的权力。

第二，文莱美元存款利率。

(1) 所有银行均应开设一个基本储蓄账户，不论账户余额如何，均应赚取利息。

(2) 最低储蓄存款利率不得低于每年0.15%，适用于全部（现有的和新的）储蓄存款。

(3) 所有银行应按照管理局确定的格式遵守下列披露要求：在每一个季度，所有银行必须提供最大限度的宣传，宣传的内容是适用的EIR和存款利率，所有银行尤其应该通过银行网站和银行分支机构进行此类宣传；所有银行须按月向管理局提交所收取的各项EIR以及向客户提供的存款利率。

在这一通知中，“违约记录”是指申请信贷安排之日前12个月内超过90天的违约记录；“实际利率”是指根据2009年6月8日银行令第66条发出的第3/2009号信贷（融资）贷款通知计算的利率。

五 外汇管理体制

(一) 外汇管理制度框架

文莱政府于2010年修正《货币与金融法令》，形成了相对完善的外汇管理法律体系。文莱国家金融管理局作为一个独立运作的法定机构，行使文莱的中央银行、金融监管及外汇管理职能。

文莱的主权货币是文莱元，文莱实行盯住新加坡元的货币汇率制度，新加坡元和文莱元的固定汇率比是1∶1。

文莱没有外汇管制，文莱银行允许非居民开户、存款，美元和文莱元可以自由兑换，可以自由汇入和汇出外汇，便利了国际资本的流动，有利于吸引外资。按照文莱和新加坡所签署的协议，文莱元和新加坡元同值并可以在两国通用。

（二）经常项目和资本项目外汇管理

1. 经常项目

货物贸易：在出口方面，一般无配额限制，无出口关税，但对限制性货物如废金属、爆炸物和弹药，需要出口许可证。在进口方面，进出口融资的要求由商业银行设定，进口货物需缴纳关税和消费税。进口商品的付汇要求由相关银行设定。由于环境、健康、安全、保安、海关或宗教等原因，部分货物的进口受到限制，需要获得进口许可证，并实行配额管理。

服务贸易：收益和经常转移无限制。

2. 资本项目

对于境外直接投资基本上没有限制。对于涉及国家食品安全和本地资源的外商直接投资，需要有本国企业参与；鼓励外资与本地公司的联合投资，若一个公司有两个董事，至少有一个是本国居民，若有两个以上的董事，至少需要有两个本国居民。只有文莱居民可以拥有土地，对于外国投资者用于工业、农业、林业和水产养殖的土地租赁或长期租赁期限为10—30年不等。

（三）金融机构外汇业务管理

银行业：文莱国家金融管理局不监督任何除新加坡元外的涉及银行的外币兑换交易。银行针对居民与非居民的贷款，以及本币与外汇贷款没有政策差异，个人贷款必须满足最高60%的偿债率要求。未经文莱国家金融管理局事前批准，国内银行持有任何公司的股本不得超过该公司资本的20%，居民或非居民持有国内银行的股本不得超过该银行资本的10%。

保险业和基金业：由信誉良好的投资信用评级机构认可的单只保险基金（境外人寿保险基金除外），经核准的境外外币计价资产总值不超过总资产的 20%。投资公司和集合投资基金的投资行为不受限制。①

六 金融监管体系

文莱作为一个富庶的君主制国家，金融行业规模却相对较小、结构相对简单，因此，不需要建立庞大、复杂的金融监管体系来维护金融系统的平稳运行。

（一）监管主体

文莱金融监管主体由两部分组成：

第一，国家金融管理局。

文莱曾长期没有中央银行，金融职能由财政部及其下属的货币与金融委员会及金融机构行使。为促进金融业的健康可持续发展，文莱于 2012 年元旦成立了国家金融管理局（AMBD），由它来执行国家的货币政策，监督金融体系运行。2013 年 12 月 23 日，据《文莱时报》报道，文莱国家金融管理局已正式成为一个独立运作的法定机构，即掌管国家货币及金融事务的最高权力机构，不再隶属于财政部。

第二，文莱国际金融中心。

成立于 2000 年 7 月的文莱国际金融中心在其金融业务监管中也扮演着重要的角色。文莱国际金融中心隶属于文莱财政部，中心负责人为总监，总监接受财政部常任秘书的领导，常任秘书之上还有第二部长、部长，目前，部长由苏丹亲自兼任。中心共设有注册、银行监管、证券和共同基金、国际保险、国际信托、人力资源和推广六个部门，员工约 150 人。②

（二）监管内容

2013 年文莱国家金融管理局实施证券市场法规，加强了对资本市场的管理，希望以此推动更多的资金流入非能源私人投资领域。

国家金融管理局作为金融体系的监管者，编制了银行体系微观金融稳健度的总体指标，作为其评估金融体系稳定性框架的一部分。在资本要求方面，各银行的监管资本与风险加权资产比率和一级资本与风险加权资产

---

① 《“一带一路”国家外汇管理政策概览（2018）》，2019 年 4 月，国家外汇管理局（http：//www. safe. gov. cn/safe/2019/0422/13029. html）。

② 谭洁：《文莱外商直接投资法律制度研究》，世界图书出版公司 2018 年版，第 146 页。

比率最低分别为10%和5%，高于《巴塞尔协议》Ⅰ和Ⅱ分别为8%和4%的要求。

（三）监管目标

文莱国家金融管理局在金融稳定方面的目标包括：推动和维护国家健全的金融体系；促进和加强市场信心、消费者保护和文莱达鲁萨兰国作为金融中心的声誉；促进金融服务业务创新，促进和维护国家健全的金融体系。目前的立法框架是全面的，并不时予以审查，金融管理局以此框架管理国内和国际金融活动。此外，国家金融管理局还不时发布通知和指导方针，以确保财务稳健和稳定。

文莱金融中心的监管目标是：为企业与私人客户进行安全、结算和受监督的活动提供一个区域以及为国际商业活动提供一个港口。

第七节　中文金融合作进展与建议

中国与文莱的贸易往来早在唐代就已开始。2008年之后，中文两国贸易总额呈现出“波浪式”发展趋势，即呈现上升、下降、再上升的趋势，随着中国“一带一路”倡议的提出，双边贸易发展态势越来越好。伴随着“文莱—广西经济走廊”[①]建设，中文经济合作进一步加强，中文两国投资空间持续扩大。中国与文莱在经贸合作方面优势互补，中国作为文莱的重要合作伙伴，在加强经贸合作的同时，应将金融合作纳入合作框架内，使金融合作服务于经贸合作，增加中文双方合作的深度，提高合作效率。

一　中文金融合作项目的进展

其一，2010年3月，中国银联与文莱佰度瑞银行开展合作，开通了银联卡在文莱商户的刷卡支付，文莱80%以上的酒店、餐馆、高档零售

① “文莱—广西经济走廊”是文莱与广西壮族自治区政府共同搭建的合作平台，意在用好双方各自的优势资源，在交通物流、食品与药品生产加工、种养殖业、旅游等领域加强双方的务实合作，推动两地互联互通建设。文莱工业与初级资源部于2013年9月提出了这一构想，2014年9月正式签署合作备忘录，随后双方组建了合作工作委员会来全方位地协调和推进双方合作。2014年12月，广西派团访文，商定了首批重点合作项目清单，并制定2015年工作计划。2015年3月，广西壮族自治区党委书记彭清华访文，进一步推动项目的进展。

店等都可以使用这项服务。中文双方的此次深化合作，为当地居民提供了新的支付产品选择。

其二，2011 年 4 月，佰度瑞银行开始发行银联卡；汇丰银行（文莱）从 2011 年 1 月开始办理人民币结算业务，是文莱首家开展该业务的银行。

其三，2011 年，在文莱首都斯里巴加湾市，中国国家开发银行与文莱最大的伊斯兰银行签署《双边合作协议》。该协议表明，双方将在提供信用设施、国际贸易结算、项目融资、人力资源培训及资讯交换等领域深入研究，加强合作。

其四，2014 年，中国证监会主席肖钢与文莱国家金融管理局董事总经理拿督罗斯里先生分别签署了《证券期货监管合作谅解备忘录》。2014 年 2 月 17 日，中国证监会刘新华副主席代表中国证监会与文莱国家金融管理局董事总经理、拿督罗斯里先生举行正式会谈和备忘录交换仪式。中国驻文莱使馆大使郑祥林参加了备忘录签署仪式。这次签署对于中文两国进一步加强在证券期货领域的监管交流合作、促进资本市场健康发展都具有重要意义，标志着双方证券监管机构合作迈入了新的台阶。

其五，中国银行（香港）文莱分行于 2016 年 12 月正式开业，成为首家在文莱经营的中资银行，助力两国合作再上新台阶。在外资银行开始撤离文莱的背景下，中行进军文莱是“一带一路”金融合作的重要举措。这是文莱经济多元化的标志项目之一，为后续更多的中资企业进入文莱提供了示范。文莱元首于 2017 年访问中国时表示了对中文两国进一步加强金融领域合作的希冀。文莱金融市场具有广阔的发展空间，中国银行业将伴随着“一带一路”倡议的持续推进，与文莱银行业进一步增进了解和合作。

二　中文金融合作的影响

中国与文莱进行金融合作，能够帮助双方在国际范围内调节资源余缺，参与全球资源分配，为两国的企业创建更为广阔的发展平台，促进中国与文莱的经济增长，两国通过金融合作发挥各自的比较优势，实现优势互补，帮助两国吸收、引进各自先进的科技成果，增强各方自力更生的能力。

区域内增强经济联系，有助于区域内国家走向经济全球化。加强中国同文莱的合作，是中国社会主义现代化建设的必要条件，有助于国内进一步改革开放，为中国在更大范围内开展经济金融合作积累经验。文莱方面可以借助中国稳定、庞大的经济实力，应对国际经济环境中的挑战。双方加强互利合作，是实现共同发展与繁荣的必由之路。

三 中文金融合作展望与建议

伴随着“一带一路”倡议的不断推进，中文各领域的合作将会越来越频繁，加强金融合作、实现资金融通成为两国合作的必要环节，无论对中国还是文莱来说意义都非常重大。为进一步提高两国合作的效率和水平，这里从四个方面对中文金融合作提出建议。

第一，互设金融机构，发挥各自传统金融与伊斯兰金融业务的优势，探讨加强金融体系稳定性的新模式。中国虽不是伊斯兰国家，但是在中国西北部新疆、青海一带，却存在着众多的伊斯兰信徒。为顺应伊斯兰民意，近年来中国政府也在西部地区推行伊斯兰金融业务试点，但收效不令人满意。文莱在发展伊斯兰金融方面有着优良的先天条件和后天成果，这对中国探索伊斯兰金融服务，可以提供很好的借鉴，帮助中国建立更加完善、稳定的金融体系。作为一个银行主导型国家，中国在传统商业银行业务方面拥有十分丰富的经验，中文两国加强金融领域合作，可以实现优势互补。对于中方来说，这一进程不宜过快，早期应主要以在中资传统银行下设伊斯兰服务窗口为主，学习文莱伊斯兰业务的经营管理经验，建立起一套适合中国伊斯兰金融发展的监管法律标准，待时机成熟后再尝试引入文莱伊斯兰银行；在文莱方面，则应通过吸引中资银行入驻，激发本地商业银行的创新活力，更好地服务本地中小企业、跨国公司等实体经济。

第二，深化资本市场业务合作，提高资本市场服务水平。中国资本市场虽然也处于发展阶段，但经过近几十年的发展可谓是经验与教训并存，目前已具备一定的市场规模，金融业务和金融产品种类相对较为齐全，金融创新层出不穷。文莱虽然是伊斯兰教国家，但其传统金融业务与伊斯兰金融业务并驾齐驱。此外，文莱也想发展资本市场，文莱可以借助中国发展资本市场的成功经验发展自身市场，中国也可以在帮助文莱发展的过程中发现自身的不足。中文双方在资本市场合作中，一方面，两国应增进定期、机制化的信息交流，进一步了解双方的市场；另一方面，中国应继续推进改革，完善合格境内机构投资者（QDII）、合格境外机构投资者（QFII）和人民币合格境外机构投资者（RQFII）管理制度，鼓励更多的文莱投资者投资包括债券市场在内的中国资本市场，引导更多的中国投资者投资文莱资本市场，在加强互动中，推进两国资本市场更加完善。

第三，推进人民币国际化，促进投融资便利化。目前，中国与文莱之间的石油贸易结算仍使用美元，但双方贸易若一直采用第三方货币进行结算，会增加汇兑成本，不利于双方贸易的扩大，而采用人民币结算可以有效规避风险，符合两国的长久利益。因此，一方面，中国央行与文莱应加快推进货币互换协议的签署，稳定在跨境贸易领域的人民币与文莱元的支付能力；另一方面，针对人民币国际化发展的优良契机，以及中国成为文莱第一大进口来源地的现实条件，中国应尽力争取与文莱政府签订使用人民币进行石油贸易结算的协议，以中银（香港）文莱分行为主抓手，让人民币清算业务在文莱得到实施，在中国和文莱的外贸投资过程中使用人民币跨境支付系统，减少中国和文莱货币兑换过程中的障碍，这不仅有利于加快人民币国际化进程，还能为两国企业和个人进行投融资业务和外贸交易提供便利。

第四，加强金融监管部门之间的交流与合作，防控系统性金融风险。中国人民银行和文莱国家金融管理局作为两国的中央银行，二者展开深入合作，可以有效增进对对方国家金融体系的了解，更容易建立互信。在此基础上，进一步了解对方国家的市场准入准则，一起为两国的金融业提供更加稳定、公平、自由的市场环境，消除不必要的限制。两国监管部门还可以在反洗钱、防范金融危机、实施宏观审慎监管等方面加强学习和合作，致力于维护本国和国际金融行业的平稳运行，防范金融危机于未然。今后，随着“一带一路”建设的进一步推进，中国在不断加大对文莱进行项目投资和融资的同时，还要继续加强两国金融业的合作，鼓励中国金融机构走出去，根据文莱当地的社会环境和需求提供适合的金融服务，为本国企业在文莱的投融资提供便利，服务中国“一带一路”建设，实现两国的互利共赢。①

---

① 李健、黄志刚、董兵兵：《东盟十国金融发展中的结构特征》，中国社会科学出版社2017年版，第358—360页。

第十四章

中国—缅甸金融合作

缅甸联邦共和国地处东南半岛西北部、孟加拉湾安达曼海东岸，海陆兼备，向西分别和印度与孟加拉国接壤，东北与中国相邻，东南方向分别和泰国与老挝交界，国土面积共 676578 平方千米，人口数量为 53855735 人。作为一个多民族国家，缅甸经济和文化受佛教影响较大。缅甸拥有优越的自然禀赋，蕴藏着丰富的资源，是锡、锰、钨、铝、锌、锑、金、银等多种矿藏的产出国，内陆及沿海地区有石油和天然气区块的广泛分布。依据产业比例划分，缅甸被划定为依然处于农业社会阶段，境内拥有 1.5 亿亩农业耕地，素有“稻米之国”之称，在农业部门就业的人口占比达 70%。[①]

第一节　缅甸经济发展历程与经济结构形成

从历史上看，100 年以来，缅甸是印度和中国之间的主要贸易路线。1948 年议会制政府成立后，时任缅甸总理吴努着手实行国有化政策，采取中央计划措施使缅甸成为福利制国家，但没有成功。1962 年政变之后，缅甸又实行了一个名为“缅甸社会主义之路”（Burmese Way to Socialism）的经济计划，即除农业外所有行业实施国有化的计划。这个灾难性的计划导致缅甸成为世界上十分贫穷的国家之一。1987 年，缅甸被联合国评为世界上极不发达的国家之一。

---

① 杜兰：《“一带一路”建设背景下中国与缅甸的经贸合作》，《东南亚纵横》2017 年第 1 期。

一 军政府时期

1988年以后，集权政府被推翻。军政府开始允许私营部门适度扩张，允许一些外国投资，并获得急需的外汇。2009年，缅甸被评为亚洲经济极不自由的国家之一，所有的基本市场制度都被抑制了。在此期间，缅甸的企业通常是由国家共同拥有或间接拥有的，且腐败问题严重。腐败监督机构国际透明组织（Transparency International）在2007年9月26日发布的“2007年腐败认知指数”（2007 Corruption Perceptions Index）报告中将缅甸列为世界上极腐败的国家，与索马里并列。

缅甸的国家货币是缅元。缅甸目前有一个类似于古巴的双重汇率制度。2006年，缅甸市场汇率比政府规定的汇率要低大约200倍。2011年，缅甸政府请求国际货币基金组织（International Monetary Fund）的援助，对其汇率制度改革方案进行评估，以稳定国内外汇交易市场所造成的经济扭曲。双汇率制允许政府和国有企业转移资金和收入，同时也让政府对当地经济有更多的控制权，并暂时抑制通货膨胀。

缅甸的通货膨胀率在2005年至2007年期间平均值为30.1%，通货膨胀成为缅甸经济的严重问题。2007年4月，全国民主联盟举办了为期两天的经济研讨会。该研讨会的结论是，通货膨胀率暴涨阻碍了经济增长。有学者认为，自从军政府在2006年4月提高政府职员的薪水以来，缅甸的基本商品价格上涨已经从30%上升到了60%，全国的通货膨胀与腐败有关。全国民主联盟的发言人也表示，通货膨胀是当前经济危机的重要根源。

近年来，中国和印度都试图加强与缅甸的经济交流。但包括美国和加拿大在内的许多欧美国家都对缅甸实施了投资和贸易制裁。美国禁止所有从缅甸进口的产品，尽管这一限制近年来已经解除。缅甸的外来投资主要来自中国、新加坡、韩国、印度和泰国。

二 经济自由化时期（2011年至今）

2011年，吴登盛政府上台后，缅甸实施了反腐败、汇率、外资法律和税收等重大改革政策。外来投资从2009—2010年的3亿美元增加到2010—2011年的200亿美元，增长了约6567%。对此，政府放松了进口限制，取消了出口税。2012年，亚洲开发银行再次与缅甸合作，为该国的基础设施和发展项目提供融资。针对银行服务、公路、能源、水利和教育项目等提供的512亿美元的投资贷款是30年来亚开行与缅甸的首次贷款合作。2012年3月，缅甸出台了20多年来的第一个外商投资法草案。此草案的出台使得缅甸的经济空前自由化。例如，规定外国人不再被要求与当地的合作伙伴共同在国内开展业务，可以合法租赁土地等。该草案还规定，缅籍员工数量必须至少占公司熟练劳动力的25%，并在随后的培训中达到50%—75%。

2013年1月28日，缅甸政府宣布与国际放贷人达成协议，取消或再融资近60亿美元的债务，这几乎占外债贷款的60%。其中日本注销了30亿美元，巴黎俱乐部集团（the Group of Paris Club）注销了22亿美元，挪威注销了5.34亿美元。

自实施改革以来，缅甸的对外直接投资稳步增加。根据麦肯锡全球研究所2013年5月30日发布的一份报告，缅甸的未来看起来很光明，如果投资于更多的高科技产业，到2030年缅甸经济预计将翻两番。但是，其前提是毒品问题、民地武问题等因素不会对经济发展施加不利影响。

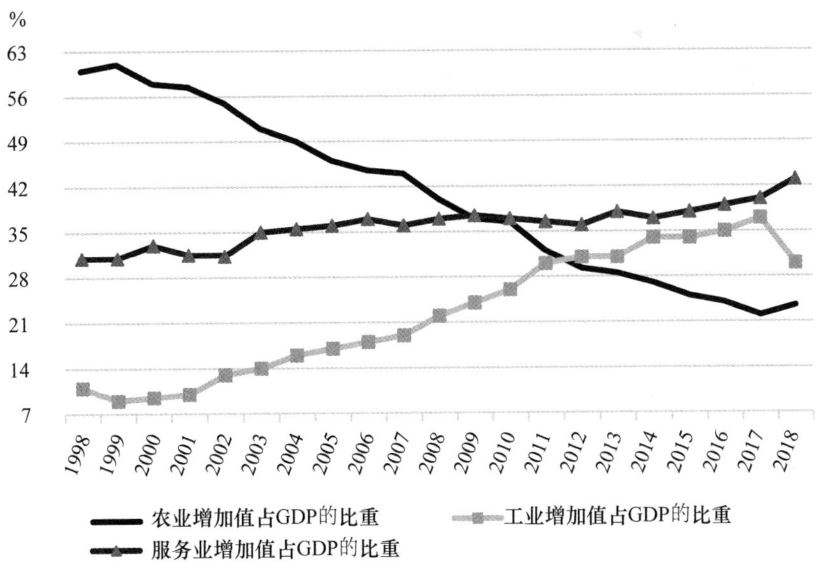

图14-1　缅甸三大产业占GDP增加值的份额

资料来源：Wind数据库。

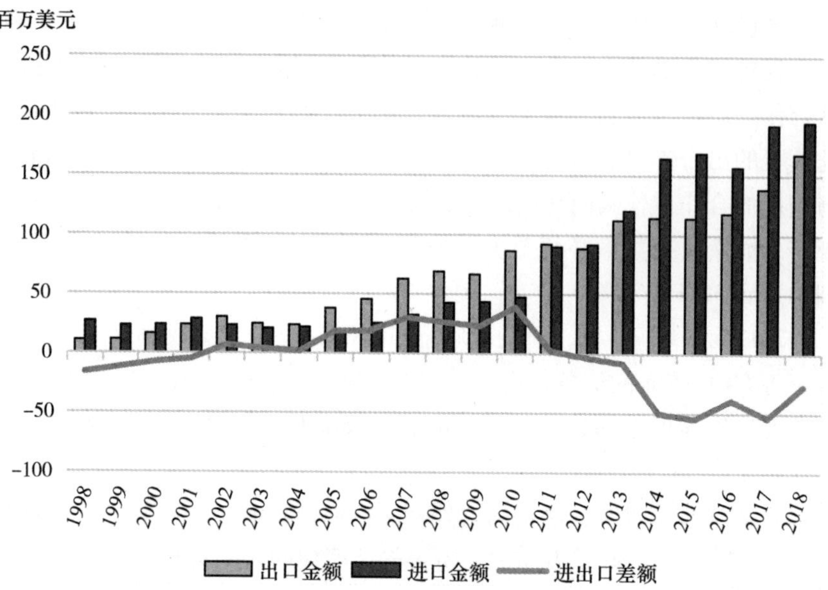

图 14－2 缅甸进出口贸易情况

资料来源：Wind 数据库。

三 经济结构变迁与现状

相较于传统的产业结构变迁过程，缅甸的产业结构有其自身的特殊性，产业被划分为农业、工业、服务业。缅甸作为世界上极不发达的国家之一，其产业结构仍以农业为主导。农业是缅甸国民经济的基础，服务业是缅甸的第二大产业，而工业多年来发展较慢，限制了缅甸经济增长的速度。缅甸政府实行的经济改革举措，让缅甸经济总体状况保持着平稳上升的趋势，国民生产总值由 2007 年的 202 亿美元增长为 2018 年的 712 亿美元，是 10 年前的 2.5 倍。2007 年至 2010 年呈高速爬升的势头，2011 年逐渐减速，在波动中缓慢增长。从国民生产总值增长率来看，缅甸经济总体上呈正增长趋势，2013 年和 2018 年缅甸国民生产总值增长率分别为 8.43% 和 6.20%，是缅甸经济发展潜力的重要体现，其较大的波动幅度也成为投资者的关注点。近年来，缅甸人均国民生产总值分别为 2013 年的 1171 美元、2014 年的 1260 美元、2015 年的 1138 美元、2016 年的 1256 美元、2017 年的 1249 美元、2018 年的 1325 美元，这成为缅甸国内人民富裕程度不断提高的佐证。

自 2011 年以来，为了快速提升经济发展质量，政府开始注重农业、工业和服务业的协调发展，将经济发展目标由以农业带动其他领域的发展转变为建设现代化工业国家，以工业带动其他经济领域的发展。2011 年三大产业的产值占 GDP 的比例为 32.5%、31.3%、36.2%，第一产业占 GDP 的比重由 20 世纪 90 年代初期的 60% 多下降近半，而第二产业的占比从当时的低于 10% 增长到高于 30%。2006 年至 2018 年，缅甸产业结构发生了较大变化，农业占 GDP 的比重急剧下降，由 2006 年的 43.9% 降至 2018 年的 24.56%；工业增长速度变慢，而服务业的增长则相对比较平稳，占比变化在 2% 左右。近十年来，缅甸的进出口贸易由顺差向逆差转变，进出口额的增长速度均较快。农业是缅甸的主要产业，但服务业是其国民生产收入的主要来源。2018 年，缅甸农业增加值占比为 24.56%、缅甸服务业增加值占比为 43.15%、缅甸工业增加值占比为 32.29%。在宏观层面国民经济保持平稳发展，有利于稳定投资者的信心，为提高对外资的吸引力提供了有利的条件 。

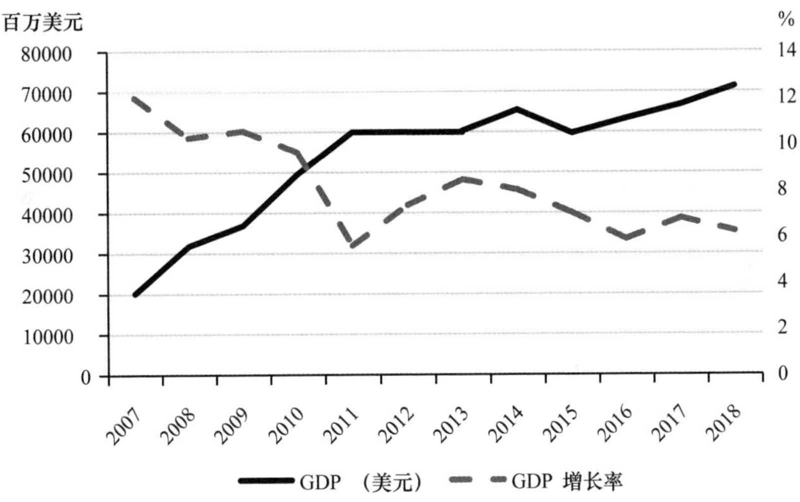

图 14－3　缅甸 GDP 及其增长率趋势

资料来源：快易数据。

经过对缅甸产业结构变化的总结，缅甸早期以农业为主，重视农业发展；在新政府执政以后，三大产业在同等地位下均衡发展，农业、工业和服务业增加值占 GDP 的比重逐渐稳定。①

① 刘元慧：《缅甸政治体制变迁对缅甸经济及中缅经贸关系的影响》，硕士学位论文，北京理工大学，2016 年，第 20 页。

表 14－1 缅甸经济基本数据

年份	GDP（亿美元）	人均 GDP（百美元）	GDP 年增长率（%）	人均 GDP 增长率（%）	产业结构（%）		
					农业	工业	服务业
1970	48.994	1.80	5.0		41.5	13.3	45.2
1971	50.578	1.82	4.1	0.8	41.4	13.2	45.5
1972	50.802	1.78	2.4	-2.0	41.6	12.5	45.9
1973	51.556	1.77	-1.0	-0.9	43.7	11.3	45.0
1974	52.922	1.77	5.3	0.2	45.6	10.3	44.1
1975	55.085	1.80	4.2	1.6	47.1	10.8	42.2
1976	58.122	1.85	6.1	3.0	46.6	11.5	41.9
1977	61.171	1.90	6.0	2.8	44.9	12.7	42.3
1978	64.976	1.98	6.5	3.7	44.2	12.6	43.2
1979	68.039	2.02	5.2	2.3	45.9	12.5	41.7
1980	73.418	2.13	7.9	5.4	46.5	12.7	40.8
1981	78.043	2.21	6.4	3.8	47.4	12.4	40.2
1982	82.275	2.28	5.6	3.0	47.7	12.6	39.7
1983	85.856	2.33	4.4	2.1	47.6	12.8	39.6
1984	90.091	2.39	4.9	2.7	48.1	13.1	38.7
1985	92.660	2.41	2.9	0.8	48.2	13.1	38.7
1986	91.680	2.34	-1.1	-3.0	50.2	12.2	37.6
1987	88.008	2.20	-4.0	-5.8	55.3	10.3	34.4
1988	78.017	1.92	-11.4	-12.9	57.4	9.7	32.9
1989	80.900	1.96	3.7	2.0	57.0	11.0	32.0
1990	83.178	1.98	2.8	1.3	57.3	10.5	32.2
1991	82.637	1.94	-0.7	-2.0	58.8	9.8	31.3
1992	90.621	2.10		8.3	60.5	9.4	30.0
1993	96.094	2.20	6.0	4.8	63.0	8.9	28.1
1994	103.280	2.34	7.5	6.2	63.0	8.6	28.4
1995	110.456	2.47	7.0	5.6	60.0	9.9	30.1
1996	117.572	2.60	6.4	5.1	60.1	10.4	29.5
1997	124.217	2.71	5.7	4.2	59.4	10.3	30.3
1998	131.503	2.83	5.9	4.5	59.1	9.9	31.1
1999	145.897	3.10	11.0	9.6	59.9	9.0	31.1

续表

年份	GDP（亿美元）	人均 GDP（百美元）	GDP 年增长率（%）	人均 GDP 增长率（%）	产业结构（%）		
					农业	工业	服务业
2000	165. 951	3. 48	13. 8	12. 4	57. 2	9. 7	33. 1
2001	184. 777	3. 83	11. 3	10. 1	57. 1	10. 6	32. 4
2002	206. 998	4. 25	12. 0	10. 9	54. 5	13. 0	32. 5
2003	235. 654	4. 79	13. 8	12. 8	50. 6	14. 3	35. 1
2004	267. 620	5. 40	13. 6	12. 6	48. 2	16. 4	35. 5
2005	303. 933	6. 08	13. 6	12. 7	46. 7	17. 5	35. 8
2006	343. 676	6. 83	13. 1	12. 2	43. 9	19. 2	36. 8
2007	201. 825	7. 59	12. 0	11. 2	43. 3	20. 4	36. 3
2008	318. 626	8. 32	10. 3	9. 5	40. 3	22. 7	37. 1
2009	369. 062	9. 13	10. 6	9. 8	38. 1	24. 5	37. 4
2010	495. 408	9. 99	9. 6	9. 4	36. 7	26. 4	36. 9
2011	599. 773	10. 45	5. 6	4. 6	32. 5	31. 3	36. 2
2012	599. 378	11. 16	7. 3	6. 8	30. 5	32. 1	37. 5
2013	602. 697	11. 90	8. 4	6. 6	33. 2	29. 9	36. 9
2014	654. 462	12. 51	8. 0	5. 2	27. 8	34. 5	37. 7
2015	596. 874	11. 33	7. 0	-9. 4	26. 8	34. 5	38. 8
2016	632. 562	11. 92	5. 9	5. 2	25. 5	35. 0	39. 5
2017	667. 191	12. 49	6. 8	4. 8	23. 3	36. 3	40. 4
2018	712. 148	13. 25	6. 2	6. 1	24. 6	32. 3	43. 2

资料来源：1970—2013 年联合国贸易和发展会议（UACTND. stat）；2014—2018 年快易数据。

第一产业：缅甸是一个传统的以农业为基础的国家。在缅甸经济结构中农业部门依然是最重要的部分，农业当中的种植业，尤其是水稻对缅甸的经济增长具有重要作用。据统计，缅甸 GDP 的 24. 6% 来自农业的拉动，第一产业的就业劳动人口近 2000 万人，接近缅甸劳动人口总数的 70%。在缅甸耕地总量中水稻种植面积达 806. 89 万公顷，占其总量（1052. 16 万公顷）的 76. 69%。在水稻之外，小麦、玉米、花生、芝麻、豆类等粮食作物，棉花、甘麻、油棕、烟草、黄麻等经济作物，以及各种热带水果种植在缅甸种植行业也占有一定的比例。除了处于主导地位的种植业外，缅甸的渔业产品在国际市场上也有一席之地，同时有以牛、羊、猪、鸡、鸭为主要产品的畜牧业养殖。2017 年缅甸总人口为 5340 万人，农业劳动力共有 1890 多万人，2018 年农业、工业、服务业占国内生产总值的比重分别为 24.6%、32.3%、43.2%。其中，农产品和水产品的出口明显增加。缅甸作为以农业为主的国家，在其出口产品中植物产品、矿产品、橡胶及其制品、木及木制品、纺织原料及纺织产品、天然或养殖珍珠、宝石或半宝石、贵金属及其制品宝石是缅甸的优势产业。第一产业农业中的主要粮食作物有谷物、豆类。经济作物有橡胶、棉花、黄麻。缅甸是主要的柚木出口国，柚木、硬木以及其他木种是缅甸第三大出口创汇产品。在缅甸排名前五的出口创汇产品中，豆类出口排名第二，仅次于天然气出口，橡胶出口在创汇产品中位列第五，由此可见，农业是缅甸经济的基础和最重要的组成部分，农业生产的发展状况和缅甸国民经济的发展前景息息相关。

第二产业：缅甸的工业不发达，只有小型机械制造、纺织、印染、制糖、碾米、木材加工等，机械设备、农业机械、汽车制造、摩托车、化工产品、仪器仪表等，乃至于日用百货、服装、医药、家电等对进口的依赖度较高。虽然缅甸工业在其国民经济中的比重有所上升，2018 年，缅甸 GDP 增长率为 6.2%，工业占其比重为 32.3%。但是，缅甸工业在 GDP 中的比重逐步上升得益于外国公司对其天然气的投资、生产和出口，许多关系着缅甸国计民生的工业发展缓慢。在 18 个不同类型的工业园区中有木材加工、农产品加工、纺织印染、小型机械制造等劳动密集型产业，与电力、采矿业、油气开采等构成缅甸的主要产业。缅甸在工业企业的就业劳动力约为 500 万人，占人口总量的 17%，其中约 170 万人就职于工业园区，分布在 10 万余家工业企业中。缅外合资的仰光莱达雅工业区是最大的工业园区。国有工业企业呈现出私有化趋势。缅甸有 18 个陆地油田，海上、陆地天然气田 3 个。在陆地油田中蒲甘、宫达臣、坦德宾是缅甸的三个大油田。年发电量为 60 万千瓦时，天然气发电的比重为 65%。

第三产业：增长速度较快，增加值占 GDP 的比重在 30% 以上。在一些国际机构的评估中，缅甸因其丰富的旅游资源而长期被作为境外旅游的适宜目的地，每年接待大量外国旅客。仅 2018 年就有近 355 万名游客，旅游业每年创汇上亿美元，缅甸旅游公司是缅甸国内重要的国有企业之一。

第二节　缅甸金融体系发展历程

缅甸金融体系的发展历程大体上可分为三个阶段：第一，缅甸金融业初步建立阶段，以 1962 年奈温军事政变为标志，缅甸金融经历了从初步兴起到停滞落后的风雨飘摇阶段；第二，缅甸金融业改革发展阶段，即 1988 年苏貌接班后重整缅甸经济，采取一系列改革措施恢复缅甸金融业；第三，缅甸金融业完善阶段，即 2010 年缅甸实施民主改革后，缅甸金融业获得了长足的发展，形成了完善的现代金融体系。

一　缅甸金融体系建立阶段

根据迈克尔·阿达斯（Michael Adas）、伊恩·布朗（Ian Brown）和其他缅甸经济史学家的说法，在前殖民地时代缅甸本质上处于一种自给自足的自然经济状态，大多数人口参与大米种植以及其他形式的农业生产。直到敏东王统治的 19 世纪中期，缅甸仍然缺乏正式的货币体系。

在英属缅甸期间，缅甸曾是世界上最大的大米出口国，并在当时继菲律宾之后成为十分富裕的东南亚国家。由于处于殖民统治时期，缅甸的金融业虽然在英国的扶植下取得了初步的发展，但是由于主权的丧失，政治秩序混乱，缅甸并没有积累下丰富的金融业发展经验。随着 20 世纪 30 年代经济大萧条的发生以及历经两次世界大战，缅甸金融业受到了极其严重的打击。直到 1948 年 1 月 4 日缅甸宣布独立后，才获得了初步发展的条件。

脱离英联邦的缅甸在独立后并没有进入和平发展时期，缅甸国内民族矛盾尖锐，政治动荡，暴乱频发。直到《缅甸联邦银行法》在 1952 年 7 月颁布，成立于 1948 年 3 月、初始资本为 5000 万缅元的缅甸联邦银行才得以与缅甸货币局合并，并取得了货币发行的权力，拥有了其在初期所缺失的中央银行的全部权力。缅甸国家保险公司于 1952 年在仰光成立，由于该保险公司为国家所有，依靠国家信用，被人们称为“不会被清算的保险公司”。缅甸国有保险公司储备基金大，包括寿险基金、普通基金和一般储备基金在内的三大类别，因此在政府的支持下，能够承担包括巨额赔偿在内的全部偿付责任。缓慢的发展速度、单一的结构体系，初步建立的缅甸金融业仅以国有银行和保险公司为主，并且在这一时期，缅甸联邦银行还无法独立制定货币政策。1962 年，奈温在缅甸发动了军事政变，并于次年宣布在缅甸实行计划经济制度，将缅甸转变为社会主义国家。在军人统治时期，缅甸闭关锁国的计划经济体制在极大程度上影响了初步建立的金融体系。首先，奈温政府将所有私人银行收归国有，同时与 1967 年颁布的《缅甸联邦人民银行法》相配合，使缅甸联邦人民银行在缅甸取得独家垄断的地位。这一垄断地位直到 1972 年新的《缅甸联邦银行法》出台，缅甸经济银行、缅甸投资商业银行、缅甸外资银行以及缅甸农业与发展银行四家国有银行成立才被改变。其次，奈温政府在 20 年间一共开展了三次废钞行动（1965 年、1985 年与 1986 年），相继废除了 50 与 100、25、35 和 75 面值的货币。由于奈温上台后，为了快速切断反政府武装的财源，防止反政府武装做出应对措施，在废钞前，缅甸政府没有及时告知普通企业和民众与废钞政策相关的信息与提醒，并且在废钞后，奈温甚至不允许废钞持有人提取等额面值的缅元，在三次废钞行动中缅甸政府的一系列行为使得缅元的可信度大大降低，缅甸金融体系的根基难以稳固。三次废钞行动过大的打击面以及过猛的打击效果使缅甸普通民众蒙受了巨大的损失，缅甸金融体系的发展也在初步兴起后停止了脚步。

二 缅甸金融体系的发展阶段

由于军人统治者奈温实行的货币改革，百姓倾家荡产，民怨沸腾。1988 年 3 月，缅甸爆发了空前规模的反政府群众性游行运动，直至 9 月苏貌接班并推行顺应民心的改革措施，才使缅甸经济得以重新恢复活力。虽然这一时期缅甸国内政治秩序依然充满危机，但在此后的 20 年里，缅甸金融业进入了相对较快的发展时期。

（一）银行业的恢复

1. 缅甸中央银行的建立

在《缅甸中央银行法》于 1990 年 7 月颁布不久，缅甸中央银行也随之依法成立。缅甸中央银行共设置了行政部、货币部、会计部、内部审计、研究培训部、资本市场部六个部门，在成立初期便收入 5 亿缅元的资本；随着银行业务的深入开展，缅甸中央银行于 1992 年 12 月建立外汇管理部，并于次年 2 月开始对外发行外汇券。在 21 世纪后，缅甸政府于 2001 年 1 月建立银行监管部，加强了银行监管体系的建设。

2. 缅甸银行间合作和银行支付结算系统的建立

缅甸银行业由于发展滞后，其结算系统以往都以人工结算为主。这一低效率的结算系统在大多数时间里导致缅甸银行流动性积累成为常态。银行流动性紧缺是缅甸银行在深化发展过程中亟须解决的问题之一。缅甸中央银行结算中心为提升银行结算效率，扩大即时支付系统的覆盖程度，将人工结算系统升级为自动结算系统，并开展了一系列促进信息有效传递、深化合作的改革，具体内容如下：

（1）1999 年 4 月成立缅甸银行协会。

（2）2004 年 3 月引入环球银行金融电信协会系统（SWIFT）。

（3）2007 年开始打造缅甸银行间网络和报告系统。

（4）2008 年完成网络化。

（5）2010 年 10 月设立支付系统更新委员会。

3. 开放缅甸私人银行与外资银行准入

在缅甸经济改革之后，实行市场经济体制，这意味着缅甸改变了过去闭关锁国的局面，开始实行对外开放的政策：

（1）1988 年 11 月《缅甸联邦外国投资法》颁布，允许外国银行开设分行和办事处。

（2）1990 年《金融机构法》颁布，允许建立私人银行。

（3）1993 年至 2000 年，缅甸共设立了 50 家外资银行代表处。

然而，亚洲金融危机给缅甸金融业带来了巨大的打击，在危机过后，缅甸的外资银行代表处减少至 12 家。

（二）保险业的初步发展

保险业在缅甸曾长期作为政府垄断行业，1989 年颁布的《国有经济企业法》和 1993 年颁布的《缅甸保险法》规定禁止民间资本进入本行业。1996 年《保险商业法》和 1997 年《保险商业条例》的颁布是缅甸保险业允许私人进入的标志。与此同时，缅甸保险业监督委员会（IBSB）于 1996 年成立，其主要职责为设置实收资产、负债、资本、保险基金、许可费标准等。

（三）证券业的起步发展

缅甸通信基础设施建设发展不足，受此影响，缅甸证券市场的起步与发展也落后于银行与保险行业。从 1993 年 12 月起，缅央行相继发行 2 年、3 年、5 年期，利率分别为 8.75%、9%、9.5% 的国债，以发展资本市场，增添公众储蓄途径。缅甸证券交易中心于1996年正式成立，成为当时国内唯一的股票交易所，这成为缅甸证券市场正式启动的分水岭。然而，这一证券交易中心的功能有限，其职责仅作为央行操作政府债券的工具。

2008年7月资本市场发展委员会的成立和2013年7月《缅甸证券交易法》的颁布，成为缅甸建设证券市场的标志性事件。在资本市场发展委员会之后，为强化对证券行业的监管，完善相关法律法规，创造良好的监管环境，证券市场发展委员会、公司小组委员会、证券交易委员会、证券市场会计和审计准则委员会相继成立，连同资本市场培训委员会、教育委员会和咨询委员会等证券培训组织的成立一起构成了缅甸证券体系的框架。

2015年11月，仰光证券交易所合资有限责任公司在缅甸成立。该公司是在日本的援助下，由缅甸经济银行与日本大和证券、日本交易所合资建立，并先后获得了外国投资许可和股票交易许可。

2015年12月9日，仰光证券交易所正式开业，2016年3月它正式开始股票交易，并于5月推出首个缅甸股票价格指数（MYANPIX）。虽然仰光证券交易所只接受缅甸投资者的缅元交易，但这依然标志着缅甸证券交易迎来了全新的发展时代 。

2018年，TMH电信的股票正式在仰光证券交易所（YSX）上市交易。至此，缅甸已经有5家上市公司。

三 缅甸金融体系的完善与展望

（一）缅甸中央银行的独立性

长期以来，缅甸中央银行一直隶属于缅甸财政部，缺乏独立自主制定相关政策的权力，在这样的背景下，缅甸央行仅为政府资金运作的执行者。缅甸央行独立性提升的标志是2013年7月新修订的《缅甸中央银行法》的出台。这一法律标志着缅甸中央银行获得独立自主地制定政策的权力，并对缅甸央行的主要职责做出规定，即负责发行本国货币、管理国家外汇储备、监督境内金融机构等。目前，缅甸中央银行有三大货币政策宏观调控工具，即准备金制度、利率政策、公开市场操作。

（二）外资银行业务的开放

虽然外资银行进入缅甸的时间可以追溯至1988年，但在那之后，随之而来的西方经济制裁和亚洲金融危机阻碍了在缅外资银行的扩大与发展。在吴登盛上台之后，缅甸改革的重要举措之一就是吸引外资。西方国家也在这一时期逐步解除了对缅甸的经济制裁，再加上 2012 年 11 月缅甸新《外国投资法》的出台以及次年 1 月颁布的《外国投资实施条例》，为外资银行在缅投资营造了不错的营运环境以及发展机遇。为使缅甸银行走向国际化，缅甸金融管理局向 250 家小型金融机构颁发了营业执照，涉及 7 家国际非政府组织、24 家非政府组织、18 家国内公司、22 家外国公司、77 家合作社组织和 3 家联合体组织。缅甸外资银行业务执照颁发委员会给予印度国家银行（State Bank of India）、越南投资与发展银行（BIDV）、中国台湾玉山商业银行（E. SUN Bank）及韩国新韩银行（Shinhan Bank of South Korea）等 13 家外资银行①在缅开设分行的批复。② 目前缅甸央行已允许外资银行在经济特区设立分行，并允许外资银行与缅甸国内银行合作向缅甸企业提供服务，并且计划允许外资银行直接向缅甸企业提供服务。下一步还计划允许外资银行经营零售银行业务。但计划的实施将会优先考虑缅甸银行业的稳定和央行的管理能力。

（三）缅甸银行卡业务的国际化发展

随着缅甸银行业于 2008 年告别传统低效的工作模式、实现电子化之后，缅甸银行卡业务国际化发展的步伐进一步加快。2011 年，缅甸宣布成立缅甸支付联盟（MPU）。目前 MPU 的银行成员共有 23 家，主要负责提供国家支付结算系统、ATM 机和 POS 机交换等服务，MPU 与 Visa、万事达、日本 JCB、韩国 KBE Hana、中国银联国际达成合作协议，2016 年 8 月，MPU 拟加入亚洲支付网，截至 2015 年 MPU 银行卡一共获得了 180 万个用户。持卡用户可以在任何 MPU 成员银行的 ATM 机中进行存取钱、汇款、查询余额等操作，从而促进缅甸支付结算的国际化，开设国际信用卡③，推动缅甸与

① 截至 2018 年，缅甸先后批准了 13 家外资银行在缅甸设立分行。这 13 家外资银行分别为：日本三菱东京日联银行（BTMU）、日本瑞穗银行（MIZUHO）、日本三井住友银行（SMBC）、新加坡大华银行（UOB）、新加坡华侨银行（OCBC）、中国工商银行（ICBC）、澳大利亚澳新银行（ANZ）、马来西亚马来亚银行（May Bank）、曼谷银行（Bangkok Bank）、韩国新韩银行（Shinhan Bank）、印度国家银行（SBI）、中国台湾玉山商业银行（E. SUN Bank）、越南投资与发展银行（BIDV）。

② 徐晶、杨甜：《缅甸金融业的发展历程（1948 年至今）》，《时代金融》2017 年第 3 期。

③ 2016 年缅甸推出了国家历史上的第一张国际信用卡，即由缅甸合作社银行与中国银联国际联合推出的 CB 联名信用卡。持有该卡的用户除了能够在缅甸国内使用此卡外，还可以在其他 160 个与中国银联国际合作的国家和地区使用该卡。

亚洲其他国家在汇款、支付、在线购物等方面的发展。

（四）私营、外资保险业务的推进

与银行业改革同步推进的还有缅甸私人保险业务领域。2012 年 9 月，缅甸 IBSB 向 12 家私营保险公司授予经营许可证，并在次年陆续对其授予保险牌照。私营保险公司从招标、审查到营业的整个流程大概需要花费 3 个月的时间。一旦申请获得批准，私营保险公司还须将 40% 的资金存放在缅甸经济银行中，以避免无法偿付的风险。

在允许本国私营企业开展保险业务的同时，缅甸还将陆续准许外资保险公司进入本国保险市场。一方面，这是由于在缅外企的增加提高了市场对于保险的需求；另一方面，这也是因为缅甸保险市场现阶段还面临资金缺乏、技术经验不足等问题，外资的进入能够为缅甸保险业提供先进的技术支持。为了在初期为国内保险公司提供一个相对良好的环境，避免与外资保险公司直接竞争，缅甸政府出台了保护本国保险公司的三步走战略：第一步，准许外资保险公司在缅境内设立保险办事处；第二步，准许部分外资保险公司在“土瓦经济特区”“迪洛瓦经济特区”及“皎漂经济特区”三个经济特区经营保险业务；第三步，逐步向外资保险公司发放保险牌照。“三步走”战略的循序渐进能够最大限度地推动本国保险市场与保险公司的发展。

第三节　缅甸金融机构体系

缅甸的金融业体系仍不够完善，金融发展水平不高，金融体系架构也相当简单，以提供基本金融服务的机构为主。缅甸的金融机构体系是以银行业为主导，保险业和证券业发展较晚，发展速度较慢。

一　银行类金融机构

（一）缅甸中央银行

缅甸中央银行的前身是缅甸联邦银行，于 1948 年 4 月成立。据缅甸新政府介绍，缅甸中央银行需要独立制定货币政策，保持国内市场价格稳定，维护缅币内外价值。依照缅甸议会于 2013 年颁布的《缅甸中央银行法》，缅甸中央银行成为一个自主独立的监管机构，在财政部的指导下负责发行本国货币、监督金融机构、管理国家外汇储备等。监管的覆盖范围包括缅甸的国有银行和私人银行。目前采用两种主要的方法——现场检查和非现场监督——对金融稳定进行监管。缅甸中央银行由一位行长、三位副行长和六位总经理（分别负责行长办公室、行政及人力资源发展部、货币政策与银行监管部、金融机构监督部、会计部、外汇管理部）所构成。

（二）四大国有银行

缅甸农业发展银行。其前身为1953年成立的国家农业银行（SAB），1976年变更为缅甸农业银行（MADB）。它有一个由14个地区办事处组成的全国性网络，169个分支机构和44个代办处，向农民提供短期和长期信贷。

缅甸经济银行。它在1976年4月2日成为国有商业银行（SCB）的子公司。1963年，由于缅甸走社会主义道路，所有银行都被国有化。缅甸政府此前已经将所有这些国有化的银行归并到缅甸联邦人民银行。在缅甸联邦人民银行之下，又成立了缅甸经济银行，作为主要的存款和普通银行机构。

缅甸外贸银行是缅甸唯一一家通过合作协议和信用额度协议与其他海外金融机构合作的银行，以支持发展各个行业。专门从事外国银行业务，为缅甸的政府、国有企业和国际社会提供贸易融资和与外汇有关的银行服务。

缅甸投资和商业银行。它在仰光和曼德勒开设了分行，主要业务有商业贷款，以本国货币计值的商业、投资和发展活动贷款，也作为外国投资活动的银行中介，还负责管理缅甸的官方外汇储备。

（三）私营银行和小额贷款公司

缅甸有24家私营银行，经营的业务种类繁多，利润分配目的也不同，控制权隶属于军方、国内私营企业、跨国企业等各个方面。缅甸政府允许外国人或外国资本在缅甸建立外资银行或外国银行办事处。目前，共有9个国家的银行在缅甸开设17家银行办事处。近年来，缅甸开始允许外国银行设立代表处，已有中国工商银行等30余家外国银行在缅甸设有代表处。小额贷款公司是为适应市场经济政策的需要，增进金融活动效率，从缅甸经济银行中分离出来后单独成立的，办理小额贷款业务。

二 非银行类金融机构

（一）保险公司

在1962年政变发生以前，缅甸的保险公司曾多达上百家。1963年，缅甸新政府实行保险业国有经营，随后不久缅甸保险业停摆。1993年，缅甸设立了缅甸国家保险公司，实行产寿兼营的垄断经营。2013年，缅甸放宽民营资本在保险业的准入要求，12家国内注资的本地民营保险公司获得了保险业务牌照，其中4家为财产险，8家为寿险。在此以后国有保险公司依旧处于主导地位，缅甸民营保险公司的主要注资来源和股份持有是金融集团或者汽车厂商，政府和军方背景依旧在其中发挥作用。对外资进入保险行业的准入正逐渐放开，目前正处在准许外资保险公司在缅设立办事处的阶段，14家外资保险公司已获准在缅甸设立代表处。为保护国内公司，缅甸在一定时期内依然存在保险业外资进入限制，现有的外资公司要获取许可还需时日，但下一阶段将在三大经济特区里准许部分保险公司经营业务。[①]

（二）证券机构

缅甸证券市场起步较晚，近年来才有较大突破。2014年8月，缅甸证券交易委员会成立。位于缅甸仰光的仰光证券交易所是该国唯一的证券交易所，它是缅甸财政部下属的缅甸经济银行和日本大和证券集团、日本东京证券交易所联合成立的合资企业，于2015年12月9日正式开业，从事政府债券、股票的经纪、销售代理等业务。2016年3月6日，仰光证券交易所开始首只股票的交易，缅甸第一投资公司（FMI）在仰光证券交易所上市后，成为缅甸首个上市公司，结束了缅甸没有证券交易的历史。证券交易市场亦受到了热烈的追捧，但从2016年开始就陷入停滞状态。为了复苏缅甸股市，使其成为一个标准化的金融投资市场，缅甸计划与泰国证券交易委员会合作，由泰国为仰光证券交易所的相关负责人及工作人员提供金融培训。缅甸于2018年8月正式推行备受期待的新《公司法》，缅甸新《公司法》的推出有望让外资进入仰光证券交易所进行交易，以激活仰光证券交易所平淡的股票价格和买卖。[②]

---

① 戴树人：《缅甸保险市场即将开放》，《中国保险报》2016年第1期。

② 徐晶、杨甜：《缅甸金融业的发展历程（1948年至今）》，《时代金融》2017年第3期。

第四节 缅甸金融市场体系

缅甸的金融业发展较晚，金融市场还不够发达，业务种类不够多样化，主体部分仍是货币市场和资本市场，外汇市场和黄金市场占比较小。2010年缅甸开展民主改革，从此缅甸开始成为全球资本竞相逐利的地方。2010年以来，缅甸金融业吸取了国际多方经验，开始了“由一到多”和“由多到一”两方面的全面改革与发展：（1）“由多到一”。首先，缅甸中央银行的权力更加自主，能够更加自由地制定政策；其次，缅甸缅元的汇率也由多重汇率制转变为单一汇率制。（2）“由一到多”。首先，缅甸银行业将改变国有垄断的局面，开始向私人、外资开放；其次，缅甸资本市场也将不断发展完善，为缅甸后续实施经济改革、吸引外资等一系列改革措施提供有力保障。

一　货币市场

在《金融机构法》等的影响下，在缅甸货币金融领域支票支付和短期存贷等传统的金融工具依然是主流形式，商业银行承接开办其他业务必须经过缅甸央行批准。借款、担保、信用证、票据、外汇等未经中央银行批准不得开办。例如借款和贷款业务，缅甸商业银行只能经营短期定期贷款，免担保、无抵押品的贷款则不被允许。此外，还有抵押贷款额不得超过资产价值的50%的限制。其他融资方式，尤其是中长期融资则难以通过商业银行获得。货币金融领域的限制和政府支撑力度的不足导致企业被迫付出大量的寻租成本，加大了经营压力，打击了市场活力。

目前，商业票据市场、承兑贴现市场、基金市场、拆借市场、短期政府债券市场和银行短期信贷市场基本构成了缅甸的货币市场。一般是由银行和政府来发行这些短期金融凭证，它们的特点是流动性高和风险较小。缅甸没有公司债券市场，政府债券仅由当地金融机构拍卖，政府财政债券的短期期限在三个月至一年之间。从2010年1月1日开始，以1万缅元、10万缅元、100万缅元和1000万缅元为单位的两年期政府公债已广泛发行给公众。政府国债利率分别为2年期8.75%、3年期9%、5年期9.5%。

二 资本市场

缅甸的资本市场包括储蓄市场、证券市场、长期信贷市场和保险市场。证券市场分为一级市场和二级市场。缅甸的证券市场近年来刚开始发展，为了发展有效的市场基础设施和政府债券交易市场，自2010年1月起，缅甸经济银行和缅甸证券交易中心有限公司被任命为代理出售政府债券的机构，二级市场交易自2013年4月起被允许。根据缅甸的《证券交易法》，不少于3家的证券公司可以联合提出申请，在获得批准后可以成立场外交易市场。

缅甸资本市场萌芽于第二次世界大战以前，粗具规模的仰光证券市场在20世纪30年代前就已诞生，由7家欧洲企业组成，市场估价和行情主要基于印度孟买和加尔各答交易所的行情，主要交易形式是非正式的场外二手交易。但是，在这一阶段乃至此后缅甸始终没有出现有效资本市场，其原因之一在于市场上没有缅甸本土公司，参与者仅为一些分支机构，公司的重心依然在欧洲本部，它们吸收了绝大部分投资回报；公司雇员也多来自印度，并没有太强的竞争力。①

仰光证券交易所作为缅甸唯一的证券交易所，目前已有五家上市公司在此进行股票交易。为了发展有效的市场基础设施和政府债券交易市场，自2010年1月起，缅甸经济银行（MEB）和缅甸证券交易中心有限公司（MSEC）被任命为出售政府国债的代理人。关于债券市场的发展，根据东盟债券市场行动（ABMI）计划，在日本—东盟技术援助基金（JAFTA）的协助下，东盟秘书处指定由大和研究所（DIR）给予帮助。技术援助第一阶段于2011年6月至2012年5月实施。第二阶段也于2013年6月至2014年5月实施。为了支持缅甸资本市场的发展，日本交易所集团、大和研究所有限公司、日本财务省政策研究所、泰国证券交易所、泰国证券交易委员会和韩国交易所为缅甸资本市场开发提供技术助理。缅甸保险市场的大部分份额被缅甸保险公司所占据，它是一家国有保险公司，由政府支持，政府根据《缅甸保险法》承担所有责任。所以，缅甸保险是永不会被清算的保险公司。

① 周建华：《中缅金融合作研究》，硕士学位论文，云南师范大学，2013年，第18页。

三　外汇市场

为扩大缅元的使用，缅甸正逐步取消外汇在缅甸国内市场上的流通。根据缅甸的《外汇管理法》，除授权经销商以外的人均不得在缅甸境内与任何不是授权经销商的人交换任何外汇；除缅甸中央银行授权的外汇经销商以外，任何人不得进行外汇交易；除经允许或授权外不得对任何黄金、珠宝、宝石，或任何货币进行外汇交换。目前，从事进出口业务的贸易商大多通过在银行账户之间进行转账这一方式完成外汇的划转，一般是把美元储存在离岸银行账户中。这种方式得到了银行和政府的默许，然而，这一方式却导致了本国银行外汇存量的减少。当地的一位银行从业者表示：银行系统中只有缅元，美元存量非常小。国际银行中有美元，虽然可以进行货币交易，但是美元的数量仍然不够，依然需要具备一定规模的银行间货币市场。在2011年之前，缅甸国内仅有三家国有银行拥有经营外汇业务的权力。而在2011年9月，缅甸陆续将货币兑换牌照发放给符合资质的17家私人银行，允许这些银行机构开展结售汇业务。在获得牌照的银行中，包括经营国外银行业务的11家经销商银行。通过这一变革，缅甸希望能够构筑起以市场利率为主导的银行间批发市场。2013年，随着外汇业务的进一步发展，缅甸决定废除已经实施20年的外汇券制度。

在汇率方面，2012年4月，缅甸废除多重汇率制，改用与特别提款权（SDR）挂钩的浮动汇率制度，即外汇兑换供需情况将决定未来缅元的兑换比率。缅甸实行汇率制度改革，其目的是配合民主改革、经济发展的需要。在这一阶段，汇率对于缅甸而言，能够影响其国家外债规模与出口竞争力。只有完善汇率制度，缅甸才能吸引外资，从而达到实现国家工业化、走上出口主导型的道路。

四　黄金市场

缅甸的黄金产量在世界上排名比较靠后，黄金储备也较少。但缅甸当地对黄金的需求很高，因为缅甸人认为贵金属是一种价值储备。除了房地产以外，本地投资者通常更倾向于投资金条和金块。在缅甸，黄金一直被列为限制商品。根据自然资源和环境保护部的资料，截至2017年12月31日，仅有五家大型矿业公司和350家小型黄金矿商获准开采黄金。为了提高税收和黄金开采收入，并在国际上推广缅甸制造的黄金产品，缅甸政府不久前宣布放宽黄金市场。这是缅甸历史上第一次允许出口本地生产的黄金和黄金产品。政府的目标是在全球黄金价格上涨的时候，合法化本地黄金的自由交易并实现税收最大化。根据2017年的《联邦税法》，当地企业进行如珠宝和其他配饰等黄金产品的交易必须向政府缴纳销售价格1%的商业税。

第五节 缅甸金融体制

直至20世纪80年代，缅甸才开始制定一系列的金融法规，并确立中央银行体制。自此，缅甸中央银行（CBM）就担负起货币发行、代理国库、批准银行发行金融债券、管理监督各家银行和金融机构等职能，以稳定币值，完善金融体制，促进缅甸金融业的发展。

一 银行体制

（一）银行设置方式

1948年，缅甸独立，联邦政府成立了缅甸联邦银行，并作为其中央银行。同时，还开设了缅甸人民银行、缅甸联邦合作社银行、仰光银行、缅甸东方银行等。当时，缅甸境内共有25家商业银行，其中外国人开办的占了14家。由于长期政局不稳，缅甸的银行业遭受了很大冲击。从1988年底开始，缅甸政府才下定决心推行经济体制改革，实行对外开放政策。其中，包括颁布了《缅甸中央银行法》和《缅甸金融机构法》，确立了中央银行对金融业的监管作用及独立地位，且明确了各类金融机构的业务范围、种类与职责。1992年缅甸官方重新开放私营银行准许，包括亚洲经济银行、佑玛银行和环球银行在内的超过20家私人银行先后组建，并在全缅开设了共350家分行。为加强对缅甸私人银行的监管，银行监督委员会在缅甸财政部的指导下正式成立。到目前为止，缅甸已形成以经济银行、外贸银行、投资与商业银行、农业及农村发展银行4家国有商业银行为主体，私人银行、银行代表处共同发展的银行体系。此外，缅甸非银行业机构的种类与数量都明显偏少，主要包括金融公司、信贷协会、合作社、小额贷款公司与保险公司。

（二）银行组成结构

缅甸银行组成结构如图14－4所示。

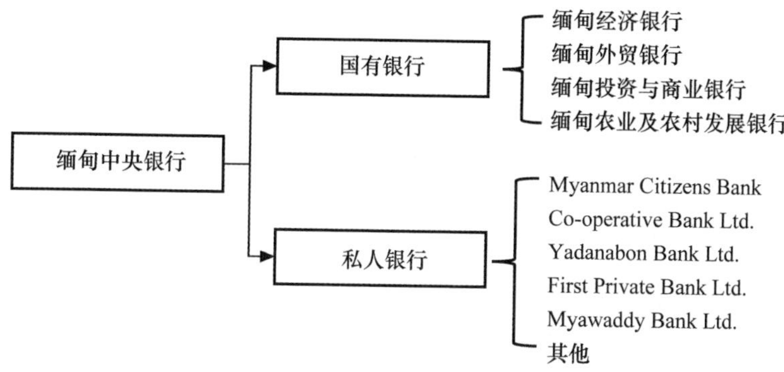

图 14－4 缅甸银行组成结构

资料来源：作者制作。

（三）职能划分

1. 中央银行

首先，缅甸中央银行（Cental Bank of Myanmar）即缅甸国家银行，1990 年 7 月《缅甸中央银行法》出台，宣布中央银行作为缅甸国内通货（缅币）发行的唯一主体，作为政府的银行为政府的经济政策提供建议，监督和监管金融机构，管理国家的外汇储备，以政府的名义和代表政府的利益参与国际政府间的结算和业务往来。其次，缅甸中央银行设置了法定准备金率、最大贴现率、资产负债比率、最低的现金储备、关于存款和贷款、最大利率的权力。这些设置使得中央银行主要凭借间接的金融工具，如法定存款准备金和利率政策进行控制，而非依靠直接的信贷投放量进行货币政策的把握，在维持缅币币值稳定的同时有效地实施货币政策。

2. 政策性银行和商业银行

缅甸经济银行（MEB）：缅甸经济银行同时承担提供商业银行服务和政策性银行服务的职责，即在为私人银行提供服务以外，还需要为国家发展提供服务。

缅甸外贸银行（MFTB）：1990 年 7 月 4 日，缅甸颁布《缅甸金融机构法》，缅甸外贸银行作为单独的法律实体，向国家、外交机构、企业、外国大使馆、个人和私人部门提供国际银行业务服务。

缅甸投资与商业银行（MICB）：缅甸投资与商业银行成立的主要目的是维持国内资金的流通和配置，通过吸收国内和国外货币存款，对一些经济实体开展放贷，帮助其缩小资金缺口来促使企业发展，在整个国家的经济发展中扮演重要角色。

缅甸农业及农村发展银行（MADB）：其主要职能是以发放贷款，尤其是农村小额贷款等形式为农业、畜牧业提供扶助，关注农村地方经济的发展状况，统筹农村合作社、私营银行和农村企业等机构，鼓励农村金融业务拓展和多元创新。

二 货币发行体制

（一）货币发行原则

依照1990年7月出台的《缅甸中央银行法》，缅甸的中央银行即国家银行（Cental Bank of Myanmar）被授权作为缅甸国内通货（缅币）发行的唯一主体。此外《缅甸中央银行法》第九章还做出规定，只有中央银行有权发行纸币和银币，中央银行发行的纸币和银币在全国合法使用；对于任何种类货币的使用，中央银行认为需要改动的，可在政府的同意下进行，但必须提交联邦议会会议讨论通过。

在货币改革、经济体制由计划经济转向市场经济之前，缅甸的货币发行系统几经变动。1947年在缅甸宣告独立前夕，缅甸政府出台《缅甸联邦银行法》（Act of Union Bank of Burma of 1947），翌年4月3日，缅甸联邦银行（Union Bank of Burma）成立，并依照法案接管了印度储备银行仰光分行。1962年缅甸革命政府上台，开始推行社会主义经济制度。1988年后，缅甸政府宣布改发90元面额的货币，旧币被无偿废止，曾造成国内大规模的示威动乱，加速了经济体制改革和货币改革进程。①

（二）货币发行流程

缅甸中央银行是唯一有权印刷纸币和铸造硬币的机构。中央银行须为纸币的印刷和硬币的铸造，对安全保管所发行的纸币和硬币，以及必要时为存放或销毁纸币印版、硬币印模和收回的纸币与硬币做出安排。但根据需要，中央银行可以将存放或销毁纸币印版和硬币印模等工作交给理事会许可的机构完成。经计划与财政部批准，中央银行可以对纸币和硬币的面值设计构图及其他区别特征做出决定。除中央银行外，任何人如发行和使用外形酷似合法货币的纸币和硬币，根据《缅甸中央银行法》的相关规定将被认为是犯罪。

---

① 罗艺婷：《有关缅甸金融政策的发展过程分析》，《时代金融》2018年第20期。

经中央银行发行的纸币和硬币是缅甸的合法货币，在缅甸国内具有支付能力。在进行现金支付时，如果是纸币，无论数额大小均可支付。但如果是硬币，则接受者有权拒绝接受超过最小值纸币数额200倍的钱数。在涉及外汇时，如果没有明确达成用外汇支付有关合法钱款，或用金钱支付的证券、交易，或某项债务活动的协议，应认为是在国内用缅币进行上述活动。

根据形势的变化，如需收回正在流通的任何纸币和硬币，经政府批准，并且提前发布公告告知公众，缅甸中央银行可以按照纸币和硬币币值给予兑换收回。被公告从流通领域收回的纸币和硬币的持有者，有权自中央银行发布公告之日起5年内，按照货币面额向中央银行申请兑换，中央银行应当无偿予以兑换。公告所规定的兑换期限结束后，公告要收回的纸币和硬币作废。公众不能就收回的纸币和硬币向中央银行申请兑换。

任何人不得向中央银行提出拥有某个丢失的、失窃的或者残损变形的纸币和硬币的价值的权利。但根据实施条例和有关规定，残损变形的纸币和硬币的价值经核查后可以重新发给。

（三）货币发行制度演变

缅甸于1948年宣布独立，当年4月3日，缅甸联邦银行在接管印度储备银行仰光分行的基础上成立。但在相当长的一段时间内发挥货币管理机构职能的是另设的缅甸货币委员会（1952年并入缅甸联邦银行），缅甸国内也依然沿用“卢比”。这主要是缘于当时的缅甸联邦银行并没有在实质上掌握完整的央行职能，无力发行本国的货币，使得缅甸在接下来的5年里依然在英镑区体制内，导致在这段时期内缅甸联邦银行始终不具备独立制定货币政策的能力，国内货币的流通量始终被英国掌控。即使是在1952年7月1日《缅甸联邦银行法》发布后缅甸联邦银行拥有了发行缅元的权力，也因为联邦银行不具备独立制造货币的能力，缅元的印刷、制造依旧由英国承办。这一现象一直维持至1957年，缅甸成立了自己的印钞厂，并开始独立发行货币，货币政策才取得独立。

1962年，随着革命政府执政，缅甸进入社会主义经济时期。1964年，革命政府宣布银行业国有化。1967年《缅甸联邦人民银行法》出台，标志着缅甸正式脱离英镑区。1969年，缅甸政府以收缴的2亿缅元资本为基础成立了缅甸联邦人民银行。1972 年，缅甸政府开始推行行政体制改革，3 年之后《缅甸联邦银行法》颁布，此时缅甸政府仍没有着手制定货币政策。

1988 年，缅甸政府过于激进的货币废止和新币发行行为引发了国内的不满情绪，出现了大规模的示威活动，其后政府的货币改革起步，经济体制从计划经济向市场经济转变。由于原有的联邦人民银行已经不符合政府改革的要求，为建立市场导向型的金融体系，提高金融活动的效率，1990 年 7 月 2 日，《缅甸中央银行法》发布，成立能够独立制定货币政策的缅甸中央银行（CBM），承担了原先联邦银行发行缅元、制定货币政策、维持缅币价值的稳定、监管国内金融机构、保管外汇储备等职责。为了与《巴塞尔协议》维持同步，2016 年颁布严格遵照《巴塞尔协议Ⅲ》相关规定的《缅甸银行和金融机构法》，这成为央行货币政策收紧的标志性事件，银行资本金和存款准备金有了更高的标准，即银行存款准备金率为 5%，资本金不低于 200 亿缅元。在风险管理方面，新法案更注重审慎监管，对打击洗钱犯罪等活动提出了新的要求。

缅甸现行的金融法律法规为 1990 年颁布的《缅甸金融机构法》，此前的法案只是对总体原则做出笼统规定。新法律则对国有银行、私人银行、商业银行和外资银行分别做出规定，对非银行金融机构、政策性银行等还没成立的主体也做出了相关的规定。除此之外，还要求银行必须以有限责任公司的形式设立，从而与现行的《缅甸公司法》和《缅甸特殊公司法》保持一致。在维持与转型期市场经济相适应的金融体系稳定的过程中，缅甸央行主要运用三大货币政策工具，即储备货币政策、利率政策和有限公开市场操作。①

三 借贷资本管理体制

（一）贷款结构

《缅甸金融机构法》明确规定，金融机构根据中央银行的许可，可以发放有担保或者无担保的贷款、预付款。金融机构给个人、企业或经济企业集团的贷款，不得超过其资本和储备金总和的 10%。金融机构给包括企业集团在内的 10 个较大债务人的贷款总额不得超过所有贷款总额的

---

① 刘方、罗艺婷、王仕婷：《缅甸金融政策研究》，《合作经济与科技》2018 年第 10 期。

30%。除此之外，《缅甸金融机构法》还就金融机构对其职员的贷款也做了相应的限制：金融机构发给其一名职员的贷款的最大限额必须符合中央银行的规定，而且金融机构发给其职员的贷款总额不得超过该金融机构投资资金的5%。

一般而言，缅甸农业及农村发展银行年度贷款的期限为1年；短期贷款的期限为1年以上4年（包括4年）以下：长期贷款的期限为4年以上20年（包括20年）以下。只有在有担保的情况下，银行才能发放短期和长期贷款。

（二）借贷资本效率

借贷资本效率是决定银行效益的重要因素，是衡量一定量的贷款所能推动的经济量、衡量信贷对经济作用力大小的重要指标，由于货币扩张与收缩是通过信贷渠道进行的，它也是决定货币供应量增长率及货币政策作用于经济的力度的重要因素。①

近几年来，缅甸金融行业出现贷款效率不足的现象。1995—2020年，缅甸金融机构贷款相对于GDP的百分比，于2018年达43.91%，2019年仍呈上升趋势。2017—2018年，国内信贷占国内生产总值的比重增加了

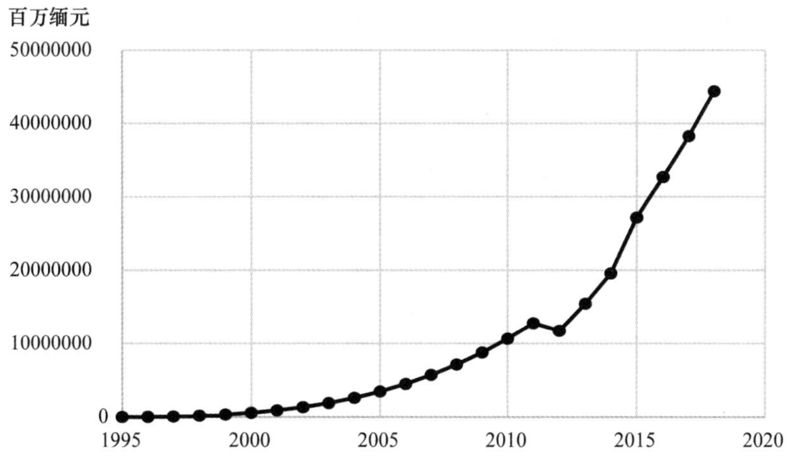

图14－5 缅甸国内信贷（净额）

资料来源：CEIC数据库数据。

① 周骏：《提高借贷资本效率综论》，《财贸经济》2003年第2期。

2.3%。同时，近十年来国内信贷占国内生产总值的比重也在不断上升，意味着信贷量的增加对 GDP 的推动作用有所下降，缅甸借贷资本效率正在不断下降（见图 14－5 和图 14－6）。

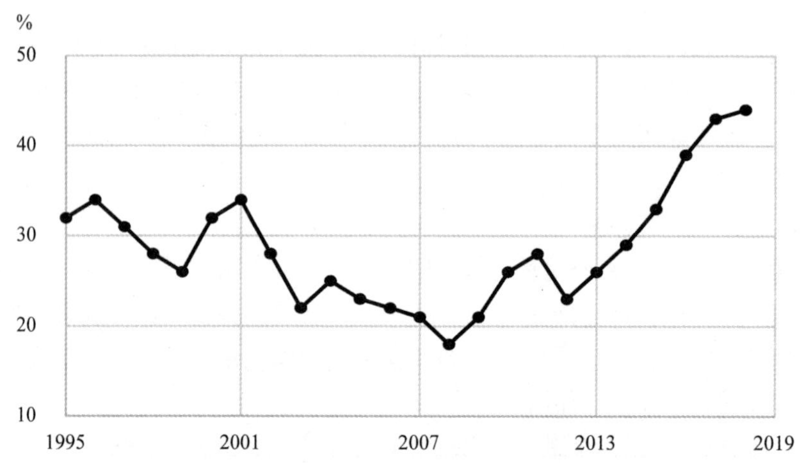

图 14－6 缅甸金融部门提供的国内信贷占国内生产总值的百分比

资料来源：CEIC 数据库数据。

（三）借贷资本监管

金融机构在进行信贷业务时必须持有相关的正式文件。这些文件包括贷款申请、贷款使用说明、所赋予的担保价值与所有权地位；债务人和担保人作为营业基础的金融记录；对于有关部门经理或经理助理的决定负有责任者新签署的决定记录和同意该决定的会议备忘录。对于小额业务，金融机构经中央银行批准可以免除所需的各种正式文件，以简化登记手续。分行行长、代理处和其他类似的办事处也可在其职权范围内核准贴现或简化登记手续。金融机构不得发行导致债券持有者将会掌握本机构管理权的债券。金融机构在进行信贷业务时必须遵守风险避免、风险分散和流动性等原则，并执行中央银行下达的指示。金融机构在办理借出和借进的贷款业务时，必须保持资金的流动性，并遵守中央银行的规定和指示。而且金融机构应当根据中央银行规定的时间间隔和使用的表格，按时向客户宣布与存款和贷款有关的条件、利率和计算方法。

缅甸农业及农村发展银行可以按规定向国营种植业、饲养业单位、合作社、私营农村银行、农民、企业主和工人发放年度、短期和长期贷款。

银行应当按规定的利率收取贷款的利息，按规定的方式回收贷款。对未归还的贷款，银行可按追回拖欠的土地税的办法讨还。经政府同意，银行可以参加对其本身有利的国内外机构。

四　利率管理体制

（一）利率管理方式

利率管理方式为央行规定了存贷款基准利率，缅甸出现了存贷款利率和通货膨胀率倒挂的现象，这是由于金融监管部门长期的利率管制政策所导致的，金融抑制特征较为显著。在通货膨胀下降和经济增长动力不足的情况下，央行会调低市场利率，提高企业的贷款规模，增加投资，刺激经济增长。反之，当经济增长动力充足，央行将提高利率，为过热的经济降温。缅甸央行对利率有较强的控制力，强调了央行决策的重要性和准确性。这样的利率管理方式，更有利于政府对经济的掌握。

（二）利率管理政策

在 1948 年以后的 40 年里，缅甸央行都是实施有管制的利率政策；1988 年以后，缅甸央行的管制越发严格，商业银行在 12% 上下波动 3% 的范围内进行利率调整；2006 年 4 月，缅甸央行利率提高到 12%，同年贷款利率在上下限 12% 和 17% 的范围内波动；2011 年，与 2006 年相比，银行利率下降了 2%，银行存款利率上下限度同样下降了 2%；在 2015 年的前半年，利率已经翻倍。从 1992 年到 2006 年共四次提高央行利率，分别是 1992 年、1995 年、1996 年和 2006 年，但仍然远远低于通货膨胀率，实际利率为负，显示出明显的金融抑制的政策偏好。

五　外汇管理体制

（一）外汇管理制度框架

目前，缅甸外汇市场汇率与官方汇率并行。市场汇率由市场供求决定，官方设置一个汇率，实施平行汇率制度。从 1977 年起，缅甸央行根据国际货币基金组织公布的特别提款权汇率和新加坡外汇市场汇率计算得出每天的缅币汇率，与缅甸币相对的美元汇率已经完全失去了价值上的联系。也就是说，市场上金融机构的各种对外业务是按照市场汇率来运行的，而非官方汇率。因此，只有在特殊时刻才会采取官方汇率，这是对国营经济的一种保护政策。

（二）经常项目和资本项目外汇管理

1. 经常项目外汇管理政策

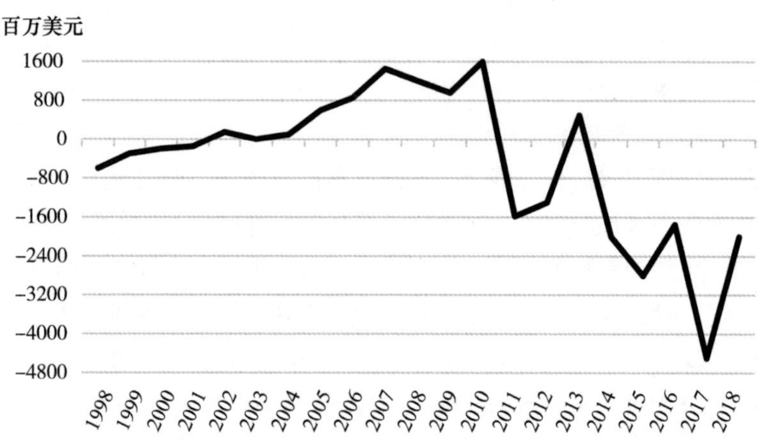

图 14－7　缅甸经常项目差额

资料来源：Wind 数据库。

在货物贸易方面，出口收入须在出口的 6 个月内通过中央银行授权经营外汇业务的银行全部汇回，银行需在 5 个工作日内向缅甸中央银行提交超过 6 个月未汇回出口收入的企业名单。柚木、天然气、珍珠、玉石等珍贵物品和稀缺金属的出口权由政府独家持有，但私营合资企业和获得有关部委许可的合资企业也拥有这些产品的出口权。进口付汇须通过授权经营外汇业务的银行进行，并提供业务证明材料，列入负面清单中的产品须向商务部申请进口许可证。

在服务贸易、收益和经常转移方面，该项所得款项应在交易日 6 个月内汇回国内授权银行。授权银行汇出保险费无须缅甸中央银行的批准，外国航空公司支付的空运费和盈余收入可以自由汇出。净收入、利息等收益和经常性转移对外支付，须经经济发展规划部批准，同时须提交缴税证明。非居民因发生事故（如空难）获得的补偿金或获得的养老金可以自由汇出。经监督委员会批准备案后，可汇出在国外的医疗费用。直接投资项下的外币收益、扣税后的净利润可以汇出。

2. 资本和金融项目外汇管理政策

在直接投资方面，对外直接投资须经缅甸中央银行批准，如居民在境外投资房地产行业。外商直接投资可采用独资、合资、合同约定的形式设立企业，但不能购买境内土地，经缅甸投资委员会批准后，非居民投资者可根据商业、行业和投资额度，获得 50 年土地租赁或使用权。直接投资项下扣税后的清算资金可以汇出。

在资本和货币市场工具方面，居民须在经缅甸中央银行的批准后方可获得用于资本项目交易的外汇。居民境外购买、销售或发行股票以及非居民境内购买、销售或发行股票，须获缅甸中央银行的批准；禁止居民境外购买、销售或发行以及非居民境内购买、销售或发行债券和其他债务证券、货币市场工具、集合投资证券。

在信贷业务方面，居民与非居民之间发生的商业借贷、金融借贷、担保、保证、金融支持等，须获缅甸中央银行审核批准。[①]

（三）金融机构外汇业务管理

《缅甸金融机构法》第二条明确规定，金融机构是指在缅甸国内建立的，其目的是通过从第三方筹集资金，独立地在信贷业务、信用票据、政府债券证券或其他授权的金融活动中进行投资；在货币或资本市场上进行中介活动的机构。

《缅甸金融机构法》按金融机构提供服务的不同，将金融机构分为商业银行、投资或发展银行、金融公司和信贷协会四种。按照投资主体的不同，又可将金融机构分为国营金融机构、私营金融机构及国家和私人合营的金融机构。

《缅甸金融机构法》明确规定，金融机构根据中央银行的许可，可以购买和出售外汇。金融机构不得签订合同、契约或采取措施控制外汇市场；不得为自己和他人获得不公平权益进行不正当活动。

金融机构的外汇头寸不得超过其资本金的 30%。外汇管理部门和金融监管机构根据单一货币敞口头寸和外币敞口总头寸，对净敞口头寸进行监管。金融机构必须每天计算并提交净敞口头寸报告。金融机构借用外债须经缅甸中央银行批准。保险机构开展境内外投资须获财政规划部批准。[②]

① 《“一带一路”国家外汇管理政策概览（2018）》，2019 年 4 月，国家外汇管理局（http：//www. safe. gov. cn/safe/2019/0422/13029. html）。

② 《“一带一路”国家外汇管理政策概览（2018）》，2019 年 4 月，国家外汇管理局（http：//www. safe. gov. cn/safe/2019/0422/13029. html）。

六 金融监管体制

（一）监管主体

缅甸以缅甸中央银行（CBM）为唯一监管机构，对所有金融机构实施全面监管（见图 14－8）。但是缅甸央行的独立性较弱，这是由于缅甸中央银行完全归属于缅甸政府。作为中央银行，缅甸中央银行的主要职能是发行缅元，代表国家发放公债券，代理国库，管理监督各家银行与非银行金融机构，代表国家对外进行金融往来等。同时，缅甸中央银行还办理经营性业务，《缅甸中央银行法》规定的资本金为 5 亿缅元，全由国家财政拨付，同时按规定，中央银行必须将 25% 的利润做储备金，使得储备金与本金相等。截至目前，缅甸的金融业仍不够完善，金融发展水平不高，金融体系架构也相当简单，以提供基本金融服务的机构为主。因而，缅甸中央银行仍能较好地实施有效监管。

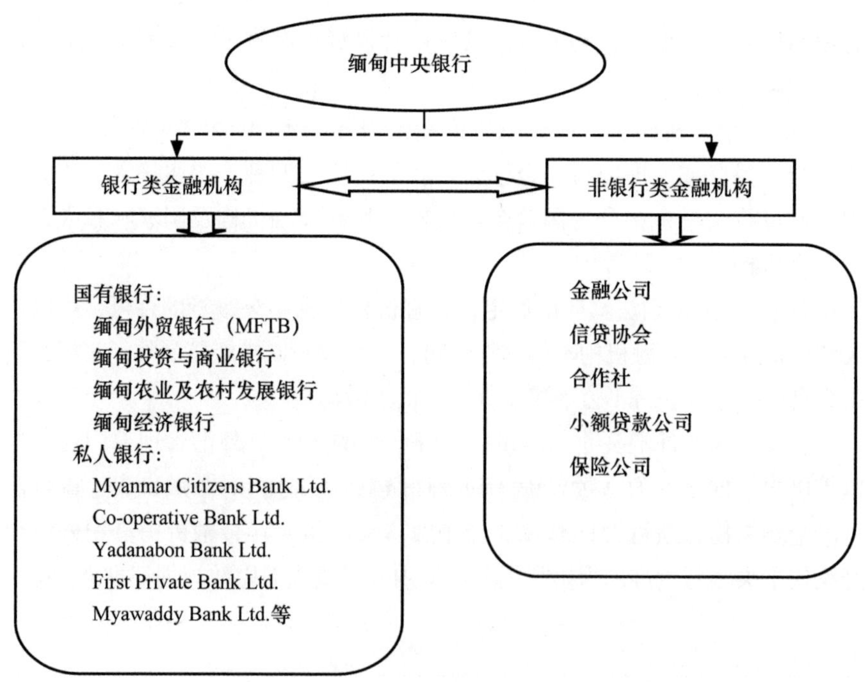

图 14－8 缅甸金融监管框架

（二）监管内容

随着缅甸议会于2013年颁布的《缅甸中央银行法》的实施，缅甸建立了包括财政部、缅甸中央银行以及金融监管部在内的监管体系，主要由缅甸中央银行在财政部的指导下负责缅甸金融业的金融稳定和监管。

目前，缅甸中央银行主要借助公开市场操作、利率政策和准备金制度等货币政策工具来保证缅甸金融秩序的稳定。中央银行还发布了法定准备金要求，资本充足率、流动性的分类指引，以及坏账准备，单笔贷款限额等。金融机构的准备金要求，流动性和资本充足率按照国际清算银行（BIS）的标准规定。

金融监管机构的覆盖范围包括缅甸的国有银行和私人银行。目前采用两种主要方法（现场检查和非现场监督）对金融稳定进行监管。现场检查包括评估银行的财务活动和内部管理，确定需要采取纠正措施的领域，并分析其银行交易和财务状况，确保其符合现行法律法规。非现场监督通常以银行向缅甸中央银行提交的每周、每月、每季度和每年报告为基础。

2001年1月1日，经财政部批准设立银行业监督管理部，负责制定银行监管和监管金融部门的条例法规，指导银行和金融机构。针对银行和金融机构的"反洗钱"和"打击资助恐怖主义"要求颁布审慎规定，并开展特别审计计划；评估有关财务方面的贷款、援助、赠款和债券交换协议；与内部和国际银行与金融机构进行协调与合作。保险监管理事会负责对保险市场的监管，与中国保监会职能相类似，由央行、司法与审计部门、议会代表共同组成，但是缅甸国家保险公司实际负责理事会的监督管理职能。

2014年8月成立的金融监管部逐渐将管理权限拓展到证券业、银行业和保险业上，缅甸金融监管逐渐从分业监管转型为混业监管。监管能力进一步增强。同年9月1日，缅甸小额信贷监管企业改组为金融监管部门，以配合金融监管部门为目标，它主要从事以下工作：国有银行和私营保险公司的监管，小额供资机构的管理和国家彩票企业章程。为了规范国有银行、私营保险公司和国家彩票企业，金融监管部门已经接受了缅甸经济银行、缅甸中央银行、国内税务局、缅甸保险公司以及国际组织提供的工作培训、联合检查培训。目前，缅甸央行基于2016年通过的《缅甸银行和金融机构法》对相关金融机构进行监管。根据《巴塞尔协议III》的有关要求，银行存款准备金率为5%，同时资本金不能低于200亿缅元，同时在审慎监管与反洗钱等方面，新的协议与国际通用标准相吻合。《缅甸银行和金融机构法》的推出，更新了缅甸国家金融监管的法律体系，与最新公司法等相关法律相结合，在商业银行、国有银行、私人银行与外资银行方面分门别类地制定相关规则，增加了对风险的管理能力。

（三）监管目标

目前，缅甸尝试对存款准备金率、资本充足率等按照国际标准予以实施，但在现行条件下，新《巴塞尔协议》仍难以推行。在金融监管合作方面，在东盟合作框架下，强调东盟金融管制的放松和金融部门的合作协商，进而推进金融自由化。

第六节 中缅金融合作进展与推进建议

中国与缅甸金融合作历史悠久，与中缅两国政治、经济、社会、文化交往相互融合，不可分割。[①] 纵观中缅合作历史，斗争与合作互为一体，但仍然以合作为主线，共同促进双方总体社会福利的增加。中国和缅甸两国金融体制、政治格局、经济发展水平相异，这造成了中国和缅甸金融合作的困境，但也成为双方共同克服的目标。目前，中国与缅甸开设大量通关口岸和海关，普洱市有两个口岸，若干通道；临沧市内有三个口岸，17个边贸通道和大量边民互市点；德宏州有七个国家级口岸；保山市内有一个国家一类口岸，17 条政府批准和边民互市便道；怒江州有一个省级口岸和三条通道。伴随着货物商品贸易，自发形成了与人民币交易有关的金融交易机制，为扩大边境合作奠定了基础。

一 中缅金融合作现状

（一）中央银行、商业银行间合作

双方金融合作的重要方式是中国与缅甸中央银行与商业银行之间的合作。目前，互相开放边境地区人民币存款账户和推动边境贸易人民币结算是中缅金融合作的重要任务。1996 年，佤邦银行开始经营人民币业务，

① 早在 9 世纪唐朝时期，南诏兵马灭掉骠国，创立蒲甘王朝；13 世纪元朝时期，元军在苗兵的支持下从云南进军缅甸，占领蒲甘城，蒲甘王朝灭亡；清朝乾隆时期，缅甸“遣使朝贡”，中缅经济、金融合作取得了良好成效。

在边境地区的金融影响力逐年增加。2009 年，缅甸经济银行牵头在边境举行的人民币结算账户签约仪式，开启了中缅两国金融合作的进程。中国和缅甸中央银行和商业银行间合作已经取得重要成效，美元结算账户的开设和使用也足以代表中缅两国金融机构在业务和产品服务上合作模式的成熟。2019 年，人民币和日元成为缅甸官方结算货币，向解决兑换货币汇率瓶颈问题的方向迈出了坚实的一步，商业银行间合作有力地推动了双边贸易的发展。2020 年，中国商业银行还与其他东盟国家银行，如大华银行等，商议开通中缅相关金融业务合作。中国和缅甸银行间合作已经向多层次、高水平的方向发展。

（二）企业项目间投融合作

在中国“一带一路”倡议与“西部陆海新通道”政策的不断推动下，与缅甸相比中国在缅甸基础设施建设等项目上存在资本的比较优势，可以为缅甸企业提供充足的贷款，与缅甸土地、劳动力等生产要素相结合，促进缅甸工业化进程。中国在与缅甸企业进行项目合作时，在投资和贸易方面需要金融业务的支持，中缅双方在企业融资、项目融资等多方面进行合作，解决缅甸企业的实际问题，同时促进了双方互信，实现了民间与企业两方面的多种合作。

（三）优惠贷款、无偿援助

优惠贷款与无偿援助是中国缅甸金融合作的重要补充。由于中国发展较为迅速，直接开展合作会出现劳动力整体水平不足，管理能力弱等问题，不利于相关项目的开展，同时出于人道主义原则，中国向缅甸提供了上亿元人民币的无息贷款。相关企业也同样在缅甸本地加强合作与建设，无偿建设了一批惠民基础设施。

（四）非正规金融合作

非正规金融合作是中国和缅甸金融合作的重要特点，也是和其他东盟国家相区别的重要表现。由于中缅正规金融合作的程度还很低，为了满足边民需求，以地下钱庄为代表的非正规金融合作存在较大的利润空间。在边境地区仍然占有重要地位。同时为推动相关兑换渠道的正规化和减轻企业成本压力，中国政府设立的跨境人民币金融服务中心做出了重要表率。为边民金融服务需求提供了大量帮助。数据显示，2018 年，中国对缅甸出口总值达 62. 24 亿美元，从缅甸进口总值达 55. 6 亿美元。非正规金融合作起到了重要作用。

二 中缅金融合作机制

中缅双方在历史、文化、地缘等方面较为接近，这为深化金融合作奠定了良好的基础。目前，中缅金融合作主要有合作基础深厚、交易机制丰富、资本项目合作密切的特点，在中国与东盟金融合作中表现出一定的特色。中缅金融合作已经初步形成了官方推进，民间和企业自发配合，辅以非正规金融的形式。中国与缅甸金融合作明显表现出“一条主线，两头推进”的特点。中缅金融合作在中国缅甸全面战略合作伙伴关系的指导下，加强双方官员的互相访问频率，促进沟通，自上而下地推动合作的顺利开展。同时非正规金融在边境贸易、人民币结算等方面自发形成配套机制，企业间相互合作也自下而上地迸发出旺盛的需求。因此，上述两种形式构成了一条主线，即继续推动金融合作，形成了两头推进，即自上而下和自下而上的合作格局。接下来，应当继续鼓励跨境人民币业务创新，双边金融机构互设、开设办事处等项目的推进，巩固已经取得的成果。中缅双方金融合作的软硬件已经充分具备。一方面，政治、经济、文化、地域趋同成为合作的软件基础，在此基础上发展形成的边民互市、跨境交易一整套机制为进一步合作提供了软条件，存在相当程度的共识。另一方面，银行、保险类金融机构在外汇、信贷、结算、风险承担、信用保险等方面业务的开展，以及双方公设的金融分支机构与代表处，为进一步合作提供了硬条件，是加大双边金融合作的坚实保障。

三 中缅金融合作困境

中缅双方金融合作基础深厚，云南省和西藏自治区与缅甸接壤，双方边民交往密切，同时有大量华侨华人在经济、文化方面进行密切交流，合作范围广泛，具有深厚的金融合作基础。此外，中缅双方金融交易机制丰富，在边民、边市交流合作方面，已经形成了适合跨境交易的一整套习惯，在货币清算、信贷服务、业务办理与流程等方面形成了种类繁多的交易机制，这也为跨境金融合作奠定了基础。除此之外，中缅双方还存在资本项目合作基础，在直接投资和间接投资、政府援助等方面有过深入合作，双边互信、发展模式共享成为中缅金融合作的基础和特点。中缅金融合作范围不断扩大，已经逐步从银行间业务合作拓展到外汇兑换、双边结算体系等方面，跨境人民币业务模式不断创新，在许多金融发展领域探索出了新的路径选择，但是，这些合作并非一帆风顺，在中缅金融合作中仍然存在许多困难和阻碍。

（一）中缅金融体制差异造成进一步合作的困境

首先，从金融体系运行机制的角度而言，中国金融体系已经初步形成了各项职能完善、多种金融机构协调发展的局面，同时经历多次金融危机后，中国金融体系已经形成完善的市场监督体系、充分的风险防范机制。但是，缅甸金融体系运行情况与中国不同，缅甸金融体系混乱，并没有形成充分适应缅甸现实经济情况的金融结构。其次，从行使金融职能的角度而言，缅甸市场监督与风险管理存在较大缺陷，币值不稳定、外汇管理与国内投资限制强、实际利率高，这些情况表明中国不能按照与其他东盟国家金融合作的方式与缅甸开展金融合作，因为这样可能会使缅甸内部产生对中国的负面舆论与政府的警戒心。因此，这些问题成为影响中国与缅甸进行进一步金融合作的重要因素。

（二）中缅国际政治关系是影响进一步合作的关键因素

多边外交关系以及中国在缅甸影响力弱是影响中缅合作的主要原因。首先，由于缅甸对外开放水平的不断提高，同时对外汇和国内投资管制的放松，再加上与中国、美国、欧洲、日本等国家的联系程度加深，各国在缅甸的影响力提高，资本的逐利性势必影响缅甸在处理多边外交关系上的决策。中国在缅甸的影响力逐渐减弱，中国与其他国家在缅甸市场上的竞争越来越激烈。资本扩张已经不是简单的商业行为，而是各国利益和影响力的博弈。中国对外宣传的缺失也助长了美国、欧洲等国家舆论引导的力量。这些都极大地影响了中国在缅甸开拓市场的努力。其次，在产业链转移与人力资本互换的过程中，中国“一带一路”倡议在缅甸的推动也遭遇了社会各方面的阻力，不少缅甸知识分子认为这是中国在缅甸的资本扩张，同时缅甸复杂的政府关系与不稳定的社会局势同样给中国推动经济发展、带动产业转移造成了麻烦。中国企业对外投资需要时刻考虑项目失败的可能性，在面对竞争愈发激烈的市场，有些企业会离开缅甸去东盟其他条件更好的国家投资。这些“直接”与“间接”两方面的原因，使得中国与缅甸合作困难重重。

但是，在谨慎考虑的基础上会发现中缅合作的机遇与优势。中国与缅甸推行的从政府到企业再到民间的多层次、全方位的金融交流合作体系，从上下两方面形成了合力，刺激合作的进一步开展。随着中国—东盟命运共同体建设的展开，中国在经济发展上的经验和在建设金融体系上的教训会极大地助力缅甸金融业的发展，同时，多种金融工具的创新和使用，也会进一步自发地完善缅甸的金融体系。事实表明，在中国与缅甸共同利益越来越多，政治、经济、文化交往越来越密切的情况下，中国和缅甸双边金融合作困境将得到解决，中缅金融合作也会向高水平、高质量发展。

四 中缅金融合作的突破点

由于缅甸是银行主导型的金融体系，因此中国与缅甸金融主要在银行业框架内进行合作，目前，缅甸对外开放水平不断增强，在民间金融合作、金融安全和监管合作与开发性金融合作方面亟待突破。

在民间金融合作方面，推动政府、企业、民间三方面的金融合作，构建自下而上的金融合作驱动力。目前，中国与缅甸两国基层金融机构与民间组织没有充分的渠道参与到合作交流中，并没有发挥出金融合作的积极效益。发展中国家在经济发展中常会面临中小企业融资难、融资贵的问题，可以通过跨境民间金融合作来满足融资需求。中国与缅甸应当继续深化金融合作，拓展金融合作交流渠道，构建金融合作交流机制，加快双边企业业务交流，共同面对汇率风险，以促进双方金融体系的健康发展。

在金融安全和金融监管合作方面，中国与缅甸应当加强在金融安全与金融监管两方面的合作，建立跨境金融安全合作机制。在打击私人赌场、黑市、贩毒、洗钱等经济违法行为等方面达成共识，严格管控双边资金流动和外汇兑换，以提高边境金融安全，降低对企业可能产生的危害。中国在金融体系建设方面积累了较多经验，从防范风险到制定规则再到事务管理，都可以向缅甸方提供大量案例与数据，有利于共同提高金融体系安全系数，促进双边金融的健康、可持续发展。

在开放性金融合作方面，首先要正视中国与缅甸两国在自然禀赋方面的优势和劣势。缅甸自然资源丰富，年轻劳动力占比较高，可以发展资源密集型与劳动密集型产业，但是部分项目缺少足够资金，人力资本并不丰富。中国是当今世界上最大的商品出口国，拥有最多的外汇储备。中国与缅甸可以各自发挥优势，推动资本与劳动力的结合，投资“一带一路”相关基础设施建设项目，改善缅甸发展中所面临的软硬件问题。同时应当提高当地教育水平，提升劳动力素质，创新合作模式，保障项目的顺利推进。中国与马来西亚共建的中马产业园也为中国与缅甸金融开放性合作提供了思路，通过建设“经济特区”的办法，特设相关法律，提高相应配套设施的服务能力，逐渐由点带面，向更广更深的金融领域发展，最终促进缅甸金融体系的较快发展。

五　对中缅金融合作的未来展望与建议

中国与缅甸合作在政治、经济、文化等多方面已经取得初步成功，在金融领域的合作也逐渐提上日程。中缅金融合作是21世纪两国交往合作的重要组成部分，具有广阔的前景。中缅金融合作在多个层面都是新的尝试，如合作方式、合作内容的拓展与延伸。中缅金融合作是中国与缅甸经济合作的进一步深化，在双边经济合作持续取得发展的前提下，已初步形成合作基础与形态，以经济合作为基础的中缅金融合作基础良好、合作前景广阔、明朗。中国与缅甸金融合作，是建立在政治合作与经济合作基础上的，可以尝试在主体、内容、形式等方面探索出一条新的、有良好基础与合作发展空间的交流路径。

第一，在合作主体方面，应从政府层面不断朝底层辐射，加强金融机构、实体企业乃至民间的金融合作，充分利用自下而上的推动力量。在由政府统揽合作全局、制定合作规划的同时，应充分调查缅甸当地在贸易融资和小微融资方面的有效需求，在缅甸逐渐放宽外资金融机构准入的情况下，通过互设金融分支机构开展投融资活动，为两国金融机构海外发展激发新的利润增长点，寻求两国在金融机构层面的进一步合作。

第二，在合作内容方面，以往两国金融合作主要是为边境贸易提供汇兑和结算业务，合作范围较窄。未来，两国在加强原有合作的基础上，应实现从传统的银行业务逐渐扩展到其他金融领域，包括金融市场、金融制度建设、金融安全合作等。缅甸金融市场建设刚刚起步，市场发展和制度建设迫切需要有关国家提供借鉴经验。中国作为缅甸邻邦，在从计划经济向市场化改革的过程中积累了丰富的经验，金融体系发展历程与缅甸具有一定的相似性，可以在一定程度上为其金融改革和制度建设提供帮助。此外，中缅由于边境线较长，且接壤地区经济发展水平相对滞后，打击跨境经济犯罪，共同组建边境风险防御网，是中缅金融合作的重要内容。

第三，将合作方式扩展到人才培训、技术支持、管理经验上。除政府、机构和制度层面的金融合作外，有效帮助缅甸快速建立与其发展水平相适应的金融体系最为核心的问题是人才交流。在缅甸引进金融机构的同时，为其提供优质人才，通过培训、实习的方式加强中缅两国人员交流，以帮助缅甸培育优秀金融人才，快速学习先进技术，建立现代管理体系，促进两国不断拓宽金融合作深度、广度和可持续性，夯实金融合作基础，取得突破。

中国与缅甸金融合作应当继续巩固现有成果，并尝试进行多层次、全方位的金融合作，在资本市场、金融安全、金融信息、风险管理等诸多重要领域展开更紧密的协商对话。当前，中国与缅甸金融合作，多集中于银行类金融机构以及跨境金融这两方面。在新冠肺炎疫情冲击等多种不确定因素的影响下，中国与缅甸金融合作路径正向全方位、多方面拓展。需要政府、企业、民间三方共同发力，推动风险管理、跨境人民币合作、跨境金融服务等向更高层次发展。中国与缅甸经济联系紧密，在构建中国—东盟命运共同体的大趋势下，中国与东盟金融合作势必会向更具可行性的方向发展。

第十五章

中国—印尼金融合作

印度尼西亚共和国位于亚洲东南部太平洋和印度洋之间，纵跨赤道。印尼是个岛国，总面积约 580 万平方千米，其中陆地面积约 190.4 万平方千米，由 17508 个岛屿组成。作为世界上第四人口大国，其人口数量约 2.71 亿人（2020 年），其中爪哇族人口占比最高，约占 45%。印尼是世界上穆斯林人口最多的国家，约 87% 的人口信奉伊斯兰教。在自然资源方面，印尼拥有大量的石油、天然气以及煤、锡、铝矾土、镍、铜、金、银等矿产资源。在农业和工业方面，印尼主要盛产棕榈油、橡胶、咖啡、可可等经济作物，全国的耕地面积约为 8000 万公顷。同时，工业以外向型制造业为主，主要部门有采矿业、纺织业、轻工业等。作为矿产资源丰富的国家，印尼锡、煤、镍、金、银等矿产资源的年产量居世界前列。

第一节　印尼经济发展历程

印尼是东盟最大的经济体，自 1998 年亚洲金融危机后，其 GDP 一直保持着稳定增长，到 2019 年，其 GDP 规模将近 1.12 万亿美元，GDP 增速为 5.02%（见图 15－1）。印尼人均 GDP 在经过亚洲金融危机的短暂下滑后，一直保持着整体增长态势，到 2019 年人均 GDP 约为 4135.57 美元。印尼经济在经历建国初期和亚洲金融危机时期的恶性通货膨胀后，其 CPI 基本在 3%—4% 浮动（见图 15－2）。

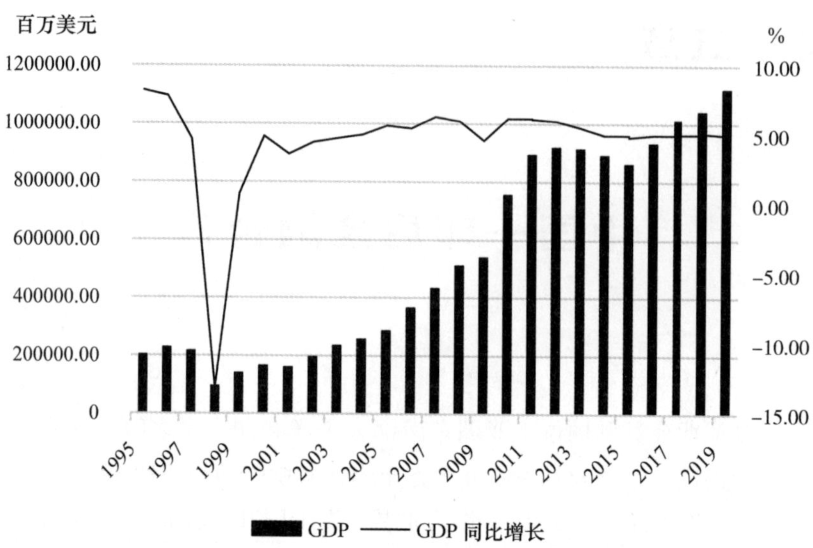

图 15 – 1 1995—2019 年印度尼西亚 GDP 及同比增长

资料来源：世界银行网站。

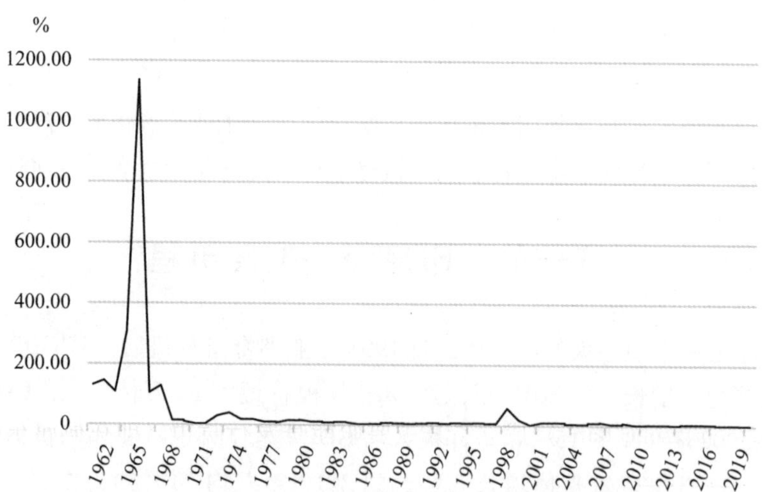

图 15 – 2 1962—2019 年印度尼西亚 CPI 同比增长

资料来源：世界银行网站。

一　印尼独立之前的经济发展历程

在印尼独立之前的荷兰占领时期，以获取自身最大利益为政治目的的荷属东印度公司[①]，利用外交、军事等手段，通过垄断、税收、各种赋税方式，采用原始压榨的经济制度获取利益。但在发展过程中，由于管理方面的问题导致荷属东印度公司破产，公司被荷兰政府接管。荷兰殖民政府政治野心增强，意图将荷属东印度变成荷兰王国不可分割的一部分，以使东印度能够最大限度地为其服务。为此，荷兰殖民者建立了完善的殖民政府制度，包括管理机构、法律、金融、现代基础设施网络，实施更有效的现代榨取制管理。当时，印尼地区有两大贸易中心：马六甲海峡沿岸和环爪哇海地区。二者都与亚欧贸易大通道紧密相连。在荷属东印度公司控制时期，当地各种主要产品的产量提高了，但绝大部分收益被荷属东印度公司、当地统治集团所占有。在这种纯粹榨取制中，已建立或新建立的机构只服务于一个目标，即最大限度地从当地经济中榨取“超额”价值并汇聚到荷属东印度公司，并不能实现经济的长期增长。这使得 18 世纪末印尼群岛居民的生活水平和经济发展程度，与两个世纪前相比几乎没有任何改进。

19 世纪初，荷属东印度公司因管理不善而破产，所有资产都被荷兰政府接管并从事经营。这揭开了印度尼西亚正式成为荷兰殖民地的一页。随后，荷兰逐渐建立了殖民地“国家”政府架构，打造了现代官僚体系、法律体系、金融体系和现代基础设施网络。随后，现代政府官僚体制逐渐开始搭建，中间也短暂地将印尼割让给英国，但最终在发展过程中，因荷兰王国急需从殖民地获得资金，官僚体制改革开始退居其次，从而导致体制建设半途而废。在此期间，金融方面有了重要进展。1826 年，爪哇银行（De Javasche Bank）成立，其主要职能是发行货币，即在荷属东印度

---

① 荷属东印度公司的海船于 1596 年首次停靠万丹，购买香料等商品，运往欧洲贩卖。此后直到 18 世纪末，荷属东印度公司为了攫取更多的利润，决定实施一些政治措施，通过外交和军事手段控制了爪哇岛大部分、马鲁古群岛以及苏门答腊、加里曼丹、苏拉威西等几个贸易集散地。由于荷属东印度公司不断开疆拓土，因此该公司不再是一个平常的贸易公司，而是发展演变成一个发号施令的准政府。通过控制日以广大的领地及民众，荷属东印度公司除了以贸易获利外，还获得新的收入来源，即对领地居民收取税赋。由于它作为贸易公司赚取钱财的目的没有改变，其目标仍是为公司股东获取最大利润，通过征收各种税赋，该公司已经从单纯的贸易公司转型为国家的“摄政政权”。

发行荷兰盾作为主要交易工具。随着荷属东印度经济货币化程度不断提升，爪哇银行发行的货币最终将各种流通货币挤出市场，荷属东印度形成了统一的标准货币，现代金融制度得以确立。

19世纪末，殖民政府完成行政建制，基础设施网络开始兴建，这为大规模投资提供了支撑。随着自由经济全面推行，殖民政府行政体制日益完善。自由经济政策在带来经济高速增长的同时也给荷属东印度大多数居民带来一定的好处。但社会分配出现严重不均。所有社会群体的收入都提高了，贫富失衡现象也同时加重了。从20世纪初到1930年世界大萧条前，在大宗出口商品价格高涨的支撑下，荷属东印度经济增长迅速，殖民经济体制进入黄金时代。这种繁荣甚至也惠及荷属东印度的大多数居民。在经济生活改善的背后，社会开始出现躁动。知识分子的民族意识日益觉醒。社会大众开始清醒地意识到殖民地和宗主国之间、国内社会各民族群体之间存在利益分配不均问题。民族觉醒催生了要求独立的政治运动，民族情绪日益高涨。

1929年10月，美国爆发金融危机，进而演变成全球经济衰退，荷属东印度也陷入困境，印尼的出口商品价格暴跌。因经济过度依赖出口而导致其损失惨重。荷属东印度生产总值持续萎缩，世界大萧条使得荷属东印度殖民政府开始转变思维。1942年，荷属东印度落入日本手中，荷兰殖民时代终结，从19世纪40年代开始，这个国家进入充满动荡的时期，经济形势完全失常。

1942年3月，荷兰投降，结束了在印尼漫长的殖民统治，取而代之的是日本更加残酷和掠夺性的统治。40年代的印尼经济进入“战时经济”。在被日本占领的三年半时间里，印尼的经济运行始终处于战时紧急状态。这种经济体制的一个主要特征是，所有生活由战争当局规定和管理，其压倒一切的目标是赢得战争，个人行动空间大大受限，经济运行完全服从“命令”，市场机制的资源交易只是在殖民当局恰好不管的狭窄缝隙中进行。殖民当局的主要经济利益是把印尼变成支持日本战争的支柱。战争经济体制的另外一个主要特征是与外界完全隔绝。战争切断了该地区与其他国家的正常关系，印尼由之前与外部世界融为一体的开放型经济体突然变成封闭型的经济体。海上运输工具全部被征调为战争服务。日占时期，印尼民众的生活水平严重下降，堪比大萧条高峰时期的恶劣生活。日用必需品极度缺乏，忍饥挨饿成为常态，生产工具和生产设施也遭到严重破坏。一方面是因为荷兰在印尼将被日本占领前实行了焦土政策，另一方面是因为这些设施没有得到足够的维护。其后果是许多领域的生产力急剧下降，经济出现倒退。

二 印尼独立之后的经济发展历程

1945 年 8 月，日本向盟军投降。印尼民族领袖在策略上巧妙利用权力真空期，机智地抓住黄金时机，在 1945 年 8 月 17 日宣布独立。在接下来的四年里，新生的印度尼西亚共和国顽强地抵抗企图重新控制印尼的荷兰，双方进入持续冲突的时期。由于武装冲突的持续紧张而使得印尼生产、贸易和经济活动受到严重干扰。荷兰大力施压，对印尼共和国实行海上封锁，使经济形势更加严峻。这一时期，生产资料遭到异常严重的破坏，在某种程度上，甚至超过日占时期。荷兰重返印尼的战略目标是企图完好无损地重新控制印尼的各种生产资料和丰富的资源。而印尼共和国采取的游击战术是在荷兰人控制之前实行焦土政策。这一切都对当时和往后的经济造成了严重的破坏。革命时期，出现了为弥补预算赤字而大量发行货币所导致的通货膨胀居高不下局面，还发生了地区之间大规模的人口迁移，对社会经济生活造成了消极影响。

1949 年底，印尼与荷兰在圆桌会议上达成协议，结束冲突。这次外交活动不仅平息了战火，而且在 1950 年促使国际社会认可印尼是独立主权国家。进入 20 世纪 50 年代，年轻的印尼共和国面临着一系列政治和经济难题。与其他新独立的国家一样，印尼面临的问题是政治体制尚未得到良好运行，民族团结远未牢固。此时的议会民主制并没有带来稳定的政府。内阁更迭过于频繁，使得经济政策无法保持连贯性、持续性和长远规划性。

表 15－1 印尼议会民主时期的内阁

总理	就职	任期
哈达	1949. 12. 19	5 个月零 18 天
纳席尔	1950. 9. 6	6 个月零 15 天
苏吉曼	1951. 4. 18	10 个月零 5 天
维洛波	1952. 3. 30	14 个月零 2 天

续表

总理	就职	任期
阿里·萨斯特罗阿米佐约	1953.7.13	23个月零24天
布尔哈努丁·哈拉哈普	1955.8	6个月
阿里·萨斯特罗阿米佐约	1956.3	12个月
平均		10个月零10天

在这段时期，印尼也面临着严峻的经济挑战。在经济领域，印尼不得不面对如下现实，生产资料遭受严重破坏；政府官僚机构尚未成形和得到良好运行；圆桌会议协议使印尼背上沉重的债务负担；社会群体经济能力并没有得到提升，印尼为达到结束冲突、获得国际承认的政治目的付出了沉重的经济代价。[①] 由于印尼与荷兰关系逐年恶化，1956年2月布尔哈努丁·哈拉哈普内阁正式宣布废除该协议。此后，印尼实施了堡垒计划，希望让印度尼西亚人管理自己的政治经济活动，即以外汇拨付和银行贷款等工具来提高原住民进口商的地位，使其能以优惠的汇率获得外汇配额。印尼在将本土荷兰企业国有化的基础上，成立了印尼中央贸易公司、印尼实业有限公司、印尼国家银行、国家工业银行、印尼国家船务公司等国有企业。第一波国有化措施，使得印尼共和国政府接管了爪哇银行（DJB，印尼央行的前身）、火车、燃气电力等一批公用领域的企业。随后，因与荷兰在西伊里安问题上的矛盾，双方关系紧张到极点，导致印尼共和国政府启动第二波国有化浪潮，接管了荷兰著名的“五大龙头”，即航空、船运、种植园、工业、贸易企业以及银行等公司。在这轮措施过后，荷兰企业在印尼经济中的主导作用被印尼国家机器所取代。但印尼也在其后的较长时期里背上了沉重的包袱。主要表现在前荷兰企业的生产力和利润严重下滑，而那些新国企由于绩效低下，不得不靠国家预算提供补贴。由于国家预算对国企的补贴，印尼中央银行提供的低息贷款不断增长，成为20世纪50年代印尼货币发行猛增，通货

① 圆桌会议对印尼造成一定的经济负担，在经济方面其主要达成的协议有：允许荷兰企业像战前一样经营，同时享有转移利润的自由；印尼需承担偿还荷属东印度政府11.3亿美元的内外债，并且在国有化等政策上，印尼需与荷兰政府协商甚至征得后者的同意；印尼需承担在本地1.7万名前荷兰职员的费用并接纳2.6万名前荷属东印度殖民军官兵等系列条款。

膨胀上升，并导致恶性通货膨胀。1966 年 10 月，在国际货币基金组织（IMF）的技术协助下，双方经过一段时间的磋商磨合，出台了一个经济稳定计划。其中，明确指出政策的基本目标是抑制仍在飞速上涨的通胀，重振经济。为摆脱制约经济活动的各种限制规定、官僚程序的桎梏，强调更多地依靠市场机制，减少国家在经济生活中的直接作用，对私企参与经济活动开放更多的机会。从抑制通胀这一主要目标角度看，政策主要指向供给侧，通过更顺畅的商品流通来解决问题。这一政策方向为印尼经济开辟了新路。从 1968 年起，经济持续数年大幅增长。稳定复苏计划实现了主要目标：抑制通胀、重新转动经济车轮。1966—1968 年的印尼成为经济稳定政策成功的典范。

三 五年计划实施

1969 年，印尼通胀全面被控制，经济开始复苏。政府适时做出决策，巩固已经取得的成果，实施中期规划，加强经济建设。自此，印尼跨入前所未有的新时期，在长达 30 年里，按部就班、持续连贯地实施中长期建设规划，其具体实施措施是五年建设计划制度。第一个五年计划（1969—1974）延续了稳定恢复政策，重心是提高粮食生产和恢复市场稳定、建设基础设施、清理妨碍经济发展的规章制度等。第二个五年计划不局限于既有的稳定恢复措施，而是以建设为主，重心在能力建设、创新建设上。目标更加广泛和长远，涵盖了扩大基础设施网络、工业建设、人文建设、提高人民福祉等方方面面。这是印尼自独立以来首次拥有规划实施长期发展进步的目标。

开始新的建设意味着开展新投资。《外资法》（1967）和《内资法》（1968）的颁布奠定了鼓励私企投资的基础。在政府投资方面，多国政府援助印尼集团作为常设论坛机制提供了软贷款。进入 20 世纪 70 年代，石油作为印尼主要出口商品的价格翻了 4 倍。1979 年到 1980 年又翻了 2 倍（见图 15 -3）。石油的巨大收入使得印尼政府可以扩大各领域的投资，缓解了印尼长期的“双重赤字”问题，印尼的经济随后进入快速发展阶段。

在经济增长方面，1968 年到 1972 年，印尼经济开始出现快速增长，其国内生产总值年均增长约 7.8%。随着新投资建设，印尼经济在 70 年代进入长期持续的增长轨道。1973—1980 年，印尼国内生产总值年均增长约 7.5%。

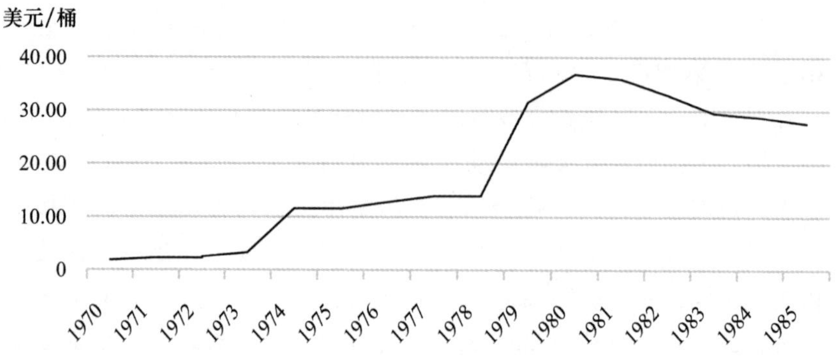

图 15－3 1970—1985 年国际原油名义价格

资料来源：Wind 数据库。

在工业建设方面，在这一时期，工业是国家经济增长的主要发动机。其主要得力于政府、国企和国内外私企大规模投资的支持。政府利用石油红利并通过已有和新组建的国企，建设各种基础设施和新工业，尤其是基础工业。同时，通过实行保护国内市场政策，鼓励私企进入进口替代工业领域。另外，生产资料建设也推动了经济增长。这一时期，基础设施能力如公路、电信、水利、电力等快速提升。基础设施的改善降低了生产成本、物流成本和所有相关领域的交易成本。同时，国有企业是政府工业政策的执行者，通过国家收支预算的直接支持和政府银行贷款进行大规模投资。一方面，强化国内产业结构的基础工业，包括钢铁、水泥、化肥、造纸、冶炼、基础化学等；另一方面，发展高技术的“战略”工业，期望打造印尼未来竞争力的支撑点，包括飞机制造、造船、国防工业、电信等。这两种工业成为 20 世纪 70 年代印尼工业战略的支柱。

在对外贸易方面，实施“进口替代政策”，即支持建设占国内市场份额大的产业。私人企业也开始纷纷进入纺织业、电器业、汽车业等行业。政府对这些行业的支持措施主要是通过征收进口税、限制进口额、制定本地零部件含量规定等，以及发放各种许可证以保护国内市场。这类措施使得印尼国内投资产生巨大的吸引力，加上各种投资便利化，使得一些满足国内需求的新工厂迅速建立起来。新投资不仅带来大量资金，而且带来新技术，与政府的基础设施建设同步而行，使经济生产力大幅提高。

然而，随着石油繁荣在 80 年代初戛然而止，印尼的工业化战略面临转型。其新战略的重点是发展面向国际市场竞争的劳动密集型产业。

在转型的过程中，首先面临的是产业转型和生产力转移。当时经济快速增长伴随着印尼经济结构的重要转变。除了大米因生产投入而取得了巨大收益外，印尼于1985年实现大米自给，第一产业其他相关行业在国内生产总值中的整体份额则下降了。同时，油气矿产因1980年前的石油繁荣而为GDP增长做出巨大贡献，但随着繁荣时期的结束，其占GDP的份额也随之下降。产业转型十分重要，因为各产业生产力不同，带动了产业间生产要素转移，对国民经济增长产生影响。生产要素往往从生产效益低的部门转向生产效益高的部门，在微观和宏观层面产生影响。从微观层面看，这一过程将使生产者收入提高；从宏观层面看，将有效促进国民经济的增长。在20世纪70年代石油还处于繁荣期时，印尼便利用石油资金建设农业，特别是用于实现大米自给和改善基础设施，同时大规模地开展教育、卫生、计划生育、减贫等社会福利计划，成功避免了“荷兰病”的极端影响。但大量的油气收入使印尼忽视了能带来税收的非油气产业，忽视了非油气产品的出口等一系列问题。但从整体上而言，这一时期城市居民消费稳步增长，贫困人口显著下降，经济发展取得了较为显著的成果。

四　经济转型时期

1982年，石油辉煌年代终结。随之而来的是，油价步入连续十年下跌期。印尼面对的经济环境与前十年截然不同，双重赤字问题又开始凸显出来。

此时，印尼政府便将重点放在经常项目和国家预算上，强调宏观经济安全。为了应对1986年油价跳水至低点，政府开始全力刺激非油气产品出口，促进非油气领域的经济活动。印尼努力实现转型，从油气驱动的建设转为以非油气行业支撑的建设，从进口替代战略转型为出口激励战略。这段时期，印尼经济继续快速增长，成为“亚洲虎”之一，直到1997年亚洲金融危机爆发，才出现严重的经济破坏和倒退。

1983年至1985年，在工业国经济疲软和世界石油供给过剩的刺激下，不仅国际油价下跌，印尼石油产量在1977年达到峰值后也开始下降，国内消费则持续上升，使得出口的石油数量萎缩。油价下跌对印尼经常项目和国家预算造成巨大压力。印尼政府再次面临经常项目和国家收支预算“双重赤字”的压力。面对这种形势，政府为了避免经常项目和收支预算的进一步恶化，采取了一系列措施：首先是使货币贬值。面对经常项目赤字，通常采取的措施是使货币贬值。1983 年 3 月，印尼卢比贬值 28%。采取这一措施的目的是刺激非油气产品的出口、抑制进口，减轻经常项目的赤字压力。随后是一系列财政紧缩政策。1983 年 3 月，印尼政府宣布取消一批政府大项目，特别是占用外汇的项目；并采取多项措施节约预算，压缩国家收支预算支出、减轻对进口的压力。但这些措施未能阻止政府国内收入下降，政府收支预算仍有较大缺口。从宏观控制角度来看，最安全的资金来源是通过国际社会寻求低利率贷款。为此，印尼政府加大了外交努力，争取从"多国政府援助印尼集团"中获得追加低息贷款。这一以外汇储备形式提供的贷款可用来填补国家收支预算的开支缺口、节省进口外汇储备。在此期间，银行业也开始初步取消管制。1983 年 6 月，印尼政府公布一揽子政策，取消由印尼央行确定存款利率标准，允许国有银行自由决定存款利率；取消包括私人银行在内的所有银行的贷款上限。这一揽子政策揭开了印尼银行业一系列取消管制措施的序幕。

印尼银行业随后对这一揽子政策迅速作出反应。银行业资产开始成倍增长，从 1982 年的 10.9 万亿印尼卢比变成 21.2 万亿印尼卢比。在接下来的几年里，银行资产继续增长，而且增幅更大。但这也为之后的亚洲金融危机对国内造成冲击埋下了隐患。

印尼的税务改革也同样发挥着作用。1983 年 9 月，印尼政府自独立以来首次公布税务大范围改革计划。主要目标是增加国家非油气收入、减少国家收支预算对越发难以确定的油气收入的依赖。对关税也同样进行了改革。1985 年 4 月，为了提高实业经营者在进出口活动中的效率，政府在关税方面采取了一项大胆举措，冻结海关（特别是在进口方面）的检测认定等通关事务功能，转包给国际著名企业通用验证公司（SGS）处理。该政策日后成为支持出口的其他一揽子政策的一个重要支柱。

总体来看，经过实施一系列改革措施，印尼宏观经济实现相对稳定。经常项目赤字在 1981—1982 财年为 28 亿美元，1982—1983 财年飙升到 70 亿美元，后逐步降低，1985—1986 财年降到 18 亿美元。严格执行"平衡收支预算"原则为经济发展提供了稳定的基石。1983 年，非油气产品税收占国内生产总值的比重为 5.7%，1985 年上升至 6.8%。在其后几年里，在税务改革全面推行后出现了更加显著的增长，非油气产品出口也开始得到增长。同时，由于厄尔尼诺现象不期而至，造成米价上涨，1982—1983 年的通胀依然高企不下，但随后在 1984—1985 年降到 7.5%。

1986年，全球经济形势出现重大变化，国际油价跳水至低点的巨大波动对正处在恢复期的印尼宏观经济平衡造成压力。为此印尼政府再次采取措施，1986年9月，为了抑制经常项目赤字的扩大，印尼政府将卢比再次贬值31%。同时出台的措施还包括汇率制度的改革，从最初的固定汇率制转变为有管理的浮动汇率制。在实际运用中，为了解决印尼与其他竞争对象国的通胀率差、确保印尼出口竞争力，新汇率制度允许卢比每年贬值2%到4%。

然而，新汇率制在落实中并未被市场行为主体全面理解和接受。它刺激了资本外逃。直到1987年6月，新政策出台，命令将所有国企在银行的固定存款转为政府债券（SBI），资本外流势头才得到遏制。但由于流动性突然收紧，银行利率骤然攀升40%，给银行业和实体经济造成困难。几个月后，流动性才回归正常。

当时，由于《广场协定》的签订，日元对其他主要货币升值，而印尼40%的债务是日元，国家外汇收入的绝大部分又是以美元计算，因此，日元升值大大加重了国家收支预算的偿债负担，加重了印尼经济管理者面临的问题。

如之前一样，货币贬值无法解决双重赤字问题。印尼政府开始再次实施财政紧缩，国家收支预算也要做出相应调整，而且此次规模更大。1986—1987财年和1988—1989财年的国家收支预算更加紧缩。税务改革开始奏效，提高了油气外领域的税收，实际上也要求节省各项支出。根据“平衡收支预算”原则估算，还有需要弥补的缺口，唯一途径是继续要求国际社会增加软贷款。随后，印尼加大了对多国政府援助印尼集团的外交公关，其后果是国家收支预算更加依赖外援。

1988年，印尼开始了金融领域的改革。1988年10月，政府制定了一系列政策，印尼银行业和资本市场采取了更大范围的取消管制措施，制约银行业竞争的陈规开始被取消。开办银行的限制条件被放开，国有银行的运作空间扩大了，可以自由竞争招揽新客户、兜售新产品、开设分行、与其他金融机构合作。在印尼开业的外国银行被允许在一些省会城市开设分行，也可与本土银行合作开设合资银行。同时，印尼央行加强了监管制度，包括对银行资本充足率、外汇占比、放贷的法律界限等的监管。印尼银行业和监管制度开始逐步与国际接轨。

与银行业改革同步进行的是，资本市场也出现了大改革，资本市场开放度进一步扩大。放宽了国内企业发行股票的条件，降低了设立证券公司，包括与外资合资开办的门槛，外资进入股市更加便利。

另外，印尼还实施贸易投资去监管化。其重要目标是提高印尼非油气产品在国际市场上的竞争力，使印尼成为对国际投资具有吸引力的国家。在去监管政策方面，1986 年 5 月，政府实行返税制度，对产品出口不低于 85% 的企业进口生产资料免进口税，且享受豁免其他进口限制的优惠。实施该措施后，出口商的生产成本和其他费用得以控制。这项制度一直贯彻到 90 年代。同时消除阻碍出口的行政壁垒。政府针对出口章程和许可出台了一系列便利化和去官僚化政策，包括降低进口关税、减少进口非关税壁垒，使得关税制度更为透明。这两项措施的主要目的是增强印尼出口产品在国际市场上的竞争力。在投资领域，印尼政府简化各种审批程序，放宽最低投资和撤资条件，与一些国家签署投资促进协议，这些措施提高了印尼在吸引国际投资方面的竞争力。

这一系列措施使得印尼恢复宏观均衡，经济得到增长，短期经济稳定局面得以持续。其中一个支撑因素是非油气产品出口全方位增加。另外，金融领域去监管化也使得金融业快速发展，由于 1988 年银行领域去监管化政策大规模实施，银行贷款增速过快，以致引起对贷款质量的担心，促使央行于 1991 年对银行收紧信用限制标准。贷款增长出现下降，但只是暂时的，很快又以每年 25% 的速度增长。随着非油气产品出口和投资的增长，印尼经济发展逐渐提速。

在新秩序时期，印尼政府坚持实行“平衡开支预算”原则，收到了期盼已久的成效。双重赤字被控制在安全范围内，宏观稳定局面得到保持。其经济结构的调整，使得国家收支预算和经常项目对石油的依赖显著下降，经济增长源转向非油气产品出口，投资资金源转为政府预算外的来源，如银行、资本市场、外资和内资。另外，受益于税务改革，非油气产品税收取得令人瞩目的增长。非油气产品税收对整个税收的贡献率也得到了显著提升。经常项目和国家收支预算都处于良好状态。

五 亚洲金融危机时期

20 世纪 90 年代初，印尼经济继续保持快速增长。在通胀方面，90 年代初期，通胀率整体上呈现出下降趋势，由 1991 年的 9. 42% 下降为 1997 年的 6. 23% 。

在经常项目方面，1990 年到 1996 年，出口值年均增长 14%，但在 1997 年下降为 3%。同期，进口增长率从 15% 减少为 10%，以致经常项目赤字从之前占国内生产总值的 2%—3% 扩大为危机前夕的 4%。但这一缺口被短期投资、股票、直接投资等更大的资本流入填平了，外汇储备快速增加。在资产价格方面，资本市场继续高涨。雅加达综合股指虽有波动，但总体上呈现出上涨趋势。1995 年底为 514 点，1996 年为 637 点，1997 年 7 月达到 720 点。在危机前几年，房地产市场价格也持续攀升。

在汇率、银行存贷款利率方面，由于入境的资本流庞大，卢比汇率贴近央行干预底线，央行持续买进汇入的美元。国内利率平稳，而银行定活期存款和贷款利率快速上升。

从 1997 年开始，泰国已经开始出现金融风暴的前兆，但直到 1997 年 7 月初，泰国开始让泰铢采用浮动汇率，问题才开始凸显。此后，资本开始迅速地逃离亚洲，引起包括印尼卢比在内的地区货币出现震荡。印尼央行开始出售外汇储备来维护汇率，不致其逾越干预汇率区间。央行的外汇储备开始持续减少。

印尼最初的对策是将央行干预面从 8% 汇率浮动空间扩大到 12%。增加汇率浮动空间，意在使卢比立即找到新的平衡点，同时减轻外汇储备的压力。然而，汇率依然震荡并持续使干预汇率上限承压，央行不得不继续卖外汇。为了减少对外汇的需求，印尼央行开始进一步紧缩金融政策，逐步减少基础货币供给，同时利率开始上升。然而，这些措施并没有在外汇市场上取得应有的作用，汇率波动进一步使干预上限承压，外汇储备不断减少。1997 年 8 月 14 日，政府决定完全放开央行干预界限，印尼终于放弃“有管理的浮动汇率制”，实行“完全浮动汇率制”。

这一举措的目的是确保所剩外汇储备的安全，同时促使卢比迅速找到新的平衡点，希望在此平衡点上恢复稳定。实际上，汇率并没有达到新的平衡的趋势，由于市场上存在严重的恐慌情绪，国外进入东南亚地区的资金流戛然而止，甚至逆向流出，使得外汇供需严重失衡，汇率急剧动荡，印尼卢比持续走弱。并且多年来对外汇充盈习以为常的各国实业界突然感到难觅美元来满足日常需求，如进口生产资料、分期偿还外债等。美元严重匮乏，本币持续贬值，这又进一步刺激了实业界对外汇的需求。

在印尼，还有一个因素强化了购买美元的需求。一直以来，政府实行有管理的浮动汇率制，即卢比汇率只会在一定的振幅内上下波动，每年涨跌可以预期，以及当汇率触及干预上限时，央行会自动干预，确保外汇供应充足。在1997年8月中旬实行完全浮动汇率制后，实业界对美元的需求迅速攀升，逢美元必买。随着时间的推移，这种心理开始扩大，从那些在经营中确实需要美元，从需要偿还美元债务的大企业开始，传导至那些实际经营活动基本不靠美元的中小企业，再蔓延到社会大众，因为后者担心持有的印尼卢比会越来越贬值。

面对1997年的汇市震荡，印尼政府和央行进一步收紧银根和财政。在金融领域，央行债券利率从11.627%提高到30%，同时要求一些大型国企以“多余”流动资金购买央行债券，这意味着央行从流通中回收货币。在财政领域，需要大量外汇和政府资金的一些大项目被推迟。但这些措施并没有缓解汇率的大幅波动，在实行浮动汇率后的一个月里，印尼卢比兑美元的汇率从2400印尼卢比兑一美元变成3000印尼卢比兑一美元，贬值25%，并且一直持续下跌。

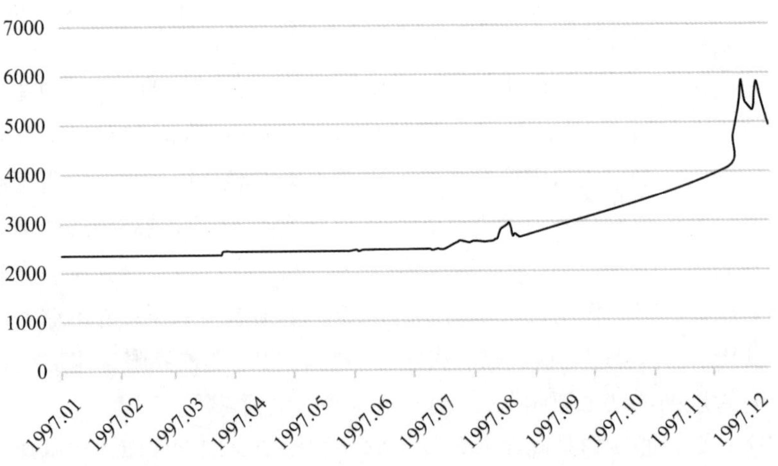

图15－4 1997年1—12月美元兑印尼卢比（中间价）

资料来源：Wind数据库。

印尼官方为应对汇市动荡而收紧银根，对银行业也产生了严重的副作用，造成了流动性短缺。民众开始对美元趋之若鹜，导致客户从银行大规模提取印尼卢比以抢购美元。这种从卢比转换成美元的行为扰乱了银行流动性管理，特别是当美元从这家银行提取转存到另一家银行，或流出国外或持有现金，并且印尼央行采取的收紧银根政策增加了银行管理流动性的难度，不仅美元缺乏，连印尼卢比也出现短缺。这些情况诱发了8月中旬一些银行出现挤提或排长队取款的现象。面对客户的挤提行为，银行流动性更加困难，被迫求助央行才能保证正常营业。

为防止银行间债务出现违约而导致的“多米诺骨牌”效应，央行开始发挥最后贷款人作用。一旦流动性出现枯竭，只有央行能为经济创造流动性。这时候，印尼央行出台流动性援助政策，为银行提供流动性支持。但由于银行监管制度薄弱，印尼央行流动性援助进行得并不顺畅。此外，同样重要的一点是，不少银行由于管理混乱，腐败现象也层出不穷。

随着情况的继续恶化，1997年10月初，政府决定邀请国际货币基金组织（IMF）帮助解决危机。针对当前形势，印尼与IMF达成的一致结论是，受泰国金融危机的诱发，市场对印尼经济的信心产生动摇，导致印尼出现中等程度的金融动荡。

为恢复市场平静，印尼计划采取如下措施，在之前措施的基础上，进一步收紧财政金融政策，以实现国家收支预算盈余的目标，同时制定基础货币增长上限；整顿银行业，关闭16家“问题”银行；在实体经济领域实施一系列结构性改革调整措施。其中，第一项措施主要是调控社会上的流动性，抑制对外汇的需求。第二项措施是对一批银行采取整改，意在恢复市场和公众对银行业的信心；第三项措施是提振印尼市场信心，印尼政府将会认真妥善地消除实业界和其他市场行为主体所面对的各种障碍。1997年11月1日，印尼开始实施解决危机计划，国际货币基金组织提供100亿美元贷款，用以支持印尼的外汇储备，世界银行和亚洲发展银行提供80亿美元贷款，用以支持国家收支预算。这些贷款在3年内分期发放。

印尼政府希望通过采取以上三项措施，使卢比币值在新的汇率上保持稳定，使经济恢复常态。但接下来的发展显然事与愿违。其主要原因在于，政府对银行业状况的信息了解不全或不准，缺乏关于私企外债的信息，以及没有为倒闭银行的储蓄提供全面担保，同时政策落实没有连续性以致降低了计划的可信度。

在对银行状况的了解方面。印尼官方当时对银行业的信息掌握得显然不准确，以致得出的结论和计划依据失准，落后于现实状况。所得到的信息是，只有一些小规模银行经营状况堪忧，其他都处于正常经营状态或问题不大。所以，一开始印尼政府没有关于银行重组的计划。

在对私企外债信息的了解方面。在危机爆发时，关于私企外债的信息实际上是缺失的，以致政府很难果断地拿出明确的态度处理汇市动荡问题。早期，政府对私企外债的判断是，这类外债应由私企自行解决，导致私企外债问题没有被纳入 1997 年 11 月与国际货币基金组织的合作计划中，这也造成了持续恐慌，当时私企需要大量外汇来偿还外债，这在一定程度上影响了政府在外汇供需平衡方面政策的有效性。由于缺乏有效的政策措施，在一定程度上加大了市场对外汇的需求。到 1998 年 1 月，政府才意识到这一问题，在私企债务问题上，政府开始逐步介入，支持成立债务人和债权人论坛，协商解决债务问题的政策。同时还提供相应的便利条件，鼓励双方达成协议。这一努力成果体现在 1998 年 6 月达成的《法兰克福协议》中，但到 1998 年 9 月才开始实施。之后，企业对美元的抢购实际上停止了。

由于政府没有对“问题”银行的存款进行全面担保，这使得政府采取的一系列措施的成效远不及预期。在这段时期里，政府对 16 家“问题”银行的清盘引发民众恐慌，同时也陆续有谣言说，还有一批银行将面临倒闭，这导致人们涌入那些“名单”上的银行开始挤兑，并转存到其他的被认为实力强大的不会倒闭的银行里。这使得银行间存款出现大规模异动，扰乱了银行流动性配置，使原本正常经营的银行因难以获得稳定的流动性而导致经营出现困难。

虽然政府宣布对 16 家“问题”银行中储户的 2000 万印尼卢比以下的存款提供担保，但仍无法抑制人们不断增强的恐慌心理，即使政府宣布短期内不会再有银行倒闭，也无法稳定民众的情绪。这一切的后果是，印尼央行必须为银行提供流动性支持。随着面临流动性困难的银行数量持续增加，央行的货币供应量也不断增加，远远超过合作意向书计划所确定的目标。其后果是，没有实现减缓购买外汇需求的目标，汇市仍然失控。直到 1998 年 1 月底，印尼官方才发表声明，决定对存款进行全面担保，并成立了全国银行整顿机构。这一举措将银行业流动性危机所带来的“多米诺骨牌效应”降到最低。此后，1998 年 3 月，抑制广义货币的真正紧缩政策开始实施，接着是对银行业的全面整顿，包括关闭一大批银行，这样政策效果才逐渐体现出来。

印尼在政策落实方面也存在一些信用问题。首先，在 16 家“问题”银行的关闭过程中，有一家安德罗梅达银行，据说通过政府关系改头换面，改名为阿尔法银行重新营业。这使得印尼政府所实施计划的信用度大打折扣。其次，1997 年 9 月，以节省外汇、支持金融紧缩为目的推迟实施的 15 个大项目，又重新推进。这引发市场怀疑政府落实政策的承诺是否可靠。最后，由于实业界敦促实施量化宽松政策，而政府的相关金融政策又不明朗，让市场觉得央行的利率政策方向不明，并与公布的金融目标相互矛盾。

在市场看来，这种期望值与现实政策之间的步调不一体现在央行的债券利率的变化中。在危机之初，为收紧流动性，央行在 1997 年 8 月 19 日将债券利率从 11.625% 提高至 30%。不久，在实业界和银行业的压力下，开始放宽流动性，从 1997 年 9 月 4 日起连续降息，到 1997 年 10 月 20 日，央行债券利率降为 20%，并一直保持到 1998 年 1 月。因此，在金融政策上，1997 年 11 月计划中提出的金融紧缩举措实际上根本没有完全落实。直到形势日益失控，在 1998 年 3 月朝着恶性通胀发展后，金融政策才真正收紧。

由于上述原因，1997 年末，印尼卢比持续贬值，汇市继续恶化，人们对银行业乃至政府的信心严重动摇。11 月，最初的汇市动荡演变成“有限的银行业危机”；12 月，发展成“全面的银行业危机”，并逐步扩散为“支付体系堵塞”。1998 年 1 月，这一危机演变成连带实体经济停滞的“经济危机”，最终酿成 1998 年 5 月政权轮替的“政治危机”。

政治因素和资本逃逸都与此次的危机恶化有关。1997 年 12 月，苏哈托总统生病，需休息 10 天，引发公众和市场对政治因素的关注，即政权交接是否顺畅。尽管后来总统康复并重回岗位，但政治不确定性已使人们产生担忧。在接下来的几个月里，政权交替问题加上一些地区连续发生的社会骚乱，成为资本大规模逃离印尼的重要原因。不光转移现金、存款等流动性资产，而且将土地、住房、商铺、企业、汽车等固定资产变现，并将现金转移至国外。

这种资本外逃不同于危机之初的外资撤资，或者那些有美元债务又得不到对冲担保的企业抢购美元，而是人群广泛的公众行为。这导致了卢比币值的完全失控、金融体系和经济体系支柱坍塌，这次资本外逃进一步推动了局势的恶化。

同时，印尼的支付体系也受到严重影响。当金融动荡扩散到实体领域时，引起生产骤降、工人下岗、企业倒闭，对印尼经济造成严重影响。金融领域的动荡通过三个途径向实体领域传导：第一，危机初期流动性短缺，让实体经济陷入困境并逐渐演变成经营支付困难、经营活动受阻；第二，支付体系堵塞造成各种商业活动无法进行；第三，资本逃逸使前二者的影响愈发严重。

随着局势的恶化，卢比汇率波动加剧，币值严重不稳定。在这种形势下，从事经济活动的人更愿用现金交易，放弃使用正常时期广泛采用的信用交易体系，这使得交易过程效率低下。对银行的不信任促使现金交易必须按实际金额来进行。这种非正常现象愈演愈烈，每况愈下。最初，印尼的商品和服务的卖家愿意接受印尼卢比现金，但随着币值持续下跌，他们更倾向于选择收取美元。这种使用美元的交易偏好使得支撑经济交易的流动性更加短缺。1997 年 12 月，在与国外的支付体系几乎完全停滞后，银行业处境更加艰难。除了外资银行外，印尼的银行开出的信用证在国外被视为无效，导致进口商必须支付外汇现金来完成进口。印尼的银行一直被外国正常支付系统所排斥，这种现象直到危机过去几年后依然存在。

同时，印尼经济还遭受自然因素的影响。气候因素特别是厄尔尼诺现象导致旱季延长，粮食减产，支付停滞，外汇匮乏，进口困难，银行信用证失效。结果，大米和其他食品价格上涨。1998 年上半年，米价上涨 2 倍，全年上涨近 3 倍。由于大米是战略物资，价格上涨带动其他物价全面上涨，社会上再次出现抢购潮。同时，实体经济停滞造成大规模下岗潮。贫困线以下人口骤然猛增，社会问题益发严重，各地相继爆发社会骚乱，经济危机逐渐演变成社会政治危机。

1998 年 1 月，印尼面对着一连串的问题：卢比汇率失控，食品等主要商品物价飙涨，产业活动停滞，城市出现下岗潮，银行业经营不善。印尼在后面的政策措施中做出了相应的战略转变，这不仅体现在宏观政策上，而且体现在微观政策上，特别是在整顿银行业方面。

在金融财政政策方面，从最初的财金双紧政策变成财紧金宽政策。改变宏观政策协调的主要因素是经济活动急剧减退以及物价高涨。1998 年 CPI 高涨，国内生产总值骤降，以城市现代生活为代表的实业界由于金融银行业停滞而瘫痪。为了尽快减轻社会经济的影响，确定实施新战略，提供足够的资金来支持基本公共服务，特别是救助贫困群体和受危机影响最严重的群体。

当时最紧迫、最复杂的微观政策是整顿金融领域，特别是瘫痪的银行业，使之能重新正常运作，为正常的经济活动提供支持。一方面，银行业出现流动性短缺，为支持其正常经营，需要央行大规模注入流动性。另一方面，增加流动性必然增加货币流通，推动币值下跌和通胀上升，进而会使银行状况进一步恶化。这一恶性循环必须有效终止。其关键是，一旦停止注入流动性，就要建立一个机制来管理那些经营不善的银行，将其对金融和经济形势的影响降到最低。1998 年 1 月，印尼政府采取了重要举措，即对银行客户和债权人的基本权益提供全面担保，实行兜底计划。该计划针对所有银行，包括被改组、合并或者关闭的银行；组建国家整顿银行机构，奉命对银行业实施全面重组，包括实施再注资计划和担保计划等。

银行整顿战略是一个在实施过程中经过尝试和调适的成长战略。从最终形式上看，该战略主要包括对所有本国银行实施担保计划，恢复公众对银行业的信心；为稳定人心，对所有银行进行严格审计，准确确定各家银行的真实状况；根据审计结果，以客观透明的标准对银行进行甄别归类，按不同待遇和条件确定整顿范畴；采用清晰客观的标准，筛选出相对良好的银行，帮助其渡过难关，尽快恢复正常营业；关闭那些状况较差的银行，那些倒闭银行的储户和债权人的资金，由政府通过担保计划给予支付保障；同时，通过国家银行整顿机构接管重组、由国家银行整顿机构接管不良资产、政府对银行再注资等方式缓解银行危机；对于被接管整顿的银行，其资产将由国家银行整顿机构管理，以便日后出售来弥补政府整顿银行业的财政支出；国家银行整顿机构将其管理的银行资产中的股票全部出售，将政府所属银行的政府股票部分出售，实行私有制，以便减少政府在银行业中的作用。在银行整顿任务完成后，作为紧急状态下应急机构成立的国家银行整顿机构将解散，整顿银行业的功能将被央行完全掌握，而全面担保计划也转变为对存款的有限担保计划，并由 2005 年 9 月成立的存款担保机构管理。在国家银行整顿机构撤销时，未卖出的流动资产被移交给 2004 年 4 月成立的政府全资企业资产管理公司。以上就是银行业整顿计划的重点。从危机爆发时的救市到危机后的整顿，一个完整计划的核心目标是使印尼国内银行业重新发挥作用，提振瘫痪的经济活动。

1998 年 7 月，在哈比比总统执政时期的第一份合作意向书中，提出了宽松预算计划。当年的国家收支预算赤字被设定为国内生产总值的 8.5%，主要用于支持社会安全网和基本生活品供应。由于庞大的赤字将影响中期宏观平衡，这显然是不可持续的。因此，又制订了新计划，要求随着经济和社会形势的改善，逐步减少赤字，并最终实现预算平衡。由于当时印尼面临的形势是恶性通胀，即人们不愿持有印尼卢比，因此实行了金融紧缩政策，抑制货币供应量增长，使公众心理逐步恢复正常。基础货币的增长受到严格控制，而利率则放任其涨至接近通胀率的水平。央行的短期债券利率从每年的22%一直涨至1998年8月的70%。同时，放开食品进口政策，恶性通胀逐渐缓解。与此同时，印尼卢比汇率也降了下来。

1998年印尼经济萎缩了13.13%，绝大部分经济行业一蹶不振。1999年，印尼经济同比只增长0.79%，经济复苏尚需时日。金融业正在整顿，暂时无法对经济给予全面支持。随后，瓦希德总统上台，各界对其寄予厚望，希望政治更加安定，政府的经济计划能够顺利实施。然而，事与愿违。虽然2000年1月印尼与IMF达成了新合作意向书，但由于当时各方面的局限性，意向书所达成的内容与切实能做的形成较大反差，导致市场对政府计划的信心大打折扣。同时，落实计划的整体环境也比之前更加恶劣，政府与央行之间出现摩擦，与国会的关系也开始恶化，政治斗争意味浓厚，这无助于让市场对财政金融政策协调一致保持信心。

在这段时期里，由于没能落实意向书中的条款，印尼与国际货币基金组织的关系日趋紧张，市场信心衰减。印尼卢比开始走弱，汇率重新出现大幅波动。经济呈现出疲弱动荡局面，经济活动再陷低潮。2001年8月，梅加瓦蒂总统内阁执政。新经济班子聚焦于最基本要素即恢复市场对政府计划的信心。因此，政府下决心改善与国际货币基金组织的关系，达成了更加务实的新目标，实施推进工作也更稳健。当时，宏观政策的基本思想是：扎实和稳定是恢复增长的前提条件，市场信心是稳定的决定性因素。因此，战略重心是恢复市场信心。稳定有了坚实持续的保障，利息就能连续下降，为实业注入资金支持，带动投资和经济增长。稳健的财政政策开始成为宏观政策主调，这也是梅加瓦蒂总统执政时期经济战略的主旋律。

2001—2004年，印尼国内政局大为改善，与国际货币基金组织的沟通重新顺畅，经济计划得以更好地落实，稳健的财政政策得以贯彻，信心和稳定逐渐恢复。但经济尚未全面复苏（见图15－5）。在这段时期里，印尼卢比汇率稳定，保持在9000—9500印尼卢比兑1美元。在通胀方面，从2001年的11.06%降到2004年的6.06%（见图15－6）。

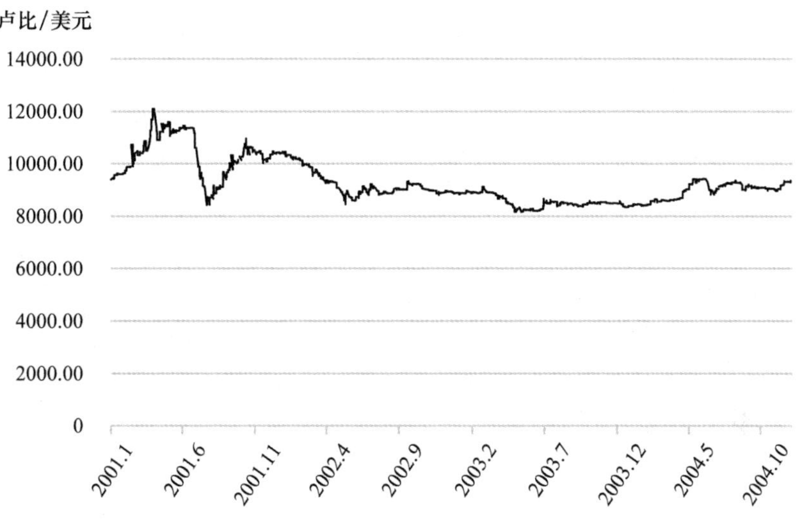

图 15-5　2001—2014 年美元兑印尼卢比（中间价）

资料来源：Wind 数据库、印尼央行网站。

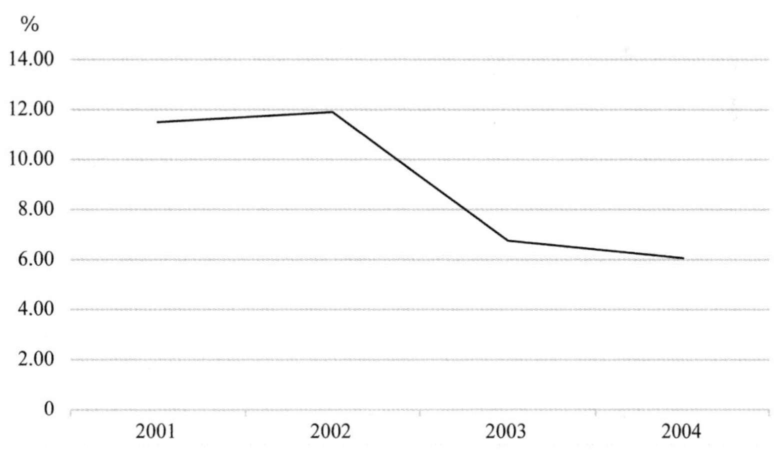

图 15-6　2001—2004 年印尼 CPI 同比增长（%）

资料来源：世界银行网站。

同期，利率从 10% 以上降到不足 7.5%，股票市场大涨。雅加达综合股指翻了一番，从 400 点左右升至将近 1000 点（见图 15-7）。在梅加瓦蒂总统执政 39 个月里，政府债务占国内生产总值的比重从 100% 降至 60%，并呈继续下降之势；国家收支预算赤字保持在国内生产总值2%以内。在这段时期的末尾，市场对印尼财政延续性的质疑基本消失。

图 15－7 2001—2004 年雅加达综合股票指数（收盘价）

资料来源：印尼证券交易所网站。

然而，经济尚未获得令人信服的强劲复苏。2001—2004 年，增长率从3%提高到5%，这一业绩远不如印尼之前所取得的增长，更不足以解决失业和贫困问题。2004 年底，印尼彻底走出 1998 年危机，经济基本实现复苏。梅加瓦蒂总统向苏西洛总统完成了权力交接，这是印尼共和国历史上首次通过总统直选实现权力过渡，整个民主选举过程和平而顺利，当时的主流民意认为，印尼即将迎来一个民族复兴时代。因为印尼经济经历过重创，这个复苏过程比其他受危机影响的国家要长得多。

没过多久，在世界市场上，大宗出口商品、原材料，包括主要出口商品如棕榈油、煤炭、铜、橡胶等全线涨价，印尼取得了意想不到的收获。然而，在苏西洛执政的第四年，世界上发生了金融危机。人们称之为 30 年代世界大萧条以来最严重的危机。印尼也未能幸免。但值得一提的是，印尼顺利地度过了此次全球性的金融危机，没有再让经济局面走向失控。印尼能够成功度过此次危机的一个重要原因是国内政局稳定。不仅如此，在充分吸取了 1998 年东南亚金融危机的惨痛教训之后，这次应对危机的措施实施得比较及时。

2005—2008 年，印尼经济总体上恢复稳定增长。但同时也存在小幅波动。2004 年 12 月底，印尼遭遇亚齐海啸，人民生命财产遭受巨大损失，社会影响深重。但总体上讲，该事件未对国民经济造成消极影响。首先，其主要得益于印尼政府和国际社会反应迅速，在短时间内调动了大量资源并采取了果断而有效的措施。这场灾难也带来了一大收获，即达成了《赫尔辛基协议》，结束了长达几十年的亚齐冲突，为该地区发展扫清了障碍。其次是油价不断攀升，油气进口大幅增长造成国家收支预算中补贴负担加重。2005 年，国家收支预算中的 20% 用于燃油补贴。同时，油气进口上涨造成印尼经常项目出现逆差，到 2005 年，逆差扩大到 30 亿美元。印尼再次面临双重赤字问题，市场迅速做出消极反应，雅加达综合股指下跌，汇市又出现较大波动。政府随后出台相关政策，两度提高燃油价格，年底，金融市场重新企稳。但世界油价继续上涨，并达到高点。国内燃油价格依然滞后，与国外价格变动脱节，燃油补贴和油气进口持续增长，促使政府再次提高油价。另外，伴随着世界油价上涨潮，自 2005 年始，印尼的主要出口商品价格全面上涨。受益于出口商品价格上涨，在国家收支预算中，国家收入和出口增加，在一定程度上缓解了人们对国家收支预算和经常项目状况的担忧。自 2006 年起，国家收支预算赤字减少，经常项目出现盈余。

在这段时期里，投资活动尚未恢复。因此，政府采取了几项重要举措，其中包括制定关于投资和经济特区的法律，简化审批手续，给予税收激励等。但在实际落实中，政策效果参差不齐。2005—2008 年，年均通胀率约为 10.05%，其中燃油调价是导致通胀走高的原因之一。

六　全球金融危机时期

从 2007 年中期开始，印尼已经关注到美国次贷问题、银行流动性困难以及欧洲的一系列问题。直到 2008 年 9 月，大型投行雷曼兄弟宣布破产这一标志性事件的发生，使得金融危机很快扩散到东南亚地区，金融市场开始陷入混乱，市场流动性突然枯竭。

2008 年 9 月中旬，雷曼兄弟破产引起世界金融体系震荡。从 10 月初起，印尼市场出现流动性枯竭，状况持续恶化，11 月和 12 月达到巅峰。出现流动性匮乏的主要原因在于之前全球资金投资于发展中国家证券和股票市场，在发展中国家进行周转，如今陆续回归本土，即全球投资者大规模卖掉手中的印尼卢比股票和证券，购买美元和其他货币，转回本国。

受其影响，印尼金融市场出现动荡。雅加达综合股指高空跳水，从2008年中期的2500点左右急跌到12月的1300点左右（见图15－8）。同时，印尼国债价值也随之急速下跌，国债收益比从10%攀升至逾17%，短时间内快速涨幅反映了持有者希望尽快兑现流动性以便购买美元后撤出。证券市场投资者的这种行为造成卢比紧缺，并伴随着美元的升值，外汇流动性和卢比流动性双双枯竭，使经济金融活动更加困难。

图15－8 2008年1—12月雅加达综合股指

资料来源：印尼证券交易所网站。

银行和企业都面临流动性紧缺。企业难以从银行获得贷款，特别是美元贷款，如有信贷放出，费率也相当高。其主要有两个原因：一是放贷方要求的市场利率或回报很高；二是借贷方作为借贷的门槛更高了，这对高度依赖国外信贷运营的银行和企业来说，流动性更趋紧张。

2008年10月，在雷曼兄弟公司事件后，全球流动性日益短缺，威胁到有关国家国内银行的正常经营，一些国家或地区，如新加坡、马来西亚、中国香港、澳大利亚、中国台湾等纷纷采取措施，对银行所有存款提供全面担保。但在印尼，全面担保政策并没有落实。印尼采取的举措只是存款担保机构将担保上限从1亿印尼卢比提高到20亿印尼卢比。不提供全面担保，国家银行业需要面对额外的问题，尤其是存款超过20亿印尼卢比的大额储户开始把钱转汇到提供全面担保的新加坡和其他实行同样政策的国家和地区。

这种资金外流导致印尼银行业不仅需面对外国资金回归“本土”的局面，而且要面临因不提供全面担保而使国内资金外流的情况。在这段时期里，全国银行业流动性枯竭严重，迫使三家大型国有银行请求政府注入资金来支持其运营。但是，中小银行面临的流动性问题却无法得到缓解，这些银行的流动资产本就有限，通常依赖银行间货币市场拆借资金来支持日常运营。在正常情况下，大银行通常充当货币市场的资金供给方，中小银行则充当资金需求方。危机发生造成银行间货币市场拆借这一银行群体运作模式受阻。大银行因为在向市场放款前必须确保自身流动性安全，突然停止供款。因此，中小银行承受着流动性危机最严重的后果。

2008 年，印尼金融部门和政府采取应对措施，成功缓解了这一危机。首先，为抑制汇率市场的动荡，印尼央行对外汇市场进行了大规模干预，但收效甚微。美元汇率保持上涨势头。到 2009 年一季度，印尼卢比掉头回升，逐步走强。但这不是印尼央行干预的结果，而是市场认为印尼能相对安全地走出 2008 年 11—12 月的危机，市场心理预期开始向好。同时，印尼央行的外汇储备从年中的 590 亿美元持续减少到年底的 510 亿美元。其次，为了应对国内严峻的局势，政府颁布了紧急状态条例，扩大了银行从央行通过短期支付便利获得流动性贷款的抵押资产范围，强化了央行作为最后贷款人的职能，还强化了危机时期存款担保机构的作用。另外，规定了防止和处置危机的有关机构机制、工作方式和协调范围等。这些紧急状态条例为采取必要措施提供了法律依据。在具体措施方面，政府在 10 月向三家存在流动性困难的国营银行进行注资，还加快了国家收支预算支出部分的发放，取消了计划中的国债交易，以免造成流动性进一步紧张，并下令国企从股市回购股票。然而，提供流动性的重担落在金融管理部门肩上。尤其是央行应发挥最后贷款人职能，调动有关金融工具进行调控。于是，金融部门采取了一系列措施，包括降准，将银行在央行的准备金及流动资产分别从 9% 降为 7%、从 3% 降到 1%，小银行的准备金则更加简化。同时，为了进一步缓解外汇流动性紧张，取消了对银行短期外汇贷款日常账户的限制，掉期便利时限从 7 天延长到 1 个月。此外，在 2008 年最后 3 个月，印尼央行向外汇市场大规模投放美元进行干预。所有这些举措确实减缓了流动性紧张，但其作用显然是有限的，临时性的流动性紧张状况仍在持续，越来越多的银行仍然面临着流动性危机。

当时，印尼央行像其他国家的金融部门一样，用好“最后贷款人”

工具，向银行提供短期借贷便利以确保银行业的正常运作。起初，印尼央行行长理事会倾向于认为，听任银行倒闭的风险很大，可能会引起“多米诺骨牌”效应，尤其是在运用兜底担保的建议遭拒后，形势更加堪忧。2008 年 10 月底，一家小银行“世纪银行”出现严重的流动性困难，印尼央行政策的严肃性受到考验。这家银行过去曾有问题记录，在危机爆发时，已处于银行监管机构的严格监管之下，正努力寻求投资者以改善资本状况和更换管理层。由于情况的继续恶化，该银行因面临流动性困难而向央行求助。但央行经讨论决定拒绝其请求，随后因为放宽短期借贷便利规定，对世纪银行发放两次短期借贷便利。之后央行经讨论决定由存款担保机构接管该银行并给予其临时性投资，直至其日后被售卖为止。2014 年底，该银行被出售。至此 2008 年处理危机的花费，比危机高峰时听任银行倒闭而引起的无法预计的“多米诺骨牌效应”要小得多。

2008 年危机是一次严重程度超过 1997 年亚洲金融危机的全球性金融危机，印尼在接受了上一次金融危机的教训后，虽然仍然没有在金融危机中提供全面担保，但以比之前危机小得多的损失度过了这次危机。

七　平稳发展时期

2009 年全年，印尼经济得到巩固，最显而易见的指标是印尼卢比汇率由强到稳，达到新平衡，这一发展态势不是因为印尼央行成功干预外汇市场，而是因为国内外市场见证并坚信印尼已经走出了危机，证券市场投资者逐渐回到印尼金融市场上。同样，之前将存款转移到其他国家银行的储户的现金也开始回流。信心回归也得力于非经济因素，即总统选举和平顺利举行，国内流动性开始全面恢复。

大宗商品出口价格开始上涨。该轮大宗商品价格的上涨支持了此轮印尼经济快速复苏，包括煤炭、矿产、棕榈油和橡胶等。2008 年后印尼出口额快速增长，出口“繁荣”使印尼获益匪浅，市场信心恢复和出口“涨潮”成为推动国内经济活动的两个积极因素（见图 15 - 9）。

与此同时，国际油价在 2008 年受金融危机的影响而暴跌后，价格逐渐攀升，2011 年攀升至每桶 100—110 美元，之后保持高位至 2014 年 8 月（见图 15 - 10）。相比之下，出口商品价格在 2011 年达到峰值后，便一路下跌。国际油价持续上涨，涨价周期比出口“涨潮”要长得多，对印尼的经济增长产生不利影响。

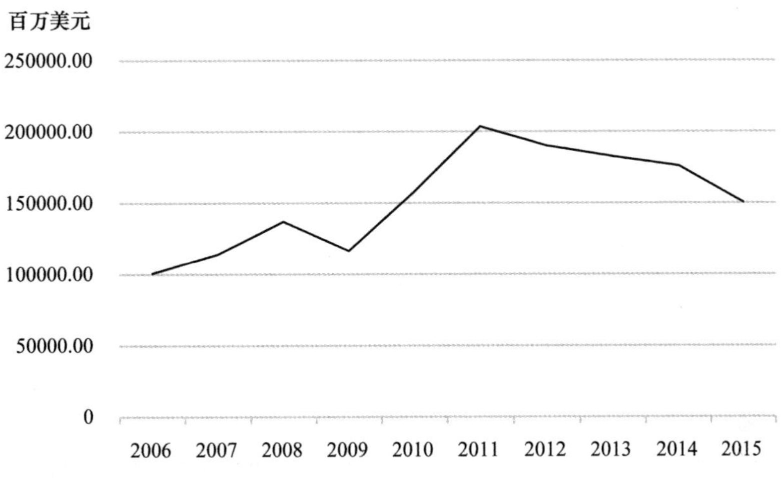

图 15－9　2006—2015 年印尼出口总额

资料来源：印尼统计局网站。

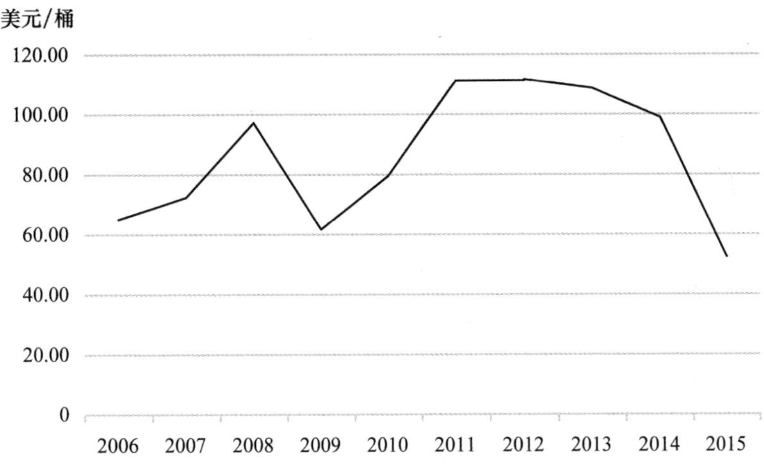

图 15－10　2006—2015 年国际原油名义价格

资料来源：Wind 数据库。

该时期的宏观经济管理主要受到市场信心、出口增长、国际油价持续上涨等因素相互作用的影响。随着出口“繁荣”带来的红利，政府税收增加，国家收支预算赤字占国内生产总值降低。2011 年后，出口商品价格下跌，政府收入受到影响。同期，世界油价还处在高位，一直持续到 2014 年第三季度。在世界油价上涨的同时，印尼国内燃油消费额也大幅增加，导致2011年燃油补贴急剧增加，燃油补贴绑架国家收支预算。国家收支预算赤字占国内生产总值的比重也随之上升。

出口"繁荣"最初给经常项目带来顺差，但从2011年下半年开始，出口商品价格走弱，又由于油气进口持续增加，贸易顺差变成逆差。油气进口在出口总收入中的占比从2009年的13.5%上升到2013年的23.8%，印尼又出现"双重赤字"。

对包括印尼在内的每个开放经济体来说，"双重赤字"现象都意味着内在风险的增加。其理应受到决策者的重点关注，但只要控制在安全线内，其对经济的影响就是有限的。简言之，市场动态应随时成为财政管理者的重要考量。

综上所述，从宏观业绩上看，印尼这段时期的经济保持了稳定发展状态，但增长业绩却差强人意。在危机过后，印尼经济增长在2009年达到1.6%，2010年提速到6.2%，之后两年保持在6.3%—6.5%。2013年，经济增长率回落到5.7%，2014年为5.1%，主要原因之一是大宗商品出口价格下跌。2011年到2014年，在面对"双重赤字"的情况下，总体上印尼经济仍处在可控范围内，国内外市场动态下的资金环境总体良好，通胀也相对温和。

第二节 印尼的经济结构

印尼的经济发展一直受到世界的关注，在20世纪90年代前中期，印尼的经济得到快速发展。但1997年爆发的东南亚金融危机，对印尼经济发展造成严重影响，直到2000年左右，印尼经济才逐渐恢复较为平稳的增长。经济的发展使得印尼在减少国家贫困人口的比例以及综合国力和国际竞争力等方面的提升都取得了很大进步。印尼经济增长过程虽然充满了曲折，但整体趋势是不断向前发展的，总体经济实力得到了明显提升，其经济总量及人均GDP均有很大程度的提高，目前印尼进入中等收入水平国家行列。

一 印尼的产业结构演变

（一）农业产值比重下降幅度较大

在印尼的工业化进程中，其农业在整个国民经济中的地位随着经济的发展发生了显著变化，从 GDP 占比最大的产业部门逐渐转为占比最小的产业部门，这种转变也符合一般的经济发展趋势。

就整个印尼农业发展而言，其产业增加值占 GDP 比重的整体趋势是不断下降的。这大致经历了三个阶段：1962 年到 1985 年的快速下降阶段，1985 年到 2005 年的平缓下降阶段以及 2005 年至今的平稳发展阶段（见图 15 - 11）。

图 15 - 11　1962—2019 年印尼农业增加值占 GDP 的比重

资料来源：世界银行网站。

作为拥有大量农业人口和丰富的农业资源的国家，农业在印尼的国民经济中一直占据着重要地位。在工业化初期，印尼作为典型的农业国，其农业贡献占据着国民经济总量的大部分。1962 年，其农业增加值超过国内生产总值的一半，占比为 56. 28%，在短暂的下滑后仍旧保持着高位。直至 1968 年，农业增加值占比 GDP 的份额才降至 50% 以下，为 48. 61%。伴随着工业化的推进，农业在印尼国民经济中的地位不断下降，1985 年，其增加值占 GDP 的比重降至 23. 8%。1985 年以后，印尼农业增加值占 GDP 的比重逐渐趋于稳定，但依旧保持着下降趋势，由 1985 年的 23. 8% 降至 2005 年的 13. 1%，20 年下降了 10 多个百分点。

总体来看，相比之前，1985 年后印尼农业增加值占 GDP 的比重下降速度明显放缓。但进入 2005 年以后，这一比值又出现了新变化，即保持整体向下的趋势，同时伴随着小幅的短期上升，这一变化与苏西洛政府大力发展农业有很大关系。在最近几年里，印尼农业增加值占 GDP 的比重维持在 12%—14%，2019 年为 12.7%，当前农业已成为印尼国民经济最小的产业部门。

（二）工业产值比重上升幅度较大

自从印尼开始大力发展工业以来，其工业增加值占 GDP 的比重发生显著变化，印尼工业产业增加值占 GDP 的比重整体趋势是先快速增长，至 19 世纪 80 年代中期后，工业发展逐步趋于平稳（见图 15－12）。

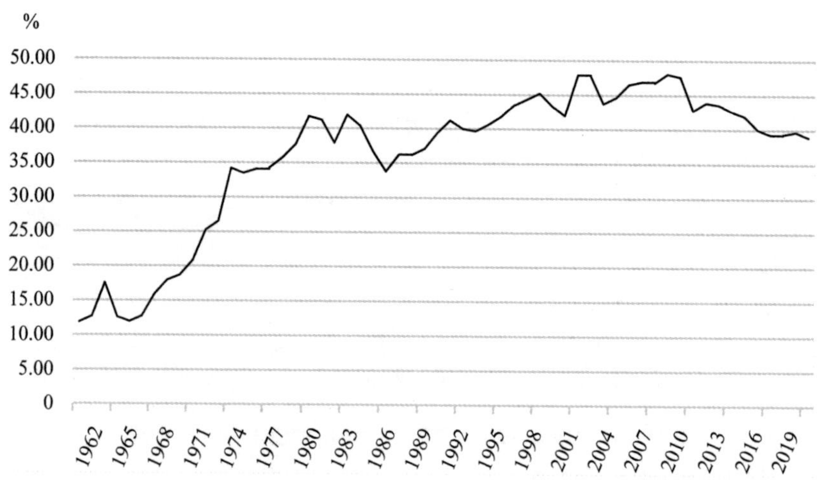

图 15－12 1962—2019 年印尼工业增加值占 GDP 的比重

资料来源：世界银行网站。

20 世纪 70 年代初至 80 年代中期，印尼主要采取进口替代工业化战略。在这个时期，工业增加值占 GDP 的比重增长最为迅速，主要得益于其进口替代工业和矿业方面的快速发展。特别是 20 世纪 70 年代，国际石油贸易处于繁荣时期，印尼大量原油等初级产品的出口，为其发展国内工业获取了大量资金。在矿业生产和出口的带动下，工业增加值占 GDP 的比重从 1970 年的 18.7%迅速增长至 1980 年的 41.7%。

1980 年至 1985 年是印尼工业化战略调整初期，印尼石油、天然气等初级产品由于受到国际油价大跌的影响，出口严重受阻。由于矿业部门大幅萎缩，也影响到了工业部门，工业增加值占 GDP 的比重在这段时期出现回落，从 1980 年的 41.7% 降到 1985 年的 36.7%。

1985 年之后，印尼开始采取面向出口的工业化战略，其成果较为明显，矿业逐渐被制造业取代，并获得迅速发展。工业增加值占 GDP 的比重也随之得到提升，1998 年其比重达到 45.2%。之后随着东南亚金融危机的爆发，印尼制造业受到严重影响，其工业部门亦受到牵连，工业增加值占 GDP 的比重出现短期的回落。

经过一段时间的改善，印尼经济重新恢复活力，工业部门也重回正轨，但工业增加值占 GDP 的比重自 2000 年以来一直维持在较为稳定的状态，缺乏强劲的上升势头。目前，工业在印尼国民经济中所占比重处于较高水平，2019 年为 39.0%。

（三）服务业产值所占比重变化不大并略有上升

作为印尼三次产业中增加值占 GDP 比重变化最不显著的部门，服务业产值自 1962 年以来几乎呈水平状态，其间伴随着小幅波动并略有上升，但并没有形成明显的趋势特征。就印尼服务业整个发展过程来看，在工业化早期，服务业在印尼整个国民经济发展中所占据的比重较大，但随着印尼工业化的发展，服务业的发展并没有在这一过程中有较大的起色，其发展速度明显落后于工业。

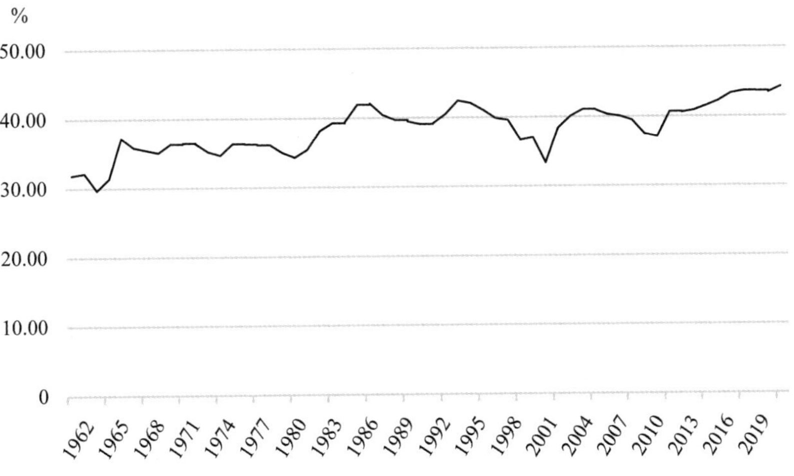

图 15－13　1962—2019 年印尼服务产业增加值占 GDP 的比重

资料来源：世界银行网站。

1962 年至 1980 年，印尼农业和工业的增加值占 GDP 的比重都发生了明显变化，但服务业这一比值在这期间仅仅由 31.9% 小幅上升至 34.3%。1980 年至 1985 年，服务业增加值占 GDP 的比重出现明显的小幅增长，由 34.3% 升至 41.9%，这种增长主要有两个方面的原因。一方面是由于国际油价的大跌，工业部门因国内矿业萎缩而出现衰退；另一方面是服务业自身在短期内取得了一定的发展。在 1985 年之后，服务业增加值占 GDP 的比重一直保持着稳定态势。随着东南亚金融危机的爆发，印尼的金融业、房地产业受到严重影响，服务业这一比值明显下降，在 2000 年降至最低点，为 33.4%。在东亚金融危机后，随着印尼经济的恢复与发展，服务业增加值占 GDP 的比重在 2005 年再次超过 40.3%，之后开始小幅波动。最近几年这一比值维持在 44% 左右，2019 年为 44.2%，与 1960 年的 33.5% 相比，并没有较大的增长。

印尼在整体的经济发展过程中，一方面通过本国低廉的劳动力，发挥出比较成本优势和人口红利的有利条件，发展劳动密集型产业；另一方面，印尼在发展工业的过程中通过国际技术转移和外溢效应，在生产要素上获得了后发优势，使得印尼自身经济的快速增长和发展与以往其他发达国家的产业结构演变模式不同，为其他后起发展中国家发展工业化提供了宝贵经验。

二 印尼的产业结构发展特点

印尼的农业增加值占 GDP 的比重和农业就业人口占总就业人口的比重均不断下降，反映出其农业自身整体结构调整和内部结构的优化，同时也反映出农业生产力的提高。工业增加值占 GDP 的比重和非农就业人口占总就业人口的比重虽然在上升幅度上并不匹配，但其整体上升趋势是产业结构趋向合理化的具体体现。对印尼而言，工业快速发展，整体发展水平不断上升，是国家发展工业化的具体表现。服务业增加值占 GDP 的比重在印尼的经济发展过程中并没有出现较大波动，相对服务业这一比值的增长，印尼服务业就业比重的增长速度更快，主要是因为服务业部门可以大量容纳从其他产业部门转移出来的劳动力。

印尼在经济发展过程中，其三次产业各部门的占比结构和就业结构的演变使其产业结构偏离度不断下降，表明印尼的工业化发展使其产业结构得到优化。由此可见，印尼在产业结构的演变上基本与发达国家工业化进程相类似，在模式上并没有出现较大差别。至于在产业结构变动速度和协调程度方面与发达国家的差异，由于每个国家在经济工业化进程中都有着自身的要素约束和不同的外部环境、时代背景以及实际国情，这一差异在发展过程中是客观的必经阶段，有其必然性和合理性，不同的国家和国情在工业化进程中所表现出来的现象必然有所不同。虽然在发展过程中存在差异，但从长期来看，印尼工业化发展方向会在将来与发达国家趋同，即由工业化阶段进入后工业化阶段，进而完成工业化进程。

三　印尼各产业的地位

（一）印尼农业的地位

作为世界上主要的农业大国之一，印尼有着非常优越的农业发展条件。印尼的农业在国民经济中一直占有重要的地位。自开始工业化以来，农业在生产效率上获得了很大的发展，但同时其在国民经济中的相对比重显著下降，经济结构发生转型，但其农业增加值在 GDP 中的占比与发达国家和一些转型经济体相比，仍旧处于较高水平。

（二）印尼工业的地位

工业化发展仍旧是印尼的主要发展战略。其工业增加值在 GDP 中的占比虽然在 2008 年金融危机后开始小幅度下滑，但其依旧是印尼国民经济的主导，保持着稳定的发展，暂时还没有出现明显的拐点。虽然这一比重由 2008 年的最高值 48.1% 降至 2019 年的 39.0%，但印尼的工业增加值占 GDP 的比重仍远高于印度、巴西等发展中国家和美国、日本、新加坡等发达国家，与中国、马来西亚、泰国等国家相近。

（三）印尼服务业的地位

服务业作为印尼三次产业发展进程中增长相对滞后的部门，其产业增加值占 GDP 的比重一直变化不大。2019 年该数值为 44.2%，相较而言，印尼服务业的增加值占 GDP 的比重与一些发达国家和发展中国家仍有较大距离。美国、日本、新加坡等发达国家的服务业增加值占 GDP 的比重都处于相对较高的水平，达到 70% 以上。另外一些发展中国家在这一数值上也大多位于 52% 左右，印度、巴西、马来西亚等国家的服务业产值比重也远高于印尼。一国的服务业发展水平在某种程度上可以反映出其产业结构高级化程度，尤其是在当前高度发达的“服务经济”时代，服务业能提供高的附加值。印尼服务业发展相对滞后在某种程度上有着一定的历史原因和许多现实约束，对于正在推进工业化发展的印尼来说，如何有效地提升服务业的发展空间，为后工业化时代的发展做好铺垫，有着重要的意义。

四 印尼政府促进产业结构调整与升级的主要举措

2009 年，苏西洛获得总统连任后，将经济发展继续作为其施政的首要目标，在多种政策措施的配合下，印尼经济开始从全球金融危机中逐渐恢复并呈现出逆势增长的势头。针对经济发展过程中的产业结构问题，印尼政府开始主动调整中长期经济发展战略，顺应国内外经济形势，积极采取措施实施经济重组和结构调整，进一步加快经济转型和产业结构调整升级步伐。

（一）加强基础设施建设，努力消除经济发展短板

印尼基础设施发展相对落后，公共设施部门发展严重滞后，电力、气、水供应业等基础工业部门建设相对不足，公路、铁路、航空、港口等交通运输部门供给也存在明显短板。因此，为了能有效地进行经济转型和结构调整，印尼政府的首要目标便是改善基础设施建设。

2011 年，为了加大基础设施项目的建设，印尼政府正式颁布了《2011—2025 年印度尼西亚经济发展总体规划》，并计划到 2025 年，累计投入超过 4000 亿美元的资金以支持基础设施建设项目。同年 12 月，征地法案在印尼国会通过，其政府被授权，允许通过征用私人土地以开发公共项目，对于被征用土地的私人土地主可予以补偿。这类措施将有助于印尼基础设施建设的快速发展。同时，基础设施的逐渐完善有助于印尼对外资的吸引力。

目前，印尼的基础设施建设处在快速发展阶段，每年都有大量的基础设施项目在建设中，道路、桥梁、发电站等基础设施项目不断完善。按照印尼经济发展总体规划的要求，2014 年至 2017 年，印尼拟兴建数十项基础设施工程，但由于政府预算有限，其中大部分项目将采用公私合营（PPP）的方式进行建设。

（二）发展经济走廊，优化区域产业布局

由于印尼经济在区域发展不平衡以及产业结构方面存在诸多问题，例如，农业发展较为落后，农村就业人口占总就业人口的比重逐年下降，农村存在着大量的剩余劳动力。2011 年，印尼政府制定的《2011—2025 年印度尼西亚经济发展总体规划》提出要建设涵盖三大产业在内的“六大

经济走廊”，其目的是在2025年之前在印尼各区域中建成具有产业特色和区域优势的经济中心。

为了有助于中期发展规划的有效落实，印尼政府在交通、通信、能源等大型基础设施项目建设上继续加大投入，以完善基础设施，促进国内各个岛之间的联合和区域经济联系，为各区域之间的经济发展提供便利性，从而有助于使得各区域产业中心在国际市场上更具有竞争力。此外，充足的高质量的人才资源以及人才培养模式将有助于为“六大经济走廊”的发展提供持续的发展潜力。“六大经济走廊”主要为：以服务业和高科技产业为主的爪哇走廊，东爪哇省沿海地区将计划发展为化工工业中心和造船中心，而内陆地区将发展为食品和饮料生产中心；重点发展农业种植园、矿产加工和开采等的苏门答腊岛走廊，苏南省和廖岛将发展成棕油加工中心；以农业种植园和采矿业为主的加里曼丹走廊；主要以发展渔业、农业种植园及采矿业为主的苏拉威西走廊；重点发展旅游业及手工业的巴厘和努沙登加拉走廊，目标是将巴厘和龙目岛打造成旅游休闲中心；以发展渔业、矿业及林业为主的巴布亚和马鲁古走廊。

作为印尼政府对产业全方位的布局，“六大经济走廊”通过以线带面的形式推动产业全面发展，将会对农业产业化、传统制造业转型升级、现代服务业发展有很大的促进和引领作用。

（三）加快区域经济开发，实现经济协调发展

印尼经济发展一直存在较大的区域性差异，在很大程度上与政府在发展规划上重西轻东有较大关系。目前，印尼经济高度集中在西部地区，在地理上主要呈现出西部地狭人多，经济较发达，当地居民生活富裕；东部地广人稀，经济相对落后，贫困居民比例较高。

为了降低地区之间经济发展的差距，同时加强各区域之间经济的联系，促进经济全面发展，印尼政府以此为目标开始推出各项新政策。为了振兴东部经济，减少东西部经济之间的差距，印尼政府通过实施“综合经济开发区”方案，根据各地区的自然资源、人力资源、地理环境、基础设施等客观条件，将东部15个省整合为五个综合经济开发区，以发展农作物及加工工业为主，并因地制宜地制定相关产业发展方向。农作物以粮食、棕榈、杂交椰子、甘蔗、可可、家畜渔业、林木等为主；在加工工业方面，南苏、中苏、东加计划发展纺织业，南苏、中苏、北苏、西加、东加、西努、东努等省将建造纸厂，苏拉威西、加里曼丹、东努将开拓化工行业，苏拉威

西、西加、东加、西努、东努计划发展非金属制造业，苏拉威西计划发展机械制造业等。印尼东部地区拥有大量的土地资源、旅游资源和矿产资源，但由于基础设施的不足而缺乏外资和私人部门投资的流入。

为了满足爪哇和巴厘部分地区的用电需求，印尼政府规划在2010—2024年建造四座核电站的建设计划。同时，为了满足落后地区的用电需求，印尼国营电力公司发布《2010—2019年电力建设纲领》，在这10年里累计投入962亿美元用于电站和输变电网络等电力供应系统建设。总而言之，随着“六大经济走廊”战略的逐步落实，有望缓解东部地区资金、技术人才稀缺和电力、交通、运输、通信等基础设施不足的难题，增强雅加达、爪哇等经济增长及对其他地区的扩散作用和辐射作用，缩小印尼各区域间经济发展的差距。

（四）振兴制造业，增强经济发展推动力

近几年来，由于印尼制造业发展增速明显下降，一度出现“去工业化”现象，制造业作为一个国家工业化的主导力量和国民经济高质量增长最主要的推动力，这种现象对国民经济的发展产生了不利影响。为重新恢复经济增长，印尼政府陆续出台新政策，包括纺织、钢铁、汽车、天然气、矿业、海产品、棕榈油、石油化工、轻工服务业和烟草业十大产业的制造业振兴计划，目标是在2025年前将印尼发展成为世界工业强国之一。

印尼政府主要以提高制造业生产效率以及通过吸引更多来自国内外投资发展其制造业，具体措施包括：制定相关政策促进招商引资，打造有利的外商投资环境，利用政策有效引导国内资金流入制造业部门，鼓励制造业企业在技术和管理上进行升级；充分利用印尼天然资源丰富以及劳动力充足等优势，将竞争力低于周边国家产业的生产资源进行重新调配，重点放在发展具有比较优势的产业上；努力促进第一产业的发展，重点扶持农、渔、畜、牧业等，为工业发展提供原料；对技术落后、设备陈旧的传统工业进行改造，引导传统制造业更新换代和转型升级，扶持新兴制造业产业，大力发展创意经济、绿色能源和可再生能源、汽车产业、有色金属和棕榈油等产业，鼓励企业在科技创新方面加大投入，促进创新技术突破；加大科学技术人才培养力度，培养本国的科技人才，同时构建本国的创新管理体制，增强比较优势产业的科学技术水平，并以此作为其工业未来的发展重点。

第三节　印尼金融体系发展历程

印尼的金融体系是以银行特别是商业银行为主的，其金融体系主要由政府监管部门、金融机构、金融市场等共同组成。在经营和监管模式上，实行银行、证券、保险分业经营、分业监管，但同时，证券、保险等公司也允许商业银行投资参股。在东南亚金融风暴中，印尼金融体系在受到金融危机的严重影响后，政府开始大力整顿金融体系，特别是解决银行体系的问题，使得印尼金融体系的发展迈出了新的一步，推动了印尼经济在金融危机后的复苏与之后缓慢但较为平稳的增长。

一　印尼金融体系的建立

印尼是实行单一制的总统制共和国，政治经济等权力集中于中央政府。在21世纪之前，由于政治不稳定、政府缺乏管理经验、经济国家主义等因素导致印尼经历了严重的贫穷和饥荒，同时，印尼的金融发展在这段时期近乎停滞。特别是20世纪末，亚洲多国出现了严重的金融危机，再加上各种不合理的经济活动和客观原因，印尼的经济遭到重大损失，金融行业的发展也止步不前，很多国际交流处于停滞状态。直到2007年，政府主导的银行业及其相关部门的工作得到改善，并努力改善国内消费和促进出口，印尼经济增长率再次回到6%。2008—2009年，印尼受到金融危机的影响但并没有出现严重的衰退。2010年后，印尼的金融行业经历了和大多数东南亚国家一样的金融监管改革，相比较而言，不同的是印尼2017年的金融监管格外严厉，导致金融市场上出现了大量借贷企业撤资的现象。由于中国和印尼密切的金融合作关系，中国民营借贷企业在印尼占据着格外大的比重，印尼政府的调整措施直接导致一轮资本的出逃，导致金融市场出现动荡。这种局面在2019年得到了改善，政府将会对许多部门放松监管，以追求发展。

二　印尼金融体系的发展

从印尼独立以来直到20世纪末，其金融业发展极其缓慢。尤其是20世纪60年代，其金融发展几乎停滞不前。直至20世纪70年代新的政府上台，实行了一系列发展经济、扩充金融的调控措施，使得印尼的金融业发展开始提速。到20世纪末期，印尼GDP年均增长已经达到6%，金融业发展开始走上正轨，印尼跻身于中等收入国家。

在1997年亚洲金融危机爆发前，印尼全国共有144家国内商业银行，每年吸引外资约300亿美元，在金融危机后大幅下降。1997年，印尼在东南亚金融危机中受到严重影响，经济衰退，货币大幅贬值。特别是在这场金融危机中，银行业遭受重创，大量银行面临严重危机，多数面临倒闭。印尼政府迅速成立银行重组机构，接管问题银行，开始对银行业进行重组与整合。直到1999年底，印尼经济开始缓慢复苏，GDP恢复到年均3%—4%，金融行业也趋近平稳发展，银行业逐渐恢复，证券交易规模逐步扩大，外贸得到迅速增长。

三 印尼金融体系的调控与完善

（一）货币政策调控

货币政策调控是印尼政府通过调节和控制货币供应量以实现金融业发展和提高国民经济水平的宏观经济目标而采取的手段和方案。印尼货币政策调控的总体目标是保持本币币值稳定，降低通货膨胀和货币贬值力度，调整经济发展方向，促进宏观经济发展，实现充分就业，完善基础设施建设和提高人民生活水平。由于21世纪以来印尼官方货币出现了高速贬值现象，政府货币政策调控的目的在于稳定本国货币汇率，提高本币币值。

20世纪五六十年代，由于印尼中央银行没有经验，国内经济萎缩，政府软弱且对国情了解甚浅，印尼金融发展停滞不前，通货膨胀率激增，经济陷入困难的境地。加之国际收支逆差，印尼卢比对内对外都出现了大幅度的贬值。对此，1965年12月，印尼实行了重大的货币改革。1969年，印尼开始实施全面的经济复苏计划，主要围绕稳定汇率，提高币值施策。到70年代初，区域性经济一体化的形成和发展带动了世界范围的商品市场流动和繁荣，这给当时作为产品出口国的印尼带来了快速且较为丰厚的收益。尤其是在1973年，由于石油价格上涨，印尼原油开采量直线上升，石油出口增长，带动了国内能源产业和相关金融行业的迅速崛起，增加了外汇收入，改善了国际收支。此时，印尼也出现了超30%的通货膨胀率。管理部门便立即对国内的金融部门采取了紧缩措施，意图抑制货币增长速度，减少信贷。但这些措施在当时并没有起到预期效果。

1978年，印尼政府再次受到本国货币高速贬值和通货膨胀情况加重的挑战，随即采取的措施主要包括规定贷款的最高额度，调控存贷款利率，提供适当的利息补贴以及对外汇实施统一管理。为了稳定物价，印尼央行出台了更为直接的货币调控政策，以回笼货币和控制进口，主要措施包括：由中央银行严格监督商业银行并规定其贷款限额，从而使得整个商业银行的贷款实际总额低于中央银行所限定的贷款分配额；由中央银行对贷款利率、再贴现率和再贷款利率进行统一规定，必要时可由中央银行进行调整；政府对商业银行的存款利率进行加息补贴，以加强商业银行吸收存款的能力；对进口部门采取独特的“进口存款比率”管理的金融手段，即要求进口部门按进口额的一定比例，在银行进行存款，印尼央行有权根据实际情况调整这个比率。然而，由于印尼金融市场欠发达，金融产业发展不够充分和成熟，金融工具也不够丰富，这些措施虽然在一定程度上稳定了通货膨胀，但牺牲了一部分金融市场的发展，限制了国内以商业银行为主的金融产业竞争，削弱了市场化自我调节能力，在一定程度上阻碍了国内金融业的发展。

这种情况一直持续到第二次石油危机时才向积极方面转变。这一阶段印尼央行采取的主要措施包括：取消对商业银行最高信贷限额的规定；取消对商业银行的利率控制；引进公开市场业务。印尼央行开始发行债券，这种短期债券可以充当银行的超额储备或商业银行在中央银行的卢比准备，中央银行可通过债券买卖手段调节市场货币量；成立再贴现机构来补充储备货币管理体制，并负责向金融机构融通短期资金，通过提供临时性贷款鼓励它们进行长期投资。同时，为了进一步发展货币市场，印尼央行从1985年2月开始在各商业银行和其他金融机构之间或与中央银行进行新的证券交易。为吸引外资，1985年和1986年，印尼两次简化外国投资申请，对外资采取优惠的政策措施。直到2000年之后，印尼的金融改革才逐渐成熟。通过加强对国内金融业的竞争调节和利率水平，实现国内卢比定期存款和储蓄存款总额不断增长。新的货币证券市场加大了金融部门管理货币和市场准备金的力度，促进了国内货币市场的发展和繁荣。随着金融改革的深入，印尼逐步采取了更加市场化的管理措施，这为其近年来的经济稳定和持续增长奠定了良好的基础。

（二）财政政策调控

印尼实行的是中央和地方两级课税制度，税收立法权和征收权主要集中在中央。现行的主要税种有：公司所得税、个人所得税、增值税、奢侈品销售税、土地和建筑物税、离境税、印花税、娱乐税、电台与电视税、道路税、机动车税、自行车税、广告税、外国人税和发展税等。印尼按照属人原则和属地原则行使其税收管辖权。

20 世纪 50 年代到 70 年代，印尼政府软弱且对本国市场和国内经济情况摸索不清，在面对经济发展的良好时机时并没有出台有力的财政政策。国内政局的不稳定和当时政府的经验不足使得刚刚出现的金融业没有生长环境，发展格外缓慢，国家出口紧缩，加之基础建设不足，工厂仅达最低产量，金融投资更是日益萎缩。1969 年原油价格的上涨带动了相关能源产业，市场需要政府提供更加宽松和自由的环境以促进金融行业的发展。但是，不成熟的政府对市场发展需求视而不见，针对外资公司的税收规定十分烦琐和冗余。印尼没有很好地使用本国资源，这是印尼作为一个原油能源大国至今却仍需要靠大量石油进口来发展经济的原因之一。面临着经济全球化带来的产业分工，面临着其他发展中国家严重挤占其国家工业化的空间，以及通过内部产业转移限制其他国家承接的可能性和国民素质普遍低下的局面，弱小的印尼政府始终无法通过财政政策调控改善经济发展乏善可陈的局面。在政府治理方式、制度能力和腐败等问题上，印尼仍然无法与东亚甚至东南亚区域内的其他国家相比较。

直到将近 21 世纪，印尼政府才有了相对给力的表现。例如于 1999 年公布的《第七号总统令》恢复了鼓励投资的免税期政策，对纺织、化工、钢铁、机床、汽车零件等22 个行业的新设企业给予 3—5 年的所得税免征，并且当投资项目雇用 2000 人以上，或在合作社超过 20% 的股份，或不少于 2 亿美元的投资额时，可增加 1 年优惠期限。对以超过 30% 的规模进行扩大再生产项目时，对其资本货物和两年生产所需材料的进口关税进行减免；同时，政府还提供一些包含税收优惠等在内的有利政策，为一些被视为国家优先出口项目和有利于边远地区开发的项目提供帮助。由于亚洲金融危机的影响，政府被迫采取了一些保守的财政政策，将公共债务占 GDP 的比重降至接近 20%。尽管印尼政府已经提供了很多服务政策，然而，其服务金融市场的能力依然跟不上私营部门发展的脚步。如果印尼要发挥出本国的经济优势和潜力，促使金融市场繁荣，解决通货膨胀问题，就必须克服政府制度的缺陷所带给中小企业的巨大的不必要的成本，例如，合同得不到有效执行、政府监管环境的软弱和市场法律系统的薄弱以及一些不合理不完善的宏观政策等。

（三）印尼金融体系的完善与展望

2008 年的金融危机并没有对印尼造成严重影响。在此次国际金融危机期间，印尼依然保持了较为平稳和快速的经济增长。同时，印尼商业银行在这期间也表现亮眼，盈利能力增强，资产质量和数量也有明显的提升。在金融危机之后，私人消费和外资投资成为带动印尼经济增长的重要力量。其原因主要是政府在宏观政策上的转变和商业环境的改善以及不断增加对基础设施的投资等，增强了印尼对外资的吸引力。特别是针对外资的一些优惠政策，自 2007 年 1 月 1 日起，印尼政府对六种战略物资豁免增值税；在 2008 年 7 月 17 日通过的《所得税法》基础上，又出台了一系列优惠政策，以吸引外国投资；2009 年的经济特区新法律对特别经济区税收优惠政策又有了进一步的规定；自 2011 年 12 月 1 日开始，在印尼的投资者可以申请免税优惠，同时，对于申请免税优惠的投资者，必须把总投资额 10% 的资金存放在印尼国民银行。为了减少地区之间发展的不平衡，在关于地区经济发展问题上，印尼按照总体规划安排以及各地区发展状况，因地制宜地规划和出台政策措施，发挥各地区的比较优势以及提供必要的税务补贴等。此外，政府债务在总体上占 GDP 的比重也呈现出下降的趋势，实际财政赤字占 GDP 的比重一直低于预算赤字。

后来，受到全球经济不景气和美联储调整货币政策等的影响，印尼卢比一度快速贬值。国内金融市场上部分行业出现了萎缩，大部分行业依靠国外产业，内需无法被全面调动起来，影响了之后印尼的经济提速。因此，政府重视改善投资环境，大力吸引外资。2009 年印尼同中国签署为期三年、总额为 1000 亿元人民币的双边本币互换协议。2011 年、2012 年、2013 年、2014 年实际利用外资额分别为 173 亿美元、229 亿美元、223 亿美元和 230 亿美元。2013 年 10 月，中印尼两国续签该协议。2015 年 11 月，两国同意将现有本币互换规模扩大至 1300 亿元人民币。外国资本对印尼经济发展有着重要的促进作用。未来印尼政府也将继续重视和改善投资环境，扩大外资投资规模。

第四节 印尼金融机构体系

金融机构作为国民经济体系的重要组成部分，主要从事货币与信用业务等各种金融活动，为社会生产活动的顺利进行提供各类金融服务。在金融机构的分类上，根据不同的划分标准有不同的分类，国际上比较流行的是根据信用业务不同将金融机构划分为银行金融机构和非银行金融机构。东南亚金融危机对印尼的经济、金融造成了强烈的冲击，但经过一系列改革之后，印尼的金融业获得了长足发展。至今为止，印尼形成了以印度尼西亚银行、DGFI、BAPEPAM 三大监管机构为核心，银行金融机构与非银行金融机构共同发展的金融机构体系。

一 印尼金融机构体系概况

在印尼的金融机构体系中，银行金融机构主要包括中央银行、商业银行、伊斯兰银行、乡村银行等，非银行金融机构主要包括合作社、保险公司、证券公司、租赁公司、投资公司、托管公司等。

自遭受东南亚金融危机重创后，印尼政府采取一系列措施对银行业进行了重组和整合，收到了良好的效果，改善了商业银行的资产质量，其盈利能力也得到明显提升。同时，印尼央行也对银行系统架构进行了调整，提高针对金融机构的监管能力，完善银行法律法规，优化银行的管理运营，促使银行经营管理更加透明，强化内部控制，监管机制逐渐向国际标准转轨。

二 银行类金融机构

作为印尼金融业的核心，银行业在东南亚金融危机中遭受严重影响后，是政府率先进行改革和重点监管的行业之一。目前，银行部门资产在印尼金融机构资产中占有较大比重。

（一）中央银行

1. 印尼中央银行概况

印度尼西亚银行（Bank Indonesia，BI），是印尼的中央银行。其前身是印尼殖民时代的荷兰银行——爪哇银行（DJB），爪哇银行于 1953 年 7 月 1 日被收归国有，在其基础上建立起印度尼西亚中央银行，它是一个独立的国家机构。作为印尼的中央银行，印度尼西亚银行的首要目标是建立和维持印尼卢比的稳定。

1999 年 5 月 17 日，印尼颁布了新的《中央银行法》，该法赋予印度尼西亚银行作为一个独立的国家机构的地位，使它不受政府或任何外部因素的干涉。作为独立的国家机构，印度尼西亚银行在制定和执行该法案规定的每项任务和授权时具有完全自主权。严格禁止任何外部力量干预印尼央行执行其任务，印尼央行有义务拒绝或无视任何一方以任何形式进行的任何干预的尝试。

这种独特的地位是必不可少的，这样才能使印度尼西亚银行更有效地发挥其作为货币当局的作用和职能。同时，印度尼西亚银行既是公共法律实体又是私人法律实体，其地位由法律决定。作为公共法律实体，印度尼西亚银行有权发布政策法规，这些法规对公众具有约束力。作为民事法律实体，印度尼西亚银行可以在法院内外代表自己行事。

2. 印度尼西亚银行的发展历史

在欧洲人开始殖民统治前，印尼群岛已经成为国际贸易中心。同时，重商主义在欧洲已经发展成为一场工业革命，并刺激了欧洲贸易活动，这引发了简单的银行机构的出现。然后，西方人采用这种银行体系，扩大贸易活动，同时殖民了印尼群岛。

1828 年，荷兰殖民政府成立了一家名为爪哇银行（DJB）的流通银行。之后，这家银行一直根据荷兰王国统治者的专有权经营和发展着。

1945 年 8 月 17 日，印度尼西亚宣布独立。在起草的宪法中，印尼提出了建立中央银行的目标，以巩固其领土和经济货币的统一。1949 年的圆桌会议结束了印尼人与荷兰人之间的冲突。之后，爪哇银行（DJB）被确定为印度尼西亚联邦共和国的中央银行。这种地位一直保持到印度尼西亚共和国回归并形成统一国家。此后，印度尼西亚共和国作为主权国家，将其中央银行国有化。从 1953 年 7 月 1 日起，爪哇银行（DJB）被收归国有，成为印度尼西亚共和国中央银行。

印度尼西亚银行作为中央银行履行职责时，其管理由货币委员会、董事会和顾问委员会进行统筹。印尼的货币政策由货币委员会制定，政府对此负责。由于战后经济状况不佳，采取的第一个货币政策是通过进出口活动来改善外汇储备状况。在引导型经济时期，政府支出赤字一直在增加，特别是为政府的政治项目提供资金。通货膨胀率持续飙升，这迫使政府分别在1965年和1989年出台两项货币紧缩政策。之后，政府通过稳定和复兴计划进入了经济复苏期，随后又在早期对金融和货币部门实施了放松管制政策。

1968年，在颁布《中央银行法》之后，印度尼西亚银行以其原名成为印度尼西亚共和国在法律上的中央银行。印度尼西亚银行在扮演中央银行角色的同时，在货币委员会的帮助下，通过实施政府政策协助政府制订发展计划。此时的印度尼西亚银行不再隶属于货币委员会。在1997年中期，印尼遭受东南亚金融危机的严重打击。印尼卢比汇率疲软，支付系统陷入停滞，许多离岸贷款变得不稳定或成为坏账。印尼开始采取一连串措施，从1988年签署的意向书到货币紧缩政策，再到IMF发起的一系列复苏计划。幸运的是，印尼成功地渡过了这次危机。在改革时期，经济缓慢复苏，同时政治条件也在改善。

与此相应的是，1999年颁布的《关于印度尼西亚银行的第23号法案》（该法案在2004年被第3号法案修改）成为印度尼西亚银行的里程碑。通过此法案，印度尼西亚银行在履行职责和权限时变成了一家独立的国家银行。根据该法案，印度尼西亚银行有义务以通胀率作为基础，进行计划和货币控制。从那时起，印度尼西亚银行在国家机构中享有特殊地位，即独立的国家机构且不受政府和其他任何组织的干预。然而，在执行可持续、一致、透明的货币政策时，印度尼西亚银行必须考虑政府的总体经济政策。

2013年12月30日，印尼中央银行微观审慎的监管职能被转移到印度尼西亚金融服务管理局（OJK）。未来，印尼中央银行通过货币政策和宏观工具与政策维持印尼金融体系和货币的稳定。

3. 印尼银行的组织架构

印尼央行在管理体制上是由一个管理委员会领导的。该委员会成员由印尼总统任命并须经国会批准，其成员包括一名总裁和一名高级副总裁以及4—7位副总裁。在对央行的监管方面，印尼政府协助国会成立一个专门监督机构负责对央行进行监督，意在加强印尼央行的可靠性、独立性以及透明度与信用度。监督机构的主要职责包括检查印尼央行的年度财务状况，检查印尼央行的营运与投资预算，以及检查印尼央行货币政策以外的运营及资产管理方面的决策程序。

在组织架构上，印尼央行下设货币部门、宏观审慎部门、支付系统和卢比管理部门、政策支持部门、组织支持部门以及代表机构六个部门。其中，在国内有 47 个代表机构，国外分别在纽约、伦敦、东京、新加坡和北京五地设有代表机构。

印尼央行通过其下设的六个部门行使其职能并对管理委员会负责。印尼央行行长，副行长任期为五年，最多连任两届。副行长由行长提名，由印尼总统任命，经印尼人民代表委员会批准。总统没有权力解雇董事会成员，除非当董事会成员自愿辞职，身负永久伤残，或者被证明犯有刑事罪行。印尼中央银行行长董事会会议是印尼中央银行最高决策论坛。它每月至少召开一次会议，以决定印尼货币事务的一般政策，每周至少做出一次评估政策实施或其他战略和原则的政策决定。

4. 印尼央行的功能

（1）愿景

印尼央行的愿景是成为对印尼国民经济做出切实贡献的中央银行，并成为新兴市场国家中最好的中央银行。

（2）职能

印尼央行的职能是通过有效的货币政策和印尼银行相关措施的组合，保持印尼卢比的价值稳定；通过有效的宏观审慎政策与金融服务管理局（OJK）的微观审慎政策相协同，保持金融体系的稳定性；通过与政府和其他战略合作伙伴政策协同提升印尼银行的支付系统政策，发展数字经济和金融；通过制定印尼银行的相关政策组合，以及与政府的财政政策、结构改革以及其他战略伙伴政策之间取得协同作用，支持宏观经济稳定和可持续的经济增长；通过加速金融市场深化，增强印尼银行政策和经济政策（包括基础设施）的有效性，在国家一级和区域一级发展伊斯兰经济和金融；加强印尼银行在国际上的地位，提升印尼银行在组织、人力资源治理和信息系统等方面的实力。

（3）货币政策目标

作为中央银行，印度尼西亚银行实行的是单一目标制，即实现并保持印尼卢比的价值稳定。它将通货膨胀所反映的商品和服务价格的稳定性定义为卢比的稳定性。为了实现这一目标，印度尼西亚银行在 2005 年决定采用通货膨胀目标框架，在该框架中，通货膨胀是主要的货币政策目标，同时坚持自由浮动汇率制度。汇率稳定在实现价格和金融体系稳定方面起着至关重要的作用。因此，印尼央行还制定了汇率政策，旨在最大限度地降低汇率的过度波动，而不是将汇率钉在特定水平上。同时，印度尼西亚银行通过制定和执行货币政策、规范和保障支付体系畅通以及金融系统稳定这三大支柱相互结合，高效地实现和维持印尼卢比价值稳定的目标。

为此，印尼央行有权通过制定货币目标（例如货币供应或利率）来实施货币政策，其主要目标是将通货膨胀率保持在政府规定的水平上。在操作层面上，这些货币目标依赖于工具的使用，包括在印尼卢比和外汇货币市场上的公开操作，在折现率、最低准备金要求以及监管信贷或融资等方面进行调整。在货币管制方面，印尼央行也可以根据伊斯兰教法实行相关政策措施。

（4）印度尼西亚银行的作用

印度尼西亚银行承担着三重职责，即作为货币授权机构以及银行系统和支付系统的监管机构。因此，印尼央行的重要任务不仅是维护货币稳定，还在于维护金融体系的稳定。货币稳定性和金融体系稳定性是保持经济平稳运行的重要条件，货币稳定对金融体系的稳定有着重要影响。同时，金融体系的稳定是货币政策得以有效实施的基础。金融体系为货币政策提供了渠道，任何金融体系的不稳定都会阻碍货币政策的正常传递。并且货币政策的不稳定将从根本上影响金融体系的稳定性，将导致金融体系无法有效运行。

在具体实施上，印尼央行首先通过在公开市场操作中使用利率来维护货币稳定，同时还采用其他手段。印尼央行必须建立适当的、均衡的货币政策。原因是对货币稳定的任何破坏都会直接影响经济的各个方面。通过高利率实施的过于紧缩的货币政策将抑制经济活动，反之亦然。因此，为了创造货币稳定，印尼央行采取了称为通货膨胀目标框架的政策。

其次，印尼央行在使金融机构（尤其是银行部门）良好运营方面发挥着至关重要的作用，其主要通过监督和管理机制来提高银行机构的绩效。与其他国家一样，印尼的银行业在金融体系中也起着主导作用。因此，该部门的任何失败都可能导致金融不稳定和经济中断，为防止此类事件的发生，必须维持有效的银行监管和银行政策体系。此外，市场纪律必须通过监督和管理权以及执法来运作。有证据表明，采用市场原则的国家可以从稳健的金融体系中受益。执法行动还旨在保护银行系统和利益相关者，同时增强其对金融系统的信心。另外，印尼央行的权力包括维持健全的支付系统。任何一位参与者的支付系统出现故障，都将导致严重的支付系统中断风险，同时，还可能会传染，进而引发系统性风险。为了减轻支付系统中的这种风险，印尼央行制定了特定的监管框架，并启动了支付系统运作新机制，大大提高了支付系统交易的安全性和速度。作为支付系统主管机构，印尼央行还可以获取必要的信息，以识别支付系统中的潜在风险。

再次，印尼央行要利用其研究和监控能力来获取有关金融稳定或威胁的信息。印尼央行采用宏观审慎措施来监控金融部门中的漏洞，并检测可能影响金融系统稳定性的潜在冲击。这些指标是使用内部研究功能在印尼央行系统上开发的，然后，通过这种监控生成的信息将被用于提出建议，以使有关部门在应对金融干扰时制定出最适当的措施。

最后，印尼央行在中央银行最后贷款人的职能下运作金融系统安全网。最后贷款人功能是印度尼西亚银行作为中央银行在危机管理中所扮演的传统角色，其主要目的是防止金融系统不稳定，包括在正常和危机条件下提供流动性。这种支持仅扩展到可能面临流动性问题，进而引发系统性危机的银行。在正常情况下，最后贷款人功能可用于遇到暂时流动性不匹配的银行，这些银行仍必须具有足够的还款能力。在运行最后贷款人功能时，印尼央行必须避免道德风险。

（二）商业银行

商业银行在印尼的金融体系中担任非常重要的角色，为印尼经济发展提供重要的金融中介服务，其主要分为商业银行和农业银行。商业银行通常以传统商业银行经营原则或伊斯兰教义为基础开展业务，提供交易支付服务；农业银行除了不提供清算交易支付服务外，其他也同商业银行一样，以传统商业银行经营原则，同时部分兼有以伊斯兰教义为基础开展业务。伊斯兰教义是部分商业银行同其他团体进行资金存放、融资交易或其他准则中所规定业务的协议准则。

印尼的四大国有商业银行分别为曼迪利银行、印度尼西亚人民银行、印度尼西亚国家储蓄银行、印度尼西亚国家银行。截止到 2019 年第三季度，曼迪利银行总资产规模达到 1280 万亿卢比，印度尼西亚人民银行总资产规模为 1310 万亿卢比，印度尼西亚国家储蓄银行总资产规模为 316 万亿卢比，印度尼西亚国家银行总资产规模为 815 万亿卢比。印尼的农村银行是按常规或基于伊斯兰教义开展业务活动的银行，它们在活动中不提供付款业务服务。

与其他商业银行活动相比，农村银行的活动要狭窄得多，因为农村银行禁止接受活期存款，禁止进行外汇交易和保险。它们仅可以实施以下业务：以定期存款、储蓄存款或其他等效形式的存款形式向公众收取资金。

（三）伊斯兰银行

1. 印尼伊斯兰银行简介

为了提供替代印尼经济的更广泛的银行服务，印尼伊斯兰银行业务的发展是在符合印尼双重银行体系下实施的。伊斯兰银行业务和传统银行业务系统在增强国民经济部门融资能力的框架内，共同和协同支持广泛的公共资金动员。

伊斯兰银行业务的特点是基于合伙制和互惠互利原则，为公众和银行提供互惠互利的可替代的银行体系。通过强调生产中的团结和伙伴关系的价值，并避免金融交易中的任何投机活动，该系统将优先考虑与交易和道德投资公平相关的方面。通过提供由可变金融计划支持的各种产品和银行服务，伊斯兰银行业务是所有印尼人都能毫无例外地受益的可靠替代方案。

在宏观经济管理的背景下，广泛使用各种伊斯兰金融产品和工具将有助于使金融部门和实体部门联系在一起，并在两个部门之间实现协调。除了支持金融和商业以外，伊斯兰产品和工具的广泛使用还将减少投机交易，从而使经济支持整个金融体系的稳定。

2. 印尼伊斯兰银行业发展政策

印度尼西亚银行在2002年编写的《印度尼西亚伊斯兰银行业发展蓝图》为伊斯兰银行业的利益相关者提供了指导，并确定了印度尼西亚银行在印度尼西亚发展伊斯兰银行的立场和愿景。

伊斯兰银行业务的发展旨在为公众提供最大利益，并为国民经济做出最佳贡献。因此，其发展路径总是参考其他战略计划，例如印尼银行体系结构、印尼金融体系结构以及中期国家发展计划和长期国家发展计划等。因此，发展伊斯兰银行业务的政策是，支持在国家层面实现发展网络中更大规模的战略计划。

印尼央行所设想的伊斯兰银行系统是具有开放性和普遍性的现代伊斯兰银行系统，无所不包地涵盖了所有印尼人。它指的是呈现伊斯兰经济概念适用形式的银行系统，只有这样做，伊斯兰银行业的发展才是印尼人永远认可和接受的，成为解决该国所遇到的各种问题的一个金融部门。

根据印尼发展伊斯兰银行业务的具体努力，印度尼西亚银行制定了一项伊斯兰银行市场发展大战略，确定2010年使伊斯兰银行业成为领先东盟地区的金融业，创造了具有包容性和普遍性的伊斯兰银行业的新形象，绘制了更准确的细分市场，开发了更多种类的产品，改善了服务。

因此，在伊斯兰银行业市场发展大战略的实施阶段，它们将执行不同的具体计划，包括但不限于以下措施。第一，在2009年第一阶段对伊斯兰银行业发展提出新的愿景，以实现对伊斯兰银行业的超越理解，在2009年第二阶段实现资产目标达到50万亿印尼卢比和40%的工业增长，目标是将印尼伊斯兰银行业定位为东盟较具吸引力的银行。2010年第三阶段的目标是使印尼伊斯兰银行业成为东盟领先的伊斯兰银行。第二，伊斯兰银行业的新形象计划，包括定位、差异化和品牌化方面。伊斯兰银行的新定位是为双方提供互惠互利，在各种产品和计划方面具有差异化竞争优势，制定透明性、称职和道德的金融产品，采用更新且易于使用的信息技术以及成为伊斯兰金融的合格投资专家。在品牌方面将以“伊斯兰银行，而不只是银行”（超越银行业务）为代表。第三，新的计划可以更准确地反映伊斯兰银行业的市场潜力，该计划通常将伊斯兰银行服务作为普遍服务向所有人群和所有阶层开放的银行。第四，针对各种产品实施产品开发计划，以所提供的独特价值（互惠）为支撑，通过广泛的办公网络以及使用易于理解的产品名称标准予以加强。第五，在优秀的人力资源和信息技术的支持下，以服务质量满足客户的需求和提高其满意度。第六，通过各种直接或间接（印刷品、电子媒体、网站等）交流渠道，为公众利益提供更广泛、更有效的社会化的教育计划，其目的是帮助公众理解可从中受益的伊斯兰银行产品和服务的优势。

三　特色金融机构

互联网金融体系在印尼的发展较为迅速，但发展并不完善。近年来，得益于人口数量和世界经济一体化的影响，尽管在科技水平、传播发展、市场范围等方面出现了不足，然而印尼仍然是东南亚地区值得期待的有潜力大国。2016 年，印尼成为全球互联网用户人数增加最多的国家，2017 年超半数国民成为互联网行业的使用者，其数字在 2018 年和 2019 年还在不断提高。由此可见，印尼的互联网经济已经进入了蓬勃发展的时期。

其中，中国从和印尼建立良好的外交关系和经济伙伴关系以来，不断在新兴产业方面和印尼达成共识，并给予印尼经济以帮助，促使两国在经济往来上更加密切。在互联网行业和新兴金融体系中，中国互联网公司和印尼相关公司达成了大量的合作和共识，中印尼合作互联网金融已经成为印尼相关公司金融市场不可忽视和极具特色的一部分。例如，2015 年，阿里巴巴与印尼首家电子支付公司 DOKU 签署相关协议，帮助其快速跟踪和简化印尼客户的付款。2016 年，阿里巴巴又收购了东南亚最大的电商 Lazada 的股份，并为其增资 10 亿美元，该公司的主要市场正是印尼。百度与印尼本土风投机构 Convergence Ventures 建立战略合作，推出联合办公空间，支持初创公司，孵化并投资优质项目。

四 金融监管机构

（一）金融服务管理局（OJK）

在印尼，除央行外，还有一个重要的监管机构就是金融服务管理局。金融服务管理局是根据 2011 年第 21 号法律建立的一个独立的国家机构，其职能是监管银行、资本市场以及非银行金融领域中的所有金融服务活动。其中，非银行金融和资本市场的监管任务于 2012 年 12 月 31 日正式从财政部和资本市场金融机构监管局移交给金融服务管理局。而银行业的监管则于 2013 年 12 月 31 日由印尼央行移交给金融服务管理局。

金融服务管理局成立的目的是使金融服务部门的所有活动均以有序、公平、透明、负责任的方式进行，以维持可持续、稳定增长的金融体系，并且保护消费者和社会的利益。随着金融服务管理局的成立，它有望能够支持整个金融服务部门的正常运行，从而提高经济竞争力。此外，金融服务管理局必须保护国家利益。

金融服务管理局的愿景是成为值得信赖的金融服务业监管机构，保护消费者和社会的利益，并将金融服务业变成国民经济的支柱，使国民经济具有全球竞争力并促进公共福利。金融服务管理局的职责包括：发放及吊销银行营业执照和许可证；监管银行业务活动，包括资金来源、资金提供、混合产品以及金融服务部门的活动；对银行的相关经营指标进行监控，主要包括流动性、盈利能力、偿付能力、资产质量、最低资本充足率、最高贷款限额、贷存比和银行准备金；监管与银行经营状况有关的银行对账单；管理债务人信息系统；监督信贷和银行会计准则的执行，对银行审慎方面的监督包括银行的风险管理和治理状况等；宣传反洗钱原则；防止资助恐怖主义和银行犯罪，等等。

金融服务管理局在履行其职责时基于以下原则：独立性原则，即在决策和执行职能时，在职责和权限方面具有独立性，同时仍要遵守适用的法律和法规；法律确定性原则，即法治原则，在执行每项政策时优先考虑法律法规和正义的基础；公共利益原则，即捍卫和保护消费者和社会利益，促进公共福利的原则；开放性原则，即公开原则，让公众有权继续关注个人和团体人权以及国家机密，包括立法规定的机密，以获取有关金融服务管理局执行情况的真实性；专业原则，即在以道德守则和法律规定为基础的情况下，优先考虑执行金融服务管理局职责和权限的专业原则；诚信原则，即金融服务管理局在运作中所采取的每项行动和决定，始终坚持道德价值观的原则；问责制，即坚持金融服务管理局实施的每个活动及其最终结果必须对公众负责的原则。

金融服务管理局由金融服务管理局委员会管理，金融服务管理局委员任期 5 年，可以延长一个任期。目前的金融服务管理局委员会履职期间为 2017 年至 2022 年底。该委员会的每位成员均有权对管理过程中的每个决策发表意见，并具有以多数票做出决定的投票权。该委员会包括金融服务管理局委员会主席、金融服务管理局委员会副主席兼道德委员会主席、银行监督执行主管兼金融服务管理局委员会委员、资本市场监督执行主管兼金融服务管理局委员会委员、非银行金融机构监督执行主管兼金融服务管理局委员会委员、审计委员会主席兼金融服务管理局委员会委员、负责消费者教育和保护的金融服务管理局委员会委员和一名来自财政部的金融服务管理局委员以及来自印尼央行的金融服务管理局委员。

为了实现金融服务管理局（OJK）的管理职能，其有八个主要的策略。一是整合金融机构的监管。目的是通过政策协调来减少和消除重复和分散的安排，以此提高效率和减少仲裁的政策一致性，从而鼓励金融业的平等，降低行业和社会成本。将参考金融服务部门发展架构进行整合，该架构将印度尼西亚银行和资本市场金融机构监管部门制定的各种总体计划进行协同。二是提高监管能力。通过采用更好的监管框架并针对金融部门的复杂性、规模进行调整来实施监管。此外，将为所有金融部门开发最新的整体监测方法，包括改进风险评估方法和及早发现金融机构的问题。三是增强金融系统的弹性和绩效。采取这一策略的重点是加强所有金融机构的流动性和资本，使其在正常时期和危机中更具弹性。四是支持改善金融体系的稳定性。除单独监管和监督金融业外，金融服务管理局还分析和监视每个金融机构中潜在的系统性风险。以综合方式进行的监督将为金融服务管理局提供空间，使其可以更紧密地监视各种可能的风险并采取缓解措施，尤其是金融集团中发生的风险。五是加强金融机构的治理和风险管理文化建设。金融服务管理局将在所有金融服务机构中采用平等治理和风险管理的原则，形成良好的治理和风险管理文化。六是建立一个综合的金融消费者保护体系，并进行大规模、全面的教育和宣传。需要用这种策略来简化和加强仍然广泛使用的消费者保护形式，以便与教育和推广活动一起，在金融服务机构和金融消费者之间创造一个平等的竞争环境。七是提高管理人员的专业性，以满足主管能力建设的需求。八是改善内部治理和质量保证。为此，金融服务管理局将在各个级别实施一致的质量标准，使金融服务管理局的目标与利益相关者的需求保持一致，包括与业界定期进行对话，并确保做出适当的决策以使社会受益。

（二）金融服务管理局的机构关系

1. 金融服务管理局与印尼央行的关系

金融服务管理局在银行监管方面可以与印尼央行进行协调，例如，在满足银行最低资本要求的义务或从国外接受资金、接受外汇资金或外国商业贷款的政策方面进行沟通。金融服务管理局还可以与印尼央行一起制定银行监管法规。印尼央行和金融服务管理局在确定银行政策或法规方面的看法一致，将导致强大的银行系统能够处理所有情况。在制定法规方面，印尼央行和金融服务管理局必须进行银行信息交换，通过信息交换，印尼央行和金融服务管理局可以轻松地在任何时间及时地访问每个机构所提供的银行信息。每个机构所拥有的战略信息和所获取信息的便利性极大地支持了任务执行的有效性

在银行审查方面，印尼央行和金融服务管理局也保持着互惠关系。在

与金融服务管理局协调后，印尼央行在某些条件下可以对银行进行特别审查。反之亦然，如果金融服务管理局识别出某些银行的状况恶化了，它将立即通知印尼央行。彼此相互合作对于预测银行业状况的负面系统影响非常有效。通过这种合作，双方可以迅速采取适当的行动。

2. 金融服务管理局与印尼存款保险公司之间的关系

根据2011年第21号法律的第41条，金融服务管理局将陷入困境并进行重组的银行通知印尼存款保险公司。同样，印尼存款保险公司可以检查银行的职能、职责和权限，并与金融服务管理局事先进行协调。

3. 金融服务管理局的综合监管

（1）金融服务管理局的监督与其他监督的差异

金融服务管理局的监管对消费者的保护和教育给予关注。金融消费者的保护和教育旨在实现两个主要目标。首先，增加投资者和消费者对金融服务业每项活动和商业活动的信任；其次，以公平、有效、透明的方式为金融服务业的发展提供机遇。从长远来看，金融业本身也将获得积极的好处，以刺激人们提高对金融服务的需求，从而提高效率。

（2）金融服务管理局实施综合监督的背景和其他权限

1997—1998年经济危机要求印尼政府改革银行业，以稳定金融体系并防止危机再次发生。在这方面，公众需要一种能够监督各种金融活动的监管模型。每种监管模式都有其优点和缺点。监督机构必须在面对危机时具有应变能力，具有高效率，这体现在成本和职责分工的明确性上，并在公众眼中具有良好的感知力。同时，金融服务管理局有权进行调查，以调查对消费者有害的金融机构案件。金融服务管理局的调查人员可以将其调查结果提交给检察官并进行起诉。

第五节　印尼金融市场体系

作为实现资金融通的金融市场，资金需求者通过承担债务，出售金融工具以获得一定的资金，资金供给者通过交换或购买资金需求方所发行和销售的金融工具，从而获得相应的金融资产。金融市场正是通过金融工具的这种交换行为为资金供求方提供平台，使得资金得到融通。按不同的划分标准可将金融市场分为不同类别，以下主要从交易对象角度介绍印尼的外汇市场、证券市场、债券市场和保险市场的具体发展现状。

一 外汇市场

外汇市场作为金融市场的重要组成部分，主要从事外汇买卖。其往往并不一定存在具体的实体交易场所，通常是供求双方利用信息化手段进行外汇买卖的无形市场。

在关于外汇和印尼卢比的交易方面，印尼主要遵循的是由央行于2005年7月颁布的《印度尼西亚卢比与外汇交易限制法》。该法案对外汇和印尼卢比交易做出相关规定，即除了该法案允许范围内提交相关证明材料的，禁止岸内银行给非居民发放贷款，禁止将印尼卢比资金转账至海外银行账户等。印尼央行又强调，该法规的目的是通过禁止印尼卢比在海外市场的流通，以减少印尼卢比汇率的波动，而非取消自由浮动汇率制或对资本项目进行管制。

2013年，印尼央行又规定关于银行客户向银行购买外汇的新条例，即个人如果一个月购买超过10万美元的外汇，只能通过银行进行交易，而不能通过货币交易商。为抑制市场汇率的过度波动，印尼央行也会对外汇市场进行干预，一般在外汇市场上印尼卢比供给过多时，印尼央行会通过国有银行卖出美元，以减小汇率的波动。同时，印尼央行偶尔也会要求商业银行减少投机交易。

在对外汇市场的监管方面，印尼央行采取以下措施，在岸内市场上，即期和远期外汇交易可自由进行。客户可以在持有外汇业务经营许可证的银行开立可自由兑换货币账户，对非居民持有印尼卢比和外国货币没有限制；在岸外与岸内交易方面，岸外银行可自由进行印尼卢比与美元的即期交易，或与岸内银行签订买入印尼卢比，卖出美元的远期合约。除了在符合央行相关的豁免规定下，任何与印尼卢比有关的外汇买卖交易都必须通过岸内银行进行，所有向交易对手支付的印尼卢比都必须转入岸内银行账户。

随着印尼经济的发展，其外汇市场也不断发展。为了丰富印尼央行的外汇储备，2012年印尼央行开始购买在中国大陆发行的人民币计价债券，并将人民币资产纳入其外汇储备。截至2020年末，印尼的外汇储备规模已经达到约1277.09亿美元。

二 证券市场

印尼独立后，它重新恢复资本市场的标志是1976年资本市场执行机构的成立。1977 年 8 月，雅加达股票交易所（Jakarta Stock Exchange）在资本市场执行机构的主导下正式启动交易。

1977 年至 1987 年，印尼股票交易所发展较为缓慢，其交易并不活跃，仅有 24 家上市公司，这期间人们更偏向于银行工具而不是资本市场工具。1988 年，由货币和证券贸易联盟管理的印尼平行交易所（BPI）成立。直到 1989 年，印尼政府放宽了银行和资本市场的管制，雅加达股票交易所对外国人开放，市场交易活动逐渐变得活跃，同时，也允许证券交易所私有化。1989 年，作为私人公司管理的泗水证券交易所正式开始运营。1992 年，雅加达股票交易所被私有化。原先的资本市场管理部门，即资本市场执行机构也更名为资本市场与金融机构监管机构，归属印尼财政部管辖。1995 年，印尼政府颁布了关于资本市场的第 16 号法令，从法律形式上对资本市场执行新的约束，明确将印尼的资本市场发展为一个公平、有序、高效和透明的市场。同年，印尼平行交易所（BPI）与泗水股票交易所合并。2007 年，泗水证券交易所（SSE）又与雅加达证券交易所（BEJ）合并，并更名为印尼证券交易所（BEI）。

图 15 - 14 显示了 2011 年到 2020 年印尼雅加达综合股票指数，反映出

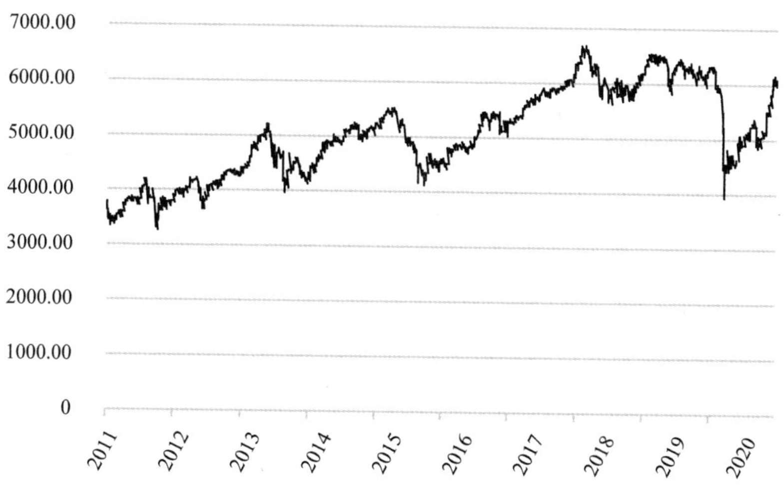

图 15 - 14　2011—2020 年雅加达综合股票指数（收盘价）

资料来源：Wind 数据库、印尼证券交易所网站。

印尼的股票市场虽一直有波动，但总体上呈现上涨的趋势。2020 年，由于全球新冠肺炎疫情的暴发，印尼股市指数骤降，随后又迅速上升，基本回到 2019 年末的水平。

图 15 - 15 显示的是 1989 年到 2019 年印尼国内上市公司数量以及上市公司市值。截止到 2019 年，印尼国内共有 668 家上市公司，总市值约为 5233. 22 亿美元。印尼政府重视其股票市场的发展，其股市也存在巨大的发展空间，政府正努力提高投资市场的参与度与股票市场的活跃度，希望通过股市的蓬勃发展带动国内的投资和工业发展，培养规模大、竞争力强的优秀上市企业。

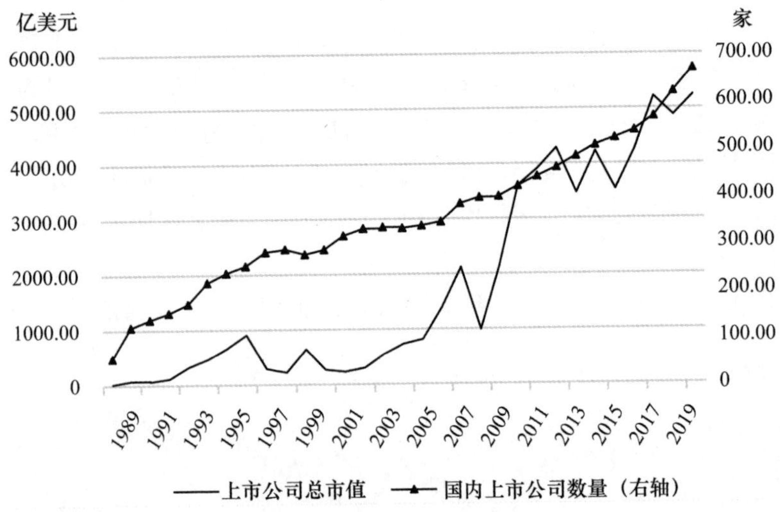

图 15 - 15 1989—2019 年印尼上市公司数量与上市公司总市值

资料来源：世界银行网站。

三 债券市场

印尼债券市场主要交易的债券包括印度尼西亚央行债券、印度尼西亚政府债券（包括财政证券和主权债券）、调整资本结构债券、国家机构债券、可转让大额存单、商业票据、中期债券、企业债券，其中由印尼央行以印尼卢比标价发行的短期债券是印尼央行进行公开市场操作的主要工具之一。

在债券上市交易前，必须经由印尼当地的评级机构进行评级，并且还必须在资本市场监督机构注册登记。参与债券市场交易的人员一般主要为当地投资者。在针对外国投资者方面，印尼的债券市场对外国投资者在进入方面并没有限制，只是对外国投资者在债券投资交易中所获取的利息收入以及债券买卖交易的收益征收 20% 的预扣税，但如果存在双边税收协定，其预扣税税率可降至 10%。

目前，印尼债券市场主要交易对象仍然以政府债券为主。自 2012 年开始，印尼政府允许地方政府自行发行债券。同时，印尼财政部也颁布了相关法规，对有关地方债券发行程序和问责制度进行规定，在规则允许的范围内，地方政府可以为各种基础设施建设筹集资金的名义发行地方债券，并通过征收基础设施使用费来扩充地方财政收入，以进一步促进地方基础设施建设。

四　保险市场

印尼的保险市场发展较为缓慢，其寿险渗透度仍然较低。据有关统计，截至 2018 年 3 月，寿险渗透度仅有 7.1%，寿险保费也仅占 GDP 的 1.1%，这显示出印尼保险市场的发展潜力非常巨大。此外，印尼民众的平均年龄不到 30 岁，一半以上的人口低于 30 岁，因而国家有着更多的劳动人口。据预估，在 2030 年以前，印尼的劳动人口数将达总人口数的 70%。更重要的是，印尼有着更强大的消费力，中产阶级的消费能力将会大幅度提升，预估到 2030 年将会是现在消费能力的 3—4 倍。

第六节　印尼金融体制

纵观印尼金融体系构架及其金融体制，可见银行业在印尼金融体系中占据着主导地位，而农村信用银行机构的数量又明显多于商业银行机构数，说明印尼在金融体制建设上较注重农村落后地区的金融经济发展。相对地，印尼的非银行类金融机构规模较小，且种类不是很多，所占据的比例也不大。不过，近些年来，印尼正逐步加大对外开放力度，并以东盟人口最多、领土面积最大国的身份活跃于国际舞台上。显然，这样的金融体制对于促进中国与东盟区域金融合作有着较大的积极作用。

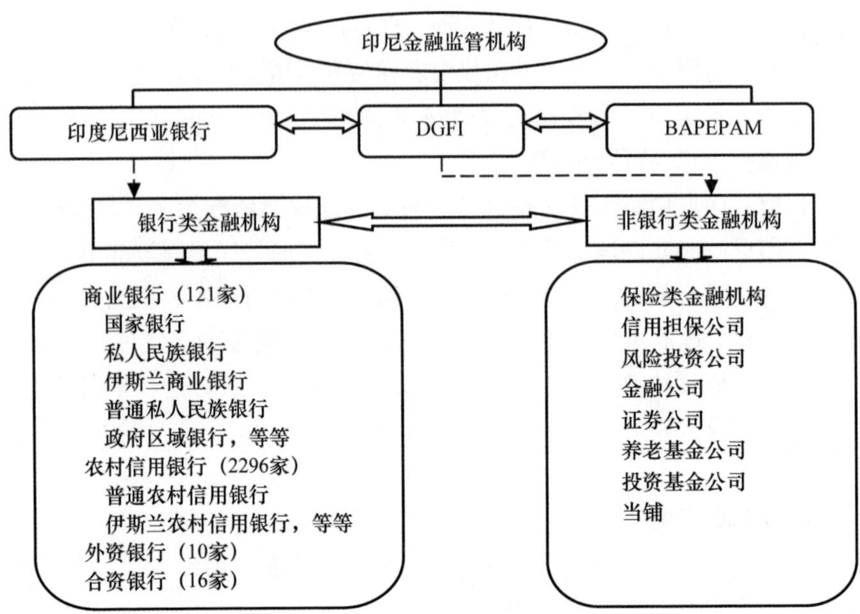

图 15－16 印度尼西亚金融体系架构

资料来源：根据《2009 年印尼金融稳定报告》整理。

一 银行体制

亚洲金融危机的影响，印尼金融产业面临着不小的风险。为努力提高银行产业自身的实力，更多地发扬其在推动经济发展，振兴金融产业方面的作用，印尼推出了银行体制改革，并不断尝试实施更多更全面的措施。印尼的银行体系形成于20 世纪60 年代，由于当时印尼新政府刚刚上台，为了推动国内金融体系建设，印尼决定建立一套较为完善的银行体系，并于1967 年颁布了第一部银行法。之后，印尼银行体系经过改革不断完善，得到了较为全面的发展，形成了由中央银行、国营银行和私人商业银行、外资银行等共同组成的银行体系。然而，随着亚洲金融危机的爆发以及资本市场所显现出来的矛盾不断深化，印尼的银行金融体系的弊端开始凸显，也面临着多种危机。随着印尼金融体系的进一步改革，才使其逐渐实现平稳发展。

（一）银行设置方式

通常来讲，银行在设置方式上有单一银行制和分支行制。单一银行制在组织形式上是由一个独立的银行机构经营银行的业务，不再设立分支机构；

而分行制在组织形式上，各地可以设立分支机构，共同经营业务。印尼各大银行多选择分支行制，而且分支机构和当地信仰的伊斯兰教多有着密切的文化联系，这让印尼的银行制度既有着独特的紧密联系度，又会在一定程度上阻碍银行业的发展。按照各地不同的经济状况会有选择地设立分支机构，或者按照行政级别和各地区隶属关系设置分支机构，在同等建制的行政区域内，设立同一等级的分支机构，例如总行一般设在大城市或是省会城市，所有分支行统一听总行的指挥和调度。商业银行一般采用前一种方式，即按照各地的经济状况来设立分行，而由政府组织管理的中央银行和一些国家专业银行则按照后者，即依据行政地区的级别划分在各地设立不同级别的分行。而印尼银行的申请和审核都依照中央政府统一的标准来进行，在实施全国统一管理的同时在一定程度上也加大了银行被约束的程度。

印尼的银行规模可以按业务发展需要而扩展，以实现规模效益。同时银行业过分集中，使资本无法快速流通，很容易造成垄断，各个银行的分支机构太多也会给行业工作和管理带来困难。在遭受东南亚金融危机重创后，印尼国内银行制度不断遭受外界的质疑。无论是国有商业银行还是私人商业银行，其公信力均开始下降，还一度出现挤兑风潮。形势恶化超乎预期，这迫使印尼政府全面整顿金融市场，开始统一银行设立标准，优化银行设置，改革面临崩溃的金融体系。

（二）银行组成结构

印尼的银行组成结构主要包括以私营金融业为主体，商业银行和专业银行并存，外国金融机构和外来资本在整个金融体系中占有较高的比重。1999 年 5 月 17 日，印尼政府颁布了新的银行法，开始进行银行组成结构的改革。新法案加强了中央银行的独立性，使得中央银行能更好地相对独立地行使其中央银行的职能，发挥更大的作用。亚洲金融危机爆发后，1998 年，印尼银行业的不良贷款率达到 48.6%，银行业面临着严峻的挑战。随后印尼政府对商业银行进行了重组和优化，通过多方筹集资金，支持银行体系重建。主要是增加政府投资，寻求国外支援，开放金融市场，鼓励外来投资。为了迅速筹集大批资金振兴银行，发挥商业银行在金融市场上的组成作用，印尼官方进一步使金融市场对外资开放，即将上市银行完全对外开放，外国投资者的股本占有最高可达到 100%。

（三）职能划分

印度尼西亚银行作为中央银行，是服务单一目标的中央银行，即实现和保持印尼卢比的稳定。同时，印尼央行也负责金融的宏观调控和管理，作为发行银行、政府的银行、银行的银行发挥作用。进一步通过自身职能和配合政府政策与宏观调控来维持和优化金融市场，帮助国家形成一个高效的国家金融体系，支持民间的资金流动与融资活动，并具有一定的防范系统性风险和外部冲击的能力。从宏观的角度而言，印尼银行一方面要加强对通货膨胀的控制，维持和保证印尼卢比的价值稳定；另一方面，为了促进国内金融市场深层次高效发展，也要监督和维护金融体系的稳定，维护并监管支付系统。对于民众来说，印尼央行要引导并实现普惠金融，使各金融机构发挥出高效与协同作用，维护一个安全、高效和有抵抗风险能力的社会支付系统，建立起一个有效和高效的信息系统，同时它也有义务加强国有制银行和非国有制银行与中央银行的战略协作关系，致力于保持国家经济的稳定增长。

商业银行，特别是一些垄断性的大型商业银行具有综合性经营的特点，其功能更全，涉猎范围广。一些专门的政策性银行一般在经营目标客户方面有各自的侧重点，其主要按政府的经济政策或产业政策进行相应的重点扶植。由于印尼的国情特殊，许多商业银行和专业银行都带有丰富的伊斯兰特色，其行为和职责也更特殊。

（四）金融服务管理局对银行业的监管

在履行银行业监督职能时，金融服务管理局的主要任务是：支持银行监管并建立银行监管系统；监管银行和银行业；制定银行监管制度和规定；提供对银行的指导、监督和检查；开展银行业法规执法；对涉嫌在银行部门中包含犯罪成分的违规行为进行特别检查和调查；对状况不佳的银行进行补救和解决其问题；开展银行监管；提供银行业领域的技术指导和评估；执行委员会的其他任务。

二 货币发行体制

货币发行制度作为一国货币发行的法律规定，一般由该国的最高法律权力机构制定，包括发行机构、发行限额、保证制度及批准程序等相关规定。几乎所有国家都将货币发行权集中到各自的中央银行，规定最高限额和弹性的发行条件，并规定相应的发行保证条件。

（一）货币发行原则

印度尼西亚卢比是印度尼西亚的法定货币，俗称印尼卢比，由印尼央行，即印度尼西亚银行发行和管理。印度尼西亚的货币发行权集中到印尼央行，实行高度的集中管理和发行，其对货币管理的目的是确保为市场提供适量流通的印尼卢比，以维持货币、金融体系以及支付体系的稳定。

为了维持币值稳定，对货币坚持实施统一标准，国家规定由中央银行垄断货币发行权，发行货币要有一定的资产做保证，同时还规定发行额度、标准和规则，还规定了许多特殊情况（例如超额发行等）下的监督措施。货币发行原则是发行银行向流通界投放货币时所依据的法则或标准。印尼卢比的发行以坚持稳定的货币标准，契合经济发展的需要，尊重和遵循国家货币政策、货币发行制度和发行纪律以及管理办法为主。同时由于国内通货膨胀严重，国际市场上货币贬值，印尼货币发行有一大部分目标是在经济计划综合平衡的基础上最大限度地稳定物价，贴现有需求的金融机构，维持市场发展稳定和促进货币升级。最终目标是推动经济发展。

（二）货币发行流程

由于国家主导货币的发行权，因此央行在计划货币发行量时，主要从国家宏观层面考虑。一方面要考虑公众因经济增长所需要的额外货币，除了通过计算包括通货膨胀、利率、国内生产总值以及汇率等预测的宏观经济规模外，还需考虑国际收支以及国内的经济空间特征等方面的数据变化；另一方面也要通过确定最低现金额度和各银行的现金存量来保证最低现金供应。另外，还需将清洁货币政策纳入考虑范围，即补充因不适合流通而销毁的货币。中央银行将根据国民经济的发展状况，制定相应的货币发行量计划，并核准年度货币的最高和最低发行限额，在提交议会审批后，再实行具体的发行工作，由中央银行实施集中管理和监督责任。在个别年度，由于财政赤字等原因，需要依靠货币发行以弥补部分财政赤字，这种发行属于财政发行性质，近年来印尼的货币发行过多，大部分是由于外汇占款，即将外汇储备换为印尼卢比。这种资金发行对汇率的影响是，间接造成了国民财富的重新分配，同时也给社会造成了更多的通胀压力。这部分货币大多是基础货币，由于乘数效应等多种原因，成为印尼高通货膨胀现象的一个极其重要的原因。

三　借贷资本管理体制

为了赚取利息而暂时贷出的货币资本形成了借贷资本。借贷资本并非职能资本，它是从一些职能资本例如商业资本和产业资本等资本运作中游离出来的闲置货币资本，进而转化为借贷资本家为赚取利息而暂时贷给职能资本家使用的货币资本。完善的市场经济是在金融市场上管理借贷资本的一个重要条件。深化借贷资本管理体制和金融体制改革，即将完善金融市场作为重点，使市场能在国家调控下对优化资源配置起基础性作用。

（一）贷款结构

贷款结构指贷款金额、还款期限、还款方式、贷款支持（担保）、利率，以及其他方面限制性要素的安排。信贷资金的投放与运用在不同区域、不同产业、不同行业以及不同期限上的配置与配比都是不同的，市场资本在分配上根据实际情况也有所不同。在1997年东南亚金融危机爆发前，印尼的存贷款利差逐渐缩小，1998年，印尼的存贷款净利差仅为1.8%，由于随后爆发的东南亚金融危机使得印尼国内流动性短缺，存贷款利率骤然上升，同时，存款利率高于贷款利率。在此轮危机过后，存贷款利差开始逐渐下降，2010年的净息差值稳定在6%左右，而东盟其他经济体为2.3%—4.5%。之后存贷款利差虽然一直处于波动中，但整体趋势略微下降，到2019年，贷款利率高于存款利率3.7%（见图15－17）。

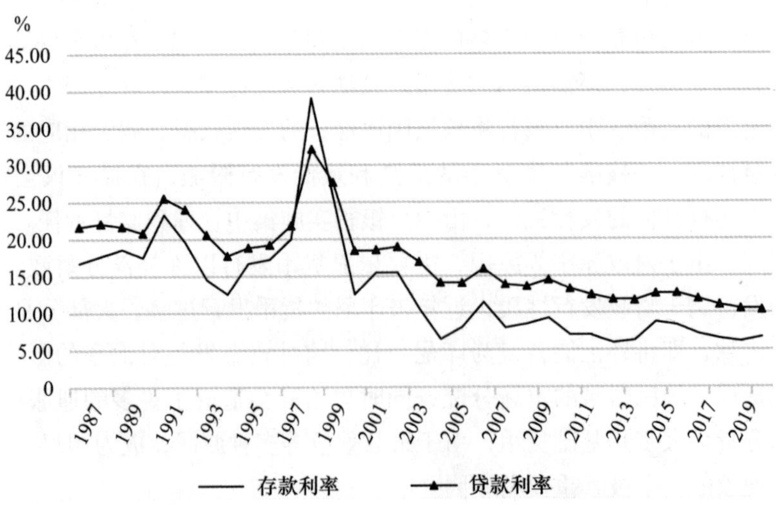

图15－17 1987—2019年印尼存、贷款利率

资料来源：世界银行网站。

印尼在借贷方面的发展欠缺还体现在银行部门所提供的信用与国内生产总值之比上，2010 年印尼该比值仅为 34. 18%，与泰国的 133. 42% 和越南的 124. 66% 形成鲜明对比（见图 15 - 18）。印尼国内的银行将高日常开支归咎于其所维持的高利率，当时，印尼的存款利率为 11. 19%，而泰国和越南的存款利率分别为 1. 20% 和 7. 02%。信贷结构是否合理和恰当不仅影响银行业和信贷机构的发展，也关系到金融业的稳步运行、国家信贷政策的落实程度及经济发展的速度和方向。银行信贷中的实体经济是市场信贷中的重要组成部分。自 2011 年起，印尼银行引入了对贷存率低于 78% 的银行进行处罚的制度，以此敦促银行增加信贷，提供借款便利。随后，印尼银行部门提供的国内信用占 GDP 的比重开始平稳增长，但依旧远不及泰国和越南的发展水平。鉴于近年来印尼卢比持续动荡，纺织制造业和农业等行业增长缓慢的背景，银行业采取谨慎态度是无可非议的。

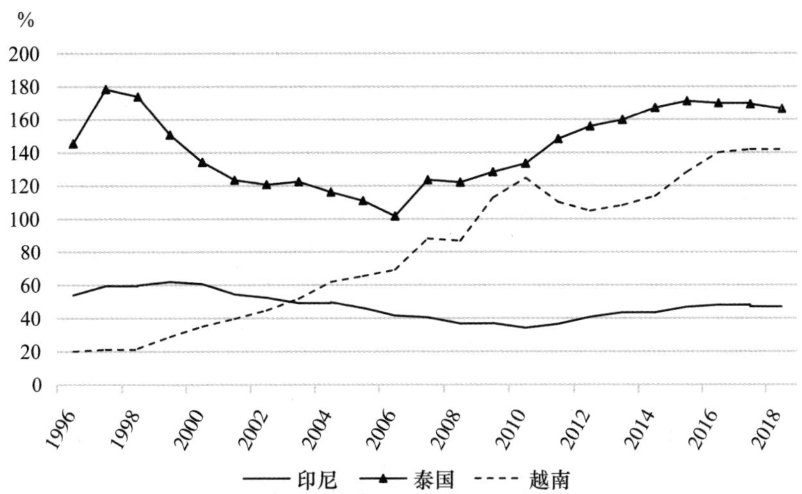

图 15 - 18　1996—2018 年印尼、泰国、越南银行部门提供的国内信用占 GDP 的比重

资料来源：世界银行网站。

（二）借贷资本监管

印尼的资本市场监管还有待完善，一方面，印尼国内还缺乏一个对借贷资本市场监管的完整制度，另一方面缺乏一个高效的金融市场。为了深化金融体制改革，对借贷资本行业的管理和监督应该做到把完善市场做重点，使市场能在国家调控下对优化资源配置起到一定的基础性作用。在买方市场下信贷资本作为合理和高效的竞争手段，是企业之间短期直接融资的一种最灵活的形式。印尼国内需要发展短期直接融资的货币市场，首要任务是提升企业之间的商业信用和信任。商品赊销作为商业信用的主要形式，在市场经济下借贷资本与实体行业资本的运动之间存在着紧密联系。市场上大量商品赊销者的主要目的是实现商品资本向货币资本的转化，完成资本的循环，而不是追逐借贷利息。因此，为了保证金融市场的健康成长和稳健发展，需要继续加强监管，同时，也要健全法律法规，保护投资者的权益，特别是保护中小投资者的权益。

四 利率管理体制

作为一国经济管理体制中十分重要的组成部分，利率管理体制规定了作为管理机构的金融管理部门或央行的利率管理权限、范围和程度。利率管理体制大致可分为三类：国家集中管理、市场自由决定、国家管理与市场决定相结合。国家管理与市场决定相结合的利率管理体制被大多数国家所采用，但国家管理的程度和方式会因不同环境而各有不同。

（一）利率管理方式

对于金融管理，印尼主要采取了直接控制的体制，在一定程度上实行国家管理与市场决定相结合。它的主要措施是对贷款的最高额度进行规定、通过央行调整存贷款利率以及政府实行利息补贴和统一外汇管理等。这类货币和利率管理方式能在一定程度上控制国内的通货膨胀，使得政府更进一步控制市场，但实际上并不利于本国金融市场的自然发展和市场内部资源的自由流通，也阻碍了国内金融市场特别是商业银行之间的自由竞争，更不利于金融市场化的发展。在有关利率和资本管理方面，印尼一直不断尝试进行改革，印尼官方将货币政策的目标调整为稳定利率，替代之前以信贷规模控制为目标的货币政策，主要目的在于进一步加强对信贷的控制，提高金融行业的进入门槛标准。印尼央行主要采取的措施包括：（1）取消对信贷的最高限额限制。（2）放宽商业银行的利率浮动。（3）进行公开市场操作业务。1984 年，印尼成立了两个再贴现机构来补充储备货币管理体制。为了进一步开拓市场，印尼中央银行在 1985 年 2 月开始允许各商业银行和其他金融机构进行证券交易，逐步向实现市场经济下多层次的利率管理体制的目标靠近。

（二）利率管理政策

1978 年，印尼遭遇货币贬值的通货膨胀危机，政府实行了紧缩的金融政策和有节制的财政政策，中央银行也采用了一些更加直接的方法，其中包括由中央银行统一规定贷款利率、再贴现率和再贷款利率，中央银行有权根据经济环境的变化做出适当的调整；对商业银行的存款利率进行加息补贴，以提高商业银行吸收存款的能力。这些方法旨在充分发挥利率杠杆对经济的调节作用，加强对利率的管理，有助于维护正常的金融秩序，创造公平有序的竞争环境。自 2019 年下半年开始，在维持通货膨胀率稳定的前提下，印尼央行下调中央银行利率。同时，也带动投资贷款利率的下调，促进企业扩大投资，提高生产规模。此外，贷款利率的下降也将刺激公众维持其消费能力。由于需要综合考虑印尼国内各种经济增长因素，包括卢比汇率的波动和维持目标通胀率，印尼央行仍然有可能继续放松货币政策，包括增强流动性和进一步降低基准利率。

（三）利率管理制度

作为议会授权的利率主管机关，印度尼西亚银行代表国家依法行使利率管理权，主导各项利率措施。主要包括制定相关利率政策和管理法规并组织实施，领导银行分支机构的利率管理工作和协调、处理金融机构的利率纠纷和查处利率违规行为等，另外还需要研究、制定和实施国家的利率改革规划以及监测、调控金融市场利率。印尼实行了以中央银行利率为中心的指导性利率管理体制。提出相关金融行业要协助和配合进行利率管理工作，宣传、贯彻、执行国家利率政策和相关法规，自觉接受并主动配合利率管理和检查，向监管部门提供真实的相关资料等多项制度要求。

五　外汇管理体制

外汇管理是指一个国家通过法律、法令、条例等形式对外汇资金的收入和支出、汇入和汇出、本国货币与外国货币的兑换方式及兑换比价所进行的限制。其主要目标是维持本国国际收支的平衡，保持汇率的有秩序安排，维护金融的稳定，促进本国的竞争力和经济的发展。其主要涉及外汇市场上的自由兑换、影子汇率、金融汇率等各种内容。

（一）外汇管理制度框架

印度尼西亚银行负责执行汇率政策对外汇储备进行管理，实行自由浮动汇率制度。货币政策框架为通货膨胀目标制，汇率由外汇市场的供求决定。当面临特定通胀局面时，为维持宏观经济稳定，印度尼西亚银行可以通过提供流动性进行干预。具体而言，印尼实行相对自由的外汇管理制度。印尼卢比可自由兑换，资本可自由转移。印尼卢比实行自由浮动汇率政策，印尼央行采取一篮子货币汇率定价法，根据印尼主要贸易伙伴货币特别提款权的汇率变化来确定印尼卢比的对外比价，并每日公布汇率。

（二）经常项目和资本项目外汇管理

截至2018年末，在进口方面，印度尼西亚对进口融资需求不设上下限，对外部资本持欢迎态度，可根据进口商与出口商协议自由选择结算方式。关于直接投资，负面投资清单中部分行业的外商投资受到限制。

（三）金融机构外汇业务管理

银行只能使用外汇或利率衍生工具进行衍生交易，且必须遵循中央银行的严格要求和法律监管。在涉及金融衍生品和工具等方面，外汇交易须通过在线系统上报印度尼西亚银行衍生品交易部门。总体而言，资本交易限制较少，除非居民个人不得在印度尼西亚国内购买或出售房产外，其他资本交易均可进行。

第七节 中印（尼）金融合作进展与推动建议

从1990年7月3日中印（尼）两国于北京钓鱼台国宾馆签署复交公报开始，中印（尼）的外交合作和经济合作一直保持着平稳和友好。复交后双方签订了《投资保护协定》等多个经济协定，加深国家交流和合作，并就农、林、渔、矿、交通、财政、金融、民航、科技、教育、卫生、旅游等多个领域的合作达成共识。随后，两国又成立了经济贸易技术合作联委会，共同开展经贸合作交流。中印（尼）两国签署共同推进“一带一路”和“全球海洋支点”建设谅解备忘录，双方将共同推进“一带一路”建设，进一步推动双边金融合作已是必然。

一 中印（尼）金融合作的空间展望

中印（尼）关系自21世纪以来，尤其是在“一带一路”倡议之下快速发展，两国的政治、经贸和人文等交流与合作都得到了进一步深化。尽管面临着很多问题，中印（尼）两国在国际交往与地区事务合作中一直保持较好的关系。在政治上，互信不断升级，印尼“海洋强国”构想与中国“21 世纪海上丝绸之路”不谋而合；合作取得成效，2015 年两国共同发表《关于加强全面战略伙伴关系的联合声明》；高层交往密切，两国元首和高层多次互访，加深了中印（尼）友谊和合作。在经济上，以雅加达至万隆高速铁路项目为标志的经贸合作的广度和深度不断加深。2000 年之后，中印（尼）双边贸易年均增速超过 20%，印尼成为中国对外投资的重要国家之一，中国也成为印尼第一大进口伙伴国。“一带一路”倡议、G20 峰会和“21 世纪海上丝绸之路”构想都取得了不菲的成效。在人文、科技和第三产业方面，中国与印尼在包括娱乐、教育和旅游等多个领域的交流与合作蓬勃发展。2016 年 8 月，印尼人类发展与文化统筹部长布安来华出席“第九届中国—东盟教育周暨第二届中国—东盟教育部长圆桌会议”，并与刘延东副总理共同主持中印（尼）副总理级人文交流机制第二次会议。两国文化日趋融合，官方和民间交流合作更是锦上添花。

2018 年 5 月，中国国务院总理李克强对印尼进行了正式访问，为了继续加强双边友好关系，并加深进一步合作，双方发表了《中华人民共和国政府和印度尼西亚共和国政府联合声明》，并签署了一系列合作文件。未来，中国和印尼两国将在新的发展形势下加深彼此的合作。中国今后也会更多地与印尼展开多方面的合作，包括基础设施建设，参与印尼金融市场等。在“一带一路”建设的背景下，中国和印尼的金融联系也将会更加紧密。

二　基于互补原则推动双边金融合作

中国与印尼金融业在诸多方面存在着较多共同点与差异性，这就为实现双边银行合作奠定了基础，并形成较强的互补性。一是注重发挥跨国银行的纽带作用，利用其在各成员国的分支机构强化区域内金融业务合作。二是双边银行间的合作应该不仅仅局限于业务往来、互设机构、边贸结算等方面，还应进一步拓宽合作的领域。例如通过进口押汇、出口买方信贷、授信、离岸金融业务等多样化的方式，大力支持企业“走出去”，同时将境外企业“引进来”。三是积极促进双边同类或相近性质的银行机构之间的合作，最典型的有开发性银行、伊斯兰银行、回教保险公司等。四是考虑共同搭建中国—印尼投融资平台，两国政府注入项目，使项目库具有一定的政府信用，吸引区域内金融机构以联合贷款、银团贷款、优惠贷款等方式支持各国基础性产业、支柱产业、民族产业的大力发展。五是建立客户信用信息库，共享客户资源，提高银行开展信贷业务的效率，既可保证银行资产的质量，还可在一定程度上保证客户的信誉度。

三 建立双边金融合作对话机制

鼓励双边金融机构的跨国经营，能够提升竞争氛围，提高银行经营与监管水平和抵御风险的能力，在实践上可以改善边贸结算系统，提高结算水平和效率，但也会产生较多的矛盾。建议定期开展两国金融合作论坛，就双方金融机构间的具体合作与技术协调展开磋商。随着两国贸易程度的加深，对金融服务的需求也会加大，完善的银行信贷、汇兑、结算等服务都需要双方合作达成。在金融学术方面，两国可以开展定期交流，印尼作为人口大国，可以借鉴学习中国金融改革的经验，中国也可以更好地了解印尼金融事业发展现状，双方共同发展进步。此外，作为一国金融核心部门的两国央行也要建立良好的合作关系，并通过双方高层互访、调整相关外汇管理政策、签署金融协定等方式，为两国金融合作创造制度基础和政策环境，并就资金方面的合作、互通信息、定期交流等事宜进行磋商并达成共识，双方应在互信共赢的基础上及时披露相关经济、金融信息，对两国经济发展和政策进行独立分析，并定期向两国有关部门递交宏观经济和金融市场报告，通过同行评估和同行监督机制协助对方发现并应对潜在的危机。

参考文献

白钦先:《金融结构、金融功能与金融效率——一个基于系统科学的新视角》,《财贸经济》2006 年第 1 期。

毕世鸿编著:《新加坡概论》,世界图书出版公司 2012 年版。

陈军、王亚杰:《我国金融发展与经济增长互动关系分析》,《中国软科学》2002 年第 8 期。

陈文君:《金融结构逆向倾斜下的金融监管研究》,《南方金融》2009 年第 1 期。

曹军新:《当前金融二元结构下央行宏观调控机制的改进》,《中央银行实务》2008 年第 5 期。

曹婧、韩金凤、孙欣:《新加坡金融监管经验及启示》,《金融纵横》2014 年第 8 期。

陈峰:《论产业结构调整中金融的作用》,《金融研究》1996 年第 11 期。

蔡红艳:《产业结构调整与金融发展——来自中国的跨行业调查研究》,《管理世界》2004 年第 10 期。

邓光亚、唐天伟:《中部区域金融发展与产业结构调整互动研究——基于 VAR 模型的实证分析》,《经济经纬》2010 年第 5 期。

范祚军等:《国际视野下最优储蓄率及其影响因素测度——基于索洛经济增长模型的研究》,《经济研究》2014 年第 9 期。

范祚军:《中国—东盟区域经济一体化研究》,经济科学出版社 2016 年版。

范祚军、唐文琳:《人民币国际化的条件约束与突破》,人民出版社 2012 年版。

郭金龙、王宏伟:《中国区域间资本流动与区域经济差距研究》,《管理世界》2003 年第 7 期。

顾海峰:《产业结构高级化演进的金融支持——以上海为例》,《开放导报》2011 年第 3 期。

国家外汇管理局:《“一带一路”国家外汇管理政策概览 2018》, http://www.safe.gov.cn/safe/2019/0422/13029.html。

李健、范祚军等:《差异性金融结构“互嵌”式“耦合”效应——基于泛北部湾区域金融合作的实证》,《经济研究》2012 年第 12 期。

李健、范祚军等:《经济结构调整与金融结构互动:粤鄂桂三省(区)例证》,《改革》2012 年第 6 期。

李健等:《东盟十国金融发展中的结构特征》,中国社会科学出版社 2017 年版。

李茂生:《中国金融结构的研究》,中国社会科学出版社 1987 年版。

李晓娣:《新加坡产业结构转换对我国产业结构发展的启示》,《东南亚纵横》2006 年第 4 期。

李金算:《新加坡经济发展历程》,《技术经济与管理》1994 年第 2 期。

林毅夫、章奇、刘明兴:《金融结构与经济增长:以制造业为例》,《世界经济》2003 年第 1 期。

刘小玄、周晓艳:《金融资源与实体经济之间配置关系的检验——兼论经济结构失衡的原因》,《金融研究》2011 年第 2 期。

刘英:《金融助力“丝路”战略》,《中国投资》2015 年第 3 期。

罗勇:《中国制造业集聚程度变动趋势实证研究》,《经济研究》2005 年第 8 期。

罗勇:《湖北省重工业化与能源消费的实证分析》,《统计与决策》2011 年第 19 期。

陆建人、范祚军:《中国—东盟合作发展报告 2014—2015》,中国社会科学出版社 2015 年版。

聂锐:《中国推进经济外交进程的路径探析——以“一带一路”为例》,《特区经济》2015 年第 7 期。

孙奉军:《金融结构协调与控制的制约因素及其原则》,《上海经济研究》2008 年第 12 期。

史诺平、廖进中、杨炜娜:《中国金融发展与产业结构调整关系的实证研究》,《统计与决策》2010 年第 3 期。

商务部国际贸易经济合作研究院:《对外投资合作国别(地区)指南:新

加坡 2017》，http：//wk. askci. com/details/0671ba95acc34d2f95dd67c92 7f611c4/。
唐文琳、范祚军：《区域合作与金融支撑》，人民出版社 2011 年 版。
王娟等：《新加坡投资环境分析报告》，广西师范大学出版社 2014 年版。
王铁军：《新加坡银行信贷风险防控机制的启示》，《农业发展与金融》2011 年第 10 期。
王保忠、何炼成、李忠民、王铁山：《金融支持“丝绸之路经济带”建设的重点方向及对策研究》，《经济纵横》2015 年第 5 期。
吴腾华：《我国金融市场结构：特征、问题及其成因》，《学术研究》2008 年第 11 期。
汪明：《广东产业结构转型升级的最优金融结构研究》，《金融教育研究》2011 年第 7 期。
伍海华、张旭：《经济增长、产业机构、金融发展》，《经济理论与经济管理》2011 年第 5 期。
武为群：《新加坡的金融机构及其特点》，《金融研究》1983 年第 8 期。
武力超：《金融危机前后金融体系结构变化和制度因素分析》，《国际金融研究》2013 年第 2 期。
王一帆：《新加坡的政府金融机构》，《现代经济信息》2017 年第 3 期。
徐伟、郭为：《民间金融与省际经济增长》，《上海经济研究》2004 年第 5 期。
徐亚平：《金融结构与新兴市场国家的金融危机》，《上海经济研究》2003 年第 5 期。
徐亚平：《对安徽金融结构的优化与经济可持续发展的探讨》，《经济研究导刊》2011 年第 14 期。
易钢：《中国金融资产结构分析及政策含义》，《经济研究》1996 年第 11 期。
杨国中、李木祥：《我国信贷资金的非均衡流动与差异性金融政策实施的研究》，《金融研究》2004 年第 9 期。
殷剑峰：《金融结构与经济增长》，人民出版社 2006 年版。
殷孟波、贺国生：《西南金融结构与经济结构的关系》，《经济学家》2001 年第 6 期。
杨枝煌：《加快全面建立“一带一路金融 +”战略机制》，《国际经济合作》2015 年第 6 期。

于建忠、范祚军，《东盟共同体与中国—东盟关系研究》，人民出版社 2018 年版。

张杰：《中国的货币化进程、金融控制及改革困境》，《经济研究》1997 年第 8 期。

张杰、刘志彪：《金融结构对技术创新与产业结构影响研究评述》，《经济学动态》2007 年第 4 期。

张红力：《金融引领与“一带一路”》，《金融论坛》2015 年第 4 期。

赵虹：《新加坡宏观经济管理与经济持续增长》，《陕西经贸学院学报》1998 年第 1 期。

赵志君：《金融资产总量、结构与经济增长》，《管理世界》2001 年第 3 期。

曾国平、王燕飞：《中国金融发展与产业结构变迁》，《财贸经济》2007 年第 8 期。

衷海燕、钟一鸣：《新加坡经济社会地理》，中国出版集团 2014 年版。

赵志刚：《“一带一路”金融区域化路径》，《中国金融》2015 年第 5 期。

林秀梅主编：《泰国社会文化与投资环境》，世界图书出版广东有限公司 2012 年版。

陈继章编著：《越南概况》，广东世界图书出版公司 2010 年版。

古小松：《越南：历史 国情 前瞻》，中国社会科学出版社 2016 年版。

徐绍丽等：《列国志：越南》，社会科学文献出版社 2005 年版。

卢珍菊：《东盟国家金融投资环境研究——以区域金融安全为视角》，人民日报出报社 2016 年版。

陈云东、米良：《东盟国家金融法律制度研究》，中国社会科学出版社 2008 年版。

Allen, F. and Gale, D. (1994). "A Welfare Comparison of the German and U. S. Financial Systems." Working Paper (WhartonSchool).

Boyd, J. & Prescott, E. (1986). "Financial Intermediary Coalitions." *Journal of Economic Theory*, 38, 21 – 32.

Bencivenga, V. R., and B. D. Smith (1991). "Financial Intermediational and Endogenous Growth." *Review of Economic Studies*, 58, 195 – 209.

Beck, Thorsten, and Ross Levine (2000). "New Firm Formation and Industry

Growth: Does Having a Market-or Bank-Based System Matter? ." World Bank Policy Research Working Paper, 2000a.

Beck, Thorsten, and Ross Levine. "Stock Markets, Banks and Growth: Correlation or Causality? ." World Bank Mimeo, 2000b.

Beck, Thorsten and Ross Levine. "External Dependence and Industry Growth: Does Financial Structure Matter? ." World Bank Mimeo, February 2000c.

Cecchetti, Stephen G. (1999). "Legal Structure, Financial Structure, and the Monetary Policy Transmission Mechanism." Prepared for the Conference "The Monetary Transmission Process: Recent Developments and Lessons for Europe." Held in Frankfurt, Germany, on March 26 –27, and Is Forthcoming in Deutsche Bundesbank, ed. , *The Monetary Transmission Process: Recent Developments and Lessons for Europe*. London: Macmillan.

Chen Yaowen, Zhang Jie and Fan Zuojun. "Does the Connectivity of the Belt and Road Initiative Contribute to the Economic Growth of the Belt and Road Countries?" *Emerging Markets Finance and Trade*, 2019. 10 (SSCI) .

Diamond, D. (1984) . "Financial in Termediational and Delegated Monitoring." *Review of Economy Studies*, 51, 393 –414.

Daniel Hardy (2009). Regional Financial Interlinkages and Financial Contagion within Europe. IMF Working Paper, from www. ssrn. com.

Fan Zuojun, Chang Yali, Research on the Effect of the Regional Economic Growth of CAFTA, Proceedings of the 2014 International Conference on Public Administration.

Fan Zuojun, Lu Xianqin. The Formation Mechanism of Risk in Monetary Policy Regulation under the Background of RMB Internationalization, Proceedings 2011 International Conference on Business Management and Electronic Information, 2011. 05 (EI) .

Lamoreaux, Naomi. Insider Lending (1995) . *Banks, Personal Connections, and Economic Development in Industrial New England*. New York: Cambridge University Press.

Levine, Ross (1997). "Financial Development and Economic Growth: Views and Agenda." *Journal of Economic Literature*, June 1997, pp. 688 –726.

Levine, Ross and Zervos, Sara. (1998) . "Stock Markets, Banks, and Economic Growth." *American Economic Review*, June 1998, 88 (3), 537 – 558.

La Porta, Rafael, Lopez-de-Silanes, Florencio, Shleifer, Andrei, and Vishny, Robert W. (1998). "Law and Finance." *Journal of Political Economy*, 1998, 106 (6), pp. 1113 – 1155.

Mamiko Yokoi-Arai (2009). Dissecting Regional Integration in Financial Services from the Competition Policy and Trade Policy Perspectives. from www. ssrn. com.

Richard Copper. *The Economics of Interdependence: Economic Policy in Atlantic Community*. MIT Press, 1968.

Robert O. Keohane and Joseph Nye. *Power and Interdependence*, 1977.

Sirri, E. R and Peter Tufano (1998). "Costly Search and Mutual Fund Flows." *Journal of Finance* 53: 1589 – 1622.

Thorsten Beck, Asli Demirgüç-Kunt, and Vojislav Maksimovic (2002). "Financial and Legal Constraints to Firm: Does Size Matter?." Working Paper, World Bank. http://econ. worldbank. org/resource.

后　记

从 2017 年收集东盟国家金融数据和资料到 2021 年完成书稿定稿，参与本书写作与修改的团队成员通过自身的智慧和心血克服了研究过程中的重重阻碍。这段研究历程是我们成长的足迹，同时也是我们美好记忆的灿烂星河。

在研究的初期阶段，两位老师带领着 2018 级、2019 级的研究生们查数据、论方案，通过大量收集资料、整合已有的软硬件实力，确定研究框架、研究内容和研究思路，为后续写作的顺利展开打下基础。在这一阶段，面对东盟国家数据可得性弱的困难，我们通过克服东盟国家语种的障碍，扩大东盟国家官方数据来源的收集范围，采用最新的大数据挖掘技术，获得了研究所需要的数据，并在此基础上识别出更多对于研究东盟国家金融体系以及中国—东盟金融合作的有用信息。

在研究的中期阶段，我们借助每年度举办的中国—东盟大学（国别与区域研究）智库联盟论坛，以及 2019 年 5 月 10 日举办的中国—东盟金融开放门户建设研讨会等契机，就研究过程中所遇到的难点和热点问题向与会的专家咨询解决问题的建议和思路。通过学术交流，团队成员获益匪浅，在开拓研究视野的同时，积极将专家们的研究思路、研究方法以及对本书的建议付诸研究写作。因此除了团队成员之外，还要特别感谢为我们的研究排忧解难的专家们。此外，我们还将本书的分析体系应用于为研究生开设的课程以及日常的科研和学术交流活动，从金融结构与金融发展出发的学科体系探索，及以此为思路对东盟国家金融体系的建立过程与特征的全面解析引起了研究生们的浓厚兴趣。在这 4 年的教学实践中，本书内容也得到不断补充和完善。

在研究的后期阶段，通过团队成员的共同努力，我们完成了整个“中国—东盟金融合作：基于结构的切入与体系的对接”的研究工作，形成了本书 50 多万字的内容。本书写作的成形得益于李杰、张桢林、周德铭、陈禹帆、冯春风、王鹏宇、区富祝、吕晋、胡杨林、柳悦、郭艺伟、陈悄悄、徐杨帆（排名不分先后）的通力合作。他们分别完成了书稿上下篇各章的起草，进而又多次进行集体讨论，不断深化对重要理论点的解析，并多次修改稿件。在分工起草的基础上，韩松霖、陈翘、杨子璇、蓝珊珊、郅曼琳、周久寓、孟庆伟、张誉夫（排名不分先后）八位同学后续也参与到团队中，共同进行了书稿的统编与修改工作。没有他们的辛勤努力，本书是不可能完成的。在此谨对他们表示诚挚的感谢！他们将宝贵的时间投入学术研究中，为本书的完成贡献了力量，是他们辛勤的努力和负责任的态度换来了本书写作的顺利进展。当然，除了直接参与撰写和修改工作的成员之外，何欢、夏文祥、莫敏、易鑫富、莫馥宁也为本书的研究工作做出了重要贡献，他们在研究思路、内容的调整等方面提出了建议并提供了帮助，在此一并表示感谢。

本研究的开展不仅仅是写成了一本著作，更重要的是培养了一个踏实肯干、学术精良的研究团队。在本课题的研究过程中，我们团队再次得到教育部长江学者和创新团队发展计划行动支持，团队成员先后获得国家万人计划哲学社会科学领军人才、国家有突出贡献的中青年专家、百千万人才工程国家级人选等荣誉，也有不少团队成员顺利毕业，并进一步深造。我们相信，中国—东盟研究团队一定会在该领域取得更多更新更高质量的研究成果，为社会贡献自己的一分力量。值得欣慰的是，我们已经看到自己的努力转化成了对社会有益的成果，产生了很好的社会效应，并且得到了社会各界的高度关注。有些报告获自治区党委书记鹿心社，自治区党委常委、常务副主席秦如培同志的批示，研究报告《越南经济形势及中越经贸关系分析》为外交部国际经济司、商务部国际经贸关系司采纳。《新冠肺炎疫情下广西—东盟合作：情景模拟与切入点调整》《广西经济“南向东盟”分析及策略建议》等阶段性研究要报成果得到自治区党委政府领导的批示。

当然，我们的研究成果可能还有待完善，研究结论还需要更多有识之士进行探讨。我们期待听到同仁的批评和意见，以共同推进中国—东盟金融合作的理论建设。我相信，未来我们一定会做得更好。学术研究是一个在大量积累中不断创新的过程。以后我们的团队一定会更加努力，保持一颗忠诚、虔诚的心和谨慎、谦虚的态度，做到勤恳朴实，厚学致新，做好本职工作。

作　者

2021 年 9 月于广西南宁